I0324235

Heinrich Uhle

Die Vetâlapañcavinçatikâ in den Recensionen des Civadâsa

und eines Ungenannten. Mit kritischem Commentar hrsg. von Heinrich Uhle.

Heinrich Uhle

Die Vetâlapañcavinçatikâ in den Recensionen des Civadâsa
und eines Ungenannten. Mit kritischem Commentar hrsg. von Heinrich Uhle.

ISBN/EAN: 9783743648340

Hergestellt in Europa, USA, Kanada, Australien, Japan

Cover: Foto ©ninafisch / pixelio.de

Weitere Bücher finden Sie auf **www.hansebooks.com**

Ueber die

Vetâlapañcaviṅçatikâ.

Abhandlungen

für die

Kunde des Morgenlandes

herausgegeben von der

Deutschen Morgenländischen Gesellschaft.

VIII. Band.

No. 1.

Die

Vetâlapañcaviñçatikâ

in den Recensionen

des Çivadâsa und eines Ungenannten

mit kritischem Commentar

herausgegeben

von

Heinrich Uhle.

Leipzig, 1881

Genehmigter Nachdruck
KRAUS REPRINT LTD.
Nendeln, Liechtenstein
1966

Printed in Germany
Lessing-Druckerei, Wiesbaden

Dem Andenken

an

Hermann Brockhaus

gewidmet.

Vorwort.

Die vorliegende Ausgabe der Vetâlapañcaviṅçatikâ wurde schon im Jahre 1867 unternommen auf Anregung des hochverehrten Mannes, dessen Name in dankbarer Erinnerung diesem Buche vorgesetzt ist. Brockhaus hatte von Herrn Fitzedward Hall sieben Handschriften des Werkes des Çivadâsa geschickt bekommen, und, selbst noch mit der Vollendung des Somadeva beschäftigt, forderte er meinen Freund Windisch und mich, als wir bei ihm Laghukaumudî lasen, zur Herausgabe desselben auf, an die wir denn auch zunächst gemeinschaftlich gingen. Aber bald von anderen Aufgaben angezogen überliess Windisch die Sache später mir allein, nachdem er die Handschrift **c** bis in die zehnte Erzählung und den grössten Theil von **g** abgeschrieben hatte; jedoch hat er mir, der unter den Mühen des Lehrerberufs, mit öfteren langen Unterbrechungen besonders durch Reisen und durch Arbeiten auf anderem Gebiete, das Begonnene fortsetzte, jederzeit treue Hilfe geleistet bei den vielfachen Schwierigkeiten, welche namentlich die Verse mir bereiteten.

Nachdem ich den Text der noch nicht publicirten Erzählungen nach den Hall'schen Handschriften bereits constituirt hatte, wurde ich durch die Gelegenheit der Veröffentlichung einer einzelnen Erzählung im Osterprogramm des Gymnasiums zum heiligen Kreuz zu Dresden 1877 veranlasst, auch die Londoner Handschriften, welche Lassen und Gildemeister für die ersten fünf Erzählungen benutzt hatten, zu vergleichen und darnach meinen Text zu modificiren; er ist dadurch, wie ich hoffe, einheitlicher geworden, indem die wesentliche Uebereinstimmung des Londinensis **A** mit Halls a, welchem ich schon bis dahin hauptsächlich gefolgt war, für die Constituirung desselben eine festere Grundlage gab.

Bevor ich jedoch über meine Gestaltung des Textes genauer Rechenschaft gebe, muss ich über die verschiedenen Sanskritredactionen des Werkes überhaupt und die von mir benutzten Handschriften insbesondere einiges vorausschicken.

Die literargeschichtliche Stellung der Vetâlapañcaviṅçatikâ, ihre Entstehungszeit, ihr Verhältniss zu andern Sammlungen ähnlicher Art und andere damit zusammenhängende Fragen zu erörtern, fühle ich mich nicht berufen. Auch eine eingehende Vergleichung der verschiedenen Sanskritredactionen unter einander und mit den Bearbeitungen in neueren indischen Dialecten halte ich für eine Textausgabe nicht für erforderlich; die rechte Stelle für eine solche wäre die Einleitung zu einer Uebersetzung oder Analyse der sämmtlichen vorhandenen Sanskritredactionen. Hier begnüge ich mich in beiden Beziehungen auf die betreffenden Abhandlungen von Brockhaus[1], Benfey[2], Oesterley[3] und Weber[4] zu verweisen.

Die Zahl der bisher mehr oder weniger bekannt gewordenen sanskritischen Fassungen der Vetâlapañcaviṅçati ist gegenwärtig auf fünf anzugeben, nämlich zwei poetische und drei prosaische. Mit den ersteren zu beginnen, ist die Recension des Somadeva im Kathâsaritsâgara durch Brockhaus' Ausgabe allgemein bekannt; von der zweiten poetischen Recension in einem ähnlichen Werke, der Bṛihatkathâ des Kshemendra aus Kashmir, hat bisher nur verlautet, dass sie von Burnell im südlichen Indien und von Bühler in Bombay aufgefunden worden ist (Weber, Ind. Stud. 15, S. 190), und es hat daraus die sechzehnte Erzählung Zachariae vorgelegen bei seiner Publication von Çivadâsas Recension dieser Erzählung in Bezzenbergers Beiträgen zur Kunde der indogerm. Sprachen IV (1878), woselbst S. 369 Näheres darüber angegeben und S. 372 f. der 11. und 31. Vers dieser Erzählung Kshemendras angeführt wird. Ausser diesen zwei kleinen Bruchstücken werden wir sogleich nachher noch ein grösseres Stück kennen lernen, welches wahrscheinlich dem Kshemendra zugeschrieben werden muss, zunächst aber ist zu bemerken, dass wir einen vorläufigen Ersatz für dessen Bearbeitung unserer Sammlung in der von mir hier veröffentlichten anonymen Recension der Handschrift f besitzen. Der Text dieser Handschrift nämlich, welchen ich in meinem oben erwähnten Programm nur erst mit Vorbehalt als eine selbständige Fassung be-

---

1) Berichte der K. Sächs. Ges. d. Wiss., Philol.-histor. Cl., 1853, S. 181 ff.

2) Bulletin der St. Petersb. Acad. d. Wiss., Philol.-histor. Cl., 1857, S. 170 ff.

3) Baitâl Pachîsî oder die fünfundzwanzig Erzählungen eines Dämon, in deutscher Bearbeitung mit Einleitung etc., Leipzig 1873.

4) Ueber die Siṅhâsanadvâtriṅçikâ, Ind. Stud. 15, bes. S. 194 ff. und in der Recension meiner Ausgabe der 15 Erz., Jen. Literaturz. 1877, S. 343 ff.

zeichnete, ist, wie wir sogleich sehen werden, nicht mehr und nicht weniger als ein Auszug aus Kshemendras Bṛihatkathâ.

Dass diese Recension f wesentlich anders geartet sei als die des Çivadâsa, dessen Namen die Handschrift ja auch nirgends nennt, zeigt sich schon in dem hier häufigen Gebrauch von Verbalformen zur Erzählung statt der in dieser Literaturgattung sonst fast allein üblichen Participia, wovon jede Seite zahlreiche Beispiele bietet, und in manchen poetisch klingenden Wendungen und Attributen, wie yaçaḥçarîro 'bhût XVII (XVI) **87,** 18, suvarṇakadalîramye sarvartuphalapushpâḍhye kânane VIII, **78,** 37 f. Sodann ist in unserem Texte oft ein auffälliger Versrythmus zu bemerken, wie gleich in den eben erwähnten Worten; ersetzt man hier das im Compositum auslautende, für die Bedeutung entbehrliche âḍhya durch das Suffix ka, so hat man einen richtigen Halbçloka:

suvarṇakadalîramye sarvartuphalapushpake.

In ähnlicher Weise kann man in nicht wenigen anderen Fällen durch geringe Aenderungen vollständige Halbverse herstellen; z. B. braucht man nur pṛithivî zweisilbig zu machen **69,** 25:

pṛithvîmûlyâni ratnâni dattvâ kiṃ prâptum icchasi,

ein entbehrliches iti zu streichen **80,** 13:

adushṭâ tvâṃ sameshyâmi, tato 'nujñâtum arhasi,

mayâ zu streichen **69,** 6 f.:

tato Gâruḍamantreṇa sa dvijo nirvishîkṛitaḥ,

das he der Anrede wegzulassen **71,** 29 f.:

râjan, tava pure channâ Dantaghâtakaputrikâ,

das erste Wort aus der Zusammensetzung herauszunehmen und in den Genetiv zu setzen:

Karnotpalasya nṛipateḥ sacivo Dantaghâtakaḥ,

das überflüssige âkhya aus der Zusammensetzung mit dem Namen wegzunehmen und am Anfang umzustellen **74,** 14 f.:

Gandharvo Citraseno 'bhût sârikâ ca Tilottamâ,

die drei letzten Worte umzustellen **80,** 14 f.:

tataḥ sâ tena saṃtyaktâ gacchantî vijane niçi,

babhûva in âsît zu verwandeln und umzustellen **73,** 37:

âsîd Dharshavatî nâma Dharmasya nṛipateḥ purî,

oder vielleicht besser wie Somad. **77,** 48 zu schreiben:

asti Harshavatî nâma etc.

Ein bis auf die Cäsur richtiger Halbvers steht **69,** 14, wo eben das in der Cäsur stehende Wort mir schon früher verdächtig war:

A**

sa râjâ tat phalaṃ koçâgârabaste samarpayat.

An anderen Stellen sind zur Herstellung von ganzen Halbversen grössere Veränderungen nöthig, z. B. **79**, 2 tasmai zu streichen und die Zusammensetzung aufzulösen, dabei ca umzustellen:

tâṃ kanyâm Asurâṇâṃ ca râjyaṃ dattvâ nṛipo 'bravît.

Natürlich bleiben solche künstlichere Reconstructionsversuche immer sehr problematisch.

Einzelne pâdâs und kürzere Çlokaausgänge sind häufig, wie **69**, 8 f. iti çrutvâ 'ham uktavân; *ibid.* vidyayâ (vidyâyâḥ?) kiṃ prayojanam; **71**, 19 sa ca çvâ tatkshaṇaṃ mṛitaḥ; **74**, 35 pṛithivîmûlyam arhati; **77**, 34 stotum upacakrame; **81**, 27 iti râjñe niveditam, u. s. w.

Wie der Verfasser unseres Auszuges bei der Umgestaltung der Verse verfahren ist, dafür haben wir ein Beispiel in dem einen der von Zachariae aus Kshemendra angeführten Verse, welcher mich überhaupt zu der Entdeckung des wahren Characters der Recension **f** geführt hat. Dieser lautet bei Kshemendra:

durlakshaṇe 't y anen â 'haṃ p r a t y âkhyât e 'ti mâninî
Unmâdinî t a t o râjñ a ḥ s a u d h â t t a n u m adarçayat.

Daraus der Auszug (ich mache Punkte für die vom Epitomator weggelassenen Worte):

t a t o ̇ durlakshaṇe 't i a n e n a a h a ṃ v y âkhyât â i t i . . .
Unmâdinî . . râjñ e . . . s v a k â y a m adarçayat.

Hier liegt der Zusammenhang klar am Tage und ich halte meine obige Behauptung schon dadurch für bewiesen. Daher habe ich auch kein Bedenken getragen, Zachariaes Angabe, dass bei Kshemendra in derselben 16. Erzählung der Freund des Königs Virâja heisse, zur Emendation einer corrupten Stelle von **f** zu benutzen (s. Anm. zu **87**, 6), wo Zachariaes Vermuthung mit der meinigen zusammentraf. Dass freilich der Epitomator sich nicht immer an sein Original hielt, zeigt der andere von Zachariae angeführte Vers des Inhalts, dass der General erklärt die Unmâdinî zu einer Tänzerin im Tempel machen zu wollen, wovon der Auszug keine Spur enthält.

Der hier geführte Nachweis hat jedoch noch ein weiteres Interesse, als dass er nur unsere anonyme Recension in das rechte Licht setzte; er führt uns weiter, indem wir folgende Schlussfolgerung machen: Wenn die Prosa von **f** ein Auszug aus Kshemendra ist mit vielen nur schwach verdeckten Spuren des metrischen Originals, so muss ein poetisches Stück, zu welchem **f** in eben diesem selben Verhältnisse steht, dem Kshemendra angehören. Dies trifft nun zu für die poetische Fassung der beiden letzten Erzählungen und des Rahmenschlusses, welche ich aus der Handschrift **B** mitgetheilt habe, S. 64 ff.

In der ersten davon, der 24. (in **f** 23.), welche sonst nur aus der Hindîbearbeitung und aus Somadeva bekannt ist, sind folgende Stellen beweisend für den Zusammenhang: **f 91**, 28 pûrvajanmavipâkavaçât = **B 64**, 4 pûrvakarmavipâkât; **f 91**, 30 saṃskârârtham ânîtaṃ dvijaputraṃ = **B 64**, 6 saṃskârâya samânîtaṃ dvijasûnuṃ; ebenda ist tataḥ suptotthita iva vollständig = **B** 11 *α*; das poetische dvijâtmajaḥ ist dann wieder in dvijaputraḥ verwandelt, das Weitere verändert, die Angabe harsho babhûva daraus entnommen; im folgenden Verse ist umgestellt und janakena durch pitṛibhyâṃ ersetzt, prâpyamâno 'pi beibehalten, in der zweiten Hälfte nur sa gestrichen. Hier ist wieder die Uebereinstimmung so unzweifelhaft, dass man sie textkritisch benutzen kann, und wenn ich das eher bemerkt hätte, würde ich in **B** v. 12 *γ* auch tatkâlajñânavairâgyo geschrieben haben. Ebenso sind auch **91**, 39 f. die Worte von **f** bâlye mâtrâ vardhitaṃ cirasevitaṃ so offenbar aus **B** v. 14 f. entlehnt, dass die Verbesserung bâlye für vâlo der Handschrift **f** sich von selbst darbot.

In der 25. Erzählung stimmt der Anfang von **f** (**92**, 2) dâkshiṇâtyo (so z. l.) narapatir Dharmo nâma vollständig mit **B** (**65**, v. 2) überein; ebenda findet sich sahito yayau von **B** auch in **f**, wo nur vanaṃ dazwischen eingeschaltet ist. Die folgenden Worte bhûshaṇalolubhaiḥ çabaraiḥ sa râjâ nihataḥ sind wieder deutlich entlehnt aus Vers 5 in **B**:

tatra taiḥ sa mahîpâlo ratnabhûshaṇalolupaiḥ
nihato 'nekaçabaraiḥ etc.

Aus Vers 6 hat der Epitomator das Eingeklammerte weggelassen: tasmin [ni]hate [vyapâyâd] duhitrâ saha tadvadhûḥ, und aus vanaṃ praviçya Vers 8 das Hauptverbum vanaṃ viveça hinzugefügt. **92**, 13 f. finden wir in **f** wieder fast dieselben Worte wie in **B** v. 13: tayor (in **B** verschrieben, vielleicht te tayor zu lesen) vañça[saṃ]bhûtâḥ parasparaṃ kiṃ (ke **B**) bhavanti, im Verse parasparaṃ am Ende; darnach iti pṛishṭo nṛipaḥ haben **f** und **B** gleich, ebenso das Verbum prâyât. Vers 14 praçaṅsan (prasaṃsaṃ geschrieben) tam abhâshata = taṃ nṛipaṃ prasannam abhâshata **f 92**, 15. **B** v. 16 *γ* sa vañcanîyo yatnena . . tvayâ = **f**

16 tvayâ prayatnena sa vañcanîyaḥ. **B** v. 17 sa tvâm vakshyati und praṇâmaḥ kriyatâm iti ist gleichlautend in **f** 17 f. Man könnte auch vermuthen, dass hier das sonderbare pretamârge in **B** aus prete nite, wie **f** hat, entstanden sei. Weiter ist, ohne das in Klammern Stehende, tadâ khaḍgena [tvayâ sa] hantavyaḥ in **f** 20 = **B** v. 20 α. Endlich iti sarvam mayâ kathitam in **f** 21 entspricht **B** v. 21 γ iti sarvam samâkhyâtam, und die letzten Worte von **f** râjâ tam pretam âdâya yogisamîpam yayau sind offenbar Paraphrase von **B** râjâ 'pi çavam âdâya Kshântiçîlântikam yayau.

Wir haben also hier ein Stück von Kshemendras Dichtung, wonach sich allenfalls ein Urtheil bilden lässt. Das erste und sicherste ist, dass seine Darstellung weit kürzer ist als die des Somadeva. Denn in der 16. Erzählung (= Somad. 17) stehen den 61 Çloken des Somadeva nach Zachariae 39 des Kshemendra gegenüber, reichlich die Hälfte, in der 24., 25. und dem Schluss des Rahmens (= Somad. 23—25) stehen Kshemendras 17, 22 und 12 Çloken gegen 48, 75 und 41 des Somadeva, also ungefähr ein Drittel, bezw. noch weniger. Sodann bestätigt der unverkennbare enge Zusammenhang zwischen Somadeva und den hier auf Kshemendra zurückgeführten poetischen Stücken nebst dem Prosaauszug der Handschrift **f**, die fast durchgängige Gleichheit der Namen und die Uebereinstimmung in allem Sachlichen insbesondere gegenüber der Recension des Çivadâsa die Angabe, dass beide erstere Autoren aus derselben Quelle geschöpft haben, nämlich aus der in Paiçâcî verfassten Bṛihatkathâ.

Ohne hierauf näher einzugehen will ich nur das Eine Wichtige hervorheben, dass auch die Einleitung der Vetâlapañcaviñçatikâ bei unserem Anonymus von **f**, das heisst also bei Kshemendra, mit Somadeva völlig übereinstimmt. Wie nämlich schon Weber in seiner Anzeige von Brockhaus' Ausgabe des Somadeva (Ind. Streif. 2, S. 366) bemerkt, ist bei diesem die Vetâlapañcaviñçati in den Rahmen des Daçakumâracarita eingeschoben. Sie gehört da in die Erzählung des Vikramakeçarin, des siebenten der zehn Gefährten des Prinzen Mṛigâñkadatta, mit welchen dieser sich zur Erlangung der Prinzessin Çaçâñkavatî nach Ujjayinî aufgemacht hatte. Als der Prinz mit den nach der Zerstreuung bereits wiedergefundenen sechs Gefährten seinen Weg fortsetzt, kommt plötzlich Vikramakeçarin, auf den Schultern „eines sehr hässlichen (ativikṛita) Mannes“ sitzend, aus den Wolken auf ihn zugeflogen und stürzt ihm zu Füssen. Nachdem er seinen Träger entlassen und ihm befohlen, wenn er an ihn denke, wiederzukommen, erzählt er dem erstaunten Mṛigâñkadatta, dass er nach seiner Trennung von ihm und vergeblichem Suchen beschlossen gehabt habe nach Ujjayinî zu gehen, wo er ihn zu finden hoffte. Unterwegs habe er in dem Dorfe Brahmasthala an einem Teiche sich unter einen Baum gesetzt, dorthin sei ein alter Brahmane gekommen und habe ihn vor einer dort befindlichen giftigen Schlange gewarnt, die schon ihn gebissen habe, weshalb er hier sich ertränken wolle. Vikramakeçarin, der sich auf Giftkuren versteht, heilt den Alten, und zum Danke lehrt der ihn den Zauber zur Gewinnung eines Vetâla, durch welchen er alles Gewünschte erlangen könne, so wie Trivikramasena durch die Gunst eines Vetâla die Herrschaft über die Vidyâdharas erlangt habe. Dieser Geschichte entspricht der Anfang der Recension f ganz genau. Allerdings fehlt von der Handschrift das erste Blatt, und da auch der Schluss des Rahmens nur sehr fragmentarisch erhalten ist, so lässt sich über die Art, wie unser Epitomator für die selbständige Erzählung der Vetâlapañcaviñçati die Einleitung gestaltet haben mag, nichts Gewisses sagen; vermuthlich stimmt sie mit dem überein, was aus Taylors Auszug aus der Bṛihatkathâ bei Oesterley S. 172 zu lesen ist. Aber der Anschluss an Somadeva ist so genau, dass wir unsern Text sogar darnach emendiren können. Die ersten Worte desselben nämlich, das Ende eines Satzes, entsprechen offenbar dem Schluss von Somad. 75, 7: „smṛito 'bhyeshyasi mâm“ iti, wornach die das erste erhaltene Blatt unserer Handschrift beginnende Silbe na vor punar âgantavyaṃ nicht als Negation, sondern als Endsilbe eines Instrumentalis aufzufassen ist, etwa mamâ "deçena. Auch die Worte unseres Textes **69,** 9 f. ekakino mamâ 'pi vidyayâ kiṃ prayojanam und kiyan mâtraṃ suhṛitsaṃgena werden erst verständlich durch Somad. l. c. 18: Mṛigâñkadattaviyuto Vetâlaiḥ kiṃ karomy aham.

So sehen wir also im Stofflichen die vollständige Uebereinstimmung des Kshemendra mit Somadeva. Bezüglich der Darstellungsweise des ersteren will ich nur bemerken, dass die hier vorliegenden Proben uns gerade keinen hohen Begriff von seiner Kunst geben. Trotz der schlechten Ueberlieferung in B lässt sich doch so viel erkennen, dass seine Darstellung hier an Ungleichmässigkeit leidet, dass er Hauptsachen der Erzählung manchmal sehr kurz giebt, so dass es fast unverständlich wird, und sich daneben wieder in weitläufiger Schilderung von Nebendingen ergeht. So wird in der 25. Erzählung die Hälfte der Geschichte in 4 Çloken abgemacht (9—12), welche bei Çivadâsa einem Abschnitte von 15 Zeilen unseres Textes (**61**, 17—31) entsprechen, und daneben werden 3 Verse (4, 7 u. 8) mit nebensächlicher Schilderung ausgefüllt. Ein ähnliches Urtheil fällte Bühler nach den von ihm mitgetheilten Proben der Bṛihatkathâ im Indian Antiquary I, 306 b. Ausführlich handelt derselbe darüber im Reisebericht, Journ. Bomb. branch R. A. Soc. 1877, Extra number.

Aber diese Stücke, die wir hier als Eigenthum des Kshemendra nachgewiesen zu haben glauben, gehen in der handschriftlichen Ueberlieferung unter dem Namen des Çivadâsa, so dass uns hier eine eigenthümliche Verquickung der beiden Autoren vorliegt. Und zwar ist es nicht nur die schlechte Handschrift **B**, welche nach der 23. Erzählung aus der Prosa, ohne einen Unterschied bemerklich zu machen, in die metrische Fassung übergeht und diese nach dem Schlusse jeder Erzählung ausdrücklich als Çivadâsas Werk bezeichnet, sondern wir finden auch an zwei andern Stellen in andern Handschriften einige zur Erzählung gehörige Verse, welche mit den von uns für Kshemendra in Anspruch genommenen aus **B** identisch sind. Zunächst am Schlusse der 22. Erzählung, welche mit der von unseren Handschriften nur in **B**, in metrischer Form, überlieferten 24. wesentlich gleich ist, stehen die 5 Zeilen **64**, 14 γδ çarîram idam — 16 vartitotsavaḥ nicht nur in **B** an dieser Stelle — in dieser Handschrift also zweimal, und zwar jedesmal anders, was bei den Anmerkungen S. 207 übersehen war und im Nachtrag ergänzt ist —, sondern auch in **A**, für die entsprechende Prosa der übrigen Handschriften, in unserm Texte **57**, 42 ff.; und zweitens am Schlusse der Rahmenerzählung, der fast in jeder Handschrift anders ist, stimmt doch in einigen Verszeilen mit **A** und **B** auch **d** überein, so dass wir also eine dreifache Bezeugung von Versen des Kshemendra unter dem Namen des Çivadâsa haben. Es sind das in **B** 5 Zeilen, tataḥ samâyayus **66**, 32 bis zum Schluss, = **62** Vers 2—4 unseres Textes, welcher hier **A** folgt; **d** hat nur 3 Zeilen erhalten, = Vers 4 γδ und 5, aber von den vorhergehenden Versen einige so in Prosa aufgelöst, dass die ursprüngliche Fassung noch leicht zu erkennen ist.

Mit dieser Constatirung eines gewissen Zusammenhanges zwischen Kshemendra und Çivadâsa müssen wir uns hier begnügen; worauf derselbe beruht, wird sich vielleicht später einmal erklären lassen, wenn erst Kshemendras Werk vorliegt.

Wir haben es nun noch mit den zwei Prosaredactionen des Çivadâsa und Jambhaladatta zu thun. Die letztere, welche seit 1873 durch die in Calcutta erschienene Ausgabe des Pandit Jibânanda Vidyâsâgara bekannt ist, schliesst sich dem Stoffe nach eher an Somadeva und Kshemendra als an Çivadâsa an. Freilich aber weicht sie von beiden in der Reihenfolge der Erzählungen nicht unwesentlich ab und die 11., 13. und 20. des Çivadâsa fehlen darin ganz, während als 20.—22. drei andre lange Erzählungen eintreten, die in keiner andern Recension vorkommen. Ein characteristischer Unterschied von Çivadâsa ist ferner der, dass keine Sentenzen in die Erzählung eingestreut sind, während seltsamer Weise nur in einigen der ersten Erzählungen Einleitung und Schluss, das was zum Rahmen gehört, in verschiedenen Versen gegeben sind, nämlich Anfang und Ende von 7 und 8, Anfang von 4 und Ende von 3 und 5. Nach unseren Begriffen von Stil würden wir eine Gleichmässigkeit darin verlangen. Im Uebrigen will ich hinsichtlich der Darstellung des Jambhaladatta blos auf das Urtheil von Aufrecht verweisen, welcher sie im Verz. d. Oxf. H. S. 152 im Vergleiche zu der des Çivadâsa als elegantior bezeichnet.

Die Ausgabe von Jibânanda ist nicht gerade mit Sorgfalt gemacht; sie könnte verbessert werden durch Vergleichung dreier Handschriften, welche denselben Text bieten, nämlich der von Aufrecht im Oxforder Catalog unter Nr. 327 erwähnten bengalischen, einer zweiten bengalischen der India Office Library, Nr. 3106 A, und der einen jetzt in Cambridge befindlichen nepalesischen, welche Wright mitgebracht hat, MS. Add. 1619. Die beiden erstgenannten stimmen in den von Aufrecht verzeichneten Lücken, in der falschen Zählung, insofern die 17. Erzählung der Calcuttaer Ausgabe als 18. bezeichnet wird und so fort, und in den kleinen Textproben, die ich zufällig aus der Handschrift des India Office mir notirt hatte und mit Aufrechts Angaben vergleichen konnte, so vollständig überein, dass man annehmen muss, es sei die eine von der andern abgeschrieben, oder beide von demselben Original; auch mit dem Calcuttaer Texte stimmen sie nach den eben erwähnten Proben fast überall buchstäblich überein, während dieser die Lücken durch andere Erzählungen ausfüllt.

Von der oben genannten nepalesischen Handschrift von Cambridge. in Sanskrit und Newârî, geschrieben 1675 unserer Zeitrechnung, kann ich nur angeben, dass sie mit dem 3. Verse der Calcuttaer Ausgabe namâmi mañju⁰ beginnt. Die andere ebendort befindliche nepalesische, Add. 1655, weicht nach den von Windisch mir daraus mitgetheilten Proben von der Calcuttaer Ausgabe wesentlich ab und hat zum Theil auch eine andere Reihenfolge der Erzählungen; Windisch bezeichnet sie als „nicht besonders alt und auch nicht besonders gut". Sie beginnt mit demselben Verse wie die andre, aber sehr corrupt; in der Unterschrift der 14. Erzählung hat sie den Namen des Autors: iti Jambhalaviracitaṃ (sic!) kathâpañcisake (sic!) caturddaço Vetâlaḥ. Der Jogin oder vielmehr kâpâlika, wie ihn auch die Calcuttaer Ausgabe bezeichnet, heisst hier Jñânaçîla, aber im Anfang der zweiten Erzählung, wenn so richtig zu lesen ist, Kshântiçîla. An derselben Stelle wird der König, der den Vetâla holt, Vikramakeçarin genannt, wie bei Somadeva der Gefährte des Prinzen heisst, welchem die Vetâlapañcavinçati erzählt wurde. Die 14. Erzählung der Calcuttaer Ausgabe, Çivadâsas 16., fehlt darin nach einer Mittheilung Zachariaes; was für welche sonst noch darin enthalten sind oder fehlen, darüber sind mir keine Angaben gemacht worden.

Die Recension des Çivadâsa, zu der wir nun endlich gelangen, scheint von den prosaischen Darstellungen der Vetâlageschichten die grösste Verbreitung genossen zu haben. Sie zeichnet sich vor den andern aus durch die zahlreichen eingestreuten Verse, welche zum Theil nachweislich anderswoher entlehnt, zum Theil aber auch wohl von dem Verfasser selbst gedichtet sind. Das letzere ist selbstverständlich der Fall bei denjenigen Versen, welche direct zum Material der Erzählung gehören, sie weiter führen in der Art, dass ohne sie im Sachlichen etwas fehlen würde, wie z. B. am Ende der ersten Erzählung unser Vers 32 eine nothwendige Angabe enthält. Aber abgesehen von derartigen Versen giebt es nicht wenige, welche zwar auch, wie man es ausdrücken kann, zur Erzählung gehören, etwa eine Situation ausmalen, aber trotzdem ebensogut für andere ähnliche Situationen gedichtet und von Çivadâsa oder denen, welche ihn zu verbessern glaubten, in die betreffende Erzählung hineingenommen sein können, wie z. B. die hübschen Strophen 4—8 in der 20. Erzählung. Diese gerade ist man gewiss geneigt für Producte des Verfassers unseres Werkes zu halten, aber die eine davon, die 6., ist nach Çârngadharas Paddhati (Aufrecht, ZDMG. XXVII, 90 f.) nicht von ihm, sondern von Çañkuka Mayûrasûnu; es lässt sich daher auch über die anderen, über welche keine Angaben bekannt sind, nichts fest behaupten. Ebenso können Schilderungen in Versen, wie die von der Schönheit der Unmâdinî in der 16. Erzählung, ebensogut anderswo vorkommen, wie denn auch diese sich etwa gleichlautend im Mâdhavânalâkhyânam finden, und es wird oft unmöglich sein zu entscheiden, wo solche Verse ihre ursprüngliche Stelle haben. Daher habe ich für das Versverzeichniss bei der Trennung der Verse, die wirklich in die Erzählung gehören, und des poetischen Flitterstaates, der zum Aufputz irgendwo anders her entlehnt sein kann oder nachweislich entlehnt ist, der ersteren Gattung möglichst enge Grenzen gezogen. Diese Unterscheidung aber überhaupt zu machen war mir deshalb nöthig, weil es mich interessirte zu sehen, wie viel oder wenig Neues den Freunden der indischen Spruchpoesie in der Vetâlapañcaviñçatikâ eigentlich geboten würde. So habe ich denn nach dieser Sonderung eine Zählung veranstaltet, und gefunden dass — wenigstens meinem Versverzeichnisse nach — in den verschiedenen Handschriften des Werkes zusammen 692 Sanskritverse vorkommen, manche davon mehrere Male, von denen 202 schon bekannt und anderweit belegt sind, 24 aber von Boehtlingk nur aus den ersten fünf Geschichten der Vetâlapañcaviñçati nach Lassen und Gildemeister angeführt werden; zu dieser letzteren Categorie der nur aus diesem Werke nachweisbaren Verse müssten wahrscheinlich noch manche gerechnet werden, die Boehtlingk nur aus dem Subhâshitârṇava anführt, die also die letztere Sammlung jedenfalls aus der Vetâlapañcaviñçati entnahm. Von den obigen 692 Versen sind 22 mehr oder weniger corrupt, einige wenige unconstituirbar oder zweifelhaft, ob sie überhaupt Verse sein sollen, und 113 von der Gesammtmasse sind, wenigstens meiner Auffassung nach, als im engeren Sinne zur Erzählung gehörig zu bezeichnen. Alle diese abgerechnet, bleiben immerhin, wenn man auch noch die 2 aus der Recension **f** hinzukommenden neuen Verse mitrechnet, 333 richtige Verse in verschiedenen Metren, welche jetzt neu bekannt werden. Hierbei sind ausser Berechnung geblieben die etwa 28 (zur Hälfte ihrer Zahl zur Erzählung gehörigen) halben Çloken, die zum Theil an vollständige Çloken angeschlossen, theilweise aber auch selbständig vorkommen; die gegebene Zahl ist nicht zuverlässig, weil ich in der selbständigen Numerirung solcher Anhängsel vielleicht nicht consequent genug gewesen bin. Ferner aber kommen noch 53 Prakritverse hinzu, von denen nur 3 bereits bekannt waren, der grössere Theil allerdings, 32 an der Zahl, ganz oder theilweise corrupt sind, sodass vollständig constituirt nur 18 als neue Erwerbung vorliegen.

Eine genauere Untersuchung über dieses Versmaterial, über etwaige anderweite Provenienz der bisher unbekannten und andere damit zusammenhängende Fragen würde vielleicht literargeschichtlich einige Resultate ergeben, konnte aber von mir jetzt wenigstens nicht angestellt werden.

Wenden wir uns nun zu dem prosaischen Theile des Werkes, so sind zunächst über die Sprache desselben einige Bemerkungen zu machen, die sich in gleicher Weise wenigstens auf den Theil der Verse mit erstrecken, welcher bis zum Beweise des Gegentheils unserem Autor, oder vielmehr, da hier beide Recensionen zusammen zu betrachten sind, unseren Autoren, selbst angehört.

Hierüber hat schon Weber in der Anzeige meiner Ausgabe der 15. Erzählung, a. a. O. S. 344, einiges gesagt, und manches von demselben Gelehrten in Bezug auf die Sprache der Siṅhâsanadvâtriṅçikâ (Ind. Stud. 15, S. 204 ff.) und die des Pañcadaṇḍachattraprabandha (in der Ausgabe desselben S. 2 ff.) angeführte findet sich ähnlich in unserem Werke, und zwar, wenn ich mich nicht täusche, mehr noch in der anonymen Recension als in der des Çivadâsa. Die Sprache ist eben keine völlig correcte, sie zeigt häufig Fehler in den Flexionsformen, wie in syntactischer Beziehung, wobei freilich vieles auf Rechnung der Abschreiber kommen mag. Ohne hierbei Vollständigkeit zu erstreben, führe ich aus der Declination heteroclitische Formen an wie duhitâm S. 116 Z. 9 v. u., duhitâyâ S. 124 extr., wo zugleich das Dvandva-Compositum singularisch flectirt ist, vidushair von vidvaṅs S. 144 med.; ferner tulyâkṛitiḥ als masc. statt °kṛitîn, die fast regelmässige Verwendung von vṛittânta als Neutrum, ebenso vara **39**, 15, daṇḍa in dem Verse S. 107 extr. und andere, was in den Anmerkungen gar nicht erwähnt ist. Häufiger noch finden sich falsche Verbalformen, wie bhuñjâmi **46**, 13, zu **28**, 22 und öfter, rodâmi **168** zu **41**, 16 und rodati in **B** XXIV, v. 15, gṛihîta st. gṛihyeta **78**, 36; vyadhita st. vyadhita **70**, 17, wohl nicht blos Schreibfehler; dṛishṭum **87**, 2, ebenso gṛihîtum **203** med.; ghûrṇâyamâna **156**, 1; mûshâyitâvaḥ **156**, zu **33**, 44, muñcyatâm **157**, zu **34**, 22; *ibid.* muñcâpaya mit der von Weber, Pañcadaṇḍach. S. 13 Anm. 14 erwähnten prakritischen Causativbildung auf °âpay; so auch kârâpitaḥ in **g** st. racitaḥ **54**, 27 und çikshâpitâḥ **3**, 36. Eine sonderbare Verwechselung ist jeshyâmi st. jîye **138** zu **24**, 41, was uns auf das syntactische Gebiet hinüberleitet; ähnlich uktvâ statt ukte **77**, 13, kathayitvâ st. kathite **79**, 32, **88**, 20 und ebenso **92**, 42, wo ich çrutvâ geschrieben habe.

Ein seltsamer syntactischer Fehler, der öfter vorkommt, ist die Verbindung der 3. sing. imperat. pass. mit einem Object statt Subject, wie kathâṃ çrûyatâṃ im Anfang von Erzählungen, z. B. IV, **18**, 19 çrûyatâṃ tâvat kathâm imâṃ **A**; sarvâbharaṇâni gṛihyatâṃ **144** zu **28**, 23. Die auch von Weber Pañcadaṇḍach. 26, 131 erwähnte Verwechselung der 2. und 3. Person findet sich auch hier zuweilen, wie dunoti in 3 Handschriften von 5 st. dunoshi, im Vers 2 von XX, und nâ 'nvabhûn st. °bhûr in **A** in demselben Verse; tvaṃ ca Vikramaseno 'bhûd râjâ in **A** XXV, **62**, v. 4; viçvaçet in **D**, XXV, **204** extr. Ein Nomin. absol. steht **27**, 29: vivâhitâ satî . . yâvad bhartâ . . karoti, durch sieben Handschriften bezeugt, und ebenda 32 kanyâ satî yad vṛittântam abhût in zwei Handschriften; ähnlich dvau tau tatra upaviçya huṃkâro muktaḥ in **D**, **132** zu **21**, 46. Nicht selten ist ein anderes Fallen aus der Construction wie **90**, 10 f. tena putreṇa . . jagâma; **157** zu **33**, 44 âvâbhyâṃ . . mûshâyitâvaḥ (so!); **213** zu **91**, 16 sakautukais tair . . prâpuḥ.

Eigenthümlich ist die Zusammensetzung ullambitasthitaḥ in **f** am Schluss von XVII, XIX, XX und XXI statt ullambhitaḥ sthitaḥ, wie ich geschrieben habe, eine Zusammensetzung des participium conjunctum mit dem das verbum finitum vertretenden Particip. Von andern Irregularitäten der Zusammensetzung ist mir aufgestossen ashṭaulakshaṇavant in **a**, zu **61**, 18.

Hier ist auch die Behandlung des Sandhi in der Sprache meiner Texte zu erörtern, in welcher Beziehung ich soviel als möglich den Handschriften mich angeschlossen habe. Denn die so häufige Vernachlässigung der Zusammenziehung und andrer euphonischer Veränderungen ist jedenfalls nicht blos Nachlässigkeit der Abschreiber, sondern, wie Weber in der mehrgenannten Recension (Ind. Str. 3, 519) sagt, ein peccatum ab origine. Die Abweichungen von den Regeln der Grammatiker zeigen sich hier nach zwei entgegengesetzten Seiten; nämlich einerseits werden die Wortauslaute vor andern Wörtern oft so gelassen, wie sie am Ende sein würden, also steht z. B. der Visarga auch vor tönenden Lauten und vor dumpfen Cerebralen und Dentalen, der Anusvâra auch vor Vocalen, und schliessende Vocale bleiben vor folgenden Anfangsvocalen oft unverändert, bez. unzusammengezogen; andrerseits aber tritt wieder gerade eine Neigung zu sonst verbotenen Zusammenziehungen auf, wie Malayavatyâ 'gre **40**, 26 und tasyâ 'gre als fem. **71**, 14 u. ö., oder yogye 'ti = yogyas iti **77**, 12, çiçire 'va = çiçire iva **56**, v. 13, adhaurdhva = adhas-ûrdhva **136**, v. 12, u. a. Diese Neigung geht so weit, dass sie selbst zur reinen Elision des folgenden Vocals führt, wie in Surasundarîpâkhyânaṃ in **g** st. °sundaryupâkhyânaṃ am Schluss von XI (S. **153**) und Harisvâmîpâkhyânaṃ st. °svâmyupâkhyânaṃ in derselben H. **156**.

Der Wortschatz verdiente eine genauere Behandlung, als ich sie gegenwärtig ihm zu widmen in der Lage bin; ich begnüge mich daher einige seltne oder bisher unbelegte Wörter hervorzuheben, wie dhâṭî Schlacht **36**, 36, paṭṭakila Ackersmann(?) **60**, 16, upakâryâ königliches Zelt **103** init. und **173** init., svarṇa für suvarṇa **157** zu **34**, 21, rûpasvin öfter; neu sind vaikâlika Abendessen(?) **16**, 4, mâñgalika Gratulationsgeschenk **31**, 36, gotrin = gotraja **39**, 39 u. ö., râjapaṭṭikâ Königsplatz(?) **44**, 15, ut-koçay aus der Scheide ziehen **78**, 15, anukûlya Gunst (pavanasya) **81**, 23, suçîlatâ gutes Gemüth in dem Verse kshauraṃ° **104**, prâghûrṇika Bewirthung(?) **105** zu **10**, 29 und **175** zu **46**, 8 ff., krayâṇaka Waare **118** init., aṭṭapâla Polizeier **121** zu **17**, 2 f., dinapâṭikâ Sold (?) **124** zu **18**, 27, prekshaṇika Schauspieler **125** zu **18**, 35, prâdhânya = pradhânapurusha **162** zu **37**, 32 f., *ibid.* sthâpanikâ Depositum; prekshaṇîya Schauspiel **183** zu **50**, 12, kṛishyakâra = kṛishîvala **202** zu **60**, 16, u. a. m. Eine üble Neubildung nach Analogie von ekadâ ist sakṛidâ in dem damit beginnenden Verse S. **204**.

Ungewöhnliche Formen bekannter Wörter sind vâcâ st. vâc in dem Verse asârasya° **142**, auch Pañcadaṇḍach. S. 45, wozu Nota 269, kâlaparyâya öfter, z. B. **14**, 37; kâyâ **199** v. 16.

Zweimal kommen Hindîworte vor, rahaṭṭa in dem Verse punar janma° **201** zu Vers 15, und bheṭanaka in der Einleitung, **95** zu **5**, 26, und in den carpaṭavâkyâni der 22. Erzählung Guzeratî khânâ und karavâ = kṛitvâ, **197** med.

Die Sprache der im Texte des Çivadâsa vorkommenden Dialectverse, soweit ihre Herstellung gelungen, ist meist Mâhârâshṭrî, seltner Apabhrança, das Uebrigbleibende ist, nach Weber, „in bhâshâ, zum Theil in ganz moderner Form, abgefasst“. In der Constituirung, bezw. Orthographie derselben, waren meine Helfer Weber und Pischel zuweilen verschiedener Ansicht, namentlich hinsichtlich des zu setzenden oder wegzulassenden y, worüber Weber bemerkt: „Die yaçruti bleibt da, wo die Mss. sie bieten, besser bestehen. Sie ist eben ein Zeugniss für die Jaina-Herkunft dieser (der Mss.). An Herstellung eines Textes mit der Orthographie des ersten Autors ist, bei dem kläglichen Zustande der Mss., ja doch überhaupt nicht zu denken, s. Ind. Streifen 3, 516. Wenn derselbe im Uebrigen, wie doch wohl anzunehmen, ein Jaina war, so wäre die yaçruti vermuthlich den Versen ab origine zu eigen“.

Was den sachlichen Inhalt der Erzählungen anlangt, so habe ich darüber, gemäss der oben im Anfang ausgesprochenen Beschränkung, nur wenige Bemerkungen zu machen, nämlich ausser über den Rahmen nur zur 2. und 5. Erzählung, in welchen mein Text zufolge des von mir eingehaltenen kritischen Princips, worüber weiter unten, gegenüber der von Lassen gegebenen Fassung wesentliche Abweichungen enthält. In der zweiten nämlich hat der Lassensche von Gildemeister hier nicht geänderte Text ausser den drei in den übrigen bekannten Bearbeitungen vorkommenden Bewerbern um das Mädchen noch einen vierten, welcher nach der Bestattung der Verstorbenen einfach nach Hause geht und schliesslich die Wiederbelebte zur Gattin erhält; in der fünften wird bei Lassen unter den drei gleich ausgezeichneten Freiern dem Weisen die Braut zugesprochen, während sie in allen anderen Fassungen, und so auch in meinem Texte, der Bogenschütze bekommt, welcher den Dämon getödtet. Beide Abweichungen, welche dem Çivadâsa eigen zu sein schienen, haben sich mir als Besonderheiten der einzigen Handschrift **A** erwiesen, welcher der erste Herausgeber, damals entschieden mit Recht, gefolgt war, während sie jetzt gegenüber der Uebereinstimmung aller anderen nicht mehr beibehalten werden konnten; in der 5. Erzählung hat denn auch schon Gildemeister das Richtige aufgenommen, was Oesterley entgangen ist.

Dem Anfang der Rahmenerzählung, wie sie aus dem Lassen-Gildemeisterschen Texte bekannt ist, geht in der Handschrift a eine Vorgeschichte voraus, welche ungefähr mit dem Anfang der Hindîbearbeitung übereinstimmt. Leider fehlt das erste Blatt der Handschrift, und die ersten erhaltenen Worte sind, aus dem Zusammenhang gerissen, nicht verständlich; nur soviel ist sicher, dass da erzählt wird, wie König Gandharvasena (so wird er weiter unten mit der Hindibearbeitung übereinstimmend genannt) nach der Einsiedelei des Büssers Valkalâçana geht; es liegt also hier die Erzählung vor, welche Oesterley S. 179 in den Bemerkungen zur Rahmenerzählung als Einschachtelung C: „Der Büsser und seine Verführung“ bezeichnet. Da nun die Darstellung in unserer Handschrift viel ausführlicher ist als im Hindîtexte und bei der Art der Schrift auf einem Blatte nicht viel steht, so ist nicht anzunehmen, dass die beiden dort vorausgehenden Geschichten, „die Frucht der Unsterblichkeit und ihr Kreislauf“ und „Bikrams Kampf mit dem Dämon“ (Oesterley S. 177 und 179) auch hier gestanden hätten. Was Oesterley a. a. O. als Fortsetzung derselben **D**: „Drei Männer unter gleichem Sterne geboren“ bezeichnet, schliesst auch hier sich an, aber in anderer Weise. Der betrogene Büsser nämlich schleudert wüthend seinen Knaben zu Boden; den Kopf desselben wirft er in das Haus des Königs, den Rumpf in das eines Töpfers, die Beine in das eines Oelmüllers, und in allen drei Häusern wird dann später am selben Tage und zur selben Stunde ein Knabe geboren, worauf in jedem derselben der Astrolog erklärt, dass, wer von den dreien die beiden andern tödte, ein grosser Herrscher werden würde. Der Königssohn nun erhält den Namen Vikramâditya und gelangt nach dem Tode seines Vaters Gandharvasena auf den Thron; der Töpferssohn aber erfährt einst von seiner Mutter die Prophezeiung, und um sie zu seinen Gunsten zu verwirklichen, lockt er den Oelmüllerssohn in den Wald, erwürgt ihn und hängt ihn an einem Baume auf; als das bekannt wird, flüchtet er, und Vikramâditya lässt sein Haus zerstören und freut sich über die Entfernung des Feindes. Diese Dinge erzählt im Hindîtexte in der Einleitung der Dämon dem König Bikram und warnt ihn vor dem Töpfer. In ähnlicher Weise giebt sich bei Jambhaladatta am Schlusse der befriedigte Vetâla dem Könige als Oelmüllerssohn zu erkennen und erklärt ihm die feindlichen Absichten des Kshântiçila, den er des Königs Bruder nennt (die Bezeichnung als Töpferssohn findet sich nicht). Dieser wolle den König der Devî als Opfergabe darbringen und dafür die siddhi erlangen.

Von den verschiedenen Darstellungen des Schlusses in unseren Handschriften der Redaction Çivadâsas ist zwar in den Anmerkungen das Nöthige angeführt, doch will ich auch hier hervorheben, dass nach der gelungenen That des Königs statt der Gandharven auch Indra und die anderen Götter als die Spender des Blumenregens genannt werden, dass in einer Handschrift Indra ihm ein Schwert schenkt, dass, wie in der Telugubearbeitung so hier, in zwei Handschriften der König den Vetâla als Diener sich erbittet, und dass in einer andern der Vetâla in einen unverwüstlichen goldnen Mann verwandelt wird (cf. Weber, Ind. Stud. 15, 211) der es dem Vikramâditya ermöglichen soll die ganze Erde schuldenfrei zu machen. Von dem agnikuṇḍa aber, welcher in der von Weber a. a. O. 277 f. aus der Handschrift S der Siṅhâsanadv. angeführten Fassung des Rahmenschlusses vorkommt und märchengeschichtlich wichtig ist (Weber a. O. 216), wird in keiner Handschrift etwas erwähnt.

Dass der Schluss des Rahmens bei Çivadâsa als 25. Erzählung gezählt wird, hat schon Oesterley S. 3 hervorgehoben. Gleichwohl haben wir in einer Handschrift (c) eine sonst nirgendsher bekannte 25. Geschichte, die ich trotz ihrer Jämmerlichkeit im Inhalt wie in der Form nicht unterdrücken wollte. Sie ist kurz folgende: Drei Freunde sind bei einer Hungersnoth jeder zu seinem Schwiegervater in Vârâṇasî (Benares) gegangen. Der Eine, hungrig, sucht Nachts zu einem Reisvorrath zu gelangen, wird ertappt und kann, weil er den Mund voll hat, nicht Rede stehen; das hält man für eine Krankheit und giebt einem Wundarzt eine Büffelkuh für die schwierige Operation. Der Zweite macht Nachts mit seiner Frau aus, nicht zu sprechen, und beide bleiben stumm auch als ein Dieb sie bestiehlt. Vom Dritten wird nichts erzählt. Der Vetâla fragt nun, wer hier „der Dumme“ sei, und der König antwortet: Der Dieb! Hierzu verweist Herr Dr. R. Köhler auf Dubois' Pantchatantra, S. 363, wo vier Brahmanen streiten, wer der grösste Narr unter ihnen sei, und der dritte von sich eine Geschichte erzählt, die der des Zweiten in unserer Geschichte ähnlich ist. Abendländische Parallelen dazu hat derselbe Gelehrte im Jahrb. f. roman. u. engl. Lit. XII, 348 angeführt (Contes du Sieur d' Ouville I, 194 und Straparola VIII, 1).

Wir kommen nunmehr zu den Hilfsmitteln für die Constituirung des Textes des Çivadâsa, als welche zunächst die Publicationen einzelner Erzählungen in Text oder Uebersetzung zu erwähnen sind. Unter diesen steht natürlich in erster Linie Lassens Ausgabe der Einleitung und der ersten fünf Erzählungen in seiner Anthologia sanscritica, Bonn 1838, 3. Aufl. von Gildemeister ibid. 1868, in welcher bereits die Hallschen Handschriften benutzt sind. Sodann ist zu nennen Höfers Publication der 6. Erzählung in seinem Sanskritlesebuch. Berlin 1849, S. 69 ff. Während des Verlaufes meiner Arbeit wurde, wie schon oben erwähnt, die 16. Erzählung von Zachariae in Text und Uebersetzung publicirt im IV. Bande von Bezzenbergers Beitr. z. K. d. indog. Spr., S. 360 ff., mit beachtenswerthen Anmerkungen. Der Vollständigkeit halber ist auch meine eigne gleichfalls schon oben erwähnte Publication der 15. Erzählung, Dresden 1877, hier mit zu verzeichnen, und aus gleichem Grunde die von Gildemeister im Vorwort der 3. Aufl. der Anthologie pag. VII erwähnte Reproduction der ersten 5. Erzählungen von Bertolazzi, Bassano 1851, welche ich nach Gildemeisters Urtheil darüber („nihili fuit") glaubte unberücksichtigt lassen zu dürfen. Uebersetzt ist das erste Fünftel von A. Luber im Programm von Görz 1875, merkwürdiger Weise ohne Berücksichtigung der schon 1868 erschienenen 3. Aufl. der Anthologie und der Boehtlingkschen Sprüche, ausserdem in usum delphini zugestutzt und auch sonst unzuverlässig, also wissenschaftlich ohne Werth. Schon früher hatte Brockhaus dasselbe theils vollständig, theils auszugsweise übersetzt in den oben S. 8 erwähnten Berichten der K. S. Ges. d. Wiss., 1853. Die 6. Erz. ist von Benfey im Orient und Occident I, S. 730 übersetzt, die 8. und 12. von Höfer in den „Indischen Gedichten" Band 1.

Die modernen Bearbeitungen und Uebersetzungen, welche Brockhaus a. a. O. und Oesterley S. 6 ff. erwähnen, habe ich nicht benutzt, sondern mich zum bequemen Handgebrauche mit Oesterleys Uebersetzung der Baitâl Pachîsî (oben S. 8) begnügt, wie ich hoffe ohne Schaden für meinen Text.

Die Handschriften von Çivadâsas Vetâlapañcaviñçatikâ, von welchen ich Kenntniss erlangt und die ich, ausser **C**, **D** und **E**, sämmtlich genau abgeschrieben oder verglichen habe oder die Windisch abgeschrieben hat, sind die folgenden:

A, Ind. Off. Libr. No. 1765, geschrieben saṃvat 1849 = A. D. 1792; 87 kleine Blätter, die Seite zu 9 Zeilen, mit schöner gleichmässiger, nicht zu grosser Schrift, in leidlicher Correctheit, vielleicht die beste von allen HH.

B, Ind. Off. Libr. No. 1668, nach Gildem. etwa zur selben

Zeit geschrieben; 54 Blätter, die Seite zu 11—13 Zeilen; schmierige, ungleichmässige, meist ziemlich grosse Schrift voller Fehler. Es giebt kaum eine Zeile, wo nicht ein Wort oder ein Buchstabe, zum mindesten ein kleines Zeichen, weggelassen wäre. Den Text der H., im wesentlichen mit **A** übereinstimmend, bezeichnet Gildem. als aliquanto ornatior, was ich nicht gerade gefunden habe. Nach der Vetâlap. enthält die H. noch auf 32 Blättern das Drama Kumâravijaya.

C, früher in derselben Bibliothek, jetzt verschwunden, geschrieben saṃvat 1865 (A. D. 1808), 93 Blätter. Nach Lassen weicht diese H. in manchen Einzelheiten von den vorigen ab und ändert auch manches in der Erzählung.

D, Brit. Mus. Add. No. 21477, nach dem Catalog aus dem 19. Jahrh.; 39 Blätter, nach unsrer Art beschrieben, die Seite zu 20 Zeilen. Hiervon besitze ich eine Abschrift des Herrn Dr. Zachariae, die dieser allerdings selbst, als eine Erstlingsarbeit, nicht als gut gelten lassen will. Wie dem auch sei, sicher ist die H. sehr fehlerhaft; sie verwechselt gewöhnlich î und i, û und u; häufig steht ṛi für ru, z. B. çṛitvâ, auch umgekehrt ru für ṛi, z. B. rusheḥ für ṛisheḥ. In den Unterschriften benennt sie zuweilen die einzelnen Erzählungen nach ihrem Inhalte, z. B. iti Çrî Vetâlapañcaviñçatyâṃ Padmâvatîkathânakaṃ prathamaṃ, iti çuka-sârikâkathânakaṃ samâptaṃ tṛitîyaṃ, und am Schlusse iti Vetâlapañcaviñçatitamaṃ kathânakaṃ samâptaṃ. Der Name des Çivadâsa wird dabei nicht genannt, trotzdem aber und trotz vieler Abweichungen (s. Zachariae, a. a. O. S. 368) glaube ich doch hier keine ursprünglich andere Recension annehmen zu dürfen. — Vor den letzten Worten steht folgender Vers:

sârât sâraṃ samâdâya kathâ yâs tu samuddhṛitâḥ,
ajñânâṃ tâḥ (so *Jac.* f. ca) prabodhâya; kshantavyaṃ tu sadâ budhaiḥ.

E, mit **D** zusammengebunden, nur 9 Blätter (17 Seiten, 9—11 Zeilen), die Einleitung und die ersten beiden Erzählungen enthaltend, kenne ich gleichfalls nur durch Zachariaes Abschrift. Auch hier wird Çivadâsa nicht genannt und doch ist es entschieden dieselbe Recension. An einigen Stellen tritt ein besonders nahes Verhältniss zu **C** hervor, jedoch ohne dass ein directer Zusammenhang zwischen beiden glaublich würde.

Die weiter folgenden HH. sind im Besitz des Herrn Fitzedward Hall, nämlich:

a, ursprünglich 92 Blätter, von denen das erste fehlt, 6 Zeilen auf der Seite, mit sehr grosser, schöner Schrift, aber ziemlich fehlerhaft, geschrieben A. D. 1714, wie aus folgendem am Ende stehenden, von Weber constituirten Verse in Bhâshâ hervorgeht:

imdu(1)dîpa(7)ṛishi(7)sasi(1) asita asvani mâsa sukravâra
Sadana(Madana?)sinhake hita lishyo bhagatarâ pavahivârâ(?)

d. h. (saṃvat) 1771 in der dunklen Hälfte des Âçvina-Monats am Freitag für Madanasinha (wohl so z. l.) geschrieben von Bahadur . . (?)

Vor diesem Verse stehen folgende zwei, womit der Schreiber, wie häufig, seine Genauigkeit versichert und den Leser ermahnt:

yâdṛiçaṃ pustakaṃ dṛishṭvâ, tâdṛiçaṃ likhitaṃ mayâ;
yadi çuddhaṃ açuddhaṃ vâ, mama dosho na dîyatâm! 1.
jalarakshaṃ, tailarakshaṃ, rakshaṃ dahati(?) hutâçataḥ;
mûrkhahaste na dâtavyam! evaṃ vadati pustakaṃ. 2.

(Es ist wohl überall rakshyaṃ zu lesen, und vielleicht câpi hutâçataḥ.)

Diese H. allein hat, wie oben erwähnt, die der Hindibearbeitung entsprechende Einleitung und schliesst sich auch sonst mehrfach an diese an; der Schluss fehlt, sie hört mit der 24. Erzählung auf.

b, 50 Octavblätter, nach europäischer Weise geschrieben, 19—20 Zeilen auf der Seite; grosse, leserliche Schrift, die Unterschriften und Interpunctionsstriche roth. Auf Blatt 43ª — 49ª folgt ein ganz kurzer Auszug der Sinhâsanadv., am Schlusse Çri-Vikramaprabandha betitelt, darauf folgende Datirung: saṃ° 1750 varshe mâgha va di 11 gurau, nach Gildemeisters Berechnung = 11. Jan. 1694 nach dem alten Kalender.

c, 63 Blätter kleines Format, gewöhnlich 10 Zeilen; kleine, dicke, oft schwer zu lesende Schrift, übrigens ziemlich correct. Eine Datirung fehlt. Auf der ersten Seite steht, von anderer Hand schlecht und unleserlich geschrieben, ein unconstituirbarer Dialectvers, anfangend nehabharibatiyâsashṇabâṃcîcittalagâi, drei gereimte Zeilen, darunter: Vetâlapaṃcaviṃçatikâ patra 62, und dann upâdhyâpraghu(?)kṛishṇâtmajaçrîbâlakṛishṇasya. Die dieser H. eigenthümliche 25. Erzählung ist oben S. XXIII erwähnt.

d, 30 Blätter, die Seite zu 10 Zeilen, eine mittelmässige H., nach der von einer andern Hand, welche sie durchcorrigirt zu haben scheint, beigeschriebenen Datirung aus dem Jahre saṃv. 1900 = A. D. 1843.

e, 38 Blätter, 11 Zeilen die Seite; kleine, fette, regelmässige Schrift. Eine Datirung fehlt, das Aussehen ist neu. Die H. bricht ab mit der 21. Erzählung, trotzdem steht auf der leeren letzten Seite: Vetâlapaṃcaviçi samâptâ.

g, ein Bruchstück von 42 Blättern mit den Numern 182—223, nach unsrer Art geschrieben, 13—16 Zeilen auf der Seite, ziemlich grosse, unschöne Schrift. Das erste erhaltene Blatt beginnt mit dem Ende der 11. Erzählung; nach dem Schluss der Vetâlap. steht folgende corrupte Strophe:

bhâvair gûḍhatarair api sthiradhiyâ saṃdehahatyonmanaḥ-
çrîmad-Vikramasenabhûmipatinâ vyâkurvitâṃ prâpitâḥ
bhûyâsur bhuvi pañcaviñçati kathâ Vaitâlavaktrodgatâḥ
çrîmad-Râmakulapradîpabhavana-Çrî-Keçavaprîtaye.

α saṃdeha-ṭatyomanaḥ. β prâpitâ am Rande corrigirt für prâpyatâ. γ bhivi. δ bhavanaḥ.

Dann folgt von Bl. 205—207ᵇ die von mir in der ZDMG. XXIII S. 442 ff. in Text und Uebersetzung mitgetheilte Geschichte von dem „König, der durch unbedachte Rede seinen Leib verliert“ (Benfey Pañcat. II, S. 124), wornach es heisst: iti Çrî Çivadâsaviracitâyâṃ mârge Vaitâla-Vikramasaṃvâde Vikramâdityasya ashṭamahâsiddhiprâptir nâma | tathâ ca parakâyâpraveçavidyâprâptir nâma vinoda-Vaitâlapañcaviñçatikâ samâptâ[ḥ]. Es folgen einige Verse, darin die Datirung nach Vikram. 1759, also A. D. 1702, und von S. 208ᵇ—220ᵇ das Mâdhavânalâkhyânam des Ânanda.

Ich füge gleich hier hinzu, was von der Handschrift **f**, die uns den Auszug aus Kshemendra bietet, zu sagen ist. Sie enthält 48 Blätter, auf der Seite 12 Zeilen, nach der Vetâlap. von Blatt 25ᵇ an die Siñhâsanadv. Zum Ersatz des verlorenen ersten Blattes ist ein anderes angefügt, welches den Anfang der Recension des Çivadâsa enthält, mit keiner andern H. besonders nahe übereinstimmend. Die H. ist geschrieben saṃvat 1802 âshâḍha kṛishṇe 8 budhe, also 26. Jan. 1745. Sie ist im ganzen ziemlich gut, nur im Sandhi sehr incorrect und ungleichmässig. Ich habe ihre Schreibart in der Hauptsache belassen, nur das so häufig weggelassene ḥ, s oder r, letztere in Fällen wie pûjitâ trayo (**76**, 18), vadhû bhavishyati (**72**, 41), selbst vadhû ahaṃ (**80**, 1) ergänzt, o vor dumpfen Lauten, wie stricaṅgo satyaṃ (**76**, 12), und a nach o, wie in putro abhût (**91**, 27), nicht geduldet. Einige Male finden sich prakritische Schreibungen: çayyââ **76,** 16. Ujjainî **76,** 32, kathaïtvâ **86,** 31.

Das Verhältniss der aufgeführten Handschriften von Çivadâsas Recension zu einander, wie ich es in meinem mehrerwähnten Programm S. IV für die 15. Erzählung definirt habe, hat sich mir im Verlaufe meiner Arbeit als ungefähr dasselbe für das ganze Werk bestätigt, wenn es auch stellenweise scheint, dass bald diese bald jene Handschriften mehr mit einander zusammen gehen. Etwas abweichend von Gildemeister, welcher sich nur mit den ersten fünf Geschichten genauer zu beschäftigen Ursache hatte, stelle ich also auch jetzt zunächst zwei Gruppen auf, einerseits **AadB**, andererseits **beg**, welche letztere aber unter einander stärker abweichen als die HH. der ersten Gruppe; dazwischen nimmt **c** eine Mittelstellung ein. Von der ersteren stimmen am meisten überein **A** und **a**, beide etwa gleich ausführlich; etwas kürzer ist **d**, oft mehr mit **B** übereinstimmend; **e** hat viele Verse allein, **b** und **g** sind am knappsten in der Darstellung. Als eine dritte oder vielmehr vierte Gruppe scheinen **CDE** zusammenzugehören, von denen für das ganze Werk nur **D** in Betracht kommt. Allerdings hat eine solche Aufstellung nur bedingte Geltung, denn man kann beinahe jede Handschrift als eine selbständige Recension betrachten, da wohl jede irgend einmal eine Besonderheit zeigt, aber es ist dadurch doch ein gewisser leitender Faden durch das Wirrsal der unendlichen Varianten gegeben.

Bei der Constituirung des Textes nun bin ich bei dem Verfahren geblieben, welches ich für die 15. Erzählung angewandt hatte und welches die Billigung Webers in seiner Recension (jetzt Ind. Streifen 3, 516) gefunden hat. Da es nämlich bei der grossen Divergenz der Handschriften, auch der einander nahe stehenden, unmöglich ist, den ursprünglichen Wortlaut zu reconstruiren, so musste ich suchen, mit möglichstem Anschluss an eine bestimmte Handschriftengruppe, eklektisch einen lesbaren und, wie Weber es ausdrückt, mit sich selbst in leidlicher Harmonie stehenden Text herzustellen. Daher bin ich also im Ganzen der ersten der oben genannten Gruppen, welche die recensio ornatior bietet, gefolgt, zumeist der Uebereinstimmung von **A** und **a**, mit vorwiegendem Anschluss an die erstere H., wo aber andere mir das Bessere zu bieten schienen, habe ich kein Bedenken getragen deren Fassung aufzunehmen. Hierüber werden die Anmerkungen, trotzdem ich sie auf ein möglichst geringes Mass zu beschränken suchte, doch genügende Auskunft geben, und ich glaube kaum irgendwo im Texte die Fassung von **Aa** verlassen zu haben ohne es zu bemerken, bzw. zu motiviren.

Bezüglich der Verse habe ich im Allgemeinen den Grundsatz festgehalten, nur die von mehreren Handschriften, bei welchen mindestens eine von der ersten Gruppe sein musste, gebotenen in den Text zu setzen. Mehrmals allerdings nöthigte mich hiernach die Uebereinstimmung der Handschriften zur Aufnahme entschieden unpassender Verse, ich habe aber in solchem Falle vorgezogen sie im Texte in Klammern zu setzen, anstatt sie in die Anmerkungen zu verweisen. Bei minder massenhafter Bezeugung entschied über Aufnahme oder Nichtaufnahme auch wohl das ästhetische Urtheil. Sollte nun hierbei auch vielleicht mancher Missgriff vorgekommen sein, so kann das nicht viel schaden, da ich stets bei allen Versen angegeben habe, in welchen HH. sie stehen.

Betreffs der Varianten durfte ich wenigstens für die noch unbekannten Verse kein anderes Princip annehmen als das, sie vollständig anzugeben, nur etwa mit Ausnahme der offenbarsten und unbedeutendsten Schreibfehler; es schien mir aber nicht wohlgethan, hierin die alten und die neuen verschieden zu behandeln, und so habe ich bei allen dieselbe relative Vollständigkeit angewendet, die sich der Schwierigkeit der Unterscheidung wegen auch auf die ganz in die Erzählung gehörigen Verse erstrecken musste. Bei den Prakritversen war hier absolute Vollständigkeit mein Ziel.

Um allen Zweifel auszuschliessen, bemerke ich hierzu noch, dass betreffs der Lesarten in den Versen überall der Schluss a silentio gilt; wo keine Abweichung verzeichnet steht, ist anzunehmen, dass die als Belege für einen Vers genannten Handschriften so lesen, wie die von mir aufgenommene Fassung lautet.

Hinsichtlich der Prakritverse muss ich noch erwähnen, dass es anfänglich meine Absicht war, auch die ganz verderbten im Anhange vollständig mit allen Fehlern abdrucken zu lassen, dass mich aber schliesslich die Masse dieses unverständlichen Materials — es sind mindestens ebensoviel Verse, als die constituirten — davon abgehalten hat; es erschien mir genügend, die Anfänge in das Versverzeichniss aufzunehmen, wodurch es denjenigen, die einen solchen Vers anderweit finden, möglich wird, sein Vorkommen in der Vetâlap. zu constatiren, und ich stelle dann gern mein Material zur Verfügung.

Es erübrigt mir noch, allen denen, welche das Zustandekommen meines Werkes ermöglicht und mich bei demselben unterstützt haben, meinen wärmsten und herzlichsten Dank zu sagen: den Herren Fitzeward Hall, Dr. R. Rost, Dr. Th. Zachariae, Professor E. Windisch, besonders auch den Herren Professoren A. Weber und R. Pischel für ihre auf die Herstellung der Prakritverse verwendete Mühe, sowie Herrn Professor Jacobi für die freundliche Unterstützung bei der Correctur und manche scharfsinnige Aufklärung in den schwierigen Versen, nebst andern nützlichen Fingerzeigen, durch welche sich derselbe um das Buch sowohl wie um den Herausgeber selbst höchst verdient gemacht hat; ferner den Herren Professoren Th. Aufrecht, J. Gildemeister, E. Kuhn, Herrn Dr. E. Hultzsch, Herrn Dr. R. Köhler. Die Unterstützung und Theilnahme so vieler trefflicher Männer ist mir ein Sporn und Trost bei der langen Arbeit gewesen.

So möge denn das Werk hinausgehen, an das ich in so vielen stillen Stunden meine beste Kraft gesetzt, zu dem ich, manchmal fast entmuthigt, immer wieder zurück gekehrt bin, um gleichsam ein Vermächtniss zu erfüllen. Es hängt ein gut Stück meines Lebens an dem kleinen Buche; das bitte ich meine Kritiker zu bedenken, wenn sie über die Mängel desselben unwillig werden wollen!

Blasewitz bei Dresden,
d. 15. Aug. 1881.

Heinrich Uhle.

Recension des Çivadâsa.

Vorgeschichte aus Handschrift a.

. . . . nidarçanena pâpasyâ 'nto bhavishyati, tasmâd darçanaṃ kṛitvâ gṛihe gantavyam." ity uktvâ "çramântikaṃ jagâma.

tasminn âçrame Valkalâçano nâma munis tishṭhati; tasya tatra vasato varshasahasrâṇi vyatîtâni; brahmalokaprâptaye picumandataror mûle dhyânasthitas tapaḥ karoti: nijâṅgasaukhyaṃ na jânâti; yathai 'va kâshṭhaṃ, tathai 'va tasya tapoyogâd gâtram; malamûtram api na bhavati. niçîthe dhyânasthitaḥ picumandavalkalakavalam ekaṃ bhakshayati; punar dvitîyadine tasyâm eva velâyâṃ kavalam ekaṃ tathai 'va gṛihṇâti. anenai 'va prakâreṇa tasya munes tasminn âçrame varshasahasrâṇi vyatîtâni.

sa tu râjâ muniṃ dhyânasthitam eva dadarça; dṛishṭvâ manasi cintitam: „asau yadâ dhyânaṃ tyakshyati, tadâ 'sya caraṇayoḥ praṇâmaṃ karishyâmi." ity uktvâ 'çvavâraḥ san tûshṇîm eva sthito babhûva. râjñâ yâmacatushṭayaṃ dine dhyânasthita eva dṛishṭaḥ; tadâ manasi bhaṇitam: „anena mayy ahaṃkâro darçitaḥ: „„etâdṛiço 'ham."" bhavatu! mayâ tu tad vidhyeyam." râjñâ nijanagaram âgatam. sa ca râjâ sabhâyâm upaviçya sarvân lokân âhûya sarveshâm agre idam uktavân: „are, yushmâkaṃ madhye evaṃbhûtaḥ ko 'py asti, yas tasyâ 'bhimânino munes tapovighnaṃ karoti?" tai râjño vacaḥ çrutvâ no 'ttaraṃ dattam. yadâ kair api na bhaṇitaṃ, tadâ tasminn eva samaye ekayâ gaṇikayâ râjño 'gre bhaṇitam: „bho râjan! ahaṃ tasya tapovighnaṃ karishyâmi. mayâ vaçyaṃ kartuṃ kim adbhutaṃ vartate? saundaryalâvaṇyena muniṃ mohayishyâmi. asmin nagare ye mâṃ paçyanti, te mohitâ bhavanti. uktaṃ ca:

ghṛitakumbhasamâ nârî, taptâṅgârasamaḥ pumân;
saṃçleshâd dravate kumbhaḥ: tadvat strî-puṅsabhâvitâ." 1.

râjño 'ktam: „bho gaṇike, çrûyatâṃ! tvayai 'tasya tapovighnaṃ bhavishyati cet, tarhi tubhyaṃ grâmam ekaṃ dâsyâmi." tayo 'ktam: „tava vacanâd vaçyaṃ karishyâmi." sâ gaṇikâ nṛipâgre pratijñâṃ kṛitvâ gṛihe âgatya shoḍaçaçṛiṅgâraṃ vidhâya tasyâ "çramaṃ jagâma; tatra taṃ muniṃ dṛishṭvâ samîpa eva kuṭîrakaṃ kṛitvâ 'tishṭhat.

. tayâ sûryodayâd astaparyantaṃ dhyânasthita eva munir dṛishṭaḥ; tayo 'ktam: „asau kathaṃ vaçyo bhavishyati? mâm asau paçyaty eva na. bhavatu! yathâ yâmacatushṭayaṃ dine dṛishṭaḥ, tathâ râtrâv api drashṭavyaḥ." ity uktvâ tûshṇîm eva tasthau. etasminn antare niçîthe jâyamâne sa munir dhyânasthitas tasya taror valkalakavalam ekaṃ bhakshitavân. tadâ tayâ samyakprakâreṇa dṛishṭo muniḥ. tayo 'ktam: „ataḥ param avaçyaṃ vaçyo bhavishyati.“ sâ ca gaṇikâ gṛihe samâgatya dugdha-çarkarâ-"jyânâṃ modakaṃ vidhâya tatrai 'va samâgatâ. tasmin picumandavṛikshamûle modakaṃ saṃsthâpya svayaṃ kuṭîrake bhûtvâ tûshṇîm eva tasthau. tena muninâ tasyâm eva velâyâṃ tathai 'va kavalam ekaṃ bhakshitam: tasmin dine tasya muner jihvâyâṃ svâdu lagnam. sâ ca punaḥ tarumûle modakaṃ saṃsthâpya tishṭhati. punas tṛitîyadine kavalacatushṭayaṃ bhakshitam. anena prakâreṇa tasya muneḥ kavalavṛiddhir abhavat; kavalaviṅçatimitaṃ vardhitam. tadâ hṛishṭapushṭâṅgo babhûva; tadâ tasya dhyânaṃ katham api na bhavati.

ekadâ tasya muner dṛishṭiḥ patitâ tasyâṃ veçyâyâm: kâmâgnipîḍito jâtaḥ. teno 'ktam:

„strîsaṃbhogât paraṃ loke na saukhyaṃ, na rasâyanam,
karaṇânâṃ kṛitârthatvaṃ yugapad yena jâyate.“ 2.

etâvat parimitaṃ dinaṃ vyarthaṃ jâtam. punaḥ samîpaṃ gatvâ bhaṇitam: „kâ tvam?“ tayâ mukhe añcalaṃ dattvâ bhaṇitam: „ahaṃ † Çakrasya dâsî; kim ucyate tvayâ?“ mudâ teno 'ktam: „tavo 'pari mano me lagnam; tvaṃ mama bhâryâ bhavishyasi, asmin nirjane vane sukhena dvâv api sthâsyâvaḥ.“ tayo 'ktam: „iti katham ayuktaṃ vadasi? etat kathaṃ karishyâmi? mama gṛihaṃ Çakrântikaṃ svargaloke tishṭhati. evaṃ na vâcyam.“ tena Madanâtureṇa bhûyo 'pi bhaṇitam: „he subhru, madîyaṃ vacanaṃ çrûyatâm.“ tayo 'ktam: „âçrama eva svecchayâ sthâtavyam.“ iti çrutvâ sa munir divyaṃ gṛihaṃ vidhâya tasmin gṛihe nityam eva tayâ saha krîḍâṃ karoti.

evaṃ dine dine krîḍati sati tasyâṃ garbho 'bhavat. dine dine garbhe pûrṇe putro jâtaḥ. sa tu munis tam arbhakaṃ kroḍîkṛitya tatrâ "çrame krîḍati: mala-mûtrâdikaṃ tasyâ 'rbhakasyâ 'ṅge patati, dine dine snâna-tarpaṇâdikaṃ na bhavati. yadâ varshaparimito jâto bâlas, tadai 'kasmin dine tayo 'ktam: „he mune, madîyaṃ vacanaṃ çrûyatâm: idaṃ sthânaṃ tyaktvâ sthânântaraṃ kriyatâm. gṛihasthasya vane sthâtuṃ dharmo na bhavati; asmin vane siṅhavyâghrâdayas tishṭhanti; bâlasya rakshâ kathaṃ bhavati? tasmât kutrâ 'pi nagare gṛihaṃ kriyatâm.“ teno 'ktam: „yatrai 'va tava mano bhavishyati, tatrai 'va gantavyam.“ tayo 'ktam: „bho mune, mama nagaraṃ dṛishṭam asti; çayyayâ sahitaṃ bâlakaṃ aṅse vidhâya mayâ saha gamyatâm.“ sa munis taṃ bâlakam aṅse kṛitvâ tayâ saha sajjo 'bhavat; sâ ca gaṇikâ svayam agre bhûtvâ muniṃ paçcât kṛitvâ tasmâd âçramât Pratishṭhânapuraṃ samâyatâ.

tatra nṛipasabhâm âgatya taṃ Valkalâçanaṃ muniṃ râjño darçayitvâ sthitâ 'bhavat. râjñâ sa eva muniḥ putrayukto dṛishṭaḥ: hâsyaṃ kṛitam; paçcâd dante aṅgulim kṛitvâ bhaṇitam: „bho mune, tapaḥ pûrṇaṃ jâtam?“ teno 'ktam: „mahârâja, çrûyatâm:

dvijarâjamukhî, mṛigarâjakaṭî,
gajarâjavirâjitamandagatiḥ,

yadi sâ dayitâ hṛidaye nihitâ,
kva japaḥ, kva tapaḥ, kva samâdhividhiḥ?" 3.

iti çrutvâ râjño 'ktam:

„kuñkumapañkakalañkitadehâ,
gaurapayodharakampitahârâ,
nûpurahaṅsaraṇatpadapadmâ,
kaṃ na vaçîkurute bhuvi râmâ?" 4.

iti çrutvâ sa muniḥ krodhâd râjño 'gre taṃ bâlakaṃ caraṇayor dhṛitvâ bhûmau tâḍayâmâsa. tasya bâlakasya çiro râjño gṛihe pâtitaṃ, madhyaçarîraṃ kulâlagṛihe, caraṇaṃ tailikagṛihe pâtitam. munis tadânîm eva jagâma vanaṃ, veçyâ 'pi grâmaṃ prâpya svagṛihe gatâ.

tasmin dine paṭṭamahishyâ garbho 'bhavat; tasmin dine eva kulâla-tailikayor mahishyâṃ garbho 'bhavat. garbhe pûrṇe sati nṛipâdînâm ekasminn eva dine putro 'bhavat. râjño gṛihe mahân utsavo jâtaḥ; râjñâ putre jâte sati dvija-bhaṭṭâdînâm anna-vastrâdikaṃ dattam; pañcapaṭahânâṃ vâdyaṃ kâritam. tasya bâlasya jâtakarma gaṇayitum daivajña âkâritaḥ; tena daivajñena ghaṭikayâ koshṭhâdikaṃ likhitvâ bhaṇitam: „bho râjaṅs, tava bâlakaḥ suguṇe lagne jâtaḥ: pañco 'ccagrahâḥ santi; uktaṃ ca:

meshe bhânur, vṛishe candraḥ, kanyâyâṃ vartate budhaḥ,
çukro mîne, guruḥ karke: grahâḥ pañco 'ccasaṃçrayâḥ. 5.

bho râjann, asau bâlo bhavyataro jâtaḥ. asau bâlaḥ kulâlatailikayor bâlaka ekasmin dine ekasminn eva lagne jâtaḥ; lagnasye 'daṃ phalam: trayâṇâṃ madhye dvayaṃ hatvai 'kas tishṭhati, sa ca mahân pṛithivîpatir bhavishyati. bho râjans, tavâ 'rbhake vikramaḥ çîghram eva bhavishyati. tasmâd asya bâlakasya Vikramâditya iti nâma bhavatu."

iti çrutvâ râjñâ go-suvarṇâdikaṃ tasmai mudâ dattam. anenai 'va prakâreṇa tena daivajñena kulâla-tailikayor api gṛihe bâlakasya janma gaṇitam: „yas trayâṇâṃ madhye dvayaṃ hatvai 'kas tishṭhati, sa [ca] mahân pṛithivîpatir bhavishyati." iti daivajñena tatrâ 'pi bhaṇitam.

etasminn antare sa Gandharvasenaḥ tasya bâlakasya cûḍâkaraṇaṃ vidhâya varshe shashṭhe mauñjîbandhanaṃ vidhâya . . . . krameṇa tena çastra-çâstra-dhanurvidyâḥ çikshâpitâḥ. tasminn antare sa Gandharvasenaḥ kâlavaçât mṛityuṃ jagâma. mantriṇâ nagaravâsibhiḥ saha bhûtvâ çrîkhaṇḍakâshṭhena nṛipasya dâho dattaḥ; piṇḍâdikriyâṃ Vikramâdityât kârayitvâ brâhmaṇebhyo bhojanaṃ kâritam.

ekasmin dine tithi-lagna-muhûrtâdikaṃ vicârya mantriṇâ paugaṇḍe vayasi Vikramâdityâya râjyasya tilakaṃ pradattaṃ, sa ca Vikramâdityo râjye upavishṭo babhûva; nagaravâsibhis tasya vandanaṃ kṛitam. taddinapûrvaṃ râjyasya rakshâṃ cakâra.

ekasmin dine kulâlena mâtuḥ pârçve nijajanma çrutvâ manasi bhaṇitam: „aho, daivajñasya vacaḥ satyam api bhavet, tadâ 'haṃ nṛipo bhaveyam; prathamaṃ tailikaṃ hatvâ râjânaṃ hanishyâmi, tadâ svayam eva râjyaṃ bhavishyati; tasmâd yatnaṃ karishyâmi. uktaṃ ca:

udyoginaṃ purushasiṅham upaiti lakshmîr.
„daivaṃ pradhânam“ iti kâpurushâ vadanti.
daivaṃ nihatya kuru paurusham âtmaçaktyâ:
yatne kṛite yadi na sidhyati, ko 'tra doshaḥ? 6.

iti aparaṃ ca:

âlasyaṃ hi manushyâṇâṃ çarîrastho mahân ripuḥ;
nâ 'sty udyamasamo bandhuḥ: kṛitvâ 'yaṃ nâ 'vasîdati.“ 7.

iti manasi niçcayaṃ kṛitvâ tena tailikena saha maitrîṃ cakâra; bahutarâṇi vastûni nityam eva dadâti. ekadâ kulâlena tailikasyâ 'gre bhaṇitam: „bho mitra! mayâ sahâ 'raṇyaṃ gantavyam indhanânayanâya.“ teno 'ktam: „gantavyaṃ tvayâ saha.“ sa tailikas tena kulâlena saha vanaṃ jagâma. kulâlena svakâryam uddhartuṃ nirjanaṃ vanaṃ jñâtvâ tasya gale pâçaṃ dattvâ vyâpâditaḥ. punaḥ mṛitakagale rajjvâ çiṅçipâvṛikshaçâkhâyâṃ mṛitakam avalambitam. svayaṃ guptena pathâ nagaram âgataḥ.

nagaravâsibhiḥ kulâlena tailikaṃ hataṃ çrutvâ râjño 'gre kathitam; râjñâ nagaravâsibhyaḥ çrutvâ saṃdhartuṃ koshṭhapâlaḥ preshitaḥ. kulâlo nṛipabhayâd deçântaraṃ jagâma. koshṭhapâlena râjñe kathitam: „bho râjan! bhavato bhayât palâyitaḥ.“ iti çrutvâ tasya gṛihaṃ luṇṭhitaṃ, gṛihâdikaṃ vidîrṇam. râjñâ Vikramâdityena niḥkaṇṭakaṃ râjyaṃ jñâtvâ manasi mahân utsavaḥ kṛitaḥ.

ÇRÌ GAṆEÇÀYA NAMAḤ.

praṇamya çirasâ devaṃ gaṇanâthaṃ vinâyakam,
lokânâṃ ca vinodâya karishyâmi kathâm imâm. 1.
prârabhyate na khalu vighnabhayena nîcaiḥ;
prârabhya vighnavihitâ viramanti madhyâḥ; .
vighnaiḥ sahasraguṇitair api hanyamânâḥ
prârabdham uttamaguṇâ na parityajanti. 2.
kecit prâñjalim icchanti, kecid vakraṃ vaco budhâḥ,
kecit kathâṃ rasasphîtâm; ataḥ sarvaṃ vidhîyate. 3.

asti Dakshiṇâpathe janapade Pratishṭhânaṃ nâma nagaram; tatra Vikramaseno nâma râjâ. kîdṛço râjâ:

sûryakoṭisamâbhâso, vidyujjyotiḥsamaprabhaḥ,
siṅhâsanavare ramye mantrivargapuraskṛitaḥ; 4.
Kandarpa iva rûpâḍhyo, Harivaj janavallabhaḥ,
samudra iva maryâdî, samânaḥ sarvadâ satâm; 5.
himakundendutulyâbhaḥ, çaracchîtâñçunirmalaḥ,
sitapadmasamâbhâsaḥ, çuddhasphaṭikanirmalaḥ; 6.
nânâdânaparo nityaṃ, nânâdharmaparâyaṇaḥ,
pralayâgnisamaḥ kope, taḍitkoṭisamaprabhaḥ; 7.
prabhûtakântitejasvî udyamî ca, pratâpavân.
vispuradraçmitejâḍhyo babhûva kulanandanaḥ; 8.
sâdhûnâṃ pâlanaṃ samyag, dushṭânâṃ nigrahas tathâ:
esha râjñâṃ paro dharmaḥ paratre 'ha ca çarmaṇe. 9.

evaṃ guṇasamâvishṭo râjâ sarvâvasaram âsthâna upavishṭo 'sti. kasmiṅçcid divase kuto 'pi sthânâc Chântiçîlo nâma yogî digambaraḥ samâyâtaḥ; phalahastaḥ san sabhâṃ praviçya râjño haste phalaṃ dattavân. râjñâ "sanaṃ dattaṃ tâmbûlaṃ ca. sa tu kshaṇam âsane sthitvâ tato nijamârge gataḥ. anayâ rîtyâ râjño haste phalaṃ dattvâ pratyahaṃ darçanaṃ karoti.

ekasmin divase râjño hastât patitaṃ phalaṃ markaṭena vidâritam; tanmadhyâd ratnam ekaṃ bhûmau nipatitam; tasya kântyâ mahân uddyoto jâtaḥ, sarve 'pi lokâḥ savismayâḥ saṃjâtâḥ. tadâ râjâ sâçcaryo babhûva; râjño 'ktam: „bho digambara! mahad ratnaṃ tvayâ kena kâraṇenâ "nîtam?“ tadâ digambareṇo 'ktam: „mahârâja, çrûyatâm! çâstre kathitam asti:

riktapâṇir na paçyeta râjânaṃ bhishajaṃ gurum,
daivajñaṃ putrakaṃ mitraṃ: phalena phalam âdiçet. 10.

mahârâja! mayâ anekâni "dṛiçâni ratnâni phalamadhyasthitâni dvâdaçavarshaparyantam̧ tava haste samarpitâni." tasya tad vacanam̧ çrutvâ râjñâ bhâṇḍâgârika âkâritaḥ. râjño 'ktam: „bho bhâṇḍâgârika! anena digambareṇa dattâni yâni phalâni tvayâ bhâṇḍâgâre kshiptâni, tâni sarvâṇy ânaya." râjño vacanam̧ çrutvâ tenâ "nîtâni: pratyekam utkṛishya dṛishṭâni sarvâṇy api ratnaiḥ pûrṇâni; râjâ ca hṛishṭamanâḥ sam̧jâtaḥ. tato râjñâ ratnasamûham̧ dṛishṭvâ bhaṇitam: „bho digambara! etâni sarvâṇi ratnâni bahumûlyâni kimartham ânîtâni? aham ekasyâ 'pi ratnasya maulyam̧ dâtum asamarthaḥ; tvam ataḥ param̧ kim abhilashasi? tat kathaya." yogino 'ktam:

„api svalpataram̧ kâryam̧ yadi syât pṛithivîpateḥ,
sabhâmadhye na vaktavyam̧: provâce 'dam̧ Bṛihaspatiḥ. 11.
siddhamantrau-"shadham̧, dharmam̧ gṛihachidram̧ ca, maithunam,
kubhuktam̧, kuçrutam̧ marma matimân na prakâçayet. 12.
shaṭkarṇo bhidyate mantraç, caturkarṇaḥ sthiro bhavet;
dvikarṇasya tu mantrasya Brahmâ 'py antam̧ na gacchati. 13.
giripṛishṭham̧ samâruhya prâsâde vâ raho gataḥ,
araṇye nirjane sthâne, tatra mantro vidhîyate. 14.

deva, ekânte vijñâpayishyâmi." râjñâ nirjanam̧ kṛitam; yogino 'ktam: „deva, asyâm̧ kṛishṇacaturdaçyâm̧ Godânadîtîre mahâçmaçâne mantrasâdhanam̧ karishyâmi. sâdhite sati ashṭau mahâsiddhayo bhavishyanti:

aṇimâ mahimâ cai 'va, laghimâ garimâ tathâ,
prâptiḥ, prâkâmyam, îçitvam̧ vaçitvam̧ câ 'shṭa siddhayaḥ. 15.
pumâṅs tu dhairyasam̧panno bhavaty uttarasâdhakaḥ,
yasmâd adhîro mantrasya siddhasyâ 'pi vinâçakaḥ. 16.
dhîras tu tvadṛite nâ 'nyaḥ purushaḥ pratibhâti me,
ato 'ham̧ kartum icchâmi tvâm evo 'ttarasâdhakam. 17.

tadartham̧ tvam̧ mamo 'ttarasâdhako bhava. râtrau sakhaḍgena bhavatâ ekâkinâ matsamîpam âgantavyam." râjñâ pratipannam: „evam aham̧ karishyâmi." tadanantaram̧ sarvopaskaradravyâṇi gṛihîtvâ digambaraç caturdaçyâm̧ mahâçmaçâne gataḥ. râjâ 'pi rajanyâm̧ kṛishṇavâsâṅsi gṛihîtvâ tatrai 'va samâyâtaḥ. so 'pi râjânam̧ dṛishṭvâ hṛishṭaromâ sam̧jâtaḥ. yogino 'ktam: „bho râjan! yojanârdhe mahâçmaçânam asti; tatra çiṅçipâvṛikshe mṛitakam avalambitam âste; tatra gatvâ tan mṛitakam̧ gṛihîtvâ çîghram âgaccha. [yadi vadasi, tarhi tan mṛitakam̧ punar vṛikshe yâsyati.]" tad vacanam âkarṇya asamasâhasiko râjâ çiṅçipâvṛikshasyo 'pari pracalitaḥ.

† râjâ çmaçânam̧ sam̧prâpya niḥçaṅko dhûmasam̧kulam
sarvopaskarasam̧yuktam̧ çmaçânam̧ bhâti bhûtale; 18.
mastishkaliptaçubhrâsthiprâkâram̧, lohitâçayam,
âkrîḍam iva Kâlasya, kapâlacashakâkulam; 19.
dhûmâ-'ndhakâramalinam̧, rakshorâvâbhigarjitam,
cañcaccitâgnitaḍitam̧, kâlamegha ivo 'tthitaḥ; 20.
gṛidhrâkṛishṭântramâlâbhiḥ kṛitaprâlambavibhramam,
† kâla ivo 'tsave mattaḥ kṛittikânṛityakampitam; 21.
jîrnâsthinalakachidrakshiprasam̧jâtamârutam,
sam̧caradyoginîvṛindanûpurair iva nâditam; 22.

dikshu pratiphaladghorakairavasphârahuṃkṛitam,
trijagatpralayârambhakṛitoṅkâra ivâ 'ntakaḥ; 23.
maṇḍitaṃ muṇḍakhaṇḍaiç ca, kaṅkâlakulamâlitam,
jvalanâṅgâramalinaṃ, dvitîyam iva Bhairavam; 24.
karṇaçalyoddhatârâvaṃ, Duḥçâsanavadhâkulaṃ,
saṃcarad Bhîmapurushaṃ, dvitîyam iva Bhâratam; 25.
bahuchalaṃ dyûtam iva, strîcittam iva dâruṇam,
aviveka ivâ 'nekaçaṅkâtaṅkaniketanam; 26.
svarotkaṭa-Janasthânaṃ, ghora-Çûrpaṇakhîvṛitam,
Daṇḍakâraṇyasadṛiçaṃ, Mâricacakitântaram; 27.
bhrântâkampana-Dhûmrâksha-Meghanâda-Vibhîshaṇam,
Laṅkâdâha ivo 'tpanno jîvadrâvaṇavighnakam; 28.
samagraduḥkhanilayaṃ, bhûtasaṃghapradharshaṇam,
bahuchidraghanâçlishṭaṃ, pretarâçinirantaram. 29.
mâṅsapûritavaktrâç ca madirânandacetasaḥ
dṛiçyante bahudhâ tatra bhûta-vetâla-râkshasâḥ. 30.

tatra gatvâ râjñâ çiṅçipâvṛiksham âruhya churikayâ pâçaṃ chittvâ mṛitakaṃ bhûtale pâtitam. kîdṛiçaṃ mṛitakam:

nîlajîmûtasaṃkâçam, ûrdhvakeçaṃ, bhayâvaham,
vartulâkshaṃ ca, nirmâṅsaṃ, pretamudrâvibhûshitam. 31.

uttîrṇo yâvad râjâ, tâvan mṛitakaṃ tatrai 'va çâkhâyâm avalambitam. punar api râjâ vṛiksham âruhya mṛitakaṃ skandhe dhṛitvâ uttîrya mârge calitaḥ. mârge calite sati çavasaṃkramitena Vetâlena râjânaṃ praty abhihitam: „bho râjan!

kâvyaçâstravinodena kâlo gacchati dhîmatâm,
vyasanena tu mûrkhâṇâṃ, nidrayâ kalahena vâ. 32.
vinayena vinâ kâ çrîḥ? kâ niçâ çaçinâ vinâ?
rahitâ satkavitvena kîdṛiçî vâgvidagdhatâ? 33.

râjan, çrûyatâm! tâvat kathâm ekâṃ kathayâmi.

I.

asti Vârâṇasî nâma nagarî; tatra Pratâpamukuṭo nâma râjâ; tasya putro Vajramukuṭo nâma. sa ca mantriputreṇa Buddhisenena saha udyânavane dûram âkheṭake gataḥ. tatra sakalaṃ mṛigayârasam anubhûya madhyâhne tau dvau sarovaraṃ dadṛiçâte:

haṅsa-kâraṇḍavâkîrṇaṃ, cakravâkopaçobhitam,
padmakiñjalkakahlârai raktotpala-sitotpalaiḥ 1.
châditaṃ padminîpattrair, matsyaiḥ kûrmair jalodbhavaiḥ,
taṭai ramyair, ghanair vṛikshaiḥ, keṭakîkhaṇḍamaṇḍitam, 2.
kadalîkusumâmodalubdhashaṭpadakûjitam,
dâtyûha-çikhi-bheruṇḍa-cakoraravasaṃkulam, 3.
kalakaṇṭharavai ramyaṃ, kokilakulanâditam,
jalakukkuṭasaṃvîtaṃ, vîcisârasaçobhitam. 4.

tatra turagâd avatîrya hastau pâdau mukhaṃ prakshâlya devâyatanaṃ dṛishṭam; tatra gatvâ devo namaskṛitaḥ. uktaṃ ca:

ahau vâ hâre vâ, balavati ripau vâ suhṛidi vâ,

maṇau vâ loshṭe vâ, kusumaçayane vâ dṛishadi vâ,
tṛiṇe vâ straiṇe vâ mama samadṛiço yântu divasâḥ,
kvacit puṇye 'raṇye Çiva Çiva Çive 'ti pralapataḥ. 5.
Pâtâle vâ 'ntarikshe, daçadiçi, gagane, sarvaçaile, samudre,
bhasme kâshṭhe ca, loshṭe, kshiti-jala-pavane, sthâvare jaṅgame vâ,
bîje sarvaushadhînâm, asura-surapathe, pushpapattre, tṛiṇâgre
sarvavyâpî Çivo 'yaṃ yadi vasati bhavân, nâ 'sti devo dvitîyaḥ. 6.

yâvad devaṃ namaskṛitya sa râjakumâra upaviçati, tâvat tasmiṅs taḍâge snânârthaṃ sakhîbhiḥ saṃvṛitâ kâcin nâyikâ samâyâtâ. tatra snânaṃ kṛitvâ Gauryâdînâṃ pûjâṃ vidhâya yâvad gacchati, tâvat tayâ sa râjakumâro dṛishṭaḥ: parasparaṃ kaṭâkshanirîkshaṇaṃ saṃjâtam. çoshaṇa-mohana-saṃdîpano-'ccâṭano-'nmâdanair, ebhiḥ pañcabâṇaiḥ hṛidaye tâḍitâ sâ so 'pi ca. tayâ saṃketasthânâni kathitâni; mastakât padmaṃ gṛihîtvâ karṇe dhṛitaṃ, karṇâd dante dhṛitaṃ, dantâd dhṛidaye dhṛitaṃ, hṛidayât pâdayor dhṛitam. evaṃ vidhâya gatâ sâ nijabhavanam. sa râjakumâro 'pi mûrchitaḥ; tâṃ smaran jarjarîbhûtaçarîraḥ saṃjâtaḥ. mantriputreṇo 'ktam: „bho mitra! kena kâraṇena tvaṃ mûrchito 'si? tatkâraṇaṃ me nivedaya.“ râjakumâreṇa virahâkrântena mantriputrasyâ 'gre niveditam: „bho mitra! asmiṅs taḍâge mayâ kâcin nâyikâ atîvarûpavatî dṛishṭâ, paraṃ tu tasyâḥ sthânaṃ na jânâmi; yady eshâ mama bhâryâ bhavati, tadâ jîvâmi, no cen, marishyâmi. ity esha me niçcayaḥ.“ etad âkarṇya mantriputreṇo 'ktam: „bho mitra! tayâ kim api kathitam? tat kathaya; ahaṃ vicârya kathayâmi.“ râjaputreṇo 'ktam: „kathaṃ tvaṃ jñâsyasi?“ mantriputreṇo 'ktam:

„udîrito 'rthaḥ paçunâ 'pi gṛihyate,
hayâç ca nâgâç ca vahanti noditâḥ.
anuktam apy ûhati paṇḍito janaḥ:
pareṅgitajñânaphalâ hi buddhayaḥ. 7.

âkârair, iṅgitair, gatyâ, ceshṭayâ bhâshaṇena ca
netra-vaktravikâraiç ca jñâyate 'ntargataṃ manaḥ. 8.

tayâ kim api yat kṛitaṃ, tan mamâ 'gre nivedaya“. râjakumâreṇo 'ktam: „ahaṃ kathayâmi tasyâḥ ceshṭitam; mayâ na jñâtaṃ kiṃcit. mastakât padmaṃ gṛihîtvâ karṇe dhṛitaṃ, karṇâd dante dhṛitaṃ, dantâd dhṛidaye dhṛitaṃ, hṛidayât pâdayor dhṛitam; evaṃ vidhâya gatâ sâ nijabhavanam.“

mantriputreṇa vicâryo 'ktam: „çṛiṇu, yat tayâ kathitam. mastakât padmaṃ gṛihîtvâ yat karṇe dhṛitaṃ, tat taye 'ti kathitam: „„Karṇakubjaṃ nâma me nagaram.““ dante yad dhṛitaṃ, tat kathitam: „„Dantaghâtasya duhitâ 'ham.““ hṛidaye yad dhṛitaṃ, tat kathitam: „„tvam eva prâṇapriyo mama hṛidaye vasasi.““ pâdayor yad dhṛitaṃ, tat taye 'ti kathitam: „„mama Padmâvatî nâma.““ iti mantriputrasya vacanaṃ çrutvâ râjakumâreṇo 'ktam: „yady ahaṃ tâṃ prâpnomi, tadâ jîvâmi, no cen, marishyâmi. uttishṭha bho mitra! yatra sâ prâṇapriyâ vartate, tatra gatvâ mayâ bhojanaṃ kartavyam." tataḥ sthânât tau tatpattanaṃ prâptau; tatra gatvâ kasyâçcit parivrâjikâyâ gṛihe uttîrṇau. uktaṃ ca:

pravrâjikâ, naṭî, dhâtrî, rajakî, prativeçinî,
etâbhyo rakshayed dârân: bhavanty etâ hi dûtikâḥ. 9.

râjakumâreṇa sâ pṛishṭâ: „he vṛiddhe! tvaṃ sadâ 'smin nagare vasasi?" tayo 'ktam: „sadâ 'ham asmin nagare vasâmi." râjaputreṇo 'ktam: „atra râjaduhitâ Padmâvatî nâma tishṭhati?" tayo 'ktam: „Dantaghâtasya râjñaḥ putrî Padmâvatî nâma vidyate. tasyâḥ samîpe nityam evâ 'haṃ gacchâmi." mantriputreṇo 'ktam: „adya tvayâ gantavyam." tayo 'ktam: „gantavyam." tarhi râjakumâreṇa pushpagranthanaṃ kṛitaṃ, sâ câ 'parakârye preshitâ. punas tat kâryaṃ vidhâya samâyâtâ, pushpamâlâṃ gṛihîtvâ Padmâvatîsamîpe pracalitâ. tayâ saha râjaputreṇa vijana iti kathitam: „tvayâ Padmâvatyâ agra iti vaktavyam: „„yo 'sau râjakumâras tvayâ sarovare dṛishṭaḥ, sa samâyâto vartate."" tayâ kathitam: „bhavatu! vaktavyam."

tadâ gatvâ tayâ Padmâvatyâ agre sarvaṃ niveditam. Padmâvatyâ 'pi pushpagranthanâd eva tat parijñâtam. punaç ca mithyâkopaṃ vidhâya çrîkhaṇḍena hastau vilipya tasyâḥ kapolau tâḍitau, kupitâ ce 'ti kathitavatî: „yadi tvam îdṛiçaṃ vacanaṃ mamâ 'gre punaḥ kathayasi, tadâ tvâṃ ghâtayâmi; idânîṃ gaccha!" sâ nishkâsitâ. âgatâ sâ durmukhî, yatra râjakumâro 'sti. tasyâ mukham avalokya râjakumâro vishâdam agamat. tayâ ca sarvaṃ kathitam. râjakumâreṇo 'ktam: „mitra! kim etat?" mantriputreṇo 'ktam: „tvayâ vishâdo na kâryaḥ. kâraṇaṃ vidyate. candanâvaliptâbhyâṃ karâbhyâṃ yat sâ tâḍitâ, tena kathitam: ‚daça divasâḥ pratîkshyâ, yâvat kṛishṇapakshaḥ samâyâti.'"

tadâ daçâhne samatikrânte kṛishṇapakshe sâ bhûyo 'pi preshitâ. Padmâvatyâ tâm âgatâm avalokya tisṛibhir aṅgulîbhiḥ kuṅkumâvaliptâbhis tasyâḥ kapolau tâḍitau, nishkâsitâ ca. tâm âyântîṃ vilokya râjakumâro vishâdaṃ gataḥ; uktaṃ ca: „bho mitra, kiṃ kriyate? adya me niçcayena maraṇaṃ bhavishyati." mantriputreṇo 'ktaṃ: „dhîro bhava! kâraṇaṃ vidyate; uktaṃ ca:

prathame 'hani câṇḍâlî, dvitîye brahmaghâtinî,
tṛitîye rajakî proktâ, caturthe 'hani çudhyati. 12.

deva, sâṃprataṃ sâ rajasvalâ vartate; caturthe 'hani snânaṃ karishyati."

caturbhir divasair atikrântair bhûyo 'pi sâ preshitâ. Padmâvatî ca tâm âgacchantîm avalokya dṛiḍharajjubhir baddhvâ ardhacandraṃ dattvâ paççimadvâreṇa nishkâsitavatî. âgatâ sâ durmukhî bhûtvâ, sarvaṃ vṛittântaṃ kathitam. mantriputreṇa vicârya kathitam: „deva! adya râtrau paççimadvâreṇa tasyâḥ samîpe gantavyam." tac chrutvâ râjakumârasya tad dinaṃ varshaçatâdhikam iva jagâma. tataç ca râtrau çṛiṅgâraṃ vidhâya râjakumâro mantriputreṇa saha paççimadvâre gataḥ. tataç ca dṛiḍharajjubhir âkṛishya ceṭikâbhir bhavanopari nîtaḥ, mantriputro vyâvṛitya svavâsaṃ gataḥ.

tasya râjakumârasya Padmâvatyâ saha darçanaṃ saṃjâtaṃ; saṃbhâshaṇaṃ kuçalapraçnaç ca babhûva. snânaṃ, bhojanaṃ, vastrâdibhûshaṇaṃ, sugandhâdivilepanaṃ, tâmbûlaṃ gṛihîtvâ sukhaçayyâyâm upavishṭaḥ. tayâ saha caturbhiḥ prakâraiḥ saṃbhogaḥ kṛitaḥ:

âṇakaṃ surataṃ nâma dampatyoḥ pârçvasaṃsthayoḥ;
jâyate nividâçleshaḥ samîbhûtaçarîrayoḥ. 13.
adhaḥsthâ ramate nârî, uparisthaç ca kâmukaḥ:
prasiddhaṃ tad rataṃ jñeyaṃ, grâmabâlajanapriyam 14.
uparisthâ yadâ nârî ramate kâmukaṃ naram,
viparîtaṃ rataṃ jñeyaṃ, sarvakâmijanapriyam. 15.
paçuvad ramate yatra nârî kâmâturaṃ naram,
pâçavaṃ tad rataṃ jñeyaṃ, vicakshaṇajanapriyam. 16.
[gâḍhâliñganavâmanîkṛitakucaprodbhûtaromodgamâ.
sândrasneharasâtirekavigalacchrîmannitambâmbarâ
„mâ, mâ, mânada, mâ 'ti mâm — alam!" iti kshâmâksharollâpinî
suptâ kiṃ nu, mṛitâ nu, manasi me lînâ vilînâ nu kim? 17.
tâmbûlaṃ kaṭu, tiktam, ushṇa-madhuraṃ, kshâraṃ, kashâyânvitam,
vâtaghnaṃ, kaphanâçanaṃ, kṛimiharaṃ, durgandhinirnâçanam,
vaktrasyâ 'bharaṇaṃ, viçuddhikaraṇaṃ, kâmâgnisaṃdîpanam:
tâmbûlasya, sakhe, trayodaça guṇâḥ svarge 'pi te durlabhâḥ. 18.
yuktena cûrṇena karoti râgam,
râgakshayaṃ pûgaphalâdhikena;
pattrâdhikaṃ sâdhu karoti gandham,
cûrṇâdhikaṃ vaktravigandhakâri. 19.
janmasthânaṃ na khalu subhagaṃ, varṇanîyo na varṇo,
dûre çobhâ, vapushi nihitâ pañkaçañkâṃ karoti.
yady apy evaṃ sakalasurabhidravyagandhâpahârî,
ko jânîte parimalaguṇân vastukastûrikâyâḥ? 20.]

evaṃ suratasaṃbhogaṃ vidhâya sa râjakumâra upavishṭaḥ san tayâ pṛishṭaḥ: „bho deva! mamâ 'bhiprâyas tvayâ bhavyaṃ jñâtaḥ." râjakumâreṇa 'ktam: „mayâ na jñâtaṃ kiṃcit; mama mitreṇa dhîmatâ sarvaṃ jñâtam." tayo 'ktam: „tushṭâ 'haṃ tava mitrasya. prâtaḥ cûrṇikâṃ karishyâmi." tataḥ prabhâte râjakumâreṇa mitrasamîpe gatvâ sarvo vṛittânto niveditaḥ. uktaṃ ca:

dadâti, pratigṛihṇâti, guhyam âkhyâti, pṛicchati,
bhuñkte bhojayate cai 'va: shaḍvidhaṃ prîtilakshaṇam. 21.

„bho mitra! tava kṛite madhyâhne bhojanaṃ samâgamishyati." tac chrutvâ mantriputreṇa 'ktam: „deva, mama yogyâ vishalaḍḍukâḥ samâgamishyanti." yâvad etad vartate, tâvad vishalaḍḍukân gṛihîtvâ ceṭikâ samâyâtâ. tân avalokya laḍḍukam ekaṃ çuno 'gre prakshiptam: bhakshitamâtreṇa mṛito 'sau çvâ. taṃ çvânaṃ mṛitaṃ dṛishṭvâ râjakumâraḥ kupitaḥ: „tayâ saha saṃgamaṃ na karishyâmi, yâ mama mitrasya vadhakâñkshiṇî." mitreṇa 'ktam: „deva, tvayi gâḍham anuraktâ sâ; snehasya kâraṇam îdṛigvidhaṃ bhavati. yataḥ:

jananau, janmasthânaṃ, bândhavalokaṃ, vasûni jîvaṃ ca
purushaviçeshâsaktâḥ sîmantinyas tṛiṇâya manyante. 22.

uktaṃ ca:

yasya vâ 'nnâni bhuñjîta gṛihe vâ 'py ushitaṃ tathâ,
karmaṇâ manasâ vâcâ hitaṃ tasya samâcaret. 23.
kshîranîrasamânâṃ maitrîṃ praçañsanti vicakshaṇâḥ:
nîraṃ kshîrâyate tasminn, agne rakshati tat payaḥ. 24.

kiṃ bahunâ? mama bhâshitaṃ kartavyam. deva, adya niçithasamaye suratasaukhyam anubhûya paraṃ vaikalyaṃ tâṃ nîtvâ tîkshṇanakhâgrair vâmajaṅghâyâṃ triçûlaghâtâkṛitiṃ vidhâya tasyâ vastrâ-'bharaṇâni ca gṛihitvâ mama samîpa âgantavyam." yad uktaṃ mantriputreṇa, tat sarvaṃ vidhâya râjakumâro mantriputrasamîpaṃ gataḥ. mantriputro mahâçmaçâne gatvâ tapasviveshaṃ vidhâya sthitaḥ:

jaṭâmukuṭadhârî ca, candrârdhakṛitaçekharaḥ,
baddhapadmâsano, maunî, îshanmîlitalocanaḥ. 25.

mantriputreṇa tasyâ aṅgulîyakaṃ dattvâ râjakumâro haṭṭe vikretuṃ preshitaḥ. tena tatra gatvâ kanakakârâṇâm agre darçitaṃ, tair upalakshitam: „bho! râjaduhitur âbharaṇam idam!" tair gatvâ koshṭhapâlasyâ 'gre kathitam; dhṛito 'sau koshṭhapâlena bhaṇitaṃ ca: „bhoḥ çastrapâṇe! kuto labdham idam âbharaṇam?" teno 'ktam: „madîyaguruṇâ dattam." tac chrutvâ koshṭhapâlena gurusaṃnidhau nîtaḥ. koshṭhapâlena guruḥ pṛishṭaḥ: „bho tâpasa! kuto labdhaṃ râjakîyanâmâṅkitam âbharaṇam?" bhaṭṭârakeṇo 'ktam: „adya kṛishṇacaturdaçyâṃ raktapushpair maṇḍalaṃ kṛitvâ pûjayitvâ yoginyaḥ purushaṃ vidârya bhâgân kṛitvâ yâvad bhakshayanti, tâvan mayâ dṛishṭâḥ; triçûlaṃ gṛihitvâ pradhâvito 'ham; madîyaṃ krodhavacanam âkarṇya daçadiçi pradhâvitâḥ. tâsâṃ madhye vâmajaṅghâyâm ekâ triçûlena tâḍitâ; bhayavaçâd vastrâbharaṇâni patitâni, tadâ mayâ gṛihîtâni." tad vacanam âkarṇya koshṭhapâlena râjño 'gre sarvaṃ vṛittântaṃ niveditam. tat sarvaṃ çrutvâ râjñâ mahallikâm âkârya bhaṇitam: „tvayâ Padmâvatîṃ vivastrâṃ kṛitvâ vâmajaṅghâyâṃ lâñchanam avalokitavyam. râjâdeçena tayâ tatra gatvâ Padmâvatîṃ vilokya lâñchanaṃ dṛishṭvâ râjño 'gre bhaṇitam: „deva! yat koshṭhapâlena vijñaptaṃ, tat satyam eva; paraṃ na prakâçyam; uktaṃ ca:

arthanâçaṃ, manastâpaṃ gṛihe duçcaritâni ca,
vañcanaṃ câ 'pamânaṃ ca matimân na prakâçayet. 26.

râjño 'ktam: „bho koshṭhapâla! punar api tatrai 'va gatvâ taṃ munîndraṃ pṛiccha: „ko 'syâ daṇḍaḥ kriyate?"" koshṭhapâlena gatvâ bhaṭṭârakaḥ pṛishṭaḥ: „ko 'syâ daṇḍaḥ kriyate?" bhaṭṭârakeṇo 'ktam:

„avadhyâ brâhmaṇâ, gâvaḥ, striyo bâlâ ca, jñâtayaḥ,
yeshâṃ câ 'nnâni bhuñjîta, ye ca syuḥ çaraṇaṃ gatâḥ. 27.

mahaty aparâdhe 'pi strîṇâṃ visarjanaṃ daṇḍaḥ." tato bhûminâthenâ 'parîkshitena Padmâvatî nijanagarân nishkâsitâ. tadâ tâbhyâṃ tâṃ hayapṛishṭham âropya svanagarîṃ gatvâ kumâreṇa saha vivâhaḥ kṛitaḥ. uktaṃ ca:

suguptasya hi dambhasya Brahmâ 'py antaṃ na gacchati:
kauliko Vishṇurûpeṇa bhajate râjakanyakâm. 28.
aparîkshitaṃ na kartavyaṃ, kartavyaṃ suparîkshitam:
paçcâd bhavati saṃtâpo brâhmaṇyâ nakulâd yathâ. 29.
kṛitântavihitaṃ karma yad bhavet pûrvanirmitam,
na çakyam anyathâ kartuṃ piṇḍitais tridaçair api. 30.
Râmo hemamṛigaṃ na vetti, Nahusho yâne yunakti dvijân;
viprâd eva savatsadhenuharaṇe jâtâ matiç câ 'rjune:

dyûte bhrâtṛicatushṭayaṃ samahishîṃ Dharmâtmajo dattavân:
prâyaḥ satpurusho vinâçasamaye buddhyâ parityajyate. 31.
atha pûrvavṛittântaṃ çrutvâ
duhitṛiduḥkhasaṃtapto mṛito 'sau Dantaghâtakaḥ,
mâtâ citâgnim âruhya gatâ Yamaniketanam. 32.

etat kathânakaṃ kathayitvâ Vetâleno 'ktam: „râjan, kathaya! kasya pâpaṃ bhavati? yadi jânann api na kathayishyasi, tadâ hṛidaye sphuṭitvâ marishyasi.“ râjñâ Vikramasenena 'ktam: „avicâreṇa nṛipasya pâpaṃ bhavati.“ evaṃ çrutvâ gato Vetâlaḥ. gatvâ ca tatrai 'va çiñçipâvṛikshaçâkhâyâm avalambitaḥ.

iti Çivadâsaviracitâyâṃ Vetâlapañcaviñçatikâyâṃ prathamaṃ kathânakaṃ samâptam.

II.

natvâ Sarasvatîṃ devîṃ çvetâbharaṇabhûshitâm,
padmapattraviçâlâkshîṃ, nityaṃ padmâsane sthitâm. 1.

atha râjâ punar api tatrai 'va gatvâ mṛitakaṃ skandhe dhṛitvâ yâvañ mârge pracalitas, tâvat tena kathânakaṃ prârabdham. Vetâleno 'ktam: „bho râjan! çrûyatâṃ tâvat kathe 'yam.

asti Dharmasthalaṃ nâma nagaraṃ, tatra râjâ Guṇâdhipo nâma; tasmin nagare Keçavo nâma brâhmaṇo 'sti. tasya duhitâ Mandâravatî nâma, rûpeṇâ 'tîva vikhyâtâ, sâ ca varayogyâ vartate. tasyâ arthe trayo viprâḥ prârthanâya samâyâtâḥ, trayo 'pi samânaguṇâ brâhmaṇâḥ. Keçavaç cintâṃ prapanno babhûva: „ekâ kanyâ, trayo varâḥ; kasmai dîyate? kasmai na dîyate?“ etasminn eva prastâve Keçavasya duhitâ kâlasarpeṇa dashṭâ. tasyâ 'rthe mantravâdinaḥ samânîtâḥ. tair mantravâdibhis tâṃ vilokya bhaṇitam: „kâladashṭâ na jîvati kanye 'yam. yataḥ:

pañcamî, navamî, shashṭhî, caturdaçy ashṭamî tathâ
tithayo: garhitâ hy etâ dashṭasya, maraṇâtmikâḥ. 2.
bhaumaṃ çânaiçcaraṃ cai 'va grahaṇaṃ grahasaṃjñitam
açastaṃ nâgadashṭasya nirdishṭaṃ çâstrakovidaiḥ. 3.
rohiṇî ca, maghâ, 'çleshâ, viçâkhâ-mûla-kṛittikâḥ
âturasyâ 'çubhâny, âhur, ârdrâ: nakshatrasaptakam. 4.
indriyeshv, oshṭhayoḥ, çaṅkhe, civuke, gaṇḍamaṇḍale,
kaṇṭhe, lalâṭe, çirasi, bâhvor ûrvoç ca yugmake, 5.
hṛin-nâbhi-skandha-jaṭhare, kakshâyâṃ, marmasandhishu,
tathâ pâṇy-aṅghrimadhye tu sarpadashṭo na jîvati. 6.
jîrṇodyâne çmaçâne ca caitye ca, dhavalagṛihe,
eshu kshetreshu ye dashṭâs, te yânti Yamasâdanam. 7.
dâhaḥ svedaç ca, vamanaṃ, hikkâ, çûlâ-'ṅgabhañjanam,
bhramanaṃ bhânunâçaç ca kâladashṭasya ceshṭitam. 8.
[grîvâbhaṅgaḥ, skhaladvâṇî, vivṛitâsyordhvamârutaḥ:
mriyate sa, na saṃdehaḥ; kim anyair bahubhâshitaiḥ? 9.]

tato mântrikavacanaṃ çrutvâ tadanantaraṃ brâhmaṇaḥ Keçavo nadîtîre gatvâ tasyâḥ saṃskâraṃ cakâra. trayo 'pi varâḥ çmaçâne samâyâtâḥ. teshâṃ madhye ekaç citâyâṃ praviçya mṛitaḥ, dvitîyas tatrai 'va çmaçâne kuṭîrakaṃ kṛitvâ sthitaḥ, tṛitîyas tapasvî bhûtvâ deçântaraṃ gataḥ.

tena ca kasmiñçcin nagare kasyacid brâhmaṇasya gṛihe gatvâ madhyâhne bhojanaṃ prârthitam. gṛihasthena brâhmaṇena bhaṇitam: „bhos tapasvin! tvayâ 'trai 'va bhojanaṃ kâryam.“ tâvad brâhmaṇyâ bhojanaṃ nishpâditam âsanaṃ ca dattvo 'paveçitaḥ saḥ. tâvat tasyâ bâlakena gṛihe roditum ârabdham. gṛihasthayâ brâhmaṇyâ krodhavaçât sa bâlako jvalitâgnau prakshiptaḥ. tad dâruṇaṃ karma dṛishṭvâ sa bhojanaṃ na karoti. gṛihasthena brâhmaṇena bhaṇitam: „bho tapasvin, kasmât tvaṃ bhojanaṃ na karoshi?“ teno 'ktam: „yasya gṛihe îdṛiçaṃ râkshasaṃ karma dṛiçyate, tasya gṛihe kathaṃ bhojanaṃ kriyate?“ tac chrutvâ tena gṛihasthena brâhmaṇena gṛihamadhye praviçya pustakam ânîtam. tad udghâṭya mantram ekaṃ japitvâ bâlako bhasmîbhûto jîvâpitaḥ. tapasvinâ brâhmaṇasya kautûhalaṃ dṛishṭvâ cintitam: „yadî 'daṃ pustakaṃ mama haste ghaṭati, tadâ 'haṃ tâṃ priyâṃ jîvâpayâmi.“ iti saṃcintya tatrai 'va nibhṛito bhûtvâ sthitaḥ; niçîthe gṛihamadhye praviçya tat pustakam apahṛitya tatrai 'va çmaçâne samâyâtaḥ.

yaḥ çmaçâne tishṭhati, tena pṛishṭaḥ: „bho mitra! deçântare gatvâ kâcid vidyâ samâjñâtâ?“ teno 'ktam: „mṛitasaṃjîvanî vidyâ mayâ samâjñâtâ.“ dvitîyeno 'ktam: „tarhi imâṃ priyâṃ jîvâpaya.“ tac chrutvâ tena brâhmaṇena pustakam udghâṭya mantram ekaṃ japitvâ jalena siktvâ jîvâpitâ kanyâ; yaḥ sahai 'va mṛitaḥ, so 'pi jîvitaḥ. tasyâ arthe trayo 'pi viprâḥ krodhândhalocanâ vivâdaṃ kurvanti.

etat kathânakaṃ kathayitvâ Vetâleno 'ktam: „bho râjan, kathaya! kasya bhâryâ bhavati?“ râjñâ Vikramaseneno 'ktam: „çrûyatâm!

yena jîvâpitâ kanyâ, sa pitâ jîvadâyakaḥ;
yaḥ sahai 'va mṛitaḥ, so 'pi bhrâtâ, jâtaḥ sahai 'va yat:
tasyâ bhartâ sa bhavati, yena sthânaṃ nishevitam. 10.

evaṃ çrutvâ gato Vetâlas tatrai 'va çiñçipâvṛikshaçâkhâyâm avalambitaḥ.

iti Çivadâsaviracitâyâṃ Vetâlapañcaviṃçatikâyâṃ dvitîyaṃ kathânakam.

III.

Gaṅgâdharaṃ, gaṇâdhâraṃ, Gaurînâthaṃ, gaṇeçvaram,
govâhanagatiṃ devaṃ namaskṛitya maheçvaram. 1.

atha râjâ punar api tatrai 'va gatvâ mṛitakaṃ skandhe dhṛitvâ yâvan mârge pracalitas, tâvat tena kathânakaṃ prârabdham; Vetâleno 'ktam: „bho râjan, çrûyatâm! tâvat kathâṃ kathayâmi.

asti Bhogavatî nâma nagarî; tatra Rûpaseno nâma râjâ; tasya dhavalagṛihe Vidagdhacûḍâmaṇir nâma kîro 'sti. sa ca râjñâ pṛishṭaḥ: „bho çuka! kiṃ kiṃ jânâsi?“ teno 'ktam: „deva, sarvam evâ 'haṃ jânâmi.“ râjño 'ktam: „yadi jânâsi, tarhi kathaya: mamâ 'nurûpâ bhâryâ kvacid asti?“ çukeno 'ktam: „deva! Magadhadeçe Magadheçvaro nâma râjâ, tasya duhitâ Surasundarî nâma; sâ tava bhâryâ bhavishyati." Magadheçvarasya duhitâ 'pi nijabhavane sthitâ satî Madanamañjarîṃ nâma sârikâṃ pṛicchati sma: „sârike, kathaya! mamâ 'nurûpo bhartâ kvacid asti?" sârikayo 'ktam: „devi! Bhogavatî nâma nagarî, tatra Rûpaseno nâma râjâ; sa tava bhartâ bhavishyati." tac chrutvâ sâ virahapîḍitâ saṃjâtâ.

yâvad etad vartate, tâvad Rûpasenasya viçishṭâ Magadheçvarapârçve duhitṛiyâcanâya samâyâtâḥ. sâṃdhivigrahikeṇa sarvâvasare râjñâ saha darçanaṃ kâritam. tair viçishṭair duhitâ yâcitâ labdhâ ca. tadâ çubhe lagne Rûpasenenâ "gatya pariṇîtâ; Madanamañjaryâ sârikayâ saha nijarâshṭre samâyâtâ. râjñâ Rûpasenena sârikâ Vidagdhacûḍâmaṇiçukasya pañjare nikshiptâ. tâṃ sârikâṃ surûpâṃ dṛishṭvâ çukena madanâtureṇa bhaṇitam: „he priye! cañcalayauvane saṃbhogaḥ kriyatâm. saṃsâre sarvajantûnâm etad eva sâram. yataḥ:

çreyaḥ pushpa-phalaṃ kâshṭhâd. dugdhâc chreyo ghṛitaṃ smṛitaṃ,
çreyas tailaṃ ca piṇyâkât, kâmo dharmâ-'rthayor varaḥ. 2.
gataṃ tad yauvanaṃ, bhîru, jîvitaṃ ca nirarthakam,
yâ na vetti sadâ puṅsâṃ caturâṇâṃ ratikramam. 3.
[viditaḥ pâçavo mârgaḥ sarveshâṃ ratikarmaṇi;
viralaḥ ko 'pi, yo vetti rahasyaṃ Kusumâyudhaḥ. 4.]
yatra svedajalair alaṃ vilulitair vyâlupyate maṇḍanam,
sacchedair maṇitaiç ca yatra raṇitaṃ na çrûyate nûpuram,
yatrâ "yânty acireṇa sarvavishayâḥ kâmaṃ tadekâgrataḥ:
sakhyas, tat suratam bhaṇâmi; satataṃ çeshâ 'nyalokasthitiḥ. 5.

sârikayo 'ktam: „nâ 'haṃ purushasya vâñchâṃ karomi." çukeno 'ktam: „kasmât kâraṇât?" sârikayo 'ktam: „purushâḥ pâpishṭhâḥ strîghâtakâ bhavanti." çukeno 'ktam: „striyo 'pi duçcâriṇyo 'nṛitabhâshiṇyaḥ purushavadhaṃ kurvanti. yataḥ:

anṛitaṃ, sâhasaṃ, mâyâ, mûrkhatvam, atilobhatâ,
açaucaṃ nirdayatvaṃ ca strîṇâṃ doshâḥ svabhâvajâḥ." 6.

evaṃ tayoḥ parasparavivâdaṃ çrutvâ râjñâ bhaṇitam: „bho kathyatâṃ vivâdakâraṇam." sârikayo 'ktam: „deva! purushâḥ pâpishṭhâḥ strîghâtakâ bhavanti. ataḥ kâraṇât purushasya vâñchâm ahaṃ na karomi. deva, asyâ 'rthe kathânakam asti.

asti Elâpuraṃ nâma nagaraṃ, tatra Mahâdhano nâma çreshṭhî; tasya putro Dhanakshayo nâma. tena ca Puṇyavardhananâmanagare udbhaṭaçreshṭhiduhitâ pariṇîtâ. tâṃ pitṛigṛihe muktvâ svagṛihe samâyâtaḥ. kâlaparyâyeṇa tasya pitâ pañcatvaṃ gataḥ. tena Dhanakshayeṇa sarvaṃ dhanaṃ bhavanaṃ ca dyûte hâritam. sa ca çvaçuragṛihe bhâryâm utkalâpanâya gataḥ. katipayadivasais tatra sthitvâ sâbharaṇâṃ bhâryâm utkalâpya nijanagaramârge pracalitaḥ. yâvad ardhe mârge gacchati, tâvat kathitam: „he priye! atra mahâbhayaṃ vidyate; nijâbharaṇâny uttârya me dehi." tayâ âbharaṇâny uttârya purushe samarpitâni. tena ca tasyâ âbharaṇâni vastraṃ ca gṛihitvâ sâ 'ndhakûpe pâtitâ, so 'pi nijanagare gataḥ. sâ tatra patitâ sati phûtkâraṃ karoti. kaiçcit pathikais tacchabdam âkarṇya kûpasamîpaṃ gatvâ rudatîṃ dṛishṭvâ taiḥ kûpâd âkṛishya mârge muktâ. sâ ca mârge lagnâ vyâvṛitya pitur gṛihe samâyâtâ. tatra bândhavâdibhiḥ pṛishṭâ: „kasmât tvaṃ vyâghuṭitâ?“ tayo 'ktam: „mama bhartâ mârge caurair nîtaḥ, mamâ 'bharaṇâni ca tair gṛihîtâni. tasmât palâyyâ 'gatâ 'ham! bhartuḥ çuddhiṃ na jânâmi; vyâpâdito vâ bhavishyati.“ tad vacanam âkarṇya çvaçurakeṇa çokaṃ kṛitvâ paçcâd duhitâ âçvâsitâ. tena Dhanakshayeṇâ 'pi âbharaṇâni dyûte hâritâni. katipayadivasair atikrântaiḥ punar api çvaçuragṛihe samâyâtaḥ. yâvad dvâre gacchati, tâvan nijabhâryayâ dṛishṭaḥ. tâṃ dṛishṭvâ çaṅkito babhûva: „eshâ mayâ kûpe pâtitâ katham atra dṛiçyate?“ bhayacintâprapanno babhûva. bhâryayo 'ktam: „svâmin, mâ bhayaṃ kuru!“ iti kathayitvâ gṛihamadhye nîtaḥ. çvaçurakuṭumbaṃ sarvaṃ sotsâhaṃ babhûva, vardhâpanaṃ kṛitam. katipayadivasais tatra sthitvâ prasuptâṃ bhâryâṃ çayane vyâpâdya tasyâ 'bharaṇâni gṛihîtvâ svanagare gataḥ.

he râjan! etat pratyakshaṃ mayâ dṛishṭam. sarvathâ purushair nâ 'sti prayojanam.“

çukeno 'ktam:

„vâji-vâraṇa-lohânâṃ, kâshṭha-pâshâṇa-vâsasâm,
„nârî-purusha-toyânâm antaraṃ mahad antaram.“ 7.

iti çrutvâ râjñâ Vidagdhacûḍâmaṇiḥ pṛishṭaḥ: „bho çuka, strîṇâṃ doshân kathaya!“ çukeno 'ktam: „çrûyatâṃ, mahârâja!

asti Kâñcanapuraṃ nâma nagaraṃ, tatra Sâgaradatto nâma çreshṭhî. tasya putraḥ Çrîdatto nâma, tena ca Çrîpuranagare çreshṭhi-Samudradattasya duhitâ pariṇîtâ. tâṃ vivâhy asvanagare samâyâtaḥ. katipayadivasâbhyantare vyâvṛitya bâlâ pitur gṛihe preshitâ, sa ca Çrîdattaḥ krayâṇakâni vastûni gṛihîtvâ vâṇijye samudrapâraṃ gataḥ. tatra kânicid vâsarâṇi lagnâni. sâ ca pitur gṛihe varddhamânâ satî yauvanavatî saṃjâtâ. uktaṃ ca:

yauvanam udagrakâle vidadhâti virûpake 'pi lâvaṇyam,
darçayati pâkasamayo nimbaphalasyâ 'pi mâdhuryam. 8.

sâ 'pi nijabhavanopari sthitâ satî râjamârgâvalokanaṃ karoti. ekasmin divase yuvâ purusha eko dṛishṭaḥ; parasparaṃ kaṭâkshanirîkshaṇaṃ saṃjâtam. tayâ nijasakhyâ 'gre kathitam: „bho sakhi, purusham imaṃ mama samîpam ânaya!“ iti çrutvâ tayâ tasya samîpe gatvâ bhaṇitam: „bho purusha Manmathâvatâra! çreshṭhi-Samudradattasya tanayâ tvayâ saha ekântaṃ vâñchati.“ pratipannaṃ tena: „râtrau tava gṛihe samâgamishyâmi.“ uktaṃ ca:

susnâtaṃ purushaṃ dṛishṭvâ, sugandhaṃ, malavarjitam,
klidyante yonayaḥ strîṇâm âmapâtram ivâ 'mbhasâ. 9.
ghṛitakumbhasamâ nârî purushaç câ 'gnivarcasaḥ;
saṃçleshâd dravate kumbhas: tadvat strî-puṅsaḥ bhâvitâ. 10.

mâlâkârîsakhîgṛihe dvâbhyâṃ saṃghaṭṭanaṃ kṛitam; parasparaṃ prîtir utpannâ. anyedyuḥ pariṇîtabhartâ bhâryâm utkalâpanâya çvaçuragṛihe samâyâtaḥ. taṃ bhartâram âgataṃ dṛishṭvâ sâ cintâpannâ babhûva:

„kiṃ karomi? kva gacchâmi? ko mâṃ dhartuṃ samarthakaḥ?
na bubhukshâ na vai tṛishṇâ, na co 'shṇaṃ na ca çitatâ“. 10.

sarvaṃ sakhyâ 'gre kathitam.

atigoshṭhîniraṅkuçatvaṃ, bhartuḥ svairatâ, purushaiḥ saha niryantraṇatâ, pravâse avasthânaṃ videçavâsaç ca, patyur upaghâtaḥ, svairiṇîsaṃsargaḥ, îrshyâlutâ ce 'ti strîṇâṃ vinâçakâraṇâni.

jâmâtṛiko vaikâlikaṃ kṛitvâ çayanîyavâse gataḥ; sâ 'pi mâtrâ balâtkâreṇa patyuḥ samîpe preshitâ. sâ tatra gatvâ parâṅmukhî bhûtvâ prasuptâ. yathâ yathâ bhartâ tayâ saha snehavacanâni vadati, tathâ tathâ tasyâ adhikaṃ duḥkhaṃ bhavati. yataḥ:

[snehaṃ manobhavakṛitaṃ kathayanti bhâvâ:
nâbhî-bhuja-stana-vibhûshaṇadarçanâni,
vastrâṇi, saṃyamana-keçavimokshaṇâni,
bhrûkshepa-kampitakaṭâkshanirîkshaṇâni. 12.

uccaiḥshṭhîvanaṃ, utkaṭaprahasanaṃ, çayyâsanotsarpaṇam,
gâtrâsphoṭana-jṛimbhanâni, sulabhadravyârthasaṃprârthanam,
bâlâliṅgana-cumbanâny abhimukhe, sakhyâḥ samâlokanaṃ,
dṛikpâtaç ca parâṅmukho, guṇakathâ, karṇasya kaṇḍûyanam. 13.

iyaṃ ca vidyâd anuraktaceshṭâ
priyâṇi vakti, svadhanaṃ dadâti,
vilokya mâṃ drakshyati vîtarâgâ,
pramârshṭi doshân guṇakîrtanena. 14.

tasmin na pûjâ na ca vidvishatvam,
kṛitismṛitipreshitadaurmanasyam,
stanau-'shṭhadânâny upagûhanaṃ ca
svedâmbu câ 'pi prathamâbhiyogâḥ. 15.]

viraktaceshṭâ, bhṛikuṭîmukhatvam,
parâṅmukhatvaṃ kṛitavismṛitiç ca,
asaṃbhramo duḥparitoshitâ ca,
vidveshamaitrî parushaṃ ca vâkyam. 16.

spṛishṭvâ 'thavâ 'lokya dhunoti gâtram,
karoti garvaṃ taruṇâbhijâtam,
cumbâvirâme vadanaṃ pramârshṭi,
paççât samutsarpati pûrvasuptâ. 17.

evaṃ parâṅmukhî bhûtvâ çayane sthitâ. uktaṃ ca:

râgî na labhate nidrâṃ paṭṭatûlyâm upasthitaḥ;
vîtarâgaḥ sukhaṃ çete pâshâṇe kaṇṭakeshv api. 18.

so 'pi bhartâ parâṅmukhîṃ dṛishṭvâ prasuptaḥ. itthaṃ bhartâraṃ nidrâvaçaṃ jñâtvâ çanaiḥ çanaiḥ çayanâd utthâya sâ saṃketasthânaṃ niçithasamaye pracalitâ. yâvad vrajati, tâvac caureṇa dṛishṭâ, cintitaṃ ca tena caureṇa: „eshâ sâbharaṇâ kutra gacchati?“ iti pṛishṭhato lagnaḥ. yataḥ:

patiṃ tyaktvâ tu yâ nârî gṛihâd anyatra gacchati,
viṭeshu ramate nityaṃ, svairiṇîṃ tâṃ vinirdiçet. 19.

aharahar anurâgâd dûtikâṃ preshya pûrvam
sarabhasaṃ abhidhâya kvâ 'pi saṃketakaṃ ca
na milati khalu yasyâ vallabho daivayogât,
kathayati Bharatas tâṃ nâyikâṃ vipralabdhâm. 20.

yâ dûtikâgamanakâlam apârayantî
soḍhuṃ smarajvarabharârti pipâsite 'va

niryâti vallabhajanâdharapânalobhât,
sâ kathyate munivarair abhisârike 'ti. 21.

so 'pi tasyâḥ priyas tatrai 'va saṃketasthâne râjakîyaiç ‚caura‘ iti bhaṇitvâ vyâpâdito mṛito 'sti.

[saṃgama-virahavitarke varam iha viraho, na saṃgamas tasyâḥ:
sañge sai 'va tathai 'kâ, tribhuvanam api tanmayaṃ virahe. 22.]

sâ 'pi viraheṇa pîḍitâ satî 'tan mṛitakam âliñganaṃ karoti. mṛito 'yam iti na vetti; vilepana-tâmbûlâdikaṃ dattam; punaḥ punaḥ snehân mukhaṃ cumbati. cauro 'pi dûrasthaḥ sarvaṃ vṛittântaṃ paçyati. cintitaṃ ca:

„yâṃ cintayâmi satataṃ, mayi sâ viraktâ,
sâ 'py anyam icchati janaṃ, sa jano 'nyasaktaḥ,
asmatkṛite ca paritushyati kâcid anyâ:
dhik tâṃ ca taṃ ca madanaṃ ca imâṃ ca mâṃ ca.“ 23.

yâvad etad vartate, tâvat tatra sthitena vaṭavṛikshâdhirûḍhena yaksheṇa cintitam: „aham asya mṛitakasya çarîre saṃkramaṇaṃ kṛitvâ tayâ saha saṃbhogaṃ karishyâmi.“ iti cintayitvâ mṛitakasya çarîre saṃkramaṇaṃ vidhâya tayâ saha saṃbhogaḥ kṛitaḥ. saṃbhogaṃ kṛitvâ tasyâ nâsikâṃ dantaiç chittvâ sa yaksho gataḥ. sâ ca rudhiracarcitasarvâñgî sakhyâḥ samîpaṃ gatvâ sarvaṃ vṛittântaṃ kathitavatî. sakhyo 'ktam: „yâvad âdityodayo na bhavati, tâvat pariṇîtabhartuḥ samîpe gatvâ gurutaraçabdaphûtkârair ‚anenâ 'haṃ vyañgite‘ 'ti roditavyam.“ iti çrutvâ tadâ tatra gatvâ gurutaraçabdena roditum ârabdham. tacchabdam âkarṇya kuṭumbalokâḥ pradhâvitâḥ; yâvat paçyanti, tâvat sâ chinnanâsikâ dṛishṭâ; tair uktam: „he nirlajja, pâpishṭha, he krûrakarman! niraparâdhatayâ tvayâ 'smâkaṃ duhitur nâsikâchedaḥ kim iti vihitaḥ?“ tadâ jâmâtṛikaç cintâpanno babhûva. teno 'ktam:

„viçvaset kṛishṇasarpasya, khaḍgahastasya vairiṇaḥ,
âcâraṃ calacittasya: strîcaritraṃ na viçvaset. 24.
kavayaḥ kiṃ na paçyanti? kiṃ na bhakshanti vâyasâḥ?
madyapâḥ kiṃ na jalpanti? kiṃ na kurvanti yoshitaḥ? 25.
açvaplutaṃ mâdhavagarjitaṃ ca,
strîṇâṃ caritraṃ bhavitavyatâṃ ca,
avarshaṇaṃ câ 'py ativarshaṇaṃ ca
devo na jânâti, kuto manushyaḥ?“ 26.

tai râjakule gatvâ jâmâtṛikaḥ samarpitaḥ. râjapurushair nirṇayaḥ kṛitaḥ: „vadhyo 'yaṃ purushaḥ.“ yâvad vadhyasthâne nîyate, tâvac caureṇâ ''gatya bhaṇitam: „bho râjapurushâ, avadhyo 'yaṃ purushaḥ.“ sarvaṃ prâgvṛittântaṃ teshâm agre kathitam. dharmâdhikâripurushair yathârthaṃ vicârya jâmâtṛiko muktaḥ, sa cauro 'pi muktaḥ. uktaṃ ca:

sâdhûnâṃ pâlanaṃ samyak, dushṭânâṃ nigrahas tathâ,
esha râjñâṃ paro dharmaḥ paratre 'ha ca çarmaṇe. 27.
prajânâṃ rakshaṇaṃ samyak râjño dharmasya kâraṇam;
arakshan narakaṃ yâti, tasmâd rakshyâḥ sadâ prajâḥ. 28.
prajâpîḍanasaṃtâpât samudbhûto hutâçanaḥ
râjñaḥ çriyaṃ, kulaṃ, prâṇân nâ 'dagdhvâ vinivartate. 29.

sâ ca gardabham âropya nijanagarân nishkâsitâ.“

etat kathânakaṃ kathayitvâ Vidagdhacûḍâmaṇiçukeno 'ktam: „deva, îdṛiçî nârî bhavati.“

tatas tau saṃparityajya pakshibhâvam ubhâv api
divyavidyâdharau bhûtvâ jagmatus tridaçâlayam. 30.

etat kathânakaṃ kathayitvâ Vetâleno 'ktam: „bho râjan, kathaya! kasyâ 'dhikaṃ pâpaṃ bhavati?“ râjñâ Vikramaseneno 'ktam:

„nindyâ yoshita eve 'ha, na pumâñsaḥ kadâ ca na,
dharmâ-'dharmavicâreshu niyuktâs te bhavanti yat. 31.

adhikaṃ pâpaṃ strîshu vartate, purushas tu viralapâtako bhavati.“ evaṃ çrutvâ gato Vetâlaḥ; tatrai 'va çiñçipâvṛikshaçâkhâyâm avalambitaḥ.

iti Çivadâsaviracitâyâṃ Vetâlapañcaviñçatikâyâṃ tṛitîyaṃ kathânakaṃ samâptam.

IV.

vighneçvaraṃ Gaṇeçaṃ ca, gajâsyam, âkhuvâhanam,
vighnanâçaṃ, mahâkâyaṃ namâmi Gaṇanâyakam. 1.

punas tena râjñâ çiñçipâvṛikshân mṛitakaṃ samânîya skandhe dhṛitvâ yâvan mârge gacchati, tâvat tena kathânakaṃ prârabdham; Vetâleno 'ktam: „çrûyatâṃ tâvat kathâṃ kathayâmi.

asti Vardhamânaṃ nâma nagaraṃ, tatra râjâ Çûdrakadevaḥ, sa ca âsthânabhûmau nivishṭaḥ. râjño 'ktam: „bho pratîhâra, dvâraṃ çûnyam açûnyaṃ vâ?“ pratîhâreṇo 'ktam:

„prasvedamalasaṃklishṭâ, nirâlambâ, nirâçrayâḥ
dvâre tishṭhanti, deveça, sevakâ vṛishaṇâ iva.“ 2.

anyasmin divase Dakshiṇâpathâd Vîravaro nâma râjaputraḥ sevâṃ kartuṃ samâyâtaḥ. râjñâ saha darçanaṃ jâtam. sa ca râjñâ pṛishṭaḥ: „bho râjaputra, dinaṃ prati kiṃ dîyate?“ Vîravareṇo 'ktam: „deva, pratidinaṃ suvarṇasahasram ekaṃ dîyate.“ râjño 'ktam: „kiyanto gaja-turaga-padâtayaḥ?“ Vîravareṇo 'ktam: „deva, bhâryâ suto duhitâ 'haṃ catvâra eva; pañcamo nâ 'sti.“ tac chrutvâ râjaputrâḥ subhaṭâ amâtyâç ca sarve 'pi hasitâḥ. râjñâ cintitam: „kimartham asau bahudhanaṃ yâcate? athavâ bahu dattaṃ kadâcit saphalaṃ bhavishyati.“ râjñâ bhâṇḍârikam âhûya âdeço dattaḥ: „asya Vîravarasya ṭaṅkasahasrasuvarṇaṃ pratidinaṃ dâtavyam.“ Vîravaro 'pi pratidinaṃ vetanaṃ gṛihîtvâ deva-brâhmaṇa-bhaṭṭa-câraṇa-prekshaṇika-kathaka-dînâ-'ndha-kushṭhi-kubja-khañjasamastayâcakânâṃ dânaṃ dattvâ paçcâd bhojanaṃ karoti. râtrau khaḍgaṃ gṛihîtvâ râjadvâre praharakaṃ dadâti. evaṃ nityaṃ niçîthasamaye yadâ râjâ vadati: „dvâre kas tishṭhati?“ tadâ Vîravaraḥ çabdaṃ dadâti. uktaṃ ca:

„ehi! gaccha! pato! 'ttishṭha! vada! maunaṃ samâcara!“
evam âçâgrahagrastaiḥ krîḍanti dhanino 'rthibhiḥ. 3.
âhârayati na svastho, vinidro na prabudhyate,
vakti na svecchayâ kiṃcit: sevakaḥ kiṃ nu jîvati? 4.
svâbhiprâyaparokshasya, paracittânuvartinaḥ,
svayaṃvikrîtadehasya sevakasya kutaḥ sukham? 5.

maunân mûkaḥ, pravacanapaṭur vâtulo jalpako vâ;
kshântyâ bhîrur; yadi na sahate, prâyaço nâ 'bhijâtaḥ;
dhṛishṭaḥ, pârçve nivasati yadâ, dûrato 'pi pramattaḥ:
sevâdharmaḥ paramagahano yoginâm apy agamyaḥ. 6.

anyasmin dine niçîthe çmaçânabhûmau rudantyâ nâryâḥ karuṇavilâpaçabdaṃ çṛiṇoti sma râjâ. taṃ çrutvâ râjño 'ktam; „dvâre kas tishṭhati?" Vîravareṇo 'ktam: „deva, Vîravaro 'ham." râjño 'ktam: „bho Vîravara! rudantyâ nâryâḥ çabdaṃ çṛiṇoshi?" teno 'ktam: „çṛiṇomi." râjño 'ktam: „asyâḥ samîpaṃ gatvâ rodanakâraṇaṃ vijñâya çîghram âgaccha." uktaṃ ca:

jânîyât preshaṇe bhṛityân, bândhavân vyasanâgame,
mitraṃ ca vipadaḥ kâle, bhâryâṃ ca vibhavakshaye. 7.

tato Vîravaraḥ çabdânulagnaḥ çmaçânabhûmau gataḥ.
alakshitena rûpeṇa timiravyâptavartmanâ
Çûdrako 'pi mahîpâlas tasya câ 'nupadaṃ yayau. 8.

tatra divyâbharaṇabhûshitâ muktakeçâ rudantî nârî dṛishṭâ.
nṛityate kûrdate cai 'va, dhâvate calate tathâ,
rudate câ 'çruhînaṃ ca karuṇaṃ câ 'tiduḥkhitâ. 9.
„duḥkhiny ahaṃ!" ca, „pâpâtmâ!" dhunoty aṅgaṃ muhur muhuḥ,
âsphoṭayati gâtrâṇi, utpatya patate bhuvi. 10.

tâṃ dṛishṭvâ Vîravareṇo 'ktam: „kâ tvam atra pralâpaṃ karoshi?" tayo 'ktam: „ahaṃ râjalakshmîḥ." Vîravareṇo 'ktam: „yadi tvaṃ râjalakshmîs, tadâ kena kâraṇena roditum ârabdham?" tayo 'ktam: „Devyâ dosheṇa tṛitîyadivase râjâ pañcatvaṃ yâsyati; aham anâthâ bhavishyâmi. tena duḥkhena rodimi." Vîravareṇo 'ktam: „asti ko 'py upâyo, yena râjâ çatâyur bhavati?" tayo 'ktam: „râjakîya! Bhaṭṭârikâyâḥ purato yadi tvaṃ nijaputrasya mastakaṃ svahastena chittvâ baliṃ dadâsi, tadâ râjâ çatâyur bhavishyati." evaṃ çrutvâ Vîravaro jhaṭiti svagṛihaṃ gataḥ. Vîravareṇa prasuptâṃ bhâryâm utthâpya sarvaṃ vṛittântaṃ kathitam.

[bhâryâ cai 'va viçâlâkshî, sarvayoshidguṇair yutâ,
gâmbhîrya-dhairyasaṃpannâ, salajjâ, vinayânvitâ, 11.
svabhâvamadhurâlâpâ, vîrasûr, varavarṇinî,
âvartanâbhigambhîrâ, karabhorur, ghanastanî. 12.]
„te putrâ, ye pitur bhaktâḥ, sa pitâ, yas tu poshakaḥ,
tan mitraṃ, yatra viçvâsaḥ, sâ bhâryâ, yatra nirvṛitiḥ. 13.

putro vaçî svarthakarî ca vidyâ,
nîrogatâ mitrasamâgamaç ca,
bhâryâ vinîtâ priyavâdinî ca:
çokasya mûloddharaṇâni pañca. 14.
kântâviyogaḥ, svajanâpamânam,
ṛiṇasya çeshaṃ, kujanasya sevâ
daridrabhâvâd vimukhaṃ ca mitraṃ
vinâ 'gninâ pañca dahanti kâyam. 15.

avinîto bhṛityajano, nṛipatir adâtâ, çathâni mitrâṇi,
avinayavatî ca bhâryâ: mastakaçûlâni catvâri. 16.

suhṛidi nirantaracitte, guṇavati bhṛitye, priyâsu nârîshu,
svâmini sauhṛidayukte nivedya duḥkhaṃ sukhî bhavati. 17.

kiṃ bahunâ?

ahaṃ mṛityuvaçaṃ prâptô râjârthe, nâ 'tra saṃçayaḥ:
pitṛi-bhrâtrâçrayaṃ, bhadre, gaccha tvaṃ varavarṇini!" 18.

bhâryayo 'ktam:

mitaṃ dadâti hi pitâ, mitaṃ bhrâtâ, mitaṃ sutaḥ;
amitasya tu dâtâraṃ bhartâraṃ kâ na pûjayet? 19.
na ca putreṇa me kâryaṃ, svajanair nâ 'pi bândhavaiḥ,
na pitrâ nai 'va mâtrâ ca: tvaṃ hi, svâmin, gatir mama! 20.
na tyajâmi tvatsamîpam ahaṃ, svâmin, pativratâ;
bhartai 'va hy âçrayaḥ strîṇâm, esha dharmaḥ sanâtanaḥ. 21.
na dânaiḥ çudhyate nârî, no 'pavâsaçatair api;
avratâ 'pi bhavec chuddhâ bhartṛitadgatamânasâ. 22.
andhakaṃ kubjakaṃ cai 'va, kushṭhâṅgaṃ, vyâdhipîḍitam
âpadgataṃ ca bhartâraṃ na tyajet sâ mahâsatî. 23.
esha dharmo mayâ "khyâto nârîṇâṃ co 'ttamâ gatiḥ:
yâ nârî kurute câ 'nyat, sâ yâti narakaṃ dhruvam." 24.

evaṃ çrutvâ putreṇa bhaṇitam: „yadi mama vadhena râjâ çatâyur bhavishyati, tadâ kim anvishyate?

mâtâ yadi vishaṃ dadyât, pitrâ vikrîyate sutaḥ,
râjâ harati sarvasvaṃ: kâ tatra paridevanâ?" 25.

duhitrâ 'pi bhavyaṃ bhaṇitam. catvâro 'pi paryâlocya Bhaṭṭârikâyâ bhavanaṃ gatâḥ. tatra prachannena râjñâ bhaṇitam:

„sâ sâ saṃpadyate buddhiḥ, sâ matiḥ sâ ca bhâvanâ,
sahâyâs tâdṛiçâ eva, yâdṛiçî bhavitavyatâ." 26.

Vîravareṇa Bhaṭṭârikâyâḥ purato gatvâ pûjâṃ vidhâya khaḍgam âkṛishya bhaṇitam: „devi bhagavati! mama putrasya vadhena râjâ çatâyur bhavatu!" ity uccârya çiraç chittvâ bhûtale pâtitam. bhrâtaraṃ vyâpâditaṃ dṛishṭvâ bhaginyâ churikayâ nijodaraṃ hatam. mâtrâ 'pi âtmâ vyâpâditaḥ. Vîravareṇa cintitam: „trayâṇâm api maraṇaṃ saṃjâtam; râjasevâṃ kṛitvâ kasya yogyaṃ suvarṇasahasraṃ grahishyâmi?" churikâm âkṛishya nijamastakaṃ chittvâ pâtitaṃ bhûtale. sarveshâṃ kshayaṃ dṛishṭvâ râjñâ cintitam: „mamâ 'rthe 'sya kuṭumbasya kshayaḥ saṃjâtaḥ; tasmâd râjyena kiṃ prayojanaṃ?

râjye 'pi sumahad duḥkhaṃ saṃdhi-vigrahacintayâ;
putrâd api bhayaṃ yatra, tatra saukhyaṃ hi kîdṛiçam?" 27.

churikâm âkṛishya yâvan nijaçiraçchedaṃ karoti, tâvat devyâ bhaṇitam: „putra Çûdrakadeva! tushṭâ 'haṃ tava sâhasena. idânîṃ varaṃ brûhi." râjño 'ktam: „devi bhagavati! yadi tushṭâ 'si, tadâ ete catvâro akshataçarîrâ jîvantu." devyâ bhaṇitam: „evaṃ bhavatu!" Pâtâlâd amṛitam ânîya catvâro 'pi jîvâpitâḥ. râjâ 'pi prachannaḥ san svagṛihaṃ jagâma. te 'pi Vîravarâdayaḥ catvâro 'pi svakîyaṃ mandiram âgaman. tataḥ prabhâtasamaye râjâ sabhâyâm upavishṭavân; punar api Vîravaraḥ samâyâtaḥ; râjñâ Vîravaraḥ pṛishṭaḥ: „bho Vîravara! râtrau strîrodanakâraṇaṃ kim avalokitam?" Vîravareṇo 'ktam:

„kshamî, dâtâ, guṇagrâhî svâmî puṇyena labhyate;
nṛparakshaḥ, çucir, dakshaḥ, svâmin! bhṛityo 'pi durlabhaḥ.“ 28.

tato râjñâ Vîravarasyâ 'rddhaṃ râjyaṃ dattam. uktaṃ ca:

sakṛij jalpanti râjânaḥ, sakṛij jalpanti sâdhavaḥ,
sakṛit kanyâḥ pradîyante: trîṇy etâni sakṛit sakṛit. 29.

etat kathânakaṃ kathayitvâ Vetâleno 'ktam: „râjan, kathaya! eteshâṃ madhye kaḥ sattvâdhikaḥ?“ râjñâ Vikramâdityeno 'ktam: „râjâ sattvâdhikaḥ.“ Vetâleno 'ktam: „kena kâraṇena?“ râjño 'ktam: „svâmyarthe bhṛityâḥ prâṇân tyajanti, na tu bhṛityârthe svâmî. yena râjyaṃ tṛiṇavat kṛitvâ âtmânaṃ hantum ârabdham, ataḥ kâraṇâd râjâ sattvâdhikaḥ.“ evaṃ çrutvâ gato Vetâlaḥ, gatvâ ca punar api çiñçipâvṛikshaçâkhâyâm avalambitaḥ.

iti Çivadâsaviracitâyâṃ Vetâlapañcaviñçatikâyâṃ caturthaṃ kathânakaṃ samâptam.

V.

lambodaraṃ, mahâbhîmaṃ, lamboshṭhaṃ, gajakarṇakam,
bhayaghnaṃ, Pârvatîputraṃ namâmi, Gaṇanâyakam. 1.

punas tena râjñâ çiñçipâvṛikshân mṛitakam ânîya skandhe dhṛitvâ yâvan mârge pracalitaṃ, tâvat tena kathânakaṃ prârabdham; Vetâleno 'ktam: „râjan, çrûyatâṃ! kathâṃ kathayâmi.

asty Ujjayinî nâma nagarî, tatra râjâ Mahâbalo nâma. tasya saṃdhivigrahiko Haridâso nâma. tasya duhitâ Mahâdevî nâma, sâ câ 'tîva rûpavatî varayogyâ vartate. pitâ varacintâpanno babhûva. tayo 'ktam: „tâta, yasya samyag guṇo bhavati, tasyâ 'haṃ dâtavyâ.“ tasmin prastâve tasyâḥ pitâ Dakshiṇâdhipatipârçve prahitaḥ. tatra gatvâ Dakshiṇâdhipatinâ saha darçanaṃ saṃjâtam. râjño 'ktam: „bho Haridâsa! paṭha kiṃcit kalikâlasvarûpam.“ Haridâseno 'ktam: „deva!

kâlaḥ samprati vartate kaliyugaṃ: satyâ narâ durlabhâḥ,
deçâç ca pralayaṃ gatâḥ karabharair, lobhaṃ gatâḥ pârthivâḥ.
nânâcauragaṇâ mushanti pṛithivîm, âryo janaḥ kshîyate,
putrasyâ 'pi na viçvasanti pitaraḥ; kashṭaṃ yugaṃ vartate. 2.

anṛitapaṭutâ, kraurye cittaṃ, satâm avamânitâ,
matir avinaye, dharme çâṭhyaṃ, gurushv api vañcanam,
lalita-madhurâ vâk pratyakshe, parokshavibhâshiṇî:
kaliyugamahârâjasyai 'tâḥ sphuranti vibhûtayaḥ. 3.

dharmaḥ pravrajitas, tapaḥ pracalitaṃ, satyaṃ ca dûre gataṃ;
pṛithvî mandaphalâ nṛipâç ca kuṭilâ, laulye sthitâ brâhmaṇâḥ;
lokâḥ strîshu ratâḥ, striyo 'pi capalâḥ, çâstrâgame viplavaḥ,
sâdhuḥ sîdati, durjanaḥ prabhavati prâyaḥ pravishṭe kalau.“ 4.

tatrâ 'pi Haridâso brâhmaṇenai 'kenâ 'gatya prârthitaḥ: „nijaduhitâ mama dîyatâm.“ Haridâseno 'ktam: „yasya samyag guṇo bhavati, tasyâ 'haṃ dâsyâmi.“ brâhmaṇeno 'ktam: „mamâ 'sti samyag guṇaḥ.“ Haridâseno 'ktam: „tarhi darçaya.“ tena svahastaghaṭito ratho darçitaḥ: „esha ratha âkâçe cintitasthâne gacchati.“ Haridâseno 'ktam: „prabhâte ratham âdâya mama samîpe âgantavyaṃ.“ tataḥ prabhâte rathaṃ gṛihîtvâ samâyâtaḥ. dvâv api rathârûḍhau Ujjayinyâṃ samâgatau.

tatrâ 'pi jyeshṭhabhrâtâ brâhmaṇenai 'kenâ "gatya prârthitaḥ: „nijabhaginî mama dîyatâm.“ bhrâtrâ bhaṇitam: „yasya samyag guṇo bhavati, tasya sâ dâtavyâ.“ teno 'ktam: „ahaṃ jñânaṃ jânâmi.“ bhrâtro 'ktam: „tarhi dattâ mayâ.“ kenâ 'pi brâhmaṇenâ "gatya mâtâ prârthitâ: „nijaduhitâ mama dîyatâm.“ mâtro 'ktam: „yasya samyag guṇo bhavati, tasmai dâtavyâ.“ teno 'ktam: „ahaṃ dhanurvidyâṃ jânâmi çabdavedhî.“ mâtro 'ktam: „tarhi dattâ mayâ.“ evaṃ tasya gṛihe trayâṇâm api melâpakaḥ saṃjâtaḥ. parasparaṃ duhitṛidânaṃ çrutvâ sarve 'pi vishâdaṃ gatâḥ: „ekâ kanyâ, trayo varâḥ. kim idaṃ bhavishyati?“

râtrau sâ kanyâ atîva rûpiṇî kenâ 'pi râkshasena Vindhyâdrau nîtâ. yataḥ:

atirûpâ hṛitâ Sîtâ, atigarveṇa Râvaṇaḥ,
atidânâd Balir baddho: ati sarvatra varjayet. 5.

prabhâte trayo varâḥ samâyâtâḥ. teshâṃ madhye jñânî pṛishṭaḥ: „bho jñânin, sâdhu vidyate?“ tena kaṭhinîm âdâya gaṇitam uktaṃ ca: „sâ Vindhyaparvate râkshasena nîtâ.“ dvitîyena çabdavedhino 'ktam: „râkshasaṃ vyâpâdya aham ânayishyâmi.“ tṛitîyeno 'ktam: „madîyaṃ ratham âruhya gaccha!“ sa ratham âruhya gataḥ. tatra gatvâ râkshasaṃ vyâpâdya rathe câ "ropya ânîtâ sâ kanyâ. tasyâ arthe trayo varâḥ parasparaṃ vivâdaṃ kurvanti. pitrâ cintitam: „sarve kṛitopakârâḥ; kasmai dîyate, kasmai na dîyate?“

etat kathânakaṃ kathayitvâ Vetâleno 'ktam: „râjan, kathaya! eteshâṃ madhye kasya bhâryâ bhavati?“ râjñâ Vikramaseneno 'ktam: „yena râkshasaṃ vyâpâdyâ "nîtâ, tasya bhâryâ bhavati.“ Vetâleno 'ktam: „sarve 'pi samânaguṇâḥ. kathaṃ tasya bhâryâ bhavati?“ râjño 'ktam: „upakaraṇabhûtau jñâni-vijñâninau; uktaṃ ca:

udyamaḥ, sâhasaṃ, dhairyaṃ, balaṃ, buddhiḥ, parâkramaḥ,
shaḍ ete yasya tishṭhanti, tasmâd devo 'pi çaṅkate.“ 6.

evaṃ çrutvâ gato Vetâlaḥ, gatvâ ca punar api çiṅçipâvṛikshaçâkhâyâm avalambitaḥ.

iti Çivadâsaviracitâyâṃ Vetâlapañcaviṅçatikâyâṃ pañcamaṃ kathânakaṃ samâptam.

VI.

ugraṃ, bhayâvaharûpaṃ, bhayaghnaṃ, bhayasûdanam,
mahâbhimaṃ, mahânandaṃ namâmi Gaṇanâyakam. 1.

punas tena râjñâ çiṅçipâvṛikshân mṛitakaṃ samânîya skandhe dhṛitvâ yâvan mârge gacchati, tâvat tena kathânakaṃ prârabdham: Vetâleno 'ktam: „râjan, çrûyatâṃ! kathâṃ kathayâmi.

asti Dharmapurî nâma nagarî; tatra Dharmaçîlo nâma râjâ; tena Caṇḍikâyatanaṃ kâritam, agre caturaçraṃ kuṇḍaṃ ca. nityaṃ eva devîṃ pûjayitvâ bhojanaṃ karoti. mantriṇo 'ktam: „deva, mama vacanaṃ çrûyatâm!

aputrasya gṛihaṃ çûnyaṃ, dik çûnyâ 'bândhavasya ca;
mûrkhasya hṛidayaṃ çûnyaṃ, sarvaçûnyâ daridratâ.“ 2.

evaṃ mantrivacanaṃ çrutvâ râjñâ devyâḥ stutir ârabdhâ:

„namas te devi, deveçi, Brahma-Vishṇv-Indravandite,
Çivadehodbhave, saumye, Mahâlakshmi, namo 'stu te! 3.
jaya, devi mahâghore, raktamâṅse, balipriye,
kâlarûpe, kâlaraudre, kâlarâtri, namo 'stu te! 4.
mahâpretâsanârûḍhe, Çivâyai 'va bhayaṃkare,
carmamuṇḍadhare, Caṇḍe, caturvaktre, namo namaḥ! 5.
tâlajaṅghe, mahâkâye, nirmâṅse, mâṅsabhakshiṇi,
ûrdhvakeçotkaṭe, kshâme, târakâkshi, namo 'stu te!“ 6.

iti stavena devî samârâdhitâ; devyo 'ktam:

„tushṭâ 'haṃ tava, râjendra! varaṃ brûhi yathe 'psitam.“

râjño 'ktam:

„yadi tvaṃ, devi, tushṭâ 'si, putraṃ me dehi çobhanam.“ 7.

devy uvâca:

„putras te bhavitâ, râjan, mahâbalaparâkramaḥ.
gandhapushpâṇi dhûpâni naivedyaṃ balipûrvakaṃ
vastrâṇi ca hiraṇyaṃ ca yathâçaktyâ nivedaya!“ 8.

evaṃ devyâ kathitam. tad râjñâ kṛitam. râjñaḥ putro jâtaḥ. evaṃ sarvo 'pi lokaḥ kuṇḍe snânaṃ kṛitvâ devîṃ pûjayati; devî sarveshâṃ manorathân pûrayati.

ekasmin dine kutaçcid grâmâd rajako mitreṇa saha devîṃ namaskartuṃ samâgataḥ. yâvad devîṃ namaskṛitya tatro 'paviçati, tâvat tena râjakîyarajakasya kanyâ atîva rûpavatî dṛishṭâ. tâṃ dṛishṭvâ kshubhito 'sau; teno 'ktam: „devi bhagavati! yady anayâ saha mama vivâho bhavishyati, tadâ nijamastakena pûjâṃ karishyâmi.“ ity uktvâ nijanagare gataḥ. taddinapûrvaṃ virahavedanâ saṃjâtâ. mitreṇa tasya pitur agre kathitam. tac chrutvâ tena rajakasya gṛihe gatvâ duhitâ yâcitâ labdhâ ca. tenâ 'gatya pariṇîtâ.

katipayadivasâd ûrdhvaṃ bhâryâṃ gṛihîtvâ mitreṇa saha çvaçuragṛihe milanâya samâyâtaḥ. yâvad gacchati, tâvad devyâyatanaṃ dṛishṭvâ bhâryâm âha: „he priye! yâvad ahaṃ devîṃ namaskṛityâ 'gamishyâmi, tâvan mitrasamîpe tvam atrai 'va tishṭha.“ ity uktvâ gato 'sau. devîṃ namaskṛitya churikâm âkṛishya nijaçiraç chittvâ pâtitaḥ pṛithivîtale. kshaṇamâtraṃ pratîkshya mitreṇa bhaṇitam: „tasya gatasya velâ lagnâ; ahaṃ gatvâ çuddhiṃ karomi.“ yâvad gacchati, tâvat sa mṛito dṛishṭaḥ. mitreṇa cintitam: „yady ahaṃ vyâvṛitya gamishyâmi, tadâ lokâpavâdo bhavishyati, yad ‚anena vyâpâditaḥ bhâryâkṛite.'“ iti cintayitvâ tenâ 'pi nijaçiraç chinnam. bhâryayâ cintitam: „tau dvau kathaṃ gatau?“ yâvad gacchati, tâvac chinnaçîrshau dṛishṭau,' cintitaṃ ca tayâ: „aham api marishyâmi.“ tadâ nijottarîyapâçaṃ kaṇṭhe baddhvâ yâvan martum icchati, tâvad devyâ bhaṇitam: „putri, tushṭâ 'haṃ tava sâhasena; idânîṃ varaṃ brûhi.“ tayo 'ktam: „devi bhagavati, yadi tushṭâ 'si, tarhi dvâv etau jîvetâm.“ devyo 'ktam: „putri, çîrshe tvaritaṃ yojaya.“ iti çrutvâ tayâ autsukyâd bhartuḥ çîrshaṃ mitrakabandhe yojitaṃ, bhartuḥ kabandhe mitraçîrsham yojitam. ubhâv api utthitau parasparaṃ vivâdaṃ kurutaḥ.

etat kathânakaṃ kathayitvâ Vetâleno 'ktam: „râjan, kathaya! sâ kasya bhâryâ bhavati?" râjñâ Vikramaseneno 'ktam:

„sarvaushadhînâm açanaṃ pradhânaṃ,
sarveshu peyeshu jalaṃ pradhânam,
sarveshu saukhyeshu striyaḥ pradhânaṃ,
sarveshu gâtreshu çiraḥ pradhânam." 7.

iti çrutvâ gato Vetâlaḥ, gatvâ ca punar api çiñçipâvṛikshaçâkhâyâm avalambitaḥ.

iti Çivadâsavîracitâyâṃ Vetâlapañcaviñçatikâyâṃ shashṭhaṃ kathânakaṃ samâptam.

VII.

vivâde kalahe cai 'va, prasthâne, kṛishikarmaṇi
praveçe ca smaren nityaṃ bhaktipûrvaṃ Vinâyakam. 1.

râjâ ca punar api gatvâ çiñçipâvṛikshân mṛitakaṃ skandhe dhṛitvâ yâvan mârge pracalitaḥ, tâvat tena kathânakaṃ prârabdham; Vetâleno 'ktam:

asti Campakâ nâma nagarî. tatra râjâ Campakeçvaro nâma; tasya râjñî Sulocanâ nâma; tasyâ duhitâ Tribhuvanasundarî nâma, sâ ca varayogyâ vartate.

[mṛidubhâshiṇy, acapalâ, smitabhâshiṇy, anishṭhurâ,
gurûṇâṃ vacane dakshâ, salajjâ, vinayânvitâ, 2.
rûpa-lâvaṇya-mâdhuryaguṇaiḥ svâbhâvikair yutâ,
gâmbhîrya-dhairyasaṃpannâ vijñeyâ pramado 'ttamâ. 3.]

ye kecit pṛithivyâṃ râjâno râjaputrâç ca, te sarve paṭṭe likhitvâ tasyai darçitâḥ. râjño 'ktam: „putri! eteshâṃ madhye ko rocate?" tayo 'ktam: „tâta! eko 'pi mama na rocate." râjño 'ktam: „tarhi svayaṃvarâya gaccha." tayo 'ktam: „nâ 'haṃ svayaṃvaraṃ gacchâmi. guṇatrayaṃ yasya vidyate, tasyâ 'haṃ dâtavyâ: rûpaṃ balaṃ jñânaṃ ca."

etad âkarṇya nânâdeçâc catvâro varâḥ samâgatâḥ, âsthânabhûmau samânîtâḥ. râjñâ pratyekaṃ pṛishṭâḥ: „bho, kathyantâṃ nijaguṇâḥ." ekena bhaṇitam: „aham ekadivase pañca paṭakân nishpâdya ekaṃ brâhmaṇâya dadâmi, dvitîyaṃ devâya, tṛitîyaṃ svâñge, caturthaṃ bhâryâyai, pañcamaṃ vikrîya pushpa-tâmbûla-bhojanaṃ karomi. saṃgrâme mama dvitîyo nâ 'sti. rûpaṃ pratyaksham eva." dvitîyeno 'ktam: „ahaṃ sarveshâṃ jîvânâṃ jalacara-sthalacarâṇâṃ bhâshâṃ jânâmi. mama bale dvitîyo nâ 'sti. rûpaṃ pratyaksham eva." tṛitîyeno 'ktam: „ahaṃ samyak çâstraṃ jânâmi, bale dvitîyo nâ 'sti, rûpaṃ pratyaksham eva." caturtheno 'ktam: „ahaṃ khaḍgahasto bhramamâṇaḥ saṃgare kenâ 'pi na jiye. mama jñânenâ 'nyo nâ 'sti. rûpaṃ pratyaksham eva."

sarveshâṃ vacanaṃ çrutvâ râjñâ cintitam: „kasmai dîyatâm? sarve guṇatrayamaṇḍitâḥ." duhitur mukhaṃ nirîkshya bhaṇitam: „putri, kasya bhâryâ bhavishyasi?" sâ lajjitâ prativacanaṃ na dadâti.

etat kathânakaṃ kathayitvâ Vetâleno 'ktam: „râjan, kathaya! sâ kasya bhâryâ bhavishyati?“ râjñâ Vikramaseneno 'ktam: „svajâtitvât kshatriyas tâṃ pariṇayati. uktaṃ ca:

varayet kulajâṃ prâjño virûpâm api kanyakâm,
rûpavatîṃ na nîcasya: vivâhaḥ sadṛçe kule.“ 4.

Vetâleno 'ktam: „sarve samânaguṇâḥ: kathaṃ tasya bhâryâ bhavati?“ râjñâ Vikramaseneno 'ktam: „pañcapaṭakanishpâdakaḥ çûdraḥ; yaḥ sarvesbâṃ jîvânâṃ bhâshâṃ jânâti, sa vaiçyaḥ; tṛitîyaḥ çâstrajño brâhmaṇaḥ. ataḥ kâraṇât kshatriyas tâṃ pariṇayati.“

iti çrutvâ gato Vetâlaḥ, gatvâ ca punar api çiṅçipâvṛiksha-çâkhâyâm avalambitaḥ.

iti Çivadâsaviracitâyâṃ Vetâlapañcaviṅçatikâyâṃ saptamaṃ kathânakaṃ samâptam.

VIII.

namâmi Bhâratîṃ devîṃ viṇâ-pustakadhâriṇîm,
satataṃ vâṅmayaṃ spashṭaṃ yatprasâdâd vidhîyate. 1.

râjâ ca punar api gatvâ çiṅçipâvṛikshân mṛitakaṃ samânîya skandhe dhṛitvâ yâvan mârge pracalitaḥ, tâvat tena kathânakaṃ prârabdhaṃ; Vetâleno 'ktam:

asti Mâlavatî nâma nagarî, tatra râjâ Guṇâdhipo nâma. tasya dvâre dûradeçâd râjaputra ekaḥ sevâṃ kartuṃ samâyâtaḥ. nityam eva râjadarçanaṃ kartuṃ vâṭikâyâṃ mârge gacchati, na prâpnoti darçanam. tena yat kim api dhanam ânîtaṃ, tat sarvam api saṃvatsareṇa bhakshitaṃ, parivâraḥ sarvo 'pi gataḥ, ekâkî saṃjâtaḥ.

anyasmin dine râjâ dûram âkheṭakaṃ gataḥ, parivâraḥ sarvo 'pi anyasmin mârge gataḥ, araṇyamadhye râjâ ekâkî saṃjâtaḥ, mârgaṃ na vindati. râjñâ cintitam: „kathaṃ svanagaraṃ yâsyâmi?“ yâvad evaṃ cintayati, tâvat tena nirdhanasevakenâ ''gatya namaskṛitaḥ. râjño 'ktam: „bho râjaputra, katham atrâ ''gato 'si?“ teno 'ktam: „deva! yushmatturagapṛishṭhânulagno vegenâ ''gato 'ham.“ râjño 'ktam: „kasmâd durbalaḥ pîḍyamâno dṛiçyase?“ teno 'ktam:

„samîhitaṃ yan na labhâmahe vayaṃ,
prabho, na doshas tava, karmaṇo mama:
divâ 'py ulûko yadi nâ 'valokate,
tadâ 'parâdhaḥ katham aṅçumâlinaḥ? 2.

patte vasaṃtamâse riddhiṃ pâvaï saalavaṇarâî:
jaṃ ṇa karîre pattaṃ, tâ kiṃ doso vasaṃtassa? 3.

atha vâ atrâ 'rthe dînair na bhâvyam.

yo me garbhagatasyâ 'pi vṛittiṃ kalpitavân payaḥ,
çeshavṛittividhânâya sa kiṃ supto 'tha vâ mṛitaḥ? 4.
yâvat puṇyodayaḥ puṅsâṃ, tâvat sarve 'pi kiṃkarâḥ;
puṇyakshayeshu jâyante bahavas te 'pi vidvishaḥ. 5.
varaṃ hâlâhalaṃ pîtaṃ sadyaḥ prâṇaharaṃ visham,
na tu dṛishṭaṃ dhanâḍhyasya bhrûbhaṅgakuṭilânanam. 6.

bâlasakhitvam, akâraṇahâsyaṃ, strîshu vivâdam, asajjanasevâ,
gardabhayânam, asaṃskṛitavâṇî: shaṭsu naro laghutâm upayâti. 7.

âyuḥ karma ca vittaṃ ca, vidyâ nidhanam eva ca,
pañcai 'tâni visṛijyante garbhasthasyai 'va dehinaḥ. 8.

susvâminaḥ sevâ kṛitâ ciraṃtanakâle na nishphalâ bhavati." râjño 'ktam: „bho râjaputra! bubhukshito 'ham." teno 'ktam: „deva, nâ 'tra bhojanaprâptir asti." tena kuto 'pi sthânât pakvam âmalakadvayam ânîtaṃ, râjñâ bhakshitaṃ, tṛiptiḥ saṃjâtâ. râjño 'ktam: „bho râjaputra. nagarasya mârgaṃ darçaya!" tena darçito mârgaḥ, râjâ nijanagare saṃprâptaḥ. râjñâ ca tasya sevakasya jîvanaṃ kṛitaṃ. vastrâ-'bharaṇâni pradattâni.

anyasmin prastâve sa ca sevako râjñâ prayojanavaçât samudratîre prahitaḥ. yâvaj jalamadhye gacchati, tâvad Devyâyatanaṃ dṛishṭam. tatra Devîṃ pûjayitvâ ekâ nâyikâ pracalitâ. sa ca pṛishṭhato lagnaḥ. tayo 'ktam: „bho purusha. kimartham ihâ 'gataḥ?" teno 'ktam: „ahaṃ bhogârthaṃ kâmavaçaḥ saṃjâto 'smi." tayo 'ktam: „atra kuṇḍe snânaṃ kartuṃ praviça." snânârthaṃ pravishṭo 'sau nijanagare saṃprâptaḥ. sarvaṃ vṛittântaṃ râjño 'gre kathitam.

râjño 'ktam: „ahaṃ tatrai 'va yâsyâmi." râjâ 'pi tena sevakena saha tatrai 'va samudratîre tasminn eva Devyâyatane samâyâtaḥ, sâ 'pi nâyakâ sakhîbhiḥ saha tatrai 'va samâyâtâ. dṛishṭvâ yâvad Devîṃ namaskṛitya svasthâne gacchati, tâvat tayâ sa râjâ dṛishṭaḥ sevakaç ca. sâ râjño rûpaṃ dṛishṭvâ sânurâgâ vadati: „râjann, âdeçaṃ dîyatâm! yat kim api kṛityam akṛityaṃ vâ kathayishyasi, tad ahaṃ karishyâmi." râjño 'ktam: „yadi mama vacanaṃ çṛiṇoshi, tadâ mama sevakasya bhâryâ bhava." tayo 'ktam: „râjan. tavâ 'haṃ sânurâgâ, katham asya bhâryâ bhavâmi?" râjño 'ktam: „mama puratas tvayâ iti bhaṇitaṃ, yato 'haṃ tavâ 'deçenâ 'kṛityam api karishyâmi; yadi svavacanaṃ pramâṇaṃ karoshi, tadâ mamâ 'deçena mama sevakasya bhâryâ bhava." pratipannaṃ tayâ. tena tatrai 'va gândharvavivâhena pariṇîtâ. râja-sevakau nijanagare samâyâtau.

etat kathânakaṃ kathayitvâ Vetâleno 'ktam: „râjan, kathaya! râja-sevakayor madhye kaḥ sattvâdhikaḥ?" râjñâ Vikramaseneno 'ktam: „sevakaḥ sattvâdhikaḥ." Vetâleno 'ktam: „yena râjñâ devâṅganâ labdhâ sevakasya pradattâ, sa kathaṃ sattvâdhiko na bhavati?" râjño 'ktam: „yaḥ prathamam upakâraṃ karoti, sa sattvâdhiko bhavati. uktaṃ ca:

upakârishu yaḥ sâdhuḥ, sâdhutve tasya ko guṇaḥ?
apakârishu yaḥ sâdhuḥ, sa sâdhuḥ sadbhir ucyate." 9.

evaṃ çrutvâ gato Vetâlas tatrai 'va çâkhâyâm avalambitaḥ.

iti Çivadâsaviracitâyâṃ Vetâlapañcaviṅcatikâyâm ashṭamaṃ kathânakaṃ samâptam.

IX.

praṇamya parayâ bhaktyâ haṅsayânâṃ Sarasvatîṃ
tasyâḥ prasâdam âsâdya karishyâmi kathâm imâm. 1.

râjâ ca punar api tatrai 'va gatvâ çiṅçipâvṛikshân mṛitakaṃ skandhe dhṛitvâ yâvan mârge pracalitaḥ, tâvat tena kathânakaṃ prârabdham; Vetâleno 'ktam:

asti Madanapuram nâma nagaram; tatra râjâ Madanavîro nâma. tatra Hiraṇyadatto nâma vaṇik, tasya sutâ Madanasenâ nâma. sâ ca vasantotsave sakhîbhiḥ saha mahârâme krîḍanâya gatâ. tatrai 'va vaṇik Somadattasuto Dharmadatto nâma mitreṇa saha samâyâtaḥ. tâṃ dṛishṭvâ kshubhito 'sau: „yady eshâ mama bhâryâ bhavati, tadâ mama jîvitaṃ saphalam.“ tena virahavedanâpîḍitena katham api çarvarî nirgamitâ; prabhâtasamaye tatrai 'vâ "râme samâyâtaḥ, sâ ca ekâkinî tatrai 'va dṛishṭâ. tâṃ gṛihîtvâ dakshiṇakare bhaṇitam: „yadi tvaṃ mama bhâryâ na bhavishyasi, tadâ 'haṃ tavo 'pari prâṇatyâgaṃ karishyâmi. uktaṃ ca:

bâle, lalâmalekhe 'yaṃ bhâle bhallî 'va râjate;
bhrûlatâcâpam âkṛishya na jâne kaṃ hanishyasi. 2.
apûrvo 'yaṃ dhanurvedo Manmathasya mahâtmanaḥ:
çarîram akshataṃ kṛitvâ bhinatty antargataṃ manaḥ.“ 3.

tayo 'ktam: „Âmadattasuto vaṇik pañcame dine mâṃ pariṇeshyati.“ teno 'ktam: „balâtkâreṇa tvâṃ bhajishyâmi.“ tayo 'ktam: „evaṃ mâ kuru! kanyâ 'haṃ, tava pâpaṃ bhavishyati.

lajjijjaï jeṇa jaṇo, maïlijjaï ṇiakulakkamo jeṇa,
taṃ ṇa kuṇaṃti kulîṇâ jâva vi kaṃṭhatthio jîvo.“ 4.

teno 'ktam:

„kim u kuvalayanetrâḥ santi no nâkanâryas,
tridaçapatir Ahalyâṃ tâpasîṃ yat sisheve?
hṛidayatṛiṇakuṭîre dahyamâne smarâgnâv
ucitam anucitaṃ vâ vetti kaḥ paṇḍito 'pi?“ 5.

tayo 'ktam: „yady evaṃ, tarhi pratîkshasva, pañcame divase mama vivâho bhavishyati; pariṇîtâ satî prathamaṃ tava pârçve âgatya paçcâd bhartrâ saha saṃbhogaṃ karishyâmi. ityarthe çapathaḥ kṛitaḥ.“ ity ukte sati tena muktâ sâ nijabhavanaṃ gatâ, so 'pi svagṛihe gataḥ.

pañcame divase vivâhaḥ saṃjâtaḥ. vivâhitâ satî râtrau yâvad bhartâ âliṅganaṃ karoti, tâvat tayâ nivâritaḥ. bhartro 'ktam: „kena kâraṇena tvaṃ mâṃ nâ 'bhilashasi?“ tayo 'ktam: „çrûyatâṃ mama vacanam!“ kanyâ satî yad vṛittântam anubhûtavatî, tat sarvaṃ bhartur agre niveditam. bhartrâ bhaṇitaṃ: „yadi satyaṃ, tarhi tasya pârçve gaccha.“ yâvad gacchati, tâvan mârge caureṇa dṛishṭâ. tâṃ dṛishṭvâ harshitaṃ caureṇa cintitaṃ ca: „asyâ âbharaṇâni grahîshyâmi.“ caureṇo 'ktam:

„kva prasthitâ 'si, karabhoru, ghane niçîthe?“
„„prâṇâdhiko vasati yatra manaḥpriyo me.““
„ekâkinî, vada, kathaṃ na bibheshi, bâle?“
„„nanv asti puṅkhitaçaro Madanaḥ sahâyaḥ.““ 6.

caurasyâ 'gre sarvavṛittântaṃ kathitaṃ, caureṇâ 'pi sâ preshitâ: „katham asyâḥ çriṅgârabhaṅgaṃ karomi?“ gatâ sâ, yatra çayanasthâne Dharmadattas tishṭhati. teno 'ktam:

„Yakshiṇî vâ 'tha Gandharvî Kiṃnarî vâ Sureçvarî,
Nâgakanyâ, Ṛisheḥ kanyâ, Siddhakanyâ, Niçâcarî, 7.
Vidyâdhary Apsarâ vâ tvaṃ, mânushî vâ 'tha bhûcarî?
kâ tvaṃ? na vedmi, bhadre, 'haṃ. kutaḥ sthânât samâgatâ?“ 8.

tayo 'ktam: „Hiraṇyadattasya duhitâ Madanasenâ 'ham; yâ pûrvaṃ tvayâ vanamadhye balâtkâreṇa gṛihîtâ, çapathaṃ kâritâ, sâ 'ham adyai 'va vivâhitâ satî tava samîpam âgatâ. yat tava rocate, tat kurushva.“ teno 'ktam: „idaṃ vṛittântaṃ pariṇîtabhartur agre kathitam?“ tayo 'ktam: „mayâ sarvaṃ kathitam.“ teno 'ktam:

„vastrahînaṃ alaṃkâraṃ ghṛitahînaṃ ca bhojanam,
svarahînaṃ ca gândharvaṃ bhâvahînaṃ ca maithunam! 9.
raktâ harati sarvasvaṃ, prâṇân api virâgitâ;
aho! râge virâge ca kashṭaṃ kashṭaṃ khalu striyaḥ! 10.
yat sâhasam asatyaṃ ca, yad akâryaṃ, yad akramam,
striyas tad eva kurvanti. bhayasthâne kathaṃ ratiḥ? 11.
antar vishamayâḥ kâmaṃ, bahirvṛittyâ manoramâ
guñjâphalanibhâḥ satyaṃ svabhâvâd eva yoshitaḥ. 12.
jalpanti sârdham anyena, paçyanty anyaṃ savibhramâḥ,
hṛidgataṃ cintayanty anyaṃ: priyaḥ ko nâma yoshitâm? 13.
yad antas, tan na jihvâyâṃ; yaj jihvâyâṃ, na tad bahiḥ;
yad bahis, tan na kurvanti: vicitracaritâḥ striyaḥ! 14.
prâjñaṃ, vinîtasaṃskâraṃ, vidvâṅsam api mantriṇaṃ
chalayanti kṛitâbhyâsâd etâ yoshitpiçâcikâḥ. 15.
catvâro nirmitâḥ pûrvam upâyâs tena vedhasâ:
na sṛishṭaḥ pañcamaḥ ko 'pi, gṛihyante yena yoshitaḥ. 16.

kiṃ bahunâ? nâ 'haṃ parastrîṃ sevayâmi.“ iti çrutvâ gatâ sâ, caurasyâ 'gre sarvaṃ vṛittântaṃ kathitam. caureṇâ 'pi praçaṅsayitvâ sâbharaṇâ muktâ gatâ sâ bhartuḥ samîpe, sarvaṃ vṛittântaṃ kathitaṃ, sasnehaṃ âliṅganaṃ kṛitam. uktaṃ ca:

kokilânâṃ svaro rûpaṃ, nârîrûpaṃ pativratam,
vidyâ rûpaṃ kurûpâṇâṃ. kshamâ rûpaṃ tapasvinâm. 17.

etat kathânakaṃ kathayitvâ Vetâleno 'ktam: „râjan, kathaya! trayâṇâṃ madhye kaḥ sattvâdhikaḥ?“ râjñâ Vikramaseneno 'ktam: „cauraḥ sattvâdhikaḥ.“ Vetâleno 'ktam: „kena kâraṇena?“ râjño 'ktam: „anyacittâṃ jñâtvâ svapatinâ muktâ; râjadaṇḍabhayât parapurusheṇa muktâ; caurasya kâraṇaṃ kim api na hi. ataḥ kâraṇâc cauraḥ pradhânaḥ.“ evaṃ çrutvâ gato Vetâlaḥ. tatrai 'va çiṅçipâvṛikshaçâkhâyâm avalambitaḥ.

iti Çivadâsaviracitâyâṃ Vetâlapañcaviṅçatikâyâṃ navamaṃ kathânakam.

X.

viçvabîjaprarohârthaṃ, çûladhâraṇayâ sthitam,
bahuçaktimayaṃ vande dharaṇîrûpam Îçvaram. 1.

râjâ ca punar api tatrai 'va gatvâ çiṅçipâvṛikshân mṛitakaṃ samânîya skandhe dhṛitvâ yâvan mârge pracalitaḥ, tâvat tena kathânakaṃ prârabdham; Vetâleno 'ktam:

asti Gauḍadeçe Puṇyavardhanaṃ nâma nagaram. tatra râjâ Guṇaçekharo nâma; tasya gṛihe mantrî çrâvakaḥ. Abhayacandro nâma. tena râjâ çrâvakadharme pravartitaḥ: Çivapûjâdânaṃ, kalpalatâdânaṃ, bhûmidânaṃ, suvarṇadânaṃ, pitṛîṇâṃ piṇḍadânaṃ,

Gaṅgâyâm asthikshepaṇam, anyâni yâni kâny api dânâni, tâni sarvâṇi amâtyena nivâritâni. amâtyeno 'ktam: „deva!
çrûyatâṃ dharmasarvasvaṃ çrutvâ cai 'vâ 'vadhâryatâm:
âtmanaḥ pratikûlâni pareshâṃ na samâcaret. 2.
anityâni çarîrâṇi, vibhavo nai 'va çâçvataḥ,
nityaṃ saṃnihito mṛityuḥ; kartavyo dharmasaṃgrahaḥ. 3.
na virâgâ, na sarvajñâ Brahma-Vishṇu-Maheçvarâḥ,
râga-dvesha-mada-krodha-lobha-mohâdiyogataḥ. 4.
ajeyaḥ, subhagaḥ, saumyaḥ, tyâgî, bhogî, yaçonidhiḥ
bhavaty abhayadânena, ciraṃjîvî, nirâmayaḥ. 5.
tad asti na sukhaṃ loke, na bhûtaṃ, na bhavishyati,
yat tu saṃpadyate sadyo jantor abhayadânataḥ. 6.
trasyanti sarvadâ dînâs tṛiṇataḥ parṇato 'pi ye,
hiṅsyante câ 'pi yair jîvâs, tebhyaḥ ke nirghṛiṇâḥ pare? 7.
gṛihṇato 'pi tṛiṇaṃ dantaiḥ prâṇino mârayanti ye,
vyâghrebhyas te durâcârâ viçishyante kathaṃ khalâḥ? 8.
svamâṅsaṃ paramâṅsair ye poshayanti durâçayâḥ,
svamâṅsam eva khâdanti patitâ narake 'dhame. 9.
duḥkhâni yâni dṛiçyante duḥsahâni jagattraye,
sarvâṇi tâni labhyante prâṇimardanakâriṇâm: 10.
svalpâyur, vikalo, rogî, vicakshur badhiraç ca saḥ,
vâmanaḥ, pâmanaḥ, shaṇḍo jâyate sa bhave bhave. 11.
vipragaṇe 'py atibhukte tṛiptiḥ saṃpadyate yadi pitṛîṇâm,
nâ 'nyena ghṛite pîte bhavati tadâ 'nyaḥ kathaṃ pushṭaḥ? 12.
dânena putradattena mucyate pâpato 'pi yadi hi pitâ,
vihite tadâ caritre pareṇa muktiṃ paro yâti? 13.
Gaṅgâgate 'sthijâle bhavati sukhî yadi mṛitaç ciraṃ kâlam,
bhasmîkṛitas tadâ 'mbhaḥsiktaḥ pallavayate vṛikshaḥ. 14.
lajjâ-dravyaharaṃ, kulasya nidhanaṃ, cittasya saṃtâpanaṃ,
nîcair nîcaratam, pramâdajananaṃ, çîlasya vidhvaṅsanam,
çilpa-jñânavinâçanaṃ, smṛitiharaṃ, çaucasya nirnâçanaṃ
madyaṃ doshasahasramârgakuṭilaṃ ko nâma vidvân pivet? 15.
madyapânât paraṃ pâpaṃ na bhûtaṃ, na bhavishyati;
madyatyâgât paraṃ puṇyaṃ na bhûtaṃ, na bhavishyati. 16.
na bhûmyâṃ jâyate mâṅsaṃ, na vṛiksheshu tṛiṇeshu ca:
indriyâj jâyate mâṅsaṃ, tasmân mâṅsaṃ na bhakshayet. 17.
saṃskartâ co 'pahartâ ca, khâdako, jîvaghâtakaḥ,
upadeshṭâ 'numantâ ca, shaḍ ete samabhâginaḥ.“ 18.

kiṃ bahunâ? evaṃvidhair vâkyais sa râjâ tena mantriṇâ çrâvakadharme niyuktaḥ. tadâ caurâdibhiç ca tad râjyam upadrutam. kâlaparyâyeṇa sa râjâ divaṃ gataḥ, tasya kumâro Dharmadhvajo nâma tasmin râjye upavishṭaḥ. tena Abhayacandro mantrî saparivâro deçân niḥkâsitaḥ, râjyaṃ niḥkaṇṭakaṃ kṛitam.

anyadâ vasantotsave râjâ 'ntaḥpureṇa saha ârâme krîḍanâya gataḥ. tatra mahâsarovaraṃ dṛishṭam; sarovaramadhyât kamalam ekam âdâya ceṭikâ yâvad râjñîhaste kamalaṃ samarpayati, tâvat kamalaṃ râjñîpâdayor upari patitaṃ, pâdau bhagnau. dvitîyarâjñîçarîre candrakiraṇaiḥ sphoṭakâḥ saṃjâtâḥ. tṛitîyâ râjñî dûragṛihe muçalakaṇḍanam âkarṇya hastavedanâ saṃjâtâ.

etat kathânakaṃ kathayitvâ Vetâleno 'ktam: „râjan, kathaya! tisṛiṇâṃ madhye kâ sukumârâ?" râjñâ Vikramaseneno 'ktam: „yasyâ haste vedanâ saṃjâtâ, sâ sukumârâ."

evaṃ çrutvâ gato Vetâlaḥ, tatrai 'va çiṅçipâvṛikshaçâkhâyâm avalambitaḥ.

iti Çivadâsaviracitâyâṃ Vetâlapañcaviṅçatikâyâṃ daçamaṃ kathânakam.

XI.

praṇamya çirasâ devau Pitâmaha-Maheçvarau
kautûhalaṃ pravakshyâmi, yan na kenâ 'py udâhṛitam. 1.

râjâ punar api tatrai 'va gatvâ çiṅçipâvṛikshân mṛitakaṃ samânîya skandhe dhṛitvâ yâvan mârge pracalitaḥ, tâvat tena kathânakaṃ prârabdham; Vetâleno 'ktam:

asti Guṇapuraṃ nâma nagaram; tatra râjâ Janavallabho nâma; tasya Prajñâkoço nâma mantrî. tasya bhâryâ Lakshmîr nâma. tena râjñâ cintitam: „râjyasya kiṃ phalaṃ, yadi bhavyâṅganâbhiḥ saha saṃbhogo na kriyate?" tena râjñâ mantriṇi râjyabhâraḥ samarpitaḥ, râjyacintâṃ na karoti.

ekasmin dine mantrî nijabhavane gataḥ san bhâryayâ pṛishṭaḥ: „svâmin, sâmprataṃ daurbalyaṃ vartate?" mantriṇâ bhaṇitam: „ahar-niçaṃ mama râjyacintâ vartate, râjâ punar bhavyâṅganâbhiḥ saha krîḍâṃ karoti." bhâryayo 'ktam: „svâmin, tîrthayâtrâṃ bhaṇitvâ râjânam utkalâpaya." iti çrutvâ tena râjâ utkalâpitaḥ, tîrthayâtrâṃ gataḥ. yâvat samudratîre Râmeçvaraṃ namaskṛityo 'paviçati, tâvat samudramadhyâd ekaṃ vṛikshaṃ kâñcanamûlaṃ ratnaçâkhopaçobhitaṃ prabâlapallavasaṃpûrṇaṃ, tatra vṛikshopari paryaṅkatûlikâsaṃsthitâṃ divyâṃ nâyikâṃ vîṇâhastâṃ çlokatrayaṃ paṭhantîṃ dadarça:

„yena yad vâpitaṃ bîjaṃ karmabhûmau çubhâ-'çubham,
prâpyate tena tatrai 'va niyataṃ vidhinâ sadâ. 2.
daivâyattaṃ jagat sarvaṃ sadevâ-'sura-mânusham;
tasmât sarvaprayatnena tad evaṃ cintayed bhṛiçam. 3.
pûrvajanmârjitaṃ yac ca karma puṅsâṃ çubhâ-'çubham,
tad eva sarvajantûnâṃ sṛishṭi-saṃhârakâraṇam." 4.

iti paṭhitvâ sâ tatrai 'va vṛiksheṇa saha jalamadhye nimagnâ. etat kautûhalaṃ mantriṇâ dṛishṭam; punar api vyâvṛitya mantrî svanagare samâyâtaḥ. râjânaṃ namaskṛitya mantriṇâ vijñaptam:

„asaṃbhâvyaṃ na vaktavyaṃ, pratyakshaṃ yadi dṛiçyate;
yathâ vânaragîtâni, tathâ tarati sâ çilâ. 5.
çâkhâmṛigasya çâkhâyâḥ çâkhâṃ gantuṃ parâkramaḥ;
yat punas tîryate 'mbhodhiḥ, prabhâvaprabhavo hi saḥ." 6.

tatra yad vṛittântaṃ, sarvaṃ râjño 'gre niveditam. tac chrutvâ râjâ tasmin mantriṇi râjyabhâraṃ samarpya ekâkî bhûtvâ samudratîre Râmeçvaraṃ namaskartuṃ gataḥ. tatra gatvâ yâvad devaṃ namaskṛityo 'paviçati, tâvat samudramadhyât kalpavṛiksham nâyikâsahitam âgacchamânam dadarça. taṃ dṛishṭvâ râjâ çîghrataraṃ vṛiksham âruhya Pâtâle gataḥ. tatra tayâ nâyikayâ bhaṇitam: „bho vîra! kimartham ihâ "gataḥ?“ râjño 'ktam: „ahaṃ bhogârthî tvadrûpalobhena.“ tayo 'ktam: „yadi kṛishṇacaturdaçyâṃ mayâ saha saṃbhogaṃ na karoshi, tadâ mâṃ vivâhaya.“ râjño 'ktam: „evaṃ pramâṇam.“ iti bhaṇitvâ sâ pariṇîtâ.

saṃprâptâ kṛishṇacaturdaçî. tayâ bhaṇitam: „bho râjan! adya tvayâ mama samîpe nâ "gantavyam.“ iti çrutvâ râjâ khaḍgam âdâya adṛiçyo bhûtvâ tatrai 'va sthitaḥ. yâvad râjâ paçyati, tâvad râkshasenâ "gatya gilitâ sâ. taṃ dṛishṭvâ râjâ khaḍgam âkṛishya pradhâvitaḥ: „re râkshasa, papishṭha strîghâtaka! kutra gamishyasi? mayâ saha saṃgrâmaṃ kuru.“ uktaṃ ca:

tâvad bhayasya bhetavyaṃ, yâvad bhayam anâgatam;
âgataṃ tu bhayaṃ dṛishṭvâ prahartavyam açañkitaiḥ. 7.

churikâm âkṛishya râkshasaṃ vyâpâdya tadudarâd devâñganâ âkṛishṭâ. tayo 'ktam: „sâdhu, bho vîra! mahân upakâraḥ kṛitaḥ. uktaṃ ca:

çaile çaile na mâṇikyaṃ, mauktikaṃ na gaje gaje,
sâdhavo na hi sarvatra, candanaṃ na vane vane.“ 8.

râjño 'ktam: „kena kâraṇena kṛishṇacaturdaçyâṃ râkshasas tvâṃ gilati?“ tayo 'ktam: „mama pitâ vidyâdharo 'sti, tasya sutâ 'haṃ Sundarî nâma, atîvapitṛivallabhâ; mâṃ vinâ pitâ bhojanaṃ na karoti. ekasmin dine bhojanavelâyâṃ nâ "gatâ 'ham: kupitena pitrâ çâpo dattaḥ: „„kṛishṇacaturdaçyâṃ tvâṃ râkshaso gilishyati.““ tadâ mayâ bhaṇitam: „„tâta, tvayâ çâpo dattaḥ, anugrahaṃ dehi!““ pitrâ bhaṇitam: „„yadâ manushyaḥ ko 'pi vîrapurusha âgatya râkshasaṃ vyâpâdayishyati, tadâ çâpamoksho bhavishyati.““ adya çâpamokshaḥ saṃjâtaḥ. sâmprataṃ pituç caraṇau namaskartuṃ yâsyâmi." râjño 'ktam: „yadi mamo 'pakâraṃ manyase, tadâ madîyaṃ nagaraṃ râjyaṃ ca dṛishṭvâ paççât pituḥ samîpe gantavyam.“ tayo 'ktam: „evaṃ kriyatâm.“ iti bhaṇitvâ tayâ smṛitâ vidyâ, nîto râjâ vâpîjale: dvâv api tatra nimagnau nijarâjadhânîṃ samâyâtau. tato mantriṇâ haṭṭaçobhâ kâritâ, mahân mahotsavaḥ kṛitaḥ

pañcaçabdâdinirghoshaiḥ mâgadha-stutipâṭhakaiḥ
gîtabhinnashaḍañgaiç ca vedadhvanisumañgalaiḥ. 9.

lokaḥ sarvo 'pi mâñgalikahastaḥ samâyâtaḥ.

katipayadivasair atikrântair tayâ bhaṇitam: „bho râjan, çrûyatâm! ahaṃ pituç caraṇau namaskartuṃ yâsyâmi.“ râjño 'ktam: „gaccha!" tayâ smṛitâ vidyâ, paraṃ nâ "gatâ. râjño 'ktam: „kena kâraṇena nâ "gatâ vidyâ?“ tayo 'ktam: „ahaṃ devî bhûtvâ mânushâ"saktacittâ jâtâ, ataḥ kâraṇân nâ "gatâ vidyâ.“ tadâ râjâ viçesheṇa hṛishṭo babhûva, nagare dvitîyamahotsavaḥ kâritaḥ. mahâmahotsave pravartamâne mantrî hṛidayaṃ sphuṭitvâ mṛitaḥ.

etat kathânakaṃ kathayitvâ Vetâleno 'ktam: „râjan, kathaya! mahotsave pravartamâne kena kâraṇena mantrî mṛitaḥ?“ râjñâ Vikramaseneno 'ktam:

„çishṭâcârasamâyuktaḥ, sarvaçâstraviçâradaḥ,
kshântiyukto, jitakrodhaḥ, saṃtoshî co, 'dyamî, yataḥ, 10.
tyâgî ca, tattvavic, chrîmân, satyavâdî, jitendriyaḥ,
samutpannamatiç cai 'va, âtmârthe niḥspṛihaḥ sadâ, 11.

ya evaṃvidho, mantrî sa râjñâ sadai 'va kartavyaḥ. mantriṇâ cintitam: „„râjâ devyâsaktacitto bhavishyati, râjyacintâṃ na karishyati, prajâ anâthâ bhavishyati, râjyam api kshayaṃ yâsyati. uktaṃ ca:

avidyaḥ purushaḥ çocyaḥ, çocyaṃ maithunam aprajam,
nirâdhârâḥ prajâḥ çocyâḥ, çocyaṃ râshṭram arâjakam.‟‟ 12.

iti cintayitvâ mantrî mṛitaḥ.‟
evaṃ çrutvâ gato Vetâlaḥ.
iti Çivadâsaviracitâyâṃ Vetâlapañcaviñçatikâyâm ekâdaçakathânakam.

XII.

çabdabrahmasudhâpûralolakallolamâlinîṃ
Sarasvatîṃ namaskṛitya vidadhâmi kathâm imâm. 1.

râjâ ca punar api tatrai 'va çiñçipâvṛikshân mṛitakaṃ samânîya skandhe dhṛitvâ yâvan mârge pracalitaḥ, tâvat tena kathânakaṃ prârabdham; Vetâleno 'ktam:

asti Cûḍâpuraṃ nâma nagaram; tatra Cûḍâmaṇir nâma râjâ. tasya purodhâ Devasvâmisuto Harisvâmî nâma, rûpeṇa Makaradhvajaḥ, çâstreṇa Bṛihaspatiḥ, vibhavena Vaiçravaṇaḥ. tena kasyacid brâhmaṇasya duhitâ devakanyâsadṛiçî Lâvaṇyavatî nâma pariṇîtâ. tayoḥ parasparaṃ prîtir utpannâ. anyadâ grîshmasamaye râtrau bhavanopari dvâv api prasuptau. tâṃ Lâvaṇyavatîṃ vivastrâṃ dṛishṭvâ gaganagâminâ vidyâdhareṇa kâmaparavaçena vimâne samâropya svasthânaṃ nîtâ. so 'pi yâvac chayanât prabuddha uttishṭhati, tâvat tâṃ priyâṃ na paçyati: „kva gatâ? kena nîtâ?‟ nagaraṃ samagraṃ paryaṭitaṃ, paraṃ kutrâ 'pi na dṛiçyate. gato 'sau nijabhavane. çûnyâṃ çayyâṃ vilokya „hâ priye, pativrate, prâṇavallabhe! mâṃ vihâya kva gatâ 'si? dehi me prativacanam!‟ iti bhaṇitvâ patitaḥ.

„yâhi, vâta! yataḥ kântâ, tâṃ spṛishṭvâ mâm api spṛiça!
tena vâtena jîvâmi, yâvad bhavati darçanam.‟ 2.

iti vilapya vairâgyaṃ gataç cintayati:

„ekai 'va kâcin mahatâm avasthâ:
sûkshmâṇi vastrâṇy atha vâ ca kanthâ,
karâgralagnâ 'bhinavâ ca bâlâ,
Gaṅgâtaraṅgeshv atha vâ 'kshamâlâ. 3.

kiṃ anena madîyena vṛithâjîvitena? tasmât sutîrthe gatvâ 'naçanena marishyâmi; kiṃ vâ tapaçcaraṇaṃ karishyâmi?‟ evaṃ niçcayaṃ kṛitvâ tapasviveshaṃ vidhâya gṛihân niçcakrâma. tadâ mârge gacchan madhyâhnasamaye kasmiñçcin nagare prâptaḥ; tatra palâçapuṭikâṃ kṛitvâ bhikshâyâcanâya gataḥ. kasyacid brâhmaṇasya gṛihe gataḥ: „bhikshâṃ dehi!‟ 'ty uktam.

aksharadvayam abhyastaṃ „nâ 'sti nâ 'sti" 'ti yat purâ,
tad idaṃ „dehi dehi" 'ti viparîtam upasthitam. 4.
na dadâti na bhakshati daivabataḥ,
parisaṃcinute kila moharataḥ;
parakâraṇam eva yathâ tanujâ,
kṛipaṇasya gṛihe dhanam asti tathâ. 5.

gṛihasthayâ brâhmaṇyâ kshîra-khaṇḍa-ghṛitasahitam annaṃ tasya puṭikâyâṃ prakshiptam. tâṃ bhikshâm âdâya sa taḍâge gataḥ; tatra vaṭachâyâyâṃ puṭikâṃ muktvâ hastau pâdau prakshâlanâya gataḥ. tatra vaṭakoṭare mahân sarpo 'sti; tasya mukhâd garalaṃ puṭikâyâṃ patitaṃ, tena tapasvinâ ajñânâd bhuktam. bhojane kṛite sati ghûrṇamâno brâhmaṇyâ gṛihe gataḥ, gatvâ ca teno 'ktam: „tvayâ me vishaṃ dattam, adya me maraṇaṃ bhavishyati." evaṃ bruvâṇaḥ sa taddvâre mṛitaḥ. tena gṛihasthena brâhmaṇena svakîyâ brâhmaṇî gṛihân nishkâsitâ: „gaccha gaccha, brahmaghâtaki!"

etat kathânakaṃ kathayitvâ Vetâleno 'ktam: râjan, kathaya! brahmahatyâpâtakaṃ kasya bhavati?" râjñâ Vikramaseneno 'ktam: „sarpasya mukhe vishaṃ tishṭhati, tasya kiṃ pâpam? brâhmaṇyâ bhaktipûrvakaṃ bhojanaṃ dattaṃ, tasyâḥ kiṃ pâpam? ajñânataḥ brâhmaṇena bhuktaṃ, tasyâ 'pi kiṃ pâpam? avicâreṇa yo vadati, tasya pâpaṃ bhavati." evaṃ çrutvâ gato Vetâlas tatrai 'va çiṅçipâvṛikshaçâkhâyâm avalambitaḥ.

iti Çivadâsaviracitâyâṃ Vetâlapañcaviṅçatikâyâṃ dvâdaçaṃ kathânakaṃ samâptam.

XIII.

namaḥ sûcitabîjâya, sthiti-pralayakarmaṇe,
viçvanâṭakanirmâṇasûtradhârâya Çaṃbhave. 1.

râjâ punar api tatrai 'va gatvâ çiṅçipâvṛikshân mṛitakaṃ samânîya skandhe dhṛitvâ yâvan mârge pracalitaḥ, tâvat tena kathânakaṃ prârabdhaṃ; Vetâleno 'ktam:

asti Candradarçanaṃ nâma nagaraṃ, tatra râjâ Raṇadhîro nâma. tatra çreshṭhî Dharmadhvajo nâma, tasya sutâ Kshobhiṇî nâma. sâ rûpeṇâ "dityam api mohayati. sâ ca pitur gṛihe vardhamânâ satî yauvanaṃ samârûḍhâ.

tasmin nagare râtrau caurâ upadravaṃ kurvanti. mahâjanair militvâ râjâ vijñaptaḥ: „deva, taskarair nagaraṃ vidhvaṅsitam." râjño 'ktam: „ata ûrdhvaṃ na bhavishyati." râtrau rathyâyâṃ rathyâyâṃ rakshapâlâ muktâḥ. tathâ 'pi upadravo na nivartate; lokâ âravaṃ kurvanti. bhaṇitaṃ râjñâ: „adya niçîthe nagaramadhye aham ekâkî bhûtvâ bhramishyâmi."

tadâ yâvad râtrau râjâ ekâkî nagaramadhye bhramati, tâvad ekaḥ purusho dṛishṭaḥ. râjño 'ktam: „bho purusha, kas tvam?" teno 'ktam: „cauro 'ham." caureṇâ 'pi râjâ pṛishṭaḥ: „kas tvam?" râjño 'ktam: „aham api cauraḥ." teno 'ktam: „tarhi bhavyaṃ jâtam; âvâṃ pattanaṃ moshishyâvaḥ." râtrau nagaraṃ paryaṭitvâ prabhâte nagarabâhye gatvâ caureṇa saha râjâ 'pi kûpe pravishṭaḥ: Pâtâlabhavane gataḥ. caureṇa râjâ bâhye sthâpitaḥ, âtmâ gṛihamadhye gataḥ. tâvad gṛihamadhyât caurasya ceṭikâ samâyâtâ; tayâ râjânaṃ dṛishṭvâ bhaṇitam: „svâmin, katham asya durâtmano gṛihaṃ samâyâtaḥ? yâvat tava vinâço na bhavati, tâvac chîghraṃ gaccha!“ râjño 'ktam: „ahaṃ mârgaṃ na jânâmi.“ tayâ darçito mârgaḥ, râjâ nijanagare saṃprâptaḥ.

dvitîyadivase râjñâ samastasainyaṃ saṃnaddhaṃ kṛitvâ tatkûpaveshṭanaṃ kṛitam. tena caureṇa kûpân niḥkramya râjakîyarathaturaga-padâtayo bahutarâ vyâpâditâḥ. tato râjñâ mallayuddhena mahatâ kashṭena chalena gṛihîtaç cauro, baddhvâ nijanagare ânîtaḥ: vadhyapaṭahaçabdena samastanagaraṃ paribhrâmya çûlikâropaṇâya nîtaḥ. lokâḥ sarve 'pi nijabhavanâdhirûḍhâ vadanti: „paçya paçya mahâcauraṃ, yena nagaraṃ mushitam!“

tataḥ çreshṭhi-Dharmadhvajasya duhitâ cauraṃ dṛishṭvâ sânurâgâ saṃjâtâ. tayâ nijapitur agre kathitam: „tâta, râjakule gatvâ sarvasvaṃ dattvâ râjñaḥ sakâçâc cauraṃ mocaya.“ çreshṭhinâ bhaṇitam: „yena caureṇa râjakîyaṃ sainyaṃ sarvaṃ vyâpâditaṃ, nagaraṃ mushitaṃ, taṃ kathaṃ râjâ mokshyati?“ tayo 'ktam: „tâta, yadi na mocayishyasi, tato 'haṃ marishyâmi.“ iti çrutvâ çreshṭhinâ râjakulaṃ gatvâ râjâ vijñaptaḥ: „deva, suvarṇalakshaikaṃ gṛihîtvâ cauro mucyatâm.“ râjño 'ktam: „yena madîyaṃ nagaraṃ mushitaṃ, sainyaṃ vyâpâditaṃ, taṃ kathaṃ mokshyâmi?“ tataḥ çreshṭhinâ "gatya kanyâgre kathitam: „râjâ na muñcati.“ caureṇâ 'pi çreshṭhiduhitur vṛittântaṃ çrutvâ prathamaṃ ruditaṃ, paçcâd dhasitaṃ, tato mṛitaḥ.

tataç cauraṃ mṛitaṃ jñâtvâ tayâ kanyayâ kâshṭhâni melayitvâ citâṃ racayitvâ caurasya çarîram âdâya yâvad agnipraveçaṃ kartum ârabdhaṃ, tâvad gaganasthitayâ Devyâ bhaṇitam: „putri, tushṭâ 'haṃ tava sâhasena; varaṃ brûhi manasî "psitam!“ tayo 'ktam: „Devi, yadi tushṭâ 'si, tadâ esha cauro 'kshataçarîro jîvatu, mama bhartâ bhavatu.“ Devyâ bhaṇitam: „putri, evaṃ bhavatu.“ Pâtâlâd amṛitam ânîya jîvâpitaḥ. tataç caureṇa çreshṭhiduhitâ pariṇîtâ; tâṃ gṛihîtvâ Pâtâlabhavane gataḥ.

etat kathânakaṃ kathayitvâ Vetâleno 'ktam: „râjan, kathaya! maraṇasamaye caureṇa prathamaṃ ruditaṃ, paçcâd dhasitaṃ kena kâraṇena?“ râjñâ Vikramaseneno 'ktam: „caureṇa yad ruditaṃ, tatkâraṇaṃ mayâ jñâtam: tasmin samaye caurasya hṛidaye evaṃ sthitam: „„yena mamâ 'rthe râjño 'gre sarvaṃ niveditaṃ, tasyâ 'haṃ pratyupakâraṃ kathaṃ karishyâmi?““ iti ruditam. yad dhasitaṃ, tatkâraṇam api mayâ jñâtam: „„paçya strîṇâm âgraham! maraṇasamaye 'pi sânurâgâ saṃjâtâ.““ uktaṃ ca:

> Lakshmîr lakshaṇahîne 'pi, kulahîne Sarasvatî,
> kupâtre ramate nârî, girau varshati Vâsavaḥ. 2.
>
> kâke çaucaṃ, dyûtakâreshu satyaṃ,
> sarpe kshântiḥ, strîshu kâmopaçântiḥ,

klîbe dhairyaṃ, madyape tattvacintâ,
rājâ mitraṃ: kena dṛishṭaṃ çrutaṃ vâ?“ 3.

evaṃ çrutvâ gato Vetâlaḥ.

iti Çivadâsaviracitâyâṃ Vetâlapañcaviṅçatikâyâṃ trayodaçaṃ kathânakam.

XIV.

Lambodara, namas tubhyaṃ, satataṃ modakapriya!
avighnaṃ kuru me, deva, sarvakâryeshu sarvadâ! 1.

râjâ ca punar api tatrai 'va gatvâ çiṅçipâvṛikshân mṛitakaṃ samânîya skandhe dhṛitvâ yâvan mârge pracalitaḥ, tâvat tena kathânakaṃ prârabdham: „bho râjan, çrûyatâṃ tâvat kathâṃ kathayâmi.“ Vetâleno 'ktam:

asti Kusumâvatî nâma nagarî, tatra râjâ Suvicâro nâma. tasya duhitâ Candraprabhâ nâma, sâ ca varayogyâ yauvanavatî saṃjâtâ. anyadâ vasantotsave udyânavane sakhîbhiḥ saha pushpâvacayârthaṃ gatâ. tatrai 'va yuvâ brâhmaṇo Vâmanasvâmî nâma samâyâtaḥ. tena sâ dṛishṭâ, so 'pi tayâ dṛishṭaḥ; parasparaṃ kaṭâkshanirîkshaṇaṃ saṃjâtam. sâ 'pi râjakanyâ virahavedanâpîḍitâ satî mahâkashṭena nijabhavane gatâ, sa ca brâhmaṇaḥ kâmaparavaço bhûtvâ tatrai 'va patitaḥ; âtmânaṃ na vetti.

tasmin kâle dhûrta-Çaçi-Mûladevau samâyâtau, Mûladevena sa brâhmaṇaḥ patito dṛishṭaḥ. taṃ dṛishṭvâ Mûladevena bhaṇitam: „bho Çaçin! brâhmaṇasyâ 'vasthâṃ paçya! uktaṃ ca:

prabhavati manasi viveko vidushâm api çâstrasaṃbhavas tâvat,
nipatanti dṛishṭiviçikhâ yâvan ne 'ndîvarâkshîṇâm. 2.
sanmârge tâvad âste, prabhavati purushas tâvad eve 'ndriyâṇâṃ,
lajjâṃ tâvad vidhatte, vinayam api samâlambate tâvad eva,
bhrûcâpâkṛishṭamuktâḥ çravaṇapathajusho nîlapakshmâṇa ete
yâval lîlâvatînâṃ na hṛidi dhṛitimusho dṛishṭibâṇâḥ patanti.“ 3.

Mûladeveno 'ktam: „bho brâhmaṇa! katham îdṛiçîm avasthâṃ prâpnoshi? tatkâraṇaṃ kathaya!“ Vâmanasvâmino 'ktam:

„dukkhaṃ tâsa kahijjaï, jo hoi dukkhaṇiggahasamattho;
asamattho jo hi ṇaro, kiṃ tâsa paâsiaṃ dukkhaṃ? 4.

kiṃ viçesheṇa pṛicchasi? mama duḥkhakâraṇaṃ bahukâraṇam asti. yadi mamo 'pari prasâdo 'sti, tarhi kâshṭhâni dîyantâm; kim anyena?“ Mûladeveno 'ktam: „bho brâhmaṇa, sâhasaṃ mâ kuru! tathâ 'pi duḥkhasya kâraṇaṃ nivedaya, tava vedanâṃ sphoṭayishyâmi.“ Vâmanasvâmino 'ktam: „râjakanyâyâm upari mamâ 'nurâgaḥ saṃjâtaḥ. yadi katham api tayâ saha saṃbhogo na bhavishyati, tadâ 'haṃ vahnau praveçaṃ karishyâmi.“ Mûladeveno 'ktam: „ahaṃ tava prabhûtaṃ dravyaṃ dâsyâmi; tayâ râjakanyayâ kiṃ karishyasi? tâdṛiçyo bahutarâḥ striyo milishyanti. evaṃ mâ kurushva!“ Vâmanasvâmino 'ktam:

„strîsaṃbhogât paraṃ loke na saukhyaṃ, na rasâyanam,
karaṇânâṃ kṛitârthatvaṃ yugapad yena jâyate. 5.
rasânâṃ tu ghṛitaṃ sâraṃ, ghṛitasâraṃ hutaṃ ca yat,
hutasya sâraṃ svargo hi, svargasâraṃ tu yoshitaḥ. 6.

sarveshâm eva ratnânâṃ striyo ratnam anuttamam:
tadarthaṃ dhanam icchanti; tattyâgena dhanena kim? 7.
amṛitasye 'va kuṇḍâni, sukhânâm iva râçayaḥ,
rater iva nidhânâni yoshitaḥ kena nirmitâḥ? 8.
phalaṃ dharmasya vibhavo, vibhavasya phalaṃ sukham,
sukhamûlâni tanvaṅgyo: vinâ tâbhiḥ kutaḥ sukham? 9.
yena nâ "liṅgitâ kântâ mṛidvaṅgî, kamalânanâ,
suçlishṭa-pîna-kaṭhina-câru-vṛittapayodharâ, 10.
çirishapushpasaṃkâçâ, mṛidubâhûpalakshitâ:
jîvitaṃ janma vittaṃ ca tasya sarvaṃ nirarthakam. 11.
bimbâdhararasâsvâdo na jñâto yena kâminâ,
strîṇâm amṛitasusvâdu: kiṃ jñâtaṃ paçunâ bhuvi?" 12.

Mûladeveno 'ktam: „yady evaṃ, tarhi uttishṭha, bho brâhmaṇa! dattâ mayâ râjakanyâ." Mûladevena ekâ siddhaguṭikâ tasya mukhe prakshiptâ: dvâdaçavârshikâ atirûpavatî kanyâ saṃjâtâ. dvitîyâ guṭikâ âtmamukhe prakshiptâ: vṛiddho brâhmaṇaḥ saṃjâtaḥ. tâṃ kanyâṃ kare gṛihîtvâ Mûladevo râjabhavanaṃ gataḥ. râjñâ saha darçanaṃ jâtaṃ, râjñâ ca âsanaṃ dattam. tena brâhmaṇena âçîrvâdo dattaḥ:

„yenâ "krântaṃ tribhuvanam idaṃ vâmanenâ 'pi bhûtvâ,
baddhaḥ setuḥ çikharibhir, aho, vâridhau vânaraughaiḥ,
yenâ, "çcaryaṃ! karataladhṛitaḥ parvatendro gavârthe,
sa tvâṃ nityaṃ vishamacaritaḥ pâtu devo maheçaḥ!" 13.

râjño 'ktam: „bho brâhmaṇa, kasmât sthânâd âgamyate?" brâhmaṇeno 'ktam: „deva! Gaṅgâpâre vasâmi, tatra madîyâ brâhmaṇî sthitâ; putra ekaḥ shoḍaçavârshiko 'sti. tadâ madîyabrâhmaṇyâ bhaṇitam: „„bho brâhmaṇa, putrasya vivâhaṃ kuru!"" tadâ 'haṃ svajanânâṃ gṛihe kanyâyâcanâya gataḥ, paraṃ putrasya yogyâṃ kanyâṃ na labhâmi. tadâ 'haṃ dûradeçaṃ bhramitvâ enâṃ kanyâṃ prâpya putrasamîpe gataḥ. tadâ mama putreṇâ "gatya eshâ kanyâ pariṇîtâ, paçcât tayâ saha nijagrâme gataḥ. katipayadivasais tatra saṃsthâpya punar vyâvṛitya vadhûr mâtṛigṛihe preshitâ. caturmâse vyatîte sati madîyabrâhmaṇyâ bhaṇitam: „„bho brâhmaṇa, caturthyâcâreṇa vadhûr ânîyatâm!"" tadâ 'haṃ vadhûsamânayanâya gataḥ. yâvad ahaṃ vadhûm utkalâpya nijagṛihaṃ yâmi, tâvat tasmin grâme dhâṭî patitâ, madîyâ brâhmaṇî putrasahitâ na jâne kva gatâ; grâmo 'pi mahodvigno jâtaḥ. sâmpratam „„eshâ putravadhûḥ surûpe"" 'ti bhaṇitvâ kutrâ 'pi gantuṃ na çaknomi. ataḥ kâraṇât yâvad ahaṃ brâhmaṇyâḥ putrasya ca çuddhiṃ karomi, tâvad eshâ vadhûḥ paramayatnena rakshaṇîyâ, mamâ "gatasya dâtavyâ."

râjñâ cintitam: „yadi brâhmaṇasyâ "deçaṃ na karishyâmi, tadâ çâpaṃ dâsyati." surûpâṃ kanyâṃ dṛishṭvâ râjñâ bhaṇitam: „bhavadâdeçaḥ pramâṇam." tato brâhmaṇas tâṃ vadhûṃ tyaktvâ gataḥ. râjñâ nijaduhitaram âhûya bhaṇitam: „putri, eshâ brâhmaṇavadhûḥ paramayatnena âtmîyasthâne rakshaṇîyâ, bhojane ca çayane ca âtmabhinnâ na kâryâ." iti çrutvâ sâ râjakanyâ brâhmaṇavadhûṃ kare gṛihîtvâ nijabhavanaṃ gatâ. râtrisamayo dvâv apy ekaçayane prasupte parasparaṃ vârttâṃ kurutaḥ. tayâ kanyârûpadhâriṇyâ bhaṇitam: „bho râjaputri, sakhi, kimarthaṃ çûnyahṛidayâ, kṛiçâṅgî? tava hṛidaye kiṃ duḥkham?“ râjakanyayâ bhaṇitam:

„so ko vi ṇa 'tthi suaṇo, jassa kahijjaṃti hiaadukkhâï,
hiaâu jaṃti kaṃṭhe, kaṃṭhâu puṇo vi hiaeṇa. 14.
viralâ jâṇaṃti guṇâ, viralâ pâlaṃti ṇiddhaṇe ṇehaṃ,
viralâ parakajjakarâ, paradukkhe dukkhiâ viralâ. 15.
jaï pâvasi kaha vi piaṃ ahiṇavaṇeheṇa ṇibbharaṃ bhariaṃ,
tâ atth' iha tiṇṇi jaṇâ: suravaï, saha sajjaṇo, Gaṃgâ. 16.
re Saṃkara, mâ sijjasi! aha sijjasi, mâ dĕsu mâṇusajammaṃ;
aha jammaṃ, mâ pemmaṃ; aha pemmaṃ, mâ vioaṃ ti! 17.

kiṃ bahuno 'ktena? ekasmin dine ahaṃ sakhîbhiḥ saha udyânavane krîḍanâya gatâ. tatrai 'va yuvâ brâhmaṇo atirûpasvî Madanatulyo mayâ dṛishṭaḥ; parasparaṃ kaṭâkshanirîkshaṇaṃ saṃjâtam. paraṃ tasya sthânaṃ nâma ca na jânâmi. taddinapûrvaṃ mama çarîre îdṛiçî avasthâ saṃjâtâ. yadi sa me bhartâ bhavishyati, tadâ 'haṃ jîvâmi. anena kâraṇena çûnyahṛidayâ kṛiçâṅgî ca.“ tac chrutvâ kanyârûpadhâriṇyo 'ktam: „yady ahaṃ tava priyaṃ darçayâmi, tadâ me kiṃ dâsyasi?“ râjakanyayo 'ktam: „sarvadâ tava dâsî bhavishyâmi.“ tatas tena mukhâd guṭikâ âkarshitâ sa ca brâhmaṇaḥ saṃjâtaḥ; taṃ vallabhaṃ dṛishṭvâ sâ lajjitâ. tena saha saṃbhogaḥ kṛitaḥ. evaṃ nityam eva râtrau purusho bhûtvâ saṃbhogaṃ karoti, divase kanyâ bhavati. shaṇmâse atikrânte sati tasyâ râjakanyâyâ garbho 'bhavat.

ekasmin dine mantriṇâ râjâ saparivâro nijagṛihe âmantritaḥ, sâ ca râjakanyâ tayâ kanyârûpadhâriṇyâ saha bhojanaṃ kartuṃ samâyâtâ; tatra mantriputreṇa sâ brâhmaṇavadhûr dṛishṭâ. tasyâ rûpaṃ dṛishṭvâ mantriputreṇa bhaṇitam: „yady eshâ mama bhâryâ na bhavishyati, tadâ 'haṃ marishyâmi.“ virahâkrânto daçamîm avasthâṃ saṃprâptaḥ; sarvaṃ vṛittântaṃ mitrasyâ 'gre bhaṇitam, mitreṇa mantriṇo 'gre kathitam, mantriṇâ râjâ vijñaptaḥ: „deva, eshâ brâhmaṇavadhûr mama putrasya dîyatâm!“ râjño 'ktam: „îdṛiço dharmo na bhavati: anyasya patnî anyasya dîyate.“ iti çrutvâ anyaiḥ pradhânapurushai râjâ vijñaptaḥ: „deva, mantriputro maraṇe kṛitaniçcayo vidyate; putre mṛite sati mantrî marishyati, mantriṇi mṛite sati râjyam api kshayaṃ yâsyati. deva, sarvathâ brâhmaṇavadhûr dâtavyâ!“ tac chrutvâ râjñâ brâhmaṇavadhûm âkârya bhaṇitam: „tvaṃ mantriputraṃ vṛiṇîshva!“ tayo 'ktam: „deva, îdṛiço dharmo na bhavati; agre vivâhitâ 'smi.“ râjño 'ktam: „sarvathâ râjyaṃ rakshasva, mantriputrasya gṛihe gaccha!“ tayo 'ktam: „deva, yady ahaṃ avaçyaṃ mantriputrasya dâtavyâ, tarhi tenâ 'pi mama bhâshitaṃ kartavyam: mâṃ vivâhya shaṇmâsaparyantaṃ tîrthayâtrâṃ kṛitvâ paççân mayâ saha saṃbhogaḥ kâryaḥ.“ pratipannaṃ mantriputreṇa. tataḥ sâ pariṇîtâ. tato mantriputreṇa prathamabhâryâm âkârya bhaṇitam: „yâvad ahaṃ tîrthayâtrâṃ kṛitvâ âgamishyâmi, tâvad dvâbhyâm ekaçayane sthâtavyam, anyonyasaṅgena vartitavyaṃ, paragṛihe na gantavyam.“ iti çikshâṃ dattvâ tîrthayâtrâṃ gataḥ.

râtrisamaye dve bhârye ekaçayane prasupte parasparaṃ mantrayataḥ; prathamabhâryayâ bhaṇitam: „sakhi, mama purushasya çraddhâ vartate, paraṃ bâhye gantuṃ na çaknomi, atra purusho nâ 'sti; mama yauvanâvasthâ vartate. sakhi, tvayâ 'pi kiṃ pâpaṃ kṛitaṃ, yad daivena mama samîpe preshitâ 'si? tvam api duḥkhabhâginî bhavasi.“ strîrûpadhâriṇyâ bhaṇitam: „yadi tava rocate, tadâ 'haṃ purusho bhûtvâ tava suratasukhaṃ dâsyâmi.“ tayo 'ktam: „kiṃ mâṃ vipratârayasi?“ tayâ ca mukhâd guṭikâ âkarshitâ, purusho jâtaḥ. tayâ saha saṃbhogaḥ kṛitaḥ. evaṃ divase kanyâ bhavati, râtrau purusho bhûtvâ saṃbhogaṃ karoti. parasparaṃ prîtir utpannâ.

kiṃ bahunâ? shaṇmâse atikrânte sati mantriputro samâyâtaḥ. tâbhyâṃ parasparaṃ paryâlocitam: „âgato 'yaṃ durâtmâ mantriputraḥ; katham asmâkaṃ suratasukhaṃ bhavishyati?“ tasyâḥ strîrûpadhâriṇyâ buddhir ekâ saṃjâtâ: yâval loka âgatasya mantriputrasya vardhâpanamâñgalikavyagras tishṭhati, tâvad ahaṃ purusho bhûtvâ Mûladevasamîpe gatvâ sarvaṃ vṛittântaṃ nivedayâmi.“ iti cintayitvâ purusho bhûtvâ tatra gatvâ sarvaṃ vṛittântaṃ dhûrta-Mûladevasyâ 'gre kathitam. tac chrutvâ Mûladevena vṛiddhabrâhmaṇarûpaṃ kṛitvâ Çaçinaṃ ca shoḍaçavârshikaṃ putraṃ kṛitvâ kare gṛihîtvâ râjabhavane gataḥ.

râjñâ saha darçanaṃ kṛitam, âçîrvâdo dattaḥ, râjñâ ca âsanaṃ dâpitaṃ kuçalaṃ ca pṛishṭam. teno 'ktam: „devaprasâdena kuçalam.“ râjño 'ktam: „bho vipra, ko 'sau baṭuḥ?“ brâhmaṇeno 'ktam: „deva, mama putro 'yam; asya bhâryâ bhavatâṃ haste samarpitâ, sâ ca dîyatâm.“ râjño 'ktam: „bho brâhmaṇa, mamo 'pari prasâdaṃ vidhâya çrûyatâm!“ râjñâ prâgvṛittântaṃ kathitam. brâhmaṇenâ 'likaḥ kopaḥ kṛitaḥ: „bho râjan! katham îdṛig vyavahâro bhavati? kathaṃ mama putrasya bhâryâ anyasya dattâ? tubhyaṃ çâpaṃ dâsyâmi.“ râjño 'ktam: „bho brâhmaṇa, kopaṃ mâ kuru! yat kim api yâcayishyasi, tad ahaṃ dâsyâmi.“ teno 'ktam: „yadi mama prârthitaṃ dâsyasi, tadâ nijaduhitâ mama putrasya dîyatâm.“ tato râjñâ pradhânapurushaiḥ saha paryâlocanaṃ kṛitvâ çâpabhayân nijaduhitâ brâhmaṇasya pradattâ. tena Çaçidhûrtena lokaviditaṃ pariṇîtâ. râjakanyâṃ gṛihîtvâ Çaçi-Mûladevau svasthâne gatau.

tatrai 'va Vâmanasvâmî brâhmaṇaḥ samâyâtaḥ: parasparaṃ vivâdaṃ kurutaḥ. Çaçidhûrto vadati: „eshâ râjakanyâ mama bhâryâ.“ Vâmanasvâmî brâhmaṇo vadati: „madîyo garbhas tishṭhati, ataḥ kâraṇân mama bhârye 'yam.“ tayor vivâdaṃ Mûladevaḥ sphoṭayituṃ na çaknoti.

etat kathânakaṃ kathayitvâ Vetâleno 'ktam: „râjan, kathaya! sâ kasya bhâryâ bhavati?“ râjñâ Vikramaseneno 'ktam: „Çaçidhûrtasya bhâryâ bhavati.“ Vetâleno 'ktam: „brâhmaṇasya garbhas tishṭhati; sâ kathaṃ brâhmaṇasya na bhavati?“ râjño 'ktam: „brâhmaṇaç chadmanâ pravishṭaḥ, Çaçidhûrtena punar lokaviditâ pariṇîtâ; tasyâ garbhe putro vâ duhitâ vâ, Çaçidhûrtasya piṇḍodakakriyâṃ karishyati.“ evaṃ çrutvâ gato Vetâlaḥ çiṅçipâvṛikshaçâkhâyâm avalambitaḥ.

iti Çivadâsaviracitâyâṃ Vetâlapañcaviṅçatikâyâṃ caturdaçaṃ kathânakam.

XV.

vâmanam ekadantaṃ ca, hastivaktraṃ, mahodaram
namâmi parayâ bhaktyâ, Vighneçaṃ, parameçvaram. 1.

râjâ punar api tatrai 'va gatvâ çiṅçipâvṛikshân mṛitakaṃ skandhe dhṛitvâ yâvan mârge pracalitaḥ, tâvat tena kathânakaṃ prârabdham: „râjan, çrûyatâṃ kathâṃ kathayâmi.“ Vetâleno 'ktam:

asti Himâcalo nâma parvataḥ; tatra Vidyâdhararâjâ Jîmûtaketur nâma. tena râjñâ putrakâmanayâ kalpavṛikshaḥ samârâdhitaḥ; kalpavṛiksheṇa bhaṇitam:

„tushṭo 'haṃ tava, râjendra! putraḥ paramadhârmikaḥ
tvayi datto mayâ, râjan, bhavishyati, na saṃçayaḥ.“ 2.

etad varaṃ prâpya râjñaḥ putro jâtaḥ. tasmin jâte râjñâ mahotsavaḥ kṛitaḥ bahudânaṃ ca dattam, tasya putrasya nâmakaraṇaṃ saṃjâtam: Jîmûtavâhano nâma †pratishṭhitâḥ. tasmin râjñi Çivaçaṅsi sarvaṃ babhûva, lokâḥ sarve 'pi dharmaparâ babhûvuḥ. tathâ ca:

râjñi dharmiṇi dharmishṭhâḥ, pâpe pâpâḥ, same samâḥ;
lokâs tad anuvartante: yathâ râjâ, tathâ prajâḥ. 3.
nityaṃ mahotsavaparâḥ, paropakaraṇe ratâḥ,
sarve dânaparâḥ çûdrâḥ, sarve yajñaparâyaṇâḥ. 4.
parasparaṃ prîtiparâ, râga-dveshavivarjitâḥ.
no 'pasargabhayaṃ tatra, paracakrabhayaṃ na hi, 5.
na dasyu-caurato vâ 'pi, na daṅçamaçakâd bhayam.
varshâṇâm ayutâd arvâk nâ 'sti mṛityukṛitaṃ bhayam. 6.
kâmavarshî ca parjanyo, nityaṃ sasyavatî mahî,
gâvaç ca ghaṭadohinyaḥ, pâdapâç ca sadâphalâḥ. 7.
patidharmaratâ nâryas tasmin râjyaṃ praçâsati.
evaṃ guṇasamâyukto râjâ Jîmûtavâhanaḥ. 8.

tenâ 'pi Jîmûtavâhanena kalpavṛikshaḥ samârâdhitaḥ. tatas tushṭena kalpavṛiksheṇa bhaṇitam: „bho Jîmûtavâhana! varaṃ brûhi.“ Jîmûtavâhaneno 'ktam: „bho bhagavan! yadi tushṭo 'si, tadâ sakalâṃ pṛithvîm adaridrâṃ kuru.“ kalpavṛiksheṇo 'ktam: „evaṃ bhavatu.“ evaṃ vare prâpte lokâḥ sarve dhanâḍhyâ babhûvuḥ: kasyâ 'pi ko 'pi na manyate, kasyâ 'pi ko 'pi na kurute, kâryârambhâḥ sarve 'pi rahitâḥ; Jîmûtaketû râjâ Jîmûtavâhanaḥ putraç ca dvâv api dharmaparau babhûvatuḥ, kshâtro dharmaḥ parityaktaḥ. tasya râjño gotribhiç cintitam: „etau dvau pitâ-putrau dharmaratau saṃjâtau, râjyamadhye bhaṇitam: „„kasyâ 'pi ko 'pi na kurute.““ etasmin prastâve tâbhyâṃ saha vigrahaṃ kṛitvâ râjyaṃ gṛihyate.“ iti vicârya tair âgatya nagaraṃ veshṭitam. pitrâ bhaṇitam: „putra, kiṃ kartavyam?“ putreṇo 'ktam: „yuddhaṃ kṛitvâ tân sarvân vyâpâdya nijarâjyaṃ vardhâmahe vayam.“ pitro 'ktam:

„anityâni çarîrâṇi, vibhavo nai 'va çâçvataḥ.
nityaṃ saṃnihito mṛityuḥ: kartavyo dharmasaṃgrahaḥ. 9.
goçatâd api gokshîraṃ, prasthaṃ kumbhaçatâd api,
prâsâdân mañcakasthânaṃ: çeshâḥ paravibhûtayaḥ. 10.

sadoshasya çarîrasyâ 'rthe nâ 'haṃ mahâpâtakaṃ karishyâmi; bândhavân hatvâ Yudhishṭhireṇâ 'pi paçcâttâpaḥ kṛitaḥ.“ Jîmûtavâhaneno 'ktam: „yady evaṃ, tarhi gotriṇâṃ râjyaṃ dattvâ mahâvane gatvâ tapaçcaraṇaṃ kriyate.“ iti niçcayaṃ kṛitvâ gotriṇâṃ râjyaṃ dattvâ pitâ-putrau Malayaparvate gatau; tasya parvatasya kasmiñçcit pradeçe kuṭîraṃ kṛitvâ sthitau. tatra sthitasya Jîmûtavâhanasya ṛishiputro Madhuranâmâ mitraṃ saṃjâtam. tena saha Jîmûtavâhano Malayaparvate paribhramaṇâya gataḥ.

tatra bhramatâ tena vanamadhye Devyâyatanaṃ dṛishṭam; tatra Devyagre vîṇâvâdaṃ kurvatî ekâ nâyakâ dṛishṭâ, tayâ kanyayâ ca Jîmûtavâhano dṛishṭaḥ. parasparaṃ kâmâvasthâ saṃjâtâ. sâ ca mahatâ kashṭena nijabhavane gatâ satî virahavedanâpîḍitâ babhûva, Jîmûtavâhano 'pi nijâçrame gataḥ. dvitîyadivase sâ 'pi tatrai 'va Gauryâḥ pûjâṃ kartuṃ gatâ, Jîmûtavâhano 'pi nijamitreṇa saha tatrai 'va samâyâtaḥ. Jîmûtavâhanena tasyâḥ sakhî pṛishṭâ: „kasya kanye 'yam?“ sakhyo 'ktam: „Malayaketur nâma râjâ, tasya kanye 'yaṃ Malayavatî nâma kumârî vidyate.“ tayâ 'pi Jîmûtavâhanaḥ pṛishṭaḥ: „bho purusha Manmathâvatâra! kas tvaṃ, kasmât sthânâd âgato 'si?“ Jîmûtavâhaneno 'ktam: „Vidyâdhararâjâ Jîmûtaketur nâma, tasya putro 'haṃ Jîmûtavâhano nâma; bhrashṭâdhikârau pitâ-putrau atrâ "yâtau svaḥ.“ iti çrutvâ sakhyâ tayâ sarvaṃ Malayavatyâ 'gre kathitam. parasparaṃ çrutvâ dvâbhyâm evâ 'tîva vedanâ saṃjâtâ.

Malayavatyâ Gauryâḥ pûjâṃ vidhâye 'ty uktam: „Devi bhagavati! yadi Jîmûtavâhano mama bhartâ na bhavishyati, tadâ 'haṃ kaṇṭhe pâçaṃ kshiptvâ marishyâmi.“ yâvad Devyâḥ purataḥ kaṇṭhe pâçaṃ kshipati, tâvad Devyo 'ktam: „putri! tushṭâ 'haṃ, tava bhartâ Jîmûtavâhano bhavishyati.“ Jîmûtavâhanenâ 'lakshitena bhûtvâ sarvo 'pi vṛittântaḥ çruto dṛishṭaç ca. Jîmûtavâhano virahavedanâpîḍito nijâçramaṃ gataḥ, sâ ca saṃdehena nijabhavane gatâ ativa kâmabâṇena pîḍitâ. sarvaṃ sakhyâ agre kathitaṃ, tayâ sakhyâ ca gatvâ paṭṭarâjñînikaṭe kathitaṃ, tayâ 'pi râjño 'gre kathitaṃ sarvam: „deva! putrî yauvanavatî varayogyâ saṃjâtâ; tasyâ varacintâ kathaṃ na kriyate?“ tac chrutvâ râjñâ cintitam: „kasmai duhitâ dîyate?“ tasmin prastâve râjñaḥ putreṇa Mitrâvasunâmnâ bhaṇitam: „deva, 'tra Vidyâdhararâjâ Jîmûtaketur nâma, tasya putro Jîmûtavâhano nâma; tau ca pitâ-putrau bhrashṭarâjyâdhikârau atrâ "yâtau çrûyete.“ tac chrutvâ râjñâ Malayaketunâ bhaṇitam: „iyaṃ putrî Jîmûtavâhanâya dâtavyâ.“ iti kathayitvâ putrasyâ "deço dattaḥ: „bho putra! Jîmûtaketor âçramaṃ gatvâ Jîmûtavâhanam ânaya.“ râjâdeçena Mitrâvasus tatra gataḥ. Jîmûtaketunâ saha darçanaṃ jâtaṃ, Jîmûtavâhanaḥ prârthitaḥ, tena prahitaç ca. Jîmûtavâhanenâ "gatya çubhe muhûrte sâ Malayavatî pariṇîtâ. tâṃ pariṇîya Jîmûtavâhano Mitrâvasunâ syâlakena saha pitur âçrame samâyâtaḥ. tayâ Malayavatyâ çvaçrû-çvaçurau namaskṛitau.

anyasmin dine prabhâtasamaye Jîmûtavâhano Mitrâvasunâ syâlakena saha Malayaparvate paribhramaṇâya gataḥ. tatra pâṇḍuraṃ gurutaraṃ çikharaṃ dṛishṭvâ syâlakaḥ pṛishṭaḥ: „bho, kim idaṃ dṛiçyate?" teno 'ktam: „sarpâsthîni. Pâtâlân Nâgakumârâḥ samâgacchanti, tân Garuḍo bhakshayati; tenâ 'nekakoṭayo bhakshitâḥ, teshâm etâny asthîni." tac chrutvâ Jîmûtavâhaneno 'ktam: „bho Mitrâvaso! tvaṃ gṛihe gatvâ bhojanaṃ kuru; mamâ 'tra devapûjâṃ kurvâṇasya devârcanavyagratayâ mahatî velâ gamishyati." iti çrutvâ syâlako gataḥ. Jîmûtavâhano yâvad agre gacchati, tâvad rudantyâ vṛiddhâyâḥ çabdaṃ çṛiṇoti: „hâ putra! hâ putre!" 'ti. çabdânulagnas tatrai 'va gataḥ; tatra gatvâ sâ rudantî nârî pṛishṭâ: „bho mâtaḥ! kasmât pralâpaṃ karoshi?" tayo 'ktam: „adya mama putrasya Çaṅkhacûḍasya maraṇaṃ bhavishyati, Garuḍenâ "gatya bhakshitavyaḥ; tena duḥkhena rodimi." Jîmûtavâhaneno 'ktam: „mâtar, mâ rodanaṃ kuru! adyâ "tmânaṃ dattvâ tava putraṃ rakshayishyâmi." tayo 'ktam: „putra, mai 'vaṃ kuru! tvam api Çaṅkhacûḍâdhiko mama." asmin prastâve Çaṅkhacûḍenâ "gatya bhaṇitam:

„utpadyante, vilîyante madvidhâḥ kshudrajantavaḥ:
parârthabaddhakakshâṇâṃ tvâdṛiçâm udbhavaḥ kutaḥ? 11.

âtmano viruddhaṃ parasya [na] dîyate, esha satpurushâṇâṃ dharmo na bhavati." Jîmûtavâhaneno 'ktam:

„paraprâṇair nijaprâṇân sarve rakshanti jantavaḥ;
nijaprâṇaiḥ paraprâṇân eko Jîmûtavâhanaḥ. 12.

mayâ svavâcâ kathitaṃ, tad anyathâ na bhavati; gaccha tvaṃ yata âgataḥ." iti çrutvâ Çaṅkhacûḍo devaṃ namaskartuṃ gataḥ. tâvaj Jîmûtavâhano vadhyaçilâyâm ârûḍho 'vâṅmukho bhûtvâ muktaçastraḥ patitaḥ; âkâçâd âgacchantaṃ Garuḍaṃ dṛishṭavân:

Nâgânâṃ nâçanârthâya Târkshyaṃ vai bhîmavikramam,
pâdaiḥ Pâtâlasaṃsthaṃ ca, diçaḥ pakshaiç ca vyâpinam, 13.
sapta svargâs tu udare, Brahmâṇḍaṃ kaṇṭha âçritam,
candrâ-'rkau nayane yasya, Târkshyabhuvananâyakam, 14.
daçayojanacañcvagraṃ, grasantaṃ, bhîmarûpiṇam.
evaṃvidhena Târkshyeṇa sa cañcvagreṇa tâḍitaḥ. 15.

punar api dvitîyaprahâreṇa tâḍayitvâ cañcvagre dhṛitvâ utpatito gagane. tatra maṇḍalîkurvan bhramamâṇo yâvad bhakshati, tâvat tasya Jîmûtavâhanasya rudhiraliptaṃ nâmâṅkitam âbharaṇaṃ Malayavatyâ utsaṅge patitam. tad âbharaṇaṃ rudhiracarcitaṃ dṛishṭvâ Malayavatî mûrchâṃ jagâma; kshaṇamâtreṇa cetanâṃ prâpya tasya mâtâ-pitror agre darçitam; tad dṛishṭvâ tau krandamânau tatpradeçaṃ gatau; sâ 'pi Malayavatî tatrai 'va gatâ. tasmin prastâve Çaṅkhacûḍo 'pi vadhyaçilâyâm âgataḥ; Çaṅkhacûḍena bhaṇitam: „muñca, muñca, bho Garuḍa! na esha tava bhakshyaḥ, Çaṅkhacûḍo Nâgakumâro 'haṃ tava bhakshyaḥ." tac chrutvâ Garuḍo vikalpe patitaḥ: „kiṃ vâ brâhmaṇaḥ kshatriyo vâ mayâ ko 'pi bhakshitaḥ? kim etan mayâ kṛitam?" Garuḍena pṛishṭo Jîmûtavâhanaḥ: „bho purusha! kas tvam? kimartham vadhyaçilâyâm upavishṭaḥ?" Jimûtavâhaneno 'ktam: „svakâryaṃ kuru! kim anayâ cintayâ?" Garuḍeno 'ktam: „bho mahâsattva! kimarthaṃ parârthe prâṇatyâgaṃ karoshi?" Jimûtavâhaneno 'ktam:

„châyâm anyasya kurvanti, svayaṃ tishṭhanti câ "tape,
phalanti ca parasyâ 'rthe mahâtmâno, mahâdrumâḥ. 16.
pibanti nadyaḥ svayam eva nâ 'mbhaḥ,
khâdanti na svâduphalâni vṛikshâḥ.
ambhodharo varshati nâ "tmahetoḥ:
paropakârâya satâṃ vibhûtiḥ. 17.
ghṛishṭaṃ ghṛishṭaṃ punar api punaç candanaṃ cârugandhaṃ;
chinnaṃ chinnaṃ punar api punaḥ svâdu cai 've 'kshudaṇḍam;
dagdhaṃ dagdhaṃ punar api punaḥ kâñcanaṃ kântavarṇaṃ:
prâṇânte 'pi prakṛitivikṛitir jâyate no 'ttamânâm. 18.
nindantu nîtinipuṇâ yadi vâ stuvantu;
lakshmîḥ samâviçatu gacchatu vâ yatheshṭam;
adyai 'va vâ maraṇam astu yugântare vâ:
nyâyyât pathaḥ pravicalanti padaṃ na dhîrâḥ. 19.
na smaranti parârthâni, smaranti svakṛitâni ca
asanto bhinnamaryâdâḥ: sâdhavaḥ purushottamâḥ. 20.
paçavo 'pi hi jîvanti kevalasvodarambharâḥ;
sa jîvati punaḥ çlâghyaḥ. parârthe yas tu jîvati. 21.
prâṇinâm upakârâya deho yadi na yujyate,
tataḥ kim upacâro 'sya pratyahaṃ kriyate mudhâ? 22.
kiṃ kâyena supushṭena, balinâ, cirajîvinâ?
yo na sarvopakârî syâj, jîvann api nirarthakaḥ. 23.
parârthe jîvitaṃ yasya, tasyai 'va khalu jîvitam;
kâko 'pi svodarapûraṃ karoti 'ha, na jîvati. 24.
gavârthe brâhmaṇârthe ca, mitrârthe strîkṛite 'thavâ,
svâmyarthe yas tyajet prâṇâṅs, tasya svargo nirâmayaḥ. 25.

tato Garuḍacañcuprahâreṇa Jimûtavâhano mûrchâṃ gataḥ; tasminn avasare Malayavatî [nâmâṅkitam âbharaṇam âlakshya] saparivârâ çokaparibhûtahṛidayâ tatrai 'va gatâ. mûrchâyuktaṃ svapatiṃ dṛishṭvâ uktam: „hâ prâṇâdhinâtha! hâ svâmin! hâ paropakârin! hâ sattvâdhika! hâ janavallabha! mamo 'pari prasâdaṃ vidhâya pratyuttaraṃ dehi!" evaṃ pralapamânâm âkarṇya Garuḍena Pâtâlâd amṛitam âniyâ 'bhishiktaḥ; tataḥ saṃpûrṇâṅgo Jimûtavâhanaḥ saṃjâtaḥ. taṃ prati Garuḍeno 'ktam: „bho mahâsattva! tushṭo 'haṃ tava sâhasena; varaṃ brûhi!" Jimûtavâhaneno 'ktam: „bho bhagavan! yadi tushṭo 'si, tadâ tvayâ 'ta ûrdhvaṃ Nâgâ na bhakshitavyâḥ; ye bhakshitâs, te 'pi jivantu." Garuḍeno 'ktam: „evaṃ pramâṇam." ity uktvâ Garuḍena Pâtâlâd amṛitam âniya sarve Nâgâ jîvâpitâḥ. Garuḍeno 'ktam: „bho Jîmûtavâhana! matprasâdât tava sârvabhaumikaṃ râjyaṃ bhavishyati." imaṃ prasâdaṃ dattvâ Garuḍo 'pi svasthâne gataḥ. Çankhacûḍo 'pi svasthâne gataḥ. Jimûtavâhano 'pi pitṛi-mâtṛi-kalatraiḥ saha nijâçramaṃ gataḥ. Garuḍabhayâd gotribhiḥ pâdayor lagitvâ râjyaṃ samarpitam.

etat kathânakaṃ kathayitvâ Vetâleno 'ktam: „râjan, kathaya! Jîmûtavâhana-Çaṅkhacûḍayor madhye kaḥ sattvâdhikaḥ?“ râjñâ Vikramaseneno 'ktam: „Çaṅkhacûḍaḥ sattvâdhikaḥ.“ Vetâleno 'ktam: „kena kâraṇena?“ râjño 'ktam: „yo gatvâ punar âgataḥ; Garuḍo bhakshamâṇo nivâritaḥ; bhaṇitam: „„mâṃ bhakshaya!““ tathâ svasthâne parasya maraṇaṃ prathamam eva tena nishiddham.“ Vetâleno 'ktam: „yena parârthe prâṇatyâgaḥ kṛitaḥ, sa kathaṃ sattvâdhiko na bhavati?“ râjño 'ktam: „janmani janmani Jîmûtavâhanasya parârthe prâṇatyâgâbhyâso 'bhavat, tasya prâṇatyâge pîḍâ na bhavati. tathâ ca:

„janma janma yad abhyastaṃ dânam, adhyayanaṃ, tapaḥ.
tenai 'vâ 'bhyâsayogena tad evâ 'bhyasyate punaḥ. 26.

ataḥ kâraṇât Çaṅkhacûḍaḥ sattvâdhikaḥ.“ iti çrutvâ gato Vetâlaḥ; punar api tatrai 'va çiṅçipâvṛikshaçâkhâyâm avalambitaḥ.

iti Çivadâsaviracitâyâṃ Vetâlapañcaviṅçatikâyâṃ pañcadaçamaṃ kathânakaṃ samâptam.

XVI.

avicchinnarasâbhogâṃ. ratnâkarasamâgatâm
vande Sarasvatîṃ devîm anekakavisevitâm. 1.

râjâ ca punar api tatrai 'va gatvâ çiṅçipâvṛikshân mṛitakaṃ skandhe dhṛitvâ yâvan mârge pracalitaḥ, tâvat tena kathânakaṃ prârabdham; Vetâleno 'ktam: „bho râjan, çrûyatâm tâvat kathâṃ kathayâmi.

asti Vijayapuraṃ nâma nagaram; tatra râjâ Dharmaçilo nâma; tatra çreshṭhî Ratnadatto nâma, tasya sutâ Unmâdinî nâma. tâṃ yaḥ paçyati, tasya unmâdo bhavati. sâ ca Unmâdinî yauvanavatî vivâhayogyâ saṃjâtâ. tena çreshṭhinâ râjâ vijñaptaḥ: „deva, mama gṛihe kanyâratnaṃ tishṭhati: yadi devasya prayojanam asti, tadâ gṛihyatâm: no ced, anyasya kasyacid dâsyâmi.“ iti çrutvâ râjñâ tasyâ lakshaṇaparîkshârthaṃ bṛihatpurushâ lakshaṇaparîkshakâḥ preshitâḥ. tatas tair âgatya dṛishṭâ sâ; tasyâḥ rûpeṇa sarve mohitâḥ.

yasyâḥ suvistṛite netre, vaktraṃ candropamaṃ çubham,
Smarapâçopamau karṇau, kapolau campakojjvalau; 2.
nâsikâ tilapushpâbhâ, Kâmacâpasame bhruvau,
daçanâ hîrakais tulyâ, vidrumâbhaḥ smṛito 'dharaḥ; 3.
mayûrasya kalâpena tulyaṃ kacanibandhanam;
çaṅkharekhâtrayeṇai 'va kaṇṭhadeço virâjate; 4.
mâdhavîlatayâ tulyau bhujau tasyâ ṛijû çubhau;
hastau raktotpalâbhâsau, pâṇî raktanakhâṅgulî; 5.
stanâv uttuṅgasadvṛittau, karkaçau, kalaçopamau,
viralau madhurau cai 'va, cakravâkayugopamau; 6.
svalpakaṃ madhyadeçaṃ ca, mushṭigrâhyam, anuttamam;
nâbhimaṇḍalagâmbhîryalâvaṇyaṃ kena varṇyate? 7.
valitrayeṇa vidhṛitâ romarâjî pataty adhaḥ;
kukundare punas tasyâ mugdhâ iva suçobhane; 8.

nitaṃbabiṃbaphalakaṃ Manmathâyatanaṃ tathâ;
rambhâyugmopamâv ûrû, smaralobhânubandhanau: 9.
navakundalatâgrâbhaṃ saralaṃ saṃdhibandhanam;
raktâñgulitalaṃ tasyâ nakhacandrikayâ 'nvitam; 10.
caraṇâravindayugalam anyonyaṃ supratishṭhitam.
evaṃvidhâ tu sâ nârî sarvalakshaṇalakshitâ. 11.

evaṃvidhaṃ rûpaṃ dṛishṭvâ tair viçishṭaiḥ parasparaṃ paryâlocitam: „yady enâṃ râjâ pariṇeshyati, tadâ 'syâm âsaktacitto bhavishyati, râjyacintâṃ na karishyati.“ iti vicintayitvâ râjñaḥ purato gatvâ tair iti vijñaptam: „deva, alakshaṇâ sâ kanyâ, devasya yogyâ na bhavati.“ iti çrutvâ râjñâ çreshṭhino 'gre kathitam: „nâ 'haṃ tava sutâṃ vivâhayishyâmi.“ tat çrutvâ çreshṭhinâ senâpater Baladharasya sâ kanyâ pradattâ; tenâ "gatya pariṇîtâ. sâ ca Unmâdinî senâpatigṛihe sakopâ vartate, yato „'haṃ râjñâ ‚alakshaṇâ‘ bhaṇitvâ muktâ.“

tadâ ekasmin dine râjapaṭṭikâyâṃ nirgato râjâ; tena râjñâ daivavaçât sâ nijabhavanopari sthitâ satî dṛishṭâ. tâṃ dṛishṭvâ kshubhito râjâ: „eshâ devî mânushî vâ?“ yâvad evaṃ cintayati, tâvat kâmavaçaṃ gataḥ: mahâkashṭena dhavalagṛihaṃ samâyâtah. tadanu niçîthe râjñaḥ çarîre atîva vedanâ saṃjâtâ. tadâ pratîhâreṇo 'ktam: „deva, tava çarîre kiṃ duḥkham?“ râjño 'ktam: „bho pratîhâra, adya râjapaṭṭikâyâṃ nirgatena mayâ kasyâ 'pi bhavanasyo 'pari devî mânushî Vidyâdharî Apsarâ vâ atîva rûpasvinî dṛishṭâ. tasyâ darçanena mamo 'nmâdo jâtaḥ.“ tadâ pratîhâreṇo 'ktam: „deva, sâ devî na bhavati, mânushî sâ, çreshṭhi-Ratnadattasya duhitâ Unmâdinî nâma, yâ devena pûrvam ‚alakshaṇâ‘ bhaṇitvâ na pariṇîtâ; sâ ca Baladharasenâpatinâ pariṇîtâ.“ râjño 'ktam: „vañcito 'haṃ lakshaṇaparîkshakair bṛihatpurushaiḥ.“

râjñâ te âkâritâḥ; bhaṇitaṃ râjñâ: „bho satpurushâ, vañcito 'haṃ bhavadbhir. sâ kanyâ mamâ 'gre 'lakshaṇâ kathitâ, sâ ca sarvâñgasundarî devî svargâd avatîrṇâ; mânushîṇâm îdṛiçî çobhâ na bhavati.“ tac chrutvâ lakshaṇaparîkshakair bhaṇitam: „yad devo vadati, tat satyam. paraṃ kâraṇena devasya purato alakshaṇâ vijñaptâ.“ atha râjânaṃ kâmavaçaṃ jñâtvâ Baladharasenâpatinâ "gatya râjâ vijñaptaḥ: „devasyâ 'haṃ dâsaḥ, sâ ca mama dâsî, tasyâ 'rthe kâmâvasthâ vartate: svâminn, âdeço dîyatâṃ, yathâ sâ ânîyatâm.“ tac chrutvâ kupitena râjñâ bhaṇitam: „parastrîgamane kathaṃ dharmavatâṃ dharmo bhavati? uktaṃ ca:

mâtṛivat paradârâṅç ca, paradravyâṇi loshṭavat,
âtmavat sarvabhûtâni yaḥ paçyati, sa paçyati. 12.
gurur âtmavatâṃ çâstâ, çâstâ râjâ durâtmanâm;
atha pracchannapâpânâṃ çâstâ Vaivasvato Yamaḥ. 13.

senâpatino 'ktam: „mayâ devasya dâsî dattâ, kathaṃ parastrî bhavati?“ râjño 'ktam: „yal lokaviruddhaṃ, tan na kartavyam.“ senâpatino 'ktam: „deva, tarhi devakule kshiptvâ veçyâṃ kṛitvâ ânetavyâ.“ râjño 'ktam: „yadi satîṃ bhâryâṃ veçyâṃ karishyasi, tadâ 'haṃ tava nigrahaṃ karishyâmi.“ senâpatino 'ktam:

„pûjitâ sâ sadâ râjñâ guṇavadbhiç ca saṃstutâ,
prârthanîyâ 'bhigamyâ ca lakshmîbhûtâ ca jâyate, 14.
yâ râjñî râjaputrî vâ, mahâmâtyasutâ tathâ,
sahasrântaḥpuram api svavaçe kurute patim.“ 15.

ity ukte sa râjâ Unmâdinîṃ cintayan kâmena daçamîm avasthâṃ prâptaḥ. uktaṃ ca:

cakshuḥprîtir, manaḥsaṅgaḥ, saṃkalpotpattir, nidrâchedaḥ, tanutâ, vishayebhyo vyâvṛittir, lajjâpraṇâçaḥ, unmâdo, mûrchâ, maraṇaṃ ce, 'ti daça kâmâvasthâḥ.

tathâ hi:

prathame jâyate cintâ, dvitîye drashṭum icchati,
tṛitîye dîrghaniḥçvâsaç, caturthe jvaraṃ âdiçet, 16.
pañcame dahyate gâtraṃ, shashṭhe bhuktaṃ na rocate,
saptame tu bhavet kampa, unmâdaç câ 'shṭame bhavet, 17.
navame prâṇasaṃdeho, jîvitaṃ daçame tyajet. 18.

tadûrdhvaṃ râjâ pañcatvam âpannaḥ. râjânaṃ mṛitaṃ dṛishṭvâ senâpatinâ "gatya guruḥ pṛishṭaḥ: „bho bhagavan! îdṛiçe karmaṇi jâte sati kiṃ kriyate?“ guruṇo 'ktam: „âdityâyâ 'rghaṃ dattvâ vahnau praveçaḥ kriyate.“ iti çrutvâ tena vahnau praveçaḥ kṛitaḥ. tayâ Unmâdinyâ 'pi guruḥ pṛishṭaḥ: „bho bhagavan! strîdharmaṃ kathaya!“ guruṇo 'ktam:

„çmaçâne nîyamânaṃ tu bhartâraṃ yâ 'nugacchati,
pade pade 'çvamedhasya phalaṃ prâpnoti sâ satî. 19.
sâdhvînâm eva nârîṇâm agnau prapatanâd ṛite
nâ 'nyo dharmo hi vijñeyo mṛite bhartari karhicit.“ 20.

tad vacanaṃ çrutvâ snâna-dânâdikaṃ kṛitvâ citâṃ pradakshiṇîkṛitya bhartuḥ samîpe gatvâ tayâ iti kathitam: „bho svâmin, tava dâsî bhavâmi janmani janmani!“ ity uccârya vahnau praviçya mṛitâ sâ.

etat kathânakaṃ kathayitvâ Vetâleno 'ktam: „râjan, kathaya! trayâṇâṃ madhye kaḥ sattvâdhikaḥ?“ râjñâ Vikramaseneno 'ktam: „râjâ sattvâdhikaḥ.“ Vetâleno 'ktam: „kena kâraṇena?“ râjño 'ktam: „yena senâpatinâ dîyamânâ 'pi bhâryâ dharmaviruddhaṃ jñâtvâ na gṛihîtâ; svâmyarthe bhṛityâḥ prâṇân api tyajanti, senâpates tv ayaṃ dharmaḥ, yat kṛitaṃ svâmyarthe maraṇaṃ; tayâ nijabhartrâ saha prâṇatyâgaḥ kṛitaḥ, strîṇâm esha dharmaḥ; ataḥ kâraṇât râjâ sattvâdhikaḥ.“

evaṃ çrutvâ gato Vetâlas tatrai 'va çiṅçipâvṛikshaçâkhâyâm avalambitaḥ.

iti Çivadâsaviracitâyâṃ Vetâlapañcaviṅçatikâyâṃ shoḍaçaṃ kathânakaṃ samâptam.

XVII.

Brahmâ yena kulâlavan niyamito Brahmâṇḍabhâṇḍodare,
Vishṇur yena daçâvatâragahane kshipto mahâsaṃkaṭe,
Rudro yena kapâlapâṇipuṭake bhikshâṭanaṃ kâritaḥ,
sûryo bhrâmyati nityam eva gagane, tasmai namaḥ karmaṇe. 1.

râjâ ca punar api tatrai 'va gatvâ çiṅçipâvṛikshân mṛitakaṃ

samânîya skandhe dhṛitvâ yâvan mârge pracalitaḥ, tâvat tena kathânakaṃ prârabdham: „bho râjan, çrûyatâṃ tâvat kathâṃ kathayâmi."

asti Ujjayinî nâma nagarî. tatra Mahâseno nâma râjâ; tatra Devaçarmâ nâma brâhmaṇaḥ prativasati, tasya putro Guṇâkaro nâma, sa ca dyûtakâraḥ saṃjâtaḥ. yat kim api dhanaṃ grihamadhye prâpnoti, tat sarvaṃ dyûte hârayati. tadâ kuṭumbalokair militvâ grihân nishkâsitaḥ, sa ca deçântare gataḥ.

tatra gatvâ çûnyadevakulam upavishṭaḥ. tatra yogipurusha eko drishṭaḥ: taṃ drishṭvâ tena namaskâraḥ kṛitaḥ. yogino 'ktam: „kas tvam?" teno 'ktam: „deçântarâgato brâhmaṇo 'ham." teno 'ktam: „tvayâ bhojanaṃ kṛitam asti?" teno 'ktam: „bubhukshito 'ham." yogino 'ktam: „atra kapâlâd odanaṃ gṛihitvâ bhuṅkshva!" teno 'ktam: „kapâle na bhuñjâmi." tena yoginâ dhyânasthena smṛitâ vidyâ, vaṭayakshiṇî samâyâtâ. tadâ yakshiṇyâ bhaṇitam: „bho bhagavann, âdeço dîyatâm!" yoginâ bhaṇitam: „asya brâhmaṇasya svecchâbhojanaṃ dîyatâm!" iti çrutvâ yakshiṇyâ divyaṃ bhavanaṃ racitam; tatra brâhmaṇaṃ nîtvâ bhojanaṃ kâritaṃ, tâmbûlaṃ pradattaṃ, vastrâ-"bharaṇâni pradattâni; sugandha-karpûra-kastûrikâcandanâdivilepanaṃ vidhâya tena saha yathecchayâ krîḍâ kṛitâ. prabhâtasamaye yakshiṇî gatâ. sa brâhmaṇaḥ ekâkî saṃjâtaḥ.

tadâ yoginaḥ samîpe âgataḥ; tena yoginâ bhaṇitam: „bho brâhmaṇa! kim udvignacitto 'si?" brâhmaṇeno 'ktam: „yakshiṇîṃ vinâ marishyâmi." yogino 'ktaṃ: „sâ devî vidyâbalenâ "gacchati." brâhmaṇeno 'ktam: „mama, prabho! vidyâṃ dehi, ahaṃ sâdhayishyâmi." yoginâ mantram ekaṃ dattvâ bhaṇitam: „bho brâhmaṇa! imaṃ mantraṃ gṛihitvâ jalamadhye sthitvâ ekacitto bhûtvâ sâdhaya." ity ukto gato 'sau jalamadhye, mantraḥ sâdhitaḥ, paraṃ yakshiṇî nâ "gatâ, sarvaṃ mâyâmayaṃ drishṭam. tato jalamadhyân nishkramya yogino 'gre kathitam: „mayâ na prâptaṃ kiṃcit." tato yoginâ bhaṇitam: „vahnau praviçya sâdhaya!" tena brâhmaṇeno 'ktam: „ekavelâyâṃ kuṭumbaṃ militvâ paççâd agnipraveçaṃ karishyâmi." evaṃ bhaṇitvâ kuṭumbapârçve gataḥ, kuṭumbalokaiḥ saha darçanaṃ jâtam. taiḥ sarvaiḥ kaṇṭhe lagitvâ roditum ârabdham; pitrâ bhaṇitam: „vatsa Guṇâkara! etâvanti dinâni kutra sthitaḥ? kathaṃ grihaṃ vismṛitam? uktaṃ ca:

pativratâ, dharmaçîlâ, sadâcârakriyâratâ;
tasyâç ca varjanât, putra! bhrûṇahâ sa bhaven naraḥ. 2.
na gârhasthyât paro dharmo, na sukhaṃ gṛihiṇîparam,
na tîrthaṃ pitṛi-mâtṛibhyâṃ, na devaḥ Keçavât paraḥ. 3.
mâtaraṃ pitaraṃ cai 'va ye nindanti narâdhamâḥ,
na teshâm ûrdhvagamanam, evam âha Prajâpatiḥ. 4.
kâmârtâṃ svastriyaṃ, dînâṃ, prârthayantîṃ punaḥ punaḥ
na bhajed bhajamânâṃ yaḥ, sa vai câṇḍâladarçanaḥ." 5.

Guṇâkareṇa bhaṇitam:

„amedhyapûrṇe, kṛimijâlasaṃkule,
svabhâvadurgandhini, çaucavarjite

kalevare mûtrapurîshabhâjane
ramanti mûḍhâ, viramanti paṇḍitâḥ. 6.
kasya mâtâ, pitâ kasya? kasya bhâryâ suto 'pi vâ?
jâtau jâtau hi jîvânâṃ bhavishyanty apare 'pare. 7.
mṛitaç câ 'haṃ punar jâto, jâtaç câ 'haṃ punar mṛitaḥ,
nânâyonisahasrâṇi mayâ dṛishṭâny anekaçaḥ. 8.
çukra-çoṇitasaṃyogâd dehaḥ saṃjâyate punaḥ
nityaṃ viṇ-mûtrapûrṇaç ca; tenâ 'yam açuciḥ smṛitaḥ. 9.
yathâ 'ntar vishṭhayâ pûrṇaḥ çuciḥ syân na bahir ghaṭaḥ,
yatnataḥ çodhyamâno 'pi deho 'yam açucis tathâ. 10.
dehaḥ saṃçodhyamâno 'pi pañcagavya-kuçâ-'mbubhiḥ
ghṛishyamâṇa ivâ 'ñgâro nirmalatvaṃ na gacchati. 11.
srotâṅsi yasya satataṃ pravahanti girer iva
kapha-mûtra-purîshâdyaiḥ, sa dehaḥ çudhyate katham? 12.
agnau kriyâvatâṃ devo, divi devo manîshiṇâm,
pratimâsv alpabuddhînâṃ: yoginâṃ hṛidaye Hariḥ. 13.
kiṃ bahunâ? bho tâta, mayâ yogaçâstram abhyastaṃ, nâ 'haṃ gṛibâçramaṃ karishyâmi, ahaṃ yogî saṃjâtaḥ."

iti kathayitvâ gṛihân niḥkramya yatra sa yogî tishṭhati, tatrai 'va samâyâtaḥ. yogipârçve âgatya prajvalitâ 'gnau pravishṭaḥ, smṛitâ vidyâ, paraṃ sâ yakshiṇî nâ 'gatâ. punaḥ yoginâ 'pi smṛitâ yakshiṇî nâ 'gatâ.

etat kathânakaṃ kathayitvâ Vetâleno 'ktam: „râjan, kathaya! kena kâraṇena nâ 'gatâ yakshiṇî?" râjñâ Vikramaseneno 'ktam: „sâdhakaṃ dvidhâcittaṃ jñâtvâ sâ devî nâ 'gatâ. uktaṃ ca:
ekacitto labhet siddhiṃ, dvidhâcitto vinaçyati:
skandhâvâraṃ hi gacchantam ishukâro na paçyati. 14.
tyâgena hînasya kuto 'sti kîrtiḥ?
sattvena hînasya kuto 'sti pûjâ?
nyâyena hînasya kuto 'sti lakshmîr?
dhyânena hînasya kuto 'sti siddhiḥ?" 15.

Vetâleno 'ktam: „kathaṃ sâdhako dvidhâcitto bhavati, yena vâṅmâtreṇa vahnau praveçaḥ kṛitaḥ?" râjño 'ktam: „mantrasâdhanasamaye kuṭumbapârçve gataḥ." Vetâlaḥ prâha: „yogino vacanena kathaṃ nâ 'gatâ?" râjño 'ktam: „„yoginâ 'pi îdṛiçasya çishyasya dvidhâcittasya kathaṃ vidyâ dattâ?" anena kâraṇena kupitâ vidyâ nâ 'gatâ.
kiṃ karoti naraḥ prâjñaḥ, preryamâṇaḥ svakarmabhiḥ?
prâyeṇa hi manushyâṇâṃ buddhiḥ karmânusâriṇî." 16.

evaṃ çrutvâ gato Vetâlaḥ.

iti Çivadâsaviracitâyâṃ Vetâlapañcaviṅçatikâyâṃ saptadaçaṃ kathânakaṃ samâptam.

XVIII.

namas tasmai Gaṇeçâya sarvavighnavinâçine,
kâryârambheshu sarveshu pûjyate yaḥ surair api. 1.

râjâ ca punar api gatvâ çiṅçipâvṛikshân mṛitakaṃ samânîya skandhe dhṛitvâ yâvan mârge pracalitaḥ, tâvat tena kathânakaṃ prârabdham; Vetâleno 'ktam: „bho râjan, çrûyatâm tâvat kathâm kathayâmi.

asti Kaṅkolaṃ nâma nagaram; tatra Sundaro nâma râjâ; tatra çreshṭhî Dhanakshayo nâma, tasya sutâ Dhanavatî nâma. sâ ca Alakâpurîvâstavyena vaṇijâ Gaurîdattanâmnâ pariṇîtâ. evaṃ kâle vartamâne tasyâ duhitâ Mohinî nâma saṃjâtâ. tasyâ jâtamâtreṇa pitâ pañcatvaṃ gataḥ. gotribhir aputrakâṃ bhaṇitvâ râjñaḥ sakâçât sarvasvam âhâritam. sâ ca Dhanavatî tâṃ Mohinîṃ kanyâṃ gṛihîtvâ niçîthasamaye nirgatâ. andhakâreṇa mârgaṃ na vindati; tadâ çmaçânabhûmau gatâ. tatra çûlikâyâm âropitaḥ cauro 'sti, tena saha melanaṃ jâtam; tadâ vyâdhitena caureṇa bhaṇitam:

„sukhasya duḥkhasya na ko 'pi dâtâ.
‚paro dadâtî' 'ti kubuddhir eshâ.
purâkṛitaṃ karma tad eva bhujyate;
çarîra, he, nistara, yat tvayâ kṛitam! 2.
aghaṭitaghaṭitâni ghaṭayati, sughaṭitaghaṭitâni jarjarîkurute;
vidhir eva tâni ghaṭayati, yâni pumân nai 'va cintayati. 3.
yasmin deçe ca, yatsthâne, yatrâ 'hni yatra ca kshaṇe
vadha-bandhanam âpnoti, tat tathâ, na tad anyathâ. 4.
yatra mṛityur, yatra duḥkhaṃ, yatra çrîr, yatra bandhanam,
tatra tatra svayaṃ yâti preryamâṇaḥ svakarmabhiḥ." 5.

Dhanavatyo 'ktam: „bho purusha, kas tvam?" teno 'ktam: „cauro 'haṃ, çûlikâyâm âropito 'smi. trîṇi dinâni jâtâni, paraṃ tu prâṇâ na gacchanti." Dhanavatyo 'ktam: „kasmât kâraṇât?" caureṇo 'ktam: „apariṇîto 'ham; yaḥ kaçcin mama kṛite nijaduhitaraṃ dattvâ madîyaṃ vivâhaṃ kârayati, tasyâ 'haṃ suvarṇalakshaikaṃ dâsyâmi." tayâ Dhanavatyâ bhaṇitam: „bho caura, dattâ mayâ kanyâ; kathaṃ tava putro bhavishyati?" caureṇo 'ktam: „yasmin samaye eshâ me bhâryâ ṛitumatî bhavati, tasmin dine kasyacit purushasya vîryaṃ mûlyena gṛihîtvâ putra utpâdanîyaḥ. bhavya-yuvâ brâhmaṇa ekaḥ tasyâḥ samîpe ânetavyaḥ, tasya mûlyaṃ dâtavyaṃ, so 'pi putram utpâdayishyati." iti kathayitvâ caureṇa gândharvavivâhena sâ pariṇîtâ. caureṇa bhaṇitaṃ: „pûrvasyâṃ yo 'sau vaṭavṛikshaḥ, tasya mûle suvarṇalakshaikaṃ tishṭhati, tad bhavatyâ grahîtavyam." iti kathayitvâ cauro mṛitaḥ. sâ ca dhanaṃ gṛihîtvâ vyâvṛitya Kaṅkolanagare samâyâtâ; tatra tayâ sundaraṃ dhavalagṛihaṃ kâritaṃ, sâ 'pi Mohinî dine dine vardhamânâ satî yauvanavatî saṃjâtâ.

ekadâ ṛitusamaye nijabhavanasyo 'pari sthitâ satî râjamârgâvalokanaṃ karoti; tatrai 'ko yuvâ brâhmaṇo dṛishṭaḥ; taṃ dṛishṭvâ kâmena pîḍitâ saṃjâtâ. sakhyâ agre kathitam: „sakhi, purusho 'yaṃ gṛihîtvâ mama mâtuḥ samîpam ânetavyaḥ." iti çrutvâ gatâ sâ; taṃ brâhmaṇaṃ gṛihîtvâ tasyâ mâtuḥ samîpe samâyâtâ. tasyâ mâtrâ bhaṇitam: „bho brâhmaṇa, mama duhitâ ṛitumatî tishṭhati; yadi tvam asyâḥ putram utpâdayasi, tadâ 'haṃ tava kṛite suvarṇaçataikaṃ dâsyâmi." brâhmaṇeno 'ktam: „evaṃ karishyâmi." tad anu râtrisamaye tasya brâhmaṇasya yathecchayâ bhojanaṃ dattam; tâmbûla-vilepana-candanâdikaṃ dattvâ tasyâḥ çayanâvâse prahitaḥ.

tena brâhmaṇena tayâ saha saṃbhogaḥ kṛitaḥ. prabhâtasamaye sâ sakhîbhiḥ pṛishṭâ: „bho sakhi, râtrau vallabhena saha kiṃ kiṃ krîḍitam?" tayo 'ktam:

„kânte talpam upâgate vigalitâ nîvî svayaṃ bandhanâd,
vâso viçlathamekhalâguṇadhṛitaṃ kiṃcin nitambe sthitam.
etâvat. sakhi, vedmy ahaṃ. rasavaçât tasyâ 'ṅgasaṅge punaḥ
‚ko 'sau? kâ 'smi? rataṃ tu vâ katham?' iti svalpâ 'pi me na smṛitiḥ." 7.
çûraṃ kṛitajñam api, câṭuvacaḥpradhânaṃ,
mâyâvihînam api, dânaguṇopapannam,
strîguhyarakshaṇaparaṃ, suratânukûlaṃ
janmântareshv api naraṃ pramadâḥ smaranti. 8.

taddinapûrvaṃ tasyâ garbho jâtaḥ; pûrṇe kâle sâ prasûtâ, putro jâtaḥ. shashṭhe dine tayâ râtrau svapno dṛishṭaḥ:

jaṭâbaddhordhvajûṭaç ca, çaçâṅkakṛitaçekharaḥ,
citâbhasmaviliptâṅgaḥ, çvetayajñopavîtavân, 9.
sitapadmâsanârûḍhaḥ, sitanâgendramekhalaḥ,
khaḍga-khaṭvâṅga-muṇḍâni, triçûlaṃ dakshiṇe kare. 10.
[pralayâgnisamâkâraḥ, paçudehe niyojitaḥ.]

evaṃvidhas tapasvî tayâ dṛishṭaḥ. prabhâte tayâ nijamâtur agre iti kathitam: „mâtar, mayâ îdṛiçaḥ svapno dṛishṭaḥ." mâtro 'ktam: „putri, tava putro râjyadharo bhavishyati. mamâ "deçena putraṃ mañjûshâyâṃ kshiptvâ suvarṇasahasraikasahitaṃ râjadvâre muñcâpaya." tatas tayâ suvarṇasahasraikasahitaḥ putro râjadvâre muktaḥ. tato râjñâ 'pi svapno dṛishṭaḥ:

daçabhujaḥ, pañcavaktraḥ, piṅgâkshaḥ, çûlapâṇikaḥ,
daṅshṭrâkarâla, atyugras, trinetraḥ, çaçiçekharaḥ. 11.

evaṃvidhena tapasvinâ bhaṇitam: „bho râjan, tava dvâre mañjûshâyâṃ nikshiptaḥ putras tishṭhati, sa tava râjyadharo bhavishyati." tato râjâ svapnaṃ dṛishṭvâ prabuddhaḥ, paṭṭarâjñyai kathitam; paṭṭarâjñyâ bhaṇitam: „deva, mahallikâ pratolîbâhye preshyatâm." tato mahallikâ râjñâ âkârya prahitâ; yâvad dvâre âgacchati, tâvat tayâ mañjûshâyâṃ putro dṛishṭaḥ; tayâ râjñaḥ purato mañjûshâ ânîtâ. râjñâ mañjûshâm udghâṭya putro dṛishṭaḥ suvarṇasahasraṃ ca. prabhâte râjñâ lakshaṇaparîkshakâ âkâritâḥ, putro darçitaḥ. tair lakshaṇaparîkshakair uktam: „deva, dvâtriṅçallakshaṇopetaḥ kumâro 'yam." râjño 'ktam: „kîdṛiçâni lakshaṇâni?" tair uktam: „deva, uktaṃ ca:

trishu vipulo, gambhîras trishv eva, shaḍunnataç, caturhrasvaḥ,
saptasu rakto râjâ, pañcasu dîrghaç ca sûkshmaç ca. 11.

nâbhiḥ, svaraḥ, sattvam iti praçastaṃ
gambhîram etat tritayaṃ narâṇâm.
uro, lalâṭaṃ vadanaṃ ca: puṅsâṃ
vistîrṇam etat tritayaṃ praçastam. 12.
vaksho 'tha kakshâ, nakha-nâsikâ-"syaṃ,
kṛikâṭikâ ce 'ti shaḍ unnatâni.
hrasvâni catvâri ca: liṅga-pṛishṭhaṃ,
grîvâ ca jaṅghe ca hitapradâni. 13.

netrânta-pâda-kara-tâlv-adharoshṭha-jihvâ
raktâ nakhâç ca, khalu sapta sukhâvahâni.
sûkshmâṇi pañca: daçanâ-'ṅguliparva-keçâḥ,
sâkaṃ tvacâ kararuhâç ca: na duḥkhitânâm. 14.
hanu-locana-bâhu-nâsikâ
stanayor antaram, atra pañcamam
iti dîrgham; idaṃ tu pañcakaṃ
na bhavaty eva narâm abhûbhṛitâm." 15.

iti çrutvâ râjñâ svakaṇṭhân muktâhâram avatârya putrakaṇṭhe nikshiptâ. sa ca putro râjñâ paṭṭarâjñîhaste samarpitaḥ; paṭṭarâjñî taṃ putram utsaṅge kṛitvâ râjño vâmapârçve sthitâ. tâval lokâ api sarve vardhâpanaṃ gṛihîtvâ samâyâtâḥ. râjñâ ca vardhâpanaṃ gṛihîtam, mahotsavâdikaṃ kâritam, tasya putrasya nâmakaraṇaṃ kṛitam, Haridatta iti nâma pratishṭhitam. tena kumâreṇa paṭhitâni sakalaçâstrâṇi, sarvakalâkuçalaḥ shoḍaçavârshikaḥ saṃjâtaḥ.

evaṃ kâlaparyâyeṇa sa râjâ pañcatvaṃ gataḥ. sa ca Haridattakumâras tasmin râjye upavishṭaḥ. ekadâ tena râjñâ cintitam: „kiṃ mayâ putreṇa jâtena, yad Gayâyâṃ gatvâ pitṛîṇâṃ piṇḍadânaṃ na karomi?" evaṃ niçcayaṃ kṛitvâ Gayâyâṃ gataḥ; tatra gatvâ çrâddhaṃ kartum ârabdham. taṃ prati guruṇo 'ktam:

„yasya cittaṃ dravîbhûtaṃ kṛipayâ sarvajantushu,
tasya jñânaṃ ca mokshaç ca: kiṃ jaṭâ-bhasma-cîvaraiḥ? 16.
yadi vahati tridaṇḍaṃ, nagnamuṇḍaṃ jaṭâṃ vâ,
yadi vasati guhâyâṃ, vṛikshamûle, çilâyâm,
yadi paṭhati purâṇaṃ, vedasiddhântatattvaṃ:
yadi hṛidayam açuddhaṃ, sarvam etan na kiṃcit. 17.
dânaṃ, pûjâ tapaç cai 'va, tîrthasevâ, çrutaṃ tathâ,
sarvam etad vṛithâ tasya, yasya çuddhaṃ na mânasam. 18.
çraddhâhînaṃ kriyâhînaṃ dambham âçritya yat kṛitam,
bhavet tad viphalaṃ çrâddhaṃ, pitṛîṇâṃ no 'patishṭhati. 19.
na kâshṭhe vidyate devo, na çilâyâṃ, na kardame:
bhâve hi vidyate devas, tasmâd bhâvo hi kâraṇam." 20.

brâhmaṇânâṃ vacaḥ çrutvâ yâvat pitur nâma samuccârya svahastena piṇḍaṃ dadâti, tâvat trayo hastâ niḥsṛitâḥ. tato Haridatto vismayaṃ gataḥ: „kasya haste piṇḍaṃ dâsyâmi?"

etat kathânakaṃ kathayitvâ Vetâleno 'ktam: „râjan, kathaya! kasya haste piṇḍâdhikâro bhavati?" râjñâ Vikramaseneno 'ktam: „caurasya haste piṇḍâdhikâro bhavati." punar Vetâleno 'ktam: „brâhmaṇavîryeṇo 'tpannaḥ, râjñâ ca pratipâlitaḥ, katham etau piṇḍâdhikâriṇau na bhavataḥ?" râjñâ Vikramaseneno 'ktam: „brâhmaṇasya vîryaṃ mûlyena gṛihîtaṃ râjñâ ca suvarṇaṃ gṛihîtvâ pâlitaḥ, ataḥ kâraṇât tau piṇḍâdhikâriṇau na bhavataḥ: caurasya pariṇîtabhâryâyâḥ putro 'yam, ataḥ kâraṇât caurasya piṇḍâdhikâro bhavati."

evaṃ çrutvâ gato Vetâlas tatrai 'va çiṅçipâvṛikshaçâkhâyâm avalambitaḥ.

iti Çivadâsaviracitâyâṃ Vetâlapañcaviṅçatikâyâm ashṭâdaçaṃ kathânakam.

XIX.

vidyârambhe vivâde ca, saṃgrâme, çatrusaṃkaṭe
praveçe ca smared yas tu bhaktipûrvaṃ Vinâyakam.
na tasya kâryahânis syâd: ity âjñâ pârameçvarî. 1.

râjâ ca punar api tatrai 'va gatvâ çiñçipâvṛikshân mṛitakaṃ samânîya skandhe dhṛitvâ yâvan mârge pracalitaḥ, tâvat tena kathânakaṃ prârabdham. Vetâleno 'ktam: „bho râjan, çrûyatâṃ tâvat, kathâm imâṃ kathayâmi.

asti Citrakûṭaṃ nâma nagaram, tatra râjâ Rûpaseno nâma, sa ca âkheṭake gataḥ. yâvad agre gacchati, tâvat svasainyaṃ na paçyati, râjâ ekâkî saṃjâtaḥ. tato madhyâhnasamayavelâyâṃ viçrântena râjñâ sarovaram ekaṃ dṛishṭam; tatro 'ttîrya vṛikshacchâyâyâṃ turago viçrâmitaḥ. muhûrtam ekaṃ viçrâmya yâvad avalokayati, tâvat tatrai 'va atirûpiṇî ṛishikanyâ pushpâvacayaṃ kurvantî dṛishṭâ. tâm âlokya atîva kâmaparavaçago babhûva. sâ ca pushpâvacayaṃ kṛitvâ pracalitâ. râjño 'ktam: „kîdṛiço bhavatînâm âcâraḥ? aham atithir yushmâkam âçrame samâyâtaḥ: atithipûjâṃ vidhâya gamyatâm. yataḥ:

uttamasyâ 'pi varṇasya nîco 'pi gṛiham âgataḥ
pûjanîyo yathânyâyaṃ: sarvasyâ 'bhyâgato guruḥ." 2.

parasparaṃ kaṭâkshanirîkshaṇaṃ saṃjâtam. tasmin samaye tasyâḥ pitâ munîndro dṛishṭvâ samâyâtaḥ; râjñâ tapodhanaṃ dṛishṭvâ namaskâraḥ kṛitaḥ, tenâ 'py âçîrvâdo dattaḥ. tena tapodhanena râjâ pṛishṭaḥ: „katham ekâkî tvam atrâ "gato 'si?" râjño 'ktam: „âkheṭakaprasañgenâ "yâtaḥ." ṛishiṇo 'ktam: „bho râjan! kasyâ 'rthe mahâpâtakaṃ kriyate? yataḥ:

ekaḥ pâpâni kurute, phalaṃ bhuñkte mahâjanaḥ;
bhoktâro vipramucyante, kartâ dosheṇa lipyate." 3.

râjño 'ktam: „prabho, mamo 'pari prasâdaṃ vidhâya mama dharmâ-'dharmaṃ kathaya!" munîndreṇo 'ktam:

„tṛiṇâni khâdanti vasanty araṇye,
pibanti toyâny aparigrahâṇi;
tathâ 'pi vadhyâ hariṇâ narâṇâṃ:
ko lokam ârâdhayituṃ samarthaḥ? 4.

sarveshâm eva dânânâm idam evai 'kam uttamam:
abhayaṃ sarvabhûtânâṃ; nâ 'sti dânam ataḥ param. 5.
ekataḥ kratavaḥ sarve saṃpûrṇavaradakshiṇâḥ,
ekato bhayabhîtasya prâṇinaḥ prâṇarakshaṇam. 6.
kshântitulyaṃ tapo nâ 'sti, saṃtoshân na paraṃ sukham,
nâ 'sti vidyâsamaṃ dânaṃ, nâ 'sti dharmo dayâparaḥ. 7.
baddhâñjalipuṭaṃ dînaṃ, yâcantam aparâdhinam
na hanyâc charaṇaṃ prâptaṃ, satâṃ dharmam anusmaran. 8.
ârtto vâ yadi vâ trastaḥ, pareshâṃ çaraṇâgataḥ
api prâṇân parityajya rakshitavyaḥ kṛitâtmanâ. 9.

na gopradânaṃ, na mahîpradânaṃ,
na câ 'nnadânaṃ hi tathâ pradhânam,

yathâ vadantî 'ha mahâpradhânaṃ
sarvapradâneshv abhayapradânam. 10.
yo dharmaçîlo, jitamâna-roshî,
vidyâvinîto, na paropatâpî,
svadâratushṭaḥ, paradâravarjî:
na tasya loke bhayam asti kiṃcit. 11.
svâminaṃ ca raṇe ruddhaṃ, çatrubhiḥ pariveshṭitam
ye tyajanti durâcârâs, te yânti narake dhruvam. 12.
muktakeçaṃ ripuṃ jñâtvâ, muktavastraṃ, nirâyudham
ye nighnanti durâcârâs, te yânti narake dhruvam. 13.
gurupatnîṃ, svâmipatnîṃ, mitrapatnîṃ tathai 'va ca
bhedaṃ kurvanti ye mûḍhâs, te yânti narake dhruvam. 14.
taskaraiḥ pîḍyamânaṃ hi nijarâshṭraṃ na rakshati,
vratinaṃ daṇḍayed yas tu, sa yâti narake dhruvam." 15.

etac chrutvâ râjño 'ktam: „bho bhagavann, adyaprabhṛiti mayâ pâparddhir na vidheyâ." evaṃ çrutvâ tushṭo munîndraḥ. munîndreṇo 'ktam: „râjan, varaṃ brûhi! yat kim api prârthayasi, tad ahaṃ dâsyâmi." râjño 'ktam: „bho bhagavan, yadi tushṭo 'si, tadâ nijaduhitâ mama dîyatâm." tato munîndreṇa dattâ kanyâ; tato râjñâ gândharvavivâhena vivâhitâ. tato bhâryâṃ hayapṛishṭham âropya svanagarâbhimukhaṃ pracalitaḥ. yâvad ardhamârge samâyâtas, tâvad astaṃ gato raviḥ. kvacit pradeçe araṇyamadhye vṛikshamûle turañgaṃ baddhvâ râjâ prasuptaḥ. tatra niçîthasamaye kaçcid brahmarâkshasaḥ samâyâtaḥ; tena brahmarâkshasena bhaṇitam: „bho râjan, enâṃ tava striyaṃ bhakshayishyâmi." râjño 'ktam: „evaṃ mâ kuru! yat kim api tvam anyabhakshyaṃ yâcishyase, tad ahaṃ dâsyâmi." uktaṃ ca:

âpadarthe dhanaṃ rakshed, dârân rakshed dhanair api;
âtmânaṃ satataṃ rakshed dârair api dhanair api. 16.

râkshaseno 'ktam: „bho râjan! yadi saptavarshîyabrâhmaṇaputrasya mastakaṃ svahastena mama purataç chedayasi, tadâ 'ham enâṃ muñcâmi." râjño 'ktam: „evaṃ karishyâmi; paraṃ tvayâ madîyanagare saptame divase samâgantavyam." râkshaseno 'ktam: „evaṃ pramâṇam." iti bhaṇitvâ râkshasaḥ svasthâne gataḥ.

prabhâte râjâ svanagaraṃ saṃprâptaḥ. nagare mahotsavo jâtaḥ. râjñâ mantriṇo 'gre sarvaṃ vṛittântaṃ kathitam; râjñâ mantrî pṛishṭaḥ: „kiṃ kartavyam idânîm? saptame divase râkshasaḥ samâgamishyati." mantriṇo 'ktam: „deva, mâ bhayaṃ kuru! sarvaṃ bhavyaṃ karishyâmi." mantriṇâ ghaṭito lakshamûlyaḥ kâñcanamayaḥ purushaḥ, taṃ ca çakaṭe samâropya catuḥpathe nîtvâ iti çabda utthâpitaḥ: „yaḥ ko 'pi brâhmaṇaḥ saptavarshîyaṃ putraṃ dâsyati, râjâ tasya çiraçchedaṃ karishyati, tasyâ 'yaṃ lakshamûlyaḥ suvarṇapurusho dâtavyaḥ."

tatra nagare durbalabrâhmaṇa eko vasati sma; tasya trayaḥ putrâḥ santi. tena brâhmaṇena nijabrâhmaṇyagre bhaṇitam: „he priye, putram ekaṃ dattvâ suvarṇapurusho gṛihyate." brâhmaṇyâ bhaṇitam: „laghuputram ahaṃ na dâsyâmi." brâhmaṇeno 'ktam:

„jyeshṭhaputram ahaṃ na dâsyâmi.‘ madhyamaputreṇa bhaṇitam: ‚tâta, ahaṃ dâtavyaḥ.‘ pitro 'ktam: „putra, evaṃ kuru!“ uktaṃ ca

lobhamûlâni pâpâni rasamûlâç ca vyâdhayaḥ,
snehamûlâni duḥkhâni: trîṇi tyaktvâ sukhî bhavet. 17.

tadâ dhanalubdhena pitrâ ânîto madhyamaputraḥ pradattaḥ; suvarṇapurushaṃ gṛhîtvâ nijagṛhaṃ samâyâtaḥ. tata âgato brahmarâkshasaḥ. tato râjñâ anna-gandha-pushpa-dhûpa-dîpa-naivedya-phala-tâmbûla-vastrâdibhis tasya pûjâṃ kṛtvâ brâhmaṇaputro 'syâ 'gre ânîtaḥ. yâvan nṛpaḥ khaḍgam âkṛishya tasya çiras troṭayati, tâvad viprasuto jahâsa.

etat kathânakaṃ kathayitvâ Vetâleno 'ktam: „râjan, kathaya! kena kâraṇena maraṇasamaye tena hasitam?“ râjñâ Vikramaseneno 'ktam: „yad dhasitaṃ, tatkâraṇaṃ mayâ jñâtam: tena brâhmaṇaputreṇa iti vicintya hasitam: „„paçya paçya saṅsârasthitim!

bâlatve rakshate mâtâ, paçcât saṃvardhayet pitâ:
mama ye rakshakâç cai 'va. te 'pi vyâpâdakâḥ sthitâḥ. 18.
mâtrâ pitrâ svayaṃ dattaḥ, khaḍgahasto narâdhipaḥ,
devatâ balim icchanti: kṛipâ kasya pravartate? 19.
mâtâ yadi vishaṃ dadyât, pitrâ vikrîyate sutaḥ.
râjâ harati sarvasvaṃ: kâ tatra paridevanâ?““ 20.

iti cintayitvâ tena hasitam.“ evaṃ çrutvâ gato Vetâlas tatrai 'va çiṅçipâvṛikshaçâkhâyâm avalambitaḥ.

iti Çivadâsaviracitâyâṃ Vetâlapañcaviṅçatikâyâm ekonaviṅçatitamaṃ kathânakam.

XX.

gṛhîtakhaṇḍaḥ Çaçiçekhareṇa
prâptaḥ çaçiçodarapûraṇâya
puñjena Lakshmîmukhacandrabhâsâṃ
sa pâtu vaḥ Çrîpatipâñcajanyaḥ. 1.

râjâ ca punar api tatrai 'va gatvâ çiṅçipâvṛikshân mṛitakaṃ samânîya skandhe dhṛitvâ yâvan mârge pracalitaḥ, tâvat tena kathânakaṃ prârabdham. Vetâleno 'ktam: „bho râjan, çrûyatâṃ tâvat. kathâṃ kathayâmi.

asti Viçâlâ nâma nagarî. tatra Vipulaçekharo nâma râjâ. tatra Arthadatto nâma vaṇik. tasya duhitâ Anaṅgamañjarî nâma, sâ ca Alakâvâstavyena Maṇinâbhanâmnâ vaṇijâ pariṇîtâ. atha Maṇinâbhaḥ samudrapâre vâṇijyena gataḥ, tatra bahûni dinâni lagnâni. sâ ca Anaṅgamañjarî pitur gṛihe vardhamânâ satî yauvanavatî saṃjâtâ.

ekasmin dine sâ bhavanopari sthitâ râjamârgâvalokanaṃ karoti. tatra tayâ Kamalâkaro nâma brâhmaṇo dṛishṭaḥ, tenâ 'pi sâ dṛishṭâ. parasparaṃ darçanâd râgo jâtaḥ, citralikhitâv iva dvâv api niçcalalocanau sthitau. sa ca Kamalâkaro vihvalacittaḥ san mitreṇa saha svagṛihe gataḥ, virahavedanâpîḍitaḥ sa câ "tmânaṃ na vetti, cintâpralâpaṃ karoti:

„ayi, Madana! na dagdhas tvaṃ kim Îçena kopât?
kim uta Rativiyoge nâ 'nvabhûr, mûrkha! duḥkham,

aviditaparapîḍo yena mâm utpalâkshî-
rahitam ahitapâtraiḥ pattrivarshair dunoshi?" 2.

sâ 'pi candram upâlabhati:

„utpattiḥ payasâṃ nidher, vapur api khyâtaṃ sudhâmandiraṃ;
spardhante viçadâ latâbhasaralâ hârâvalîm aṅçavaḥ;
kântâ kairaviṇî tava, priyasakhaḥ çriṅgârasâraḥ smaro:
haṃho, candra! kim atra tâpajananaṃ, tâpâya yan me bhavân?" 3.

sakhyo 'ktam: „sakhi, mâ evaṃ vada! evaṃ vadantî kathaṃ na lajjase?" tayo 'ktam:

„tirâmbhaḥsthitacakravâkakaruṇakreṃkâradattaçrutiç
cakrî jîvati, padminî ca hasate duḥkhaṃ niçântâvadhi:
yasyâ dûragataḥ priyo, niyamitâ sîmâ ca duḥkhasya no,
sâ saṃrabdhamanojagocaragatâ jîvet kathaṃ mâdṛiçî? 4.

he sakhi! sarvaṃ jânâmi, paraṃ Manmathenâ 'haṃ nirlajjâ kṛitâ." sakhyâ Mâlayavatyo 'ktam:

„dhairyaṃ dhehi! mano nivâraya balâd! unmârgalagnâṃ trapâṃ
mâ dûrîkuru! saṃvṛiṇu priyakathâṃ! svasthâ bhavasva, priye!
âkarṇâyatacâpapûritaçaraçreṇîmucâ Manmatha-
vyâdhena kshaṇalakshyabhûmigamitâ tene "dṛiçaṃ jalpasi." 5.

tayo 'ktam:

„durvârâḥ Smaramârgaṇâḥ, priyatamo dûre, mano 'tyutsukaṃ,
gâḍhaṃ prema, navaṃ vayaḥ, sukaṭhinâḥ prâṇâḥ, kulaṃ nirmalam,
strîtvaṃ dhairyavirodhi, Manmathasuhṛit Kâlaḥ, Kṛitânto 'kshamî:
soḍhavyâḥ, sakhi, sâmprataṃ katham amî sarve 'gnayo duḥsahâḥ?" 6.

sakhyo 'ktam: „sakhi, tava vedanâṃ sphoṭayishyâmi." iti tâṃ samâçvâsya sakhî nijabhavanaṃ gatâ. tayâ ca Anaṅgamañjaryâ Bhaṭṭârikâyâ agre gatvâ uttarîyavastreṇa maraṇârthaṃ pâço racitaḥ, bhaṇitaṃ ca: „janmântare esha mama bhartâ bhaved!" ity uccârya yâvat pâçaṃ kaṇṭhe kshipati, tâvat sakhî samâgatâ. sakhyo 'ktam: „sakhi, mâ sâhasaṃ kuru! mṛitâyâṃ kim api nâ 'sti." tayo 'ktam: „sakhi, tvayâ yuktam uktam; paraṃ me prâṇasaṃçayo vartate." sakhyo 'ktam: „tarhi pratîkshasva muhûrtam ekaṃ, yâvat tava priyaṃ gṛihîtvâ "gacchâmi." ity uktvâ sâ sakhî tatra gatâ, yatra Kamalâkaras tishṭhati. so 'pi virahavedanâdagdhâṅgaç candanodakena sicyamânaḥ, kadalîpattrapavanena vijyamâno mitrasyâ 'gre kathayati: „bho mitra, visham ânîyatâṃ, yathâ 'haṃ bhakshayitvâ prâṇatyâgaṃ karomi. uktaṃ ca:

tadvaktrâmṛitapânadurlalitayâ dṛishṭyâ kva viçrâmyatâṃ?
tadvâkyaçravaṇâbhiyogaparayoḥ çrâvyaṃ kutaḥ çrotrayoḥ?
ebhis tatparirambhanirbharabharair aṅgaiḥ kathaṃ sthîyatâṃ?
kashṭaṃ! tadvirahеṇa saṃprati vayaṃ kṛicchrâm avasthâṃ gatâḥ." 7.

tataḥ sakhyâ tatsamîpe gatvâ bhaṇitam: „bho Kamalâkara! preshitâ 'ham Anaṅgamañjaryâ tavâ 'ntikam âgatâ 'smi. sâ saṃmukhasaṃdeçene 'daṃ bhaṇati: ‚bho prâṇeça, jîvitaṃ me prayaccha!'" Kamalâkareṇo 'ktam: „yathâ mama prâṇasaṃçayo vartate, tathâ tasyâ 'pi kiṃ vâ na hi?" sakhyo 'ktam:

„indum vakti divâkaram, malayajaṃ dâvânalaṃ manyate,
jânâty ambujam ulmukaṃ, kalayati prâleyatulyâṃ citâm.
hârâṅgârakadarthitena manasâ spṛishṭâṃ samastâm imâṃ
saṃpraty agnimayîm avehi! subhagâ tyaktâ varâkî tvayâ. 8.

uttishṭha bho Kamalâkara! yâvat sâ jîvati, tâvat tasyâḥ samîpam âgaccha! tasyâṃ mṛitâyâṃ gataḥ kiṃ karishyasi?" evaṃ çrutvâ katham api kampamânaḥ çayanâd utthâya yâvat tasyâ bhavane gacchati, tâvat sâ mṛitâ. tâṃ mṛitâṃ dṛishṭvâ so 'pi virahavedanayâ mṛitaḥ. dvayor apy ekâ citâ saṃjâtâ. tasmin samaye pariṇîtabhartâ çvaçuragṛihe samâyâtaḥ. so 'pi rudantyâḥ sakhyâḥ çabdaṃ çrutvâ tatrai 'va gataḥ, yatra bhâryâ mṛitâ tishṭhati. parapurushakaṇṭhalagnâṃ tâṃ dṛishṭvâ 'py atiraktatvâc citâṃ praviçya mṛitaḥ. nagaravâstavyajanâ iti bruvanti: „aho, âçcaryam âçcaryam! na kadâcit pûrvaṃ dṛishṭaṃ, na çrutam! trayâṇâm api maraṇaṃ saṃjâtam!"

etat kathânakaṃ kathayitvâ Vetâleno 'ktam: „râjan, kathaya! trayâṇâṃ madhye kaḥ kâmândhaḥ?" râjñâ Vikramaseneno 'ktam: „pariṇîtabhartâ 'tîva kâmândhaḥ, yaḥ priyâm anyârthaṃ mṛitâṃ dṛishṭvâ krodhaṃ vihâya mṛitaḥ."

evaṃ çrutvâ gato Vetâlas tatrai 'va çiṅçipâvṛikshaçâkhâyâm avalambitaḥ.

iti Çivadâsaviracitâyâṃ Vetâlapañcaviṅçatikâyâṃ viṅçatitamaṃ kathânakaṃ samâptam.

XXI.

namas tuṅgaçiraçcumbicandracâmaracârave,
trailokyanagarârambhamûlastambhâya Çambhave! 1.

râjâ ca punar api tatrai 'va gatvâ çiṅçipâvṛikshân mṛitakaṃ samânîya skandhe dhṛitvâ yâvan mârge pracalitaḥ, tâvat tena kathânakaṃ prârabdham; Vetâleno 'ktam: „bho râjan, çrûyatâṃ tâvat, kathâṃ kathayâmi.

asti Jayasthalaṃ nâma nagaram; tatra râjâ Vîramardano nâma; tatra Vishṇusvâmî nâma brâhmaṇaḥ. tasya catvâraḥ putrâs tishṭhanti: eko dyûtakâraḥ, dvitîyo veçyârataḥ, tṛitîyaḥ pâradârikaḥ, caturtho nâstikaḥ. catvâro 'pi Vishṇusvâminâ prabodhitâḥ:

„nânânarthakaraṃ dyûtaṃ moktavyaṃ çîlaçâlinâ;
çîlaṃ hi naçyate tena garalene 'va jîvitam. 2.
vishâdaḥ, kalaho, râṭiḥ, kopo, mânaḥ, çramo, bhramaḥ,
paiçunyaṃ, matsaraḥ, çokaḥ: sarve dyûtasya bândhavâḥ. 3.
kurvanti dyûtakârasya karṇa-nâsâdikartanam,
vijñâya ca mahâdoshaṃ dyûtaṃ krîḍanti no "ttamâḥ. 4.
vimohayati yâ cittam acireṇai 'va sevitâ,
sâ heyâ dûrato veçyâ çîlâlaṃkâradhâriṇâ. 5.
satyaṃ, çaucaṃ, çamaṃ, çîlaṃ, saṃyamaṃ, niyamaṃ, yamam
praviçanti bahir muktvâ viṭâḥ paṇyâṅganâgṛihe. 6.
jananî, janako, bhrâtâ, tanayas, tanayâ, svasâ
na santi vallabhâs tasya, dârikâ yasya vallabhâ. 7.

na tasya rocate sevâ gurûṇâṃ, vacanaṃ hitam,
veçyâvaktragataṃ madyaṃ lâlâṃ pibati yo 'dhamaḥ. 8.
yad iha laukikaṃ duḥkhaṃ paranârînishevaṇe,
tat prasûnaṃ mataṃ prâjñair: narakaṃ dâruṇaṃ phalam. 9.
yâ hinasti nijaṃ kântaṃ, sâ jâraṃ na kathaṃ khalâ?
biḍâlî yâ 'tti putraṃ svaṃ, sâ kiṃ muñcati mûshakam? 10.
liñgachedaṃ, kharârohaṃ, kulâlakulamârjanam,
jananindâm abhâgyaṃ ca labhate pâradârikaḥ. 11.
vadanti ca mahâdoshaṃ paradârâbhimarçane.
vivarjyâ dûrato veçyâ bhujañgî 'va bhayaṃkarî. 12.

ye bâlabhâve na paṭhanti vidyâṃ,
kâmâturâ yauvanagarvitâç ca,
te vṛiddhakâle paribhûyamânâ
dahyanti gâtre çiçire 'va padmâḥ. 13.

evaṃ taiç caturbhiḥ pitur vacanam avadhârya parasparaṃ paryâlocitam: „vidyâvihînaḥ purusho jîvann api mṛitaḥ. tasmâd vayam api deçântare gatvâ vidyâṃ paṭhishyâmaḥ.“ iti catvâro 'py ekamataṃ kṛitvâ pṛithak pṛithak deçântaraṃ gatâḥ. kâlaparyâyeṇa vidyâṃ paṭhitvâ saṃketasthâne catvâraḥ samâyâtâḥ. jyeshṭhena bhrâtrâ bhaṇitam: „bho bhrâtaraḥ, nijanijavidyâ prakaṭîkriyatâm!“ tac chrutvâ ekena araṇyamadhyât siñhasyâ 'sthîni samânîya vidyâbalena yojitâni, dvitîyena mâñsa-medâdidhâtavo nishpâditâḥ, tṛitîyena rudhira-tvag-româṇi nishpâditâni, caturthena siñhakalevaraṃ sajîvaṃ kṛitam. tataḥ siñhena catvâro 'pi bhakshitâḥ.

etat kathânakaṃ kathayitvâ Vetâleno 'ktam: „râjan, kathaya! caturṇâṃ madhye ko mûrkhaḥ?“ râjñâ Vikramaseneno 'ktam: „yena siñhaḥ jîvâpitaḥ. yataḥ:

varaṃ buddhir, na sâ vidyâ, vidyâto buddhir uttamâ:
buddhihînâ vinaçyanti, yathâ te siñhakârakâḥ.“ 14.

evaṃ çrutvâ gato Vetâlaḥ, tatrai 'va çiñçipâvṛikshaçâkhâyâm avalambitaḥ.

iti Çivadâsaviracitâyâṃ Vetâlapañcaviñçatikâyâṃ ekaviñçatitamaṃ kathânakam.

XXII.

namâmi çirasâ devaṃ trailokyâdhipatiṃ vibhum,
vidyâdânena saṃpûrṇaṃ, Pârvatîpatim Îçvaram. 1.

râjâ ca punar api tatrai 'va gatvâ çiñçipâvṛikshân mṛitakaṃ samânîya skandhe dhṛitvâ yâvan mârge pracalitaḥ, tâvat tena kathânakaṃ prârabdham; Vetâleno 'ktam: „bho râjan, çrûyatâṃ tâvat, kathâṃ kathayâmi.

asti Viçvapuraṃ nâma nagaraṃ, tatra Vidagdho nâma râjâ. tatra Nârâyaṇo nâma brâhmaṇaḥ; sa parapurushakâyapraveçanaṃ jânâti. tena ekadâ cintitam: „mama çarîraṃ vṛiddhaṃ jâtaṃ, tasmâj jîrṇaçarîraṃ vihâya taruṇaçarîre praviçya bhogân karishyâmi.“ tadâ tena taruṇaçarîre praviçya kuṭumbasyâ 'gre kathitam: „ahaṃ yogî saṃjâtaḥ.“ paṭhitum ârabdham:

„âçâsarasîṃ çoshaya tapasâ,
tanmadhyasthaḥ poshaya manasâ.
kâyakleçaṃ çodhaya parushaṃ,
çithilaya paramabrahmaṇi kalusham. 2.

añgaṃ galitaṃ, palitaṃ muṇḍaṃ,
jâtaṃ daçanavihînaṃ tuṇḍam,
vṛiddho yâti gṛihîtvâ daṇḍaṃ:
tad api na muñcaty âçâ bhaṇḍam. 3.

yâvad dravyopârjanaçaktis,
tâvan nijaparivâre bhaktiḥ;
paçcâj jarayâ jarjaradehe
vârtâṃ ko 'pi na pṛicchati gehe. 4.

bhinnâ mârgâ, bhinnâ devâ,
bhinnâ guravo, bhinnâ sevâ,
bhinnâ veshâ, bhinnâ muktir:
mâyâ hy ekâ sarvâ yuktiḥ. 5.

punar api rajanî, punar api divasaḥ,
punar api varshaḥ, punar api mâsaḥ;
punar api vṛiddhaḥ, punar api bâlaḥ:
punar api yâti sameti ca kâlaḥ. 6.

ko 'haṃ? kas tvaṃ? ko 'yaṃ lokaḥ?
kena kimarthaṃ kriyate çokaḥ?
âyâty eko, gacchaty ekaḥ,
sarvo jîvaç calitavivekaḥ. 7.

jaṭilaḥ kshapaṇo, vipro buddhaḥ,
sâñkhyo bhagavân, nâstikavṛiddhaḥ,
ko 'pi kathaṃ ca na martyo jâtaḥ:
tad api hi hiṅsâ sarvâ ghâtaḥ. 8.

eko jîvo, bahavo dehâ;
ekaṃ tattvaṃ, bahavo mohâḥ;
ekâ vidyâ, bahupâshaṇḍâ:
vibudhaiḥ kriyate kim iti vitaṇḍâ? 9.

ko 'haṃ kasmin katham âyâtaḥ?
kâ me jananî, ko me tâtaḥ?
iti paribhâvita iha saṃsâraḥ
sarvo 'yaṃ svapnavyavahâraḥ." 10.

evamâdîni paṭhitvâ teno 'ktam: „aho! 'haṃ tîrthayâtrâṃ karishyâmi." kuṭumbaḥ saharsho jâtaḥ. tena taruṇaçarîre praviçya prathamaṃ ruditaṃ, paçcâd dhasitam.

etat kathânakaṃ kathayitvâ Vetâleno 'ktam: „râjan, kathaya! kena kâraṇena ruditaṃ, kuto hasitam?" râjñâ Vikramaseneno 'ktam: „tena yoginâ nijaçarîratyâgasamaye iti cintitam: „„idaṃ çarîraṃ bâlatve mâtrâ yatnena rakshitaṃ, pitrâ vardhitaṃ, yauvane strîsaṃbhogâdikaṃ kṛitaṃ, param idânîṃ tyajyate."" ataḥ kâraṇâd ruditam. hasitaṃ ca: „„punar mayâ taruṇaṃ çarîraṃ labdham."" uktaṃ ca:

dharmâ-'rtha-kâma-mokshâṇâṃ yasyai 'ko 'pi na vidyate,
ajagalastanasye 'va tasya janma nirarthakam." 11.

iti çrutvâ gato Vetâlas tatrai 'va çiñçipâvṛikshaçâkhâyâm avalambitaḥ.

iti Çivadâsaviracitâyâṃ Vetâlapañcaviñçatikâyâṃ dvâviñçatitamaṃ kathânakaṃ samâptam.

XXIII.

Sarasvatyâḥ prasâdena kâvyaṃ kurvanti mânavâḥ;
tasmân niçcalabhâvena pûjaniyâ Sarasvati. 1.

râjâ ca punar api tatrai 'va gatvâ çiñçipâvṛikshân mṛitakaṃ samâniya skandhe dhṛitvâ yâvan mârge pracalitaḥ, tâvat tena kathânakaṃ prârabdham; Vetâleno 'ktam: „bho râjan, çrûyatâṃ tâvat, kathâṃ kathayâmi.

asti Dharmapuraṃ nâma nagaram; tatra râjâ Dharmadhvajo nâma; tatra Govindo nâma brâhmaṇaç caturvedâdhyâyî. tasya catvâraḥ putrâḥ saṃjâtâḥ: Haridattaḥ, Somadattaḥ, Yajñadattaḥ, Brahmadatta iti. sarve 'pi vedaçâstrapâṭhakâḥ. kâlaparyâyeṇa tasya jyeshṭhaputro Haridatto mṛitaḥ; tasya viyogena pitrâ Govindena martum ârabdham. tasmin samaye râjakîyapurohitena Vishṇuçarmaṇâ âgatya prabodhitaḥ: „bho Govinda, çrûyatâm!

duḥkhaṃ strîkukshimadhye prathamam iha bhaved garbhavâse narâṇâṃ;
bâlatve câ 'tiduḥkhaṃ 'malamalinatanustrîpayaḥpânamiçram;
târuṇye câ 'tiduḥkhaṃ bhavati virahajaṃ, vṛiddhabhâvo 'py asâraḥ:
saṃsâre, re manushyâ! vadata, yadi sukhaṃ svalpam apy asti kiṃcit. 2.
garbhasthaṃ, jâyamânaṃ, çayanatalagataṃ, mâtur utsañgasaṃsthaṃ,
bâlam, vṛiddhaṃ, yuvânaṃ, pariṇatavayasaṃ, niḥsvam, âḍhyaṃ, khalâryam,
vṛikshâgre, çailaçṛiñge, nabhasi, pathi, jale, pañjare koṭare vâ
Pâtâle vâ pravishṭaṃ praharati satataṃ durnivâryaḥ kṛitântaḥ. 3.
pariharati na mṛityuḥ paṇḍitaṃ çrotriyaṃ vâ,
dhana-kanakasamṛiddhaṃ, bâhuvîryaṃ nṛipaṃ vâ,
çama-niyamadharaṃ vâ, susthitaṃ duḥsthitaṃ vâ:
vanagata iva vahniḥ sarvabhakshî kṛitântaḥ. 4.
âyur varshaçataṃ nṛiṇâṃ parimitaṃ; râtrau tadardhaṃ gataṃ;
tasyâ 'rdhasya kadâcid ardham adhikaṃ bâlatvavṛiddhatvayoḥ;
çeshaṃ vyâdhi-viyoga-çokasahitaṃ sevâdibhir nîyate:
jîve vâritarangacañcalatare saukhyaṃ kutaḥ prâṇinâm? 5.
mâtulo yasya Govindaḥ, pitâ yasya Dhanaṃjayaḥ,
Abhimanyur mṛitaḥ so 'pi: kâlo hi duratikramaḥ. 6.

gṛiheshv arthâni vartante çmaçâne cai 'va bândhavâḥ;
çarîraṃ kâshṭhaṃ âdatte; pâpa-puṇyaṃ saha vrajet, 7
na mâtâ, na pitâ, bhâryâ, na putro na ca bândhavâḥ.
Yamântikaṃ anuprâpya sukṛitaṃ duḥkṛitaṃ vrajet. 8.
punaḥ prabhâtaṃ, punar eva çarvarî,
punaḥ çaçâṅkaḥ, punar utthito raviḥ.
kâlasya kiṃ gacchati? yâti yauvanaṃ.
tathâ 'pi lokaḥ kathitaṃ na budhyate. 9.
Mândhâtâ sa mahîpatiḥ, kṛitayuge 'laṅkârabhûto, gataḥ.
setur yena mahodadhau viracitaḥ, kvâ 'sau Daçâsyântakaḥ?
yâtâs te 'pi Yudhishṭhiraprabhṛitayo. yâvad bhavân bhûpatir,
nai 'kenâ 'pi samaṃ gatâ vasumatî: manye tvayâ yâsyati. 10.
vyomaikântavihâriṇo 'pi vihagâḥ saṃprâpnuvanty âpadaṃ,
badhyante baḍiçair agâdhasalilân mînâḥ samudrâd api.
durnîtaṃ kim ihâ 'sti. kiṃ nu sukṛitaṃ? kaḥ sthânalâbhe guṇaḥ?
Kâlo hi vyasanaprasâritakaro gṛihṇâti dûrâd api. 11.
arthâḥ pâdarajopamâ, girinadîvegopamaṃ yauvanaṃ,
mânushyaṃ karikarṇatâlataralaṃ, phenopamaṃ jîvanam.
dharmaṃ yo na karoti niçcalamatiḥ svargârgalodghâṭanaṃ,
paçcâttâpahato jarâpariṇataḥ çokâgninâ dahyate. 12.
durgaṃ Trikûṭaḥ, parikhâ samudro,
rakshâṅsi yodhâ Dhanadâc ca vittam,
saṃjîvanî yasya mukhâgravidyâ,
sa Râvaṇaḥ Kâlavaçâd vipannaḥ. 13.
adyai 'va hasitaṃ, gîtaṃ, krîḍitaṃ yaiḥ çarîribhiḥ,
adyai 'va te na dṛiçyante: paçya Kâlasya ceshṭitam! 14.
paṇḍitasyai 'va, mûrkhasya, balino durbalasya ca,
içvarasya, daridrasya: mṛityau sarvasya tulyatâ. 15.
kâ mâtâ, kaḥ pitâ, bandhuḥ, kâ bhâryâ, ke sahodarâḥ
yatrâ "yâtâs, tatra gatâḥ: kâ tatra parivedanâ? 16.
nau "shadhaṃ, na tapodânaṃ, na mitraṃ na ca bândhavâḥ
çaknuvanti paritrâtuṃ naraṃ Kâlena pîḍitam. 17.
prabhâtasthâ na madhyâhne, madhyâhnasthâ na râtrishu,
râtristhâç ca na dṛiçyante: indrajâlopamaṃ jagat.“ 18.

evaṃ Vishṇuçarmaṇo vacanâni çrutvâ Govindena âtmanâ cintitam. punas tena yajñaḥ prârabdhaḥ; yajñârthaṃ trayaḥ putrâḥ kacchapânayanâya samudre preshitâḥ. taiç ca tatra gatvâ kasyacin matsyajîvino 'gre kathitam: „bho matsyajîvin, yadi tvaṃ samudramadhye jâlaṃ prakshipya kacchapam ânayasi, tadâ tava kṛite mudrâçataikaṃ dâsyâmaḥ.“ evaṃ çrutvâ tena matsyajîvinâ jâlaṃ kshiptvâ kacchapa ânîtas tebhyo dattaç ca. jyeshṭheno 'ktam: „bho madhyama bhrâtaḥ, kacchapo 'yaṃ gṛihyatâm!“ madhyameno 'ktam: „bho kanishṭha, tvaṃ kacchapaṃ gṛihâṇa!“ tadâ kanishṭheno 'ktam: „nâ 'haṃ gṛihṇâmi kacchapaṃ, mama haste durgandho bhavishyati, ahaṃ tu bhojanacaṅgaḥ.“ dvitîyeno 'ktam: „ahaṃ tu nâricaṅgaḥ; kacchapaṃ na gṛihṇâmi.“ tṛitîyeno 'ktam: „ahaṃ tûlikâcaṅgaḥ, kacchapaṃ na gṛihṇâmi.“

evaṃ trayo 'pi vivâdaṃ kurvanto râjakule gatâḥ. râjñâ pṛishṭâḥ: „bho viprâḥ, kathyatâṃ vivâdakâraṇam.“ ekeno 'ktam: „deva, ahaṃ bhojanacañgaḥ; kacchapaṃ kathaṃ gṛihṇâmi?“ dvitîyeno 'ktam: „ahaṃ nârîcañgaḥ.“ tṛitîyeno 'ktam: „ahaṃ tûlikâcañgaḥ.“ evaṃ çrutvâ râjño 'ktam: „ahaṃ sarveshâṃ parikshâṃ karishyâmi.“

tataḥ prathamaṃ râjñâ bhojanacañgasya parikshâ kṛitâ. yat kiṃcid odanâdikaṃ râjñaḥ sthâle pariveshitaṃ, tat sarvaṃ bhojanacañgasya bhâjane kshiptam. so 'pi bhojanacañgaḥ kavalaṃ gṛihîtvâ yâvan mukhe kshipati, tâvad durgandhaḥ samâyâtaḥ: bhojanaṃ tyaktvâ râjñaḥ samîpe gataḥ. râjñâ pṛishṭaḥ: „bho brâhmaṇa, sukhena bhuktam?“ teno 'ktam: „deva, anne durgandhaḥ samâyâtaḥ, kathaṃ bhojanaṃ kriyate?“ râjño 'ktam: „kena kâraṇena?“ teno 'ktam: „çâlikshetraṃ çmaçânasamîpe sthitam, ataḥ karaṇâc citâdhûmagandhaḥ samâyâti.“ tat çrutvâ râjñâ koshṭhâgârikam âhûya pṛishṭaḥ: „kasmâd grâmât çâlayo labdhâḥ?“ koshṭhâgârikeṇa bhaṇitam: „deva, Nagarâlayâd grâmât paṭṭakilena prahitâḥ.“ tac chrutvâ râjñâ râjâdeçena paṭṭakilam âhûya pṛishṭaḥ: „bho paṭṭakila! çâlaya asmatkoshṭhâgâre prahitâḥ; tatkshetraṃ kva vidyate?“ paṭṭakilena bhaṇitam: „deva, çmaçânasamîpe tishṭhati.“ tac chrutvâ râjño 'ktam: „bho brâhmaṇa, satyaṃ bhojanacañgas tvam.“

dvitîyo 'pi vilâsinyo gṛihe preshitaḥ, tatpaçcât prachannadûtâḥ prahitâḥ; tâmbûla-candana-karpûrâ-'ñgarâgâdîni samarpitâni. tena sarvâñgabhogâdikaṃ kṛitam. yâvac chayyâm âruhya tasyâ mukhaṃ cumbati, tâvat tasyâ mukhe ajâdurgandhena sadṛiço gandhaḥ samâyâtaḥ. tena mukhaṃ saṃkocitam; parâñmukho bhûtvâ suptaḥ. râjño guptacârâḥ sarvaṃ vṛittântam apaçyan. prabhâte râjñaḥ samîpe gataḥ. râjñâ pṛishṭaḥ: „bho brâhmaṇa, çarvarî sukhenâ 'tikrâmitâ?“ teno 'ktam: „sukhaṃ na prâpyate.“ râjño 'ktam: „katham?“ teno 'ktam: „deva, asyâ mukhe ajâgandhaḥ samâyâti; ataḥ kâraṇât tasyâḥ samîpe sthâtuṃ na çaknomi.“ râjñâ kuṭṭinîm âkârya pṛishṭâ: „tvayâ eshâ putrî kutra labdhâ? satyaṃ vada!“ kuṭṭinyo 'ktam: „deva! mama bhaginîprasûtâ eshâ kanyâ, sâ ca bhaginî prasûtikârogeṇa mṛitâ; tadâ mayâ eshâ putrî ajâdugdhena vardhitâ.“ râjño 'ktam: „satyaṃ tvaṃ nârîcañgaḥ.“

tṛitîyasyâ 'pi râjñâ bhavyatûlikâṃ kârayitvâ çayanârthe dattâ çayanavâse prahitaḥ. sa ca tatra gatvâ tûlikâyâm upari prasuptaḥ san nidrâṃ na labhate; mahâkashṭena çarvarî nirgamitâ. prâtaḥkâle râjño 'ktam: „bho brâhmaṇa, sukhena suptam?“ teno 'ktam: „deva, tûlikâmadhye saptame puṭe sthûlavâlo 'sti, tena mama pṛishṭhe vyathâ jâtâ, tasmân nidrâ nâ 'yâtâ.“ tadâ râjñâ tûlikâm utkalayya sthûlavâlo dṛishṭaḥ. râjño 'ktam: „satyaṃ tûlikâcañgas tvam.“

etat kathânakaṃ kathayitvâ Vetâleno 'ktam: „râjan, kathaya! trayâṇâṃ madhye ko viçeshacañgaḥ?“ râjñâ Vikramaseneno 'ktam: „tûlikâcañgaḥ pradhânaḥ.“ evaṃ çrutvâ gato Vetâlaḥ.

iti Çivadâsaviracitâyâṃ Vetâlapañcaviñçatikâyâṃ trayoviñçatitamaṃ kathânakam.

XXIV.

aviralamadajalanivahaṃ. bhramarakulânekasevitakapolam,
abhimataphaladâtâraṃ kâmeçaṃ Gaṇapatiṃ vande. 1.

râjâ ca punar api gatvâ çiṅçipâvṛikshân mṛitakaṃ samânîya skandhe dhṛitvâ yâvan mârge pracalitaḥ, tâvat tena kathânakaṃ prârabdham; Vetâleno 'ktam: „bho râjan, çrûyatâṃ tâvat, kathâṃ kathayâmi.

asti Prabhâvatî nâma nagarî. tatra Pradyumno nâma râjâ. tasya Prîtikarî nâma râjñî. tasya duhitâ Candraprabhâ nâma, sâ ca Dakshiṇâdhipatinâ Vijayabalena pariṇîtâ. tasya Lâvaṇyavatî nâma putrî saṃjâtâ. tasya Vijayabalasya nagare niçîthasamaye gotribhir âgatya dhâṭî pâtitâ. tena Vijayabalena bhâryâṃ praty uktam: „he priye! duhitaraṃ gṛihîtvâ gaccha, ahaṃ vairiṇo vyâpâdyâ 'gamishyâmi." iti çrutvâ duhitaraṃ gṛihîtvâ nirgatâ sâ. tato 'pi Vijayabalena saha yuddhaṃ babhûva: tair Vijayabalaḥ saṃgrâme vyâpâdito mṛitaç ca. te ca mâtâ-duhitarau vrajantyau kasmiṅçcit sarovare gate. tatra kshaṇam ekaṃ viçramya udite sûrye nirgate.

tatra Kusumapurât ko 'pi râjâ putreṇa saha âkheṭakam âgataḥ. lakshaṇavatîṃ padapaṅktiṃ dṛishṭvâ putreṇo 'ktam: „tâta, kâ 'pi râjñî sutayâ saha agre gacchati." tadâ râjñâ nirîkshyo 'ktam: „bho putra! ekâ dîrghapadî, ekâ laghupadî; yâ dîrghapadî, sâ mama bhâryâ, yâ laghupadî, sâ tava bhâryâ." iti niçcayaṃ kṛitvâ pracalitau. tâbhyâṃ te pṛishṭe; bhayavaçât tâbhyâṃ sarvo vṛittântaḥ kathitaḥ. râjño 'ktam: „svajâtir eva, bhavyaṃ jâtam." yâ laghupadî, sâ mâtâ; yâ dîrghapadî, sâ duhitâ. râjño 'ktam: „putra! dîrghapadîm ahaṃ gṛihṇâmi." [uktaṃ ca:

raho nâ 'sti, kshaṇo nâ 'sti, nâ 'sti prârthayitâ naraḥ,
tena, Nârada, nârîṇâṃ satîtvam upajâyate. 2.]

laghupadî putreṇa dhṛitvâ gṛihîtâ. tâbhyâṃ hayapṛishṭham âropya svanagaraṃ nîtvâ antaḥpure nikshipte. kâlaparyâyeṇa mâtâ-duhitarau dve 'pi prasûte: ekasyâḥ putro jâtaḥ, dvitîyâyâḥ kanyâ jâtâ; ubhayor vivâhaḥ kṛitaḥ.

etat kathânakaṃ kathayitvâ Vetâleno 'ktam: „râjan, kathaya! parasparaṃ saṃbandhaḥ ko bhavati?" tadâ râjñâ Vikramasenenâ 'pi prativacanaṃ na dattaṃ.

iti Çivadâsaviracitâyâṃ Vetâlapañcaviṅçatikâyâṃ caturviṅçatitamaṃ kathânakam.

XXV.

tato 'nantaraṃ Vetâleno 'ktam: „bho râjan! bahuvârair mayâ tvaṃ vañcito 'si, ata eva tûshṇîṃ bhûtvâ rahito 'si. bho mahâvîra! saṃtushṭo 'haṃ tava sâhasena; tvaṃ varaṃ brûhi!" tadâ râjñâ Vikramasenena prativacanaṃ na dattam. Vetâleno 'ktam: „râjan! yadi tvaṃ mama pratyuttaraṃ na dadâsi, tathâ 'pi tava satyena sâhasena tushṭo 'ham. sâmprataṃ tvayâ tatra gatvâ madîyabhâshitaṃ kartavyam: digambaro 'yaṃ gandha-dhûpâdibhiḥ pûjayâ mṛitakaṃ pûjayitvâ yadâ idaṃ kathayati: „„bho râjan, sâshṭâṅgaṃ praṇâmaṃ kuru!“ tadâ tvayâ iti kathanîyaṃ, yato „'haṃ sâshṭâñgaṃ praṇâmaṃ kartuṃ na jânâmi; sarvo 'pi mâṃ sâshṭâñgaṃ praṇamati, mayâ kasyâ 'pi na kṛito 'sti. muniçreshṭha! prathamaṃ tvaṃ me darçaya, paçcâd ahaṃ karishyâmi.“ ity ukte sati digambaro yadâ sâshṭâñgaṃ praṇâmaṃ darçayati, tadâ tvayâ khaḍgam âkṛishya tasya çiraç chittvâ kapâlarudhireṇa mamâ 'rgho dâtavyaḥ. tadâ tavâ 'shṭau siddhayo bhavishyanti. yadâ mamo 'padeçaṃ na karishyasi, tadâ tava mṛityur bhavishyati. tasyâ 'shṭau siddhayo bhavishyanti.“ evaṃ kathayitvâ sa gato Vetâlaḥ.

tadâ râjñâ Vikramasenena mṛitakam ânîya maṇḍale muktam. tadâ dṛishṭvâ digambareṇa bhaṇitam: „sâdhu, sâdhu, mahâvîra! mahâtapaḥ kṛitam.“ digambareṇa samastavidhiṃ kṛitvâ pushpa-dhûpâdi-naivedya-dîpâdikaṃ vidhâya savîryamantrair maṇḍale Vetâlâhvânaṃ kṛitam. tatra Vetâlam avatârya sakalaṃ karaṇaṃ vidhâya digambareṇa bhaṇitam: „bho râjan, sâshṭâñgaṃ praṇâmaṃ kuru!“ tadâ râjñâ Vetâlavacanaṃ smṛitvâ bhaṇitam: „bho yogin! mayâ janmaprabhṛiti sâshṭâñgaḥ praṇâmaḥ kasyâ 'pi na kṛitaḥ, ato na jânâmi. prathamaṃ tvaṃ darçaya, tato 'haṃ karishyâmi.“ tato daivamohitena digambareṇa sâshṭâñgaḥ praṇâmo darçitaḥ: yâvad darçayati, tâvad râjñâ khaḍgam âkṛishya tasya çiras troṭitam. tadâ kapâlarudhireṇa Vetâlasyâ 'rgho dattaḥ. tadâ râjño 'shṭau mahâsiddhayaḥ saṃjâtâḥ. uktaṃ ca:

kṛite pratikṛitaṃ kuryâd, dhiṅsite pratihiṅsitam;
tatra doshaṃ na paçyâmi: dushṭe dushṭaṃ samâcaret. 1.

tadâ svargasthitâ api Gandharvâḥ pushpavṛishṭiṃ cakruḥ: jayajayâkâraç candreṇa kṛitaḥ. „bho râjan, tushṭâ vayam; tava sârvabhaumaṃ râjyaṃ bhavishyati: tvaṃ varaṃ brûhi!“ râjño 'ktam: „eshâ Vetâlapañcaviṅçatikâ prasiddhâ bhavatu; yushmatprasâdât mamâ 'jñâkârî bhavatv ayam.“

tataḥ sâkshât samabhyetya Brahma-Vishṇu-Maheçvarâḥ
praçaçaṅsur narapatiṃ pâdau ca samapûjayan. 2.
taṃ prâha bhagavân Bhargas: „tvaṃ mamâ 'ṅço Maheçvaraḥ:
jâto 'si Vikramâdityaḥ purâṇakshatrapâdhikaḥ. 3.
tvaṃ ca Vikramaseno bhûrâjavaṅçavibhûshaṇaḥ;
bhogâpavargasubhagâṃ bhuñkshva Vidyâdharaçriyam!“ 4.
Tripurârivaraṃ prâpya tato 'bhûc cakravartinaḥ
nijaṃ praviçya nagaraṃ prabhâvaḥ saṃmataçriyaḥ. 5.

prâjño vâ yadi vâ mûrkho, vṛiddho vâ 'py atha vâ çiçuḥ,
ya imâṃ vetti sakalâṃ, sa bhaved buddhimân naraḥ. 6.

iti Çivadâsaviracitâyâṃ Vetâlapañcaviṅçatikâyâṃ pañcaviṅçatitamaṃ kathânakaṃ samâptam.

abhîpsitârthasiddhyarthe pûjito yaḥ surâsuraiḥ.
sarvavighnaharas, tasmai Gaṇâdhipataye namaḥ! 1.

Vasantapure Jitârir nâma râjâ, Jayadevî nâma tasya bhâryâ. tatra Dhanasiṅhanâmâ çreshṭhî, tasya suto Râmadevaḥ, sa ca pariṇîto Vârâṇasyâm: Abhayadevasutâ Suhavâbhidhâ. tatra nagare sûtradhâro Dhârakasya putro Dhâraṇikaḥ. sa ca pariṇîto Vârâṇasyâm: kasyâ 'pi dvijasûtradhârasya sutâ Daihiṇînâmnî. tatra pure Devaçarmâ dvijas. tasya suto Harimitraḥ. so 'pi Vârâṇasyâṃ pariṇîtaḥ: bhâryâ dvijasutâ Sâvitrî nâma. te 'pi trayo mitrâḥ parasparaṃ svagṛihe sukham anubhavanti. kâlena mâtṛi-pitṛishu vinashṭeshu trayo 'pi nashṭadravyâḥ saṃjâtâḥ.

tatsamaye durbhikshaḥ patitaḥ: nijakalatraṃ pitṛigṛihe preshitam. kiyaddinais te trayo 'pi jîvikâyai Vârâṇasyâṃ çvaçuragṛihe gatâḥ. prathamaḥ çreshṭhisuto Râmadevo dine yathaishṭaṃ bhojanaṃ na labhate: bubhukshitaḥ san râtrau †utreḍim uttârya nityaṃ tandulân bhakshayati. uktaṃ ca:

bubhukshitaḥ kiṃ na karoti pâpaṃ?
kshîṇâ narâ niḥkaruṇâ bhavanti.
âkhyâhi, bhadre, Priyadarçanasya:
na Gaṅgadattaḥ punar eti kûpam. 2.

ekadâ râtrau tandulân bhakshituṃ lagnaḥ. tadâ †utreḍiḥ patitâ bhûmau. lokaiḥ „kim iti?“ bhaṇitam: pradîpaç cakre, vilokitaṃ, jâmâtṛiko jalpâreitaḥ: tandulabhṛite kapole vaktuṃ na çaknoti. „kiṃ kâsinîbhûtabhogâdidoshapreto 'sau?“ tadâ vaidyâ âkâritâḥ; tadâ vaidyaiḥ kathitam: „anye doshâ, nâḍî ramyâ, paçyata!“ tadâ çastravaidyâḥ samâhûtâḥ. çastravaidyais tasya mukhaṃ vilokitaṃ, tandulabhṛitaṃ mukhaṃ jñâtam; kathitaṃ vaidyaiḥ: „esha tandulasaṃnipâto mahân kashṭasâdhyo 'tpannaḥ: ekâṃ mahishîṃ grahya paçcât cikitsâṃ karomi.“ çvaçurair vâcâṃ dattvai 'bhir vijanaṃ kṛitvâ kakshâmadhye tandulân prakshipya pâtitaḥ, garalaṃ kṛitvâ reṇunâ pûryate. cikitsako mahishîṃ gṛihîtvâ gataḥ.

dvitîyo mitraḥ çvaçuragṛihe gatvâ praṇâmaṃ kṛitvâ militaḥ; bhojanâdinâ saṃmânitaḥ. niçâyâṃ çayyâm ekânte striyâ saha militaḥ. tena vâkyena yoshitayâ kathitam: „tvayâ saha no vaktavyam.“ bhartrâ 'pi kathitam: „mayâ 'pi no vaktavyam.“ dvâv api maunavantau tasthatuḥ. tatsamaye niçâyâṃ cauraḥ pravishṭaḥ. sarvaṃ vastu gṛihîtvâ poṭalakaṃ baddhvâ vrajati. eko na jalpati.

Vetâleno 'ktam: „eshâṃ madhye ko mûrkhaḥ?“ râjño 'ktam: „esha cauro mûrkhaḥ.“

Erzählung XXIV, XXV und Schluss aus Handschrift B.

XXIV.

Bhûpaskandhagataḥ prâha Vetâlas tatra: „bhûpate!
asmân adyâ 'pi nirveçya virato 'pi kathâṃ çṛiṇu! 1.
Yajñastha*lâgrahâre bhût saṃtyakta*vishayadvijaḥ
Yajñasomâbhidhaḥ, somapânapûtakulodgataḥ. 2.
bhâryâyâṃ Somadattâyâṃ tenâ 'jani guṇî sutaḥ,
vidyâ-vinaya-saubhâgya-lâvaṇyâmṛitapûritaḥ. 3.
sa kṛitântasya nairghṛiṇyât *prâpitaḥ* kâlaçâsanam,
pûrvakarmavipâkât tu prayayau pañcatâṃ yuvâ. 4.
nayanotsavalâvaṇyaṃ guptâcâraguṇânvitam
sahate nai 'va vibudhaṃ kâlaḥ khala ivâ 'kulaḥ. 5.
saṃskârâya samânîtaṃ dvijasûnum athâ 'bravît.
„çmaçânâvâsitaṃ paçya enaṃ . . . . .“ 6.
tatra sthito mahâyogî taṃ dṛishṭve 'dam acintayat.
. . . .
bhujañga iva nirmokaṃ so 'tha tyaktvâ svavigraham
çarîre dvijaputrasya çûnyâgâra ivâ 'viçat. 10.
tataḥ suptotthita iva prâptajîvo dvijâtmajaḥ
babhûva harshavisphârajanakolâhalaç ciram. 11.
prâpyamâno 'pi muditair bandhubhir janakena ca
tatkâlaṃ jâtavairâgyaḥ sa mahâvratam agrahît. 12.

abhidhâye 'ti Vetâlaḥ papraccha nṛipaçekharam:
„sa kiṃ mahâvratî, râjan, ruroda ca nanarta ca?“ 13.
iti pṛishṭo 'bravîd bhûpaḥ: „çrûyatâm atra kâraṇam!
„„çarîram idam anyena lâlitaṃ cirasaṃcitam. 14.
bâlye *saṃ*vardhitaṃ mâtrâ, yauvane sevitaṃ sukhaiḥ,
jîrṇaṃ ca *tat* tyajâmî!““ 'ti sa rurodâ 'tiduḥkhitaḥ. 15.
„„parapraveçasiddhir me jâtâ tadvrataçâlinaḥ““
„iti praharshadarpâḍhyo nanarta vartitotsavaḥ.“ 16.
iti çrutvai *'va* Vetâlo *jagâma* çiñçipâtarum,
nṛipo 'pi gatvâ taṃ tûrṇaṃ *sam*ânayan mahâvaçaḥ. 17.

iti Çrî-Çivadâsaracitâyâṃ *Vetâlapañcaviñçatikâyâṃ* caturviñçaṃ kathânakaṃ samâptam.

XXV.

Punaḥ skandhagataḥ prâha nirbandho 'yam: „mahîpate!
. . . . râjan, no vedakâṃ kathâṃ çṛiṇu! 1.

dâkshiṇâtyo narapatir, Dharmo nâma, mahâbalaḥ
çatrubhir vijitaḥ patnyâ kanyayâ sahito yayau. 2.
tadbhâryâ Candravatyâkhyâ kanyâ Lâvaṇyavaty atha,
sa tâbhyâṃ saha bhûpâlaḥ samuttîrya mahâṭavîm 3.
Bhillapallîvanaṃ prâptaç châditaṃ dvîpicarmabhiḥ,
mayûrapattravasanair gajaskandh*aika*çekharaiḥ. 4.
tatra taiḥ sa mahîpâlo ratnabhûshaṇalolupaiḥ
nihato 'nekaçabaraiḥ patitaḥ saṃmukhe raṇe. 5.
tasmin nihate vyapâyâd duhitrâ saha tadvadhûḥ,
çârdûlapâtavitrastâ hariṇi 'va sulocanâ. 6.
sâ gatvâ dûram utkaṭakuca-çroṇibharâ latâ
putryâ trâsacalanmadhyanîlotpalarucâ saha 7.
vanaṃ praviçya *palâçî-lavaṅgakalatâkulam*
nishasâdu sarastîre kamalâmodam *âvahe*. 8.
atrâ 'ntare mṛigakulakrîḍâgatakutûhalaḥ
râjâ 'nyaç Candrasiṅhâkhyaḥ saputraḥ prâpa tad vanam. 9.
nârîcaraṇamudrâktaṃ tatra pâṅsuṃ *hrad*âçrayaṃ
vismayaṃ jagmatur vîkshya çaçilekhâvibhûshitam. 10.
laghupâdâṃ mudrâm eko gatvâ, dîrghâṅgulîṃ paraḥ
Candrasiṅha-sutau prâptau tâṃ kanyâṃ jananîm api. 11.
iti tau satyava*ca*nau baddhau *hi ni*yamena tau
labdhabhâryau tataḥ kâle prâpatus tanayâṅs tataḥ. 12.

varṇayitve 'ti Vetâlaḥ papraccha pṛithivîpatim:
„tanayâ vaṅçasaṃbhûtâḥ ke bhavanti parasparam?“ 13.
iti pṛishṭo nṛipaḥ prâyâd ajânan prati*bhâshitam*.
tenâ 'py atushyad Vetâlaḥ; praçaṅsan tam abhâshata: 14.
„anena, râjan! dhairyeṇa tava prajñâbalena ca

. . . .

româñcakarmaṇaḥ kampaḥ kasya nâma na jâyate? 15.
pâpo 'sau Kshântiçîlas te praviçya praṇayaṃ chale;
sa vañcanîyo yatnena prekshâbuddhimatâ tvayâ. 16.
ghore mahâpretamârge sa tvâṃ vakshyati durmatiḥ:
„„ashṭâṅgakṛitabhûsparçaḥ praṇâmaḥ kriyatâm!““ iti. 17.
tato vâcyo mṛidugirâ sa dushṭapraṇayas tvayâ:
‚ahaṃ samantasâmantamaulilîḍhâṅghripaṅkajaḥ 18.
açikshitapraṇâmo hi; tat tvam eva pradarçaya!‘“
iti tvayo 'ktaḥ sa yadâ praṇâmaṃ darçayishyati, 19.
tadâ khaḍgena hantavyo; hanyât tvâm anyathâ *tathâ*
sa cakravartitâṃ prâptuṃ Vidyâdharadharâbhujâm. 20.
samîhitaṃ vaçaṃ kṛitvâ *bhaved* trailokyabhûshaṇam.
iti sarvaṃ samâkhyâtaṃ; svasti te 'stu! prayâmy aham.“ 21.
prâyâd uktve 'ti Vetâlo nirvyaktaṃ pretavigrahât,
râjâ 'pi çavam âdâya Kshântiçîlântikaṃ yayau. 22.

yâminyâṃ bhâgaçeshâyâm utsâhavipulekshaṇam
tam âgatam athâ 'lokya Kshântiçîlaḥ prahṛishṭadhîḥ 23.

amitadhairyamaryâdâṃ tasyo 'ccaiḥ praçaçaṅsa saḥ.
tataç citârajaḥçubhre maṇḍale bahulâñchane, 24.
nîraktapûrṇakalaçe *sa*mahâtailadîpake
uttânaḥ sthâpitas tena dakshiṇâbhimukho mṛitaḥ. 25.
Naradattapretârgheṇa (?) netrarûpeṇa mantriṇâ
. . . . 26.
athâ "hûya sa Vetâlaṃ balipushpair nirantaram
uvâca: „çreyase, râjan! praṇâmaḥ kriyatâm!" iti. 27.
nṛipo 'bravît, smaran vâkyaṃ Vetâlasya sa kovidaḥ:
„açikshitapraṇâmo 'haṃ; tvam evâ 'gre pradarçaya!" 28.
çrutvâ prâdarçayat so 'smai praṇatiṃ daivamohitaḥ.
tam ashṭâṅgapraṇâmasthaṃ nijaghânâ 'sinâ nṛipaḥ. 29.
sthitvâ tasya tu hṛitpadmam udbhidyâ 'sṛigvidhiṃ vyadhât.
pushpavṛishṭiṃ prakurvan sa Vetâlaḥ pradadau varam. 30.
uktaṃ ca:
„kṛite pratikṛitaṃ kuryâd, dhiṅsite pratihiṅsitam.
na doshaṃ tatra paçyâmi, yad dushṭe dushṭam âcaret. 31.
râjan! kathe 'yaṃ trailokye pûjanîyâ bhavatv!" iti.
tataḥ samâyayus tasya Brahma-Vishṇu-Maheçvarâḥ. 32.
. . . .
jâto 'si Vikramâdityaḥ purâṇakshatrapâdhikaḥ, 33.
tvaṃ *ca* Vikramaseno *bhû*râjavaṅçavibhûshaṇaḥ;
svargâpavargasubhagâṃ bhuṅkshva Vidyâdharaçriyam!" 34.

iti Çrî-Çivadâsaviracitâyâṃ *Vetâlapañcaviṅçatikâyâṃ* pañcaviṅçaṃ kathânakaṃ samâptam.

Anonyme Recension der Handschrift f.

. . . . na punar âgantavyam. tato Mṛigâṅkadatto Vikramakeçariṇaṃ papraccha: „ayaṃ tava sacivaḥ ko bhavatî?" 'ti. tato Vikramakeçarî prâha: „adya râtrâv aham Ujjayinyâṃ gataḥ; tatra pushkariṇîtîre viçramya çîtalaṃ jalaṃ pîtavân. tato dashṭo bhujaṅgena kaçcid vṛiddho dvijo dṛishṭaḥ; vishapîḍitaḥ sa dvijaḥ salile praviçya âtmânaṃ tyaktukâmo 'bhût. tato Gâruḍamantreṇa sa dvijo mayâ nirvishîkṛitaḥ, so 'pi prasannaḥ san mâṃ proktavân: „he, râjan! Vetâlasâdhanîṃ vidyâṃ gṛihâṇa." iti çrutvâ 'ham uktavân: „ekâkino mamâ 'pi vidyayâ kiṃ prayojanam?" ity ukte sa brâhmaṇaḥ prâha: „kiyan mâtraṃ suhṛitsaṃgena? vidyayâ sarvam api prâpyam . . . ahaṃ kathâṃ kathayâmi.

pûrvaṃ Pratishṭhânapure Çrî-Vikramâdityo nâma râjâ babhûva. tasmai Kshântiçîlo nâma yogî pratidinam âgatya ekaikaṃ phalaṃ dattavân. sa râjâ tat phalaṃ †koçâgârahaste samârpayat. iti taṃ sevamânasya yogino daça varshâṇi jâtâni.

anyasmin dine tat phalaṃ râjño hastât kapir jagrâha; tena kapinâ dantaiḥ pâtitât tasmâd divyaṃ ratnaṃ nirgatam. tasya dîptyâ sakalam api sabhâmaṇḍapaṃ çobhitam âsît. tato ratnaparîkshakân âhûya Vikramâdityo mûlyaṃ papraccha. tadâ tair uktam: „asya ratnasya mûlyaṃ vayaṃ na jânîmaḥ." tato râjñâ koçâdhyaksham âhûya sarvâṇi ratnâny ânâyitâni. so 'pi koçâdhyakshaḥ ratnasamûhaṃ râjñe Vikramâdityâya samarpitavân, râjñâ ca tâny avalokya tasyai 'va haste dattâni.

anyasmin dine phalaṃ gṛihîtvâ samâgataṃ yoginaṃ papraccha: „he Kshântiçîla! pṛithivîmûlyâni ratnâni dattvâ kiṃ prâptum icchasi matsakâçât?" iti râjñâ pṛishṭaḥ svavâñchitasiddhaye yogî prâha: „asyâṃ kṛishṇacaturdaçyâṃ çmaçâne *mantraṃ* sâdhayato mama tvaṃ sahâyo bhava." „bhavishyâmî" 'ti râjñâ prokte hṛishṭaḥ kshapaṇako mantraṃ sâdhayituṃ çmaçânaṃ jagâma. râjâ 'pi saṃdhyâkâle khaḍgahastas tatra yayau. tato râjânam âgacchantaṃ dṛishṭvâ yogî hṛishṭo babhûva.

tato râjâ tatra gatvâ yoginaṃ praṇamya „ahaṃ kiṃ karomi? adiçyatâm!" iti prâha. tato yogî prâha: „he râjan! ito dakshiṇâyâṃ diçi kroçamâtre çiṅçipâvṛikshaçâkhâyâṃ lambamânaḥ çavas tishṭhati; gâtvâ tam ânaya çîghram."

tato râjâ tatra gatvâ taṃ çavaṃ vilokya kaṇṭhe pâçena baddhvâ vṛikshâdhaḥ prakshiptavân. bhûmigataḥ sa çavaḥ karuṇaṃ pûrvaṃ pralapya paçcâd dhâsaṃ vidhâya adṛçyo bhûtvâ tathai 'vo 'llambitaḥ. tatas tena râjñâ Vetâlamâyâṃ buddhvâ punar vṛiksham ârubya taṃ çavaṃ skandhe nikshipya pracalitaḥ. skandhagato Vetâlo râjânaṃ provâca: „he râjan! mârge vinodârthaṃ divyâṃ kathâṃ kathayâmi. çṛiṇu!

I.

asti Vârâṇasî nâma nagarî. tatra Pratâpamukuṭo nâma râjâ babhûva; Somaprabhâ nâma tasya râjñî; tasyâ Vajramukuṭo nâma putro babhûva. tasya Buddhiçarîro nâma mantriputraḥ sahâyo 'bhût. sa kadâcit tena sahito mṛigayâṃ yayau. tataç ca mṛigân hatvâ vanamadhye sarovaraṃ dadarça.

tatra sarasi snânaṃ kurvatîṃ dâsîçatavṛitâṃ lokottarâṃ kanyâṃ dadarça. tâṃ vilokya sa râjaputraḥ kâmapîḍito 'bhût; sâ 'pi taṃ vilokya kâmavaçagâ babhûva. sâ ca kanyâ tanmanaskâ satî mantriputram uddiçya saṃketarûpeṇa svâbhiprâyaṃ kathitavatî. prathamaṃ çekharotpalaṃ karṇe cakâra, paçcât karṇâd avatîrya dantair akhaṇḍayat khaṇḍaṃ ca padmaṃ pâdayor upari nikshiptavatî; pâdâbhyâm avanîya hṛidaye nyadhita. iti svâbhiprâyaṃ saṃsûcya sakhîḥ samâhûya nijagṛihaṃ yayau. râjaputradarçanânantaraṃ sâ smarajvarapîḍitâ na çântiṃ lebhe. so 'pi râjaputraḥ svanagarîṃ gataḥ kâmapîḍito 'bhûd atyartham. tato mantriputreṇa pṛishṭaḥ sa sarvaṃ tadvirahajvaram âcashṭe.

tato mantriputreṇo 'ktam: „deva, na saṃtâpaṃ kartum arhasi; tasyâḥ sarvo 'pi svâbhiprâyo mama niveditaḥ; çṛiṇu! prathamaṃ yat tad utpalaṃ karṇe kṛitaṃ, tena ‚Karṇotpalanṛipatipuranivâsinî aham' iti sûcitam; paçcât tad utpalaṃ dantair âkhaṇḍitaṃ, tena Dantaghâtako nâma sacivaḥ sûcitaḥ; tato yat padmaṃ pâdayor upari nikshiptaṃ, tena ‚Padmâvatî nâmâ 'ham' iti sûcitam; paçcât kamalaṃ svahṛidaye nidhâya tena ‚tvayi hṛidayaṃ vartata' iti sûcitam. ataç ca mṛigayâvyâjenâ 'vâṃ gacchâva." iti çrutvâ sa nṛipasûnuḥ tena samaṃ âkheṭakam uddiçya Karṇotpalanagarîṃ yayau.

tatra gatvâ sthavirâyâ gṛihe 'vatîrya sacivasûnus tâṃ apṛicchat: „bho ârye! tvaṃ Dantaghâtakaṃ jânâsi?" itthaṃ tena pṛishṭâ so 'vâca: „Karṇotpalanṛipateḥ sacivo Dantaghâtakaḥ; tasyâ 'tmajâ Padmâvatî nâma vartate; ahaṃ tasyai 'va dâsy asmi; sarvaṃ jânâmi." itthaṃ çrutvâ tasyâ 'gre sakalanijavṛittântam ûcatuḥ.

sâ 'ntaḥpure gatvâ sarvaṃ kathitavatî. tan niçamya tasyâ upari mithyâkopaṃ cakâra; tato kopaṃ vidhâya karpûradhûlidhûsarâ aṅgulîr vidhâya tasyâ mukhaṃ tâḍitavatî. sâ rudatî tayoḥ samîpaṃ gatvâ sarvaṃ tâḍanâdikaṃ kathitavatî. tato nṛipasûnuḥ tadviyogapîḍitaḥ prâṇâṅs tyaktum udyato 'mâtysûnunâ 'çvâsi: „deva! samîhitaṃ kâryaṃ jâtam. etasyâḥ kapole sakarpûradaçâṅgulighâtâ yac cakrire, tena ‚çuklapakshasya daçarâtrayaḥ santi, paçcât kṛishṇapakshe saṃgamaṃ karishyâmi' 'ti sûcitam. ato daça dinâni sahasva."

tato daçadineshu gateshu sâ vṛiddhâ punas tadantikaṃ prasthâpitâ. sâ câ 'ntaḥpuraṃ gatvâ niveditavatî. tataḥ sâ Padmâvatî vṛiddhâhṛidy alaktakatripuṇḍrakâṃ vidhâya tâṃ prasthâpitavatî. tasyâ hṛidy alaktatilakatrayaṃ vilokyo 'tkaṇṭhitaṃ râjaputraṃ sacivaputraḥ prâha: „dinatrayaṃ sâ rajasvalâ 'stî 'ti sûcitam. caturthe dine saṃgamo bhavishyatî“ 'ti.

punaç caturthe dine tâbhyâṃ sâ vṛiddhâ prasthâpitâ satî tayâ Padmâvatyâ dâna-mânâbhyâṃ pûjitâ, gajabandhanarajjunâ baddhvâ gavâkshamârge nishkâçitâ satî tayor agre kathitavatî. iti vṛiddhâvacanaṃ çrutvâ mantriputreṇa râjaputraḥ prasthâpitaḥ; rajjumârgeṇa ceṭikâbhiḥ samutkshipyâ 'ntaḥpuraṃ praveçitaḥ.

tatra gatvâ sa tayâ madhu pâyitaḥ, svayaṃ ca sâ pibati. tataç cumbanâdipûrvaṃ kâmaçâstroktaṃ suratam âsît. evaṃ tasyâḥ saṃbhogam anubhavatas tasya saṃvatsaro gataḥ. anyasmin dine râjatanayo mantriputraṃ smṛitvâ tasyâ 'gre nivedayâmâsa. sâ ca çrutvâ: „etâvanti dinâni kathaṃ na kathitam?“ ity uktavatî. tato mantriputrârthaṃ bhojanâdikaṃ saṃpâdya dattavatî. mantriputreṇa ca râjaputraṃ praty uktam: „kimarthaṃ mâṃ prakaṭitavân asi? anayâ vishâktam annaṃ matkṛite prasthâpitam.“ tac câ 'nnaṃ pratyayârthe çune dattaṃ, sa ca çvâ tatkshaṇaṃ mṛitaḥ. tasminn eva dine Karṇotpalanṛipateḥ putro mṛitaḥ.

tadâ râjaputraṃ prati mantriputraḥ kathitavân: „adya tasyâ hṛidaye tvayâ tisro nakhalekhâḥ kartavyâḥ, tadîyo hâraç câ "netavyaḥ.“ tataḥ prabhâte mantriputro râjaputraṃ proktavân: „ayaṃ hâro vikrayârthe darçanîyaḥ, na ca kasyacid dâtavyaḥ; ‚kasyâ 'yaṃ bhavatî?‘ 'ti lokaiḥ pṛishṭe ‚mama guror bhavatî‘ 'ti tvayâ vâcyam, ahaṃ ca darçanîyaḥ.“ tato râjaputro hâram âdâya haṭṭe gatvâ darçitavân. „kasyâ 'yam?“ iti lokaiḥ pṛishṭo mantriputraṃ darçitavân. tato râjâ mantriputram âhûya „kuto hâraḥ prâpta?“ iti pṛishṭavân. tataḥ sa âha: „he râjan! tava pure channâ Dantaghâtakaputrikâ ḍâkinî râtrau digambarâ bhrâmyati. adya râtrau suptaṃ tava putram âkṛishya dhâvantî mayâ çûlena hṛidaye hatâ hâraç câ 'yaṃ gṛihîtaḥ. ataç ca sâ nishkâçyatâṃ nagarât; strîtvân na mâraṇîyâ, râjñâm ayaṃ dharmaḥ.“ iti çrutvâ kupito Karṇotpalaḥ ceṭikâdvârâ tasyâ gâtre pratyagrâs triçûlarekhâ vilokya tâṃ nagarân nishkâçitavân.

tato rudantîṃ tâm âsâdya mantriputreṇa kṛitârtho râjaputraḥ svanagarîṃ Vârâṇasîṃ yayau. tasyâḥ pitâ ca tadvirahеṇa bhâryayâ saha svargalokaṃ gataḥ.

iti kathâṃ kathayitvâ Vikramâdityaṃ Vetâlaḥ papraccha: „Dantaghâtakasya pâtakaṃ kasya bhavati?“ iti. „yadi jñâtvâ na kathayasi, tarhi tava mûrdhâ çatadhâ bhidyate.“ iti pṛishṭo râjâ Vetâlaṃ praty âha: „râjaputraḥ Padmâvatî *ca* na dushṭau kâmâkulitatvât; svâmibhakto mantriputro 'pi niḥpâpaḥ: tat pâpaṃ Karṇotpalanṛipater jâtaṃ, yaç câraiḥ râshṭravṛittântaṃ na paçyati. yataḥ:

gandhena gâvaḥ paçyanti, brâhmaṇâ vedacakshushâ;
câraiḥ paçyanti râjânaḥ, cakshurbhyâm itare janâḥ.“

iti râjñâ maune tyakte saty alakshito Vetâlaḥ punaḥ çiṅçipâtaroḥ çâkhâyâṃ lalambe.

iti prathamakathâ.

II.

punar api râjâ vṛiksham âruhya çavaṃ skandhe nikshipya pracalitaḥ. sa ca Vetâlaḥ punaḥ prâha: „he râjan, çrûyatâm!“ iti. Yamunâtîre Brahmasthalaṃ nâma nagaram asti. tatra Agnisvâmî brâhmaṇo 'bhût. tasya Mandâravatî nâma kanyâ atisurûpâ 'bhût. tataḥ kadâcit taruṇâ rûpavantaç ca trayo dvijâḥ tâṃ prârthayâmâsuḥ, iti ca proktavantaḥ: „yadi ekasmai dâsyathas, tarhi dvau mṛitâv, iti jânîhi.“ iti vacanam âkarṇya pitâ tâṃ na dattavân. te 'pi taddarçanasukham anubhavantaḥ tatrai 'va kuṭîrakâṇi kṛitvâ sthitâḥ. tataḥ kadâcid daivavaçât sâ kanyâ paralokaṃ gatâ. taiḥ brâhmaṇaiḥ çrutvâ ekas tadduḥkhavaçâj jaṭî bhasmavilepanas tîrthâni yayau; anyas tadasthîny âdâya Gaṅgâyâṃ gataḥ, aparas tadbhasmaçayanaçmaçâne tasthau.

prathamaḥ pṛithivîṃ paribhramya Rudraçarmaṇo brâhmaṇagṛihe jagâma; tatra tena bhojanârthaṃ nimantrito bhoktum upavishṭaḥ. tatra tasya bhâryayâ rudan putro rosheṇa vahnau nikshiptaḥ sarvo 'pi . . . tataç „câṇḍâlagṛihe vṛithâ bhoktum âgato 'ham!“ iti tena brâhmaṇeno 'ktam. tad vacanaṃ çrutvâ Rudraçarmâ pustakam âdâya siddhamantram uccârya putram ajîvayat. tad dṛishṭvâ sa jaṭî vismito babhûva. tato râtrau tat pustakaṃ gṛihîtvâ palâyya gataḥ çmaçânaṃ prati. tatra gatvâ priyâbhasma gṛihîtvâ siddhamantram uccârya siktavân; tataḥ sâ jîvitâ. tatas tâṃ vilokya „mamai 've“ 'ti trayâṇâṃ vivâdo 'bhût. ekaḥ kathayati: „mama mantreṇa jîvitâ“; anyaḥ kathayati: „asyâḥ bhasma rakshitam“; anyaḥ kathayati: „asyâ 'sthîni tîrthe nîtâni.“ iti vivâdo 'bhût.

evaṃ kathayitvâ Vetâlo râjânaṃ papraccha: „râjan, satyaṃ kathaya! kasya sâ dharmeṇa bhavati?“ 'ti. tato râjâ pratyâha: „yena sâ jîvitâ, sa tasyâḥ pitâ babhûva; yenâ 'sthîni tîrthe nîtâni, sa putraḥ: yena tasyâ bhasma rakshitaṃ, tasya sâ dharmeṇa bhavati.“ iti çrutvâ 'lakshito Vetâlaḥ punaḥ çiṅçipâtaruçâkhâyâm evo 'llambitaḥ.

iti dvitîyakathâ.

III.

punas tatra gatvâ râjâ taṃ skandhe nikshipya pracalitaḥ. tataḥ skandhagataḥ „çrûyatâm!“ iti râjânaṃ prâha.

Pâṭaliputraṃ nâma nagaram; tatra Vikramakeçarî nâma râjâ; tasya putraḥ Parâkramakeçarî nâma; tasya priyaḥ krîḍâçuko . . . . nâma babhûva. sa atîtâ-'nâgataṃ sakalam api jânâti. kadâcid râjaputraḥ çukaṃ papraccha: „mama kâ bhâryâ bhavishyati?“ 'ti. çukaḥ prâha: „Magadhâdhipateç Candrâvalokasya Candraprabhâ nâma sutâ tava vadhûr bhavishyati“ 'ti. tac chrutvâ râjaputraḥ kâmavaçago 'bhût. tasyâ Magadhâdhipatiputryâ 'pi Somikâ nâma sârikâ atîtâ-'nâgatajñâ babhûva. tayâ sâ pṛishṭâ: „mama bhartâ ko bhavishyati?“

'ti. sârikâ "ha: „Pâṭaliputrâdhipasya Vikramakeçariṇaḥ putraḥ Parâkramakeçarî tava bhartâ bhavishyati" 'ti. Candraprabhâ 'pi tac chrutvâ kâmavaçagâ 'bhût. tataḥ kâlena Vikramakeçariṇâ putrârthaṃ Magadhâdhipaḥ sutâṃ yâcitas tâṃ dadau. tatas tau dampatî svecchayâ krîḍâṃ cakratuḥ.

atha pañjarasthaḥ çukaḥ sârikâṃ prâha: „mâṃ bhaje!" 'ti. sârikâ "ha: „nirghṛiṇâḥ purushâ mahyaṃ na rocante." iti çrutvâ çukaḥ prâha: „sarvapâpasya mûlaṃ nâryaḥ; he priye, viparîtaṃ kathaṃ carasi?" iti vivâde jâte nṛipâtmajaṃ gatvâ papracchatuḥ . . . . kṛitvâ. tataḥ sa râjaputro vihasya uvâca: „strîpurushayor nyâyaṃ çrutvâ nyâyaṃ karishyâmaḥ" iti. tadvacasâ pûrvaṃ sârikâ "ha:

„Avantî nâma nagarî; tatrâ 'rthadatto nâma vaṇik, tasya putro Dhanadattaḥ. tataḥ kâlenâ 'rthadattaḥ paralokaṃ gataḥ. tasya putro Dhanadattaḥ dushṭasaṅgavaçâd dyûtâdyâsakto babhûva. tato vyasanavaçât tasya sakalam api dravyaṃ kshîṇaṃ jâtam. tato deçântaraṃ jagâma, Candrapuraṃ nâma nagaraṃ prâptavân. tatra Hiraṇyagupto nâma vaṇik, tasya putrî Ratnavatî; sâ Dhanadattâya dattâ. tayâ saha ciraṃ tatra sthitvâ Hiraṇyaguptaṃ proktavân: „ahaṃ mâtur antikaṃ gacchâmi" 'ti. bhṛiçaṃ tena nishiddho 'pi „alpenai 'va kâlena sameshyâmi" 'ty uktvâ bahudhanaṃ gṛihîtvâ bhâryayâ sahito yayau. sa bhâryayâ dâsyâ ca gacchan nirjane vane çvabhraṃ vilokya cintayâmâsa. asyâḥ vibhûshaṇaṃ karaṇḍake nikshipya sadâsîbhâryâṃ kuñjamadhye prakshiptavân. sâ bâlâ âyurbâlatayâ latâjâle sthitâ, dâsî tu mṛitâ. tato rudantî pânthaiḥ parijñâya tatpitur gṛihe nîtâ. tatra „kiṃ jâtam?" iti pitrâ pṛishṭâ sâ jagâda: „mama bhûshaṇaiḥ sârdhaṃ bhartâ caurair hṛitaḥ." iti çrutvâ tenâ "çvâsya anyâny âbharaṇâni tasyai dattâni.

so 'pi tad dravyaṃ bhakshayitvâ tâṃ ca mṛitâṃ viniçcitya tatkṛite anyadhanaṃ prârthayituṃ çvaçurâlayam âgataḥ. tatrâ "gatya sa Dhanadattas tâṃ vilokya çilâhata iva patitaḥ. sâ 'pi taṃ vilokya muditâ tatro 'pasṛitya karṇe kathitavatî: „*yat* tvayâ kṛitaṃ, tat tâtena *na* jñâtam; bho svâmin, bhayaṃ mâ kuru!" iti tayâ âçvâsitaḥ çvaçureṇa ca pûjitaç ciraṃ tatrai 'va tasthau. tataḥ kadâcid vyasanâsaktas tâṃ hatvâ tadalaṃkâram âdâya pracalitaḥ. — iti purushâ nirghṛiṇâ bhavanti."

iti çrutvâ çuka uvâca:

„Harshavatî nâma Dharmasya nṛipateḥ purî babhûva. tatra Dhanadattâkhyo vaṇig abhût, tasya Vidyutprabhâ nâma putrî; sâ Samudradattâya dattâ. aputreṇa tena gṛiha eva rakshitâ. kadâcid vâtâyanasthayâ tayâ mârge gacchan taruṇo dvijo dṛishṭaḥ; taṃ dṛishṭvâ Kâmabâṇahatâ 'bhût. tataḥ sakhîṃ prâha: „yadi ramaṇâya tam ânayasi, tarhi ahaṃ jîvâmi." ataç câ 'nyamanaskâ bhartrâ saha na ramate.

ekasmin dine çûnyodyâne taṃ dvijasutam ânâyya bhartur antikaṃ suptâ. tato madhu dattam. suptaṃ kântam avalokya çanair utthâya gantum udyatâ. atha tadgehaṃ pravishṭaç cauras tâṃ dadarça. tataḥ prachannena tenâ 'nugatâ çûnyodyânaṃ pravishṭâ. sa ca dvijaç „caura!“ iti kenâ 'pi mâritaḥ. taṃ ca mâritaṃ vilokya ciraṃ vilapya cumbitum ârabdhavatî. tatas taddhṛidayapravishṭena Vetâlena tasyâ nâsikâ chinnâ. tataḥ çîghraṃ bhartur antikam âgatya phûtkṛitavatî: „anena me nâsikâ chinne!“ ti. prabuddhaḥ sa saṃbhramât „kim?“ iti bruvâṇaḥ çvaçureṇai 'tya paribhartsitaḥ. prabhâte bhûpater agre chinnanâsâṃ tâm adarçayat. tato râjâmâtyâḥ sarve 'pi „na mayâ asyâḥ kiṃcit kṛitam“ iti vadantam eva taṃ „mârayate!“ 'ty ûcuḥ. sa cauraḥ çîghram âgatyâ 'bhayadânaprârthanâpûrvaṃ râjânaṃ vijñâpitavân sakalam api râtrivṛittântaṃ, pratyayârthaṃ çavamukhasthâṃ nâsâṃ câ 'darçayat. tato râjâ râtrivṛittântam âkarṇya sarvaṃ dhanam apahṛitya vadhaṃ samâdiçat; sâ ca nagarân nishkâçitâ. cauraṃ ca daṇḍapâlam vidhâya râjâ prîto babhûva. — iti striyaḥ pâpasya mûlaṃ bhavanti.“

iti râjaputrâgre uktvâ jâtiṃ smṛitvâ çukaç Citrasenâkhyo Gandharvo 'bhût, sârikâ ca Tilottamâ.

iti kathayitvâ Vetâlo nṛipaṃ papraccha: „pâpasya mûlaṃ purushâḥ striyo ve?“ ti. râjâ prâha: „purushâ viralâḥ pâpasya mûlaṃ bhavanti, striyas tu sarvâ 'pi pâpasya mûlaṃ dhâtrâ sṛishṭâḥ.“

iti râjñâ ukte Vetâlas tatrai 'va gataḥ.

iti tṛitîyakathâ.

IV.

punas taṃ gṛihîtvâ râjâ pracalitaḥ. skandhagataḥ so râjânam uktavân: „he râjan! tava hṛidi ke 'yaṃ pîḍâ vartate, yad dushṭayogisaṃparkâd imâṃ bhûmiṃ prâpto 'si? adhvavinodâya kathâṃ kathayâmi: tvaṃ çṛiṇu!

Çobhavatî nâma nagarî; tatra Çûdrako nâma râjâ, Somaprabhâ nâma râjñî. ekadâ sabhâyâm upavishṭaṃ râjânaṃ dvârapâlo vijñâpayâmâsa: „deva! Mâlavadeçanivâçî Vîravaro nâma sevârtham âgato 'sti.“ iti vijñâpito râjâ bhrûsaṃjñayâ taṃ praveçayâmâsa. râjânaṃ dṛishṭvâ pañcaçatînâṃ ṭaṅkânâṃ vetanaṃ prârthayâmâsa, kṛitâçcaryo râjâ ca „iyatâ dhanena kiṃ karoti?“ ti câraiḥ parîkshitavân. sa ca Vîravaraḥ çatadvayena Hari-Harau pûjayati, çatadvayaṃ brâhmaṇebhyo dadâti, çataikena gṛihavyayaṃ karoti. tasya putrî, bhâryâ kumâraç ca parigraho 'bhût. evaṃ pratidinaṃ vyayaṃ kurvan râjño dvâri nityaṃ tishṭhati. pratidinaṃ pañcaçativyayaṃ kurvantaṃ taṃ çrutvâ râjñâ vicâritam: „ekam api ratnaṃ pṛithivîmûlyam arhati.“

tataḥ kadâcit ghanâkulite râtrisamaye râjâ papraccha: „dvâri ko 'sti?“ 'ti. „ahaṃ sthito 'smi“ 'ti Vîravara âha. anyadâ râtrisamaye hâhâkâraṃ kurvantîṃ rudantîṃ striyaṃ çuçrâva. punaḥ râjñâ pṛishṭam: „kas tishṭhati?“ 'ti. „aham asmi“ 'ti Vîravareṇo 'kte râjñâ kathitam: „ko roditi? iti jñâyatâm.“ „gacchâmi“ 'ti teno 'kte râjâ 'pi taccittaparîkshârthaṃ khaḍgahastaḥ çanair alakshito yayau. rodanânusareṇa gatvâ Vîravaraḥ striyaṃ papraccha: „kathaṃ rodishi? kathaya çokakâraṇaṃ kâ ca tvaṃ bhavasi.“ iti tena pṛishṭe sâ strî prâha: „ahaṃ Pṛithivî bhavâmi. ataḥ paraṃ tṛitîye dine matpatiḥ

Çûdrako nâma râjâ marishyati. atas tasya çokenâ 'haṃ rodimi." iti çrutvâ Vîravaraḥ papraccha: „asti ko 'pi jîvanopâyaḥ?" Pṛithivî prâha: „upâyo 'sti, yadi kartuṃ çaknoshi. yadi Çaktivaraṃ putraṃ khaḍgeno 'tkṛitya Caṇḍikâyai dadâsi, tarhi râjâ varshaçataṃ jîvet."

iti çrutvâ Vîravaraḥ dayitâṃ putraṃ ca vibodhya sarvaṃ prâha. tataḥ putreṇo 'ktam: „dhanyo 'smi, yadi râjâ majjîvitena varshaçataṃ jîvati. çîghraṃ Caṇḍikâpûjâ vidhîyatâm." iti teno 'kte bhâryâ-putra-putrîsahitaç Caṇḍikâsthânaṃ gatvâ Çaktivaraṃ putraṃ Caṇḍikâyai dattavân. „râjñaḥ çreyo 'stu!" ity uktvâ putrasya mastakaṃ khaḍgena chinnam. tataḥ saṃtushṭâ Caṇḍikâ prâha: „râjâ varshaçataṃ jîvishyati."

tato bhrâtaraṃ mṛitaṃ vilokya Vîravatî nâma kanyâ pañcatâṃ gatâ. tasya bhâryâ Dharmavaty api apatyaçokaṃ soḍhum açaktâ citâṃ praviveça. tato Vîravaro 'pi kṛitârtham âtmânaṃ jñâtvâ khaḍgena svamastakaṃ chittvâ mṛitaḥ. râjâ 'pi „evaṃvidhabhṛityena vinâ kiṃ jîvitene?" 'ti vicârya âtmânaṃ vyâpâdayitum udyataḥ prasannayâ Caṇḍikayâ nishiddhaḥ. „saputra-bhâryako Vîravaro jîvishyati" 'ti varaṃ dadau. tato devîvacanât te sarve jîvitâḥ, râjâ 'pi tair alakshitaḥ svâvâsaṃ gatvâ mahishyai sarvaṃ kathitavân, Vîravaro 'pi putrâdîn gṛihe rakshitvâ punaḥ râjño dvâri sthitaḥ. punar api râjâ papraccha: „dvâri kas tishṭhatî?" 'ti. „ahaṃ asmi. rudatî sâ kâ 'pi râkshasî alakshitâ 'bhût, na mayâ dṛishṭe" 'ti prâha. tataḥ prabhâte sabhâyâm upaviçya râtrivṛittântaṃ sacive nivedya Vîravaram âhûya Lâṭadeçâdhipaṃ cakre, Çaktivaraṃ ca Dakshiṇapathâdhipaṃ cakre.

iti kathayitvâ Vetâlo nṛipaṃ papraccha: „teshâṃ madhye ko vâ adhiko vîra?" iti. râjâ prâha: „Vîravaro bhṛityas, tena svâminimittaṃ prâṇâ dattâ, atra nâ "çcaryam; Vîravarasya putro 'pi cara eve. 'ti nâ "çcaryam; Vîravarasya bhâryâ 'pi tâdṛiçî bhavati, atra nâ "çcaryam. teshâm adhikas tu râjai 'va, yo bhṛityârthaṃ prâṇâṅs tyaktum udyataḥ."

iti râjñâ ukte alakshito Vetâlaḥ çiṅçipâçâkhâyâṃ tathai 'vo 'llambitaḥ.

iti caturthî kathâ.

V. (XXIII.)

punar api râjâ tam âdâya pracalitaḥ, skandhagato 'pi „kathâ çrûyatâm!" iti râjânam prâha.

Añgadeçe Vishṇusvâmi brâhmaṇo babhûva, tasya taruṇâs trayaḥ putrâ babhûvuḥ. tataḥ kadâcid yajñârthaṃ kûrmânayanâya trayo 'pi samudraṃ prasthâpitâḥ. ' te tatra gatvâ „durgandhaṃ picchalam ahaṃ na gṛihṇâmi!" 'ti traya evam ûcuḥ. teshâṃ madhye ekaḥ kathayati: „ahaṃ strîcañgaḥ. evaṃvidheyakarmaṇi no 'citaḥ." „ahaṃ bhojanacañgo, nai 'vaṃ karomi" anyaḥ kathayati. „ahaṃ çayyâcañgaḥ, kathaṃ karomi, sarvebhyo 'py adhikaḥ?" iti vivâdaṃ kṛitvâ nirṇayârthaṃ Viṭañkanagarâdhipaṃ jagmuḥ Prasenajitaṃ prati. tasya samîpaṃ gatvâ „'smâkaṃ madhye ko vâ adhika?" iti papracchuḥ.

râjâ 'ha tân prati: „prabhâte nirṇayaṃ karishyâmi.“ iti tadâjñayâ te tatrai 'va sthitâḥ.

ekasya bhojanacañgasya râjñâ karpûrasuvâsitaṃ çâlyodanaṃ prasthâpitam; tadbhojanena tena phutkṛityâ „'ho! dhig idaṃ durgandhaṃ çmaçânasamîpodbhavam!“ iti çrutvâ râjñâ koçâdhyakshaṃ pṛishṭvâ tena „tathai 've“ 'ty uktam.

atha nâricañgâya sarvâlaṃkârayuktâṃ dâsîṃ preshayâmâsa. yadâ sâ tatsamîpaṃ gatvâ sthitâ, tadâ sa nâsikâṃ pidhâya shṭhîvanaṃ vamanaṃ kartuṃ bahir nirgataḥ: „châgagandhena mṛito 'ham! anayâ durgandhayâ bâlyena châgâdugdhaṃ pîtam; kimartham râjñâ mama samîpaṃ prasthâpitâ?“ iti kurvantaṃ nṛipatir dadarça. râjñâ pṛishṭâ sâ dâsî „tathai 'vâ“ 'ha. „ayaṃ strîcañgaḥ satyaṃ bhavatî“ 'ti râjñâ 'py uktam.

atha saptatûlikṛitâ çayyâ çayyâcañgâya prasthâpitâ. saptatûlîjushas tasyâ 'pi gâtre çayyâmadhyavartinâ vâlena lohitaṃ vartulaṃ lakshma kṛitam. tato vyathayâ niçvasantaṃ vilokya sa çayyâyâ adhastât vâlaṃ ca vilokya „satyaṃ çayyâcañgo 'yam“ iti râjâ prâha.

tatas te râjñâ dâna-mânâbhyâṃ pûjitâs trayo 'pi tatrai 'va tasthuḥ. tatas teshâṃ pitâ yajñabhañgâd anaçanavrataṃ vidhâya svargalokaṃ gataḥ.

iti kathâṃ kathayitvâ Vetâlo nṛipaṃ papraccha: „he râjan! teshâṃ madhye ko 'dhikaç cañgaḥ?“ Vikramâdityo Vetâlaṃ praty âha: „bhojanacañgo nâricañgaç ca pratyakshacañgau; tebhyaḥ çayyâcañga evam adhikaḥ, yasya çayyâtalasthenâ 'pratyakshena vâlena *tanur* añkitaḥ.“ punar api Vetâlo râjânaṃ prâha: „pitṛimaraṇapâtakaṃ kasye?“ ti. râjâ 'ha tam: „bhojanacañga-nâricañgayoḥ pitṛimaraṇasaṃjâtapâtakam.“

evaṃ râjño 'kte sati Vetâlaḥ punas tatrai 'va lambitaḥ.

iti pañcamî kathâ.

VI. (V.)

punas tam âdâya pracalitaḥ. çavaḥ skandhagato râjânaṃ prâha: „kathâ çrûyatâm!“ iti.“

Ujjayinî nâma nagarî, tatra Puṇyaseno nâma râjâ. tasya sevako buddhimân Harisvâmî brâhmaṇaḥ; tasya putro Devasvâmî, Somaprabhâ nâmataḥ putrî. „vijñânine, jñânine çûrâya vâ 'haṃ dâtavyâ“ iti tayâ pitâ vijñâpitaḥ. tato dâkshiṇâtyo nṛipas taṃ jetuṃ samâgamat. tasmiñç ca âgate Puṇyasenena mantribhiḥ saha vicârya saṃdhyarthaṃ buddhimân Harisvâmî dûto visṛishṭaḥ, tena ca tatra gatvâ râjñâ saha saṃdhiḥ kṛitaḥ, kshaṇaṃ tatra sthitaç ca. tadanantaraṃ dâkshiṇâtyaḥ kaçcid dvijaḥ samâgatya Harisvâminaṃ kanyâm ayâcata. teno 'ktam: „jñâni-vijñâni-çûrâṇâṃ anyatamâya kanyâ deyâ; tanmadhye ko vâ bhavân? kathaya!“ ity ukte kshaṇamâtreṇa bhuvanatrayaṃ Harisvâmine darçitavân. tato hṛishṭaḥ sa tasmai tanayâṃ dadau: „itaḥ saptame 'hani vivâha“ iti.

athâ 'nyaḥ kaçcid dhanurdharaḥ çûro dvija-Devasvâmisamîpe samâgatya svasâraṃ prârthitavân. tenâ 'pi tatho 'ktaṃ, dhanurvidyâṃ pradarçitavân. tato vismitena Devasvâminâ tasmai dattâ. mâtrâ 'pi vijñânavismitayâ kasmaicid vijñânine dattâ.

tataḥ saptame dine trayo 'pi vivâhârthaṃ samâgatâḥ, kanyâ ca prayatnenâ 'nvishṭâ 'pi na dṛishṭâ. tatas tatpitâ duḥkhitaḥ san jñâninaṃ pṛishṭavân: „jânâsi sâ kva gate?" 'ti. iti pṛishṭena teno 'ktam: „adya rûpamohitena Dhûmrâksheṇa sâ Vindhyâcalaṃ nîtâ." vijñâninâ 'pi rathaḥ kalpitaḥ, çûreṇa ca taṃ ratham âruhya râkshasaṃ hatvâ kanyâ samânîtâ. tato lagnakshaṇe prâpte „sarve kṛitopakârâs tulyâç ca; kasmai dâtavye?" 'ti pitâ cintitavân.

iti kathâṃ kathayitvâ Vetâlo nṛipaṃ papraccha: „kasya kanyâ yogye?" 'ti. râjâ prâha: „yena râkshasaṃ hatvâ kanyâ samânîtâ, sa tasyâ yogye 'ti. jñâni-vijñâninau tu vidhinâ tatsiddhihetû sṛishṭau."

ity ukte Vetâlaḥ punaḥ çiṅçipâyâm evo 'llambitaḥ.

iti shashṭhî kathâ.

VII. (VI.)

râjâ punas tam âdâya pracalitaḥ, sa ca skandhagato „vicitrâṃ kathâṃ çṛiṇv!" iti prâha.

Çobhavatî nâma nagarî, tatra Yaçaḥketur nâma râjâ. sa Gaurîbhaktyâ tîrthayâtrâmahotsavaṃ cakre. tatra Gaurîsarasi nânâdigbhyo varâñganâḥ snâtuṃ samâgatâḥ. tato Dhavalo nâma rajakas tatra snâtuṃ samâgataḥ, tena ca rajakakanyâ Madanasundarî nâma snâtum âgatâ dṛishṭâ. tâṃ dṛishṭvâ sa Dhavalo rajakaḥ svagṛihaṃ gatvâ Anañgapîḍito 'bhût. tasya vyathâṃ vilokya viditavṛittântas tatpitâ Çuddhapaṭaṃ nâma rajakaṃ kanyâm ayâcata, Çuddhapaṭena ca âdarapûrvaṃ Madanasundarî tatputrâya dattâ.

tataḥ kadâcic cirakâlaṃ bhartur gṛihe sthitâṃ kanyâm ânetuṃ Çuddhapaṭaḥ putraṃ prâhiṇot, bhrâtrâ ca nimantritâ sâ bhartrâ sahai 'va pitṛigṛihaṃ prasthitâ. mârge ca Gaurîsarastaṭe Gauryâçramaṃ prâpya te trayo 'pi viçrântâḥ. tato bhagavatîṃ Gaurîṃ drashṭuṃ Dhavalaḥ pravishṭaḥ, nijaṃ çiraç ca upahâraṃ cakre daivena noditaḥ. tato Dhavalam anveshṭuṃ tasyâ bhrâtâ pravishṭaḥ. Dhavalaṃ mṛitaṃ vilokya tenâ 'pi svaçiraḥ chinnam. atha tâv apaçyantî Madanasundarî tau drashṭuṃ pravishṭâ. tato tau mṛitau vilokya sâ 'pi martum udyatâ. açokaçâkhâyâṃ prâptaṃ pâçaṃ sajjîkṛitya Gaurîṃ stotum upacakrame. tatas tushṭâ Gaurî tâṃ prâha: „dvaye kalevare çiroyukte kurv" iti. sâ ca vyâkulitâ vyatyâsaṃ kṛitavatî: bhrâtṛiçarîraṃ patiçirasi yojitaṃ patiçarîraṃ ca bhrâtṛiçirasi. tato Gaurîprabhâvâd utthitau tau dṛishṭvâ saṃdehâkulâ sâ jâtâ: bhartâ bhrâtṛivadano jâtaḥ, bhrâtâ ca bhartṛivadanaḥ.

„ataḥ sunayanâ kaṃ bhartâraṃ sevatâm?" iti pṛishṭo râjâ prâha: „‚sarvasya gâtrasya çiraḥ pradhânam' ity uttaram; sakalendriyâdhâraṃ hi çiraḥ."

ity uktavati sati Vetâlaḥ çiṅçipâtaruçâkhâyâṃ tathai 'vo 'llambitaḥ sthitaḥ.

iti saptamakathâ.

VIII.

punas tam âdâya pracalitaṃ nṛipaṃ skandhagato Vetâlaḥ prâha: „kathâṃ çṛiṇv!“ iti.

Tâmraliptadeçe Caṇḍasiṅho râjâ. tasya sevâṃ kartuṃ Sattvaçilo nâma kârpaṭikavesho râjaputraç ciraṃ dvâri sthitaḥ. tato mṛigayârasâkṛishṭaḥ sa *râjâ* nirmânushaṃ vanaṃ jagâma. çramâturas tatra kaṃca sevakaṃ nâ 'paçyat. taṃ kârpaṭikaṃ dadarça. âmalakadvayaṃ dattvâ taṃ ca râjânam âçvâsya mârgaṃ darçitavân. tatas tena mârgeṇa svanagaraṃ prâpya mantribhiḥ kṛitotsavas taṃ kârpaṭikam âtmasamaṃ cakâra.

tataḥ kadâcit Siṅhaleçvarasutâṃ Mṛigâṅkalekhâṃ yâcituṃ bhûpena prasthâpito yayau. samudraṃ gatvâ pravahaṇam âruhya Siṅhalonmukhaṃ tasmin prasthite [tasmin] megha unnanâma; tataḥ pravahanârûḍhâ vaṇijo brâhmaṇâç ca Caṇḍasiṅhamahîpâlaṃ cukruçuḥ. tân svâmiçaraṇân krandataḥ çrutvâ amṛishyamâṇaḥ kârpaṭikaḥ khaḍgam utkoçya samudre mamajja. tataḥ pravahane magne sati sarve te jalacâribhir bhakshitâḥ, sa kârpaṭikas tu nijotsâhena rakshitaḥ: jale dhvajayashṭiṃ dṛishṭvâ tatpârçve praviçya Pâtâle *raktamâlâ*toraṇaṃ kâñcanapuraṃ dadarça.

tatra gatvâ Pârvatîṃ tushṭâva. sa Pârvatîṃ stutvâ tasyâ 'gre dâsîsahasrânugatâṃ divyâṃ kanyâṃ dadarça. tâṃ dṛishṭvâ kâmamohitaç citranyasta iva vismayâkulo 'bhût. sâ ca kanyâ Gaurîṃ pûjayitvâ maṇimandiraṃ praviçya sphaṭikaparyaṅke nishaṇṇâ. so 'pi sâdaraṃ tatrai 'va nîtaḥ kârpaṭikaḥ sarovare snâtuṃ gataḥ. tatra sarovare *kuḍitas* Tâmraliptabhûmipodyâne krîḍâpadminîtaṭâd uttasthau. tato matta iva kâmapîḍito 'bhût.

tata udyânapâlena tasyâ "gamanaṃ râjño 'gre niveditam. Caṇḍasiṅhanṛipo 'pi tatra gatvâ taṃ dadarça. kathaṃcil locane utkshipya nṛipaṃ ca parijñâya mandamandena vacasâ nijavṛittântaṃ kathitavân. tac chrutvâ vismito râjâ taṃ provâca: „samâçvasihi! abdhimârgeṇa Pâtâlaṃ gacchâvaḥ.“ ity uktvâ sacivanyastarâjyaḥ kârpaṭikena saha Caṇḍasiṅhaḥ samudraṃ yayau.

tato Gauryâçrame tâṃ kanyâm apaçyat. sâ 'pi kanyâ taṃ râjânam âlokya pûjânantaraṃ nijadâsîm avocat: „tatra gatvâ taṃ purusharatnaṃ ,pûjâṃ gṛihâṇe!' 'ti vada.“ iti tadvacanena sâ dâsî tasya samîpaṃ gatvâ tatho 'ktavati. tenâ 'py uktam: „iha sthitenai 'va pûjâ mayâ gṛihyete“ 'ti. tayâ dâsyâ ca tadvacane tasyâ 'gre nivedite sati mantrâkṛishṭe 'va sâ kanyâ râjântikaṃ yayau. suvarṇakadalîramye sarvartuphalapushpâḍhye kânane viçrântaṃ sâ abravît: „he deva! gṛihâyâtas tvaṃ mama pûjâṃ gṛihâṇa!“ iti tayâ ukte sati râjâ prâha: „amunâ saha Gaurîṃ drashṭuṃ prâpto 'smi.“ iti çrutvâ taṃ kârpaṭikaṃ parijñâya lajjânvitâ babhûva. punar api râjendraṃ sâ prâha: „Asuraprabhoḥ Kâlanemer ahaṃ putrî, idaṃ ca puradvayaṃ sarvasiddhikaraṃ, janma-mṛityu-jarâ-vyâdhivarjitaṃ, divyasaurabhaṃ mama vartate. anena saha tvadadhînâ 'smi.“ ity âkarṇya râjâ prâha: „ayaṃ mama suhṛid bandhuḥ svâmî vartate;

etasmai tvaṃ mayâ arpitâ 'si." iti râjño vacanam âkarṇya sâ „tathe" 'ti prâha. tâṃ kanyâm Asurarâjyaṃ ca tasmai dattvâ nṛipo 'bravît: „ekasyâ 'malakasyai 'tat phalam, anyad âmalakaṃ mama ṛiṇam asti" iti. ity uktvâ râjâ nija*padminî*taṭâd unmamajja.

iti kathâṃ kathayitvâ Vetâlo nṛipaṃ papraccha: „tayoḥ kaḥ sattvavân? tvaṃ vada!" iti pṛishṭo râjâ prâha: „atra râjâ kṛitapratikriyâṃ kartuṃ samudre nimagnaḥ kârpaṭikadarçitamârgeṇa; atra kiṃ citram? kârpaṭikaḥ çlâghyaḥ, yo 'bhîtaṃ krandâsahishṇuḥ nirâlambe samudre nimamajja." ity ukte Vetâlas tatra gatvâ tathai 'vo 'llambitaḥ.

ity ashṭamakathâ.

IX. (VII.)

râjâ punas tam âdâya pracalitaḥ, sa Vetâlaç ca prâha: „dhik te nirbandham îdṛiçam! pâpîyasâ Kshântiçîlena kathaṃ bhavân saṃdehe pâtito 'sti? kathâṃ kathayâmi, çṛiṇu!

Ujjayinî nâma nagarî, Vîradevo nâma râjâ; tasya Padmaratir nâma bhâryâ babhûva. sâ ciram Îçvaram ârâdhya Çûradevaṃ ca putraṃ Anaṅgaratiṃ ca kanyakâṃ lebhe. tataḥ prâptayauvanâ kanyâ prâha: „çûraḥ samastavidyâpârago mama bharte" 'ti. tato nânâdeçavâsinaḥ samâgatâs tayâ pratyâkhyâtâḥ. tataḥ sarvaguṇasaṃpanno janaḥ kuto labhyate?

tataḥ kadâcic catvâraḥ sa*rva*guṇasaṃpannâs tulyâkṛitayo varâḥ samâgatâḥ. tatas te samâgatya râjânaṃ kanyâṃ ayâcanta. tataḥ pratîhâreṇa pṛishṭâ nijakulaṃ vidyâṃ ca kathayâmâsuḥ. ekaḥ kathitavân: „citravastranirmâṇakuçalaḥ çûdro 'ham." anyaḥ kathayati: „vaiçyo 'haṃ sarvasattvabhavâbhijñaḥ." tṛitîyaḥ kathayati: „ahaṃ kshatriyaḥ khaḍgî. matsamo nâ 'sti" 'ti. vipraḥ kathayati: „mṛitasaṃjîvaniṃ vidyâṃ jâne." çauryaguṇasaṃpannâṅs tulyâkṛitîṅs tân vilokya mantribhiḥ saha Vîradevaḥ saṃdehâkulito 'bhût.

iti kathayitvâ „kasmai dâtavye?" 'ti Vetâlo nṛipaṃ papraccha. râjâ prâha: „vaiçya-çûdrau kanyâyogyau na bhavataḥ; brâhmaṇo 'pi pâpavṛittir ayogya eva; kshatriyaḥ svastho yogyaḥ."

iti kathite Vetâlas tatra gatvâ tathai 'vo 'llambitaḥ.

iti navamî kathâ.

X. (IX.)

punar api râjâ tam âdâya pracalitaḥ. skandhagataḥ sa „çrûyatâm!" iti prâha.

Vîrabâhunarapatideçe mahâdhanaḥ Arthadatto nâma vaṇik babhûva. tasya putro Dhanadattaḥ, Madanasenâ nâma putrî. Dhanadattasya sakhâ Dharmadatto vaṇik. sa kadâcid gṛihâgatas tâm apaçyata tadâ prabhṛiti kâmavaçagaç ca babhûva. tato râtrau kâmajvarasaṃtaptaḥ kathaṃcit suhṛitsamâçvâsair nidritaḥ svapne tâṃ evâ 'paçyata. tataḥ prabhâte tâm etya sa saṃgamaṃ yayâce. tadvacanam âkarṇya lajjitâ sâ babhâshe: „sakhe! adyai 'va mamâ 'pi tâtena Samudradattâya vacasâ pratipâditâ 'smi. adhunâ paravadhûr aham saṃjâtâ." tataḥ sa âha: „mama prâṇasaṃçayo jâyate tvâṃ vinâ; mâṃ sarvathâ bhaja!" iti. tadvacanaṃ çrutvâ vilajjamanâ sâ provâca: „mayi bhrashṭâyâṃ tâtasya kanyâphalaṃ naçyati, tataḥ sakalaṃ kulaṃ patati; tatra kâraṇatvaṃ mâmakam. yadi tava nirbandho vartate, svapitre kanyâphalaṃ dattvâ kṛitodvâhâ tvâṃ bhajâmi; adûshitâ ekâṃ râtriṃ sameshyâmi. sukṛitaiḥ çape." iti çrutvâ harshitaḥ sa yayau.

athâ 'nyadine Samudradattas tâṃ pariṇîya bhuktottaraṃ çayanaṃ ninâya. tataḥ sâ câtukâreṇa bahudhâ prârthitâ 'pi nîviṃ na mumoca. Dharmadattasya prâkpratiçrutaṃ smṛitvâ. tato lajjâṃ vihâya bhartâram abravît: „prauḍhâyogyaṃ vaidagdhyaṃ bâlâ kathaṃ sahate? kasya ca Dharmadattasya prathamaṃ prâk mayâ pratiçrutaṃ vartate: „„adushṭâ tvâṃ sameshyâmî"" 'ti. tato 'nujñâtum arhasi." ity âkarṇya sa tatyâja tâm. tataḥ sâ tena saṃtyaktâ vijane niçi gacchantî caureṇa vidhṛitâ, dhṛitvâ ca tâṃ cauro 'vadat: „kas tvayâ mṛigyate? ahaṃ sarvasvahârî cauraḥ. kva gacchasi mayâ dhṛitâ?" iti teno 'kte sâ prâha: „yadi cauro 'si, gṛihyatâṃ me sarvâbharaṇam." „ahaṃ tvadarthî, na tv âbharaṇârthî." iti teno 'kte sâ prâha: „ahanyena vacasâ ahaṃ baddhâ 'smi. tata âgatya paçcât tava vaçe bhavishyâmi." iti çrutvâ sa âha: „nijahastagataṃ ratnaṃ kas tyajati? paçcât sa tasya bhâjanaṃ na bhavati." iti vâdinaṃ taṃ nijavṛittântaṃ nivedya çapathâdikaṃ vidhâya Dharmadattasamîpaṃ prasthitâ.

Dharmadattaṃ prâpya sâ prâha: „ahaṃ prâptâ 'smî" 'ti. Dharmadatta âha: „parabhâryâ tvaṃ me na gamyâ 'sî" 'ti. iti teno 'kte cauram âgatya tatho 'ktavantî tenâ 'pi sâ tyaktâ. tataḥ Samudradattam âgatâ nijavṛittântaṃ nivedya tena saha ratotsavaṃ bheje.

iti kathâṃ kathayitvâ „kas teshâṃ sattvavân?" iti Vetâlo nṛipaṃ papraccha. nṛipa âha: „dhaninâ Dharmadattena râjabhîtyâ sâ tyaktâ, ataḥ sa na sattvavân. yat Samudradatto 'pi tâṃ tyaktavân, „anyâsaktamânasâ viraktahṛidayâḥ striyaḥ kiṃ na kurvantî?" 'ti mattvâ, ataḥ so 'pi na sattvavân. cauras tu sattvavân bhavati, yas tâṃ tyaktavân; prâṇân paṇîkṛitya caurâ draviṇalobhena dhâvanti."

iti kathite sati Vetâlas tatra gatvâ tathai 'vo 'llambitaḥ.

iti daçamî kathâ.

XI. (X.)

bhûyo 'pi tam âdâya pracalito; Vetâlaḥ „kathâṃ çṛiṇv!" iti prâha.

Ujjayinî nâma nagarî, Dharmadhvajo nâma râjâ. tasya tisro bhâryâ rûpavatya âsan, Indulekhâ, Târâvalî, Mṛigâṅkavatî 'ti. tato vasantasamaye Indulekhayâ saha râjâ krîḍitum udyânavanam agamat. atha krîḍantyâs tasyâḥ karṇotpalam ûrvor upari patitaṃ, tena tasyâ ûrur abhajyata. tataḥ sâ katham api dâsîbhir antaḥpuraṃ nîtâ paryaṅke vishaṇṇâ. punar api râtrisamaye candrodaye jâte Târâvalim âhûya prâsâdasyo 'pari suratam anubhavituṃ râjâ gataḥ; tatra suratasukham anubhûya râjâ sushvâpa, sâ 'pi devî surataçrântâ satî suptâ. tatas tasyâ gâtre candrakiraṇaiḥ patitaiḥ sphoṭakâvalî utthitâ. tato bhujañgadashṭe 'va . . . . . sahaso 'tthitâ râjânaṃ krandantî çayanaṃ yayau. atha râjñâ suratâya Mṛigâñkavatî âhûtâ, sâ ca samâyâtâ. tato niḥçabde jane saṃbhûte kuto 'pi musaladhvanir abhût, taṃ ca çrutvâ tasyâḥ karau saṃjâtakiṇau jâtau. tato bhramaradashṭe 'va „hâ hatâ 'smî!" 'ty uktavatî. tataḥ çrîkhandarasâdi saṃsicya râjñâ râtrir ativâhitâ.

iti kathâṃ kathayitvâ Vetâlo nṛipaṃ papraccha: „kâ tâsâṃ sukumâre?" 'ti. nṛipaḥ prâha: „musaladhvaniṃ çrutvâ yasyâḥ karau saṃjâtakiṇau jâtau, sâ tâsâṃ sukumâratare." 'ti kathite Vetâlaḥ punaḥ çiṅçipâtaruçâkhâyâm ullambitaḥ.

iti ekâdaçî kathâ.

XII. (XI).

punar api tam âdâya prasthitaṃ nṛipaṃ skandhagato Vetâlaḥ „çrûyatâm!" iti prâha.

Añgadeçe Yaçaḥketur nâma râjâ, Dîrghadarçî tasya mantrî; tasmin râjyabhâraṃ vinyasya sa kâminîḥ sisheve. tasmin nṛipe sa mantriputraḥ . . . . . na vayo 'bhût. atha Medhâvinyâ bhâryayâ saṃcintya râtrau tîrthayâtrâvyâjena sa yayau. krameṇa vrajan sa mahodadhes tîraṃ prâpa. tataḥ samudramadhye taṃ kâñcanaparvataṃ dadarça; tasya samîpe kanakamayaparyañkasthitâṃ kanyâṃ dadarça. tâṃ vilokya vismitas tasyâ gîtam açṛiṇot. tatas taddarçanâçcaryavismitaṃ Dîrghadarçinaṃ barbaraḥ karṇadhâraḥ prâha: „kiṃ tvaṃ vismito 'si? atra sarvadâ ekâ kanyâ dṛiçyate, na câ 'syâ nâmâdikaṃ jñâyate." iti tasmin bruvati pavanasyâ 'nukûlyena dvîpaṃ prâpa. kṛitakṛityas tasya gṛihe kiṃcitkâlaṃ sthitvâ na cirât svanagaram âyayau.

atha „Dîrghadarçî samâgata" iti Yaçaḥketur açraushît. tato dvârapâlenâ "gatya „Dîrghaḥ samâgata" iti râjñe niveditam. tato hṛishṭo narapatim eva samâgataḥ. taṃ parishvajya râjâ prâha: „katham asmân vihâya tvaṃ gato 'si?" *Dîrghadarçî* âha: „tîrthayâtrârthaṃ gato 'smî" 'ti. „kiṃ kim âçcaryaṃ dṛishṭam?" iti. samudre dṛishṭam âçcaryaṃ tâṃ kanyâṃ ca kathitavân. tâṃ niçamya taddarçanasamutsuko 'bhûn nṛipaḥ. tataḥ Dîrghadarçine râjyaṃ samarpya tâṃ drashṭuṃ sa jagâma.

tatra mârge Kuçanâbhena muninâ „dayitâṃ prâpsyasî" 'ty uktaḥ, paççât Lakshmîdattasya pravahanam ârûḍhaḥ. tataḥ samudramadhye maṇipâdapasamîpe tâṃ kanyâṃ dadarça. tâṃ vîkshya sa râjâ kâmapîḍito 'bhût. „bho ratnâkara, mama kântâṃ vitare!" 'ty uktvâ jale mamajja. „pûrvabhâryâṃ samanveshṭum asau Yaçaḥketuḥ samudraṃ praviçe 'ham" iti uccacâra. tad âkarṇya samâçvasya kṛitakâryo vaṇik svanagaraṃ yayau. nṛipo 'pi samudraṃ praviçya ratnamayaṃ puraṃ dadarça; tatra svarṇamandire maṇiparyañkopari sthitâṃ kanyâṃ dadarça. sâ 'pi prachannaveshanarapatitvaṃ vicârya kâmâturâ babhûva. tatas tayâ tasya satkâro vihitaḥ. tatas tasyâ nâmâdikam âkarṇya khaṭvâyâm upaveçitaḥ. tatas tayoḥ saṃbhogâbhimukhaṃ mano 'bhût, iti ca tayâ proktam:

„kṛishṇacaturdaçîm ashṭamîṃ ca vihâya ahaṃ tavâ 'dhînâ 'smi.“ pratidinaṃ tayor navaṃ navaṃ suratam âsît.

tataḥ kṛishṇacaturdaçîṃ prâpya „asmin nalinîmaṇḍape tvayâ na pravishṭavyam!“ ity uktvâ prayayau. so 'pi khaḍgam âdâya dûrasthaḥ san dadarça: Kṛitântasaṃtrâsanâmnâ rakshasâ nigirṇâ sâ. [dadarça;] tato grastâṃ tâṃ vilokya kopena khaḍgam âkṛishya taṃ jaghâna. tena nṛipeṇa tat tasya chinnaṃ çiraḥ bhûmau pâtitam. tatas tasyo 'darân nirgatâ sâ kshîṇaçâpâ; sâ kântam uvâca: „ahaṃ Mṛigâñkadattasya Vidyâdharapateḥ putrî-putrasahasrasya jyeshṭhâ Mṛigâñkavatî bhavâmi. sa mâṃ vinâ divyarasaṃ bhojanaṃ na bhuñkte. ekadâ kṛishṇacaturdaçyâṃ Gaurîvrate aham uposhitâ abhavam: tato dinam ekaṃ tâto 'py uposhito 'bhût. tataḥ kopâtmâ çaçâpa: „„caturdaçyâm ashṭamyâṃ râkshaso bhuktvâ avikshitâṃ tvâṃ na tyajati. yadâ Añgarâjas tava bhartâ *bhûtvâ râkshasaṃ* mârayishyati, tadâ tvaṃ muktâ bhavishyasi.““ ataç ca tvayâ tad raksho nihatam, ahaṃ ca nashṭaçâpâ jâtâ. tubhyaṃ svasty astu, gacchâmy aham.“ iti çrutvâ Añgarâjo viyogavidhuraḥ proktavân: „mayâ saha dinasaptakaṃ vihṛitya gacche!“ 'ti. iti tenâ 'rthitâ sâ tatra vijahâra. tatas tayâ saha pushkariṇîtîre nimajjya nijapuram âgataḥ.

tato Dîrghadarçinam âsâdya nijakathâṃ nivedya priyâvâptimahotsavaṃ bheje. atha saptame dine manushyasaṃgamâ vismṛitavatî. vidyârahitâṃ jñâtvâ râjâ harshaṃ cakâra. tasminn utsavadina eva Dîrghadarçî paralokam agamat: sarvair apy ajñâtakâraṇo ardharâtre mṛitaḥ.

iti kathayitvâ Vetâlo nṛipaṃ papraccha: „mantriṇo maraṇe ko hetur? iti. kiṃ „„iyaṃ kâminî mayâ na prâptâ, râjñâ prâptâ““ iti hetor mṛitaḥ sa? kathaya! atha „„mayâ râjyaṃ prâptaṃ, râjâ samudramagno 'pi na vinashṭa““ iti hetor vâ mṛitaḥ? satyaṃ kathaya!“ iti pṛishṭo râjâ prâha: „yena kâraṇena sa mantrî mṛitaḥ, tat tvaṃ çṛiṇu: „„prathamata eva râjâ strîvyasanât sarvaṃ râjakâryaṃ parityaktavân; samprati divyâm enâm avâpya adhikaṃ vyasanî bhavishyati: atha ekâkî kathaṃ râjyaṃ rakshishyâmi?““ iti vicintya mantrî mṛitaḥ.“

iti kathite Vetâlas tatra gatvâ tathai 'vo 'llambitaḥ.

iti dvâdaçî kathâ.

XIII. (XII.)

punas tam âdâya pracalitaṃ nṛipaṃ „çrûyatâm!“ iti prâha.

Vârâṇasî nâma nagarî; tatra Devasvâmî brâhmaṇaḥ, tasya putro Harisvâmî; Lâvaṇyavatî nâma tasya bhâryâ atyantarûpavatî babhûva. ekadâ tayâ saha saṃbhogaṃ vidhâya Harisvâmî prâsâdaçikhare suptaḥ. atha surataçrântâm atisundarâkṛitiṃ vilokya Madanavego Vidyâdharo hṛitavân. prâtaḥ prabuddho dayitâm apaçyan duḥkhita unmatta iva tatra tatra babhrâma. atha duḥkhâturas tîrthâni babhrâma. sarvatra paribhramya Padmanâbhabrâhmaṇasya sattraçâlâyâm upavishṭaḥ. tatra tatpatnyâ dattaṃ paramânnam avâpya nalinîtîre nyagrodhasya taror adhastât suptaḥ. atha çyenâhataḥ pannagas tasya bhojanasyo 'pari lâlâṃ tatyâja; adṛishṭaṃ bhuktvâ sa mṛitaḥ. taṃ mṛitaṃ jñâtvâ tena dvijena nijapatnî nishkâçitâ.

iti kathayitvâ Vetâlo nṛipaṃ papraccha: „kasya brahmahatyâ jâte?“ 'ti. râjâ prâha: „çyenapîḍitena sarpeṇa vishaṃ yan nikshiptaṃ, vihvalatvât tasya dosho na bhavati; vidhinirdishṭaṃ bhakshyaṃ bhoktum udyatasya çyenasyâ 'pi dosho na bhavati; sabhâryaḥ sattradhâmapatir api nirdoshaḥ; atra ajñâtvâ yo vadati, sa eva pâpî. ahaṃ tâvad evaṃ vedmi. tava mate kiṃ vartate? kathaya!“

iti çrutvâ Vetâlas tatra gatvâ tathai 'vo 'llambitaḥ.

iti trayodaçî kathâ.

XIV. (XIII.)

punas tam âdâya pracalitaṃ nṛipaṃ „çrûyatâm!“ iti prâha.

Ayodhyâ nâma nagarî, Vîraketus tatra râjâ; tasya nagare Ratnadatto nâma vaṇig babhûva. tasya putrî Ratnavatî nâma atilâvaṇyavatî pratishiddhavivâhâ babhûva. atha râtrau cauropaplutaṃ nagaram avalokituṃ râjâ jagâma. sa cauram avalokya „kas tvam?“ iti papraccha. „devîputro 'ham“ iti caura âha. caureṇâ 'pi sa râjâ pṛishṭo „râjâ 'ham“ ity uvâca. tataç caureṇo 'ktam: „âgaccha, tubhyaṃ draviṇam prayacchâmi.“ bhûgṛihasya bahis taṃ râjânaṃ vadhârthaṃ nidhâya caure gṛihamadhye pravishṭe sati tadgṛihaceṭikâ samâgatya râjânaṃ prâha: „ayaṃ viçvâsaghâtakaç cauras tvâṃ mârayishyati; çîghraṃ gaccha!“ iti çrutvâ râjâ râjadhânîm alakshito 'bhût. prabhâte tûrṇam utthâya cauraṃ gṛihîtavân. tatas tasya vadhaḥ samâdishṭaḥ.

taṃ hanyamânaṃ çrutvâ vaṇikputrî pitaraṃ prâha: „ayaṃ mayâ vṛito 'sti, raksha tam!“ iti. iti tasyâ nirbandhaṃ vilokya tasya mokshâya râjñe dhanaṃ dadau; tato vihasya râjâ prâha: „yaç cauraṃ mocayati, so 'pi vadhya“ iti. iti râjñâ prokte sa vaṇik sutâṃ prayayau; caurasyâ 'nugamanaṃ kartuṃ sâ çmaçânaṃ gatvâ tatra dhṛitaṃ dadarça. atha kiṃcid avaçishṭajîvas tâṃ dṛishṭvâ vihitarodano vihasyâ 'tmânam atyajat.

tatas tena saha citârûḍhâṃ tâṃ [ca] vilokya çmaçânavâsî Çaṅkaro varaṃ dadau; asau yogyaṃ putraçataṃ vavre; çriyâ dharmeṇa ca yuktaṃ bhartâram ajîvayat. tataḥ prâptajîvitaḥ sa prâjñaḥ senâpatir abhût.

iti kathayitvâ Vetâlo nṛipaṃ papraccha: „tena kathaṃ rodanaṃ kṛitaṃ kathaṃ vâ hâsaḥ kṛitaḥ?“ iti pṛishṭo râjâ prâha: „‚taṃ mocayituṃ gato vaṇik vadhyatâm' iti râjâdeçaṃ çrutvâ sa rodanaṃ kṛitavân; ‚daivalikhitaṃ pramârshṭuṃ kaḥ kshama?' iti strîvṛittaṃ ca vilokya sa hasitavân.“

ity ukte sati Vetâlas tatra gatvâ tathai 'vo 'llambitaḥ.

iti caturdaçî kathâ.

XV. (XIV.)

atha tam âdâya pracalitaṃ nṛipaṃ skandhagato Vetâlaḥ „çrûyatâm!“ iti prâha.

Naipâladeçe Yaçaḥketur nâma râjâ, tasya putrî Çaçiprabhâ nâma. kadâcid vasantotsave Manaḥsvâmî tâṃ kanyâṃ dadarça. tâṃ vîkshya sa Manmathâkrânto 'bhût. tataḥ krodhâd âdhoraṇaṃ nihatya gajaḥ samâyayau. tadbhayavitrastâṃ tâṃ sa yuvâ asântvayata. tato dvijaputreṇa rakshitâ sâ bâlâ kshaṇaṃ tatra sthitvâ gṛihântaraṃ jagâma. so 'pi kâmajvarabharâkrânto 'jîvitâçayâ mitragṛihaṃ yayau. Çaçinâ saha sadasi sthitena Mûladevena taṃ vîkshya „Kandarpasarpadashṭa“ iti vijñâtam. tadvṛittântaṃ âkarṇya strîrupadhâriṇîṃ yogaguṭikâṃ dadau. kântakanyârûpaṃ dvijaputraṃ samâdâya vṛiddharshirûpo Mûladevo mahîpatiṃ prayayau. yathocitâptasatkâro Mûladevo Yaçaḥketum âha: „iyaṃ kanyâ svaputrârtham ânîtâ; taruṇaḥ sa kvâ 'pi gataḥ, tam anveshṭuṃ vrajâmi. nyâsîbhûtâm imâṃ tvaṃ raksha!“ ity uktvâ sa niryayau. râjâ 'pi nijasutâṃ Çaçiprabhâṃ samâhûya „dvijasutâṃ raksha tâm!“ iti prâha. tato Manaḥsvâmî viçrabdhâṃ tâṃ uvâca: „sakhi, katham udvigne 'va lakshyase? brûhi!“ iti tena pṛishṭâ sâ prâha: „sakhi, udyâne kuñjaratrastâ; tadâ mayâ ko 'pi yuvâ dṛishṭaḥ, taddarçanam ârabhya bhujagadashṭavṛittiṃ lebhe. adya svapne tena saha ratotsavo jâtaḥ.“ iti çrutvâ Manaḥsvâmî purushâkṛitir abhût. taṃ prativijñâya lajjitâ tadâliṅganotsukâ babhûva. tatas tayoḥ svecchayâ ratam abhût. satataṃ sevyamânâ râjaputrî kâlena garbhiṇî babhûva. atha mâtuleyî tasyâḥ svasâ Mṛigâṅkavatî mantrisûnave vitîrṇâ; atha tadutsave mâtulena râjaputrî nimantritâ. atha tâṃ kṛitrimâm kanyâṃ vilokya mantrisutaḥ kâmapîḍito 'bhût. mumûrshaṃ mantriputraṃ vilokya nṛipo vipranikshepakanyâṃ tasmai dattavân. dîyamânâ sâ prâha: „ahaṃ vipreṇa nyâsîkṛitâ anyasmai kathaṃ dattâ? atha vâ râjâ balavân, tadâdeçam ahaṃ karomi. ayaṃ mantriputras tîrthayâtrâṃ vidhâya mâṃ spṛiçatu.“ tataḥ sa tâṃ prâpya tîrthâni yayau. strîrûpaḥ sa tadgehe sthitvâ tajjâyâṃ viçvâsya bhuktavân. tato mantriputram âgacchantaṃ jñâtvâ sa tajjâyâṃ gṛihîtvâ niryayau. atha Mûladevaḥ Çaçinâ saha nṛipatim abhyetya nijakanyakâṃ yayâce, so 'pi niruttaro bhîto râjâ mantribhir vicârya svasutâṃ dadau. tataḥ Çaçine râjasutâṃ dattvâ Mûladevo yayau. atha Manaḥsvâmî tadvṛittântam âkarṇya mârge âgatya Çaçinaṃ prâha: „iyaṃ mayâ gândharvavivâhena pariṇîtâ madgarbhayuktâ ca mama bhâryâ dîyatâm!“ ity âkarṇya Çaçî prâha: „asyâ janakena iyaṃ mama dattâ, ataç ce 'yaṃ mama bhâryâ.“ iti tayor vivâde jâte nirṇayasthânam avâpya adhomukhaḥ san na kiṃcid ûce.

iti kathayitvâ Vetâlo nṛipaṃ papraccha: „kasya sâ bhârye? 'ti, kathyatâm!“ nṛipaḥ prâha: „Çaçî dharmeṇa tatpatir“ iti. „Manaḥsvâmî prachannakâmî, pitrâ tasmai na dattâ. yas tasyâs tanayaḥ, so 'pi sahoḍhaḥ Çaçina eve.“ 'ti kathite Vetâlas tatra gatvâ tathai 'vo 'llambitaḥ.

iti pañcadaçî kathâ.

XVI. (XV.)

punas tam âdâya pracalitaṃ nṛipaṃ Vetâlaḥ „çrûyatâm!“ iti prâha.

Himâcalasyo 'pari Kâñcanapuraṃ nâma nagaram asti. tatra Jîmûtaketur nâma râjâ; tasya Vidyâdharaputrî Kanakavatî nâma bhâryâ, tasya Jîmûtavâhano nâma putro 'bhût. sarvaguṇasaṃpannaṃ taṃ râjye 'bhishicya pitâ kalpavṛikshaṃ sudhâphalaṃ dadau. tena dâridranâçârthaṃ sa kalpavṛiksho 'rthibhyaḥ pratipâditaḥ: kshaṇena hemnâ paripûrya so 'dṛiçyo 'bhût. suravṛiksharahitaṃ jñâtvâ gotriṇas tadrâshṭraharaṇâyo 'dyamaṃ cakruḥ. atha Jîmûtavâhanas tadviceshṭitaṃ jñâtvâ tadvadhâkulitamanâ râjyaṃ tyaktavân; sa pitrâ mâtrâ ca saha tapase siddhasevitaṃ Malayaṃ yayau; tatra gatvâ pitroḥ saparyâṃ kurvan Jîmûtavâhanas tasthau.

tataḥ kadâcin Madhukarâkhyena sakhyâ saha ramaṇîyam udyânaṃ drashṭuṃ yayau; tatre "çvaraprâsâdaṃ dadarça; tatra Devîgṛihe divyâṃ kanyâm apaçyat. tâṃ vilokya sa Kâmabâṇaparâhato babhûva; sâ 'pi taṃ vilokya kâmavaçagâ 'bhavat. tataḥ sa râjâ tatra gatvâ „ke 'yaṃ bhavati?“ iti tatsakhîṃ papraccha. sâ ca „Viçvâvasor Gandharvapateḥ sutâ Malayavatî bhavati“ 'ti Jîmûtavâhanena pṛishṭâ pratyâha. atha sakhîm âhûya sâ pratasthe. tato nijamandiraṃ prâpya Makaraketunâ †dṛishṭâ ativyathitâ 'bhavat. tataḥ sakhyâ pṛishṭâ sâ prâha: „tatro 'dyâne ko 'pi purusho dṛishṭaḥ; taddarçanam ârabhya mamai 'vam avasthâ jâtâ.“ Jîmûtavâhano 'pi tâdṛigavastho 'bhût: tato Madhukareṇa sakhyâ pṛishṭas tad evaṃ saṃtâpakâraṇam âha. tataḥ sâ udyâne gatvâ vṛikshe pâçaṃ baddhvâ âtmânaṃ vyâpâdayitum udyatâ Bhagavatîṃ prâha: „bhagavati Gauri! janmântare 'pi sa eva me bhartâ bhûyât!“ ity uktvâ yâvad âtmânaṃ vyâpâdayati, tâvad Devî prâha: „Jîmûtaketoḥ putraç cakravartî Jîmûtavâhanas te bhartâ bhavishyati.“ iti Devyâ nishiddhâ. imaṃ ca vṛittântaṃ *dṛishṭvâ* Madhukaraḥ prâha: „ehi!“ 'ti. tâvatâ tasyâḥ sakhî prâha: „Jîmûtaketunâ Jîmûtavâhanârthaṃ Viçvâvasus tvâṃ yâcitaḥ, adyai 'va tava vivâho vartate; âgaccha nijamandiram!“ iti çrutvâ Malayavatî Jîmûtavâhanaç ca svamandiraṃ gatau. tatas tâṃ pariṇîya Jîmûtavâhanaḥ pitroḥ çuçrûshâṃ *kurvan* svairaṃ tayâ saha reme.

ekadâ Viçvâvasunâ saha vanântam âlokayann ambhodhitîraṃ jagâma. tatra taṃ parvatâkâram asthisamûhaṃ dadarça. „kim idam?“ iti pṛishṭo Viçvâvasuḥ prâha: „Garuḍena bhakshitânâṃ pannagânâm asthisamûho 'yam; saṃprati Vâsukinâ Garuḍena samayaṃ vidhâya pratyaham ekaiko nâgo visṛijyate.“ atrâ 'ntare „hâ Çaṅkhacûḍe!“ 'ti rudatî tanmâtâ dṛishṭâ; „hâ Çaṅkhacûḍa! hâ Çaṅkhadhavala!“ ityâdi nânâvidhaṃ vilapantî tena dṛishṭâ. Jîmûtavâhanaḥ prâha: „adya tvadîyaṃ putram âtmadânena rakshishyâmî“ 'ti. „he Çaṅkhacûḍa! tvaṃ tishṭha! ahaṃ ca tvatkṛite âtmânaṃ prayacchâmi.“ Çaṅkhacûḍa âha: „evaṃ na vâcyam! mâdṛiçasya tṛiṇasya kṛite jagadâlambanabhûtasya vinâçaḥ kriyate. santi samudre mâdṛiçâ bahavaḥ parâḥ çatâḥ, bhavâdṛiças tu pṛithivyâṃ na dṛiçyate. ataḥ kathaṃ tṛiṇasya mûlyena ratnaṃ vikrîyate?" evam âgrahaṃ kurvann api Çañkhacûḍo nishiddhaḥ.

atha Garuḍaḥ samâgatas, tena Jîmûtavâhanena Garuḍâyâ 'tmâ samarpitaḥ. mukhe nikshipya nîyamânasya tasya raktadhârâpuraḥsaraṃ cûḍâratnaṃ Malayavatyâ añke [cûḍâratnam] apatat, sâ ca saṃtrastamanâs taj Jîmûtaketave nyavedayat. tataḥ Çañkhacûḍas taṃ deçam âgatya „hâ mahâsattva Vidyâdharendraputra! kva gato 'sî?" 'tyâdi vilalâpa. iti vilapya jîvitatyâgâya dṛiḍhamatir Garuḍapadavîm anusasâra. „aho, susattvavân esha!" iti saṃjalpan Garuḍo visishmiye. çeshajîvam api prasannavadanaṃ taṃ vilokya „ko bhavân?" iti Garuḍaḥ papraccha. Jîmûtavâhanaḥ prâha: „kim etena vicâreṇa? çîghraṃ mâṃ bhakshaya!" etasminn avasare Çañkhacûḍaḥ samabhyetyâ 'bravît: „hâ mahâsattva! Garuḍa, mâ sâhasaṃ kṛithâḥ! prâptaṃ Çañkhacûḍaṃ mâṃ na paçyasi? ayaṃ Vidyâdharendraputro bhavati! madîyaṃ jihvâdvayaṃ paçya!" ity uktvâ vipulaṃ vakshaḥ prasârya „mâṃ bhakshaye!" 'ty âha Suparṇam. tato 'sthiçeshaṃ taṃ tyaktvâ pannageçvare vishaṇṇe sati Malayavatî gurubhyâṃ sahâ 'yayau. Malayavatî tathâgataṃ prâṇanâthaṃ vilokya mumoha; Jîmûtaketus tanayaṃ vilokya jâyayâ saha papâta. †Târkshyeṇâ 'çvâsya mânusheshu gateshu mâtâ putraṃ saṃsmṛitya çuçoca. kiṃcicchesbajîvaḥ sa jananîm abravît: „vinaçvarasya asya çarîrasya, mâtaḥ, kiṃ çocyate?" atha Malayavatî maraṇaikakṛitodyamâ Bhagavatyâ nishiddhâ, Jîmûtavâhanaṃ ca jîvitavatî tasmai cakravartipadavîṃ dadau. iti kṛitvâ Bhagavatî tirodadhe. tato Devagandharvâḥ sarve 'pi tasya sattvam apûjayan, Garuḍo 'pi tasya varadaḥ saṃvṛittaḥ. tatas tena yâcitaḥ sarvanâgânâm abhayadakshiṇâṃ dadau, prâṅmâritân asthiçeshân pannagâñç câ 'jîvayat. tato Jîmûtavâhanaḥ Kâñcanapuraṃ prâpya pitroḥ çuçrûshâṃ kurvan dayitayâ saha reme.

iti kathayitvâ Vetâlo nṛipaṃ papraccha: „Çañkhacûḍaḥ sattvavân uta Jîmûtavâhanaḥ?" râjâ prâha: „Çañkhaçûḍaḥ sattvavân; ayaṃ bâlo 'pi nijaucityân na cacâla; Jîmûtavâhanasyâ 'tmadâne kiṃ citram? bodhisattvo bahuças tanuṃ dattavân.

tapas tîvraṃ, yaçaḥ çubhraṃ. çlâghyâ strî, sattvam unnatam
nirvyâjadânaṃ hi nṛiṇâṃ: pûrvâbhyastaṃ hi jâyate."

iti çrutvâ 'lakshito 'bhûd Vetâlaḥ.

iti shoḍaçî kathâ samâptâ.

XVII. (XVI.)

bhûyo 'pi tam âdâya prasthitaṃ nṛipaṃ Vetâlaḥ „çrûyatâm!" iti prâha.

Kanaka*puraṃ* nâma puraṃ, Yaçodharo nâma râjâ. sa kadâcit samabhyetya vaṇijâ bhayâd vijñâpitaḥ: „mama kanyâratnaṃ vartate, devas tasyâ bhâjanaṃ vartate." iti çrutvâ narapatis tâṃ drashṭuṃ dvijân prâhiṇot. te Unmâdinîṃ nâma tâṃ dṛishṭvâ unmâdaṃ prâptâ: „imâṃ prâpya râjâ prajâkâryaparâṅmukho naçyati" iti vicintya te nṛipatim âgatya durlakshaṇâṃ tâm iti proktavantaḥ. tato râjâ anâdṛitâṃ senânyai dadau. tataḥ sa râjâ co 'tsavaṃ drashṭuṃ pure cacâla. tato „„durlakshaṇe" 'ti anena ahaṃ vyâkhyâtâ" iti Unmâdinî râjñe svakâyam adarçayat. tatas tâṃ vîkshya sa râjâ Anañgapîḍito 'bhût, yaiç ca durlakshaṇe 'ty uktâ, te purân nishkâçitâḥ. iti kâmapîḍitarâjânanam âlokya Virâjanâmâ vayasyaḥ pîḍâkâraṇaṃ papraccha. nṛipaḥ prâha: „Unmâdinîdarçanam eva mama pîḍâkâraṇam" iti. iti jñâtavṛittântaṃ sa senânyaṃ prati pîḍâkâraṇaṃ nṛipaḥ kathitavân. senânîç ca râjânam âgatya provâca: „deva! râjâ ratnabhâjanaṃ vartate, Unmâdinî ca ratnabhûtâ; tasmâd devo gṛihṇâtu!" iti teno 'kte râjâ "ha: „mayâ râjñâ satâ paradârapradharshaṇaṃ kathaṃ kriyate? yady api tvayâ atibhaktyâ evam ucyate, tathâ 'pi mûrdhâbhishiktânâm asmâkam anucitam. ahaṃ pṛithivîpâlo bhûtvâ akîrtiṃ na karomi.

kule dharmaguṇâḥ santi, dharme yaçasi câ "daraḥ,
matiç ca paradâreshu: satyaṃ na sadṛiçaṃ mama."

iti paradâraparâñmukhaṃ taṃ jñâtvâ senâpatir gṛihaṃ yâtaḥ, râjâ ca tâṃ smaran yaçaḥçarîro 'bhût. tato râjñi uparate senâpatir api çokavihvalo vahniṃ praviveça.

iti kathayitvâ Vetâlo nṛipaṃ papraccha: „kas tayoḥ sattvavân?" iti. râjâ prâha: „bhṛityânâṃ svâmibhaktir bhavati, iti nâ "çcaryam; narendraḥ çlâghyaḥ ekaḥ, prâṇân tatyâja, yo na maryâdâṃ tyaktavân."

iti kathite alakshito Vetâlas tatra gatvâ tathai 'vo 'llambitaḥ sthitaḥ.

iti saptadaçî kathâ.

XVIII. (XVII.)

bhûyo 'pi tam âdâya pracalitaṃ nṛipaṃ Vetâlaḥ „çrûyatâm!" iti prâha.

Ujjayinî nâma nagarî, tatra Candraprabho nâma râjâ. tasya nagare Devasvâmî dvijo babhûva, tasya putraç Candrasvâmî, sa ca dyûtavyasanî babhûva. sa Candrasvâmî dhûrtair vañcito latâbhir baddhaç ca, tato „mṛito 'yam" iti tais tyaktaḥ. tato nirgataḥ çûnyaṃ devâlayaṃ prâpya bhasmabhûshitaṃ tapasvinaṃ dadarça. tato bubhukshitas tena nimantritas tadvidyâvinirmitaṃ kâñcanapuraṃ bheje; tatra candravadanâbhiḥ kṛitaṃ râjopacâreṇa snânabhojanâdikaṃ lebhe, surasundarîbhir vicitraṃ suratam prâptavân. iti tadvidyâvinirmitaṃ sukham anubhûya prabhâte tadvirahitaḥ çokâkulo 'bhût. tatas tasya kṛipayâ pratyahaṃ tathâ kṛitavân: niçi yat sarvaṃ dṛiçyate, prabhâte na kiṃcana.

tataḥ kadâcit tam ârâdhya vipro 'bhâshata: „bhagavann, îpsitasiddhidâṃ vidyâṃ me dehi!" 'ti. tapasvi prâha: „iyaṃ vidyâ niyamâsâdhyâ, jalamadhye praviça japa ca, svapnavat sarvaṃ drakshyasi." ity uktvâ tasmai nijâṃ vidyâṃ nadîtîre dattavân, dvijo 'pi tâṃ prâpya salilamadhye praviçya sarvam âtmânam âtmanâ 'paçyat. Hiraṇyapuravâsinaḥ Çañkarapurodhastanayâṃ Çaçiprabhâṃ nâma bhâryâṃ lebhe. sa vipras tayâ saha tatra vijahâra. kadâcid daivayogât sarpeṇa nihatâṃ tâṃ vilokya sa vilalâpa „hâ priye!“ ityâdy uktvâ. iti vilapantaṃ taṃ devadûtaḥ prâha: „nijâyusho 'rdham asyai prayacche!“ 'ti. tac chrutvâ tasyai âyusho 'rdhaṃ dattavân. atha prâptajîvitâṃ tâm âlokya samâliñgya ca sa nananda. tataḥ kâlena kamalanayanaṃ tanayaṃ lebhe. iti mantravikalpârthaṃ vilokayan sa vratinâ tena vibodhitaḥ, vahnipraveçâya samudyataḥ. tatas tanayotsañgayâ patnyâ prârthyamâno 'pi samâviçat. tato 'numaraṇena yuktâṃ bhâryâṃ vilokya „hâ pâpo 'smi!“ 'ti jaḍatâṃ yayau. tatas tena pâvakena anirdagdhas tasmâd udatishṭhat. tad-divasacaturbhâge . . . dṛishṭvâ savismayaḥ sarvaṃ vratino nivedya vidyâṃ vismṛitavân. tadupacârât tadguror api vidyâ vinashṭâ, tataḥ sa gurum avadat: „nirvikalpena tvayâ "dishṭaṃ mayâ ca kṛitam; iti na jâne, kathaṃ vidyâ gate“ 'ti. bhrashṭavidyas tapasvy api tatkâraṇaṃ cintitavân.

iti kathayitvâ Vetâlo nṛipaṃ papraccha: „vidhânena kṛite 'ti sâ vidyâ kathaṃ na siddhe?“ 'ti. râjâ prâha: „yatho 'ditaṃ kṛitaṃ, kiṃ tu bhâvo 'sya tatkâlaṃ bândhaveshu gataḥ, tena praṇashṭâ vidyâ; taddoshâd guror api vinashṭâ. vidyâ na dushṭânâm; guru-bhaktirahitânâṃ vidyâ na sidhyati.“

iti kathite Vetâlaḥ punar api çiñçipâtaruçâkhâyâṃ gatvo 'llambitaḥ sthitaḥ.

iti ashṭâdaçî kathâ samâptâ.

XIX. (XVIII.)

bhûyo 'pi tam âdâya pracalitaṃ nṛipaṃ Vetâlaḥ „çrûyatâm!“ iti prâha.

Kañkolakaṃ nâma nagaraṃ, Sûryaprabho nâma râjâ. Tâmraliptanivâsino Dhanadattasya vaṇijo bhâryâ Hiraṇyavatî nâma; tasyâḥ putrî Dhanavatî nâma; sâ yauvanaṃ çanaiḥ prâptâ. kâlena tat-pitari divaṃ yâte gotrajais taddhanam âhartuṃ tajjananî vidhṛitâ. sâ bhîtâ nijam âbharaṇaṃ gṛihîtvâ sutayâ saha alakshitâ palâyitâ. tato nirâlokaṃ gacchanti çûlasthaṃ naraṃ skandhena jaghâna. skandhâghâtajanitavyathaḥ sa cauraç cukroça: „hâ hato 'smi!“ 'ti. vaṇigbhâryayâ pṛishṭaḥ sa „cauro 'smi“ 'ti prâha; çûlasthasya me tṛitîyâ râtrir vartate. tîvravyatho 'pi pûrvasaṃcitapâtakenâ 'haṃ jîvâmi.“ ity uktvâ tâṃ papraccha: „kâ tvam asi?“ 'ti. tadanantaraṃ candrodayo jâtaḥ. tataç cauras tâṃ prâha: „kanyai 'shâ mama dîyatâm!“ iti. „‚mumûrshur esha vṛithâ pralapati' iti mâ cintaya! tvayâ datte 'yaṃ mamâ "jñayâ putraṃ prâpsyati, tena câ 'haṃ paralokaṃ prâpsyâmi“ 'ti. „mama ca suvarṇalaksham asti, tad gṛihâṇa, kanyâṃ dehi!“ iti çrutvâ sâ jalapûrvaṃ dadau. so 'pi vṛikshâdhastân nikshiptaṃ suvarṇalakshaṃ tasyai dattavân. putrârthaṃ cauro 'pi tâm anujñâya [cauro 'pi] vyâpadyata. tato bhartur mitreṇa Kumâradattena saha sâ cauraṃ dadâha. tataḥ suvarṇaṃ gṛihîtvâ Sûryaprabhasya nagaraṃ sâ gatâ.

ekadâ saudham âçritâ sâ; tayâ Somasvâmî dvijaputro dṛishṭaḥ; tasya hṛidaye saṃtâpaṃ cakâra, vaṇikputrî ca taṃ vilokya kâmapiḍitâ bhartur anujñâṃ ca smṛitvâ taṃ âhvâtuṃ sakhîṃ prasthâpayâmâsa. Somasvâmî prâha: „yadi ekasyâ râtreḥ pañcaçatî rûpyâṇi dîyate, tarhi samâgacchâmî.“ 'ty ukte tasyai pañcaçatîṃ dattvâ navasuratasukhaṃ anubhûtavatî. tataḥ kâlena tasyâḥ putro babhûva.

tasmin putre jâte svapne Çivas tâṃ tajjananîṃ ca prâha: „Sûryaprabhasya râjño dvâri suvarṇasahasreṇa saha ayaṃ putro mañcake rakshyatâm!“ iti; sâ ca tathâ kṛitavatî. râjâ 'pi svapne Çambhunirdishṭaṃ putraṃ prâpya putratve kalpitavân, Candraprabho nâma abhût. Candraprabhaṃ prâptayauvanaṃ sarvaguṇasampannaṃ vilokya cakravartiçriyaṃ tasmai dattavân. râjâ Vârâṇasîṃ yayau. tatas tapasâ bhûpâle svargaṃ gate sa çokasaṃtaptaḥ Candraprabho jalakriyâdikaṃ vidhâya mantrishu râjyaṃ vinyasya svayaṃ çrâddhaṃ kartuṃ Gayâṃ yayau. tatra gatvâ purohitavacasâ nâma-gotraṃ uccârya piṇḍe pradîyamâne hastatrayaṃ dadarça. tad vilokya vismayâvishṭo râjâ vṛiddhân çruti-smṛitivicakshaṇân prâha: „kim etad?“ iti. „ekaç caurasya hastaḥ, çastra-çankulâñchito hasto bhavati. dvitîyaḥ pavitrapâṇir brâhmaṇasya hasto bhavati. ayaṃ kaṅkaṇabhûshaṇaḥ padmanibho râjño hasto bhavati. kasmai piṇḍaḥ pradîyatâm? iti niçcayaṃ nâ 'dhigacchâmaḥ.“ râjâ vipravacaḥ çrutvâ saṃdehâkulo 'bhût.

iti kathayitvâ Vetâlo nṛipaṃ papraccha: „kaḥ piṇḍayogyo bhavatî?“ 'ti. râjâ prâha: „vipras tatpitâ na bhavati, yo mûlyena ekâṃ râtriṃ tanmâtrâ saṃgamaṃ cakâra; râjâ 'pi kâñcanaṃ gṛihîtvâ saṃskâraṃ kṛitavân, ataḥ so 'pi na piṇḍam arhati; caura eva tasya pitâ, yaḥ suvarṇaṃ dattvâ mâtrâ dattâṃ tajjananîṃ prâptavân. ataḥ sa eva piṇḍam arhati.“

iti kathite Vetâlas tatra gatvâ tathai 'vo 'llambitaḥ sthitaḥ.

ekonaviñçati*tamâ* kathâ.

XX. (XIX.)

punar api tam âdâya çîghraṃ gacchantaṃ Vetâlaḥ prâha: „çrûyatâm!“ iti.

Citrakûṭaparvate Candrâvaloko nâma râjâ atiratnavân abhavat. sa kadâcin mṛigayârasâkṛishṭas turageṇa vanaṃ prâpa. tatra vane vimalaṃ sarovaraṃ dadarça. tatra kshaṇaṃ viçramya . . . divyâṃ kanyâṃ dadarça. tâṃ vilokya sa kâmâkulito 'bhût. tatas tatsakhyâ „Kaṇvasya muneḥ sutâ Indîvaraprabhânâmnî bhavatî“ 'ti jñâtvâ Kaṇvamuniṃ gatvâ kanyâṃ yayâce. so 'pi râjñe sâdaraṃ kanyâṃ dattavân. tatas tâm âdâya vrajan nṛipaḥ saṃdhyâkâle sarasas tîraṃ prâpa. athâ 'çvatthatarumûle avatîrya tayâ saha navaṃ navaṃ surataṃ bheje.

tataḥ prabhâte vikaṭâdhara-daṅshṭro Jvâlâmukho nâma brahmarâkshasaḥ samabhyetya nṛipaṃ prâha: „asmin mamâ 'çrame dushṭakanyayâ saha mamo 'dyâne ramase, ataç ca kshaṇena tvâṃ bhakshayishyâmi.“ iti çrutvâ râjâ tam eva çaraṇaṃ yayau: „ajñânân mayâ kṛitam“ iti. iti tasya vinayaṃ vilokya Jvâlâmukhaḥ prâha: „yadi saptavarshaṃ vipraputraṃ svayaṃ jananyâ pitrâ ca dhṛitaṃ khaḍgeno 'tkṛitya mamo 'pahâraṃ dadâsi, tarhi tvâṃ mokshyâmî“ 'ti. tato râjñâ „tathe!“ 'ty uktvâ tâm âdâya svapuraṃ yayau. tatra ca gatvâ tat sarvaṃ mantribhyo nivedya „kathaṃ kartavyam?“ iti papraccha. tatra sumatimantrî prâha: „suvarṇasya purushaṃ kṛitvâ, nagare udghoshayâmaḥ: „„anena svaçarîraṃ ko 'pi prayacchati““ 'ti.“ ity âlocya sa tathâ kâritavân. tataḥ ko 'pi daridrasya brâhmaṇasya putraḥ prâha: „mama pitre idaṃ dîyatâṃ, mayâ svaçarîraṃ dîyate.“ tataḥ sa putro mâtâ-pitarau prabodhya tâbhyâṃ nṛipeṇa ca saha açvatthatarumûlaṃ jagâma. tato nṛipeṇa svayam eva maṇḍalaṃ vidhâya mâtrâ dhṛitakaraḥ pitrâ ca dhṛitacaraṇaḥ svayaṃ nṛipeṇa khaḍgam utkoçya viçasyamâno jahâsa.

iti kathayitvâ Vetâlo nṛipaṃ papraccha: „sa bâlakaḥ kim iti jahâsa?“ nṛipaḥ prâha: „yaḥ kaçcid abalaḥ paribhûyate kenâ 'pi, sa mâtaraṃ pitaraṃ ca çaraṇaṃ yâti; tatas tv asaṃjâtaraksho râjânaṃ çaraṇaṃ yâti, tato 'py aprâptaçaraṇo devaṃ smarati: te sarve evâ 'sya maraṇe samudyatâḥ. atas tân vikshya bâlo jahâsa.“

iti çrutvâ Vetâlas tatra gatvâ tathai 'vo 'llambitaḥ sthitaḥ.

iti viṅçati*tamâ* kathâ.

XXI. (XX).

bhûyo 'pi tam âdâya gacchantaṃ nṛipaṃ Vetâlaḥ „çrûyatâm!“ iti prâha.

Viçâlâ nâma nagarî, Arthadatto nâma vaṇik. tasya Anañgamañjarî nâma putrî, tâṃ ca Tâmraliptanivâsine Maṇivarmaṇe dadau. tayâ vinâ kshaṇam api sthâtum açakto jâmâtrâ sahai 'va svasutâṃ nijaveçmani rakshitavân. sâ ca tasmiṅs tathâ snehavatî nâ 'bhût. ekadâ Maṇivarmâ jâmâtâ çvaçuram âpṛichya svagṛihaṃ gataḥ. tasmin gate tasyâ manasi mahotsavo 'bhût. ekadâ saudham âruhya sâ mârge gacchantaṃ Kamalâkaranâmânaṃ rûpavantaṃ dvijaputraṃ dadarça; tenâ 'pi sâ dṛishṭâ. tato dvâv api parasparânuraktau kâmapîḍitau babhûvatuḥ. ekadâ udyâne gatvâ . . . saṃgamâlâbham uddiçya tâpâkulâṃ tâṃ vilokya Mâlatikâ nâma sakhî çokâkulâ babhûva. tatas tayâ Kamalâkaranimittaṃ †saṃtâpakathitâ Kamalâkaramandiram âgamat. so 'pi tâm eva dhyâyan Mâlatikayâ sakhyâ Anañgamañjaryâ 'rthe râjodyânam âhûtaḥ. tatas tam âgacchantaṃ dṛishṭvâ Anañgamañjary api tatra gatâ. sâ gâḍhaṃ tam âliñgya ataḥ paraṃ „kva gacchasi?“ 'ty uktvâ prâṇân tatyâja. so 'pi duḥkhena prâṇân jahau. tataḥ so 'rthadattas taṃ vṛittântam âkarṇya putrîṃ nininda. tâvatâ Maṇivarmâ 'pi svagṛihât samâgatya bhâryâyâḥ kuçalaṃ pṛishṭavân. tatas tadvṛittântam âkarṇyo 'dyânaṃ gatvâ pañcatâṃ gatâṃ preyasiṃ vilokya prâṇâṅs tatyâja. tato bhagavatî vaṇijakuladevatâ Gaurî kripayâ sarvân ajîvayat.

iti kathayitvâ Vetâlo nṛipaṃ papraccha: „eteshâṃ ko 'dhirâga?“ iti. nṛipaḥ prâha: „vaṇikputrî vipraç ca kâmena daçamim avasthâṃ prâpitau, iti nâ 'dbhutaṃ kiṃcit. tasyâḥ patis tu gâḍharâgaḥ, yo 'nyâsaktamanasâṃ preyasîṃ vilokya prâṇâṅs tyaktavân."

iti çrutvâ Vetâlas tathai 'vo 'llambitaḥ sthitaḥ.

iti ekaviṅçati*tamâ* kathâ.

XXII. (XXI.)

punar api tam âdâya pracalitaṃ nṛipaṃ Vetâlaḥ „çrûyatâm!" iti prâha.

Brahmasthalaṃ nâma grâmas, tatra Vishṇusvâmî dvijaḥ; tasya catvâraḥ putrâḥ. kâlena pitari mṛite dâridryapîḍitâ mâtulagṛihaṃ gatâḥ. dâridratvât tenâ 'vajñâtâḥ. parasparam âtmânaṃ ninditavantaḥ. tatas teshâm ekaḥ çmaçâne gatvâ âtmânaṃ vyâpâdayitum udyataḥ kenâ 'pi kâruṇikena nishiddhaḥ. pûrvakṛitabhogam antareṇa çarîratyâgo 'pi kartuṃ na çakyate. tatas te „tasmin sthâne punaḥ sameshyâma" iti saṃvidaṃ vidhâya pṛithak pṛithag deçântaraṃ gatâḥ, prâptavidyâḥ punas tatra militâç ca: ekenâ 'sthisaṃghaṭṭinî vidyâ çikshitâ, apareṇa mâṅsayojinî, tṛitîyena tvag-romanyâsakaraṇî, saṃjîvakaraṇî caturthena. tato vidyâyâḥ pratyayaṃ drashṭuṃ sakautukâs te daivât siṅhasya vikîrṇam asthisaṃcayaṃ prâpuḥ. tata ekena asthisaṃghaṭṭanaṃ kṛitaṃ, dvitîyena mâṅsaṃ yojitaṃ, tṛitîyena tvag-romanyâsaḥ kṛitaḥ, caturthena jîvârpaṇaṃ kṛitaṃ. tataḥ siṅhaḥ samutthâya jṛimbhitaḥ, tâṅç ca purato vilokya bhakshitavân.

iti kathayitvâ Vetâlo nṛipaṃ papraccha: „kasya teshâṃ pâtakam?" iti. nṛipaḥ prâha: „yena jîvârpaṇaṃ kṛitaṃ, tasya pâtakam" iti.

iti çrutvâ Vetâlas tatra gatvâ tathai 'vo 'llambitaḥ.

iti dvâviṅçati*tamâ* kathâ.

XXIII. (Hindi XXIV.)

atha tam âdâya pracalitaṃ nṛipaṃ Vetâlaḥ „çrûyatâm!" iti prâha.

Yajñasthalaṃ nâma grâmaḥ. tatra Yajñasomanâmâ dvijaḥ, Somadattâ tasya bhâryâ. tasya Devasvâmî guṇavân putro 'bhût. sa ca pûrvajanmavipâkavaçât prâptayauvanaḥ pañcatâṃ prâpa. tatas tasya çokândhau pitarau dṛishṭvâ bândhavâs taccharîraṃ çmaçânaṃ ninyuḥ. saṃskârârtham ânîtaṃ dvijaputraṃ vilokya çmaçânamaṭhikâvâsî Vâmaçivo nâma vratî cintitavân: „idaṃ bhuktabhogaṃ jîrṇaṃ parityajya imâṃ pratyagrâṃ tanuṃ praviçâmi." iti cintayitvâ guhâṃ praviçya bhasmadhavalito ruroda prathamaṃ paçcâc ca harsheṇa nartitvâ kalevaraṃ parityajya dvijaputrakalevaraṃ pravishṭavân. tataḥ suptotthita iva dvijaputraḥ samuttasthau. tato bandhûnâṃ harsho babhûva. tataḥ pitṛibhyâṃ bandhubhiç ca prâpyamâno 'pi tatkâlajñânavairâgyo mahâvratam agrahît.

iti kathayitvâ Vetâlo nṛipaṃ papraccha: „kathaṃ sa ruroda, kathaṃ sa nartati?" râjâ prâha: „‚bâlye mâtrâ vardhitaṃ, cirasevitaṃ gamishyati' 'ti vairâgyeṇa ruroda. ‚nûtanaṃ jîvitaṃ prâptam' iti harsheṇa nanarta."

iti çrutvâ Vetâlas tatra gatvâ tathai 'vo 'llambitaḥ.

iti trayoviṅçati*tamâ* kathâ.

XXIV.

punas tam âdâya pracalitaṃ nṛipaṃ Vetâlaḥ prâha:

Dakshiṇâpathe narapatir Dharmo nâma, tasya patnî Candravatî, Lâvaṇyavatî nâma kanyâ. sa râjâ prabalair nishkâçitaḥ patnî-putrîbhyâṃ sahito vanaṃ yayau. tatra bhûshaṇalolubhaiḥ çabaraiḥ sa râjâ nihataḥ. tasmin hate duhitrâ saha tadvadhûḥ pralapya vanaṃ viveça. tataç Candrasiṅho nâma râjâ saputro mṛigân hantuṃ tasmin vane samâgataḥ, tatra ca tayoç caraṇâñkitaṃ rajo vilokya „patnîdvayam!" iti sûcitaṃ. ataç ca „laghucaraṇâ tava patnî, sthûlacaraṇâ mame" 'ti putreṇa saha saṃketaḥ kṛitaḥ. tato vanam âlocya patnîdvayaṃ prâptam: laghucaraṇâ jananî putrasya bhâryâ jâtâ, sthûlacaraṇâ kanyâ ca pituḥ patnî jâtâ. tataḥ kâlena tayor apatyâni jâtâni.

iti kathayitvâ Vetâlo nṛipaṃ papraccha: „tayor vaṅçabhûtâḥ parasparaṃ kiṃ bhavanti?" iti pṛishṭo nṛipa avadann eva prâyât.

atha tushṭo Vetâlas taṃ prasannam abhâshata: „he râjan! Kshântiçîlaḥ pâpî tvâṃ vañcayati, paraṃ tu tvayâ prayatnena sa vañcanîyaḥ. asmin prete nîte pûjite sa tvâṃ vakshyati: „„ashṭâṅgaḥ praṇâmaḥ kriyatâm!"" iti. tatas tvayai 'vaṃ vâcyam: „„ahaṃ râjâ namaskâraṃ kartuṃ na jânâmi."" . . . . yadâ namaskâraṃ karoti, tadâ khaḍgena tvayâ sa hantavyaḥ. . . . . hatvâ siddhiṃ prâpsyasî" 'ti. „iti sarvaṃ mayâ kathitam." . . . . Vetâlo nirgataḥ. râjâ tam pretam âdâya yogisamîpaṃ yayau. . . . .

iti Vetâla-Vikramâdityakathâ samâptâ.

1, 3 Valkalâçino, ebenso **2**, 42 °çinaṃ 6 tapoyogâtramala° die H. 10 âçramevavarsha° 14 yâma°: yoma° 19 tu tad: tud 26 f. Derselbe Vers in Erz. III, S. 33 Vers 13, s. Anm. dazu. 35 na bhavatu 36 dṛishṭavyaṃ **2**, 8 jihvâyâ 11 pushpaṃgo Vers 2 s. Erz. XIV Vers 5 19 Çakrasya dâsî ist ein Nothbehelf für das corrupte çakrersyoçî der H. 22 çaktântikaṃ 23 na 'cyaṃ (Fehlzeichen) 24 Nach çrûyatâm muss wohl etwas ausgefallen sein. 25 âçrama eva meine Conj. st. açyameva, wofür wohl âçramaiva gemeint war, mit der öfter vorkommenden falschen Zusammenziehung; ebenso oben **1**, 10 âçrameva 34 na fehlt in der H., beim Zeilenwechsel ausgefallen. 36 krîyatâm 38 st. mama wäre deutlicher mayâ; *ibid.* sahitam: sahi 46 °mushî **3**, Vers 4 = Boehtl. 1787 (691) δ vaçaṃ kurute. 34—36 Ohne Annahme einer Lücke die Worte bis çikshâpitâḥ als einen anakoluthischen Satz aufzufassen ist wohl kaum möglich. Wenn tena auf den Knaben geht, müsste çikshâpay, eine sonst nicht vorkommende Bildung, wohl lernen bedeuten. Statt Gandharvasenaḥ hat die H. beide Male °senih. **4** Vers 6 = Boehtl. 1255 (471) β daivaṃ: deva.

5 Vers 1 **ABce.** α praṇamya devadeveçaṃ **e.** β st. vinây°: gaṇâdhipam **ce.** γ st. ca: hi **ce.** δ karishyehaṃ **e.** Statt dieses Verses haben **Eb** den vor der 9. Erz. stehenden, **D** einen corrupten, anfangend Nârâyaṇaṃ namaskṛitya. Vers 2 **ABDce,** Boehtl. 4342 (1913). Vers 3 **AB,** Boehtl. 1900 (730). Darnach hat **B** noch den Vers Boehtl.[2] 5465.

5, 9 f. Pratishṭhânaṃ **CEace,** Pratishṭhânapuraṃ **f,** Prashṭhâpanaṃ **D,** Ujjayinî **ABb,** Avantî **d.** — Vikramâdityo **ABbd,** ebenso **a** in der Vorgeschichte und weiterhin; Vikramaseno **CDEcef.** — kîdṛiço râjâ *Lassen-Gild.* wie es scheint aus **C; A** hat statt dessen einen Vers:

yasye 'daṃ bhuvanaçreshṭhaṃ supriyaṃ priyadarçanam
vimalaṃ nirmalaṃ çrîmac chaçâñkasadṛiçopamam.

Derselbe Vers in **B** mit der Variante tasyedaṃ nach unserm Vers 6. In den folgenden Versen gehen die HH. ausserordentlich aus einander in Aufnahme oder Weglassung, Reihenfolge und Verbindung der einzelnen Halb- und Viertel-Çloken zu Versen. Gar keine Verse haben **bd,** je zwei **Eac,** drei **D,** je fünf **ef, A** sechs und **B** acht, bzw. neun. Offenbar ist Vieles späterer Zusatz; das Ursprüngliche und Sachgemässe scheint mir, dass die Worte babhûva kulanandanaḥ den Schluss bilden. Die Worte des ersten Verses mantrivargapuraskṛitaḥ stehen auch in **Eacf**, welche den Vers nicht haben, anschliessend an Vikramaseno nâma, und c hat, trotz dieser Namensform, nach Vikr. n. râjâ folgenden Halbçloka:

Vikramâdityarâjâ 'bhût mantrivargapuraskṛitaḥ,

welcher mit der Zeile Kandarpa⁰ (Vers 5 *αβ*) den ersten Vers bildet.

Vers 4 **AB**; doch hat **B** statt der zweiten Hälfte einen ganzen anderen Vers:

sitapadmasamâbhâsaṃ, samantât sarvabhâvanam,
svastikaiḥ çaṅkhapadmaiç ca nânâcitraiç ca lekhitaiḥ.

Es ist wohl lekhitam zu lesen, oder vielmehr überall der Nominativ herzustellen.

Vers 5 **ABDcef**. *β* dâne Dhanadasannibhaḥ **D**. *γ* st. maryâdî: gambhîraḥ **A**, gâmbhîrye **BDd**. st. samânaḥ: samyamaḥ **f**; sammato 'yaṃ sadâ satâṃ **e**; samantât sarvadaḥ sadâ **A**; samantât sarvadai 'va hi **B**; kshamayâ pṛithivîsamaḥ **D**. Aehnlich hat **a** als zweiten Vers:

Kandarpa iva rûpeṇa çâstreṇa ca Bṛihaspatiḥ,
vibhavena Dhanâdhyakshaḥ, pṛithivyâṃ Pâkaçâsanaḥ.

Vers 6 **ABef**. *α* st. tulyâbhaḥ: tulyaç ca **B**, çuddhaç ca **A**. *β* çaraccandrâṅsu⁰ **A**, çîtasomâñçu⁰ **e**. *γ* st. padma: patra **e**, paksha **AB**.

Nach diesem und dem oben aus **B** angeführten Verse tasyedaṃ⁰ folgt:

evaṃ guṇasamâyuktaḥ sa râjâ tatra tishṭhati in **B**,
nânâmodasugandhâḍhyo nânâratnavibhûshitaḥ in **BDef**,
Kandarpa iva rûpeṇa taḍitkopa (lies koṭi) samaprabhaḥ in **f**.

Statt ⁰ratnavibhûshitaḥ: ⁰bharaṇabhûshitaḥ **e**.

Vers 7 **ABDe**, *αβ* auch **af**. *α* nânâratnayuto **A**; st. nityaṃ: bhaktaḥ **f**. *γ* st. samaḥ kope: samâkâras (ḥ) **AB**, samâyuktos (so) **D**. Statt *γδ* hat **a**:

pitṛibhaktaç ca çûraç ca Çivabhaktirataḥ sadâ.

Diese Zeile steht auch vor Vers 7 in **f**, nach Vers 7 in **De**, und nach *αβ* von Vers 8 in **B**; für bhaktirataḥ sadâ haben bhaktaç ca nityaçaḥ **BDe**.

Vers 8 **BEcef**, vgl. z. Vers 7. *β* st. udyamî ca: prodyatejaḥ (?) **B**. *γ* visphûrjadravi⁰ **E**, prasphuradratna⁰ **B**; visphuradṛiçpitate⁰ **b**, vijñas tv amitavîryâḍhyo **e**. Hier ist also teja oder tejâ = tejas, bezeugt in **BEc**. — *δ* hat auch **A** in folgender Zeile, die mit *αβ* von Vers 9 zusammengefasst wird:

evamâdiguṇair âḍhyo babhûva kulanandanaḥ.

Vers 9: **AB**, Boehtl. 6994 (5221) *γ* st. râjñâṃ: râjñâ **B**, râjâ **A**. Derselbe Vers in Erz. III, S. 17 Vers 27. — Zuletzt haben **De** folgenden Vers:

yatho 'daye ravir bhâti, ghṛitasikto yathâ nalaḥ,
tathâ râjakumâro 'yaṃ râjate bhuvanatraye.

α yatho 'tthito **D**, *β* nalo yathâ **D**, *γ* râja fehlt in **e**.

5, 23 ff. a: evaṃ sarvaguṇaviçishṭo râjâ babhûva. sa ca kulâlo varshacaturdaçopari digambaraveshâṃ vidhâya punaḥ Pratishṭhânapuraṃ nagaraṃ samâyâtaḥ; tasmin nagare kuṭîrakaṃ kṛitvâ tasthau. yadâ râjâ sabhâyâm upaviçati, tadâ 'yaṃ digambaraḥ phalahastaḥ san etc.

24 Der Name des Jogi lautet in f Çântilo (wohl nur verschr. st. Çântiçîlo, in Ee Kshântiçîlo, in a verschr. Kshyâtisîlo, in b Khyâtiçîlo, in c Kântiçîlo, in D Satiçîlo (d. i. ⁰çîlo nach der Gewohnheit dieser H.), in d fehlt der Name. Die Recension f hat vor der 9. (7.) Erz. Kshântiçîla wie Somadeva und Jambhaladatta, in der Einl. Kâṃçîla und Kâṃkshitaçîla.

26 Nach dattavân: râjñâ ca bhâṇḍâgâre kshiptaṃ d; sa ca râjâ shaṭdarçanaphalâkâṅkshî âsthânabhûmau tishṭhati, iti jñâtvâ phalaṃ dattaṃ e; râjñâ namo Nârâyaṇâye 'ty uktvâ u. *ibid.*: sa tu — gataḥ *Lassen-Gild.* wohl aus C; dafür b sa digambaro nityam eva phalam ekaṃ b h e ṭ a n a k e (?) karoti; fast ebenso E, hier bheṭanakaṃ. itthaṃ dvâdaçamâsaparyantaṃ phalâni pradattâni e. Aehnliches f und b, letzteres dvâdaçavarsha⁰, wie auch E. 31 sakalasabhâmadhye vismayaṃ saṃjâtam: etan mahâratnaṃ kasmiñçcid râjño gṛihe pṛithivyâṃ nâ 'sti e.

Vers 10 alle HH, Boehtl. 5787 (2633). α paçyed vai a; riktapâṇis tu no paçyed D. β bhaishajaṃ d, bheshajaṃ Bf, devatâṃ DEb. γ naimittikaṃ viçesheṇa b, nai⁰ ca mitraṃ ca Dce, naimitiko nimittaṃ hi E. Darnach hat B noch: itthaṃ bhâryâṃ priyaṃ (wohl priyâṃ zu lesen) putraṃ kaṇishṭhaṃ ca viçeshataḥ riktapâṇir na paçyet.

6, 4 ff. evaṃ çrutvâ bhâṇḍârikeṇo 'ktam: tâni phalâni ajñâtâni bhaṇitvâ bhâṇḍâgâre kshiptâni santi; gatvâ çodhayâmi. ity uktvâ sarvâṇi çodhayitvâ ânîtâni. sevâ kṛitâ dvâdaçamâsaparyantam e. 6 tato — bhaṇitam nach *Lassen-Gild.*; ad: ratnasaṃcayaḥ sarveshâm agre dṛishṭaḥ. 8 kasyâ 'pi ratnasya bhûbhyâṃ mûlyaṃ nâ 'sti, katham eteshâṃ mûlyaṃ dîyate? bhagavan, kathaṃ labhyate? yan manasi îpsitaṃ (geschr. îsitaṃ), tad vijñâpaya a, ähnlich d. In E sagt der ṛishi, wie ihn diese H. nennt: mahârâjakâryam asti. etâvanmâtrâṇi ratnâni vikrayitvâ kâryaṃ krîyate.

Vers 11 ABac, Boehtl. 439 (155). β st. yadi syât: yad bhavet ac; pṛithivîtale A. γ tan na vâcyaṃ sabhâmadhye ac. — Vers 12 alle HH., Boehtl. 7046 (5275). α siddham aushadhimantraṃ ca E. γ kutsitaṃ marma E; st. marma: karma Aa, dharmaṃ b. δ st. matimân: vaṃcanaṃ b, vacanaṃ c. (ca für na, was *Gild.* als Lesart von bc angiebt, habe ich dort nicht gelesen, sondern richtig na.) γδ kuçrutaṃ ca kubhuktaṃ ca mantraṃ nai 'va prakâçayet d. — Darnach haben be noch den ähnlichen Vers Boehtl. 583 (213). — Vers 13 ABad, Boehtl. 6603 (3061). β: st. sthiro bhavet: na bhidyate Bd. a hat darnach noch: tasmât sarvaprayatnena shaṭkarṇo rakshya eva hi. — Vers 14 ABEace, Boehtl. 2107 (883). α ⁰prishṭhe ABE. β gate e. γ st. nirjane sthâne: niḥçalâke vâ ce. — ad haben Vers 13 n a c h Vers 14 und den Worten deva ekânte vijñâpayâmi, wornach **a** noch hat: uktaṃ ca. Diese Anordnung verdient vielleicht den Vorzug. Vergl. die Hindibearbeitung, *Oesterley* S. 21, Z. 11 v. u.

6, 19 Godâ **Aa**, Golâ **Bbcd**, Gomatî **e**. — açvinamâse **e**, açvinakṛishṇacaturdaçyâṃ **E**. 20 aghoramantraṃ **Ee**.

Vers 15 **ADEabcde**. *α* cà 'tha **D**. *αβ* aṇimâ garimâ caiva mahimâ laghimâ tathâ **c**; *β* garimâ laghimâ **e**. *γ* îçatvaṃ **AD**; îçitvaṃ ca vaçitvaṃ ca **abce**. *δ* prâkâmyaṃ prâptir eva ca **ab**, prâptiḥ prâkâmyam eva ca **e**, prâkâmyaṃ prâptakâmatâ **c**; cà 'shṭa bhûtayaḥ **D** Darnach hat **b** noch:

prâkâmyaṃ tadvaçatvaṃ (?) ca, vaçitvaṃ yad udâhṛitam,
yatrakâmâvasâyitvam aṇimâdyashṭakaṃ smṛitam.

α tadyasatvaṃ die H.; tadvaçatvaṃ würde Abstract von tadvaça sein, welches, anders als in den im PW angeführten Stellen, aufzufassen wäre als „dies in der Gewalt habend", also tadvaçatvam die Eigenschaft dies, d. h. das Gewünschte, in der Gewalt zu haben, „welche vaçitvam genannt wird." *γδ* auch in **ABacd**.

Vers 16 **CEc**, *αβ* auch **D**. *α* dhairyasaṃpatto **c**, dhîrasaṃpanno **E**, dhîraḥ saṃpattau *Lassen*. st. tu: ca **D**. *β* yo bhavet, so 'tra sâdhakaḥ **D**. Vers 17 **CDEce** *αβ* dhîras tu sarvadâ tvaṃ hi dvâtriṅçallakshaṇânvitaḥ (⁰kshaṇair yutaḥ **c**) **Ec**, dhîras tu nistaret sarvaṃ dhâtṛiçaktaguṇânvitaḥ *Lassen*; çakti *conj. Lassen* in der Anm.

6, 36 Die Worte tatra gatvâ und yadi vadasi — yâsyati scheinen bei *Lassen* aus C zu stammen; in meinen massgebenden HH. steht nichts davon, weder hier noch unten bei den Worten des Vetâla, wo die Hindibearbeitung Aehnliches hat, Oesterley S. 25 Z. 4. Nur **D** hat, allerdings corrupt: tatra gatvâ m a u n a - nata (maunavrato?) mṛitakam âniya⁰. Nachträglich finde ich diese Worte in **E**.

38 ff. Die Beschreibung des Todtenhofes steht nur in **ABac**, der letzte Vers aber auch in den übrigen HH. Zur Charakteristik derselben vergleiche man *Gildem.* in der Annotatio critica (Anthol.³ S. 100), der für seinen Zweck die meisten weglassen durfte, während für eine Textesconstitution ohne Nebenrücksichten sich dies verbot. Uebrigens ist die Schilderung bei aller Ueberschwänglichkeit und Schwülstigkeit doch nicht so ganz sinnlos, und was völlig unverständlich bleibt ist doch nur weniges. Am schlimmsten ist die doch wohl anzunehmende Entstellung des Anfangs, in deren Folge man nicht erkennen kann, ob die verglichenen Gegenstände im Nominativ stehen sollen oder im Accusativ, etwa abhängig von saṃprâpya, wofür ich, um ein Verbum finitum zu haben, gern saṃprâptaḥ schreiben würde, wenn nicht dann die Worte çmaçânaṃ bhâti bhûtale störend mitten hinein kämen. Bei *Somadeva* stehen an der entsprechenden Stelle (Kathâs. XII, 75, 42 ff.) 3 Çloken, die Prädicate des Todtenhofs enthalten, sämmtlich abhängig von dem am Anfang derselben stehenden Verbum yayau. H i e r habe ich eine plausible Aenderung des ersten Verses nicht

gefunden und ihn daher in seiner überlieferten Constructionslosigkeit, mit einem Nominativus absolutus, stehen lassen; weiterhin stelle ich mit *Lassen* die Nominative her. — Die Auflösung der ersten Verszeile in Prosa, welche *Lassen-Gild.* haben, mag wohl aus **C** stammen; sie hat den Nachtheil, dass sie die Zusammenfassung der Zeilen zu Versen verschiebt, so dass dabei der erste Vers aus der zweiten Hälfte unseres ersten und der ersten Hälfte unseres zweiten Verses besteht, u. s. w. Diese Zusammenfassung bietet auch die Handschrift **A**, hier die einzige welche Verszahlen hat; dass sie aber falsch ist, insofern dadurch immer verschiedenartige Dinge in einen Vers zusammenkommen, während nach unserer Zählung die meisten Çloken einen innern Zusammenhang und einen gewissen Abschluss in sich haben, ist an mehreren Stellen sehr deutlich, besonders Vers 23, 26 und 27.

Vers 18. *α* râjâ **Ac**, dafür tataḥ **Ba**; prâpya ohne saṃ **AB**. *β* dhûmasaṃkulaṃ **c**, verschr. dhûmaḥsakulaṃ **B**, bhûma⁰ **A**, bhûta⁰ **a**. *γ* sarvopaskarasaṃyuktaṃ **c**, verschr. sivop⁰ **B**, pâshâṇopaskarasaṃyuktaṃ **A**. Darnach scheint upaskara Zubehör oder Geräth gesichert, pâshâṇopaskara Steingeräth, nicht mit *Lass.-Gild.* pâshâṇâpaskara „Steine und Mist" zu lesen. — Für *γδ* hat **a** folgendes: sarvapâpamayaṃ kâyam ivâ "mayaçatâçrayaṃ. S. Nachtr.

Vers 19. *β* lohitâçrayaṃ **A**, lobhihâçramaṃ **B**, lohitâsavâṃ **c** (d. i. ⁰âsavaṃ, so z. l., s. Nachtr.) *δ* cashakâ⁰ **a**, caçakâ⁰ **c**, cakashâ⁰ **A**, wonach *Lassen* caknasâ⁰, kapâlascayasaṃ⁰ **B**. (Nachtr.) — Vers 20. *β* so **c**; vîrendragaṇagarjitaṃ **A**, ebenso **a**, nur çava (st. çiva?) für gaṇa; vire[n]drâgâravarjitaṃ **B**. *δ* kâlamegham alle, s. Nachtr. — ivotthitaṃ **Bc**, ⁰ddhritaṃ **a**, ⁰cchritaṃ **A**, ⁰cchritaḥ *Lassen*. — Vers 21. *α* st. gṛidhra: vṛiddha **a**; kṛishṇâṅga **Bc** (**c** verschr. kashṇ⁰), kashṭâṅga **A**; st. mâlâbhiḥ: kulpâbhiḥ (verschr. für kulphâ⁰?) **a**. *β* prârambha **B**; vigrahaṃ **A**; kṛitatrâṇamivâçrikaṃ (?) **c**. Für *γδ* habe ich keine Herstellung und keinen verständlichen Sinn finden können; überliefert ist für *γ* kâlpâ ivotsavaṃ matta **a**, kalâ ivotsave matta **c**, kanyâ iva çamaṃ (so **A**, savaṃ **B**) mattaṃ **AB**. *δ* kṛiliṅkâ **c**; st. nṛitya: iva **A**. — Vers 22. *α* chidraṃ **Bac**, chinnaṃ **A**. Ich übersetze *αβ*: mit einem schnell entstandenen Wind (Wirbelwind?), der durch die Löcher der Knochen und Beinröhren blässt. *δ* iva nâditaṃ **a**, iva râvitaṃ **c**, avarâjitaṃ **B**, âvitambaraṃ (?) **A**. — Vers 23. *α* pratiphalat **a**, ⁰phalaṃ **ABC**, wofür ⁰phala zu lesen; dikshu pratiphalat in allen Himmelsgegenden wiederhallend (eigtl. zurückprallend). *β* ⁰pherupherava⁰ **a** wohl verschrieben st. kairavarâva⁰; ⁰bhairavasphâṇḍa⁰ (?) **A**. *γ* pralayârambha **a**, ⁰âbhaṅga **B**, ⁰âbhaṅgaṃ **c**, ⁰âçaktaṃ **A**. *δ* kṛitoṃkâram ivâ 'ntakaṃ alle. Ich stelle mit *Lassen* den Nomin. her, halte aber bis ⁰kâra alles für e i n Compos.: wie der Todesgott, der zum Beginn des Weltuntergangs das Wort Om ausgesprochen. Man könnte auch ârambhe schreiben. — Vers 24. *α* muṇḍakhaṇḍaiç **Bac**, mukhamaṇḍaiç **A**. *β* so alle HH., von *Lassen* ohne Noth geändert. — Die nächsten zwei Zeilen fehlen in A. γ jvalanâkâramalinaṃ B. pratâptâñgâranayanaṃ a.

Vers 25. α sphuliñgaçaracârâbhaṃ c. αβ Karṇa-Çalyoddhatâikhaṇḍaṃ smaçânaṃ vahudhâkulaṃ B. Im Text Initialen zu setzen.

Vers 26. γ avivekam alle, wofür der Nom. (subst. m. Mangel an Urtheilskraft) herzustellen war; doch s. Nachtr. δ niketakaṃ c; valaṃ kâṃtaniketanaṃ (?) A, laṃkâṃtakamivânalaṃ (?) B. — Vers 27. β sûrjaṇashî a, sûrpanakhâkulaṃ B, çûrpanakhâkṛitiṃ A, sûryanakhîtṛitâṃ c. δ mârîci Ac; cakitâmbaraṃ B, [ka]ṭhinâ[n]taraṃ a, dasselbe wohl gemeint in c: kaçivâtatam. — Vers 28. α bhrântakampana a, Kharakamp° A; dhûmrântaṃ c. β vibhûshaṇaṃ a. γ °dâham ivo 'tpannaṃ alle (°dbhinnaṃ a). β drâvaṇa Bac, pravaṇa A; st. vighnakaṃ: viplavaṃ a. — Vers 29. β st. duḥkha: bhûta A. pradharshaṇaṃ B, praghar° a, pravar° A. γ st. °çlishṭam: °çrishṭaṃ c. — Die Handschrift A, welche hier allein von allen die Verse durch Zahlen abtheilt, schliesst mit der ersten Hälfte dieses Verses ihren 11. Vers; a hat noch folgende Zeile:

phalâçaçatasaṃkâçaṃ (lies palâça°) ḍâkinîgaṇasevitam.

Vers 30 alle HH. β madirâpânalâlasâḥ b, madyapâna[n]dacetasaḥ D. Nach αβ steht in A die Zahl 12, γδ fehlt. γ bahavo yatra b, dafür nagnadhûrtâçca d. δ vetâlâbhûta° B; st. râkshasâḥ: repalâḥ (?) be, gantasaṃ (?) c, vielleicht verschr. st. gâtrakâḥ.

7, 17 etâdṛig vanaṃ râjñâ dṛishṭaṃ D; für çiṅçipâ° D immer çuṅçupâ°. *ibid.* tatra° so nach abcde, übereinstimmend mit der Hindîbearbeitung. In AB folgt nach chittva gleich mṛitakaṃ skandhe° unten Z. 22, den Vers haben beide nicht. kidṛiçaṃ mṛitakaṃ nur b, kî° çavaṃ *Lassen-Gild.* wohl aus C, çava[ṃ] kîdṛiçaṃ E, kîdṛiçaḥ (?) D.

ib. Vers 31 CDEabcde. β ûrdhva Dacde, arddha *Lassen-Gild.* wohl nach C, zweifelhaft c. δ mudrâ abcde, mukha *Lassen.* Darnach hat E noch:

nimnodaraṃ çidra(?)kâyaṃ mahadbhîtipradâyakam.

7, 21 ff. tato râjâ yâvad uttîrṇas tâvac chavaṃ tatrâ 'valambyâ "ste. tato râjâ punar api mṛitakapâçaṃ chittvâ skandhe kṛitvâ yâvan mârge gacchati tâvac chavasaṃsthena vetâleno 'ktaṃ *Lassen.* 23 mârge calite sati aus AB (mârge nicht in B); dafür nur mârge bd, nur tatra ac, mârge yâvat âgachati, tâvat e. — çavasaṃkramitena ade, °saṃsthena *Lassen-Gild.*; das Attribut fehlt ganz in ABc.

Vers 32 alle HH., 33 nur DE nicht, Boehtl. 1711 (659) und 6130 (2817): Vers 32 α gîtaçâstra° CEbe. β st. tu: hi D. — Vers 33 α st. kâ çrîḥ: kîrttiḥ d. β çaçinaṃ e. δ vâg ABbc, dafür sâ e; vâg vijṛimbhate a.

Hier hat e noch folgende 3 Verse:

vidvattvaṃ ca kavitvaṃ ca vidvattâyâḥ phaladvayam;
na vidvattvaṃ kavitvaṃ hi: paṇḍito 'pi çaṭhaḥ smṛitaḥ. 1.

ye mûḍhâ 'ksharavarjitâḥ, paçusamâḥ pâshâṇatulyâ narâ
jâtyandhâ, mṛiga-pakshi-ṛikshasadṛiçâs, te çushkavṛikshopamâḥ.
kiṃ râjyena janena? kiṃ bahudhanair? anyaiç ca kiṃ bândhavaiḥ?
vidyâ yena na çikshitâ gurumukhât, tasye 'ha janma[ṃ] vṛithâ. 2.

nânâçâstrasubhâshitâmṛitarasaiḥ çrotrotsavaṃ kurvatâṃ
yeshâṃ yânti dinâni paṇḍitajanavyâyâmakhinnâtmanâm,
teshâṃ janma ca jîvitaṃ ca sukṛitaṃ, tair eva bhûr bhûshitâ;
çeshaiḥ kiṃ paçuvad vivekarahitair bhûbhârabhûtair naraiḥ? 3.

Darauf folgt mit tathâ ca çrûyatâm ein corrupter Prakritvers, s. Anh.

I.

7, 31 Vajramukuṭeçvaro **Bc**, Mukuṭaçekharo **Dabde**. **e** hat noch: tasya mantrî Buddhinidhâno nâma. — mantriṇâ Cûḍâ[ma]ṇinâmnâ saha **D**, wo unten Z. 19 dann der Ministersohn Buddhisâgara heisst.

33 Nach dadṛiçâte hat **e**: bahubhiḥ pakshibhiḥ parîtam. uktaṃ ca:

hañsa-câtaka-cakora-kokilaiç, cakravâka-vacasârikâ-çukaiḥ,
ghûka-vâyasa-mayûra-sârasaiḥ pakshibhiḥ parivṛitaṃ mahâsaraḥ.

Vers 1—3: Nur wenig davon in **be**. Vers 1 *δ* nîlotpala° *Gildem.* für raktotpala°; yuktaṃ nîlasitotpalair **D**. Nach Vers 2 haben **be** noch: saṃvṛitaṃ (sakalaṃ **b**) vṛikshamâlâbhir (°râjîbhir **b**) apravishṭaraviprabham.

Vers 4 **AEac** *δ* vîci **AE**, vîcî **c**, vîca **a**; krauñca *conjec. Gildem.*; st. sârasa: sâgara **E**. — *γδ* in **D**:

jalakarkaṭasaṃyuktaṃ kûrmâyutasamâkulam.

In **e** folgt eine Strophe mit Baumnamen:

agaru-tagara-nimbâç, cûta-jambû-kadambâḥ,
vaṭa-jaṭuka-karîrâḥ, çâlmalî çallakî ca,
sarala-tarala-tâlâḥ, ketakî-nâlikerâḥ,
dhava-khadira-palâçâḥ kânane yatra santi.

β çâlmalîḥ çallakîçca.

7, 44 Vor diesen Versen hat **e** die Strophe te kaupînadharâs°, welche in der Siñhâsanadv. vorkommt, Weber Ind. Stud. 15 S. 298. Varianten: *α* so, °dharâs. *β* labdhâ kṛitiḥ. *γ* st. kiṃ vâ°: tair eva bhûr bhûshitâ. *δ* rushṭena tushṭena vâ.

Vers 5 **ABDEacde**, Boehtl. 844 (309). *αβ* balavati .. suhṛidi vâ wechselt in **a** die Stelle mit kusuma .. dhṛishadi vâ. *γ* st. straiṇe: stîrṇe **D**; yânti **E**; st. divasâḥ: vitṛishaḥ (?) **A**. *δ* puṇyâraṇye **AEacd**.

Vers 6 **ABEacde**. *α* st. gagane: gamane **ABc**. *β* bhasme kâshṭhe ca loshṭe **ABc**, bhasmikâ° **d**, bhasme loshṭe ca kâshṭhe **e**, corrupt bhûtausmekâshṭetuloshṭo **a**; st. bhasme: jvalane **E**, st. loshṭe: lohe **E**. *γ* bîje **c**, bîjaṃ **ABade**. st. pathe: patiḥ **e**. st. asura°: Paçupatinagare **c**; °suragaṇe vṛikshapattre **E**. *δ* st. çivo: svaro (içvaro) **B**. yadi vadasi bhave **a**, yadi vasati pumân **d**; dafür diçi diçi bhagavan (°vân) **AB**. Lies im Texte: yadi vasati, Bhavân. Eigenthümlich **E**: iti vadati Harir. — nânyadevo° **e**. — Hiernach haben **Eab** den Vers Boehtl. 3139 (1324) dhavalâny âtapatrâṇi° mit den Varianten in *δ* prasanne sati Çañkare **Ea**, Çivapûjâvidheḥ phalaṃ **b**. — Darauf folgen in mehrern HH. noch 3 zusammengehörige Çloken:

DEae bhrûṇahatyâdipâpî ca, agamyâgamanî tathâ,
DEa surâpaḥ svarṇahârî ca, brahmahâ, gurutalpagaḥ. 1.
Dae strîhantâ bâlahantâ ca, goghno, viçvâsaghâtakaḥ,
e parasvaharaṇodyato, mitraghnaḥ, pâradârikaḥ: 2.
DEae ekena praṇipâtena Çivâdhishṭhitacetasâ
Eae sarvâpâpavinirmuktaḥ sa gacchet paramâṃ gatim. 3.

1 *α* bhrûṇi° **a**, bhrûṇu° **D**; °hatyâdipâpâni **DE**. *β* agamyâgamanâni ca **DE**. agamyâgamanin ist eine neue Ableitung. — In *α* folgt nach *αβ* zunächst *αβ* von Vers 3. *γ* surâpas teṃya(?) kârî ca **D**; dafür goghnaç ca ca(!) kṛitaghnaç ca (mitraghnaç?) **E**. 2 *α* strîghâtî **D**; bâlaghâtî **Da**. *β* vidusha(?)ghâtakaḥ **D**. *γ* °odyato meine Conj. für °oghâte. 3 *β* samâdhishṭhita° **e**; °cetasaḥ **a**. **D** hat hier gleich *δ* in folgender Fassung: Çivalokaṃ sa gacchati; gacchec Chivapadaṃ naraḥ **a**.

8, 10 samantato nirîkshya yâvad gacchati *Lassen-Gild.* wohl aus **C**; ebenso (aber vrajati) **E**.

11 Nach saṃjâtaṃ führt **e** fort: 'uktaṃ ca:

hâvo mukhavikâraḥ syâd, bhâvaç cittasamudbhavaḥ,
kaṭâksho netrasaṃjñâ syâd, bhrûbhañgo bhrûyugântaram.

γ bhûbhañgaṃ die H. — 13 Nach so 'pi ca fahren **ABac** so fort: tayâ (tâvat **c**) kanyayâ bhaṇitaṃ, worauf ein corrupter Prakritvers (s. Anh.) folgt, darnach: iti paṭhitvâ tayâ saṃketâ° wie im Texte. In **D** fragt unpassend der Prinz das Mädchen, wer sie sei.

14 karṇâd danteshu **bd**, dantebhyo hṛidaye nikshiptaṃ **a**, °dhṛitaṃ **c**; dantebhyaḥ pâdayoḥ (°yor dhṛitaṃ **d**), pâdâbhyâṃ hṛidaye **bde**. Dieselbe Reihenfolge in diesen HH. sowie in **D** auch weiterhin.

15 f. evaṃ° nach **A**; statt mûrchitaḥ: virahavyathâpîḍitaḥ **be**, ähnlich **d**; darnach **e**: tadanantaraṃ mantriputraḥ pushpâṇy âdâya samâgataḥ vishaṇṇacitte mitreṇa dṛishṭaḥ, mantriputreṇa pṛishṭaç ca. tatas tasyâ 'gre sarvaṃ vṛittântam akathayat. Nach mûrchitaḥ: smaraçarajarjarita(jarjarî **B**)çarîraḥ **Be**. — 19 f. virahâkrânteṇa **ABc** (viraha° **A**). **abd** übergehen ganz die Frage des Begleiters. asmiñs . . . jânâmi combinirt aus **Ad**, die andern HH. haben nichts davon. 22 Nach niçcayaḥ hat **a** noch den Vers Boehtl. 6671 (3101), der unten in Erz. III wiederkehrt; s. das. — 23 ff. bho mitra . . jñâsyasi aus **c**. Dafür **e**: kâcit samasyâ 'pi kṛitâ? tena tasyâ 'gre catvâraḥ (sic) samasyâḥ kathitâḥ. Das Wort samasyâ, nach PW „ein Verstheil, den zu ergänzen man einem Andern aufgiebt“, scheint hier

überhaupt „Andeutung" zu bedeuten, gleichsam Rebus. — *Lassen-Gild.* haben wohl aus **C**: çrîmadbhiḥ kiṃ jñâtaṃ? râjaputreṇo 'ktaṃ: na kiṃcij jânâmi. Dasselbe auch in **E**. In den übrigen HH. nichts davon vor den Versen. — Zu samasyâ s. Nachtr.

Vers 7 alle HH., Boehtl. 1236 (463) *α* st. gṛihyate: budhyate **A**. Corrupt asaṃcitârthaḥ paçave vadanti **E**. *β* noditâḥ **Abcde**, deçitâḥ **B**, depreritâḥçitaḥ (!) d. i. deçitâḥ und preritâḥ **a**. *δ* °phalaṃ **E**.

Vers 8 **ABDEacde**, Boehtl. 848 (310) *γ* vikârais tu **a**, vikârâbhyâṃ **A**, vikâreṇa **BDce**. *δ* gṛihyate **A**, lakshyate **d**.

32—36 So nach **A**, ähnlich **Bc**, aber Z. 16 kathitaṃ st. kṛitaṃ; **bde** nur tayâ kiṃ bhaṇitaṃ (kathitaṃ **d**), welche Worte **a** dem Prinzen zuschreibt. **B** hat nach râjakumâreṇo 'ktaṃ: mayâ na katham api jñâtaṃ; mantriputreṇo 'ktaṃ: ahaṃ kathayâmi tat; t[ad]â tasyâç ceshṭitaṃ mantrâ 'gre (*sic!*) kathitaṃ. Die Worte mastakât bis nijabhavanaṃ nur **A**. **b** hat dafür: tayâ catvâri cihnâni kṛitâni mayâ na jñâtâni. In **DE** nichts davon. — 37 ff. çṛiṇu . . kathitam aus **bea**. Karṇakubje nagare vasâmi *Lassen-Gild.* wohl aus **C**; ebenso **E**, nur nach nagare noch 'haṃ. Karṇotpalanagare vasâmy ahaṃ **c**. Dafür Mâgadhadeçasya Karṇotpalanâma (sic) râjâ **AB**. — 38 ff. Immer tat taye 'ti kathitaṃ **A**, tat tayâ ka° **Bc**, tat ka° die andern. — 41 tvam . . vasasi so *Lassen-Gild.* (**C**) und **E**. Dafür mama prâṇeçvaro bhava (bhavasi, bhavishyasi) **ABc**, mama prâṇapriyo vârttase **abde**. — 43 Nach çrutvâ **D**: kiṃcid âçâpâçabaddhaḥ pradhânam uvâca: „kathaṃ tasyâḥ antaḥpuracâriṇyâḥ sakhîsamûhasamâvṛitâyâḥ kâminyâ me prâptiḥ kathaṃ (!) bhavishyatî?" 'ti çrutvâ mantriṇo 'ktam: „râjann, upâyaiḥ sarvam api sâdhyam. â[vâ]bhyâṃ tatra gatvâ vâsaḥ kartavyaḥ." evam uktvâ u. s. w. — 44 uttishṭha° so nach **A**; auch in **abde** spricht die Worte yatra bis kartavyaṃ der Prinz, in **c** ähnliche der Ministersohn. *Lassen-Gild.* folgen **B**: yadi te esha niçcayaḥ (so die H.), yatra sâ va° ta° gatvâ bho° ka°. — Vorher haben **ab** je einen, **e** zwei corrupte Prakritverse, s. Anh. — 46 mantriputreṇa saha tasmin nagare gataḥ **abde** ungefähr gleich. Darnach **e**: tad (?) bhikshuṇikâgṛihe nagaramadhye ârâmikâgṛihe dvâbhyâṃ gatam. tatrâ "râmamaṭhâçraye (wohl = maṭhâyatane) uttîrṇau dvâv api bhuktvâ tâbhyâṃ (?) saha deçântaragoshṭhî (?) kṛitâ. tatrâ "râmikâyâṃ (?) çvas tau tadgṛihe sukhena tishṭhataḥ. *ibid.* nach prâptau: tatra dûtî vasati, tasyâ abhidhânaṃ Vṛiddhâ, tadgṛiha uttîrṇau *Lassen-Gild.* Dafür **Ec**: tatra daça dûtyo° siehe unten zu Vers 9. — Statt parivrâjikâyâ gṛihe: tapasvinîmaṭhikâyâṃ **b**, tapasvinyâ ambikâyâ gṛihe **d**, bhikshukyâ° **D**.

9 Vers 9 **ABad**. *γ* dûrâṃ **B**, vâraṃ **A**. *αβ* nach **A**, wo nur parivrâjikâ in pravr° zu ändern war. Für *αβ* hat **B**, mit Resten einer andern Zeile: mâlâkârî rajakî | naṭakî parivrâjikâ dhâtrî pratiniveçinî. Ferner haben **ad**:

a: vikreyî (sic) nâpitî cai 'va mâlâkârî prativratâ (l. pravrâjikâ) rajakî ca naṭî dâsî dhâtrî pratiniveçinî.
d: vikreyî nâpitî mâlâkârî pravrâjikâ naṭî pravrâjitâ (⁰kâ?) tathâ daiva (cai 'va?) rajakî vidhavâ tathâ sakhî kumârikâ ceṭî dhâtrî pratiniveçinî.

vikreyî ist wohl unrichtig; es müsste eine Verkäufliche bedeuten, während hier eher Verkäuferin, etwa Hökerin, passen würde. pratiniveçinî scheint verkehrte Neubildung statt prativ⁰, des Verses wegen.

Zwei andere Verse derselben Art, ziemlich corrupt, hat **b**:
bhikshuṇî varttinî (?vṛirttinî geschr.) dâsî, tathâ dhâtrî kumârikâ,
mâlâkârî hi (?bhi geschr.) rajakî, etâ dushṭâñganâḥ smṛitâḥ. 1.
iti kâ kathitâ (?) eva tâpinî (?) sûcikâ tathâ
kumbhakârî lohakârî tathâ syât prativeçmikâ (?). 2.

Darnach: evaṃ samyagdûte (dûtya?) ativicakshaṇâ bhavanti. Aehnlich ist der Vers in **e**, vom Schreiber wohl nicht als Vers gemeint, da er Ziffern hineinsetzt, auch am Ende unrichtig mit überschiessenden Worten:
bhikshuṇikâ 1 pravrâjikâ 2 dâsî 3 dhâtrî 4 kumârikâ 5
kumbhakârikâ 6 rajakî 7 mâlâkârî 8 ⏑ nâpitî 9
dushṭâñganâ sakhî 10 iti daça dûtikâḥ.

αβ ebenso in **D**, wo *γδ* so: rajakî mâlâkârî ca sapta dûtyaḥ prakîrtitâḥ. — Zu dem allen vergl. Varâh. Bṛih. Sanh. 78, 9. — In **E** Prosa: tatra daça dûtyo vasanti, tâsâṃ abhidhânâni: ekâ vṛiddhâ 1, bhakshaṇikâ (so) 2, vrajikâ 3, veçyâ 4, dhâtrî 5, kumârî 6, rajakî 7, mâlâkârî 8, ashṭâñganâ (?dushṭâ⁰ **ce**) 9, sakhinâpitî (so) 10. Aehnlich **c** mit folgender Aufzählung: dushṭâñganâ, bhikshuṇikâ (?bhikshakinî geschr.), vayasyâ, nâyikâ, rajakî, narî (= naṭî), pratiniveçinî, kumârî, dhâtrî, vṛiddhâ ce 'ti.

9, 3 f. Die aufgenommene Fassung nach *Lassen-Gild.*; fast ganz so **E**. ähnlich **c**, in den andern HH. fehlt diese Vorfrage. — **D** weicht hier weiter ab, sachlich etwa gleich. — 7 adya⁰ bis 12 vaktavyaṃ nur in **AB**, die andern HH. kürzer. — 15 Padmâvatî saharshâ tad vacanaṃ çrutvâ **E**, antarhṛishṭâ Pa⁰ kiṃcit kopamisheṇa **D**. — 17 f. Kürzer **a**: saroshavacanam uktaṃ: mama gṛihât svagṛihaṃ gaccha; fast ganz ebenso **bdo**. Auch das Folgende in **abcde** kürzer. — 27 h ṛ i d a y e tâḍitâ: „gaccha svagṛihe“ durvacanaiḥ pîḍitâ **E**. Nach tâḍitau: uktaṃ ca: „gaccha pâpishṭhe svagṛihaṃ, mai 'vaṃ punar upadeçanîyaṃ.“ âgatâ sâ durmukhî bhûtvâ 'dhomukhî saṃjâtâ. tâm avalokya etc. **d**; ähnlich **a** und **e**.

Vers 12 (Im Texte so falsch gezählt) alle HH. *α* câhni **b**. *β* ⁰ghâtakî **B**. *γ* st. proktâ: jneyâ **b**. *δ* çudhyate **A**, ⁰ti alle andern.

36 f. âgatâṃ tâṃ dṛishṭvâ bhojana-snânâdikaṃ (so) âdaraṃ vidhâya trighaṭikânv ṛitusamaye (so zu lesen?) mañcikâṃ (?) dṛiḍhaṃ baddhvâ tatro 'paveçya paçcimadvâre sâ dûtâ preshitâ durvacobhir atiçayena pîḍitâ. tayâ gatvâ etc. **E**, von durva⁰ an ähnlich **bc**. — In **D** fällt Padmâv. hier aus der Rolle und sagt: „In der Nacht

soll der König kommen". Trotzdem erzählt die Alte zu Haus nur tasyâḥ pañcamadivase snâna-bhojanâdikaṃ sarvaṃ. — 39 tenai 'va gatvâ gavâkshamârgeṇa çikye sthitvâ upakâryâṃ gacche 'ti und dann unten 42 çikyopavishṭaṃ vijñâya tayâ gavâkshamârgeṇa upakâryâṃ nîtaḥ **D**. — 46 Hier **e**: ⁰bhûshaṇaṃ kṛitaṃ. tatho 'ktaṃ ca:

sugandho, vanitâ, vastraṃ, gîta-tâmbûla-bhojanam,
sukhaçayyâsana-snânam ashṭau bhogâḥ prakîrtitâḥ. 39.

(Dieser Vers findet sich nach *Aufrecht* in der Subhâshitamuktâvalî als Einschiebung nach 15, 15.)

kiṃcid vastreṇa gṛihṇîyât . . . .
kiṃcid âliñganaṃ dattvâ kiṃcin mukhasya cumbhanam. 40.
kiṃcic câ 'dharapânaṃ ca nakhaiç ca kucamardanam,
paçcâc ca çayanaṃ kuryâd: ashṭâñgaḥ kâma ucyate. 41.

Vers 39 (die Zahlen so in **e**) α sugandhaṃ, γ ⁰çayyâmasnasnânam. — Vers 40 und 41 sind corrupt; befremdlich ist das wiederholte kiṃcid und das doppelte ca in 41 α. 40 β fehlt; δ st. mukhasya verschr. gashṇasya.

9, 13 Nach saṃbhogaḥ kṛitaḥ haben **ace** einen Prakritvers, **A** denselben und noch drei andre, s. Anh. **E** hat folgende Aufzählung der Genüsse: gâḍhâliñgana-cumbanacaturaçîtikaraṇâdikaṃ satkâra-kararuhaprahâra-nakha(?)kokilâçabdâdikaṃ sukhasaṃbhogaçataṃ. An dieser Stelle hat **D** einen Vers, von dem ich wegen der Unfläthigkeit der zweiten Hälfte nur die erste hersetze; diese lautet:

muñca, muñca paridhâna-kañcukîṃ! dehi, dehi mama cumbanaṃ, priye!

Darnach hat **D** noch einen corrupten Vers.

Vers 13 **ABabcdeg** ausserdem **g** im Mâdhav., Bl. 212b; Boehtl.² 119. α âṇakyaṃ **c**, âṇikyaṃ **B**, aṇikyaṃ **A**, âṇikya **a**, mâṇikyaṃ **d**, mâ âṇikyaṃ **e**, trâṇikaṃ **b**, ayi kiṃ surataṃ jñeyaṃ **g**. γ jâyate **Babcdeg**, jâyante **A**, niviḍâ **Bbc**, nibiḍâ **Ae** (so lese ich sicher in **A** und **B**, mit n im Anlaut, nicht v, wie *Lassen* es angesehen zu haben scheint), niviṇaṃ **a**, vijayâ **d**. ⁰çleshaḥ **ABad**, ⁰çlesha **cg**, ⁰çleshaṃ **e**, ceshṭâ **d**.

Vers 14 alle HH. ausser **E**, auch **g** im Mâdhav.; Boehtl.² 224. α st. adhaḥ: adha⁰ alle; adhastâd **D**, ⁰sthâd **dg**, ⁰sthâṃ .. nârîṃ **b**, ⁰sthâṃ .. narî **B**, ⁰sthâd .. nârîm **g**; β copari⁰ **B**, hy upari⁰ **e**, ⁰sthaç (⁰sthâ **A**) alle ausser **D**, wo ⁰shṭâc (so); st. ca: tu **A**. δ grâmyavâla⁰ **acd**, sarvabâla⁰ **g**. vivakshaṇa⁰ **e** (verschr. st. vicakshaṇa); dafür δ von 15 **D**.

Vers 15 **ABabc**, Boehtl.² 1291. α uparisthâ alle. γ st. rataṃ: taraṃ **B**; tadâjñeyaṃ **b**; rataṃ tad dhi **c**. δ kâmîjana **B**, kâmijjana **b**, kâmajana **A**; vicakshaṇajana **a**.

Vers 16 **ADabcg**, Boehtl.² 4003. α st. yatra: nârî **A**. β nach **c**; nârîm uttkaritâ (?so!) naraḥ **A**. nârîm upari kârmukaḥ (so!) **g**, nârîshu adhikaṃ naraḥ **a**, nârîm âhur (nârîṃ muhur?) muhur muhuḥ **b**. αβ paçuvad ravate (so) nârî yatra kâmârthinaṃ

naraṃ D. γ pāçavad rajataṃ (so!) g; dafür dhenukaṃ tad ra⁰ D.
δ sarvakāmajana⁰ A, sarvabâlajana⁰ g.
Vers 17 ABDcde, Boehtl. 2102 (830). α st. vâmanî: kâmini A; st. kuca: bhujā D; prodbhûta ABde, protphulla c; prodbhinna D. β vigalatkâñcipradeçâmbarā c; vimalaçrî⁰ D. γ st. mâ 'ti: mâ ca c; st. iti: ati d; mâ mâ mâm iti vâdinîm alam iti premâksharo⁰ D. (Im Text kiṃ z. l. nach mṛitâ nu) δ st. linâ: lîlâ B.
Nach diesem Vers hat e Folgendes, worin Manches zweifelhaft bleibt: ityâdiprakâraiç caturaçiti rasanâni. tathâ striyâṃ shoḍaçaçṛiṅgârâḥ kâmadharaṇâḥ (?die H. corrupt kṛimadhanattâḥ). uktaṃ ca:

pûrvaṃ mardanacîra-hâra-tilakaṃ, netrâñjanaṃ, kuṇḍalaṃ, nâsâmauktika-pushpamâlakaraṇaṃ, jhaṃkâritaṃ, nûpuraṃ, aṅge candanalepanaṃ, kucamaṇiḥ, kshudrâ valî, ghaṇṭikâ, tâmbûlaṃ, kara-kaṅkanaṃ, caturatâ: çṛiṅgârakâḥ shoḍaçâḥ.
tathâ ca puṅsâṃ shoḍaçaçṛiṅgârâḥ:
kshauraṃ, majjana(mârj*?)-vastra-çîrshatilakaṃ, gâtraṃ tathâ carcitaṃ, karṇe kuṇḍala-mudrikâ ca. mukuṭaṃ, pâdau ca carmâñcitau, haste khaḍga-paṭâmbaraṃ, kaṭichurî, samyag vinîtaṃ mukhaṃ, tâmbûlaṃ ca suçilatâ ea: guṇinâṃ çṛiṅgârakâḥ shoḍaçâḥ.
δ vinîto mukhe.
Darauf folgt eine etwas corrupte Strophe, anfangend abhyañgaṃ çramavâta⁰, und dann folgender Çloka, nach welchem das Citat Vâgbhaṭât steht:
yat kiṃcin madhuraṃ, snigdhaṃ, bṛiṅhaṇaṃ, balavardhanam, manaḥprahlâdanaṃ ce 'ti, tat sarvaṃ vṛishyam ucyate.
Nach Vers 17 haben De folgenden:
yâ sâ candanapaṅkam aṅgapatitaṃ bhâraṃ guruṃ manyate, suptâ padmadalâkule ca çayane svedântaraṃ gacchati:
sâ sarvâṅgabharaṃ priyasya sahate kenâ 'py, aho! hetunâ.
citraṃ, paçya, vicitracitram atha vâ: snehena kiṃ dushkaram?
β st. ⁰kule: mṛite e. svedâtataṃ e. δ paçya kimatramathavâ e.
Vers 18 ABcde, Boehtl. 2536 (1021). α tiktamushka c, tiktamnishṭa AB. β durgândhi d, ⁰gandha ce. δ tâmbûle hi c; sakhe fehlt in B; 'pi tad B. — Vers 19 BDcde, mit einigen Abweichungen = Varâh. Bṛih. Sanh. 77, 36. α pûgena cûrṇena D. β ⁰dhike ca B, ⁰dhikaṃ ca e; kshemaṃ ca pûgaṃ phalakâdhike 'pi D. γ patrâdhike Bc; st. sâdhu: svâdu D. δ cûrṇâdhike c. γ u. δ ⁰âdikaṃ D.
Vers 20 ABcde. α st. subhagaṃ: vimalaṃ e, viditaṃ B. β nihatâ e. γ surabhir B; st. gandhâ⁰: garvâ⁰ Acd, gavâṃ e (wohl st. garvâ verschr.). δ paramala A; ⁰guṇo ce, ⁰guṇâ AB, guṇân d.
10, 25 f. So d, ebenso a, nur sarvo st. bhavyaṃ; ohne tvayâ so be: mamâ 'bhiprâyo bhavyo jñâtaḥ; ⁰prâyaṃ bhavyaṃ jñâtaṃ B; ⁰prâyaṃ kathaṃ jñâtaṃ Ac; ⁰prâyo bhavatâ mantriṇâ vâ jñâtaṃ *Lassen-Gild.*, ähnlich E; ⁰prâyas tvayâ jñâtaḥ uta ma-

ntriṇâ? râjño 'ktaṃ: mantriṇe 'ti **D**. — 27 **e**: „mama mitro mantriputras, tena sarvaṃ jñâtaṃ, samasyâ, saṃketasthânaṃ; kiṃcit samasyâdikam ahaṃ na jânâmi.“ (Ob ich so richtig interpungire, ist fraglich; die H. hat kein Zeichen.) etat vacanaṃ çrutvâ strî hṛidayena cintayati: „tena pradhânaputreṇa mama mastake mûrkhabhartâ "nîtas; tarhi pradhânaputram ahaṃ mârayâmî" 'ty. evaṃ cintayitvâ sâ strî bhartre (die H. corrupt bharttrâka) kathayati etc. — 29 cûrṇikâ[ṃ] **A**, prâcûrṇikaṃ **B**, prâghûrṇikaṃ **DE**, = prâdhvaṇikaṃ **c**, prâvaraṇakaṃ **d**, pakvânnaṃ **a**, âtithyaṃ **be**.

Vers 21 alle HH. ausser **DE**, Boehtl. 2703 (1103). γ bhunakti bhuñjâpayati **A**; st. cai 'va: gehe **c**.

34 vishagarbhâ laḍûkâḥ **e**, vishamodakâḥ **Ebc**, vishalaguḍakâḥ (!) **a**. An dieser und der gleich folgenden Stelle haben die HH. überwiegend e i n ḍ in laḍḍuka, dreimal û. — Nach sameshyanti (so st. samâg⁰) hat **e**: prâtaḥsamaye dasîsakhîhaste modakâḥ sugandhadravyasaṃyuktâḥ samâyâtâḥ; yatho 'ktaṃ ca:

ye modakâḥ pracurapâṇḍurakhaṇḍupâkair

u. s. w. corrupt. — In **D** wird die Nonne (bhikshukî) zu P. geschickt und bringt die Giftplätzchen. — 37 nach mṛitaç ca çvâ hat **e** einige sinnlose Worte, dann den Vers Boehtl. 1382 (534) ekasya janmano⁰ etwas corrupt. **B** und **b** haben die Episode mit dem Hunde nicht; **b** sinnlos corrumpirt. — 38 Nach kupitaḥ hat nur **A** uvâca und **e** mitraṃ prati prâha, in **BDEacd** folgt gleich die Rede selbst. — yâ . . vadhakâñkshiṇî **DEabcde**; ghâtakî 'yaṃ **AB**. — 39 f. tvayi . . bhavati mit *Gildem.* nach **e**; gâḍh⁰ anu⁰ sâ auch **b**. tayâ saha snehakâraṇaṃ tasyâḥ **c**, ähnlich **ABad**.

Vers 22 alle HH. ausser **DE**, Boehtl.² 2324. α jananî nach meinen Collationen alle, in **c** zweifelhaft ⁰nîṃ; um so plausibler ist *Gildemeisters* Conjectur, der ich gefolgt bin. (*Boehtlingks* janani als LA. der HH. beruht auf einem Versehen.) β vastûni jîvaṃ ca **A**, va (od. ca) vastunî jîvanaṃ ca **B**, vasûni jîvitaṃ ca **d**, vasûni mitraṃ ca **e**, ca vastu jîvaṃ ca **a**, ca vastu vittaṃ ca **b**, bahûni dravyâṇi **c**. γ purushaviçeshâḥ proktâḥ **A**. δ tṛiṇam iva **A**, tṛiṇâni **e**, tṛiṇâyani (sic) **c**.

Vers 23 alle HH. ausser **E**, Boehtl. 5395 (2445). α für vâ⁰: câ 'nnâni **Dabcde**; st. bhuñjîta: bhuktâni **Dc**. β 'dhyushitaṃ **ce**, 'bhyu⁰ **D**; 'py utitaṃ (?) **a**.

Vers 24 alle HH. ausser **E**, Boehtl. 2024 (789). α so **e**; samaṃ mitraṃ **ABDbcd**, samaṃ traṃ (so) **a**. γ kshîraṃ nîrâyate **Da**; st. tasmin: tatra **ABa**, samyag **c**. δ agnau **ac**, nâgnau **d**, vahnau **AB**; dahyati **Ba**, tahyati **A**; tad vyayaḥ **b**, dafür nityaçaḥ **D**.

Darnach fährt **e** so fort: tato râjaputreṇo 'ktam:

anyonyâlokanâj jâtam, âyâsâd vardhitaṃ punaḥ,
sthitaṃ manasi saṃhṛishṭe vishâdât prema naçyati.
premâ 'pi kâmavaçagaṃ, kâmât prema samudbhavam;
vṛiddhi-kshayau samâu yadvaj jalasya jalajasya ca.

mantriputreṇo 'ktam: „deva, yushmâbhir adya niçîthe kiṃcin mâdakaṃ vastu priyâyai dâtavyam; paçcât suratasaṃbhogavaikalyanidrâçrântasamayaṃ vidhâya tat samaye vâmajaṅghâyâṃ triçûlalâñchanaṃ kṛitvâ paçcâd vâmapâdân nûpuram âbharaṇaṃ gṛihîtvâ matsannidhau çîghram âgantavyam."

11, 2 vaikalyaṃ tâṃ nîtvâ aus **Bad**, ähnlich **E**; **ad** paraṃ vaikalyatâṃ (? so!); verschr. kaivalpa **B**. — 4 ff. yad . . gataḥ nach **a**, ähnlich **d**, etwas kürzer **bce**. Dafür hat **A** nach dem Verse: punas tatprabhâte râjaputreṇa tasyâḥ vâmajaṅghâyâṃ triçûlâkṛitiṃ vidhâya sarve vastrâbharaṇâni gṛihîtva mantriputrasyâ 'gre samarpitaḥ (so statt °tâni). Nur **A** lässt den Freund erst auf den Todtenhof gehen und den Prinzen dorthin zu ihm kommen. — Nach gataḥ **b**: mantriputro maunî bhûtva rûpaparâvarttiṃ (lies °vartaṃ) kṛitvâ îshanmilitalocanaḥ (vergl. Vers 24 z. E.) çmaçâne sthitaḥ. — Wieder Verse hat **e**: mantriputreṇo 'ktam:

parâbhavo na vaktavyo yâdṛiçe tâdṛiçe nare;
tena ṭiṭṭibhamâtreṇa samudro vyâkulîkṛitaḥ. (cf. Pañcat. I, 12)

α in der H. fehlt yâ von yâdṛiçe; vergl. PW. s. v. — δ samudra. — Darnach folgt der Vers Boehtl. 1306 (498) upâyena hi°, dann:

niçâyâ ashṭamo bhâga ushaḥkâlaḥ sa ucyate.

tata ushâkâle mahâçmaçâne prajvalitacitâsamîpe mantriputras tapasviveshaṃ kṛitavân, haste sarpâsthimâlâṃ, kaṇṭhe rudrâkshamâlâṃ dhṛitvâ; folgt der Vers jaṭâ° wie im Texte. — 11 Nach gatvâ hat **c** noch tatrai 'va kuṭîrakaṃ kṛitvâ.

Vers 25 **ADEade**, die erste Hälfte auch **B**; **BE** sehr corrupt. α ca fehlt in **Bd**, **e** hat dafür caṃ, Dittographie zu dem folgenden caṃdrâ°; allerdings würde ca besser fehlen. β kṛitvâ candrârdhaçekharaḥ (so!) **D**. δ st. îshan: kiṃcin **e**.

11, 10 ff. st. mantriputreṇa: veshadhâriṇâ **cd**; für tasyâ aṅgulîyakaṃ: râjanâmâṅkitam âbharaṇaṃ **bcd**. — Ausführlicher **e**. — 12 Nach idam hat **A** noch kuto labdham, das hier wohl besser noch wegbleibt; die im Ganzen hier übereinstimmenden HH. **Bac** haben es nicht. — Weiterhin gehen die HH. ziemlich auseinander; **bde** lassen das Anhalten des Prinzen durch den Koṭwâl erst nach der Erkundigung geschehen, **d** lässt ihn vor den König führen. In **D** wird der verkleidete Ministersohn von den Leuten des Königs caurânveshaṇârthagataiḥ mit dem Schmuck verhaftet und vor den König geführt. — 12 ff. Die Form koshṭhapâla (koshṭa°) haben **ad**, kroshṭrapâla **c**, koṭapâla **BDEae**, koṭipâla **A**, grâmapâla **b**, durgapâla **e**. — 17 ff. adya **BEabcde**, atha **A**, atra **D** und *Lassen-Gild.* — Nach °caturdaçyâṃ **d**: râtrisamaye 'tra mayâ çâkinîmaṇḍalam âkṛishṭam; tasyâḥ sarvâ(sic! lies sarva-)maṇḍalaṃ raktamayaṃ vidhâya tatrai 'kapurushaṃ etc. raktakaravîrapushpai[r] (kusumai **D**) **Dab** (aber kaṇavîra **b**), hayamârakusumair **c**. — Nach kṛitvâ, das im Texte besser zu streichen ist (in **A** fehlt es, in **B** ist es ausgewischt), hat **e**: gugula(so!)-rakta-candanair baliṃbâkula(?)-vaṭakâdibhiḥ pûjayitvâ etan maṇḍale (°laṃ z. l.) saṃpûjya mantripurusham vidâraya (wohl z. l. mantraiḥ purusham vidârya, vgl. **b** und **E**) hana 2 (sic!), ghâtaya 2, mâraya 2, tâḍaya 2, çoshaya 2, megha-mâṅsam bhakshaya 2, çatrûn saṃhâraya 2, phaṭ svâhâ 108 ity ashṭottaraçatavârân mantraṃ japitvâ çavabhâgân kṛitvâ mṛitakapurushaṃ bhakshayanti. , Aehnlich **b**: maṇḍalaṃ kṛitvâ pûjayitvâ tataḥ purushaṃ mantrair (geschr. maitrair) vidâryâ 'haṃ nara (? wohl zu lesen vidârya hana 2) ghâtaya 2 mâraya 2 bhâgân kṛitvâ yâvad yoginyo bhakshayanti etc. **E**: maṇḍalaṃ pûjayitvâ aghoramantrai[ḥ] purushaṃ vidîrya hana hana ghâtaya ghâtaya mâraya mâraya bhogân (so) vidhâya yâvad etc. **D**: maṇḍ⁰ pû⁰ tatrâ 'ghoramantraṃ japitvâ havanaṃ vidhâya bhûta-vetâlâdibhyo balir dattaḥ. taṃ baliṃ (balî geschr.) bhoktukâmâ yâvad etc. **c**: hara-(hâra?)maṇḍalaṃ pûjayitvâ paçcân mama celukaṃ (celakaṃ geschr.) vidârya bhâgâḥ (!) kṛitvâ yâvad etc. — 21 daçadiçaṃ **Bac**, daçadiçi **A**. — 24 mahallikâm âkârya **acd**, mahîmallikâm⁰ **E**, dhâtrî prahitâ **D**; ceṭikâgre **AB**. Hier **e**: râjñâ sabhayaṃ antaḥpuracâriṇaḥ kañcukinaḥ purushâ 'ntaḥpure preshitâḥ. — 26 lâṃchanam **Babde**, lâṃkshaṇam **A**, (27 auch **A** lâṃchanaṃ), lakshaṇaṃ **c**. — 28 paraṃ na prakâçyaṃ nur **c**; dafür **b**: ity âkarṇya râjâ paramaunaṃ cakre; râjñâ cintitaṃ **DE**.

Vers 26 alle HH., Boehtl. 583 (213). *α* mana[ḥ]sthairyaṃ **E**. *β* griha⁰ **D**. *γ* griñjanaṃ **AB**, vacanaṃ **Ec**, mânaṃ (soll amânaṃ sein) **d**.

31 ff. So ausführlich **Acd**. ⁰daṇḍo vidhîyate, yâ râtrau bahir gacchati? bhaṭṭârakeṇa (so z. l.) svârthapareṇo 'ktaṃ dharmaṃ ca (?) vijñâya, (?) uktaṃ ca: svârthaṃ samuddharet prâjñaḥ, svârthabhraṅço hi mûrkhatâ (⁰ta geschr.) **D**.

Vers 27 alle HH., Boehtl. 622 (180). *β* Im Texte bâlâç zu lesen. bâlaç ca jñâptayaḥ **a**; nârjâ (lies nâryo) bâlâ svajâtaya **b**, bâlâḥ svajâptayaḥ **e**; *Gild.* giebt aus beiden HH., **b** und **e**, j ñ â⁰ an; habe i c h richtig gesehen, so würde svajâtayaḥ als „Angehörige der eignen Familie" zu fassen sein. — striyo bâlâs tathai 'va ca **c**, ⁰bâlâḥ prajâs tathâ **D**, bâlâ nâryas tathai 'va ca **B**, strî tapasvî ca rogavân **d**, strî-bâlâ-'tithi-jñâtayaḥ **E**. *γ* yeshâm annâni **c**, yeshâṃ câ 'pi hi **B**; bhuktâni **DE** (vgl. Vers 23). *δ* statt ca: vâ **bd**; ye câ 'nye **B**, ye câ 'pi **c**; çaraṇâgatâḥ **abd**; yatra ca syât pratiçrayaḥ **e**; yaḥ çiçuḥ çaraṇâgataḥ **D**; na vadhyaḥ çaraṇâgataḥ **E**. — 36 'pi nur in **Ac**; visarjanaṃ **Bde**, ⁰no **Aabc**, varjano **E**. — Hier hat **e** noch: uktaṃ ca:

taskarasya çiro daṇḍo, jñâtidaṇḍam abhojanam,
strîshu daṇḍaḥ parityâgo, mitradaṇḍam abhâshaṇam. 65.

tato râjñâ manasi vicintya tapasvivacanaṃ pratipannaṃ, tathai 'va kṛitam. — 37 Vor nissâritâ (so st. nishkâçitâ): lokâpavâdabhayât **b**. — 37 ff. tadâ⁰ nach **A**, ähnlich **Bc**, die hier ganz übereinstimmen, die andern kürzer.

Vor Vers 28 haben **Ebde** noch einen andern:

nashṭe, mṛite, pravrajite, klîve ca, patite patau,
pañcasv âpatsu nârîṇâṃ patir anyo vidhîyate.

α st. nashṭe: gate d; vrajite ohne pra b.

Vers 28 alle HH. ausser DE, Boehtl. 7112 (3271). α suprayuktasya ab, suguptasyâ 'pi ABde; st. dambhasya: mantrasya cd. γ koliko ABb, kolako c, kokilo d; buddhirûpeṇa c. δ râjakanyâṃ nishevate bde. — Vor diesem Verse hat e paṇḍitair uktam, vor dem folgenden râjapurushair uktaṃ, vor Vers 30: svanagaraṃ gatvâ vedoktavidhinâ vivâham akarot; yataḥ.

Vers 29 alle HH. ausser DE, Boehtl. 405 (140). δ brahmaṇyân c, brahmaṇi A, ⁰ṇî Babde; nakulo c, ⁰lc a, ⁰laṃ ABbde.

Vers 30 alle HH. ausser E, Boehtl. 1870 (717). α kṛitânte na kritaṃ D. β st. nirmitaṃ: janmani d. γ tac chakyaṃ nâ 'nyathâ c, çakyate nâ 'nyathâ kartuṃ D, paṇḍitais alle.

Vers 31 ABDace, Boehtl. 5784 (2631). α nasusho e, navadusho a; yâne ABDae, no yân *Lassen-Gild.* vermuthlich nach C, da sie es nicht als Conjectur angeben. Ich ziehe die einfachere Lesart meiner Handschriften, welche nach Boehtl. auch die Petersburger H. der Çukas. hat, vor: „Nahuscha spannt Brahmanen an den Wagen (oder an die Sänfte, die auch mit yâne bezeichnet sein kann)", während *Lassen-Gild.* und auch *Benfey*, Pancat. II S. 114, glauben ausdrücken zu müssen: „er weiss nicht welche Brahmanen (od. dass er Br.) anspannt". Dieses Nichtwissen möchte *Gildem.* auch in der 2. Zeile ausgedrückt finden, da er nach brieflicher Mittheilung (29/4. 74) jâtâmatis zusammenschreiben, also amatis statt matis lesen will. Aber so wenig das Nichtwissen, d. h. die Verblendung, bei dem vierten Beispiele, dem von Yudhischṭhira, angedeutet ist, ebensowenig braucht es bei dem zweiten und dritten erwähnt zu sein. Vielleicht bestimmte *Gild.* die Lesart von c: Nahusho jânâti nai 'va dvijân. — β viprasyaika (⁰va zu lesen?) c, vipraikasya D. Dafür c: vipraṃ vedaviçâradaṃ na Kuçikâj jâto Vasishṭhaṃ tathâ. — γ ⁰catushṭayaṃ ABae, svamahishîṃ AB, samahishîṃ e, ca mahishî Da. — dyûte dharmavivarjite 'tha mahishîṃ c. — δ st. parityajyate: parikshîyate e.

Darnach hat e noch einen corrupten Vers, den ich nicht herzustellen weiss:

†svarisukhî karkaṭikâ ca rambhâ vinâçakâle phalaṃ âçrayanti:
itthaṃ narâ svasthavipattikâle buddheç ca nâçaḥ kathito munîndraiḥ.
γ wohl narâsvâsthya⁰ zu lesen.

d hat hier den Vers Boehtl. 4193 (1824) Paulasyaḥ⁰ mit folgenden Abweichungen: β st. kathaṃ na: vane ca. γ st. kathaṃ: paraḥ. β und γ haben die Plätze getauscht. Darauf folgt Boehtl. 1869 (716) kṛitântapâçabaddhânâm⁰. Ebenso Pancat. II, 4 u. 5.

12, 3 atha . . çrutvâ aus e, in den andern HH. nichts ähnliches.

Vers 32 alle HH., D mit tato ganz corrupt anfangend. α duhiṭri nur a, duhitur b, die andern HH. duhitâ, als ob es in einem Dvandva stände. β Dantaghattanaḥ B, Dantahârakaḥ d.

γ mâtâ 'py agniṃ samâruhya **DEde** (aber st. py a⁰: câ⁰ **D**, hy a⁰ **E**; samâviçya **D**), sacitâhyagnim (sic) âruhya **a**, caiṭikâgnim â⁰ **c**. δ yâtâ **ABa**; devanik⁰ **B**; nikatane **b**; jagâma priyasannidhau **D**, gatâ sâ bhuvanântaraṃ **E**.

12, 6 Nach kathayitvâ: çavasaṃkrântena **b**, mârge çavasaṃkramitena **d**. — 7 hṛidaye *Lassen-Gild.*, die HH. hṛidayaṃ. Statt sphuṭitvâ: vidârya **d**. tadâ pañcatvaṃ yâsyasi **E**, tadâ go-brâhmaṇahatyâṃ prâpsyasi **D**. Hier **e**: râjñâ citte cintitam: uktaṃ ca: gâvo gandhena paçyanti, çâstraiḥ paçyanti brâhmaṇâḥ (? geschrieben vâḍavâḥ) etc. = Boehtl. 2084 (832); hierauf, durch uktaṃ ca eingeleitet, ein corrupter Prakritvers, anfangend ahagalaï⁰, dann mit yataḥ der Vers Boehtl. 6970 (3226) sahasâ vidadhîta na⁰, endlich ein Vers in Mâhârâshṭrî, anfangend avicâriûṇa, s. Anh. — 8 Hier **c**: avicâritasya nṛipasya pâtakaṃ bhavati:

jñâtavyaṃ bhûbhujâ yasmât satataṃ câracakshushâ
ceshṭitaṃ sarvabhûtânâm açubhaṃ çubhaṃ eva vâ.

jñâtavyaṃ steht in **e** in der Wiederholung dieses Stückes, wo der Schreiber von Erz. III wieder in die erste gerathen ist; hier jñâpitaṃ. Denselben Vers haben **DE**; α bhûbhujâṃ **E**, δ asatyaṃ sarvam eva tu **D**; vorher hat **D** folgenden:

mahîbhogâbhiyuktânâṃ dharmâ-'dharmavicâraṇâ;
mantriputras tu yas(?), tasya svâmino vidadhad dhitam.

9 Nach çrutvâ hat **D**: maunaṃ tyaktaṃ dṛishṭvâ. — 11 f. Padmâvatîcaritraṃ nâma pr. kath. **a**.

II.

12 Vers 1 **ADbcde**. Derselbe in **Bd** vor Erz. XVII, dort st. natvâ: vande **B**. αβ namâmi Çâradâṃ devîṃ sarvâbha⁰ **D**.

12, 15 ff. punar api râjâ çuñçupâvṛikshâd (so) Vetâlaṃ skandhe ropya maunî mârgeṇa yayau, punar Vetâleno 'ktam: asti etc. **D**. 18 ff. Dharmasthâna[ṃ] **D**. Guṇâdhipo **ABac**, Guṇaçekharo **DEbde**. — St. Keçavo: Vishṇuçarmâ **E**; Madanavatî **e**, Mandâkinî **D**. — Das Folgende **e** ausführlicher, ähnlich wie in der 5. Erzählung: Vater, Mutter und Bruder versprechen das Mädchen drei verschiedenen Freiern. Ebenso in der Hindîbearbeitung. — 21 trayo alle HH. ausser **A**, wo immer turyyo steht anstatt catvâro. Man sehe hierüber die Bemerkungen zum Schluss der Erzählung. — **DE** nennen wie die Hindîbearbeitung die Namen: Madhusûdana, Trivikrama (nur Vi⁰ **E**) und Vâmana. — 21 ff. trayo 'pi jñânasaṃpannâḥ **c**. — dîyate **Babce**, dîyatâṃ **d**, deyâ **A**. Statt etasmin prastâve: vivâhadivase **e**. — 24 dashṭâ **Babcde**, daṃçitâ **A**, ḍasitâ (so) **E** mehrmals. Für tasyâ 'rthe (nur **Aa**) tadarthe *Lassen-Gild.* — St. mantravâdinaḥ: ahituṇḍika (so zweimal) **D**. — 26 Für yataḥ: yatho 'ktaṃ ca saṃpacikitsâçâstre **e**.

Vers 2 alle HH, **E** zu Prosa corrumpirt, Boehtl. 3859 (1669). β ashṭamîshu ca **d**; statt tathâ: pi vâ **A**. γ hy etâ fehlt in **b**; maraṇaṃ dhruvaṃ **Db**.

Vers 3 alle HH. ausser D. *α* bhaumaḥ çanaiçcaraç caiva **ab**; çanaiç⁰, nicht çânaiç⁰, auch alle andern; bhaume und so immer Locative **E**. *β* grahâṇâṃ grahasaṃjñakaṃ **c**, grahaṇaṃ sahasaṃjñakaṃ **a**; saṃjayaṃ **be** (nach *Gild.* **b** saṃcayaṃ), saṃjitaṃ **d** (nach *Gild.* ⁰jñi⁰), saṃjñitaṃ **A**, saṃgitaṃ **B** (so, nicht saṃgatiṃ); saṃkshaye **E**, saṃcaye *conj. Gild.* Bei der Unsicherheit der Ueberlieferung habe ich die von Boehtl. s. v. bhauma und von *Brockhaus* Ber. d. k. s. G. d. W. 1853 S. 193 nicht beanstandete Lesart *Lassens* beibehalten. Brockhaus übersetzt: das Dominiren des Mars und des Saturn ist unheilbringend u. s. w., während Boehtl. zu verstehen scheint: die Verfinsterung an einem Dienstage oder Sonnabende, welche den Namen graha hat. — *γ* praçastaṃ **a**, prasannaṃ **b**, açubhaṃ **c**, açivaṃ **e**; st. nâga⁰: sarppa⁰ **d**. *δ* kathitaṃ nâgakovidaiḥ **e**. — Vergl. *Luber*, l. c. S. 60.

Vers 4 alle HH. *α* st. maghâ⁰: mṛigâ⁰ **A**, tathâ **BD**. *β* ⁰kṛitikâ **b**, ⁰kṛittikâ **DEcde**. *γ* âhuḥ **Ab** trotz des folgenden â, âhuç **a**. *δ* st. ârdrâ: âdrâ **D**, adrâ **E**, cadra d. i. candra **a**; saptamaṃ **Aae**, dafür kaṃta = (saṃ)takaṃ (?) **B**. *γδ* anurâdhâ bharaṇy âhuḥ prâjñâ nakshatramaṇḍalaṃ **d**, bharaṇy ârdrâ 'nurâdhâ ca dashṭasya mṛityusaptamaṃ (lies ⁰kaṃ) **e**, maghâbhâny açubhâny âhur â[r]drâ nakshatrakaṃ tathâ **D**. — Ich fasse âhuḥ als parenthetisch eingeschoben, wie Hit. Prooem. 4, so dass die Nominative der HH. richtig sind; gegen eine Corruption derselben aus Accusativen durch Wegfall des Anusvâra spricht die Fassung in **de** mit dem unzweifelhaften Nominativ bharaṇy = bharaṇî. Die Fassung von **e** würde ich der aufgenommenen vorziehen, wenn nicht die Zahl der darin genannten Nakschatras — neun statt sieben — der Bezeichnnng saptakaṃ widerstritte.

Vers 5—9 alle HH. ausser **Dd**. 5 *α* indriyovoshṭayoḥ **a**, ⁰yeco⁰ **e**, ⁰yocau⁰ **b**, ⁰yoçco⁰ **A**, ⁰yaiçceshṭayet **B**, ⁰yeshu ca sarveshu **Cc**, ⁰yeshv oshṭhayoḥ *conj. Gild.* *β* st. gaṇḍa: gacha **b**; gaṇḍadeçayoḥ **a**. *γ* jaṭare ca tathâ çîrshe **a**. *δ* vâhvoḥrurûpayugmake (sic) **a**; st. ûrvoç ca: jaṅghoru **A**, jânûca **B** (so, nicht wie bei *Gild.* angegeben ist jânoru); yugmayoḥ **c**. — Vers 6. *α* brannâbhikaṇṭha⁰ **e**, hannâbhijaṭharecoshṭhe **c**, nâbhiskandhe ca jaṭhare **a**. *γ* pâṇyaṃhri⁰ **c**, pâṇyaṃhṛi⁰ **b**, tathâ pâṇyoç ca hṛinmadhye **a**, tathâ ca pâṇimadhye ca **B**; tu am Ende **ACbce**. *δ* so nach **b**; dashṭâ strî nai 'va jîvati **c**, pramadâ nai 'va jî⁰ **a**, pramadâ ca na jî⁰ **AB**, pramadâd yadi jî⁰ **e**. — *γδ* tathâ pâṇau hṛinmadhye ca yo dashṭaḥ sa na jîvati *Lassen*. — Vers 7. *β* caitye calagṛiheshu ca **a**, caitye dhavalake gṛihe **B**; im Texte lies dhavale gṛ. *γ* eshu ṛiksheshu **A**, kshetreshv eteshu **Ebce**, dashtâ ye **bc**. *δ* yâṃti ye paramâṃ gatiṃ **B**, yamamandire **be**. — Zwischen *β* und *γ* schieben **Ebce** folgenden Vers ein:

uḍuṁbare, guhâdvâre, jîrṇaprâkâraparvate,
veṇujâlyâṃ, vaṭe, jambûvetre, padmavane, vane.

α udumbara b. γ veṇujâlyâbaṭe c, reṇujâlâvaṭe b. δ st. vetre: patre c; padmapatravare vane E.

Vers 8. α dâhaṃ B, dâhi e, dâhyaṃ a, dâḍhyaṃ c, dâghaṃ AE, dâghachedaçca b; svedaṃ ABEc. β st. bhañjanaṃ: jṛimbhanaṃ AB. αβ dâhyaṃ svedâmayaṃ hikkâ çûlâñgam ativedanâ a. γ bhânunâçaṃ BE, sânunâçaṃ Ac, sânunâsaṃ abe. — Vers 9. α °bhaṃga[ḥ] alle, nur ṃ am Ende E, °bhagnaḥ *Lassen*; st. skhalad: calad b; °vâṇi Ec, °vâgmî A, °vâmî B, °vâgyo vermuthet PW s. v. vâgmin. β vivṛitâkshorddhva° c, vikṛitaçcorddhva° a, viparitorddha° A, viparîtârddha° B. γ st. sa: ca B. δ °bhâshaṇaiḥ E. — *Gildem.* hat den Vers gestrichen. Ich halte ihn zwar auch für interpolirt, aber doch in der aufgenommenen Fassung für verständlich, und übersetze: Krümmung des Nackens, stockende Stimme, bei offnem Munde Andrang des Windes nach dem Kopfe: (wer das hat,) der stirbt etc.

Darnach hat e noch 2 Verse:

sarpasya tâlumûle tu añkuçâkâradantikâ
vimuñcati vishaṃ ghoraṃ; tenâ 'yaṃ kâlasaṃjñakaḥ: 10.
madhyâhne saṃdhyayoç cai 'va, ardharâtre, niçântake
kâlavelâ samâkhyâtâ: sarpadashṭo na jîvati. 11.

12, 44 f. tasyâ ûrdhvadaihikaṃ kṛitvâ gṛihe samâyâtaḥ c; sâ kanyâ citâyâṃ saṃskṛitâ d, ähnlich b (nikshiptâ), ausführlicher e, wo die Bestattung wie in E an einem Flusse geschieht. Ec bemerken noch, dass der Vater dann nach Hause geht. Im Folgenden stimmen betreffs der Handlungen der drei Freier zusammen einerseits ABad, nur dass A den vierten hinzufügt: turyo nijabhavanaṃ gataḥ —, andrerseits DEbce. — In der ersten Gruppe haben AB: dvitîyena tasyâḥ asthîni tadbhasma ca çmaçâne kuṭîrakaṃ kṛitvâ rakshitaṃ ca (so A, von *Lassen.-Gild.* corrigirt rakshitâni; dafür B verkehrt sthitaḥ). Ich habe die Fassung vorgezogen, bei welcher der Nominativ des Zahlwortes in allen drei Fällen bleibt. Weiter hat a: tṛitîyo vairâgyât tapasviveshо deçeshu babhrâma; d nur: eko deç° gataḥ. — Die andere Darstellung giebt am wortreichsten e: ekena vareṇa tadbhasma gṛihîtvâ deçântare gatas tîrthasevâyâṃ tâpaso babhûva (deçâṭanaṃ kṛitaṃ c), dvitiyo 'sthisaṃcayaṃ kṛitvâ mṛigacarmaṇâ °veshṭya Gañgâyâṃ Prayâge gataḥ, tṛitîyas tatrai 'va kuṭ° kṛi° sthitaḥ. Darauf folgt in e noch, mir unverständlich: prathamabhojanam alpapradâtâ, dann: prathamo deçântare kutrâ 'pi sthâne vipragṛihe u. s. w. —

13, 3 tena ca.. nagare nach a. — 5 ff. tâvad brâhmaṇyâ.. saḥ mit *Lassen-Gild.* nach AB; ca vor dattvâ und saḥ fehlen in beiden. Die andern HH. meist kürzer, DE etwas weitschweifig. — krodhavaçât aus d, ähnlich E roshavaçât. — In D wirft der Vater den Knaben ins Feuer. — 8 ff. Nach prakshiptaḥ haben *Lassen-Gild.* nach A und vermuthlich C: tad dṛishṭvâ tena bhikshuṇâ calitaṃ; tena brâhmaṇena sa tu nivâritaḥ; tena bhaṇitaṃ: tad dâruṇaṃ karma dṛishṭvâ sabhabhojanaṃ na karomi. yasya gṛihe etc. Hierin scheint karomi aus **C** zu stammen, **A** hat sa bhoj⁰ na karoti, wie **Ba**. Das vor yasya gṛihe⁰ stehende teno 'ktaṃ, das auch in **A** steht, mussten *Lassen-Gild.* bei ihrer Fassung natürlich streichen. Ich streiche aus **A** lieber tad dṛishṭvâ . . . tena bhaṇitaṃ und folge der wesentlichen Uebereinstimmung von **ABad**, wozu von teno 'ktaṃ Z. 9f. an auch **c** sich stellt. Vorher heisst es in **c**: taṃ dṛishṭvâ brâhmaṇeno 'ktaṃ: nâ 'haṃ bhojanaṃ karishyâmi. gṛihâdhishṭhâtrâ uktaṃ: kasmât kâraṇât? punas teno 'ktaṃ etc. — Aehnlich **DE**, auch **be**; hierbei in **e** folgender Vers:

yatra jîvavadho dharmo hy, adharmas tatra kîdṛiçaḥ?
mâṅsabhakshî ṛishir yatra, câṇḍâlas tatra kîdṛiçaḥ? 12.

In **b** zuletzt: yat tava gṛihe nṛiçaṅsakarma râkshasocitam vartate. — 11ff. tadgṛihe jalam api na grâhyaṃ **D**. — 15 kautûhalaṃ **ABa**, kautukaṃ **DEcde**; **b**: tato 'tithiviprah sakautukaç cintitavân. — 16 jîvâpayâmi tâṃ priyâṃ: in dieser auffälligen Stellung, die einen Viertelçloka ergiebt, stimmen überein **Bacd**. — 19f. Hier stimmen wieder **Ebce** (**D** scheint lückenhaft) mit geringen Abweichungen gegen **ABad** zusammen: dvitîyo 'pi Gaṅgâyâm asthîni kshiptvâ tatrai 'va samâyâtaḥ (**c**), tṛitîyas tu çmaçâne kuṭîre maunam avalambya tasthau (**b**). Die Frage thut in **ce** der zweite, in **Eb** ebenso wie in **ABad** der dritte, der auf dem Begräbnissplatze geblieben war. — 20 kâcid **Babde**, kaçcid **A**, d. i. kaccid, wie *Lassen-Gild.* schreiben; kâ apûrvâ vidyâ ânîtâ **E**; kiṃcid vijñâtaṃ **c**; kiṃcid viçesho dṛishṭo na vâ **D**. — Nach vidyâ kâcic chikshitâ bietet **e**, mit uktaṃ ca eingeleitet, den Vers Boehtl. 6082 (2794) mit folgenden Varianten: *β* statt mânavaḥ: janaḥ, was nicht in den Vers passt; *γ* yâvad bhramati; *δ* deçântarâd (st. ⁰raṃ) bhrashṭaḥ. Darauf folgt mit tathâ ca der Vers Boehtl. 2960 deçâṭanaṃ⁰ mit folgenden Varianten: *β* vârâṅganâ. *γ* ⁰çâstrârthavilokanaṃ ca. *δ* bhavanti. — 22f. saptavârân mantraṃ jap⁰ **e**. — jalena siktvâ nur **A**. — bhasmîbhûtâ kanyâ tanmantrabalân nidrite 'vâ 'sthita **D**. — Nach jîvitaḥ fügt **A** ein: yaḥ gṛihe gatas (geschr. ⁰tâ), tena çrutvâ so 'pi âyâtaḥ (⁰tâ geschr.), woraus *Lassen-Gild.* ⁰çrutvâ "yâtam api. — 24 trayâṇâm api viprâṇâṃ mahâraktalocanânâṃ (so zu lesen st. mahânra⁰) raktaçrâvî(?) kalaho 'jâyata **e**. — In **E** wird der Streit ausführlich erörtert. Der Zweite beansprucht das Mädchen, weil er mit ihren Gebeinen zur Gangâ gegangen sei, der Dritte, weil er ihre Asche auf dem Begräbnissplatze behütet habe; „wäre die Asche nicht da, wie hätte der Erste sie beleben können?" — 27 Nach bhavati in **ce**: yadi jânann (api **c**) na kathayishyasi, tadâ (tvaṃ **e**) hṛidayaṃ sphuṭitvâ mari(shyasi **c**). Aehnlich **E**. In **D** sagt der Vetâla nach der Aufforderung: tvaṃ vyavahâranipuṇo 'si. — Statt des einen Wortes çrûyatâm haben **Dc** eine Verszeile:

çrûyatâṃ praçnasarvasvaṃ, yadi te vismayo hṛidi.

çrûyatâṃ praçnasyo 'ttaraṃ **D**. Damit haben **Dc** zwei vollständige Çloken; vgl. unten.

28 ff. Die Antwort des Königs ist, entsprechend der oben zu **12**, 44 erwähnten Verschiedenheit der Darstellung, verschieden in den Handschriftengruppen **ABad** und **DEbce**, von welchen ich der ersteren gefolgt bin. — Gemeinsam haben alle HH. ausser **Db**, welche keine Spur metrischer Form zeigen, den ersten Halbvers, und wenigstens dem Sinne nach gleich auch den letzten. Im Einzelnen sind folgende Varianten zu bemerken:

β sa kanyâjî° **d**; prâṇadâyakaḥ **D**. — $\gamma\delta$ gebe ich nach *Gildem.*, ohne von dieser Herstellung ganz befriedigt zu sein. Richtig metrisch hat γ so, wie aufgenommen, nur st. sa ca: so, wozu 'pi zu ergänzen. Von δ hat **A** nur bhrâtâ sahai 'va jâtaḥ, so gestellt; yat, das ich aufgenommen, giebt *Gildem.* in den Corrigenda statt des von ihm in den Text gesetzten yaḥ; **B** hat bhrâtâ saṃjâtaḥ, **d** nur bhrâtâ. **a** hat für $\gamma\delta$ yaḥ sahai 'va mṛito jîvatas (?) sa bhrâtâ sahajâtaḥ. — ε so **AB**; tasya bhâryâ bhavati **d**; bhagavaṅs tasya bhâryâ **a**; bhavet tasyai 'va bhârye 'yaṃ **e**; tasmâd bhavati bhartâ sa **c**. ζ so **Bacd**, nur dass **d** unmetrisch rakshitaṃ st. nishevitaṃ bietet; çmaçâne yena rakshitâ **e**. — Von der Gruppe **DEbce** hat **e** nach dem ersten Halbvers Folgendes:

âtmâ vai jâyate putra itî 'yaṃ çruticodanâ;
tîrthe yenâ 'sthi prakshiptaṃ, sa putraç ca prakîrtitaḥ.

$\alpha\beta$ nur **e**, γ in **c**: yena tadasthîni tîrthe kshiptâni, sa putravat prakîrtitaḥ; **b** prosaisch: yenâ 'sthîni Gaṅgâyâṃ kshiptâni, sa tasyâḥ putropamaḥ. — Weitschweifig in Prosa **E**; **D** hat folgenden Çloka:

yenâ 'sthîni praṇîtâni, sa putraḥ parikîrttitaḥ;
tatrastho yaḥ, sa vai bhartâ, yena sthânaṃ niveçitaṃ.

(lies nishevitaṃ). — Zuletzt fügt **e** noch hinzu:

anna-pânapradâtâ yaḥ, patiḥ çâstre sa kathyate.

Endlich ist der Çloka anzuführen, den *Gild.* aus der corrupten Ueberlieferung von **A** hergestellt hat. Letztere lautet: yena çmaçâne bhasmanâ saṃgṛihîtakṛitasthitaḥ sopi nîcakarmadâsaḥ tasyâḥ bhartâ sa bhavati yo gṛihe gataḥ. Daraus der Vers:

bhasmanâṃ saṃgrahaṃ kṛitvâ çmaçâne yena saṃsthitaṃ,
nîcakarmâ sa dâsaḥ syât; sa bhartâ, yo gṛihe gataḥ.

Die Hinzufügung eines vierten Freiers, um schliesslich von dieser noch zu reden, ist der H. **A** eigenthümlich. Dass dadurch die Entscheidung des Königs witziger wird, ist nicht zu leugnen; aber entgegen allen andern HH. sie aufzunehmen, schien mir bei meinem Princip, den Text nach der vorwiegenden Ueberlieferung zu gestalten, nicht zulässig, und bei dem Mangel aller weitern Zeugnisse für diese Fassung erscheint dieselbe eher als eine sinnreiche Verbesserung des Ursprünglichen, nicht als das Ursprüngliche selbst.

Hier haben **DEce** noch einen Vers, den ich folgendermassen herstelle:

guṇeshv evâ "daraḥ kâryo, na vitteshu kadâcana;
sulabhaṃ guṇinâṃ dravyaṃ, durlabhâ dhaninâṃ guṇâḥ.

α guṇeshu âdaraḥ e. γ st. guṇinâṃ: dhaninâṃ D; st. dravyaṃ: vittaṃ e. δ dhaninâṃ meine Conj. nach prâṇinâṃ D, guṇinâṃ Ece. — 33 Çivadâsa-Bhaṭṭa⁰ e. Keçavabrâhmaṇaduhitâ(sic)caritraṃ dvi⁰ ka⁰ a, varatrayaka⁰ e.

III (in a IV).

13 Vers 1 alle HH. ausser D, B nur αβ. α guṇâdhâraṃ e, gaṇâdhyaksham AB. β gopînâthaṃ a; st. gaṇe⁰: kapardinaṃ d; gauriçaṃ candraçekharaṃ be. γ govrâhmaṇa⁰ c, ⁰gataṃ e, ⁰patiṃ d; st. devaṃ: vaṃde b; govâhanaṃ trilokeçaṃ A. — 42 Bhogâvatî D zweimal. — 43 çukaḥ pañjarastho vidyate bc, ähnlich D; kîraḥ pañjare tishṭhati, sa câ 'tirâjapreshṭho babhûva e. — 46 Mugdhadeçe, Mugdheçvaro a; ebenso weiterhin. — Sundarî Dc.
14, 4 nach râjâ: sakalakalâkuçalaḥ sarvâṅgasundaraḥ b, ähnlich Dc und theilweise de. D fügt hinzu: hasty-açva-ratha-gajapadâtisampannaḥ. — 6 f. tâvan Magadheçvaravisṛishṭo viçishṭaḥ purusho Rûpasenaṃ pratyâgatya ç a m a ṃ b u d d h v â (vuddhâ geschr.) Magadheçvarapârçve samâyâtaḥ d. — saṃdhivigrahakeṇa ABce, saṃdhivigrahikeṇa d, saṃdhivigraheṇa b; richtig nur a. Im Anfang von Erz. V haben saṃdhivigrahika bc, dafür saṃdhivigraha de, sâ[ṃ]dhivigraha D. — sabhâvasare a, sarvâsabhâvasare (so) e, sarva 'vasare (so) c, sahânusarai[s] *Lassen.* — In D wird der Papagei selbst vom König nach Magadha geschickt. Dann heisst es: dṛishṭaṃ ca nagaraṃ. açvaçâlâ, gajaçâlâ, yajñaçâlâ, brahmaçâlâ vidyate, yatra ṛig-yajuḥ-sâmâ-'tharvajñabrâhmaṇânâṃ ghoshâ upalabhya[n]te. uttuṅgagiriçikharasaṃkâçaṃ devatâyatanavirâjitaṃ nagaraṃ tat. tatra Magadheçvaraḥ svarṇasiṅhâsane upavishṭaḥ mahîmaṇḍalaṃ prâptaḥ mahendra iva. tasyo 'bhavapârçve mantriṇaḥ upavishṭâḥ, sabhâsadaç ca mîmâṅsaka-vaidikatârkika-gâthâgâyaka-nṛityakâdayaç ca vidyante. tatra sabhâyâṃ çuko gataḥ, râjñe svasti kṛitaṃ u. s. w. weitläufige Darstellung der Werbung und Verheirathung.

8 Nach yâcitâ hat e Folgendes, wovon die beiden ersten Verse Varianten zu Boehtl. 5317 vgl. mit 5318 (2409) und (2) zu 1823 (703) sind: uktaṃ ca:

yayor eva samaṃ çilaṃ, yayor eva samaṃ kulaṃ,
tayor maitrî vivâhaç ca, no "ttamâ-'dhamayoḥ kvacit. 1.

kulaṃ ca çîlaṃ ca, vapur vayaç ca,
vidyâṃ ca vittaṃ ca samânatâṃ ca:
etân guṇân sapta nirîkshya deyâ hy,
ataḥ paraṃ bhâgyavaçâ hi kanyâ. 2.

mûrkho, nirdhano, dûrasthaḥ, çûro, mokshâbhilâshukaḥ,
triguṇâdhikavarshîyo: na deyâ tasya kanyakâ. 3.

kanyâ pradattâ harsheṇa. uktaṃ ca:
ayojitâ, chalât tveshî(?) snehâd vâ 'pi samarpitâ,
svayaṃvarâgatâ kanyâ: tâsâṃ prîtir na jâyate. 4.

prîtir daçadhâ 'shṭadhâ vâ bhavati. jyotiḥçâstroktaçubhadine bhavyalagne Rûpâ⁰ etc. — Vers 2 β vidyâ çîlaṃ(?) ca samântâ ca, Vers 5 α chalâtveshî, β sarpitâ, γ kanyâs die H.

11 surûpâṃ ac, svarûpâṃ Ab, dafür tûshṇîṃ B(?), manoharâṃ D; çârikâyâ rûpaṃ d. — svarûpa st. su⁰ hat auch f zu Anfang der 2. Erz. — 12 cañcale nur a. — saṃsâre sarvajantûnâṃ sâram etat prakîrttitaṃ B: ein halber Çloka.

Vers 2 ABabcd, Boehtl. 6581 (3049) α çreyaṃ pushpaphale kâshṭhâ a, çreshṭaṃ puṇyaphalaṃ kâshṭân (gemeint kâshṭhât, wie in c) b, kâshṭhe A, çriyaḥ pushpaṃ phalaṃ ca vṛikshâṇâṃ d. β dugdhaḥ B, dagdhaṃ a, ghṛitaṃ çreshṭhaṃ tu dugdhataḥ c, ghṛi⁰ çre⁰ udasthita (= udaçvitaḥ) b, ghṛi⁰ çreya udarccishaḥ (= udaçvitaḥ) d. γ çreshṭhaṃ bc, tailaṃ tathâ paṇyât c. δ dhanyârtha⁰ c. — Vers 3 ABDabde, Boehtl. 2064. α st. tad: te b, ca e; vṛithaiva yau⁰ a; bhîro b, câru D. γ yo A, ko d. δ caturṇâṃ(!) a; ratakr⁰ be, atikr⁰ B. γδ yo na vetti pumân mûḍhaç catvâri suratâny, aho! D. — Vers 4 ABa, Boehtl. 6075. α viditâḥ B, vedântaṃ a; paçavo mârge AB. β rata⁰ a. γ kâ a. δ kusumâyudhaṃ A, kausumâyudhaṃ *Lassen*. Ich beziehe Kus⁰ als Apposition auf yo: der als ein wahrer Liebesgott das Geheimniss kennt.

Vers 5 ABDade. α alaṃ vilul⁰ alle HH.; *Lassen* hat v als b gedeutet und falsch abgetheilt. alaṃ heisst hier in hohem Grade, wie in der vom PW angeführten Stelle Râmây. 5, 3, 21. Statt maṇḍanaṃ: maṇḍalaṃ A; âlupyate candanaṃ D. β sachashṭair e, yadvedir B, beides nur Schreib- oder Lesefehler; für maṇitaiç: bhaṇitaiç AD, maṇibhiç e; st. na çrûyate: su çrûy⁰ e, tac chrûy⁰ B, viçrûy⁰ *Lassen*, nîhanyate (= nir⁰) D; naupuraṃ a. γ yâtrâ a, putrâ B; âyâty A; yaj jâtyantaritena sarvavishayâ a; kâmântam ekâgrataḥ *Lassen*; ekâgrâtaḥ B, ekâgṛita(!) D, ekâgratâ e, evâgrato a. δ sakhyâ D; st. sakhyas tat: sakhya nat B, kâṃte tat e, saṃstutyaṃ A; surate bhavanti(?) D; st. satataṃ: dhṛitaye Bde, dhṛitayaḥ D; çeshâ ca loka⁰ e, çeshâ tu lokâ⁰ D, çeshâ hy alîkasthitiḥ d (vielleicht vyalîka⁰ gemeint). Der Sinn der letzten Worte ist etwas dunkel. Nach der aufgenommenen Lesart heisst es wohl: es bleibt uns immer übrig das Verweilen in einer andern Welt, nämlich wo wir von irdischen Lüsten frei sein können, drum geniesse man hier die Lust. Dazu passte allenfalls auch dhṛitaye statt satataṃ: für die Standhaftigkeit bleibt das Jenseits übrig, dort kann man standhaft sein. Interessant ist die Lesart von d, insofern hier ein Beleg für alîka in der Bedeutung Himmel vorliegen könnte, falls nicht etwa diese im Medinîkosha 41 angeführte Bedeutung aus dieser Variante unseres Verses geflossen ist. Wenn man aber vyalîka liest, so wäre der sehr verständliche Sinn: für die Festigkeit bleibt übrig der Zustand des Leides, also übe man sie nicht gegenüber der Freude (suratam), man verschliesse sich nicht dem Liebesgenuss. — Anders *Jacobi*, s. Nachtr.

D hat hier noch folgenden wegen des Verbums yabh interessanten Vers:

yabhasva nityaṃ, yadi çaktir asti te!
dine dine gacchati, nâtha, yauvanam.
mṛitâya ko (kâ?) dâsyati piṇḍasaṃnidhau
tilodakaiḥ sârdham alomasaṃbhavam?

Vers 6 alle HH., Boehtl. 328 (109) α anṛitasâhasaṃ dhairyaṃ D. γ nirdayatvam açaucatvaṃ a; st. nirda⁰: nirghṛiṇatvaṃ b. — Darnach hat e noch den Vers Boehtl. 1038 (892) mit folgenden Varianten: β kapaṭamayaçataṃ γ vighnaṃ δ prâṇinâm ekapâçaḥ. — D hat noch den Vers Boehtl. 2371 (951) jalpanti sârdham anyena⁰, cf. **28,** 13. — 30 râjârâjñîbhyâṃ (sic!) ce, râjâ râjñî ca tau ûcatuḥ b. — 32 strighâtakâç ca D; viçvâsaghâtakâ be. — 33 atrârthe abde, atrâṃtare B. — 34 Velâpuraṃ D. — 35 tasya kanyâ Suçîlâ D. tena . . pariṇîtâ so a, nur nâma fehlt: falsch sa ca für tena AB; çreshṭhiudbhavasya (sic!) A, çreshṭhirudbhaṭakasya B. — d nur; udayaputri(?) tena pariṇîtâ. — Dafür sa ca Varttananâma(so zu lesen st. varttanâmana)nagaravâstavyaçreshṭhino duhitâṃ(!) pariṇîtavân b; sa ca Puṇyavardhananagaranivâsinaḥ Çubhadattaçreshṭinaḥ sutâṃ Çubhamatîṃ pariṇîtavân e; Abhayacand(r)asya sutâ Râjamatî (wohl ⁰vatî zu lesen) nâma vivâhitâ c. — 36 ff. tâṃ . . samâyâtaḥ nach bcde. in ABa nichts davon. — kâlaparyâyeṇa ABa, die andern HH. nichts. Vergl. zu Erz. XVIII. S. 50 Z. 16. — dyûte ABd, dyûtena ace. dûre b. — Nach hâritaṃ hat D noch: yathârthanâmâ jâtaḥ. — 39 bhâryâm utkal⁰ AB. bhâryânayanâya a, blos milanâya bce. melanâya d. — 40 utkalâpya A, nîtvâ B, gṛihîtvâ d. ceṭikayâ saha gṛihîtvâ c, saṃvâhya be. Darnach in b noch: çvaçuragṛiham utkalâpya, wofür çvaçurajanam anujñâpya e, çvaçuraṃ namaskṛitya c, çvaçurapârçve âjñâṃ gṛihîtvâ d. In a utkalâm âdâya „die hereingeführte mitnehmend" *Jac.* — 42 ff. Von nijâ⁰ bis gṛihîtvâ nur A so. ähnlich B, die andern kürzer. Nach gṛihîtvâ hat c noch: ceṭikâyâṃ (l. ceṭikâṃ) hatvâ striyaṃ tâṃ vivastrâṃ kṛitvâ. — 44 Nach pâtitâ hat D: sâ ca „bhartâ caurair dhṛitvâ nîtaḥ" iti manyamânâ mârge rudantî sthitâ. tâvat pathikair dṛishṭâ: „aye bâle kiṃ rudaçi (so!)?" u. s. w. — so 'pi . . . gataḥ nach cdea. — sâ . . . karoti nach a. ähnlich d, verstümmelt B. — 46 taiḥ trotz des vorhergehenden kaiç⁰ path⁰ alle drei HH., ABa, welche diese Fassung haben: die andern kürzer. — 47 ff. Nach samâyâtâ sind bde sehr kurz; c: mâtâ-pitro[ḥ] samîpe sarvavṛittântaṃ kathitaṃ: mama bhartâ (so st. bhâryâ) caurair nîtaḥ (so z. l.), na jñâyate kutra praṇaçya gataḥ; dhanaṃ gṛihîtaṃ, ceṭikâ vyâpâditâ. mâtâ-pitṛibhyâṃ çokaṃ kṛitvâ etc.

15, 2 caurair nîtaḥ *Gild.* nach c; caurairuddhaḥ B, caurahṛuddhaḥ a, cauroddhaḥ A, caurair vyâpâditaḥ de, taskaraiḥ paṃcatvaṃ nîtaṃ (l. nîtaḥ) b. — 3 Statt tasmât . . . 'haṃ: tat pranashṭâ 'haṃ AB. — 5 paççâd *Gildem.* aus b: sâ duḥkhitâ e statt duhitâ. — tena . . hâritâni aus bde, kürzer c: te⁰ Dha⁰ âbharaṇakâni hâriyitvâ (l. hâray⁰), in **ABa** fehlt dieser Zug. — 7 bhâryayâ dṛishṭaḥ **ABe**, bhâryâ dṛishṭâ **Bcd** und so svavadhûṃ [dṛi]shṭavân **a**. — Ganz anders **D**: „jâmâtâ caurahastât punar âgata" iti manyamânâḥ sarve 'pi suhṛidaḥ sotsâhâḥ saṃjâtâḥ. râtrau antargṛihe (so z. l.?) bhâryayâ saha talpe uvâca bhâryâṃ prati: „mayâ âraṇye tyaktâ 'pi kathaṃ jîvasi?" tayo 'ktaṃ: „tvadîyaṃ vṛittaṃ jânâmy eva, paraṃ tu pitur mâtur agre na kathitaṃ" etc. 9 Nach dṛiçyate hat **d** einen Vers:

sarvatra çucayo dhîrâḥ, sukarmabalavaṛjjitâḥ
kukarmabhayabhîtâç ca pâpâḥ sarvatra çaṅkitâḥ.

β Die offenbar richtige Verbesserung varjjitâḥ st. jarjjitâḥ ist von *Jacobi*. — Im Texte bhayacintâ⁰ aus **a**, dafür cakitâpanno **AB**. — Statt svâmin⁰ hat **b**: bho prâṇanâtha, paramadaivata, mâ bhaishîḥ! yataḥ:

na pitâ mâtṛivargaç ca, bhrâtaro, bândhavâḥ, sutâḥ,
gatir eva sadâ strîṇâṃ, paramaṃ daivataṃ, patiḥ.

α nâ und vargâç die H. Der Vers ist eine Variante von Boehtl. 3337 (4313). Zu *γδ* vgl. Anm. zu Erz. XVI vor Vers 19.

10 Statt gṛihamadhye: bhavanopari **ce**. — 11 sotsâhaṃ **ABac**, çvaçurajanasyo 'tsavo **e**, çvaçrûjanas taṃ prekshya saharsho **b**, sarveshâm ânandaḥ saṃjâtaḥ **d**. Siehe *Gildem.* annot. crit. — Nach babhûva: deva-guru-gotra-devînâṃ viçesheṇa pûjâ kṛitâ **e**. Statt vardhâpanaṃ lese ich in **B** ârttikaṃ (so), *Gild.* ârtikâṃ, worüber dessen annot. crit. zu vergl. — 12 Statt çayane vyâpâdya einfach nidritâṃ dṛishṭvâ **D**. — 14 Nach dṛishṭaṃ: tasmâd vairâgyaṃ saṃjâtaṃ **c**. tat sarvathâ ('pi) nâ 'sti me purusheṇa prayojanaṃ **be**. Darnach **e**: iti Çrî-Çivadâsaviracite sârikayo 'ktâ kathâ samâptâ. athâ 'nantaraṃ çuko vadati: bho sârike, tvaṃ çṛiṇu! tvayy aparâdho na. yataḥ:

ye vañcitâ dhûrtajanena lokâs,
te sâdhuloke 'pi na viçvasanti;
ushṇena dagdhâḥ kila pâyasena
phûtkṛitya phûtkṛitya pivanti takram.

Vers 7 alle HH., Boehtl. 6029 (2771). *α* vâṇivâriṇa(?)lohânâṃ **c**. — Nach dem Verse **D**: he râjan, striyaḥ pâpinyaḥ. (Dasselbe am Schluss der Erzählung noch einmal.) atra kathânakam asti. — 19 Nach pṛishṭaḥ: bhavân api strî⁰ do⁰ kathaya **c**. tvam api *Gild.* aus **b**, wo es vor kathaya steht. Statt kathaya hat **e** prakaṭîkuru und darnach, mit yataḥ eingeleitet, folgenden an Boehtl. 1874 (719) erinnernden, auf unbekannte Fabel bezüglichen Vers:

çaṭhe pratiçaṭhaṃ kuryât, âdare pratimâdaram (?).
tvayâ mal luñcitau pakshau, mayâ tvan muṇḍitaṃ çiraḥ.

22 f. Der Kaufmannssohn heisst in **D** Çrîdhara, die Kaufmannstochter Jayaçrî. — 23 ff. katipaya . . . lagnâni so ausführlich nur **AB** und, etwas abweichend, **a**. preshitâ aus **ABa** halte ich neben vyâvṛitya (**AB**) für möglich, *Gildemeister*'s Aenderung gatâ für unnöthig. Beachtenswerth ist kreyâṇi kânicit in **a** für krayâṇa-

kâni B, geschrieben kriyânakâni (n!) in A; bestätigt wird das sonst nicht vorkommende Wort krayâṇaka durch b: krayâṇakaiḥ pravahaṇaṃ pûrayitvâ. Andere Wendungen bieten de: krayaṇârtham (zum Einkauf) e, vikrayaṇâya (= vikrayâya) d. — vastûni nur aus Ad; die Aenderung von *Lassen-Gild.* in vasûni scheint mir unnöthig, da vastûni paṇyâni vorkommt, s. PW. unter vastu.

Vers 8 alle HH. ausser D, Boehtl. 5684. α udayatikâle (udayana°?) c, adagrehakâle (so) d; st. kâle: samaye e. kâlo corrigirt Boehtl. β st. vidadhâti: bhavati c; 'pi b, ca a, -shu cde, nichts AB. γ st. pâka: pakka A. samaye Abe, sayo (d. i. samayo) a, kâle cd. — Statt dieses Verses hat D zwei corrupte Çloken, anfangend rucim dhatte und padaṃ bhûyo; nach dem Verse hat e: bhavati (bhavatu?). uktaṃ ca:

etasyâṃ Rativallabhakshitipateḥ krîḍâsarasyâṃ çanaiḥ
saṃçoshaṃ nayati 'ha çaiçavavadhûs târuṇyatigmadyutiḥ.
antasthâ 'pi yathâ yathâ kucataṭî dhatte 'ntarâyadvayaṃ,
laulyaṃ hanti tathâ tathâvidhajale dṛikpînamînâvaliḥ.

Der Sinn der zweiten Hälfte der Strophe war mir etwas dunkel; eine wahrscheinliche Erklärung *Jacobi*'s sehe man im Nachtrag. — Darauf folgt noch ein Çloka, am Ende von *Jacobi* verbessert (çaṃkayâḥ die H.):

yadâ yadâ vasaty antar hṛidaye hṛidayeçvaraḥ,
tadâ tadâ bahir yâtau stanau saṃkaṭaçañkayâ.

31 f. râjamârgastho madanamudrâvatâro navayauvanâbhirâmaḥ purusho dṛishṭaḥ; tasmin dṛishṭe sati sâ 'nurâgâ babhûva b, ähnlich e. — Nach dṛishṭaḥ folgen in D die Verse 12, 13, 10, 9. — 33 purusham imaṃ acd, purusho 'yaṃ A, p. enaṃ B, amuṃ yuvânam b, eshaḥ pu° e. — 32—36. Diese Stelle hat e in eigenthümlicher Ausführlichkeit, zuletzt confus.

Vers 9 alle HH., Boehtl. 7144 (5276). α surûpaṃ A, svarûpaṃ e, sundaraṃ D. β bhrâtaraṃ pitaraṃ sutaṃ e, vgl. Boehtl. 7128. γ klidyate yauvanaṃ d. δ °patram b, abjapatram *Lassen*. âmapâtre yathâ payaḥ d, °mbhasi Dc.

Vers 10 alle HH., a auch in der Einleitung, S. 1 Vers 1, Boehtl. 2217 (887). α °kumbhopamâ abc. β purushaṃ vahnivarcasaṃ bcde, purushaç çâ 'gnivarcasaṃ A, purushâç câ gnivarcasâḥ a, purushâ vâ 'dgasannibhâḥ D (über adga siehe PW. Nachtr.), taptâñgârasamaḥ pumân B und a Einl. γ st. saṃçleshâd: sasneho d; kumbhaṃ Ab, a Einl. δ puṃsi° Dabc, a Einl.; bhâshitâ a, °tâṃ a Einl., °taṃ e, °te A, dafür yogataḥ d. — Vergl. *Gild.* ann. crit. S. 106 und *Kern* zu der Uebersetzung der Bṛih. Sanh., JRAS. new s. VII, S. 119; letzterer liest puñsi bhâvitâ. — Beide Verse haben be oben vor der Anrede an die Freundin. — 41 st. saṃgha° kṛi°: darçanaṃ saṃjâtaṃ A, melanaṃ a, samâgamaḥ d, mailâyakaḥ (? vgl. melâyanam) c; auch nach utpannâ hat c dieses Wort wieder: evaṃ dine dine prititas tayor mailâyakaḥ bhavati. — 42 bhâryâm utk° AB; bhâryâyâm utkalâyâ ânayanâya (sic) a, svabhâryâm âkaraṇâya c, svabhâryânayanâya b, bhâryâm ânetum d.

Vers 11 ABDc, die andern HH. haben nur Bruchstücke davon mit prosaischen Einschiebseln; ich folge mit *Gild.* der H. o. α so alle; β so BDc, nur samarthaḥ B, samarthavân(!) D; dafür kva bhartari nechati A. γ von vai in c nur das ai deutlich, der Consonant nicht vollständig, da ein Loch im Papier ist; *Gild.* giebt me; na tṛishṇâ ca D. γδ bubhukshâ na, tṛishâ, nidrâ, çîtoshṇaṃ na ca rocate ABa; ca fehlt in B, st. nidrâ hat a na lajjâ. δ çîtoshṇo nai 'va vandati(?) D. — Nach α gacchâmi hat b: tasyâ[ḥ] cintâveshṭitâyâ na kshudhâ na tṛishâ na çîtam ushṇaṃ ca, ähnlich e, kürzer d. Darnach fährt e fort: citrâlikhitâ yathâ bhavati. yataḥ:

cintâbhujaṅgîparidaçyamânaṃ
saṃmûrchitaṃ cittam idaṃ madîyam;
çaçvat †kṛitâjâtarkesaprapuktâcaçca(?)
samjîvyate vâk ('rvâk-?) smaraṇâmṛitena.

Herr Dr. E. Hultzsch vermuthet in γ: kṛipâtaṅkajasuptataç ca. Hieran schliesst sich in e noch der Vers Boehtl. 2280 (910) citâcintâ° mit den Varianten α samâyuktâ (sic) st. dvayor madhye und δ cintâ câ 'pi sajîvakam. Vgl. Anfang von Erz. XI.

16, 1 ff. nach der übereinstimmenden Fassung in ABc. niyan° alle drei, niyantratâ c; st. pravâse: prayâṇe c; so auch bhartuḥ pravâçesthanaṃ (sic) d; îrshyâlulitâ B. Offenbar bildeten die Worte ursprünglich einen Vers, der aber so entstellt worden ist, dass nirgends das Versmass constatirt werden kann. Den Schluss strî° haben so auch ad; zu Anfang hat a einen halben Çloka:

atigoshṭhî kutas tâsâṃ, mano yâsâṃ niraṅkuçam.

4 jâmâtṛika und jâmâtar, nicht yâm°, haben immer die Hall'schen HH. und wenigstens der eine Lond. — vaikâlikaṃ kṛitvâ AB, vatkâlikaṃ kṛ. a, vaitâlikaṃ kṛ. b, vaitakâlyaṃ kṛ. c, bhojanâdikaṃ vidhâya d. Es scheint darnach unzulässig, mit *Lassen-Gild.* kṛitvâ zu tilgen und vaikâlikam als Adverb „am Abend" aufzufassen, vielmehr bedeutet das Wort wohl Abendessen. Das Essen erwähnt auch die Hindîbearbeitung. — gataḥ bc, svapnâya gataḥ d, weniger passend prasuptaḥ ABa. — Statt dieses Satzes hat e: jâro vâsabhavane 'pi saṃketasthânaṃ kṛitvâ gataḥ. — 7 Nach yataḥ: snehe sati ete bhâvâ bhavanti a.

Die folgenden Verse 12—17 stammen, wie ich leider erst nach dem Druck des Textes gefunden habe, aus Varâh. Bṛihats., Cap. 78, 3—8 und sind darnach zu berichtigen.

Vers 12 ABDabe. β nâri° (d. i. nârî°); st. bhuja°: sujaṃghastanabhûshaṇa° a. γ vastrâbhisaṃ° A, was aufzunehmen war, varshâbhisaṃ° B, vastrasya saṃyama-niveçya(?)-vimokshaṇâni D; st. saṃya°: majjana(?)sukeça° a; st. vimo°: vibhûshaṇâni b. In a ist dies der Schluss, vorher als γ sthânasthitâny api tathai 'va punaḥ karoti. δ nirîkshatâni B, °kshitâni b; wieder vimokshaṇâni D.

Vers 13 ABae. α utkaṭaṃ ca hasitaṃ, çayyâsanât⁰ D; sakhyâsanot⁰. β gâtraspho⁰ BDa, gâḍhâspho⁰ e; ⁰sphoṭavijṛimbha⁰ D; st. ⁰dravyârtha⁰: ⁰dravyâdi⁰ D, ⁰prakshâlya⁰ e; saṃprârthanâ AB wie Bṛ. S. γ st. bâlâ⁰: vâca (so) A; cumbanâni ca mukhe sakhyaṃ⁰ AB; abhimukhaṃ D. δ dṛikpâtasya e, dṛishṭvâ tasya(!) AB; parâñmukhe Bae; kaṃkaṃpaçya(?) parâñmukhi (so) D; karṇâsya a.

Vers 14 ABe. α imâṃ ca viṃdyâd anuraktaceshṭâṃ richtig e, was ich nicht hätte ändern sollen; imâṃ auch AB, aber beide vidyâd und ceshṭâ. β mâṃ drakshyati e, saṃdṛishyati A, ⁰hṛishyati B, das richtige; vîtarâgâ e, bhîtisevâ AB. γ pramârshṭi AB, dharmâshṭa e.

Vers 15 ABe. α st. tasmin na nit A tanmitra z. l.; st. na ca vi⁰: dari⁰ A, tadaru⁰ B, z. l. tadaridvi⁰. β ⁰smṛitiḥ proshita⁰ richtig A, ⁰smṛitir yoshidi⁰ B. γ tadoshṭadârâtyûpa⁰ e; upagûhanattvaṃ A. δ svedoshṭacumbâḥ pra⁰ e; pramathâbhiyoge A; svedo 'tha cumbâprathamâbhiyogaḥ Bṛ. S. γδ fehlen in B. Darnach hat e folgenden Vers:

âliñgane kucâbhyâṃ tu saumanasye 'tiharshitâ
bhartur âliñgane râgakalâṃ nâ 'rhanti shoḍaçîm.

α âliñgane und δ râga⁰ meine Aenderungen statt alîñgate und raṃga⁰.

Vers 16 ABde. α bhrukuṭî Ad, bhṛikuṭir e; mukhaṃ ca d, bhruguṭikaratvaṃ (so!) D. β kṛititâsmṛi⁰ e. γ asaṃbhramâhaṃ e; ⁰toshatâ d; duḥkhanitopatâ A, duḥkhanitoshanâ B, dushyatiroshatâ (so) D. δ vidvesha⁰ meine Aenderung st. vidveshṭi (d. i. vidvishṭi) d, tadvesha A, tadvaishî B, tadishṭa e d. i. taddvishṭa, wie Bṛih. S. Nachträglich finde ich in D pradvesha. St. maitrî: mitraṃ d; purushaṃ Bd; st. ca: tu e; purushasya vâkye D. — Vor dem Verse hat d: snehasya kathâ kuta eva.

Vers 17 ABae. α st. spṛishṭvâ: smṛitvâ e; st. 'thavâ⁰: tavâ⁰ A, tamâ⁰ a, yatâ⁰ e; dunoti e. β garvaṃ caraṇâbhighâtaṃ(!) e, sarvaṃ taruṇadvijâtaṃ B, yenâti(?) ruṇâddhi yâtaṃ a, maitrî na ruṇaddhi jâtaṃ A; na ruṇaddhi yântaṃ zu lesen nach Bṛ. S. γ ⁰bhirâme A, ⁰bhirâmaṃ a; madanaṃ A; mudâbhi[râ]meṇa ca sâ karoti B, und so nach der Fassung cumbâ⁰ auch A, aber richtiger ⁰râme na⁰. δ ⁰uttishṭhati a, ⁰uddiçyati e.

Vers 18 Aabe, αβ auch c, Boehtl.² 5731. β paṭṭatûlyâm a, nicht, wie *Gild.* angiebt, mit A ⁰talpam; ⁰kûlopari sthitaḥ c, ⁰kûleshv avasthitaḥ e. paṭakûlagato pi hi b; darnach paṭṭatûla⁰ Boehtl. Ich ziehe tûlyâm statt talpam vor, weil der Locativ bei upasth. passender scheint und auch die andern HH. auf tûla = tûlî hinweisen. tûlî = tûlikâ scheint überhaupt eine weiche Matratze oder ein Bett zu bezeichnen, worüber unten bei Erz. XXIII die Rede sein wird. Wenn nun paṭṭa = kausheya Seide sein kann (PW. s. v. paṭṭa), so könnte paṭṭatûlî ein seidnes Bett bedeuten; vgl. paṭṭatûlikâ A in Erz. XXIII. paṭṭatalpa erklärt PW. im Nachtrag s. v. paṭṭa als ein weiches Bett. — Die Anfangsworte dieses

Verses hat auch **d** in der Form râtrau na la⁰ ni⁰. — *δ* pâshâṇe **a**, dṛishadi **A**, dafür patitaḥ **e**, verschr. paritaḥ **b**.

35 f. so . . . prasuptaḥ aus **c**; çanaiḥçanaiḥ aus **a**. — An utthâya (niḥsṛitya **c**) schliesst sich in **bcde** gleich yâvad vrajati (gacchati) an, darnach folgt in diesen ein Satz: yatra saṃketasthâne upapatis tishṭhati (so **bc**), tatra sâ gatâ (so **d**). Aehnlich **D**. — Nach lagnaḥ hat **a** noch: cauro 'pi vṛittântaṃ paçyati vicârayati ca: „iyaṃ svairiṇî bhavishyatî" 'ti.

Vers 19 **ABacde**. *α* patityaktâ **B**; st. tu: 'pi **d**. *αβ* votâraṃ (wohl verschr. für bhartâraṃ) saṃparityajya surûpaṃ subhagaṃ çucim **a**. *γ* st. viṭeshu: cittaṃsthe (citrasthe?) **a**. *δ* svairiṇî sâ prakîrttitâ **e**. — Nach diesem Verse haben **ce** noch folgenden, mit uktaṃ ca in **e**:

nidrâkashâyakalushîkṛita-tâmranetro,
nârînakhavraṇaviçeshavicitritâñgaḥ
yasyâḥ kuto 'pi patir eti gṛihaṃ prabhâte,
sâ kathyate kavivarair iha khaṇḍite 'ti.

α kaçâyamukulî⁰ **c**. *γ* gṛiham eti patiḥ **c**. *δ* sâ khaṇḍite 'ti kathi[tâ] kavibhiḥ purâṇaiḥ **c**.

Vers 20 **ABade** (c statt **e** bei *Gild.* annot. crit. ist Druckfehler). *α* st. aharahar: sarabhasam **e**; anurâge **d**; prekshya pûrvâṃ **d**. *β* st. sarabhasam: taduditam **e**; abhidhâti **e**, abhiyâya *Gild.* Ich halte diese Aenderung für unnöthig und verstehe die Zeile so: nachdem er in aller Hast irgendwo das Stelldichein bestimmt. saṃketakaṃ alle HH., ⁰naṃ bei *Gild.* wohl Druckfehler. — st. ca: vâ **Bad**. *γ* st. na: ni **B**, militi **B**, st. yasyâ: tasyâ **d**. *δ* st. Bharatas: vibudhas **d**; corrupt paratatrâṃ **a**, paramataṃtrâṃ **B**, pajati(?)paramaṃtrâṃ **A**.

Vers 21 **ABae**. *α* dûtîsamâga⁰ **a**. *β* soḍhuṃ **e**, sâ duḥsahasmarajvarârtti⁰ **ABa**, nur st. jvarâ⁰: çarâ⁰ **a**. *γ* âyâti **c**, niryâta **A**; ⁰janaṃ ca dhanasya lobhât **a**. *δ* st. muni: kavi **e**.

17, 2 f. râjakîyaiç **a**, dafür kenâ 'pi **ABc**, anders **be**, s. u. — Falsch caureṇa statt caura nur **A**, cauro bhaṇitvâ **Bacd**, cauro 'yaṃ bha⁰ **b**. — Am ausführlichsten hier **e**: tatra sthâne gatvâ tasmin divase catushpathe saṃgamaḥ kṛito 'bhût. yâvat sâ tatra gacchati, tâvat sa purusho daivavaçâc „caura!" iti bhaṇitvâ 'ṭṭapâlena vyâpâditaḥ. Für das sonst nicht vorkommende aṭṭapâla hat **b** grâmapâlaka. — Abweichend **D**: sâ upapatiṃ gatâ (so z. l.?) yâvat praveçitâ, tâvad upapatiḥ saṃpadashṭas tatra mṛitas tishṭhati.

Vers 22 **ABad**, ausserdem **a** in Erz. I (s. Anm. zu **8**, 22, S. 100) und **g** in Erz. XII, Boehtl. 6671 (3101). *β* varam ati **g**; für na scheint in **g** kiṃ vâ gelesen zu werden, allerdings verswidrig, darnach saṃgamâ. tasyâḥ zieht **g** zur zweiten Hälfte. na saṃgamo nâryâḥ hat nach *Aufr.* die Subhâshitamuktâvalî. *γ* st. sañge sai 'va: saṃgama eva **d**, saṃge (saṃgame **B**) sâ punar ekâ **AB**; yad ekâ **a**² in Erz. I und Subhâshitamukt. *γδ* tasyâḥ saṃgame sâçcaiva(?) virahe tanmayaṃ sarvaṃ **g** corrupt. *δ* st.

tanmayaṃ: taṃ **A**, tanmahaṃ **B**. — Der Vers scheint mir hier sehr unpassend; kaum besser hat ihn **d** etwas später: °mritakam âliṅgya sthitâ. na kiṃcid api jânâti. uktaṃ ca: saṃgama°. — 8 Ausführlicher **e**: çrîkhaṇḍavilepanaṃ karpûrakastûrikâlavaṅgailâdi tâmbûlaṃ câ 'rpya (?carvya geschrieben) âsye kshipyati (so!), sarvaṃ bhogasamudâyaṃ dadhâti. yataḥ kamî (so z. l.) na paçyati na lajjati (?) na çṛiṇoti (dies scheint ein Stück Vers zu sein), snehâd bhûyo mukhaṃ cumbanaṃ karoti.

Vers 23 **ABade**, Boehtl. 5438 (2461). β sâ câ 'nyam **a**. γ st. ca: pi **e**; paritapyati **d**; pariçushyati *conj. Lassen*, cf. Gildem. in der annot., pag. 108. Weber Ind. Stud. 15, S. 271. δ mâṃ ca fehlt in **e**. — 15 f. Kurz vaṭavṛikshayakshena **a**; vaṭayakshena **bde**; vgl. vaṭayakshiṇîtîrtha PW. brahmarâkshasena **D**. — 19 nâsikâ troṭitâ **bcde**, nâsikâṃ troṭaïtvâ gataḥ **D**. — Hiernach hat **e** noch einmal: dûrasthaç cauraḥ sarvaṃ paçyati caritraṃ; ähnlich auch **D**. — 20 sarva mit vṛittântaṃ componirt nur **A**. — 21 Vor sakhyo 'ktam hat **e**, mit yataḥ eingeführt, einen Vers, dessen erster Theil mit Boehtl. 364 (3498) Aehnlichkeit hat, während die zweite Hälfte eine Anspielung auf eine von Benfey in der Einleitung zum Pañcatantra S. 147 ff. behandelte Erzählung enthält:

anyathâ cintitaṃ kâryaṃ daivena kṛitam anyathâ;
nalinîvishacûrṇena kuṭṭanî pralayaṃ gatâ.

Darauf folgt noch der Vers Boehtl. 5777 (2625) râtrir gamishyati, darin am Ende von β paṅkaja[ṃ] ca. — Ebenda yâvad âdityodayo bhavati, ohne na, **ce**; yâvad râtris tishṭhati **d**. — gurutaraçabdaphûtkârair° nach **a**, phûtkârai roditavyaṃ yato (so!) anena vyaṅgitaṃ **A**; âraṭitum ârabhaya **c**, °çabdenâ "raṭasva (°narâra° geschr.) **e**, °çabdaḥ kartavyaḥ **d**, °çabdena rodanaṃ kuru **D**, mahântam âkrandarâvaṃ kuru **b**. **B** ist hier wieder von einem Satz in den andern gerathen. — Weiterhin âraṭitasya çabdam â° **e**. — 24 f. Statt tair uktam: çvaçuraç ca jâmâtaram upalambhitavân **b**. Nach nirlajja noch nirghṛiṇa **bce**, nirdaya **d**. — krûrakarma kṛitaṃ, mama du° nir° nâsikâ chinnâ **c**. — niraparâdhatayâ **AB**, °dhena **ce**, °dhâyâḥ (auf duhitur bezogen) **abd**. — 27 °chedaṃ kathaṃ kṛitaṃ kim° **B**; zwei Fragen hat nur **B**, kim iti vi° auch **A**, kasmân vor nâsikâchedaṃ karoshi **e**, die andern keine Frage.

Vers 24 alle HH., **c** zweimal, Boehtl. 6202 (1462). α na viç° **ABDbc¹de**, niviç° **a**; °sarpaṃ **d**, °sarpa **D**. β st. khaḍga°: çastra **c²**, °hastaṃ ca vairiṇaṃ **Dd**; khakapânernatiçveset **e**. γ âcâra **b**, nâcâra **a**, acârya **d**, âcârya **BD**, âcârye **c²e**, anivârya (?) **A**; balavittasya **AB**, calacitte ca **c²**, °cittaṃ ca **D**. δ st. strî°: tri° **B**. caritraṃ alle, nur **D** °tre. Ueber den Accusativ siehe *Gild.* ann. cr. — **c** hat an der eigentlichen Stelle des Verses eine eigenthümliche Fassung, die mit Tilgung des na am Anfange folgendermassen lautet:

viçvaset kapile çûdre: na kṛishṇe cai 'va brâhmaṇe,
viçvaset kṛishṇasarpasya: strîcaritraṃ na viçvaset.

Darnach folgen zwei andere unten anzuführende Verse, dann das erste Wort unseres Verses 26, açvaplutaṃ, hieran unmittelbar anschliessend die im Texte stehende Fassung von Vers 24, endlich unser Vers 25.

Vers 25 alle HH., Boehtl. 1582 (615). α kurvanti **be**, jalpanti **cd**, valganti **a**. β so **ABe**, dafür kiṃ na paçyanti yoginaḥ **abcd**. γ st. jalpanti: paçya[n]ti **D**; râjânaḥ kiṃ na kurvanti **b**. δ st. kurvanti. jânanti **e**. In **be** tauschen β und δ die Stellen.

Vers 26 **ABDade**, Boehtl. 729 (3637). α st. mâdhava: vâsava **a**. β bhavitavyatâ im Nom. alle ausser **D**, wo purushasya bhâgyaṃ. γ câpisavarsh⁰ **AB**, avarshaṇaṃ varshaṇam arthakâṃḍaṃ (sic!) **d**. δ manushyâḥ **D**. — In **e** folgen 2 Prakritverse, s. Anh.

17, 37 tatas tair „asâv aparâdhî" 'ti bhaṇitvâ râjakule samarpitaḥ **b**. Danach **e**: râjño 'gre sarvaṃ vṛittântaṃ kathitaṃ. yataḥ: folgt Vers Boehtl. [2] 2868 durbalânâm⁰, dann: râjapurushair niçcayaḥ kṛitaḥ. evaṃ „dushṭasya daṇḍaḥ⁰ Boehtl. 2890 (1206) (darin β ⁰koçasya ca sampravṛiddhiḥ); weiter sarve lokâḥ pravadanty „asau naraḥ strîghâtakaḥ, vadhyo 'yaṃ". sarvaiḥ pratishṭhitaḥ(?). — Eigenthümlich ausführlich **c** und weiterhin **e**. — 40 dharmâdhikâribhiḥ purushair dharmaçâstrâṇy avalokya bhaṇitaṃ: deva çṛiṇu (folgen die Verse) **e**. — dharmâdhikâripurushair **B**, ⁰kârapu⁰ **A**, ⁰karaṇair **ab**. — yathâkâryaṃ **AB**. — Nach vicârya: pûrvamṛitapurushasâbhijñâtayâ (sic!) tau caura-jâ[mâ]tarau uktaḥ (lies muktau) **b**; tair muktau caura-jâmâtṛikau **c**; evaṃ kathito râjâ; caura-jâmâtṛikau vastrâṇi paridhâpya mocitau **e**. Die aufgenommene Fassung bieten **ABad**. — Von hier an fehlt in **c** alles Weitere bis zur Frage des Vetâla.

Vers 27 **ABDabe**, Boehtl. 6994 (5221). Vergl. Text S. 5, Vers 9. α prajânâṃ rakshaṇaṃ samyak **d** (Anfang des folgenden Verses); rakshaṇaṃ auch **D**. β nigrahaḥ sadâ **d**, tadâ **A**. γ râjñaḥ **Dabde**. δ dharmmaṇe **b**. — **Dbe** haben diesen Vers nach dem folgenden.

Vers 28 **ADbe**, Boehtl. 4203 (1830). β râjñaḥ svaṃdharmakâ⁰ (sic!) **e**, râjñâṃ svargasya kâ⁰ **D**. γ yâṃti **A**. δ rakshâḥ **be**. — **A** hat diesen Vers als letzten.

Vers 29 **ADbe**, Boehtl. 4206 (1832). α pîḍitasaṃtâpâ **A**, pîḍanâd(nad geschr.) ârabhya **D**. γ râjyaṃ ç. k. **e**, kulaṃ çriyaṃ **Ab**, râjyaṃ bala-kula-prâṇân **D**. δ so Boehtl.; na dagdhvâ **e**, dagdhvâ 'pi na ni⁰ **D**; dasselbe meinen **Ab**.

18, 1 sâ ca çîrshe (geschr. çîrshes) taptapaṭṭakaṃ kṛittvâ(?) kâhalîṃ vâdayitvâ nagarât paçcimadvâreṇa nishkâçitâ, tena purusheṇa ca navînâ (ta⁰ geschr.) kântâ pariṇitâ **e**.

Vers 30 **ABa**, αδ auch **d**. α st. saṃ: tu *Lassen-Gild.* Statt βγ nur pakshiṇau **d**. γ st. vidyâdharau: rûpadharo **AB**. — Statt des Verses haben **be**: ity abhidhâya çukaḥ sârikayâ saha (so **b**, dafür tatra samaye dvâv api **e**) pûrvaprâptaṃ (⁰vṛittântaṃ **e**) smṛitvâ svargaṃ jagâma (gatau e). — **18,** 7 bhavati **Ade**, bhavishyati **Ba**.

Vers 31 **ABa**, Boehtl. 3725 (1583). *α* evâ 'tra **D**. *δ* yat **A**, hi **Ba**. nishṭhurâ hi bhava[n]ti te(!) **D**.

10 dharmâvicâreṇâ 'dhikaṃ⁰ **d**. Kurz **e**: striyaḥ. kasmât? yataḥ: gurur⁰ Boehtl. 2172 (868), Variante *δ* sarvasyâ 'bhyâgato, dann: purusheshu stokaṃ pâpaṃ bhavati. Aehnlich: strî; purushe stokapâpaṃ **b**, purushas tu vigatapâpaḥ **a**, purusheshu viralaḥ pâpaḥ **d**. strî pâpam adhikaṃ karoti, purushasya viralaḥ pâtako bhavati **B**.

IV. (in **a** III.)

18 Vers 1 alle HH. *α* gaṇâdhyakshaṃ **d**, dafür ekadantaṃ **b**. *β* câkhu⁰ **Aad**, tvâkhu⁰ **B**, mûkha⁰ (d. i. mûsha⁰) **c**.

15—17 nur **A** und kürzer **D**, *Lassen-Gild.* etwas abweichend, wohl nach **C**.

20 Vardhamâna **ABb**, ⁰napuraṃ **e**, Vardhanaṃ **c**, Varddhâpanaṃ **D**. — Çûdrakadevaḥ **A**, Çûdradevaḥ **ad** (**d** zweifelhaft, unten **19,** 11. **20,** 24 [vor prachannena] und **20,** 34 [nach râjñâ] hat **d** die Form Çûdragadeva), Sûdravaksho **B**, Çuddhiko **D**, aber unten **20,** 34 Çûdraka; Vaṭikadeva **e**, Candrâṅgadevaḥ **b**.

Vers 2 alle HH., Boehtl.² 4290. *α* prasvedâḍhyâ malaklinnâ **b**, saṃklinnâ **e**, saṃpṛishṭvâ (d. i. saṃspṛishṭâ) **c** (*Gild.* hat in **c** saṃklishṭâ gelesen; so hat **A**), saṃçlishṭâ **B**, saṃpûrṇâ **d**. *γ* dvâri **c**; devasya **c**, dafür bho deva **A**, te deva **ae**, pûshâṇâṃ **d**, dvârabhûmau sthitâ, deva **b**. *δ* ⁰bharaṇâ iva **d**.

27 dinaṃ prati **A**, pratidine **d**, dinapâṭikâyâṃ **Bce**, ⁰paṭikâyâṃ **b**, jîvanavṛittikâyâḥ (⁰yâṃ zu lesen?) **a**. pâṭikâ scheint = vṛittikâ Unterhalt zu sein; etwa Tafel = Liste, wie Civilliste? Dasselbe Wort haben **Dbc** unten in Erz. XIII: dinapâṭikâ kṛitâ st. jîvanaṃ kṛitaṃ **26,** 5. Ganz was anderes ist pâṭikâ oder paṭṭikâ in Erz. XVI, s. **44,** 15. — 28 ṭaṅkalakshasaṃkhyâ dîyatâm **d**. — In **D** gewährt der König sogleich den Sold und fragt erst dann kiyanto⁰. — 30 f. pañcamo nâ 'sti alle HH.; pañcamaḥ khaḍgaḥ, anyan nâ 'sti *Lassen*. — râjaputrâḥ ... hasitâḥ nach **c**, ähnlich **abe**; râjâ râjapu⁰ unpassend **Dc**; âsthânyâṃ râjâ râjaputrâçca sabhâryam(?) iti amâtyâḥ sarve⁰ **b**. — sershyâ samâyâtâ **A**, sevyâḥ saṃjâtâḥ **B**, d. i. in beiden sershyâḥ saṃjâtâḥ. devasyâ "sthânabhûmau ye 'mâtyâ râjaputrâs, taiç cintitaṃ **d**.

33 Nach bhavishyati (so **Dabde**) hat **c** mit uktaṃ ca den unten folgenden Vers 7, dann evaṃ cintayitvâ râjñâ pratipannaṃ. — Die Form bhâṇḍârika ist in meinen HH. hier wie in Erz. I häufiger als ⁰gârika; bhâṇḍârarakshaka **D**.

34 ṭaṅka⁰ **AB**, suvarṇamudrâsahasraṃ **a**, suvarṇasa⁰ **bc**, dazu noch ekaṃ **c**, lakshaikaṃ **d**, sahasram ekaṃ dînârâṇâṃ suvarṇasya **e**. — Nach dâtavyaṃ hat **c**: punar Vîravarasyai 'kaṃ dhavalagṛihaṃ pradattaṃ; gato sa (sic!) nijâvâse bhâryâ-suta-duhitâyâ (sic!) saha

sukhena tishṭhati. diva(l. dina, wie ob.)pâṭikâṃ prâpnoti: sarvam api suvarṇaṃ dinamadhye vyayati (vayati geschr.). yad bhojane †cagati ‖ talagatimad(?) ûrddhvaçeshaṃ deva°.

35 pratidinaṃ vetanaṃ gṛihîtvâ **d**, sahasrakaṃ suvarṇakaṃ gṛi° **a**, tad gṛi° **B**, gṛi° auch **A**. Danach **B** nur gṛihe gataḥ, **d** nur svagṛihe gatvâ bhojanâdikaṃ karoti. — deva- ... karoti so **c** (nur bhojanâdikaṃ st. dânaṃ), ähnlich **b**, wo auch das Vorhergehende bemerkenswerth: bhojanâcchâdikaṃ (sic!) kṛitvâ (wohl krîtvâ, wie *Gild.* schreibt) gṛihe tad dravyaṃ bhâryahaste samarpya çeshadravyaṃ vandi-câraṇa-preraṇika(nach **ac** in prekshaṇika zu ändern, was wohl als Ableitung von prekshaṇa Schauspiel einen Schauspieler bedeuten muss)-kathakâdînâṃ ca duḥkhitaṃ (duḥkhinâṃ ca?) paṅgv-andha-samastayâcakânâṃ dattvâ. Noch ausführlicher, aber corrupt, **e**, wo die Aufzählung der Beschenkten bhaṭṭa-câraṇa-kavi-brâhmaṇa-kubjaka(!)-kathaka-khañja° lautet; dieselbe in **A**: de°-brâ°-bha°-nâgara-preshya-shaḍdarçanâdînâṃ, in **a**: de°-brâ°-sadguṇi-shaṭdarçana-prekshaṇikâdishu. Nach dânaṃ dattvâ haben **Aa**: pañcadravyâṇi gṛihîtvâ gṛihaṃ (°he **a**) samâgacchati; bhojanaṃ vidhâya etc. Da hier pañca° ganz unverständlich ist, habe ich überhaupt die Fassung der andern HH. vorgezogen.

37 f. râtrau râjasamîpe çayanaṃ karoti **D**, wo dann die Frage des Königs lautet kaḥ samîpe tishṭhati. — Nach dadâti hat **c** noch devâ 'haṃ Vîravaras tishṭhâmi, ähnlich **be**; dann **c**: râjño 'ktaṃ: „sasukho 'si?" tadâ Vîravareṇo 'ktaṃ: „râjan, çrûyatâṃ: „svâbhiprâya°".

Vers 3 **ABDad** an dieser Stelle, **be** oben im Anschluss an Vers 2 (nicht unpassend), Boehtl. 1477 (578). itotishṭha(?) **A**, tvam uttishṭha **e**, paraṃ tishṭha **b**, parottishṭha(?) **d**, puras tishṭha **D**, ehi tishṭha puro gaccha **a**. *β* samâcaret **A**. *γ* evaṃ mânagraha° **b**. *δ* krîḍante **e**.

Vers 4 **ABDabde**, Boehtl. 1078 (410). *α* ahâre yadi na(!) **a**. *β* prabudhyati **Dbe**. *γ* st. vakti na: dhaninaḥ **a**; çvechayâ **be**. *δ* kiṃ nu *Kerns* von Boehtl. aufgenommene Verbesserung für kiṃtu **AB**, kimu **a**, kila **Dbde**.

Hiernach haben **Dbe** folgenden Vers:

kashṭam, bho! bhṛityatâ nâma parachandânuvartinî,
yat piṇḍo bhîtabhîtena vâyasene 'va bhujyate.

α so **De**, nur mṛityatâ **e** und bhṛityataḥma **D** verschrieben; kashṭato(?) bhṛityavṛittiç ca **b**. *β* paraṃ **e**. *γ* bhîta fehlt in **D**. *δ* bhujyate **De**, gṛihyate **b**.

Vers 5 alle HH., Boehtl. 7340 (5376). *α* svâmiprâye **b**. *β* st. para: yasya **B**, cintâ° **d**, citâ° **Db**; chandâ° **e**. *γ* st. svayaṃ°: asi° **b**; vikrita° **De**, vikrîḍa° **A**, vikrîḍita° **a** zweimal (*βγ* doppelt geschrieben).

Vers 6 **ABDcde**, Boehtl. 4987 (2257). *α* mûrkhaḥ **D**, paṭu vaṭiko (vâdiko?) **c**. *γ* st. dhṛishṭaḥ: pṛishṭaḥ **e**, nivasati yadâ **B**, vasati vicaran **A**, bhavati ca tathâ **c**, bhavati nitarâṃ **D**, prabhavati hi cirâd **d**. Nach dem Stil des ganzen Verses halte ich es für passender, dass auch hier keine Copula (bhavati) gesetzt wird, sondern dies bhavati oder ein Synonym in einem Conjunctionalsatze steht, wie vorher yadi na sahate. — dûrataç ca° **BDce**; pramâdî **e**, 'pragalbhaḥ **BDcd**. δ apragamyaḥ **B**, wo übrigens β u. γ wechseln.

Darnach hat **b** noch einen, **De** noch zwei Verse:

duḥkhârttaḥ saṃkucan pâdaṃ, çabde saṃdehaṃ udvahan
hemânte jâḍyayogena sevakaḥ kukkurâyate. 1.
dukûlaṃ ca kukûlaṃ ca smarantaḥ çiçire niçi
na saṃprasâraṇaṃ prâpur antasthâ iva sevakâḥ. 2.

1 α st. duḥ°: doshârttaḥ **D**, doshârthe **e**; saṃkucet **be**. β saṃmohaṃ **e**. δ für kukkurâyate: kiṃ na jîvati **e**, wofür kiṃ nu j. zu lesen ist. Das seltsame kukk° muss heissen: lebt wie ein Hund (*E. Kuhn* brieflich). Nachträglich finde ich eine völlig entsprechende Analogie in gṛihapâlayate janaḥ Bhâg. Pur. 7, 15, 18 (nach PW s. v. gṛihapâlay einem Haushunde gleichen). — 2 α duḥkûlaṃ **D**, kukulaṃ kukalatraṃ ca **e**. γ saprasâraṇaṃ **c**, blos pra° **D**, prâptâ hy **e**. δ antakasye 'va **e**. Der Sinn dieses zweiten Verses ist nicht klar; es scheint ein Wortspiel mit saṃprasâraṇam vorzuliegen, welches in der Grammatik die Auflösung eines Halbvocals (antastha) in den entsprechenden Vocal bedeutet.

Nach Vers 6 hat **c** noch: evaṃ dine dine vadati.

5 f. karuṇa . . . râjâ so **A**, ohne sma **BDa**, die andern gleich çrutvâ. — 7 Vîravareṇo 'ktaṃ haben seltsamer Weise die HH. nicht, nur teno 'ktaṃ **c**, iti te° nachgesetzt **d**; bei der zweiten Antwort haben sie dann den Namen statt des Pronomens. — 10 Nach âgaccha hat **c** noch: ke 'yaṃ rudate (°ti geschr.), kena kâraṇene 'ti jñâtvâ, cf. **f 74**, 41 und Somad.

Vers 7 alle HH. (**c** oben, Anm. zu **18**, 33) Boehtl 2405 (970). α jñâyante prekshaṇe bhṛityâḥ **a** (ebenso weiterhin Nominative), prekshaṇe auch **c**. γ so **d** (nicht vipadâṃ, wie *Gild.* angiebt); mitrâni(so!)vâpadâṃ **a**, mitraṃ câpadi kâle ca **Bbce** (nur st. câ vâ **B**), mitram âpadakâle ca **A**, mitraṃ câpattikâle ca **D**.

Vers 8 **ABDa**. α alaksheṇa svarûpeṇa **AB**. β °vyâptivarttinâ **D**, varttamâna(!) **a**. γ st. Çûdrako 'pi: supragopâ(!) **A**.

An dieser Stelle hat den Vers nur **A**, **B** unten nach ahaṃ râjalakshmîḥ, **a** mit vorausgesetztem atrâ 'vasare noch weiter, nach roditum ârabdham, wo **bc** ungefähr gleich folgendes haben: râjâ 'pi tasya pṛishṭhato lagnaḥ sarvaṃ çṛiṇoti. Ebenda hat **d**, mit Bruchstücken des Verses: râjâ Çûdraga(sic)devo 'py alakshitarûpeṇa tasya câ 'nupadaṃ gataḥ sarvaṃ vṛittântaṃ paçyati. Statt des Verses hat **B** hier: tatra prachanno bhûtvâ tatpṛishṭhato 'pi râjâ (so!) gatavân, was *Lassen* nicht noch trotz des Verses hätte in den Text setzen sollen. Hier haben **ae** übereinstimmend: râjâ Vîravarasya sâhasâvalokanâyâ (sâhasam ava° **e**) 'ndhakârapaṭṭaṃ (Schild? s. PW.; paṭaṃ **a**) prachâdya khaḍgaṃ gṛihîtvâ (kh. gṛ. fehlt in **a**) pṛishṭhalagno gataḥ (pṛishṭhato 'nugataḥ **a**).

Vers 9 u. 10 **ABDace**; **d** zieht diesen und den folgenden Vers in einen zusammen. 9 *α* varttyate karddate **c**, krandate **D**, kûrddate zweimal **d**, kûjate **AB**. *β* calate **Bc**, dafür kûjate **A**, valgute, d. i. valgate **D**, hasate **a**; ca vilâpate (sic) **e**. st. tathâ: punaḥ **D**. *γ* rodate **ABa**, ⁰tî **c**; câçrudînaṃ **e**, ⁰hînâ **B**, câçuvadanâ (sic) **c**. *δ* karuṇâṃ **a**, kâraṇaṃ **AB**; dînaṃcâtîvaduḥ⁰ **c**. — 10 *α* ahaṃ duḥkhî **ABDc**, ⁰khâ **e**. *β* auch **d**; dhunotkhadgaṃ(!) **a**, dhvanotv **c**. *γ* äsphoṭayaṃti **a**; mâtrâṇi **e**. *δ* ganz so **d**; hy utpatya **e**, cot⁰ **B**: utpataty atha sâ **D**, utpataṃtyayated (sic! wohl = ⁰patantî apatad) **a**, patite **A**, patete **e**; punaç co 'tpatate **c**.

Für die zwei Verse hat **b** Prosa, nach muktakeçâṃ: kûrddananarttana-dhâvanena valanena (valâ⁰ geschr.) pralâpaṃ (sic) karaṇaparâyaṇâṃ nârî[ṃ] dṛishṭvâ prashṭavân (sic): bhadre kâ⁰. — 22 râjyasaptâṅgalakshmî câ 'haṃ **e**. — 24 devyâ dosheṇa **Aa**, nur dass in **a** dosheṇa verstellt ist hinter divase. Die andern HH. haben nur tṛitîya⁰, etwas variirt, **B** vorher einen verkehrten Zusatz. — anâthâ **ABDad** (cânâthâ **d**), ananyâ **c**. — 26 çatâyur bha⁰ **ABa**, einfach jîvati **bcde**. — râjakîya! Bhaṭṭâ⁰ im Texte ist eine Aenderung bei der Correctur, zu welcher ich mich nicht hätte sollen durch PW. s. v. bhaṭṭâraka verleiten lassen. Für râjakîyabhaṭṭârikâyâḥ, wie *Lassen-Gild.* schreiben, spricht besonders **d**: bho Vîravara, yadi tvaṃ râjakîyabhaṭṭ⁰ . . . chedayasi; ausserdem **b**: râjaçaktibhaṭṭ⁰ und **e**: yato râjakîyanagaradevyagre râjñas tulyo bhûtvâ (so wohl zu lesen st. tûlyabhûtyo) nija⁰. — 29 Nach gataḥ: râjâ 'pi pṛishṭhato (svapṛi⁰ **c**) gataḥ **bce**, dazu noch kautukârthe **e**. — Statt Vîravareṇa: tatra ca tena *Lassen*.

Vers 11 und 12 **ABDacde**. 11 *α* bhâryecayaṃ, d. i. bhâryâ ce 'yaṃ **D**, bhâryâ sai 'va **c**. çṛiṇu bhârye viçâlâkshi **e**, auch weiterhin Vocative. *β* ⁰guṇânvite **e**, surûpâ cârubhâshiṇî **AB**. *γ* ⁰saṃyuktâ **a**. *δ* salajyâ **B**. *γδ* fehlt in **Dcde**. — 12 *α* svabhâva **c**, svecchayâ **e**, succhâyâ **Dd**, utthâya **ABa**; ⁰âlâpair (?) **AB**. *β* st. vîrasûr: vîrasya **e**. *γ* âvartti **c**. *δ* sudṛiçâ saghana-(l. sughana-)stanî **c**, st. stanî: sthalâ **D**. — Als letzte Zeile haben **Dedc**:

D: cañcala(⁰lâ)hariṇa(⁰ṇo)netrâ **e**: mṛigî 'va cakitanetrâ **d**: cakitahariṇâkshî ca **c**: uktamâsarvabhâvena (?)	protphullakamalânanâ. (utphulla **c**, praphulla **D**.)

Vers 13 **ABDacde**, Boehtl. 2611 (1059). *β* toshakaḥ **D**. *γ* st. yatra: yasya **d**; viçvâsaṃ **a**, ⁰sâ **d**. *δ* nivṛitiḥ **D**, nirmati **B**; yâ pativratâ **d**.

Vers 14 **Aabcde**, Boehtl. 4119 (1792). *α* vaçî **e**, vaçe **bc**, yaçaḥ **D**, yaçasyartha⁰ **A**, woraus *Lassen* yaçasvyartha⁰; dasselbe will yaçastvartha⁰ **a**; vaçyaḥ suto **d**. (*Gild.* macht andere Angaben); svârtha⁰ **Dce**, siddhi⁰ **b**, vitta⁰ **d**. *β* arogatâ **a**, ârogitâ **A**, arogyatâ **D**, hy ârogyatâ **e**; sajjanasaṃgatiç ca **d**. *γ* bhâryâ 'nukûlâ **b**, ishṭâ ca bhâryâ **d**. *δ* st. ço⁰: duḥkhasya **de**, svargasya mûlodvaraṇâni (!) **c**.

Vers 15 **Aace**, Boehtl.[2] 1630. α °âpamânaṃ ce, °âpamâno **D**, °âvamânam (so, m, mit ṛi° verbunden) **a**, °ânurâgaṃ **A**. β ruṇasya **De**, dravyasya **A**; çeshaṃ alle, kuṇipasya **c**. γ st. vimukhaṃ ca: viramanti **c**; vimukhâç ca mitrâḥ **A**. δ kâyaṃ **A**, dehaṃ **e**, tîvraṃ **c**, tivra **D**, tîvrâḥ **a**.

Danach hat **e** noch den Vers Boehtl.[2] 4118 putro 'pi mûrkho°. α putraç ca. δ vilâsakâle, entschieden besser als das von Boehtl. für vinâsa° der H. der Subhâsh. (184) gesetzte vinâça°.

Vers 16 **ADabcde**, Boehtl. 691 (252). α avanîto **c**. γ vinayavihînâ **D**.

Vers 17 **Aacd**, Boehtl. 7150 (3287). α suhṛida **a**. β st. pri° nâ°: tathâ kalatre ca **c**. γ svâmini çaktisamete **ac**. Dafür haben **Dbe** die Fassung Boehtl. 7343 (3338) svâmini°, aber α sauhṛidacitte **e**, β vinayavatika° **D**, γ svâmini sakti(sic)° **e**. — Die Reihenfolge dieser Verse ist in den HH. etwas verschieden: **be** haben 17 vor 14, **ADac** 16 vor 15; die von mir vorgezogene Anordnung, welche **e** bietet, wird durch das Metrum empfohlen. Eigentlich passend in den Zusammenhang sind von diesen nur 14 und 17. Sehr verkehrt giebt **c** den Vers 17 der Gattin, nach Vers 22, während **D** denselben zwischen 12 und 13 einschiebt. Zum Schluss hat **d** noch den Vers Boehtl. 1425 (557) eko devo° mit Umstellung von αβ und γδ und patir statt yatir.

Vers 18 **ABDacd** mit meist unbedeutenden Varianten. α apamṛityu° **D**. β râjâ yena ca(?) **D**. γ °âçrayaṃ **c**. °âçrame **ABa**, °âsame **D**, pitur gṛihe **d**; pitṛimâtrâ° **ac**, pitâmât[r]â° **BD**. δ gaccha çîghraṃ çucismite **c**. **be** haben Prosa.

Vers 19 alle HH., Boehtl. 4848 (2195). γ amitasyâ 'syâ dâ° **a**. tu **A**, ca **Bd**, hi **bce**, pra° **D**.

Vers 20 alle HH. α tava putreṇa kiṃ kâryaṃ **b**. β svajanaiç câ 'pi **e**, svajanaṃ ca bâ° **c**, svajanair api bandhubbiḥ **D**. γ pitâ und mâtâ **ABd** (auf gatir zu beziehen), pitrâ und mâtâ **a**. na pitâ na .. (Fehlzeichen) bhrâtâ ca **D**; st. naiva: na ca **ce**; st. mâtrâ ca: mitreṇa **b**. δ st. hi: ca **d**; tvaṃ svâmî hi **a**.

Vers 21 **ABDade** (**bc** Prosa). α nityaṃ yâmi° **e**, samîpatvâṃ(sic) **D**. γ bhartâvai (= bhartai 'va **a**) **B**, bhartâ hy âsâ° **A**, bhârtâ hi **a**°(sic!) **d**. γδ bhartur âçrayaṇaṃ sarvaṃ strîṇâṃ dha° sa° **e**, bhartâram âçrayan sarvasarmaḥ(?)strîṇâṃ **D**. δ st. esha: esa **B**.

Vers 22 **ABDacde**, Boehtl. 3285 (1394). α dâne **B**, çuddhyate **ade**, wohl gemeint als Passivum eines Denominativums vom Participium çuddha. β nopacâra° **c**, nopavâsair vratais tathâ **d**, °vâsaiḥ çatair api **D**. γ avṛitâ **A**; °bhibhavec° **d**. δ bharttus **acde**; st. tadgata nur ma(?) **a**. ceto yasyâḥ sadâ bhave[t] **D**. Vor dem Verse hat **c** uktaṃ ca.

Vers 23 **ABDade**, Boehtl. 357 (3494). α andhaṃ ca **e**. β kushṭinaṃ **D**. γ âpatsu câ °gataṃ nâthaṃ **De** (st. câ: ca **e**).

δ st. mahâsatî: pativratâ **D**. In **D** folgt hiernach eine andere Fassung des Verses, γδ wie im Texte, während αβ lautet:

tyajet putraṃ ca mitraṃ ca pitaraç ca suçobhanau.

Darnach haben **ABDd**, **ae** und **c** je einen Vers, die in δ übereinstimmen:

ABDd: pâdaçaucaṃ hi yâ bhaktyâ bhuñkte cai 'vâ, 'nubhuñjate
priyaṃ vadati, yâ nityam, ucyate sâ mahâsatî.

α st. hi: ca **d**. β bhuktaṃ **A**, bhuṃkte **Bd**, bhukte **D**; caiva tu bhuñjate **d**; dafür bhojayatî 'ha yaḥ(?) **D**. *Jac.* vermuthet 'nuyuñjataḥ. γ st. nityaṃ: nârî **AB**. δ mucyate **ABD**, procyate **d**.

ae: na paçyet parapurushaṃ, saṃbhâshaṃ cai 'va nâ "caret,
âkrushṭâ 'pi ca nâ "kroçet, procyate sâ mahâsatî.

So **a**. — **e**: parapu⁰ na paçya[ṃ]ti, saṃbhâvaṃ gocarair api(?), âkroçitâ 'pi nâ "kroçed, ucyate⁰.

c: çuçrûshayâ ca yâ [nârî] nityaṃ bhartur hantuḥ suvatsalâ,
âkroçitâ 'pi nishkrodhâ, ucyate sâ mahâsatî.

β savatsalâ die H.; aber ein Subst. vatsala ist unbelegt.

Vers 24 **ABDade**. β nârîṇâṃ paramâ gatiḥ (dies gemeint) **e**, st. co will *Aufrecht* so. γ yâ 'nyathâ kurute nârî **d**, anyathâ kurute yâ tu **a**, so 'nyathâ kriyate yena (auf dharma bezogen) **e**, sanâtha(?) kurute câ 'nyaṃ **D**. δ sa **ae**; yâtu **a**, narake **d**.

17 f. evaṃ çrutvâ nur **A**. — In **D** sind die Worte des Sohnes und der Tochter metrisch, die der Tochter hat auch **c**, aber als Worte des Sohnes.

D: putreṇo 'ktaṃ: mâtâ yasya u. s. w. Vers 25, dann:
maddehasyâ 'sya dânena yadi jîvati bhûpatiḥ,
tadâ kule madîye 'sti, manye, nâ 'nyo mayâ samaḥ.

duhitro 'ktaṃ:
manye 'haṃ, tâta, âtmânaṃ dhanyaṃ hi bhuvanatraye;
maddehajîvitâyena sa jîvatu narâdhipaḥ.

β dhanye 'ti **D**. αβ dhanyaṃ, tâta, ahaṃ (sahaṃ geschr.) manye (mabhye) âtmânaṃ bhu⁰ **c**. γ st. maddeha: âtmanâ (wohl in âtmano zu ändern) **c**. jîvitatvena **D**.

Vers 25 **ADabde**, ausserdem in Erz. XIX **Abcg**, Boehtl. 4798 (2167). **B** hat nur die beiden ersten Worte, wohl als Andeutung des bekannten Verses. β pitâ . . . sutaṃ **A¹b¹b²cdeg**, pitâ und statt sutaṃ yadâ **A²**, vikriyate **ab¹b²**, vikrayate **cg**; vikrîṇîte sutaṃ pitâ **D**. δ parivedanâ **Dae**, prativedanâ **b¹b²**, pratidevanâ **g**. Dafür çaraṇaṃ kasya jâyate **A¹A²g**.

23 bhavyaṃ aus **abe**; nach bhaṇitam: aham api çiraṃ (sic) dadâmi **A**. In **c** wird die Tochter gar nicht erwähnt. — Für catvâro⁰ haben **be**: caturṇâm apy ekaṃ mataṃ babhûva (jâtaṃ **e**), darnach gleich: etat paryâlocya prachannena⁰ **e**. Der König spricht den Vers 26 also nach **e** bei dem Hause des Vîravara; ebenso nach **Db**. In **c** heisst es nach Vers 25: iti mantraṃ kṛitvâ Vîravaraḥ tadbhâryâ ca, tatputraḥ kanyâ ca sarve Bhaṭṭârikâbhavanaṃ gatâḥ. — 24 bhaṇitaṃ **ABad**, uktaṃ **Dc**, cintitaṃ **be**.

Vers 26 alle HH., Boehtl. 7034 (3732). *α* saha saṃpa⁰ **A**, sahasotpa⁰ **D**. *β* sâ mâtâ(!) **D**. *γ* st. eva: yeva **a**, yatra **d**, jaeyâ **ADbe**, blos yâ **c**. — 30 nijodaraṃ hataṃ **Acd**, chinnaṃ **a**, ⁰vidâritaṃ **be**. — Hier hat **e** wieder einen Vers:

deçe deçe ca kântaṃ (⁰tâ?) ca deçe [deçe] ca mitratâ:
taṃ deçaṃ nai 'va paçyâmi, yatra bhrâtâ sahodaraḥ.

31 St. trayâ⁰: kuṭumbakshayas tâvat saṃjâtaḥ **c**, ähnlich **bde**. — 33 Nach saṃjâtaḥ hat **e** den Vers Boehtl. ² 3932 paraprâṇair⁰, der unten in Erz. XV vorkommt; hier *δ*: viralaḥ ko 'pi rakshati.

Vers 27 **Dbcde**. *α* çakyopistu⁰ **c** verschrieben; samaha **b**. *γ* putradâpi **b**, putrâdibhir **e** (nicht übel). — 42 ff. Der ganze Passus von der Heimkehr des Königs und Vîravara's nebst der Frage des Königs an diesen steht nur in **AB**. in **cde** folgt sofort nach jîvâpitâḥ: Vîravareṇo 'ktaṃ, in **Da** ohne dies gleich der Vers kshaṇâ⁰, in **b** sogar gleich die Frage des Vetâla. — 42 prachannaḥ meine Aenderung für prasannaḥ **A**, vgl. prachannena, wofür **c** prasannena hat. Denselben Sinn wie prachannaḥ san giebt die Lesart von **B**, svapṛishṭhataḥ, wohl verschrieben für tatpṛi⁰. — 44 f. tataḥ .. ⁰vishṭavân nur **B**.

21 Vers 28 **ABDacde**, Boehtl. 2013 (783). *α* st. kshamî: lakshmî **c**, dâna⁰ **D**, svâmî **d**. *β* st. svâmî: çantaḥ **d**. *γ* nṛiparakshaḥ **Aa**, anuraktaḥ **Dcde**, dafür prabho çaktaḥ (soll wohl prabhubhaktaḥ sein) **B**. *δ* svâmibhṛityo **B**, svâmidharmo **a**; st. durlabhaḥ: vallabhaḥ **c**; sâdhuḥ puṇyena labhyate **d**. In **d** spricht die zweite Zeile der König.

21, 3 Dies fehlt in **b**, steht in **a** nach Vers 29. — ardharâjyaṃ **B**, râjyârddhaṃ **ade**, râjyam arddha[ṃ] **B**. Vorher hat **d**: prabhâte râjñâ lokânâṃ purataḥ sarvaṃ niveditaṃ.

Vers 29 **ABDacd**, Boehtl. 6650 (3687) *αβ* st. jalpanti beide Male phalanti(?) **a**. *β* st. sâdhavaḥ: pâṇḍitâḥ **d**. — 8 f. Die Antwort des Königs hat **D** in einem Çloka:

svâmino 'rthe hi yad bhṛityâḥ prâṇâṅs tyajanti sarvataḥ,
prasiddhir iti: bhṛityârthe svâmî nai 'va kadâ ca na.

α yad meine Aenderung für ye.

V.

Vers 1 **ABDacde**. *β* lambaushṭhaṃ **d**. — Dafür **b**:

dadâtu vaḥ sa deveçaḥ, çaṅkhabhûshaṇabhûshaṇaḥ,
nipatanti divo yena, yena Mandâkinî dhṛitâ.

21, 21 St. Mahâbalo: Yathânâmâ **a**, ebenso unten Z. 24 Yathânâmno 'ktaṃ. — 22 saṃdhivigrahiko **b**, dasselbe wohl im Original von **c**: saṃdhivigrahe ko 'pi Ha⁰; saṃdhivigraho **D**. Vgl. Anm. oben zu **14,** 6 f. *Lassen* hat als Substantiv pradhânamantrî nach Ha⁰ nû⁰, welches weder **A** noch **B** bieten, aber dazu haben diese als Adj. saṃdhivigrahakovido (**A**) und ⁰haviçeshajño (**B**). —

26 Abweichend d: râjño 'ktam: „etat kiṃcit kâlasvarûpaṃ.“ „deva, kâlasvarûpaṃ varttate“. — kalikâladoshaguṇasvarûpaṃ b.

Vers 2 ABDbcde, ausserdem d in Erz. XXIII, Boehtl.[2] 1694. α devâ 'smin samupâgate kaliyuge d[1]. kaliyugaḥ e, [0]gaṃ, wie Boehtl. ändert, d[2], kalirasau Dc. β st. lobhaṃ: laulyaṃ A. γ mushanti alle HH. pṛithivîm ârjjo b, [0]vîṃ mârgo d[1], [0]vi mârge A, [0]vîṃ mârge B; [0]vîm âryo meint D mit [0]vi bhâryâ. δ putrasthâ e; st. yugaṃ: jugaṃ b, jagad d[1]d[2]. Zwischen γ und δ schiebt d[1] noch eine Zeile ein: çvaçrûṃ karmaṇi sanniyojya sukhitâ vadhvas, tathâ mâtaraṃ.

Vers 3 ABDbce. α st. paṭutâ: bahutâ B, dasselbe meint bahunâ A; kraurye e, caurye D, kârye c, krodho A, blos kro B; citte A; drohe vittaṃ b; avamânatâ BD, apamânatâ be, apamâno c. β dharme çâṭhyaṃ AB (çâvyaṃ B), dharme sâdhyaṃ(?) c, çâṭhyaṃ dhartta (= dharme?) D, sâṭhyaṃ mitre b, blos çâṭyaṃ und darnach pu ausgestrichen e; guror api be; vaṃcanâ c, [0]tâ b, [0]nvâ e. γ madhurâ Dce; vâg apra[0] e; samakshe c; parokshe Ac, das Wort fehlt in e: vibhâshiṇî c, vibhîshaṇâ B, corrupt A visishâṇâṃ, was leicht aus vibhâshiṇî entstehen konnte. Auf dasselbe sonst allerdings nicht nachweisbare Wort vibhâshin schmähend weist auch die Lesart von d vishabhâshiṇî (s. unten), und die von D: vinindinâ d. i. [0]nî; auch vinindin spottend ist nicht zu belegen. vighâtinî be, was PW. nur für diese Stelle mit verletzend erklärt. δ kaliyuge A, [0]ge hi c; mahârâja etâḥ ABc.

Aus der ersten Hälfte dieses Verses macht a, aus der zweiten d einen Çloka; oder die Çloken sind ursprünglicher *(Jac.)*.

a: anṛitaṃ bahudhâ, krodhaç, cintâyâḥ saṃtatiḥ kaliḥ,
dharmâbhâvo dvijasparddhopatâpaḥ satvaraṃ tathâ.

d: pratyakshe sûnṛitâ vâṇî, parokshe vishabhâshiṇî,
kaliyugâdhirâjasya prasphuranti vibhûtayaḥ.

α sunṛitâ, γ st. kali: kaler die H.

Vers 4 ABcd und d in Erz. XXIII, Boehtl.[2] 3092. α pravṛijatas A, undeutlich B; st. pracalitam: kapaṭitaṃ („in fraudem conversus, simulatus“ *Gild.*) d[1]d[2]. β laulyaṃ AB; st. laulye sthitâ: çastrâyudhâ c. γ lokaḥ, rataḥ d[1]; st. 'pi: hi A; viplavaḥ d[1], dafür vaishṇavâḥ AB; st. çâ[0] vi[0]: sevâ kṛipâ vihvalâḥ d[2]; die ganze Zeile anders c: râjâno 'rthaparâ, na [ra]kshaṇaparâ, vittaṃ ca çâṭhyârjitaṃ; [ra] von *Gild.* ergänzt. δ durjano vilasati c; pravishṭaḥ kaliḥ Bc, pravṛittiṃ kale(!) A.

Darnach haben ABDd noch ganz unpassend den Vers Boehtl.[2] 3165 dhûrte bandini[0] mit vielen Abweichungen: α st. bandini: vindaka A, vidaka B; st. mitre: malle alle, entschieden besser. β kuvidye kaitave AB; st. çaṭhe: jane d. γ caura-([0]râ A)-câraṇa-câṇḍâle (caṇḍâlo A) AB, cora-coraṇa-(d. i. caura-câraṇa)-caṇḍebhyo D. γδ mûrkha-câraṇa-vâditravâde kâ (so zu lesen st. [0]vâdake) çishṭatâ bhavet d. — Endlich haben Dc noch den Vers

Boehtl. 1066 (404) âsannam eva nṛipatir⁰ mit der Variante δ priyâç ca c statt latâç ca.

21, 41 ff. **a** hat hier eine grössere Abweichung, zum Theil ähnlich der Hindîbearbeitung. Bei der ersten Audienz (oben 25) heisst es nach bho Haridâsa weiter: „kuçalaṃ tava râjño vividham". tatas teno 'ktam: „asti mahârâjaprasâdataḥ" (so z. l.). tatas tena râjñâ Haridâsa uktaḥ: „bhavadrâjñaḥ kâmanîyâ kanyâ Mahâdevî mahyaṃ dâpaniyâ". tad râjño vacanaṃ çrutvâ Haridâseno 'ktam: „‚ahaṃ guṇavato bhavishyâmi' 'ti kanyayâ pratijñâtam asti. deva!" râjño 'ktam: „aham âkâçagâminaṃ rathaṃ racayituṃ jânâmi". 'ty uktvâ svahastaghaṭito ratho darçitaḥ u. s. w. Als sie dann nach Ujjayinî kommen, fordert der König Yathânâmâ (s. zu 21) den Haridâsa zu den Aeusserungen über das Kalizeitalter auf und dieser sagt: deva, kaliḥ saṃprati vartate (Anfangsworte von Vers 2), worauf der oben angeführte Çloka anṛitaṃ⁰ folgt. Daran schliesst sich dann die Werbung bei dem Bruder. — In **d** wird zuerst in Abwesenheit des Vaters der Sohn des Haridâsa um seine Schwester gebeten von dem Besitzer des Wagens, weshalb dann unten die Luftreise nach Ujj. wegfällt.

42 Für samyag guṇo bhavati haben **ABDbd** hier samyag guṇâ ⁰'nti, ebenso an der ersten Stelle oben 24 **Db**; dort hat **a** samyagguṇajño, ebenso in der Antwort des Bruders und der Mutter, dafür **b** beim Bruder guṇavân; ausserdem hat **b** einmal, **e** dreimal samyagguṇa als Adjectiv: yaḥ samyagg⁰ etc. Sachgemässer ist jedenfalls der Singular, weil es sich nicht um alle Tugenden, sondern um einen ganz besondern Vorzug handelt („eine unübertreffliche Gabe" *Benfey* im Ausland 1858 S. 969). — 43 mamâ 'sti sam⁰ und tarhi darçaya so **cde**. mayi santi und tarhi kathaya **D**. **Bb** hier corrupt. *Lassen-Gild.* kürzer nach **A**: brâhmaṇeno 'ktaṃ: tarhi darçayâmi, aber darçayâmi steht in keiner meiner HH., auch **A** hat darçaya. — 44 Haridâseno⁰ **c**, dafür teno⁰ **d**, in **De** fehlt überhaupt eine Andeutung des Wechsels der redenden Person, wie es besonders in **D** häufig ist. — 45 rathopamâkâçe **a**, d. i. ⁰pama âkâçe; âkâçamârge **Dc**. cintitasthâne **abcd**, ⁰sthânalâbho (⁰bhî?) yânena(?) **e**; cintitaḥ âkâçe yâti **A**. Darnach **d**: teno 'ktaṃ (d. i. der Sohn des Haridâsa, s. ob.): evaṃ sati tarhi dattâ mayâ bhaginî; ratham âruhyâ "gantavyaṃ. — 46 Nach âgantavyam: tathâ kṛite huṃkâre mukte rathârûḍhau . . . gatau **b**, kürzer huṃkâre kṛite⁰ **e**, ähnlich **D**: dvau tau tatra upaviçya huṃkâro muktaḥ (sic); Ujjayini[ṃ] yâvat prâptau, tâvat putreṇa etc. Hier wird also durch einen Laut dem Wagen das Zeichen gegeben sich in Bewegung zu setzen, ein Zug der in keiner andern Recension vorkommt.

22, 4 f. „diyatâṃ mama nijabhaginî". tena nijaguṇâḥ kathitâḥ: „mama jñânaguṇo 'sti; yad bhûtaṃ yad bhâvyaṃ yad bhavishyati (bhavati zu lesen), tat sarvaṃ jânâmi" **c**. tena nijaguṇaḥ kathitaḥ:

aham jñânî D. mama jñânam asti, yena trailokyavârttâṃ kathayâmi e. Hierzu vgl. Recension f, 76, 41 f. bhuvanatrayaṃ . . darçitavân und Somad. 79, 25. — jñânaçâstraṃ *Lassen-Gild.* nach A.

8 mamâ 'sti çastraçramaḥ, çabdavedhî b; çastraṃ mârgaṃ çabdavedhî câ 'haṃ e; çastravid ahaṃ D. Im Texte will *Aufrecht* nach çabdavedhî ein ca einfügen. — Statt 2—8 hat d: dvitîyena brâhmaṇenâ 'syâḥ pitâ yâcitaḥ, nijaguṇaḥ çûratvaṃ ca kathitam. tṛitîyena brâhmaṇenâ "gatya mâtṛipârçve sâ yâcitâ, svaguṇaḥ divyajñânaṃ ca kathitam. mâtro 'ktam: „tarhi dattâ mayâ". Vgl. oben zu 21, 41 ff. a. E.

9 ff. Nach c, nur evaṃ aus ABae; für çrutvâ hat c kṛitvâ, vgl. unten. Aehnlich d evaṃ prabhâte trayâṇâṃ milâpo (l. melâpako) jâtaḥ, und D: nijagṛihe Haridâsena saha trayâṇâṃ samâgamo jâtaḥ. Gleichen Sinn hat b: trayo varâḥ samakâlaṃ (l. °kâle) samâyâtâḥ, und e: trayo 'pi sâmagrîṃ kṛitvâ samâgatâḥ, nur dass dies in e unpassend nach parasparaṃ . . . çrutvâ steht. Vgl. unten zu 17. Die Worte parasparaṃ duhitṛidânaṃ çrutvâ haben ungefähr so alle HH. (°dânoktatvât d) insbesondere fehlt parasparaṃ, das *Lassen-Gild.* weglassen, weil es zu ihrer Lesart trayo varâḥ du° çru° vivâdaṃ gatâḥ (nach AB) nicht passt, in keiner H. Die ganze Verwirrung der Stelle beruht auf dem Schreibfehler vivâda statt vishâda, wie acde richtig haben; durch dieses Versehen wird der Streit zweimal erwähnt und kommt zu zeitig. Nach unserer Fassung aber sind unter sarve als Subject zu vishâdaṃ gatâḥ und çrutvâ, ebenso vorher 10 unter trayâṇâṃ (wenigstens nach der Lesart von c °dânaṃ kṛitvâ) die Aeltern und der Bruder zu verstehen, wobei parasparaṃ ganz richtig ist; so hat auch e: pitṛi-mâtṛi-sutânâm apy ekîbhûtânâṃ vishâdo jâtaḥ, und b: pitṛi-mâtṛi-bhrâtṛitrayâṇâṃ vivâdaḥ samabhavat, wobei vivâda st. vish° gar nicht unpassend ist. — 11 f. AB schieben vor kim idaṃ° noch ein: vivâdaṃ kurvanti, b darnach iti cintayâmâsa. — 13 f. Sehr verschieden in den HH.; kurz d: etanmadhye kanyâ nashṭâ.

Vers 5 ADacd, Boehtl. 149 (54). α atîvarûpâ A, atirûpâ c, °rûpavatî d. β atidânâ A. γ baddho alle. B hat hier wieder wie bei Vers 25 in Erz. IV nur das erste Wort.

17 So ähnlich alle (âkâritâḥ d), trotz Z. 10, womit es sich am besten dann verträgt, wenn man nach dem oben Bemerkten dort das „Zusammenkommen der Drei" auf die Aeltern und den Sohn bezieht. — 18 bho . . vidyate so A, die andern variiren. Ausführlich D: bho! tvaṃ cet jñânî, tarhi matsutâ kena nîtâ iti kathaya. Lückenhaft d. — kaṭhinîm âdâya gaṇitam nur AB (kaṭhinîyaṃ und bhaṇitaṃ verschr. B). — 19 Vindhyaparvate ABd, Vindhyâcale bc, Vindhye e, vividhyâparva(= Vindhyaparvata?)-sthena râ° D; Vindhye parvate *Lassen-Gild.* — st. râkshasena: niçâcareṇa de. — 20 tṛitîyaḥ prâha: „ahaṃ râkshasaṃ hatvâ

ânayishyâmi tâṃ". prathameno 'ktaṃ: „yâtam asmadrathârûḍhau". tau tatrai 'va gatvâ⁰ e. — 24 kṛitopakârâḥ AB (beide ⁰raḥ), samânaguṇâḥ a; trayo guṇâdhikâ[ḥ] c, die andern nichts davon; vgl. 28. — 25 Nach kathaya wiederholt e: yadi jânann api⁰ wie bei der ersten Erzählung. — 27 f. Die Entscheidung für den Weisen hat nur A: jñânibhâryâ bhavati. Dagegen çastravijñânakasya a, çastravijñânasya bhâ⁰ bha⁰ D; çastriṇo bhavati, tasyai 'va sâ bhâryâ b; trayâṇâṃ madhye yo çastrapâṇis, tasya bhâ⁰ bha⁰ e; yena . . . ânîtâ Bad. Vetâleno 'ktaṃ: sarve . . . bhavati ABa; sarve samyagguṇâ bhavanti e; sarve ('pi d) viçishṭaguṇâḥ Dbd. In D entgegnet der Vetâla nur katham iti, und die Worte sarve⁰ erwiedert darauf der König; in d sagt diese Worte der Vetâla noch vor der Frage sâ kanyâ ka⁰ bhâ⁰ bhavitum arhati. — 29 upakaraṇa⁰ jñâni⁰ so *Gild.*, upakâra⁰ jñâni⁰ ad, upakaraṇabhûtau jñâna-vijñânau c, upakaraṇabhûte jñâna-vijñâne b, dasselbe meint e ⁰bhûte jñâne; paraṃ tu jñâna-vijñânaguṇau karaṇabhûtau D; diese Worte fehlen ganz in AB, d setzt sie vor yena . . . ânîtâ; vor denselben hat a tena jite 'ti, nach denselben b: çastrakâre saṃvṛittaṃ (?), ataḥ çastriṇa eva sâ bhâryâ, nâ 'nyeshâṃ; ähnlich c çastrakâryakârijâtaṃ (?), ataḥ çastriṇo bhâryâ. Vielleicht in e zu lesen çastraḥ kâryakârî jâtaḥ das Schwert ist wirksam geworden.

Vers 6 alle HH., Boehtl. 1247 (469). α udyamaṃ ABace, ⁰me D. β parâkramaṃ ABabce; buddhiḥ çaktiḥ parâkramaḥ D. γ st. yasya: yatra D; st. tishṭhanti: vidyante ce. δ shaḍ aite ADc; st. tasmâd: tasya abe, tatra D; taṃ devo 'pi hi c; st. devo: daivo B. devâ a; daivaṃ hi d, çaṅkate BDabcde, çaṅkito A.

32 f. Zum Schluss hat c einen Vers:

iti râjño vacaḥ çrutvâ gato 'sau çiṅçipâdrume (⁰dape geschr.),
vishaṇṇavadano bhûtvâ çavaṃ nîtvâ 'calat punaḥ.

Derselbe kehrt nach Erz. XI wieder, in β dort saṃsapâdṛipe verschrieben; ein ganz ähnlicher auch nach Erz. IX.

VI.

Vers 1 ABDacde. α ugra c, ugrahaṃ D; bhayâvahaṃ rûpaṃ ABce, bhavâvahaṃ⁰ D, bhayâpahaṃ⁰ a, bhayâvahâkâroṃ (sic) d. β st. bhayaghnaṃ: dadhânaṃ (?) a, lambosḥṭhaṃ e; bhavasû⁰ a, ripusû⁰ c. γ so De, mahânandaṃ mahâbhîmaṃ B; pâpaghnaṃ Pârvatîputraṃ Aa wie oben bei der 4. Erz.; γδ namâmi parayâ bhaktyâ gaṇanâthaṃ vinâyakaṃ cd.

22, 41 ff. Dharmapuraṃ . . nagaraṃ a; Dharmaseno Dbde, Dharmadhano c. — caturhastaṃ a, catuḥkuṇḍaṃ A. — sa râjâ tatra kuṇḍe snânaṃ kṛitvâ e. — In D wird die Anlage des Tempels und Teiches erst nach Vers 8 erwähnt; hier heisst es nach râjâ: tasya mantrî Çrîvaro nâma; teno 'ktam: „râjan! tava râjyadharaḥ putro nâ 'sti". — 44 mama vacanaṃ çrû⁰ nur AB.

Vers 2 ABad, Boehtl. 444 (157) vgl. 685 (249) und 6506 (3011). β so B. diçaḥ çûnyâs tv abândhavâḥ a, diçâ çûnyaṃ AD, ca bândhavâḥ A, kubândhavaiḥ d. δ sarvaçûnyaṃ ABd, dâridratâ a, dâridriṇaḥ d. — Darnach hat d den Vers Boehtl. 443 (3532) aputrasya gatir nâ 'sti⁰ mit der Lesart in δ paçcâd dharmaṃ samâcaret. — Statt Vers 2 haben Dc folgende zwei, den ersten davon auch be:

acchâyaḥ, pûtikusumaḥ, phalena rahito drumaḥ,
yathai 'kaç cai 'kaçâkhaç ca, nirapatyas tathâ naraḥ.

α sachâyo yatra kusumaiḥ e, pratikusumaḥ bc. β phalaiç ca e, phalair virahito b. Nach e wäre αβ so herzustellen: acchâyaḥ pattra-kusuma-phalair⁰. γ tathâ hi cai 'kaçâkhas tu b, yathai 'va çâkhî no bhâti (wie der kein Baum scheint) e. δ st. naraḥ: nṛpaḥ c. — Der andere Vers ist corrupt, αβ wohl so herzustellen:

asaṃbandho hy aputraç ca nityam eva parasparâḥ:

„der Verwandtenlose und der Sohnlose sind immer einer wie der andre“. Die Bildung parasparâḥ wie MBh. 12, 2420 s. PW. s. v., a. E.; parasparaṃ c, paraḥparaḥ D.

23, 3. c metrisch:

mantriṇo vacanaṃ çrutvâ stutiṃ kartuṃ pracakrame.

Vers 3 ABDacd. α devadeveçi Bc, devadeveça D. β Brahme-'ndra-Vishṇu⁰ D, Brahmarshî-'[ṃ]drâdi⁰ a, Brahma-Rudraiç ca⁰ c; vanditâ A; Brahmavac caṇḍarûpiṇî d. γ Çivadevo⁰ d, Çidehebhave B. δ ⁰lakshmî ADc; lakshyâlakshe d. — In AB tauschen γδ dieses Verses und γδ von Vers 5 die Stelle.

Vers 4 Bc; dass auch das Original von A den Vers hatte, ist zu vermuthen, da hier der nächste Vers mit der Ziffer 3 bezeichnet ist. β raktamâñsa B, ⁰mâñsâ c; valipriye B, savapriye (çava⁰?) c; balipriya muss wohl heissen Spenden liebend. γ ⁰kâlarûpairaudre c. — Für diesen Vers hat D folgenden, auch in c vor demselben stehenden:

jaya, devi Mahâcaṇḍi, Câmuṇḍe, Caṇḍarûpiṇi,
Caṇḍaghaṇṭârave, Raudre, Caṇḍayogini, te namaḥ!

β ⁰rupiṇî c. γ ⁰ghaṇḍârave (?) c.

Vers 5 ABacd. αβ ajñânajñânarûpe ca dvora(l. ghora)râve bha⁰ a. β Çivâyai 'va⁰ B, Çivâya ca⁰ A, Çivâçata⁰ d; alle diese Lesarten scheinen mir aus çivârâva⁰ (so c) entstanden zu sein; bhayaṃkare ABc. γ caṇḍamuṇḍa⁰ ac, caturmuṇḍa⁰ d, dharmatuḍa (?) B; st. ⁰dhare: ⁰vadhe (?) c. δ namo 'stu te cd. Wegen γδ siehe zu Vers 3.

Vers 6 ABac. β nirmasi a; ⁰bhakshaṇi AB, dafür romaharshiṇi a. γ ksheme c. δ tarakâ⁰ a; ⁰âkshe c; namo namaḥ c. — Darnach hat c noch 5 Verse und vor denselben einen Halbvers; ich numerire sie fortlaufend:

jaye 'ndrâṇi, mahâdevi, siddha-gandharvapûjite! (7.)

jaya tvaṃ, devi kaumâri, sindûrâruṇavigrahe,
çaktihaste, mahâvîrye, Çumbha-Daityanibarhiṇi! (8.)
jaya rucyâtmike devi, Çivatejaḥsamudbhave,
çivade, bhaktiyuktânâṃ maheçvari, namo namaḥ! (9.)
Brahmâṇi, varade devi, Sâvitri, surapûjite,
sarvasṛishṭikare devi, gâyatri tvaṃ, namo namaḥ! (10.)
tvaṃ kshitis, tvaṃ jalaṃ, tejaḥ, tvaṃ vâyus, tvaṃ nabhastalam,
tvaṃ pûrvâ tvaṃ parâ cai 'va, tvaṃ yâmyâ ca tatho 'ttarâ. (11.)
âgneyî nairṛitî tvaṃ ca, îçânî vâyavî tathâ,
adhau-"rdhvavyâpinî, devi, sarvagâ, sarvasaṃsthitâ. (12.)

Hiervon hat 8 auch **b**; *δ* surâribhayade çubhe **b**. — 9 *α* rutmâtmikodavi die H. *β* Çivadatejaḥ". — 10 *δ* tvâṃ die H. — Dass gâyatri richtig ist, bezweifle ich. — 11 *β* namastalaṃ. *δ* yâmyâ ist *Jacobi*'s Correctur für yâsyâṃ. — 12 *α* undeutlich naiṛitî die H. *γ* adhaurdhva ist offenbar gegen die gewöhnliche Regel zusammengezogen aus adhaûrdhva für adhas-û". — Die richtige Herstellung und Erklärung der beiden letzten Verse verdanke ich *Jacobi*.

23, 12. Hier hat **c** wieder wie oben 3 einen Halbçloka:
iti stavena divyena devî pratyaksham abravît.
Trotzdem folgt dann noch devy uvâca. Auch **D** hat das metrisch:
stavenâ 'nena divyena râjñâ devî vaçikṛitâ.
Darnach ein Viertelçloka, wohl unabsichtlich: sâ râjânaṃ pratyuvâca **D**.

13—17 Die drei folgenden Halbverse haben **ABDac**, die beiden ersten auch **d**; **be** haben dafür immer, **d** zuletzt Prosa. — 13 yathe "psitaṃ **BD**, yathe "çitaṃ **d**, yad îkshitaṃ **a**, manesthitaṃ **A**, wohl = manîshitaṃ **c**. — 15 putraṃ dehi suçobhanaṃ **D**. — 17 St. bhavitâ: bhavati **B**. putro bhavishyati tava çûro bhîmaparâkramaḥ **D**. — Vers 8 haben als Vers nur **ABDc** mit unbedeutenden Verschiedenheiten, **D** an falscher Stelle, erst nach dem unten folgenden Verse hanyân"; prosaisch kürzer **ad**, **b** anscheinend aus dem Verse aufgelöst. — Nach bhavishyati putraḥ (= Z. 17) führt **e** fort: tataç ca paṭṭarâjñîudare(!) garbho 'tpannaḥ (sic!). saṃpûrṇe mâse putro jâtaḥ. tasyâ 'bhidhânaṃ dattavân. krameṇa yauvanaṃ prâptaḥ. — Nach den Versen hat **D** zunächst die Erwähnung der Tempelanlage, wie **22,** 43, darnach unvermittelt folgenden, auch in **c** direct nach Vers 8 stehenden Vers:
hanyân mantrair vinâ "câryaṃ, râjyaṃ antena varjitaṃ,
dharmaṃ ca yajamânaṃ ca hanyâd dakshiṇayâ vinâ.
α hanyâ **c**; "câryo **c**. *β* rajyam **c**, râjña **D**; annena **D**.

20 ff. evaṃ sarvo 'pi etc. nach **d**; evaṃ kaçcid anyo 'pi **a** und ähnlich **Bb**, corrupt **A** (darnach *Höfer*). — devî . . pûrayati so **d**; st. manorathân: kâmân **D**, pratyayân **b**, "yaṃ **c**. Dafür **a**: tasya pratyakshâ devî bhavati. Kurz **A**: tatpratijñâ[ṃ] pûrayati. In den andern HH. nichts davon.

23—26 In e ist es der herangewachsene Sohn des Königs selbst, der sich im Tempel in eine Färberstochter verliebt. — 31 ⁰divasâd ûrdhvaṃ ABc, ⁰divase saṃsthitvâ bahukâle 'tîte a, ⁰divasân kramitvâ D, ⁰divasânantaraṃ d. — milanâya cd, doch d vielleicht mel⁰, was auch in bheṭanâya A zu stecken scheint (daraus *Höfer* bhedanâya!), âgamanâya a. Das Wort milana oder mel⁰ scheint Besuch zu bedeuten, vgl. zu **14,** 39, mit welcher Stelle diese hier überhaupt zu vergleichen ist. Hier muss man annehmen, dass nach der Hochzeit das junge Paar in das Aelternhaus des Mannes zurückkehrt, wie die Hindîbearbeitung deutlich angiebt. Nach Dce passirt die Geschichte bei dieser Heimkehr. — 36 pâtitaḥ AB, ⁰taṃ a. Die andern kürzer. — 37—40 Hier haben AB Lücken, die bei *Höfer* verdeckt sind. Statt mitreṇa cintitaṃ 38 scheint der Schreiber von A ⁰bhaṇitaṃ gelesen zu haben wie 36, und ist von dem ersten auf das zweite gerathen, so dass tasya . . dṛishṭaḥ ausfiel. Aehnlich hat der Schreiber von B die beiden yâvad gacchati tâvat 37 und 41 verwechselt und das dazwischen Stehende weggelassen. — 38 Vor yadv⁰ hat a noch: manmitraṃ mṛitam, aham api mriye. In d denkt der Freund: mama kṛite îdṛiçam anarthakaṃ (?) kṛitavân, yataḥ lokâ vadishyanti: „strîlubdhenâ 'nena vyâpâditaḥ". — 39 tadâ mama virûpaṃ ca paṭishyati (?) A, mama virûpaṃ ghaṭishyati e; aus ghaṭ⁰ ist vielleicht das unsinnige ca paṭ⁰ entstanden. — 42 cintitaṃ . . marishyâmi aus Dbcd. — nijottarîyasya (⁰yena b) pâçaṃ kṛitvâ Dbe; yâvac churikâm âdâya (gṛihîtvâ c) grîvâṃ (svaçiraç c) chinatti cd. — 46 çîrshau A, çîrshaṃ Babe und zweifelhaft D, çirasî cd.

24, 1 f. Die Worte tau dvau parasp⁰ vi⁰ ku⁰ haben Dbc erst nach der Frage des Vetâla. — Vers 7 alle HH., Boehtl. 6959 (5208) vgl. 6932. *α* asanaṃ A, açana pradhâna D. Ich glaube nicht, dass Boehtlingk's Conjectur asanaḥ richtig ist, und übersetze: unter allen Arzneien steht das Essen oben an. *Aufrecht* will sarvaushadhânâm. *β* st. peyeshu: jîveshu a; st. jalaṃ: payaḥ d. *α* und *β* vertauscht b. *γ* so AB, ⁰saukhye pramadâ pra⁰(!) a, ⁰saukhyeshv abalâḥ pra⁰ c; nidrâ sukhânâṃ, pramadâ ratânâṃ Dbde, nur verschr. natânâṃ d, ratînâṃ D, was vielleicht vorzuziehen ist. *δ* sarvasya gâtrasya Dbcde. — Vor dem Verse haben be: yasyo 'ttamâñgaṃ, tasya [sâ b] bhâryâ, nach demselben d: etâvad eva yasya çiras, tasya bhâryâ bhavitum arhati.

VII.

Vers 1 ABDacde. *α* vivâhe e; st. cai 'va: yuddhe Dd, çuddhe c, chidre e. *β* kṛitikarmaṇiṃ a. *γ* pravâse e; ca fehlt in d; smared yas tu Aa. *δ* st. vinâyakaṃ: gaṇâdhipaṃ e.

24, 18 Campakâ AB, Campâ b, Campâpurî ace, Campâvatî Dd. — 20 Nach vartate haben ABabce eine Strophe in Çârdûlav., die ich trotz der reichlichen Ueberlieferung nicht herzustellen vermag; der Anfang lautet etwa: asyâ âsyakapâla° (kapola?), die zweite Zeile beginnt mit lâvaṇyena.

Vers 2 **ABDac.** α °bhâshaṇy **D**; st. acapalâ: acalâ **c.** β st. smita°: miti° **A**, mita° **D.** γ guruṇâṃ **ABa** (**AB** sicher so) bhîrûṇâvacane (?) **D.**

Vers 3 **ABDacd.** α °mâdhuryai **A**; rûpeṇa nijamâdhurya° **D.** β svâbhivikair **ad**, svâduvikair **A.** γ gambhîrya **a.** δ vijñeyâḥ °mâḥ **c.**

Darnach haben **Dc** noch einen sehr corrupten Vers, etwa so zu lesen, αβ nach *Jacobi:*

çîlatâsveshu pâtreshu putravat prekshitânanâ,
avaguṇṭhanasaṃvîtâ sâ bhavet kulajâ 'ṅganâ.

α çîlacâsveshu mâtreshu **c**, nîlanakheshu gâtreshu° **D.** β putravat prejñatâ° **c**, trastâviproshitâ° **D.** γ avaguḍana° **D**, avagûṭana° **c.** δ °âṃjanâ **c.**

Eine Frau, die (nur) tugendhaften Personen wie ihrem Sohne in's Antlitz sieht und in einen Schleier sich hüllt, die ist von edler Herkunft".

24, 25 Statt paṭṭe likhitvâ: milayitvâ d. i. mel° **a.** — 30 St. jñânaṃ: vijñânaṃ **c.** — 33 ff. puṭakân **A**, puṭakâ **B**, puṭakâni **d**, paṭakaṃ **a**, paṭṭakûlâni **e**, kuṭakât, d. i. °kân **b**, kuddakâni **c**, campakâni **D**; unten **25,** 7 paṭaka **a**, paṭṭaka **e**, puṭika **ABd**, kuṭa **c**, blos ku **b**, pushpa **D.** — nishpâdayâmi, pañca ratnâni, tair mûlyam ânayâmi, tanmadhye° **e.** — °bhojanâchâdanâdikaṃ **e.** — saṃgrâme **Ac**, raṇe **e.** — **D** hat hier Verse:

dadâmy ekaṃ brâhmaṇâya, devâya ca dvitîyakam,
tṛitîyaṃ mama bhogâya, bhâryâyai ca caturthakam,
vikrîtvâ pañcamaṃ pushpaṃ bhojanâni karomy aham.
saṃgrâme maddvitîyo na; rûpaṃ pratyaksham eva te.

Am Schlusse eva te Conjectur von *Zachariae* st. evâ.

37 f. jalacara-bhûcara(sthalacara **b**)-pakshiṇâṃ **be**; ye kecij jîvâ jalacarâḥ sthalacarâḥ, teshâṃ bhâ° jâ° **Bc.** — 41 f. ahaṃ . . . nâ 'sti nach **c**, ganz ähnlich **D** (st. jîye: jeshyâmi!). — ahaṃ çastravidyâṃ jânâmi çabdavedhî. mamâ 'gre dvitîyo nâ 'sti° **A**, gajâ-'çvâdivâhanânâṃ vidhiṃ jânâmi; svarûpaṃ° **a.** Kurz **e**: caturthaḥ râjakumâraḥ çastravettâ, rûpaṃ tu°. — In **b** fehlt die Rede des Dritten, **cd** setzen den Schriftkundigen an die vierte Stelle, **B** hat eine Lücke von rûpaṃ 38 bis sarveshâṃ 43, sowie vorher von dvitîyaṃ 34 bis dvitîyeno° 37. — 45 vatse, caturṇâṃ varâṇâṃ guṇatrayamaṇḍitânâṃ (bhûshi° **e**) kasmai dadâmi? **be.**

25 Vers 4 **ADacd**, Boehtl. 5982 (4972). α kulijâṃ **c**; st. prâjño: kanyâṃ **d.** β kurûpâm **D**; st. kanyakâṃ: sajjanaḥ **d.** γ rûpavatî **a**, rûpasvinî **Dcd**, rûpayuktâṃ **A.** δ vivâhaḥ (wie Boehtl. conjicirt hatte) **AD**, vivâha **a**, vevâhyaṃ (d. i. vai°) sadṛiçaṃ kulaṃ **c.** Dafür **d**: varayanti vicakshaṇâḥ, eine sinnreiche Variante: eine Schöne nicht aus niederem Stande wählen die Klugen.

25, 6 Nach samânaguṇâḥ (so **Dd**) hat **a** noch paṇḍitâḥ, dafür **A** guṇatrayamaṇḍitâḥ; in **B** wieder Lücke. **c** hat noch: jñâti- (lies jâti)jñânaṃ kathaṃ. — 8 Kurz sarvabhâshâvedî vaiçyaḥ **be**, blos dvitîyo vaiçyaḥ **cd**; dvi⁰ vai⁰ eva, vaiçyâ[ḥ] sarvabhâshâḥ prajânanti **D**. — *ibid.* çâstrajño **a**, çâstrîyo **A**, çâstravedî **be**. Nach brâhmaṇaḥ haben **cd** noch den Vers Boehtl. 2143 (854) guṇâḥ sarvatra⁰, der in **D** an den obigen Vers 4 sich anschliesst.

VIII.

Vers 1 **ABDacde**. *β* ⁰dhâraṇîṃ **c**. çvetâbharaṇabhûshitâṃ **A**. *γ* st. satataṃ: taṃtaṃ ca(?) **B**, sarvaṃ **D**, vidvadbhir **e**; st. vâñmayaṃ: vâñmanaḥ **D**; st. spashṭaṃ: sûkshmaṃ **c**, caiva **A**, yasya **B**.

25, 19 f. Mâlavatî **ABbc**, Mâlâvati **d**, Malayavatî **Da**, Mithilâvati **e**. — Guṇâdhikaḥ **d**. — In **De** wird der Radschput Cîramadeva genannt. — 21 f. râjadarçanaṃ kartuṃ und na prâpnoti darç⁰ nur **Aa**; für das letztere hat **c**: râjâ tasmai kiṃ ca na dadâti, und ähnlich **be**. — 23 Nach parivâraḥ: kshudhâ pîḍitaḥ san **e**. — 28 Vor katham⁰ haben **bd** noch kas tvaṃ, und dann in der Antwort des Radschputen **d**: tava sevako 'haṃ. — 30 Nach teno 'ktaṃ: kâcid vijñaptir vidyate **B**, ähnlich **be**.

Vers 2 alle HH., Boehtl.² 6855. *β* prabhor **Abe**, doshaḥ khalu **e**. *γ* divyâ **D**; py alle, hy Boehtl. *δ* ⁰parâdhash katham **b**. — Nach diesem Verse hat **e** folgenden, vorher yataḥ:

bhogyaṃ vinâ nai 'va narâdhipo 'pi dadâti vittaṃ na hi sevakasya,
râtrau divâ varshati meghadhârâ: tathâ 'pi patratritayaṃ palâçe.

δ st. patra: yatra die H. Die letzte Zeile müsste, wenn sie richtig wäre, wohl heissen: trotzdem hat der Palâça (Baum oder Schlingpflanze) nur drei Blätter. Aber das passt nicht auf palâça, welches ich deshalb für verderbt halte; vielleicht kalâye zu lesen, das eine Erbsenart bedeutet. — Vers 3 siehe Anhang.

37 atha . . bhâvyaṃ so **Ab**, nur ⁰rtha und bhavyaṃ **A**; dasselbe meint wohl **B**: atha vâ râtrârthair dânair na bhavyaṃ. — **e**: atha vâ nâ 'trâ 'rthahînair bhâvyaṃ. In den andern HH. nichts ähnliches. Die Worte sollen wohl heissen: „Jedoch deswegen darf man nicht niedergeschlagen sein“, wozu der folgende Vers die Begründung giebt. *Jacobi* vermuthet: atha vâ 'trâ 'rthahînair dînair na bhâvyam, was auch ganz gut passt; hînair wäre da als vermeintliche Dittographie weggeblieben.

Vers 4 **ABDabce**, Boehtl. 5632 (4910). *α* st. yo me: vidhir **e**. garbhasthita⁰ **b**. *β* payaḥ **ab**, dafür ayaṃ **e**, ajaḥ **c**, prabhuḥ **D**, hariḥ **AB**. âhâraṃ cintayaty ajaḥ **c**. *γ* vidhenâya **A**, vidhâne 'pi **c**. *δ* st. sa kiṃ: kiṃ vâ **b**, nur kiṃ **B**; st. 'tha vâ: tathâ **a**.

Vers 5 **ABDbcde**. Subhâshitamuktâvalî 8. 7 und 24. 26 β sarvo 'pi **ABbc**, kiṃkaraḥ **BDbc**. γ °kshayeshu **ABb**, °kshaye prajâyante Subhâsh.[1]. °kshaye hi jâ° Subhâsh.[2], °chedeshu **c**, °chedena **e**, °chede hi **d**; kshîṇe puṇye hi **D**. γ st. vidvishas: çatravaḥ **D**; bândhavâs te 'py akiṃkarâḥ **d**.

Vers 6 **ABDac**, Çârngadhara 15, 8 (*Aufr.*). γ nanu **c**, na tushṭo **B**; hṛishṭaṃ **D**, dushṭa **Aa**. dhanâṃdhasya **Ac**, dhanâṃdhas tu **B**. δ bhrûbhangaḥ **Bc**; kuṭilânanaḥ **B**, kuṭilaṃ mukhaṃ **A**.

Vers 7 **ABac**, Boehtl.[2] 4434. γ st. gardabha°: râbhasa° **a**; st. vâṇî: vaktâ **c** (= vâkyaṃ? so Boehtl.).

26 Vers 8 **ABDace**, Boehtl. 992 (375). α âyus (!) **B**; karmaṃ **AD**. β vidyâti (ti Dittographie von ni°) **c**. αβ âyuḥ karma ca vidyâ ca saukhyaṃ nidha° **e**. γ °tâny api çrijyante **B**; vilikhyante **De**. δ °stasyai° **B**; °syeva **D**.

26, 4 bho râ° hier nur **AB**, unten 7 nur **Aa**. Vor bubhukshito°: sadâ bhavyaṃ karishyâmi **b**; kiṃ? sarvaṃ karishyâmi, param idânîṃ bu° **e**. Anders **c**: viçrâmyatu tâvad eshâ vârttâ. — 5 ko 'tra bhojanavidhiḥ? kiṃ tu vanaphalâdikam avalokayâmi **e**. — pakvaṃ aus **a**, an dessen Stelle mṛigya(?) **A**, çringî(?) **Bb**. âmalaka° **e**, amalaka° **AB**, tenâmalaka° **c**, âmalaya° **a**, âmala° **b**; dhâtriphala°(r!) **D**. tena ca itas tato gatvâ kânicit phalâny ânîtâni **d**. — 8 jîvanaṃ kṛitaṃ **Aa**, dinapâṭikâ kṛitâ **Dbc** (siehe zu **18,** 27), grâmâ dattâḥ **d**, dvâtriṅçad grâmâ dattâḥ **e**. Aehnlich hat **D** schon im Anfang: râjâ tasya râjapâṭikâṃ karoti, wo wohl ein na einzufügen ist. — 10 prayojanavaçât **Aa**, °janena **Db**, °jane **c**, arimardanâya **e**. — 11 St. jalamadhye: samudratîre **D**. — 14 ff. kâmavaço 'smi. bhogaṃ kṛitvâ paççâc calitaḥ. saṃdhivigrahaṃ kṛitvâ tadanantaraṃ devyagre kuṇḍe snânaṃ kartum ârabdhaṃ. yâvan majjanaṃ karoti, tâvat svanagaram âgataḥ **e**. — kâmaparavaçaḥ saṃjâtaḥ. tayâ nirghâṭitaḥ saḥ. kshemakaṃ (?kshemeṇa?) sthitvâ punar api lagna[s] tayâ pu[na]r api nirghâṭitaḥ. tataḥ âgatya sarvam api vṛittântaḥ kathitaḥ (sic) **D**. Statt nirghâṭita nach *Jacobi*'s Vermuthung nirdhâṭita zu lesen mit der Bedeutung gemisshandelt; cf. dhâṭi. S. Nachtr. — **B** hat wieder eine Lücke durch Verwechselung der beiden saṃprâptaḥ 8 und 16. — 17 Nach râjâ: putraṃ râjye sthâpya **e**. — 23 çriṇoshi **AB**, karoshi **abcd**. — 29 gândharva° **cde**, gan° **ABDab**.

Vers 9 **ABDade**, die letzten Worte auch **c**, Boehtl. 1281 (485). α und γ upakâriṇi und apakâriṇi **D**, wo αβ und γδ vertauscht sind. δ st. ucyate: ishyate **A**. — Nach dem Verse hat **a**: râjâ Vikramaseno prâha: „sevakena tatra punar gatvâ Devyârâdhanaṃ vidhâya sâ na yâcitâ, râjñe niveditâ; râjâ tv anekanâyikâbhogatṛipto mahânubhâvo yadi tâṃ dattavân, na tatrâ "çcaryaṃ. tena bhṛityas satyâdhikaḥ."

IX.

Vers 1 **ABDacde**. *αβ* praṇamya çirasâ bhaktâhaṅsajânî Sa⁰ **c**. *γ* tasyâḥ **BDce**, yasyâḥ **Ad**, yasaḥ(?) **a**. st. âsâdya: âdâya **a**. *δ* st. karishyâmi: vidadhâmi **Dad**, karishye 'haṃ **B**.

27, 1 Madanapuraṃ **ADad**, Madanadamanaṃ **b**, Mandadamanaṃ **c**, Madanamanaṃga(?) **e**; Prabhâvatî **B**.

Vers 2 **ABDabcd**, Çârṅgadh. 98, 8 (*Aufr.*) und Alaṃkâratilaka (*Aufr.*). *α* lamâla⁰ verschr. **d**; tilakalekhe Alaṃk., tilakarekhe **Db**; tilakamâle **a**. *β* st. bhâle: mahâ **c**; bhallî **Db**, vallî **ABac**; st. 'va: vi[râjate] **A**; pratyañc eva virâjate **d**. *γ* st. âkṛishya: âsaja d. i. âsṛijya **D**. *δ* st. jâne: vidmaḥ **c** und Çârṅgadh., dasselbe meint vighnaḥ **a**; hanishyati **B**, kiṃ karishyati **Da**. — Darnach haben **AB** den Vers Boehtl. 4255 (1861) prabhavati manasi⁰, dafür **e** folgenden:

hṛidayahâriṇi, vâraya dâruṇaṃ calakaṭâksha-nirîkshaṇasâyakam,
api Manobhavamârgaṇapîḍite. na hi satâm ucitaṃ mṛitamâraṇam.

δ nach *Jac.* zu verstehen: „denn die Guten schlagen nicht einen der schon todt ist“. Der Verliebte ist gewissermassen todt. *Jac.* vermuthet bhṛita⁰: sie schlagen nicht ihren Sclaven.

Vers 3 **ABabcde**; in **D** ist nach dem vorigen Verse uktaṃ ca ausgestrichen, sein Original scheint also auch noch einen oder mehr Verse gehabt zu haben. *α* apûrve 'yaṃ dhanurvidyâ **a**; denselben Anfang hat Vers 34 in Webers Siṅhâs. (Ind. Stud. XV) S. 287. *γ* akshataṃ **ace**, akshayaṃ **ABd**, akshamaṃ **b**. — Hier schalten **AB** einen wenig passenden Prakritvers ein, beginnend daṃḍaü râülu, siehe Anhang.

27, 15 f. tayo 'ktaṃ ... bhajishyâmi aus **b**, ähnlich **D**: vaṇik-Somadattasya suto Vîradattaḥ pañcama⁰. In **d** sagt Somadatta gleich nach Vers 3: sukaropâyena cen nâ 'ṅgîkaroshi, tarhi balâtkâraṃ karishyâmi, wofür in **D** nur balâtkâreṇa varishyâmi. Die andern HH. haben nichts davon, ausser dass in **e** die Verlobung mit Dharmadatta erwähnt wird: siehe unten. Aber ohne die Androhung von Gewalt ist einerseits das Versprechen des Mädchens auffälliger, andrerseits ist der Ausdruck kanyâpâpaṃ bhavishyati u. ähnl. in der Entgegnung desselben (unten 17) unverständlich, was doch ausser **d** alle HH. haben: kanyâpâ⁰ bha⁰ **ABabc**, kanyâ 'haṃ, te (tava) pâpaṃ bha⁰ **De**. (Dass die aufgenommene Fassung ein halber Çloka ist, war mir entgangen.) Besonders aber ist Gewicht zu legen auf die Erwähnung des erzwungenen Schwures unten **28**, 2, wo balâtkâreṇa alle HH. ausser **D** darbieten. Auch der Prakritvers lajjijjaï⁰ (Vers 4, siehe Anh.) passt besser auf das Verbrechen der Nothzucht als auf Selbstmord.

Vers 5 **ABDabc** (**A** lückenhaft), Boehtl. 1772 (686). *α* st. kim u ku⁰: kuvalayadalanetrâḥ **ABb**; st. santi no: sati kiṃ **B**. *β* st. Ahalyâṃ: Ahilyâ **A**; st. yat: yaḥ **c**. yacchisheveti (sic) **A**, anders verschr. **Bbc**. Für *αβ* hat **a** etwas anders, ganz corrupt, *α* anfangend vihita⁰, *β* nayanacalana⁰. *γ* st. dahya⁰: dîpya⁰ **b**.

smarâgre c. δ kaḥ fehlt in c, °vâ paṇḍitaḥ ko 'pi vetti b, °no vetti kiṃ paṇḍito 'pi B. — Vor dem Verse hat c: he, nitivâkyaṃ çṛiṇu!

27, 25 ff. yady evaṃ, tarhi nur Aa, dafür d: tvâṃ ne 'châmi, paraṃ tu. — pañcame . . . bhavishyati nur Aa; dafür e: çâstri-Dharmadattaṃ prati pratijñâṃ kṛitvâ: yadâ mamo 'dvâho bhavishyati, tadâ prathamam ahaṃ". — 27 Statt çapathaḥ kṛitaḥ: brahmavâcaḥ pramâṇaṃ (sic) c. — 29 vivâhitâ satî, so in ungrammatischer Construction, ABDacde, ebenso 32 kanyâ satî yad vṛittântam abhût (vṛittaṃ c) ce.

Vers 6 alle HH., Boehtl. 1991 (774). α st. ghane: vane D. β prâṇâdhipo Dbce, prâṇeçvaro Ba; st. yatra: tatra a; janapriyâ meḥ b. st. me: vâ D. γ bibheshi katham na c. δ na tv D; puṅshita° be, puṅsisha° B; st. sahâyaḥ: sakhâ me D. — Darnach haben Dc folgende Strophe:

„kiṃ te savraṇam oshṭhabimbam, abale? gâtraṃ ca kiṃ te kṛiçaṃ?"
„„râtrâv adya vicitrabhogapaṭunâ dashṭâ bhujaṃgena hi.""
„yady evaṃ, sahasâ mṛitâ 'si na kathaṃ, kâlena dashṭâ satî?""
„„japtas tatsamaye 'py ananyamanasâ hâ he 'ti mantro mayâ.""

α ki[ṃ] tv eshavraṇam(?) D; bibam D, oshṭhapallavadalaṃ c; kṛiçaṃ D, sthalaṃ(?) c. β vicitra° c, hi citra° D. dashṭâ meine Aenderung für dṛishṭvâ c, dṛishṭaṃ D; st. hi: vâ D. γ sahasâmatâmi c; dashṭâ c, dṛishṭâ D. δ tatsamaye 'py c, tatra çanair D; mantraḥ purâ c. — Vielleicht ist kâla absichtlich zweideutig, wie bhujaṃga (auch: „Geliebter einer Buhldirne" PW.), bhoga (Windung und Liebesgenuss) und samaya (Stelldichein und Zeit).

42 f. Nach karomi e: tayo 'ktam: „he caura! ,ta[va sa]mîpe vyâvṛittyâ "gamishyâmi' ityartho mama çapatho vṛithâ bhavati. tena kâraṇena tvaṃ muñca. yataḥ:

„asârasya çarîrasya vâcâ sâro 'sti dehinâm;
vâcâ vicalitâ yena, sukṛitaṃ tena hâritam."

muktâ caureṇa gatâ; yatra Dharmadattas tishṭhati, tatrâ "gatâ Madanasenâ. — In dem Verse ist sâro 'sti meine Aenderung für sinnloses sârasya. Derselbe Vers etwas abweichend in der Siṅhâsanadv., Weber Ind. Stud. XV. S. 404 f. Vgl. Boehtl. 6027 (4981). — *ibid.* Nach yatra: so 'pi A, sa B, die andern nichts; Dharmadattas nur aus be; yatra çapathaḥ kṛitas, tatra teno 'ktaṃ D. Nach tishṭhati: çayanât yâvat prabuddhas tishṭhati, tâvat sâ dṛishṭâ d.

Vers 7 und 8 vollständig nur D; abe haben nur einen Çloka, die andern HH. anderthalben. 7 α alle; st. vâ: câ d. β sureçvarî ABDcde, thashecarî d. i. 'tha khecarî a, khagesvarî b. γδ so AB; siddhakanyâ ṛisheḥ kanyâ nâgakanyâ 'tha khecarî D, siddhakanyâ viçâlâkshî nâgakanyâ khageçvarî cd, nur am Ende 'tha kesarî d; siddhaçrînâgakanyâ vâ tathâ vidyâdharâ parâ (viell. 'psarâ zu lesen?) b. 8 α so Bac, nur st. vâ tvaṃ: caiva B; vidyâdharî vâ 'psarî (sic) vâ D, °dharî hy apsarâ vâ d, °dharîpsarâ(!) vâ 'pi A. β st.

vâ: câ **Ad**; bhûcarî **a**, bhûdharî **ABDc**, sundarî **d**. γ metrisch nur **De**; kâ ca tvaṃ mama saṃnidhyâṃ **e**. δ nur in **De**; sthânaṃ **D**.

28, 1 f. yâ nur **Aab**, gṛihîtâ nur **AB**, dafür dhṛitâ **Dbe**. çapathaṃ kâritâ deutlich **d**, mit Fehlen des ṃ **A**, mit Fehlen der Silbe ri (beim Zeilenwechsel) **a**; çapathaḥ kâritaḥ **Dbc**.

Vers 9 alle HH., Boehtl.[2] 6011. β st. ca: hi **d**; ⁰hînam abhojanam **e**. γ ca fehlt in **c**, dafür sva **a**. δ ca fehlt in **B**.

Vers 10 **ABDacd**, Boehtl.[2] 5694. α haranti **BDc**. β virâgitâḥ **c**, virâgataḥ **BDd**. γ so **c**; râga-virâgeṇa **a** und viell. **D**; blos râge 'pi **d**, râgo virâgo 'pi **AB**. δ kashṭaṃ kashṭâḥ **c**, kashṭaṃ kashṭât **D**. — Es giebt hier mehrere richtige Fassungen. Unnöthig ist Boehtlingk's Aenderung virâgiṇî in β.

Hiernach haben **Dc** folgenden Vers:

> na krameṇa na vâ "câraír na çatena ca maṅgalaiḥ
> âtmabhâvaṃ striyo yânti, striyaç ca saha durjanaiḥ.

α krameṇa **c**, rûpeṇa **D**; st. "câraír: caurair **c**. β çatena *conjec. Windisch*, çutena **c**, çrutena **D**. γ âtmâ⁰ **D**. In β vermuthet *Jacobi*: na çrutena na⁰. Derselbe übersetzt: „Nicht allmählich, nicht durch die Sitten noch durch hundert Segenssprüche kommen die Weiber zu ihrer wahren Natur, die Weiber und die Bösen", d. h. beide werden nicht gut durch Äusserlichkeiten. — **a** hat hier einen Prakritvers, anfangend sâyaru⁰, siehe Anhang.

Vers 11 **ADabc**. α st. asatyaṃ: ayâtyaṃ(?) **c**; ca **Aa**, vâ **b**, yat **Dc**. γ prâyastedeva ku⁰ **D**. δ kathaṃ **Dac**, kuto **Ab**; ratiḥ **D**, rati **b**, ratiṃ **c**, raviḥ **A**, rapiḥ **a**. — Worauf die letzten Worte sich beziehen sollen, ist nicht klar.

Vers 12 **ABDc**, Boehtl. 346 (119). α st. kâmaṃ: hy etâ **c**. β bahidhṛityâ (sic) **B**, bahiç cai 'va **c**. γ st. satyaṃ: satva **c**.

Vers 13 **ABDc**, Boehtl. 2371 (951). α st. sârdhaṃ: dharmaṃ **B**. β paçyaty antaṃ(!) **c**; hi vibhramaiḥ **D**.

Vers 14 **ABDce**, Boehtl. 5178 (2339). α yad antasthaṃ **B**, ⁰sthâ **A**; jihñyâṃ **e**. β jihvâyâṃ ca na tad bahi **B**. αβ lückenhaft **AD**. δ st. caritâḥ: racitâ **B**, racitaṃ striyam od. svayaṃ(?) **c** (Loch im Papier). — Darnach hat **e** noch den Vers Boehtl. 372 (133) in folgender abweichenden Fassung:

> anyaṃ manushyaṃ hṛidaye nidhâya
> paraṃ naraṃ dṛishṭibhir âhvayanti. (âhûy⁰ geschr.!)
> anyasya dattvâ vacanâvakâçam
> anyena sâkaṃ ramayanti râmâḥ.

Vers 15 **ABDc**, in **Dc** nach Vers 12. α prajñâ-vi⁰ **AB**; vinîtaṃ **Dc**; svâkâraṃ **c**, svâkaraṃ **D**; vidhânsam **c**. β st. mantriṇaṃ: satṛiṇaṃ **B**. γ chalayanti kṛitanyâsâd **D**, chalayanty akṛitanyâsam **c**, lakshayanti kṛitaṃ nyâsaṃ **AB**; kṛitâbhyâsâd *conj. Windisch*. Derselbe übersetzt: „Selbst einen klugen, kundigen

Minister von feiner Bildung betrügen diese Teufelinnen, indem sie es darauf anlegen". In den Zusammenhang, den *W.* nicht kannte, passt allerdings die Erwähnung eines Ministers gar nicht, weshalb vielleicht die Lesart von **B** satrinaṃ lakshayanti, sehen ihn wie einen Grashalm an, Beachtung verdient. Wenn man ausserdem nyâsa = padanyâsa verstehen darf, so wäre kritanyâsâd oder °sam zu halten und hiesse: indem sie ihm einen Tritt geben. Auch svâkâram (= suâ°, von schönem Aussehen) wäre dann nicht unpassend. — Darnach hat **c** folgenden von *Jac.* hergestellten Vers:

yâvad evo 'pacâryante dâna-sâma-bhayâdibhiḥ,
tâvad eva tv anirvṛitya jayanty api sadâ striyaḥ.

γδ °evaṃ bahirvṛitya jalpanty api yadi° die H. In *β* st. bhaya zu lesen bhidâ ist unnöthig, wenn bhaya = daṇḍa. Vgl. Vers 16.

In **Dc** folgt hier, in **A** nach Vers 16 der Vers Boehtl. 1069 (3736) âstâṃ tâvat°. Varianten: *β* daurâtmanyena **AD**, daurâtmyena **c** (fehlt 1 Silbe). *γ* udareṇâ 'pi vidhṛitaṃ **AD**, udare 'pi dhṛitaṃ yasmât **c**. *δ* st. ghnanti: hanti **D**; putraṃ prakopitâḥ alle. — Im Anschluss daran hat **c** noch folgenden Halbvers:

viçvâsas tu kathaṃ tâsâṃ kartavyo vidushair(sic) narai[ḥ].

Vers 16 **ABDbc**. *α* st. nirmitâḥ: sajjitâḥ **D**, dafür verschrieben sṛijatâṃ **c**. *γ* st. sṛishṭaḥ verschr. bhṛishṭaḥ **c**, spṛishṭaḥ **AB**; pañcame **A**. *δ* gṛihyate **Ab**. — Hier hat **A** noch 2 Prakritverse, anfangend taḍiviḍa° und surasariti°, s. Anh.

28, 22 Nach den Versen **d**: ity abhidhâya visarjjitâ tena: nâ 'haṃ°. Aehnlich **Be**; etwas anders **b**: ityâdi vimṛiçya „eshâ parastrî" matvâ „tato 'haṃ enâṃ na bhuñjâmi (sic)" iti tena utkâlitâ (geschr. mutk°). Noch ausführlicher **c**. — Nach sevayâmi hat **A** allein: tayo 'ktaṃ: „evaṃ pramâṇam" iti. — Nach gatâ sâ: mârge cauraḥ, tasyâ 'gre° **A** (vergl. die Hindîbearbeitung). — 23 Nach kathitam: bho caura! sarvâbharaṇâni gṛihyatâṃ (sic). tadâ° **A**. — 25 Statt sasneham°: tasyai 'shâ „guṇapâtram" iti prâṇapriyâ jñâtâ **b**.

Vers 17 **ABDacd**, Boehtl. 1919 (741). *α* svaraṃ **ABacd**. *β* st. nârîrûpaṃ: strîrûpaṃ ca **c**; pativratâ **ABacd**, °vṛitâ **D**, °vrataṃ Boehtl. — *αβ* und *γδ* vertauschen hier sehr passend **Dc**.

33 Am Schluss hat **c** wieder wie zu Ende von Erz. V einen Vers, der folgendermassen herzustellen ist:

etad râjño vacaḥ çrutvâ gato 'sau çiñçipâtarau;
râjâ praharshapulakodgamo bhûtvâ 'calat punaḥ.

δ nach bhûtvâ noch: çavaṃ natvâ (in Erz. V: nîtvâ).

X.

Vers 1 **ABabc**. *β* st. çûla°: mûla° **a**, mûlaṃ° **b**, mûlâ° **c**; dhâraṇaya **a**, dhârayate **b**, dhâraḥ svayaṃ **c** (sva offenbar Lesefehler für ṇa); sthitaḥ **c**, sthite **b**. *γ* °çaktim imaṃ **c**; st. vande: devaṃ **a**, manye **b**. *δ* st. °rûpam: dûram (?) **B**, pṛithvîrûpaṃ

maheçvaraṃ b. — Dafür hat e den Eingangsvers der XXIII. Erz.
Sarasvatyâḥ" und d den vor der XIV. Erz. von uns aufgenommenen
Lambodara⁰.
42 f. St. Puṇyavardhanaṃ: Guṇavardhanaṃ d, Vardhamânaṃ e.
St. Guṇaçekharo: Guṇaseno AB. D hat einen Vers:
   vartate Gauḍadeçe hi Vardhamânaṃ puraṃ, prabho!
   râjâ tatra mahâvîryo Guṇaçekhara ity api.
44 ff. Nach kalpa⁰: dhenudânaṃ b, dafür godânaṃ dhanadâ-
naṃ e; nach bhûmi⁰: lohadânaṃ b; nach suvarṇa⁰: annadânaṃ c.
Nach piṇḍadânaṃ seltsam ac dyûta-madirânivâraṇaṃ, wobei nivâ⁰
wohl verderbt ist. Darnach c jîvabandhanaṃ und Gaṅgâyâm asthi-
pâtanam. Letzteres erwähnen nur Dace, und zwar Gayâdishv
asthikhe⁰ e, worauf hier (in e) noch folgt: tîrthâdipravartanaṃ
brâhmaṇatarpaṇâdi. Nach dânâni 29, 1 hat e noch: Vishṇudharma-
pravartanâdîni, ebenda b: nishiddhâni; Çivapûjâd ratajîvavadha-
madirâpâna-bâṇakshepaṇapramukhaṃ nivâritaṃ. Abweichend hat die
ganze Stelle D: tena râjâ dharmân nivâritaḥ; devapûjârcanaṃ,
yâni go-bhû-suvarṇa-loha-tâmrâdidânâni, pitṛiṇâṃ yâni karmâṇi, jî-
vaghâtanaṃ, Gayâyâm asthikshepaṇâd anyâni sarvâṇi nivâritâni.
   29, 2 Nach nivâritâni hat e gleich folgende zwei Verse:
araṇye nirjale deçe açucir brâhmaṇo mṛitaḥ,
veda-vedâṅgatattvajñaḥ: kâ gatir? brûhi pṛicchataḥ. 1.
yady asau narakaṃ yâti, sarve vedâ nirarthakâḥ;
atha vâ svargam âpnoti, jalaçaucam anarthakam. 2.
   Vers 2 Boehtl. 6578 (3046) alle HH. ohne Varianten.
   Vers 3 Boehtl. 292 (101) alle HH., e vor der Erzählung,
D nach Vers 10. α st. anityâni: anyatthâni (= anyârthâni?) a.
   Vers 4 BDac. α virâge c; savirûgân sa[r]vajñânaṃ (!) B.
β maheçvaraḥ D. δ yogatâ a, dafür vikalâḥ c. — Darnaoh haben
Dc folgenden:
   buddhimaddhetukaṃ viçvaṃ, kâryatvât kalaçâdivat;
   buddhimâṅs tasya yaḥ kartâ, kathyate sa Maheçvaraḥ.
β kâyatvât D. — Hier folgen in Aac 3 Verse gegen und für die
Verehrung der Kuh, die in diesem Zusammenhange ursprünglich
nicht so zusammen gestanden haben können. In der Hindî-
bearbeitung (Oesterley S. 91) sind die disjecta membra poetae
noch zu erkennen. Wahrscheinlich lagen die Verse schon jenem
Bearbeiter corrupt vor.
   1. gûḍhaṃ açnâti yâ, hanti khura-çṛiṅgaiḥ çarîriṇaḥ,
      sâ kathaṃ vandyate loke? vṛishabho 'jasya dehajaḥ.
α gûṭham a (? meine Abschrift hat th); ṭh und ḍh sind in den
HH. oft nicht zu unterscheiden; graṃthiṃ c; st. açnâti: açrâṃti
a; st. yâ: yo A. β kharaçṛiṅga A, khuraçṛigaiḥ a, mukhaçṛigai
c; çarîriṇâṃ c. γδ so a. A hat dies seltsam corrumpirt, an-
scheinend mit beabsichtigter Umdrehung des Sinnes (wie in αβ

yo hanti khara[wohl khura gemeint]-çringaçaririṇaḥ): sa kathaṃ vidyate loke, vṛishalaṃ yasya dehajaṃ; ganz anders c: sâ paçur gauḥ, kathaṃ vandyâ? vṛihaspatî svadehinâṃ (?).

Ich verstehe die oben gegebene Fassung so: „Die im Verborgenen frisst (wiederkäut), mit Hufen und Hörnern Geschöpfe (Menschen) niederstösst, warum wird sie in der Welt verehrt? Der Stier ist (ja somit) einer Ziege Sohn (?eines stossenden Thieres?)". Gerne würde man für 'jasya yasyâ lesen, wenn dies das Metrum erlaubte: warum wird sie verehrt, deren Sohn ein Ochse ist? — Wenn zu Anfang gûthaṃ zu lesen sein sollte, würde, wie mich Herr Dr. E. Hultzsch aufmerksam macht, das „Excrementefressen" sich auf die häufig vorkommenden Omina beziehen, worauf auch das Stossen mit Hörnern und Hufen hindeutet.

2. yad dugdhadânato vandyâ, mahishî kiṃ na vandyate?
viçesho dṛiçyate nâ 'syâṃ; mahishî gomayâdhikâ.

α st. yad: ced Aa; dânatâṃ A. γ nâsyâṃ a, vâsyâṃ ("tevâsyâṃ aus "ta iva" oder "ta eva⁰ fehlerhaft contrahirt) c, dafür tasya A. δ st. gomay": tonab"(?) c.

3. yâ tîrtha-muni-devânâṃ sarveshâm âçrayaḥ sadâ,
duhyate, hanyate sâ gau[r] mûḍhair, vikrîyate katham?

α tîrtho a; st. devânâṃ: dânâni A. γ dahyate A. — Eine Veränderung dieses Verses, wohl mit Umdrehung der Tendenz, wie oben im ersten, ist in anderem Zusammenhange unten nach Vers 11 unter 3. aus Bc anzuführen.

Darnach hat c allein einen corrupten Çloka: muçalaṃ dehalî culli pippali campakojvalaṃ ‖ devadyair (devâ yair?) abhidhîyante, varshante (varshyate?) taiḥ paratra kaiḥ?

29 Vers 5 ABac. α adeyaḥ Aa, âdeyaḥ c; st. subhagaḥ: sarvagaḥ B. β st. bhogî: râgî B. γ bhavyo bhavapradhânena B. δ nirâgamaḥ B.

Vers 6 ABac. α st. tad: yad A; na fehlt in a. β bhûto A. γ yat tu a, dafür tatra c, yena AB; st. sadyo: buddhiḥ AB. δ für jantor verschr. râjñod(!) B.

Vers 7 Aac. α trasyanti verschr. asyati a; dînân A. β so a, dafür calaṃtaḥ (l. calataḥ) parvato 'pi hi c, valatarpaṇato 'pi ye A. γ hiṅsyante meine Aenderung für hiṅsyate Aa, hiṅsaṃty c; câpi jair A, api ha yair c, tepi tair a (wohl tv api zu corrig.). δ ko nirghṛiṇâ (so) paraḥ A, kiṃ ghṛiṇî (so) paraḥ c.

Darnach haben Bc folgenden Vers:

nirâgasaḥ, parâdhinâ, naçyanto bhayavihvalâḥ
kurañgâ yena hanyante, pâpishṭhâ na pare tataḥ.

αβ nirâgasa c, nirâgamaḥ B; parâdhinaçâṃto (?) B; naçyanto c ist mir zweifelhaft, ob richtig. γ für yena ryaima geschr. c; kuruṃgân ye 'vâ 'vaghnanti(?) B, wobei yevâ = ye eva, mit fehlerhafter Contraction aus ya eva. δ für tataḥ nur taḥ B.

Vers 8 **ABacd**. α gṛihṇâto **a**; st. tṛiṇaṃ: pitṛin(?) **AB**(!). β st. prâṇino: dehino **c**. — Hier folgt in **Aad** folgender etwas zweifelhafter Vers:

ye mârayanti nistṛiñçâ, mâryante te 'pi vihvalâḥ:
teshâṃ parasparaṃ nâ 'sti viçeshas tat kshaṇaṃ vinâ.

α nistṛiñçai **A**. β mâyante **A**, topi **a**, ye mâryaṃ (so!) ca vi° **d**. γ st. nâsti: nâmni **A**. δ viçesha tat **a**, viçeshas takshaṇaṃ **d**, viçeshas tat kulaṃ (kalaṃ?) **A**.

Vers 9 **ABDacd**. α svamâṅsaiḥ **D**; paramâṅsair ye **Dc**, °mâṅsena **ABad**. γ sâmaṅsam (so) **a**, samîsvam(?) eva shâdyante (d. i. khâdy°) **c**; svamâṅsâṅy avakhâdantaḥ **d**. δ so **a**; st. patitâ: pataṃti **Bd**, hanvate(?) **c**, narake patite **A**; narakair **c**; 'dhame für ime (so **ABac**) verdanke ich *Aufrecht*; eine Spur davon wohl in **D**: harato nârakâçme; dhruvaṃ **d**.

Vers 10 **ABDacde**. γ st. labhyante: bâdhyante **e**. δ prâṇa° **a**; °kâraṇât **e**, °kâriṇi **a**, °kâriṇâ **A**; prâṇibhir madakâribhiḥ **c**, prâṇihiṅsâkareṇa ca **d**.

Vers 11 **ABacd**. α vikaro yogi (so!) **B**. vadhiraḥ khalaḥ **c**, vadhiraç ca yaḥ **A**, varaṭaç ca yaḥ **a**, vivaraç ca yaḥ **B**, vihvalaç ca saḥ **d**. γ lies shaṇḍo. — Was hier richtig sein mag, ist schwer zu ergründen; meine Lesart ist ein Nothbehelf, da das zweimalige sa anstössig ist; gemeint ist beide Male damit ein prâṇimardanakârin.

Hierauf hat **c** drei in diesen Zusammenhang seltsam hereingeschneite Verse, deren letzten auch **B** bietet.

1. halair vidâryamâṇâyâṃ gârbhiṇyâm iva yoshitaḥ
striyâṃte prâṇinas teshâṃ kiṃ gâṃ dâpayataḥ phalam?

2. sarvatra bhramatâ yena kṛitântene 'va dehinaḥ
vidâryante, na tal lohaṃ dattaṃ kasyâ 'pi çântaye.

β kṛitânteyeneva dehinâṃ. γ vidâryate. δ datte.

3. yat sarvatîrtha-devânâṃ vinâçî bhûtavigrahaḥ,
dîyate gṛihyate sâ gauḥ kathaṃ durgatigâmibhiḥ?

α yat **c**, yâ **B**. β st. vinâçî: nivâsî **B**. γ st. gṛihyate: druhyate (= duhyate?) **B**. δ kathaṃ druhyati mânavaḥ **B**. — Richtigkeit sehr zweifelhaft; bhûtavigraha müsste wohl heissen der gewordene (d. h. nicht von Ewigkeit bestehende) Leib, dazu vinâçî Prädikat. Dies gäbe den Sinn: Da Brahmanen und Götter (auch) vergänglich sind, wozu wird die Kuh gegeben und genommen von Menschen die in die Hölle fahren? In **B** scheint die Tendenz umgekehrt (vgl. oben), wenigstens nach den letzten Worten: „warum thut ihr der Mensch etwas zu Leide?" druhyate in γ könnte passiv sein.

Weiter haben **Aac** 2 Verse, welche, gegen verschiedene Spenden gerichtet, mit den im Texte gegebenen Versen 12 ff. zusammenhängen. In beiden schwankt die Ueberlieferung zwischen Âryâ und Çloka, daher vielfache Corruption. Die Herstellung des zweiten ist von *Windisch*.

4. tiladhenuṃ, ghṛitadhenuṃ kâñcanadhenuṃ ca raupyadhenuṃ vâ parikalpya bhakshayante caṇḍâlebhyaḥ parâḥ pâpâḥ.

So **a**. nur bhakshayanty eva und *δ* st. parâḥ parâ. — Daraus haben **Ac** einen Çloka gemacht, wovon *αβ* lautet: tiladhenuṃ ghṛitadhenuṃ raupyadhenuṃ tathai 'va ca; *δ* corrupt ye câṇtebhyaḥ paro yathâ **A**, câṇḍâlebhyo sâ gatiḥ (?) **B**.

5. ye dadate mṛitatṛiptyai bahudhâ dânâni, nûnam abhidheyâḥ: pallavapatitaṃ vṛikshaṃ bhasmîbhûtaṃ ca siñcanti.

α yaddate **A**; mṛite **a**; st. tṛiptyai: tathaiva **A**. *β* vahudânaṃ **Aa**; abhidheyaḥ (so) **A**, °dhâyaḥ (so) **a**; nach dânâni nur noch vibhramuḥ (?) **c**. *γ* pallavayatitatatruparaṃ ca **a**, yelâvaṃtitaruvaraṃ **A**, pallavayaṃtare vṛikshaṃ **c**; darnach könnte man auch lesen pallavapatitataruvaraṃ. *δ* bhasmâṃgaṃ tat kathaṃ bhavati **A**, bhasmâgâs te (?) ka° **a**.

29 Vers 12 **ABac**. *α* so **c**; vipragaṇâtṛiptibhuktaṃ (so) **B**, viprapisatimukte (so; nach sati ‸va ausgestrichen) **A**, vipre 'pi sati bhukte **a**. *β* tṛiptaḥ **a**; pitṛiṇâṃ **ac**. *γδ* nânyenaiva supîtena bha° **A**; ghṛitapîtena bha° **a**; am Anfang catadâ teneti tadânyaḥ° **B**. *δ* tad anyaḥ **c**; pushṭaḥ **a**, pṛishṭaḥ **B** (verwechselt häufig ṛi und u), ‸supṛishṭaḥ **A**, tṛiptaḥ **c**.

Vers 13 **ABac** (über **a** siehe unten). *α* dâne datte putrair **c**. Auffällig ist die Vernachlässigung der Cäsur bei der aufgenommenen Lesart. *β* mucyaṃte **c**; pâpato ohne 'pi, das ich hineingesetzt, **AB**, pâtakâc ca **c**. *γ* vihite **a**, fehlt ganz in **c**, wo die Verszeile mit yadâ anfängt; dafür vivâhito **A**, vivâhitevatathâ **B**; caritre fehlt in **AB**. *δ* muktaṃ **c**, bhuktiṃ **B**; st. paro: parâṃ **AB**; yâṃti **B**, yâtu **a**. Der Sinn von *γδ* ist nicht klar. — In **a** ist die erste Hälfte dieses Verses zum halben Çloka umgewandelt und diesem eine zweite Hälfte beigefügt, darnach zur zweiten Hälfte von Vers 13 eine erste ergänzt, so dass wir einen Çloka und einen Âryâvers erhalten:

dânena putradattena mucya[n]te yadi pâpataḥ
pitaras, tarhi kiṃ tṛipte putre tṛiptiḥ pitur na hi?
pâpe kṛite janitrâ putro yadi nâ 'driyeta lokena,
vihite tadâ caritre pareṇa muktiṃ paro yâti?

Vers 14 **ABac**. *α* st. 'sthijâle: sthicaye **c**, sthitajale (!) **B**. *β* vor bhavati: te **B**; st. yadi: shavadi **a**; es fehlt in **B**; mṛitaç ciraṃ kâ° meine Conj. für mṛitotra ci° kâ° **c**, mṛitoyatatra (so, weiter nichts!) **B**; **Aa** haben n u r ciraṃ kâ°, nichts von mṛita. *γδ* bhasmîkṛitas **a**, °ta **A**, °taṃ **Bc**; tadâbhaḥstiktaḥ **a**, tadaṃbhaḥ tyaktaṃ **c**, tadaṃbhaçaktiḥ **A**, tadânaçaktiṃ **B**. *δ* pallavayate **c**, pallavâyatoṃ (so) **a**, pallavate **AB**; vṛikshaḥ **Aa**, °aṃ **Bc**. — Die aufgenommene Fassung von *γδ* beruht wesentlich auf der Correctur von stiktaḥ (**a**) in siktaḥ; möglich ist auch die aus **A** und **B** zu combinirende Lesung bhasmîkṛitaṃ tad ambhaḥçaktiḥ pallavayate vṛiksham̧ „so verschafft des Wassers Kraft Zweige einem verbrannten Baume".

Vers 15 **ABDacde**. *α* st. ⁰dravya⁰: ⁰mûla⁰ **d**. *β* nîcair nîcaratam̧ **A**, ⁰ratam̧ aus ⁰taram̧ durch übergesetzte Ziffern corrigirt **c**, ⁰taram̧ **BDad**, dafür nirvṛittâcaranam̧ (⁰ṇam̧?) **e**; st. pramâda⁰: prasâda⁰ **cd**. *γ* çilpa⁰ **D**, çilya⁰ **ac**, çîla⁰ **e**, svalpa⁰ **AB**, sûkshma⁰ **d**. *δ* st. ⁰mârgakuṭilam̧: ⁰sâgrasahitam̧ **B**, sârasahitam̧ **d**.

Vers 16 **ADac**. *α* madhya⁰ **a**. *β* bhûto **A** (auch in *δ*), ⁰te **c**. Der Schreiber von **c** ist mit dem Inhalt des Verses nicht einverstanden, er schreibt daher param̧ p â n a m na⁰, und lässt die zweite Hälfte weg! — In **D** steht vor, in **e** nach diesem Verse folgender:

ekataç caturo vedâ, brahmacaryam athai 'kataḥ,
ekataḥ sarvapâpâni, madyapânam̧ tathai 'kataḥ.

α caturo müsste in catvâro geändert werden. *β* brahmacaryas tathai⁰ **e**. — Hiernach hat **e** den Vers Boehtl. 1593 (620) kaç cumbati⁰ und dann zwei corrupte Prakritverse, anfangend adhamamadhamaṭeda⁰ und priyarasarajareḍa⁰.

Vers 17 **ABDace**. *α* bhûmau **Aa**. *β* und *γ* fehlt in **B**. *γ* indriyair **c**. *δ* tasmât tat parivarjayet **e**. — Wiederum folgt hier in **e** ein corrupter Prakritvers, anfangend nahajjaṭṭâkara⁰, darauf der nachstehende:

kenai 'kena kṛite pâpe bahûnâm̧ maraṇam̧ bhavet:
Râvaṇena kṛite pâpe râkshasâḥ pralayam̧ gatâḥ.

An gleicher Stelle hat **D** den folgenden:

sarvaçukram̧ bhavet Brahmâ, Vishṇur mâṅsam̧ pravartate,
Îçva[ra]ç câ 'sthisam̧ghâtas; tasmân mâṅsam̧ na bhakshayet.

Vers 18 **ABDacde**. *α* co 'pakarttâ **ae**; blos ca **A**. *β* khâdaka co 'paghâtakaḥ **c**, khâdakaç cai 'va ghâtakaḥ **D**, ghâtakaç cai 'va khâdakaiḥ **e**. *γ* upadeshṭâ ca hantâ ca **ABad**. — Vgl. Manu 5, 51. — Endlich hat **D** allein noch einen Vers:

yadi vâ khâdako na syân, na bhavet ghâtakas tadâ;
etasmât kâraṇât nindyo ghâtakâd api khâdakaḥ.

29, 39 ff. Völlige Uebereinstimmung von **Aa**. tadâ caurâ⁰ . . . ⁰drutam̧ und 43 râjyam̧ niḥkaṇṭakam̧ kṛitam̧ nur **ABa**. Die Schreiber von **ABa** sind offenbar brahmanisch gesinnt, sie lassen daher als Strafe für den Abfall des Königs Räuber ins Land kommen und bezeichnen die Jaina als Feinde der staatlichen Ordnung (kaṇṭaka). Daher hat auch **A** bei divam̧ gataḥ im Texte Striche darüber und am Rande das einfache mṛitaḥ. Der Schreiber von **e** dagegen ist der Lehre der Jaina zugethan, er schreibt hier: atha kim̧ bahuno 'ktena? saptavyasanâni muktâni. çatavarshâyur dharmam̧ pâlayitvâ . . . svargam̧ jagâma. tatrai 'va çmaçânam akâri (so wohl das corrupte smaçânemakara zu lesen). Als Gegner des Brahmanenthums zeigten ihn schon die am Anfang, S. 145 Mitte, angeführten Verse. — d hat hier eine grosse Lücke, nach pravartitaḥ (für niyuktaḥ 40) bis zu den Worten ekasmin dine in Erz. XI, **30**, 20. — 42 St. Abhayacandro: Ubhaya⁰ **D**, Guṇa⁰ **e**, obwohl oben auch in **De** Abh⁰ steht. — 46 ceṭikâ . . samarpayati nach **a**; in **AB** schickt der König die Sclavin mit der Blume zu der Königin, in **bc** wird die Sclavin nicht erwähnt. ceṭikayâ kam⁰ gṛi⁰ **Be** (caṃdikâyaḥ verschr. **e**). — St. samarp⁰: darçayati **c**. — 47 Nach bhagnau: sâ râjñî mahâkashṭena svabhavanaṃ nîtâ **c**, fast ebenso **be**. — dvitîyâ⁰ alle (in **B** grosse Lücke).

30, 1 ⁰kiraṇaiḥ saṃklishṭâcharîre (so) **e**, ⁰kiraṇena saṃçlishṭâcchaṃre (= charîre) **b**, çarîre candrakiraṇasya çîtasphoṭakâḥ **a** (wohl çîtena für çîta zu schreiben); ebenso **A**, aber corrupt kiraṇasyaryât (?). dvitîyâ candrakiraṇaiḥ çarîre sphoṭayuktâ jâtâ **D**. — 2 muçalakhaṇḍanaçabdam⁰ **b**, blos ⁰khaṇḍena **c**; kaṇḍanaçabdaṃ **D**, kaṇḍanam **ABa**, kuṭṭanaçabdaṃ **c**. — hastavedanâ **D**, hastayor ve⁰ **ABab**, ⁰yoḥ savyathâ **e**, **c** corrupt. — Nach saṃjâtâ: tâsâṃ râjñînâṃ madhye pṛithak pṛithag vedanâ babhûva **b**. tâsâṃ râjñînâṃ vedanaṃ çrutvâ râjño 'pi vedanâ jâtâ **co**. — 4 f. kâ ativasukumârâ **AB**, ⁰kumârâṅgî **Be**; ebenso in der Antwort. — In **D** fügt der König seiner Antwort noch folgenden ein Wortspiel enthaltenden Vers hinzu, der hierher allerdings nicht passt:

> dûrasthâ dayitâ yasya navâ, pînapayodharâ,
> tasya saṃtâpanâçâya na vâpî, na payodharâ.

Die Unterschrift ist in **D** metrisch:

> Vetâlapañcaviñçatyâṃ gate 'yaṃ daçamî kathâ.

XI.

30 Vers 1 **ABabce**. αβ ⁰devaṃ . . Maheçvaraṃ **ABa**. γ pravakshâmi **bce**, ⁰vâkshâmi **a**. δ kenâpi bhâshitaṃ **ABa**.

30, 15 f. Guṇapuraṃ **ABa**, Guṇâkaraṃ **bce**, Guṇakaraṃ **D**. — St. Jana⁰: Yavanavallabho **B**, Vallabho **c**. — St. Prajñâ⁰: Prekshâtakaḥ somas (so! wohl Prekshâkoço mantris gemeint) **c**. — 22 râjyacintâturasya me daurbalyam eva, nâ 'nyat **b**, ähnlich **e**. Darnach haben **bc** den Vers Boehtl. 2280 (910) in etwas abweichender Form, die mir folgendermassen herzustellen scheint:

> citâ cintâ: samâkhyâtâ cintâ tena citâdhikâ:
> citâ dahati nirjîvaṃ, cintâ jîvena saṃyutam.

α beide Male ciṃtâ **c**. β ci[ṃ?]tâtociṃtayâdhikaṃ (so!) **b**. ciṃtâtonaciṃtâdbikâ **c**. γ ciṃtâ **c**. δ ciṃtâ sajjîvadâhate (so!) **b**.

24 râjânam utkalâpaya." „devâ 'haṃ tîrthayâtrâṃ karishyâmi" iti niçcayaṃ kṛitvâ râjabhavane gataḥ; râjâna[ṃ] muktvâ tîrthayâtrâṃ gataḥ **d**. — St. utkalâpaya⁰: bhogân tyâjaya." iti çrutvâ tena râjâ bhogân tyâjitaḥ **a**. — 25 Râmeçvaradevaṃ **Dbd**, Râmeçvaraṃ devaṃ **ce**. — namaskarttuṃ gacchati mârgâvagahanât **e**. — 27 Nach ⁰çobhitaṃ: muktâ-phala-pushpasaṃyuktaṃ **D**, ähnlich **bcd**. In **b**

ist die ganze Beschreibung ein Compositum: kâñcana... saṃpûrṇakalpavṛikshasaṃsthâ palyaṅkatûlikâsaṃsthitâ divyanâyakâ.. prakaṭîbabhûva. — Nach saṃpûrṇaṃ: dadarça, tatra (tasya d) ad. — Vor den Versen haben AB uktaṃ ca.

Vers 2 alle HH., aber in e nur das letzte Wort (Lücke). αβ yadretad(?) ropitaṃ karmma vîjaṃ bhû⁰ b. δ niyataṃ c, nîyate ABDad; sadâ ADd, daçâ B, sahâ c, saha a. — nîyate vidhinâ sadâ müsste heissen: immer leitet das Schicksal (oder: der Schöpfer). Die aufgenommene Fassung stimmt besser mit Somad. 86, 45. Für γδ hat b und, nach dem einzig erhaltenen kenacit zu schliessen, das Original von e folgendes: tenai 'va tat phalaṃ bhojyaṃ tatra, nâ 'nyena kenacit.

Vers 3 alle HH. α daivâyataṃ D, daivâdattaṃ b; st. jagat: yadâ c. β ⁰mânavaṃ e. δ tad eva b, [ta]ddaivaṃ a, tathaivaṃ c, tam evaṃ AB, tam eva D; für cintayed bhṛiçam: dârayet sadâ d. γδ tad eva(ṃ) cintayet tasmâd vidvân sarvaprayatnataḥ be.

Vers 4 alle H. α pûrvayatnâ⁰ c. β puṅsâ d, pustâṃ(!) a. αβ pûrva(sarva b)janmani yat karma çubhâçubham upârjitaṃ be. δ kârakaṃ Dbce, verschr. kâriṇîṃ B.

37 f. kautûhalaṃ ABa, kautukaṃ Dbcde. — sa mantrî râjânaṃ pratyâgatyai 'tat sarvaṃ râjñe pratyacakshata D; mantriṇo ⁰ce: deva, sâgaramadhye mayâ kautukaṃ dṛishṭaṃ b, ähnlich cd. Darnach c noch: paraṃ uktaṃ ca: vaktuṃ na çakyate. uktaṃ vâ.

Vers 5 und 6 ABDacd. 5 = Boehtl. 768 (3647). α st. vaktavyaṃ: kartavyaṃ d und Randcorrectur in A. β st. yadi: yan na c; pravaktavyaṃ tathâ na hi d. γ gîtânâṃ ABd, gîtâṅgas(?) c, saṃgîtaṃ D. δ st. sâ: çâ AB. — 6 α st. çâkhâyâḥ: ⁰yâṃ cd. β çâkhâgantupa⁰ A, çakhâgantuṃ pa⁰ B; çâkhâyâṃ tu yathâkramaṃ(!) a. γ st. tiryate: laṃghito D. δ so a; prabhâvaḥ prabhavo A, prabhâvaḥ prâbhavo c, prabhâvaḥ prabho B; st. saḥ: sa B, naḥ A; na prabhuḥ prabhur eva saḥ d; prabhâvo 'yaṃ prabho tava D. Der Sinn der letzten Worte ist unklar.

31, 2 f. âgacchamânaṃ.. bhaṇitaṃ nach a; in den HH. grosse Verschiedenheit im Ausdruck, ohne sachlichen Unterschied. Pâtâlabhavane a, ⁰nagaraṃ b. — 4 f. tvadrûpalubdho bhogârthî, gandhalubdho bhramara ive 'hâ ⁰gataḥ b. — 7 Nach pariṇîtâ: parasparaṃ prîtir (dṛiḍhaprîtir b) utpannâ bcde. — 8 Nach adya: râtrau bce, ohne adya D; adya râtrau prachannas tishṭha tvaṃ, nâ ⁰gantavyaṃ tvayâ e.

Vers 7 Dbcde, Boehtl. 2550 (1020). α bhayacca (l. ⁰yâc ca) d. β bhayasamâgataṃ c. γ st. tu: ca d. δ pahartavyam D; açaṅkita D, ⁰taḥ b.

16 Vor churikâm⁰: ity uktvâ ABa. — tad aus Dbe. — devâṅganâ Dbe, evâ⁰ c, divyâ⁰ a, blos aṅganâ AB. — udaraṃ vidârya sâ strî nirgatâ, râkshaso 'pi mṛitaḥ d.

31 Vers 8 **ABDacd**, Boehtl. 6523 (3021). δ candano **D**.

31 ff. **D**: tayâ smaritâ vidyâ, h u ṃ k â r a ç a b d e n a dvâv api râjadhânîṃ pratyâgatau. amâtyena çobhâ kâritâ (er liess decoriren, s. u.), sarve 'pi lokâḥ sâkshatapâtrahastâ[ḥ] (cf. Ragh. 2, 21) samâgatâḥ. — haṭṭaçobhâ kâritâ aus **c**; çobhâ scheint Decoration mit Guirlanden u. s. w. zu bedeuten. — haṭṭe mahân maho° **a**; mahâmaho° **c**, die andern nur maho°. **b**: râjñâ (l. râjñi) samâyâte amâtyena varddhâpanakaprekshaṇâya mahotsavâdikaṃ kâritaṃ; wohl prekshaṇîya Schauspiel (?) zu lesen, in Comp. mit maho°, vgl. zu **50**, 12.

Vers 9 **ABacd**. α st. pañca: kica (= kiṃca) **B**; çabdâdibhir gho° **c**, nairgho° **A**. β mâgaṃdhai **B**, mâgadha **d**. γ gîtibhinna° **d**, gîtibhiç ca **c**. δ devadhvani° **d**. — Ueber die „fünf Klänge" vgl. Weber, Pañcadaṇḍa° S. 38.

36 mâñgalikahastaḥ **ABc** (nur ma° **c**), einfach mâñgalikaḥ **ad**; bei letzterer Lesart scheint mâñgalika zu bedeuten: Segenswünsche aussprechend, gratulirend, bei ersterer substantivisch Gratulation, = mâñgalya, vielleicht auch Gratulationsgeschenk, worauf die oben zu 31 ff. angeführte Lesart von **D** sâkshatapâtrahastâḥ hinzudeuten scheint. Vgl. **38**, 16 nebst Anm. und Anm. zu **50**, 12. — 37 f. çrûyatâṃ nur **A**, pituç . . . °kartum nur **Aa**, dafür pitur darçanârthaṃ **D**. — Vor gaccha: yady evaṃ, tarhi **A**. — 39 ff. hat **b**: tayâ bhâshitam: „râjan, âgamishyâmi". râjño 'ktam: „kena kâraṇena?" tayo 'ktam: „vidyâdharî bhûtvâ 'haṃ bhûcaramanushyâsaktacittâ jâte" 'ti. vidyâ[ṃ] smṛitvâ svasthâne sâ gatâ. râjâ etc. 41. Hier fehlt die Erwähnung des Wiederkommens. — Noch abweichender **e**: „gaccha, punar âgacche" 'ti. tayo 'ktam: „tathe" 'ti, „âgamishyâmi, bhavatâ 'viçvâso na karttavyaḥ". sâ ca gatâ. vidyâdharo 'pi „bhûgocaramânushâsaktacittâ jâte" 'ti tâṃ tatrai 'vâ °jñaptavân. sâ 'py âgatâ. tayâ saha ramamâṇo râjâ 'ntargṛiha eva tishṭhati, na bâhya âgacchati, nâ 'bhisarati. ekasmin divase râjâ râjñîyukta (so!) amâtyena dṛishṭaḥ: mahad rûpaṃ dṛishṭvâ mantrî hṛidayasphoṭena mṛitaḥ.

32 Vers 10 und 11 **ABDac**, aber an dieser Stelle nur **AB**, **a** oben nach mṛitaḥ, **Dc** noch früher, nach hṛishṭo babhûva. — 10 β vidyâçâstra° **A**, ca sachâstrârtha(so!)vicârakaḥ **c**, svecchârâmavicârakaḥ **D**. γ kshântv(= kshânty)âyukto **a**, kshânto dânto **Dc**; °krodhât **c**. δ sodyamî **c**. yataḥ **AB**; wenn richtig, müsste es wohl bedeuten zurückhaltend, an sich haltend, als Gegensatz zu udyamin energisch. Vielleicht ist udyamâyutaḥ zu lesen. Die andern HH. bieten das hier störende Relativpronomen: tu yaḥ **a**, ca yaḥ **Dc**. — 11 α tatvavit çrîmân **A**, dasselbe will °vittû çrî° **a**. αβ fehlt in **D**. γ utpannavishayî (wohl °yo zu lesen) nityaṃ **Dc**. — Die folgenden Worte ya . . kartavyaḥ, fast ein Halbçloka, gehörten jedenfalls ursprünglich auch zu einem Verse.

32, 5 f. Mit dem Worte cintitaṃ beginnt die H. **g**; dieselbe hat nach °citto bhavishyati: anayâ saha aharniçi (so!) saṃbhogaṃ karishyati, vilâsaharmyât prajânâṃ darçanaṃ na bhavishyati, râjyam etc.

Vers 12 alle HH. ausser **g**, Boehtl. 684 (269). *α* çaucyaṃ **b**, sevyo **c**. *β* çocaṃ ca mithunavrajaṃ (?) **b**; sevyo **c**; çocyaḥ çaktaç (wohl çocyo 'çaktaç gemeint!) ca maithune **a**. *γ* nirâsyadâḥ **e** verschr. wahrscheinlich für nirâçrayâḥ, worauf nirâçocyâḥ in **B** deutet; nirâhârâḥ **D**. nirâdhârâ priyâ çocyâ **d**. St. râshṭram: râjyam **ABDab**. *δ* arâshṭrakaṃ **Bb**, sakaṇṭakaṃ **a**, dasselbe meint **A**: akaṇṭakaṃ. *γδ* fehlt in **c**.

11 In **c** steht hier derselbe Vers wie nach Erz. V, vgl. S. 134. — 12 Vor ekâdaça°: Surasundaryopakhyânaṃ (so zu corrigiren st. °sundarîpâkhyânaṃ) **g**. — In **d** wird diese Erz. als die X. bezeichnet, da der Schluss der X. nebst dem Anfang der XI. ausgefallen ist.

XII.

Vers 1 alle HH. ausser **D**. *α* st. sudhâpûra: susaṃpûrṇâṃ **a**. *β* st. lola: loka **ABab**; st. mâlinîṃ: vyâpinîṃ **e**. sûryakoṭisamaprabhâṃ **d**. *δ*: vidadhâti **g**; kathâṃ çubhâṃ **c**.

32, 21 **bce** nennen den Vater der Lâv. Îçvara. — °kanyâvatârâ **b**, durch Versehen nur târâ **a**, °târa **cg** (wo also das Wort mit dem Namen Lâv. componirt erscheint); devakanyâsadṛiçî **ABd**; devakanyârûpalâv° **e**; [lâ]vaṇyâdhikarûpavatî nâmnî (!) **b**. — 22 aparâhnachâyâ 'iva prîtir **g**. — 23 Vor dvâv: candramayûkhair dyotitaçarîrau **b**, ähnlich **Deg**. Nach prasuptau: vidyâdhareṇâ "gantukâmena dṛishṭau. — 24 f. kâma° . . svasthânaṃ fehlt in **ABa**, die anderen variiren sehr; sva° nur **be**. — 26 f. Nach paçyati: vyâkulaḥ san „kva gatâ, kena nîtâ?" iti cintâparo 'bhût **D**. — Nach nîtâ: tâṃ âlokayituṃ **be**. — samagraṃ **A**, sâgaraṃ (!) **B**, sârâmaṃ (nebst dem Garten) **Dcdg**, sagrâme **a**. — nagaraṃ sârâmaṃ hâryati (?): „kena dṛishṭâ?" kiṃ bahunâ? sarvaṃ vilokya punar api gato nijamandire **g**. — 28 çûnyaṃ gṛihaṃ **AB**. Nach pativrate: hâ komalâñgî, hâ kaṭhinahṛidaye **g**, letzteres auch **Dbce** st. prâṇavallabhe. — 29 Nach prativacanaṃ fährt **g** fort: uktaṃ ca:

prâsâde sâ, diçi diçi ca sâ, pṛishṭhataḥ sâ, puraḥ sâ;
paryañke sâ, pathi pathi ca sâ, tadviyogâkulaç ca.(?)
haṃho, citta! prakṛitim aparâṃ! vidyate kvâ 'pi sâ sâ?
sâ sâ sâ sâ jagati sakale: ko 'yam advaitabhâvaḥ?

α für diçi diçi verschrieben diçiṃsâvidi puraṃ. *β* pathi ca pathi ca. tadviyoga°; vielleicht °âkulo 'haṃ z. l. *γ* vitta suchet (?) *Jac.*, citta die H. aparâ. Darauf folgt der Vers Boehtl. 6671 (3101), corrupt, der schon in Erz. I und III vorkommt, siehe Anm. zu **17,** Vers 22.

30 Für iti . . patitaḥ: etâvad uktvâ mûrchito bhûtale 'patat; punar apy utthâya çloka[m a]paṭhat **c**. iti matvâ (ity uktvâ **D**) mûrchâṃ gataḥ **Dg**.

Vers 2 **ABabe**. Vor dem Verse hat **e**: vâtaṃ prârthayati, blos prârtha° b, wo von α, γ nur die drei Worte yataḥ dṛishṭvâ jîvâmi erhalten sind. α yâhi AB, vâhi a, dafür he e. αβ kântâṃ tâṃ e, nur kântâṃ a. nur kâṃ AB. Ganz corrupt überhaupt B. — Hierauf hat B 3 Prakritverse, deren ersten auch a bietet, anfangend pâüsakâlapavâso, s. Anhang. — 33 iti . . . cintayati nur be, die anderen nichts.

Vers 3 Aabce, Boehtl. 1422 (555) α mahatî vyavasthâ b. β st. ca: 'pi c. kanthâ alle (°thâḥ Boehtl.) γ st. ca: 'tha c. δ °tarañge sphaṭikâkshamâla e; vâ ca mâlâ A. — An Stelle dieses Verses haben ABd je zwei hier nicht recht passende Verse, zusammen drei:

âdau dharmadhurâ, kuṭumbanicaye kshîṇe ca sâdhâraṇî;
sadbhâve ca sakhî, hite ca bhaginî, lajjâkṛite ca snushâ,
vyâdhau çokaparigrahe ca jananî, çayyâsane kâminî:
trailokye 'pi na dṛiçyate priyatamâbhâryâsamo bândhavaḥ. 1.

kâryeshu mantrî, karaṇeshu dâsî,
sneheshu mâtâ, kshamayâ dharitrî,
dharmeshu patnî (?), çayaneshu kântâ:
ete guṇâḥ strîshu pativratâsu. 2.

„yâ pâṇigrahalâlitâ, susaralâ, tanvî, suvaṅçodbhavâ,
gaurî, sparçavatî, sulakshaṇavatî, nityaṃ manohâriṇî,
sâ kenâ 'pi hṛitâ. tayâ virahito gantuṃ na çakto hy ahaṃ."
„„kiṃ, bhiksho, tava gehinî?"" „na hi na hi, prâṇapriyâ yashṭikâ". 3.

1. ABd. α °dhuraṃdhurâ A, °dhuraṃdharâ B. dhâriṇî A, dhâraṇâ B. β st. hite: hate A. St. ca: sa (sasnushâ als adj.) A; shṇushâ B. γ st. vyâdhau: vyâdhiḥ A. parigraheshu d, gṛiheshu A. δ st. priyatamâ: tribhuvane A, ca sadṛiço d. — 2. d, Boehtl.[2] 1086 etwas abweichend. γ lies putrî st. patnî. — 3. AB. γ virahitâ A. δ st. kiṃ: bho B.

32, 38 ff. Grosse Verschiedenheit der HH; an AB schliesst sich einmal d mehr an als a. Ich folge A. — "gatvâ tapaççaraṇaṃ karomi". iti kathayitvâ tapasviveshaṃ vidhâya deçântare pracalitaḥ a. — punaḥ çvâsaṃ prâpya tâṃ hṛidaye dhṛitvâ „me (? mâṃ geschr.) jîvitavyena kiṃ prayojanam? tîrtheshu gatvâ 'naçanavidhinâ prâṇatyâgaṃ karishyâmi". iti vicintya tapasviveshaṃ vidhâya Gañgâṃ pracalitaḥ. mârge gacchatâ tena divâpraharadvayavelâyâṃ palâça° g. — Sehr kurz D nach mûrchâṃ gataḥ: paççât tena tapasvivesho dhṛitaḥ. nirgato Gañgâṃ prati yâvat grâmât grâmântaraṃ gacchati, tâvat kshudhâ piḍitaḥ san kasyacid brâhmaṇasya etc. — 41 f. palâçapattrapuṭikâṃ (°puṭakaṃ Bc) Bacg. — kasyacid brâhmaṇasthânanagare (so!) saṃprâptaḥ. iti vadati; „„khâdati, pibati, dadâti, iti dravyakâraṇam'; atha ‚melayati, saṃvindyati (? saṃvidyoti geschr.), na dadâti, na bhajati (bhayati geschr.), suvarṇaṃ saṃgrahati' etad akâraṇam" g. Offenbar ein Âryâvers, den ich aber nicht herzustellen vermag.

Hier hat die zweite Handschriftengruppe noch zwei andre

Verse, von denen wenigstens der erste sehr wenig in den Zusammenhang passt, der zweite unsicher hergestellt ist. Davor haben **be**: cetasi (manasi **e**) cintayati.

gurudveshî, vratabhrashṭo, liṅgabhedî ca, dâmbhikaḥ,
mâyâvî, rogavikalo hy apâṅkteyaḥ Çivâgame. 1.

surâpâne niratânâṃ, kâṇḍakâravidharmiṇâm,
dâsa-gopâla-kârûṇâṃ tyajed bhikshâṃ samâhitaḥ. 2.

1. **bceg**. β liṅgadaçî (?) dambhakaḥ **g**. γ mâyî ca **e**. rogasampanno **g**. δ brâhmaṇâ bâlaghâtakâḥ (?) — 2 α surâpâne ca nirataḥ **c**, surâpânagrahe mâyâ **b**. β ⁰vikarmaṇaḥ **c**. αβ surâyanatagopâyakâsyakâra⁰ (?) **e**. γ st. dâsa: vâsa **b**. δ tyayed alle.

Darnach hat **g** folgendes: evaṃ paṭhamâno brâhmaṇaikasya (gṛihe einzufügen?) bhojanavelâyâṃ saṃprâptaḥ. tena „bhikshâṃ (wohl bhakshyaṃ zu schreiben) dehî" 'ty uktam. gṛihamedhine 'ty uktam: „nâ 'sti siddham". bhikshukeṇo 'ktam: akshara⁰.

33 Vers 4 **ABDabce**. β nâ 'smi nâ 'sî 'ti **e**; st. 'ti: 'ha **b**. δ upâsthitaṃ **D**, upasthitaḥ **g**. — „Mâdhava zu Parâçarasmṛiti I theilt dieses Vyâsa zu". *(Aufrecht)*.

Hier folgt in **Dbce** ein Vers, den **bc** der Frau des Brahmanen zutheilen mit den Worten itaç (tataç **c**) ca brâhmaṇî cintayati:

bhuṅkte: tasyai 'va saṃprîtir dattai, 'tasye 'tarasya ca.
ihai 'va tâvad dânasya bhogâd dviguṇam antaram.

α st. bhuṅkte: bhuktaṃ **B**; saṃpratîti (!) **D**. β datte **Dce**, dhatte **b**; tasyai **c**. γ iha eva tâvatâ dâna **e**, ihaivetâvad **D**. δ bhogâd vi⁰ **ce**, bhogadvi⁰ **D**, bhogârthiguṇam **b**. — Dafür hat **g** folgenden Vers:

çateshu jâyate çûraḥ sahasreshu ca paṇḍitaḥ,
vaktâ çatasahasreshu; dâtâ bhavati vâ na vâ.

Vers 5 **ABDace**. α st. bhakshati: yakshati **B**, bhuñjati (!) **Dc**. β so **a**; parishiṃcati siṃcati⁰ **c**, parasaṃcati saṃcati⁰ **D**, parasvaṃcanisvâṃcâti⁰ (so!) **A**, pariparisiṃcati tṛishṇâṃ⁰ **B**, parisaṃcati rakshati pâparataḥ **e**. γ so **a**; parakâraṇavarddhati (?) **ABDce**, darnach kanyâ yathâ **ce**, kanyakâ yathâ **D**, blos kanyakâ **A**, kalpa yathâ **B**. δ so **a**; dhanaṃ tathâ **A**, dhanaṛiddhi yathâ **B**, ⁰vṛiddhî tathâ **D**, ⁰ṛiddhis tathâ **c**, ⁰ruddhi tathâ **e**.

Darauf folgen in **e** zwei corrupte Prakritverse, s. Anh. — Nach den Versen haben **Dg** etwa so: tataḥ supâtraṃ guṇinaṃ jñâtvâ tayâ brâhmaṇyâ etc.; ityâdi vicintayitvâ tayâ etc. **b**, ähnlich **e**, dagegen iti çrutvâ tayâ⁰ **c**.

33, 7 Vor sahitam fügen **Acd** noch çarkarâ ein. —

9 f. hastau pâdau prakshâlanâya so **A**. prakshâlya yâvat tishṭhati, tâvat vṛikshasthitena sarpeṇa vishodgâraḥ kṛitaḥ, tad vishaṃ puṭake patitaṃ **B**. tatra vaṭachâyâyâṃ suptaḥ; tatra sarpamukhâd etc. **b**. tadvṛikshaçâkhâsuptasarpamukhât **e**, ⁰çâkhâvasthitasya kâlasarpasya mukhâd **D**. vaṭakoṭare **Aad**, ⁰çâkhâyâṃ **cg**. — mahâkṛishṇasarpo 'sti **a**. — 12 ghûrṇâyamânaḥ (?) san **A**

(ebenso 14 bruvâṇaḥ san, beide Male san st. sa), ghûrṇâyamâna (?) **d**, gharmamâṇâ (so!) **D**. ghûrṇamânanayano **g**, ghûrṇan **B**. — 18 ff. sarpavisheṇa hataḥ; brâhmaṇyâ bhojanaṃ dattaṃ, na visham; brâhmaṇena avicâritaṃ kṛitam: avicâraṃ yo vadati etc. **B**. — ajñânataḥ . . bhuktaṃ **Aa**, ähnlich **D**. Vor diesen Worten hat **A** noch brâhmaṇo na jânâti, tasya 'pi pâpaṃ na bhavati, was man auf den Hausvater beziehen muss, während in den andern HH. die Worte brâ⁰ na jâ⁰ an Stelle von ajñâṇâd . . bhuktam stehen. Unzweifelhaft ist mit der Bezeichnung Brahmane der Pilger gemeint in **b**: vipro mûḍhamatir na kiṃcij jânâti. — **a** fügt vor avicâreṇa noch hinzu: ataḥ kâraṇât pâpaṃ kasyâ 'pi na bhavati. — 20 avicâreṇa nur **Aad**; die andern, vielleicht besser, weil drastischer, einfach yo vadati. — Eigenthümlich ist hier von 17 an **g**: trayâṇâṃ madhye kasya brahmahatyâ?" râjño 'ktam: „tayâ pâtraṃ jñâtvâ bhikshâ pradattâ; sarpasya svabhâvenâ 'pi vishaṃ tishṭhati. kasya pâpam? avicârya sahasâ patnî gṛihân niḥkâçitâ, tasya brâhmaṇasya pâpaṃ. — 23 Harisvâmîpâkhyânaṃ (sic!) nâma dvâdaçamaṃ" **g**.

XIII.

Vers 1 alle HH. ausser **D**. *α* ⁰bîjâdi **g**; namas te citrâvijaye (so!) **B**, ⁰citrajapine **d**, ⁰viçvavîjaya (so!) **c**. *β* st. pralaya: pravala (d. i. prabala); karmaṇâ **g**, kâriṇe **bc**. Statt *β* hat **e** *γ*, dies also doppelt. *γ* vishatotaṃkanir⁰ (?) **A**. *δ* saṃbhave **Abc**, dafür te namaḥ **B**.

33, 30 f. Candradarçanaṃ **Aa**, ⁰dahanaṃ **B**, ⁰prabhaṃ **Dbc**, ⁰puraṃ **e**, ⁰hṛidayaṃ **d**. Raṇadhîro **A**, blos Dhîro **a**, Raṇavîro **B**, Raṇaviro **D** (verwechselt gewöhnlich î und i), Dhanaviro **d**, Dharanidharo **c**, Dharaṇîdharo **beg**. — St. Kshobiṇî: Sukshobiṇî **A**, 'kshobiṇî **d**, Jayakshobiṇî **g**. — 32 mohayati **ABcd**, kshobhayati **be**, stambhayati **Dag** (stha⁰ **g**). — 36 f. rathyâyâṃ rathyâyâṃ **a**, rathyâṃ rathyâṃ **A**, pratipathe 2 **e**. — 44 âvâbhyâṃ (!) . . mûshâyitâvaḥ (so!) **AB**, âvâṃ . . mûshayishyâmaḥ **ad**, mushishyâvaḥ **D**; wohl hieraus verderbt mushyâvaḥ **g**. Wegen des û vgl. unten mûshitam, zu **34**, 13. ⁰pattanamushakâu (mukha⁰ geschr.) bhavishyâva (so) **b**; pattanaṃ mushitavyaṃ **c**, sahai 'va cauryam âcarâmaḥ **e**, welche fortführt: tena râjñaḥ koçadravyam upahṛitya nagarâd⁰.

34, 2 f. caureṇa . . sthâpitaḥ, âtmanâ (so!) . . gataḥ so **Aa**, dafür bhaṇitaṃ caureṇa: „tvam atra tishṭha" **Bbcde**, ähnlich **Dg**; dazu fügen **Dd** noch: râjâ tatrai 'va sthitaḥ. — ⁰pratîkshasva". ity uktvâ cauraḥ kutrâ 'pi gataḥ **g**.

3 ff. Hier eigenthümlich **e**: tatrâ ⁰yâtâ. tena sâ svabharttur bhojanaṃ kârâpya suptaç cauraḥ. paççân nâryo 'ktam: „bho svâmin, katham âgato 'si?" punaç ceṭikayo 'ktam: „bhos tvaṃ gaccha 2 ayaṃ cauro vyâpâdayishyati". (Letzteren Satz ähnlich auch **g**). Die corrupten Worte scheinen besagen zu sollen, dass die Frau des Diebes ihm ein Essen bereitete und er dann einschlief, was

allerdings in die Erzählung sehr schlecht passt. — Weiterhin trennen sich **Aa**, denen ich gefolgt bin, mehr von den andern HH.; manches, wie asya . . gṛihaṃ hat nur **a**, in **A** ist eine Lücke. Die anderen haben ziemlich übereinstimmend so: „svâmin, katham atrâ "gato 'si? punar vyâghuṭya gaccha gaccha!" — 10 f. sarve vyâpâditâ **Dg**. — tato . . ânîtaḥ nach **g**, das hier am besten ist, **ABa** etwas corrupt. mahatâ kashṭena chalena nur **g**. mallayuddhavicakshaṇe râjñâ cauraḥ svanagare ânîtaḥ **b**. — 12 samasta⁰ paribhrâmya nur **a**. — 13 sa eva pâpishṭaḥ cauro, yena sarvaṃ nagaraṃ mushitaṃ **b**; mûshitaṃ **ABadg**. — 17 sarvasvaṃ dattvâ und râjñaḥ sakâçâc nur **a**; dravyaṃ dattvâ **D**, râjakulâc **A**. — mocaya **BDabe**, muñcâpaya **Acdg**. (Ebenso 20 muñcâpayishyasi **A**; vgl. zu 22) — 19 Nach mokshyati: tathâ 'pi râjakule gatvâ vijñâpayishyâmi **c**, ähnlich **be**, wo darauf gleich ohne Weiteres die wirklich erfolgte Anrede an den König folgt. Besser **g**: tayo 'ktaṃ: „tathâ 'pi vijñâpaya". tataḥ çreshṭhinâ etc. — 21 koṭiçaḥ svarṇaṃ **be**, koṭiçataṃ suv⁰ **d**, dravyaṃ lakshatrayaṃ **B**. — 22 cauro 'yaṃ mucyatâṃ **Ad**, cauraṃ muṇcyatâṃ (so) **a**, muñca **BDb**, mocaya **e**, muñcaya **c**, raksha raksha **g**. **B** weicht in dieser Erzählung überhaupt sehr ab und hat hier manches Eigenthümliche, z. B. 15 kasyacid dhanikasya vaṇigjanasya. — 24 ff. caureṇa sarvam api çrutaṃ. râjño 'ktaṃ: „cauraḥ çûlikâyâm âropaṇîya eva". tena caureṇa prathamaṃ hasitaṃ, paçcât ruditaṃ, punar api hasitaṃ, paççân mṛitaḥ **g**. — 37 ff. Eigenthümlich ist hier wieder **g**: „prathamaṃ yad dhasitaṃ, tad adbhutaṃ matvâ hasitaṃ, yad râjakule sâ svakîyaṃ dravyaṃ dadâti. paçcâd ruditaṃ: ‚ye 'yaṃ (?) mamâ 'rthe râjakule dravyaṃ nivedayati, tasyâ 'haṃ (=tasyâ ahaṃ nach oft vorkommender Weise) pratyupakâraṃ etc. — 39 yena **Aa**, anena **d**, yad anena **B**, yan (=yad) **c**, yayâ **De**, zweifelhaft **g**; in **b** fehlt die Stelle. — 41 âgrahaṃ **Ac**, ⁰ho **a**, svabhâvaṃ **B**, ceshṭitaṃ **b**, caritraṃ **e**, sâhasaṃ **Dg**; in **d** fehlt das Wort.

Vers 2 **ABDacd**, Klatt 182 vgl. Boehtl. 3793 (1627) u. 2853 (1183) nebst Nachträgen zu 3793 im 3. Bande. *α* ⁰hîneshu **ABa**, ⁰hînasya **Dc**. *β* kulahîneshu Sa⁰ **A**, ⁰hîne 'pi Bhâratî **d**, ⁰hînasya Bhâ⁰ **D**, akulîne Sa⁰ **a**, tv akulî (so, das Weitere fehlt) **B**. *δ* Vâsavaḥ nach Boehtl., vâridaḥ **a**, Nâradaḥ **c**, Mâdhavaḥ **D**, toyadaḥ **ABd**. Vgl. PW s. v. mâdhava 2 e).

Vers 3 **Aacdg** Boehtl. 1617 (3894) *β* st. kshântiḥ: çântiḥ **Adg**; kâmasya çântî (so!) **d**. *β* u. *γ* vertauscht **d**. *δ* st. vâ: ca **A**.

XIV.

35 Vers 1 **Aa**, **d** vor der 10. Erz. *α* namaskṛitya. *β* ⁰priyaṃ beide. *γ* kuru deveça **d**. Statt dieses Verses haben **Bd** den Einleitungsvers der 15. Erz., **be** den folgenden:

çiraḥsindûrapûreṇa çoṇîbhûtaradadyutiḥ,
nîlotpaladalaçyâmo Vighnarâjo, jayaty asau.

Stücke dieses Verses sind verflochten in eine corrupte Çârdûlavikrîḍita-Strophe, welche c hier bietet, anfangend bâlaḥ karṇa⁰, schliessend ⁰nâdapûritaharid bhûyât satâṃ bhûtaye. Endlich g hat eine Mâlinî-Strophe, anfangend akhilamalavinâçaṃ, welche im Verz. d. Oxf. H. 132 b, Z. 4 v. u. gedruckt ist. α st. pâninaçaṃ: pâṇinâthaṃ. β kanakagirinikâçaṃ. γ st. bhavatu: bhajatu; mâlatînîra⁰ δ abhivâde.

35, 12 Kusumâvatî **Aad**, Kuçu⁰ **B**, Kauçâmbî **Dceg**, Kausâ⁰ **b**. Statt Suvicâro: Suvîro **c**, Vâciko **g**. — 14 f. Nach saha: vasantakrîḍârthe **e**, krîḍituṃ **D**. yâvat sakhîbhiḥ saha pushpâvacayaṃ karoti, tâvad Vâmano nâma brâhmaṇas tatrai 'va samidhâharaṇâya samâgataḥ **g**. tatra Devyâ bhavanasamîpât tatra yâtrâkaraṇâya Vâmananâmâ brâhmaṇaḥ surûpaḥ sundaras tatrâ 'ste **e**. — 17 Nach saṃjâtam: çoshaṇa-mohana-saṃdîpano-'nmâdana-vaçîkaraṇair, ebhir bâṇaiḥ sa hṛidaye tâḍitaḥ **a**. Vgl. Erz. I, **8,** 12 f. — 18 tato rakshakapurushaiḥ sâ nijabhavane nîtâ. sa brâhmaṇaḥ tasyâ rûpeṇa mohitaḥ: „kathaṃ sâ vallabhâ (so st. tâṃ vallabhâm!) ahaṃ prâpsyâmi? kiṃ karomi? kva gacchâmi?“ (Vgl. Erz. III, **15,** Vers 11) patito dharaṇitale. vaikalyabhâvaṃ vadati (dies gehört vor patito⁰) **g**. — 20 ff. tatra dhûrtâḥ pañcaçatâ bhavanti; tanmadhye vṛiddhadhûrtât (?) saha devayâjino bhavanti. tena îdṛiçaḥ purusho brâhmaṇo dṛishṭaḥ **e**. tasmin muhûrte Çaçi-Mûladevau pañcaçatadhûrtaparivṛitau⁰ **g**. tasmin kâle Mûladevena dṛishṭaḥ. tasya tâdṛiçîm avasthâṃ dṛishṭvâ cintitavân: sanmârge⁰ **D**. — Der Name Çaçin kommt in den HH. oft mit dem Zusatz dhûrta vor, etwa wie wenn wir deutsch sagten Schwindel-Çaçin oder Çaçin-Schwindler; seltner ebenso Mûladeva oder verkürzt Mûla. So hier dhûrta-Çaçi-Mûladevau **B**; wohl nur verschrieben dhûrta-Çaçi-Mûlau dvau **A** (Çaçi-Mûladevau **adg**); 22 dhûrta-Çaçi **A** (Çaçideva **B**); **38,** 17 Çaçidhûrta-Mûlasya **B**; **38,** 20 Çaçinaṃ dhûrtaṃ **a**; **38,** 34 Çaçi-dhûrtena **ad**, Çaçinâ dhûrtena **A** u. s. w. — 21 Mûladevo Çaçinam âha **e**, sasmitam âha **bc**.

Vers 2 **ABad**, Boehtl. 4255 (1861) γ na patanti **d**, na patati kaṭâkshaviçisho (so) **A**, nayanaviçikhâ **a**. — In **d** steht dieser Vers nach dem folgenden. —

Vers 3 **ABDbcdeg**, Boehtl. 6824 (3168) α ⁰yâvad âste prabhur api ca tathâ⁰ **D**; ⁰âste vatiti (?) purushâs **g**. β ⁰tâvatravididhatte nayam api (?) **g**. γ st. âkṛishṭa: âkṛishya **cg**, âkshepa **e**, âkṛishya bâṇâyâṇâḥ çra⁰(?) **g**, ⁰âmuktaḥ jushṭâçravaṇa⁰(?) **D**; st. ⁰patha⁰: ⁰pada⁰ **AB**; ⁰jusho **Dcdg**, ⁰yusho **AB**, ⁰musho **e**, ⁰gatâ **b**. Vgl. nânâpathajusha Madhus. in Ind. Stud. I, 24, 1 (PW. s. v. 2. jush); st. ete: etâ **g**. δ lîlâvatînâ **Dg**. hṛidi (hadi, hradi) na **cbe**; dhṛita mukho **b**; mukhe **A**, mukhâ **Be**; hadi çṛitivimuco **g**, yadi (trotz yâvat am Anfange) hṛidayataṭe **D**.

Vers 4 **ABa**, s. Anh., wo darauf noch mehr Prakritverse folgen.

33—39. Diese ganze Partie bis harishyâmi haben in dieser Ausführlichkeit nur **ABd**. In **bce** sagt Vâm. nur: râjakanyâm abhilashâmi, wozu **e** noch hinzufügt: tadvirahâd atyantaṃ duḥstho 'smi. mama duḥkhaṃ ko jñâsyati? In **a** fehlt alles, in **g** spricht Vâm. den Vers viralâ°, der unten 37 als 15. im Texte steht, dann heisst es: dhûrteno 'ktam: „jâtâ te (ta geschr.) rogotpattiḥ, kathaya kâraṇam". teno 'ktam: „deva, atro 'dyâne râjakanyâ mayâ dṛishṭâ, tadrûpeṇa mohito 'haṃ, kâmavedanâ saṃjâtâ, gṛihe gantuṃ na çaknomi". Ganz lückenhaft ist **D**. — 33 f. mama kâraṇaṃ durudarkam asti. kiṃ bahunâ? yadi° **d**. — 36 tava ved° sphoṭ° nur **A**. — 40 f. tayâ . . kurushva so etwa **Ad**. Nach dâsyâmi hat **a**: tena ca vivâhaṃ karishyasi, ebenda **e**: tarhi tava kârya[ṃ] karishye. Statt °kiṃ karishyasi: kiṃ prayojanaṃ (mit Gen.) **bce**, vorher einfach kanyâyâḥ **eg** (also: was hast du von einem Mädchen? im Gegensatz zum Reichthum), râjakanyâyâḥ **c**. Darauf **g**: yadi râjakanyâṃ vâñchasi, tadâ cakshushor utpâṭanaṃ bhavishyati ("si geschr.). prabhûtadraviṇaṃ diça (?). Vâmaneno 'ktam: „deva, nâ 'sti me draviṇaprayojanaṃ. In **B** sagt Mûladeva: matto dravyaṃ gṛihâṇa, tena dravyena bhavyanâryâ (so zu lesen?) saha saṃgamaṃ kuru; sâhasaṃ mâ kuru.

Den folgenden Versen geht in **a** ein Prakritvers voraus, s. Anh. In **D** stehen an der Spitze derselben drei andere, zunächst der Vers Boehtl.² 3836 mit einigen Abweichungen. *α* nâ pâtaṃ draviṇa (?) kalânugaṇitaṃ, v i t t a ṃ ca" *β* çâstraṃ no gaditaṃ; na krîḍitaṃ. *γ* nâ "sâditam. *δ* = *δ* des folgenden Verses, der nur eine Variante zu dem ersten ist:

yogaṃ nâ 'bhyasitaṃ, vrataṃ na caritaṃ, dânaṃ na dattaṃ mayâ,
Gañgâtoyataraṅganirmalajale snâtvâ Harir nâ 'rcitaḥ,
kshâmâñgî varakuñkumâ (?) kucataṭe nâ "liñgitâ kâminî.
hâ kashṭaṃ! viphalikṛitaṃ mama vayo 'raṇye yathâ mâlati!

α nâ: na. *γ* "kuṃkuṃmaṃ, viell. kuntalâ. Diese Zeile wohl noch fehlerhaft. — Der dritte ist eine Parallele zu Boehtl. 6773 (5144):

sadyaḥ prâṇakaraṃ toyaṃ, sadyaḥ strî harate manaḥ,
sadyaḥ prîtikaraṃ dânaṃ, sadyaḥ prâṇaharaṃ visham.

Vers 5 **Dabce** und **g** im Mâdhavânalâkhyânaṃ Bl. 216r. *α* strîbhogât paralokena (!) **b**, strîlokât na paraṃ lokaṃ g. *β* na sau° narasâdhanaṃ (!) **c**. *γ* kṛipaṇânâṃ (!) **D**. *δ* yaugapad **e**, jagapad **b** (wo oft j für y steht.) — Für diesen haben **ABd** den Vers Boehtl. 778 (3649), dessen zweite Hälfte wir unten in Vers 7 wiederfinden. **a** asâre esha saṃsâraṃ **B**, = asâra eva saṃsâraṃ [°re] **d**.

Vers 6 **ABDacdg**, auch **g** im Mâdh. l. l. (bez. **g²**) *α* st. rasânâṃ tu: rasâyane **b**; st. tu: ca **eg**; ghṛitaṃ sâraṃ rasânâṃ ca **eg²**, ghṛitaṃ rasânâṃ tu sâraṃ **c**. *β* ghṛitaṃ sâraṃ hatasya ca **gg²** (aber hutasya **g**), huta[ṃ] sâraṃ ghṛitasya ca **e**. ghṛitasâraṃ gatasya ca (!) **B**, ghṛitât sâraṃ **D**. *γ* svargo hi **ABeg²**, svargaç ca **D**, svargaṃ tu **b**; hutasâraṃ ca svargasya (!) **g**, hutasâraṃ punaḥ svargaṃ **c**, hutasâraṃ svargâ eva **d**. *δ* svargât **Db** (svat **D**), svargot **g²**, svargâ **d**; sâro **e**, sârâ **AB**; tu **Db**, ca **edg**, hi **ABeg²**.

36 Vers 7 **ABDbcdgg²**, Boehtl.² 6955. α st. eva: api **Dc**. β strîratnaṃ cai 'vam uttamaṃ **d**, strîratnaṃ caṃ (so) anuttamaṃ **g**. υ tattyâgena deutlich **ABd**, tatyâgena **g²**, tasyâgena **g**, tac ca tyaktvâ **bc**, corrupt **D**. — In **bgg²** steht dieser Vers nach dem folgenden.

Vers 8 **ABbcdgg²**. Boehtl. 535 (3565). α ⁰syaiva **b**, ⁰syevai **g**. β st. râçayaḥ: sâgaraḥ **c**. γ st. rater iva: saṃsâre ca **d**; nidhânâni **cgg²**, nidhâni **d**, nidhanâni **AB**, nivaddhâni (?) **b**. δ st. kena: tena **B**; nirmitâḥ kena joshitaḥ **b**.

Vers 9 **ABDcdegg²**. Boehtl. 4371 (1933) γ ⁰mûlâni **ABd**, ⁰mûlâ hi **Dcegg²**, tanvañgyo **deg²**, dasselbe meint wohl tattvajño **B**, tanvañgi **AD**, tâ nûnaṃ **c**, tâc cai 'va **g**. δ st. tâbhiḥ: tâbhyaḥ **bg²** tâta **D**, tasyâ[ḥ] **AB**.

Vers 10 **ABDcdegg²**. α st. yena: yais tu **g²**; liñgitâḥ **c**. β mṛidvâñgyaḥ kamalânanâḥ **c**; st. kamalâ⁰: kañjalocanâ **g**, lolalocanâ **g²**. γ st. suçlishṭa: suçrîshṭa (?) **g**; kaṭhinâ **A**, dafür jaghanâ **g**; suçlishṭa-madhurâlâpâ **eg²**. δ hy ativṛita⁰ **D**, ghanavṛitta **g²**. In **AB** steht dieser an sich unverständliche Vers irrthümlicher Weise vor den beiden vorhergehenden; da diese HH. Vers 11 nicht haben, ist er vielmehr als mit Vers 12 zu einem Ganzen bestimmt anzusehen. In **D** folgt hier ein corrupter halber Çloka:

no 'tpannam eva saṃsâre jîvanmukta utothavâ (?).

Vers 11 **cdegg²** α çarîsha **g**, çarîra **g²**; saṃkâçâ **eg**, dafür saṃsparça **cdg** (in Composition mit dem folgenden Worte.) β ⁰bâhopalakshitâ **g²**; mṛidubâhur ghanastanî **d**. γ jîvo **g²**, jîvitaṃ janma vittaṃ ca **d**, jîvataṃ janma vittaṃ (ohne ca) **c**. δ sarvaṃ anarthakaṃ **c**.

Vers 12 **ABcdgg²**. α st. bimbâ: kiṃ vâ **c**, jaṃghâdara⁰ **g²**; rasâsvâdo **A**, rasâsvâdâ **g**. β kâminî **g²**. γ susvâdaḥ **gg²**, dafür sarânaṃ (sâraṇaṃ?) **d**; amṛitsukhasvâdaṃ **A**. δ kiṃ jñâtaṃ tena jantunâ **d**, kiṃ jâta[ḥ] paçur eva saḥ **g²**.

Zum Schluss hat **d** noch folgenden Vers:

dhig janma dhik ca sâ vidyâ, dhig guṇo dhik ca paurushaṃ,
yâni hemântayâminyâṃ mṛigâkshâliñganaṃ vinâ!

γ yâni meine Aenderung für yâti.

Nach den Versen hat **b**: ity amunâ prakâreṇa varṇanaṃ Vâmanena kṛitaṃ.

36, 13 f. bho brâhmaṇa! mamâ 'pi dhanaṃ dehi, tava kâryaṃ ahaṃ karishyâmi; brâhmaṇa, râjakanyâṃ tava dâsyâmi **e**. — 14 ff. nach **a**, womit die andern ziemlich stimmen; in **A** nimmt zuerst Mûl. selbst eine Zauberkugel in den Mund: ⁰guṭikâ âtmîyasthânân niḥkâçya (?) svamukhe kshiptvâ (lies ⁰ptâ), tâvad vṛiddho 'bhavat, ekâ etc.; in **B** fehlt das erstere. Sehr ausführlich **D**, wo ghuṭikâ geschrieben wird. — 17 Mûladevo nur **a**, seltsam ⁰devena **A**, ⁰devena saha **B**.

Vers 13 **Dacdeg** und **g** im Mâdhav., Bl. 210 r. β baddhaḥ setur yadi jalanidhau çekharai (so) vânaroghaiḥ **D**; vâridhir **b**.

γ yenâçcaryât g[2]; pârvatendro g; yenottannîtam(?) uccais tribhuvanapatinâ parvataṃ yo gavârthe D; yenâdyuccaḥ(?) e; yeno '[t]kshipto nijakaratale parvatendro b; parvato gohitârthaṃ e. δ sa tvâṃ Vishṇur Dbg, itthaṃ satyaṃ (so!) e; st. vishama: vimala b; pâtu devo mahîçaḥ d, pâtu devâdhidevaḥ D, pâtu vaḥ padmanâbhaḥ g[2], pâtu câ "dyaḥ pumân vaḥ e, dafür saccaritraṃ punâtu bg, verschrieben sacitraḥ punâtu c.

Statt dieses Verses haben ABa folgende Sragdharâ-Strophe:
uttishṭhantyâ ratânte bharam uragapatau pâṇinai 'kena kṛitvâ
dhṛitvâ câ 'nyena vâso vigalitakavarîbhâram aṅse vahantyâḥ
bhûyas tatkâlakântidviguṇitasuratapritinâ Çauriṇâ vaḥ
çayyâm âliṅgya nîtaṃ vapur alasa-lasadbâhu Lakshmyâḥ punâtu!
α urapagatau B, upagatau A, uragatau a; uragapati = Çesha (*Jac.*); st. kṛitvâ: dhṛitvâ B. β st. vigalita: vilulita a; st. aṅse: atsye A. γ surataḥ A; st. vaḥ: iva A. δ çayyâliṃginîta (so) A; st. vapur: vahu B; vapurasavisadbâhu⁰(?) A; Lakshmyâ AB. Dafür hat g hier und mit einigen Abweichungen hinten Blatt 208a folgende von *Jacobi* berichtigte Çikariṇî-Strophe:
araṇyaṃ sâraṅgair, girigahanagehaṃ vratatibhir,
diço digmâtaṅgaiḥ, çritam atha jalaṃ paṅkajavanaiḥ
priyâcakshur-madhya-stana-vadanasaundaryavijitaiḥ:
satîmânaglâne maraṇam atha vâ dûragamanam.
α araṇye g[1], sâraṅgai g[1], ⁰gau g[2]; ⁰gehâ g[12]; vratatibhir *conj. Jac.* st. na haribhi[r] g[12]. γ priyâçc⁰ g[12]; ⁰madhye g[12]. δ satî⁰ g[1], satâṃ⁰ g[2]. S. Nachtr.

Die Erzählung des Brahmanen haben in dieser Ausführlichkeit nur Aa; ähnlich, aber viel kürzer, d. Von sâṃprataṃ **36,** 37 an wird A kürzer, ich combinire aus ad. — 28 Nach svajanânâṃ wäre gṛiheshu zu erwarten, svajanagṛihe a. — 35 ff. hat d: tatra gatvâ vadhûṃ puraskṛitya yâvat „svanagare yâsyâmî" 'ti niçcitya [yâvat] svanagare gacchâmi, tâvan nagare cakram âgataṃ, dhâṭî patitâ. tadâ mama putras tathâ strîç ca palâyya kutracid gatâv iti na jânâmi, grâmo 'pi mahodvigno jâtaḥ (Text 37). grâmo udvâso(?) jâtaḥ A; grâma udvignaṃ (so), tadâ (tayâ geschr.) sarve lokâ itas tataḥ gatâḥ paracakrabhayât B; hierzu vergl. *Oesterley* S. 110 Z. 9 „allgemeine Auswanderung." râjakaṃ(?) saṃjâtaṃ D. — Nach dhâṭî patitâ (oben d) hat g noch: grâmaṃ dâhitaṃ. — Die kürzere Recension lässt den Ueberfall des Dorfes geschehen gleich als der Vater mit der für seinen Sohn gesuchten Frau aus der Fremde zurückkommt; der Sohn läuft davon, die Mutter stirbt aus Kummer darüber, putraviyogena Dbcg. — 43 tato . . gataḥ aus B. A hat hier eine grössere Lücke, nur gataḥ steht da, in a wird wie in der Hindîbearbeitung das Fortgehen des Brahmanen gar nicht erwähnt. — 46 Nach kâryâ: tataḥ sâ râjakanyayâ sârdhaṃ sarvadâ krîḍâṃ cakâra, ubhayor mahatî prîtiḥ samajâyata. kadâcit krîḍantî[ṃ] râjakanyâṃ mahârûpadhâriṇy uvâca etc.

37, 1 kanyârûpadhâriṇyâ A, kanyayâ rû⁰ a, rûpadhâriṇyayâ (!)

kanyayâ B, mahâ(?) rûpadhâriṇyâ, an andrer Stelle blos rûpadhâriṇyâ D, kanyâveshadhâriṇâ d, strîrûpadhâriṇâ brâhmaṇena c, brâhmaṇirûpadhâriṇyâ b, brâhmaṇaveshadhâriṇyâ, an andrer Stelle brâhmaṇarûpadhâriṇâ (beide Male wohl brâhmaṇî° zu lesen, wenngleich unten 37 brâhmaṇastrîrûpadhâriṇîṃ) g, brâhmaṇyâ e. Dieselben Varianten kehren unten wieder; überwiegend ist die Bezeichnung kanyârûpadhâriṇî.

2 f. bho . . bhaṇitam fehlt in a. hier spricht das verwandelte Mädchen die Prakritverse, worüber im Anhang. g hat nach kṛiçâṅgî ca: tayo 'ktam: „hṛidayasthitaṃ duḥkhaṃ jânâsi. (?)

tasya puraḥ kathanîyaṃ duḥkhaṃ duḥkhânvitena purusheṇa,
yo vâ çamayati duḥkhaṃ, yo vâ paritapyate tena."

14 ff. parasparaṃ . . saṃjâtaṃ und taddina° . . saṃjâtâ nur Aa, die anderen kürzer. Nach vedmi (für jânâmi) hat b: nûnaṃ sa me prâktano bhartâ bhavati? yady asmin janmani yaḥ priyaḥ, sa me patir bhavati, tato 'haṃ jîvâmi. — 17 ff. Anders D: rûpadhâriṇyo 'ktam: „ahaṃ tave 'cchâṃ pûrayishyâmi, tad enaṃ purushaṃ tvadbhogârthaṃ nishpâdayishyâmi." mukhe ghuṭikâ (so!) sthâpitâ âkrashṭâ (so!), sadyaḥ purusho jâtaḥ. tasyâḥ açcarya (so) saṃjâtaḥ: sa evâ 'yaṃ purushaḥ. — 19 bhavishyâmi nur eg, die anderen bhavâmi. Darnach haben AB noch: aparasya kâ vârttâ? — 29 f. virahâ° . . vṛittântaṃ nur A, die anderen kürzer. In BDc sagt der Ministerssohn es selbst seinem Vater, lajjâṃ vihâya, wie D hinzufügt. — Statt marishyâmi: maraṇaṃ karishye B. — 32 f. îdṛiço . . dîyate so AB; na mamai 'tat pratibhâti, yat parasya nyâsa any° dî° c; yat parasthâpanikâ anyasmai dî° bo (sthapanikâ geschr. b), wo das im PW nicht angeführte Wort sthâpanikâ femin. eines Adjectivs zu sein scheint in der Bedeutung: zur Aufbewahrung gegeben; parasthâpitaṃ vadhûratnam anyasmai kathaṃ dâsyâmi? râjâ na dadâti d. — g hat folgendes: ne "dṛiço 'yaṃ dharmo râjasu vartate: durbalânâm° (Boehtl.[2] 2868). tadâ prâdhânyaiç cintitaṃ, sabhâya(?)purushair uktaṃ etc. Das Wort prâdhânya, welches das PW nur als Adv. (°nyât) kennt, scheint gleichbedeutend mit pradhânapurusha. — 34 f. maraṇe kṛitaniçcayo Bad, maraṇe niçcayo A. — svâmin, tvaṃ yadi na dâsyasi, tarhi mantriputro marishyati e. In D erwidert der Minister selbst, wie sich nur aus dem Zusammenhange ergiebt, dem Könige, dass sein Sohn sterben und er ihm nachfolgen werde, worauf der König selbst den Untergang des Reiches fürchtet und nachgiebt. — 39 f. sarvaparivâreṇa sâ uktâ: idaṃ (? idrak geschr.; idaṃ e) râjyam samuddhara b, ganz ähnlich e; saparivâreṇa râjñâ D, blos râjñâ nur Aa. Vor sarvathâ: he bhadre. avaçyam aṅgikâraḥ kartavyaḥ d. — 40 Nach tayo 'ktam: „tvam eva matpitâ, yat karishyasi, tat kuru." iti çrutvâ râjâ hṛishṭaḥ kanyâṃ mantriputrâya dadau. dânakâle tayo 'ktam: „he pitaḥ! mayâ pûrvaṃ kiṃcit kalpitaṃ, tat çriṇu" etc. D. — 44 tataḥ sâ pariṇîtâ aus bce, ähnlich g; a lückenhaft; tâṃ vivâhya tîrthayâtrâṃ pracalitaḥ san mantriputreṇa etc. A.

38, 1 tasya bhâryâ Saubhavatî Sundarî nâma g, "Saubhâgyavati nâmnî kadâcid uvâca D; cf. *Oesterley* S. 114. — râtrisamaye dvâv api nijasukhaduḥkhâni kurutaḥ d. Dafür e: sâ navapariṇîtâ vadati: „tava kiṃ calacitto (so!) bhavati, "ti oder "si unsicher; viell. tvaṃ . . calacittâ bhavasi gemeint. — 2 f. he sakhi, tvayi purushaçraddhâ na hi vidyate g; sakhi, mama kâmo pîḍâṃ karoti, puru" d. — Nach "çraddhâ 'sti: tena hetunâ durbalâ 's[m]i e. Anders D nach uvâca (s. ob.): bâle, esha mama bhartâ, ahaṃ paraṃ purushasaṃbandhaṃ na jânâmi, paro 'pi purushaḥ ko 'pi na labhyate (so zu lesen st. lâbhate). mama mahatî yauvanâvasthâ vartate, viphalá jâtâ. Zuletzt ähnlich dg. — 5 Nach kṛitaṃ: yatas tvayâ 'pi purushasaṃbhogo na jñâyate; mayâ saha duḥkhabhâginî bhavishyasi d. Dafür D: yadâ tasya patnî jâtâ: tvam api duḥ" bha". — 6 ff. Nach bhaṇitaṃ haben bce erst den Prakritvers daṃḍaü râulu", den a oben vor Vers 5 hat und AB in Erz. IX (Anm. zu IX Vers 3, S. 141). tava . . dâsyâmi so d, ähnlich bc; tvayâ saha saṃbhogaṃ karomi A; râtrâv ahaṃ pu" bhû" tave 'cchâṃ pûrayishyâmi D. Ba hier lückenhaft, a kommt von karomi auf karoti Z. 10, auch A auffällig kurz. — Nach tayo 'ktaṃ: tarhi atîva bhavyaṃ A, kiṃ na bhavasi B, evaṃ kuru g; kiṃ" nach bcd. — 10 purusho bhûtvâ mantriputravadhûṃ tantrayati (besorgt!) g. — 11 Nach utpannâ haben ace den Prakritvers jaï jâṇanti", welchen a auch in Erz. I vor Vers 13 hat, s. Anh. — 14 Nach bhavishyati haben Bbce einen Prakritvers kijjaï", und b allein noch einen chijjaü°, s. Anh.

15 ff. buddhir ekâ Abcg, eshâ Ba, blos buddhir d. — Hier grosse Verschiedenheit der HH.. das Gegebene aus Aa. b: tâbhyâṃ buddhir ekâ jâtâ: itaḥ sthânâd yâval loko vardhâpanakair vyâkulas tishṭhati, tâvad gamyate. tato mantrivadhû[ḥ] strîrûpadhârî brâhmaṇo 'pi [râjaduhitâ zu streichen] dvâv api gatâv udyânam. Ganz ähnlich g, wo es weiter heisst: dvâbhyâm âraṇye gatvâ (so) tena Vâmadevena (so!) dhûrta-Çaçi-Mûladevau smṛitau. tatas tatkshaṇât Çaçi-Mûladevau samâyâtau. Das scheint bedeuten zu sollen, dass Ç. und M. durch einen Zauberspruch herbeigeführt werden. In e heisst es etwas corrupt von 12 an: katipayadinair yâtrâṃ kṛitvâ mantriputraḥ samâyâtaḥ; putrâgamane co 'tsavo jâtaḥ, vardhâpanena lokâḥ saṃtushṭâḥ. saṃyag udyâpanaṃ kṛitvâ (?) udyâne ("yâyane geschr.) gatâ strîrûpadhâriṇî brâhmaṇî (eigentlich eine verkehrte Bezeichnung, statt "dhârî brâhmaṇaḥ). kathayati (so wohl st. kathyate zu lesen) sâ mantriputraprathamapatnî (patnîṃ geschr.): „adhunâ kiṃ kartavyaṃ?" (Darnach yûyaṃ vayaṃ sinnlos, zu streichen). strîrûpadhâriṇâ ("ṇaḥ geschr.) proktaṃ: „dvâv api (yaḥ zu streichen) palâyanaṃ karishyâvaḥ". etac cintayitvâ strîrûpadhâriṇî Mûladevaṃ smṛitvâ (vgl. oben g) tatpârçve samâyâtâ. — 19 f. Mûladevena guṭikâdvayaṃ dattaṃ adṛishṭîkaraṇam(?); guṭikâ[ṃ] mukhe kshiptvâ vṛiddhabrâhmaṇo bhûtvâ taṃ ca shoḍaçavârshikaṃ putraṃ gṛihitvâ etc. c. — shoḍaça° alle ausser a, wo fälschlich

viñçati⁰ (daher in der Hindîbearbeitung so, *Oest.* S. 114 unten). — 23 f. kuçalaṃ . . râjño 'ktam so **A**, ähnlich **Bd**, kürzer **a**, wo wieder Lücke. In **bceg** sagt der König: kuçulaṃ bhavatâṃ. — Hier **D**: râjâ mlânavadanas taṃ sarvopacâraiḥ pûjayâmâsa. bhojanavelâyâṃ pṛishṭam: „râjan, tvatprasâdât putro labdhaḥ: snushâ kutrâ 'stî?" 'ti. teno 'ktam: „tâvad bhojanaṃ kartavyaṃ, tâvat krîḍâṃ karoti". tat çrutvâ râjñâ brâhmaṇena saha bhojanaṃ kṛitam. bhukte sati râjñâ vijñapto vṛittântaḥ. kupito brâhmaṇa uvâca: „râjan, tvaṃ dhârmikaḥ, matputravadhû[ṃ] katham abhilashasi? çîghraṃ dehi! no cec, châpaṃ dâsyâmi" etc.

28 alikaḥ **cd** u. verschr. alâkaḥ **e**, adhikaḥ **A**, atîva **ag**. — bho . . bhavati nur **a**. — 30 ff. Nach dâsyâmi: nai 'sha dharmaḥ **g**; dann: atha cet sâ dattâ, tato mama putrâya etc. **b**, ähnlich **ceg**. — râjño 'ktam . . dâsyasi 32 nur **A**, ähnlich **B**. — 42—44 Çaçidhûrtasya . . na bhavati nur **ace**. — 42 sâ⁰ so **c**, dafür kathaṃ tasya bhâryâ (bhavati **a**) **ad**. Anders **g**: Vetâleno 'ktam: „râjan, âdau brâhmaṇasya bhâryâ, tasyâ 'pi garbho 'bhût, kathaṃ tasya bhâryâ na bhavishyati?" râjño 'ktam: „yat tu chadmano 'tpâdito garbhaḥ, kathaṃ tasya bhâryâ bhavati? Çaçinâ punar etc. Wiederum **D**: teno 'ktam (d. h. Vetâlena): „pûrvaṃ Vâmanena saha bhogo jâtaḥ bahudinaṃ, tasyâ 'pi bhavishyati na katham? kathaṃ Çaçidhûrtasya?" râjño 'ktam: „pûrvaṃ tena svapnato (? chadmanâ?) bhuktâ, Çaçidhûrtas tu lokaviditaḥ etc.

39, 1 Nach karishyati haben **ABacd** noch mit uktaṃ ca den Vers Boehtl. 2760 (1136), dâne tapasi⁰, dessen Beziehung hierher mir unerfindlich ist. Varianten: *α* st. ca: vâ **a**. *γ* st. hi na: na hi **A**, nai 'va **Bd**. *δ* st. bahuratnâ: vîrabhogyâ **c**.

XV.

Vers 1 **ABDbcde** und **Bd** vor Erz. XIV (bez. **B²d²**) *α* ⁰cai 'kadantaṃ ca **AB**. *β* st. hasti⁰: gaja⁰ **BDB²d²**, mahodaraṃ **d**. dafür manoharaṃ **A**, vaçusvaraṃ (?) **B**, gaṇâdhipaṃ **d²**, gajâ[na]naṃ **B²**. *αβ* hastivaktraṃ mahâkukshiṃ (mahaujaskam **c**) ekadantaṃ caturbhujaṃ **be**. Gaṇeçaṃ ekadantaṃ ca gajavaktraṃ caturbhujaṃ **D**, âkhuvâhanadeveçaṃ Gaurîgurugurum (guraṃ geschr.) vibhuṃ **d**. *γ* paramâ⁰ **D**. *δ* dharaṇirûpam içvaraṃ **B²d²**. — **a** hat hier keinen Vers, **g** eine wegen einiger Corruptionen mir noch unverständliche Strophe, anfangend dve bhârye siddhibuddhis.

Vers 2 hat vollständig nur **c**, das vierte Viertel, als drittes, auch **a**. Aehnlich **g**: râjann aparadhârmiko putro tava bhavishyati.

17 f. nâma pratishṭhitaḥ **Aa**, nâma pratishṭhataḥ **g**, nâmnâ pratishṭhitaḥ râjñâ brâhmaṇaiç ca **c**, nâma pratishṭhitaṃ **bo**. In **Bd** fehlt das Verbum. Man erwartete ein Causativum und nâma als Subject dazu. Aehnlich in Erz. XVIII, **50,** 14. — Der nächste Satz aus **ABad** combinirt; **a** hat: tasmin putre jâte sati Çivaç. s. vabhûva.

Vers 3 **ABd**, Boehtl. 5768 (2621) **a** dharmajñâḥ **AB**, dharmishṭhâḥ **d**. *γ* tam (für tad) **A**, anusarvaṃte (l. ⁰sarpante) **B**. —

Vor den folgenden Versen fehlt eine überleitende Bemerkung, wie sie **g** hat: tasmin râjye (l. râjyaṃ) çâsati. Meine Vermuthung, dass Vers 3 spätere Einschiebung sei, wird jetzt gestützt durch *Aufrechts* Verweisung auf den Kathârṇava, Verz. d. Oxf. H. S. 154, wo der Vers steht mit der Variante in γ tathâ 'nuvartante, und Bhojaprab. 38, wo râjânam anu⁰.

Vers 4 **ABbcdeg**, **a** nur Bruchstücke. α mahotsavaratâ nityam **Bd**; mit Vermengung dieses und des folgenden Verses hat **A** hier: parasparaṃ prîtishu utsava⁰. β karaṇodyataḥ (so) **c**. γ sarvadâna⁰ **be**; st. çûdrâḥ: çûrâḥ alle, nur ⁰paro loke **e**. δ sarvayajña⁰ **be**; st. yajña: dharma **Aa**. — Darnach haben **bcg** noch:

kâlopabhoginaḥ sarve, nityam ânanditâ narâḥ;
sarve satyaratâ nityaṃ, sarve dharmaparâyaṇâḥ.

α lokâç ca bho⁰ **g**. β nityaṃ sânand⁰ **cg**; st. narâḥ: pareḥ (!) **g**. γ sarvasatyaratâ dâtâḥ (?) **b**; st. ratâ: parâ **g**. δ st. dharma: nitya (wohl st. satya) **g**. — Damit sind zu vergleichen in der von mir in der ZDMG 1869 aus derselben H. **g** publicirten Erzählung die Verse 1 und 2, S. 444, woher die Verbesserung çûdrâḥ für sûrâḥ stammt. Zum dritten Male hat dieselbe H. ungefähr dieselben Verse im Mâdhavânalâkhyânam, welches sie nach der Vetâlap. noch enthält, Blatt 214 a, woraus der neue Halbvers angeführt sei: asatyaṃ na vadanty eva tatra lokanivâsinaḥ. — Statt Vers 4 hat mit ähnlichen Worten **D** folgenden, auf Jîmût. bezogenen:

nityaṃ paropakârî ca, sarvadâ dânatatparaḥ,
nîtimân pâlakaç câ 'sau, sarvayajñaparâyaṇaḥ.

Vers 5 **Babcdg**, den Anfang auch **A** und γδ auch **D**. α parasparaprîtikarâ **g**; st. parâ: ratâ **Bd**, yutâ **a**. γ nâ 'pasarga⁰ **D**; ⁰sargâ⁰ **b**. ⁰sarppa⁰ **c**; st. tatra: tasya **B**. δ paratra ca bhayaṃ⁰ **d**. — Hinter αβ in **g** die Zahl 2, γδ bildet da mit γδ von 6 den 3. Vers.

Vers 6 **ABabc**, γδ ähnlich **g**, s. u. α dasyuçcaṭano (?) **b**; na dasyato meghato vâ **c**. γ âyutadvarddhaṃ (?) **a**, âyutadarchvâ (?) **c**, ayutaṃ varshaṃ **B**. δ st. kṛitaṃ: kuto **c**. — γδ varshâṇâm ayutaṃ saṃkhyâ (so) sarve jîvanti mânavâ[ḥ] **g**.

Vers 7 und 8 **ABDabcg**. 7 α st. kâma⁰: kâla⁰ **a**. — 8 α pativṛitaparâ **D** (l. pativrata⁰); st. ratâ: parâ **Acg**. β râjye **ABDg**. γδ evaṃ guṇaviçishṭo 'bhûd bhûpo (putro **B**) Jî⁰ **Bc**. evaṃ praçâsayan pṛithvîm asti Jîmûtavâhanaḥ **b**, evaṃ çaçâsa pṛithivîṃ Jî⁰ nṛipaḥ **g**. **ADe** haben für die letzte Zeile Prosa. — Darnach folgen noch zwei Verse in **be**:

na hînâñgo nâ 'dhikâñgo, nâ 'tidîrgho na vâmanaḥ.
nâ 'tikṛishṇo nâ 'tigauro, nâ 'tisthûlo na durbalaḥ, 1.
na çiçur nâ 'tivṛiddho vâ, na ghṛiṇî nâ 'tinirghṛiṇaḥ:
anurakto jano nityaṃ, sattvamûrtiḥ, priyaṃvadaḥ. 2.

31 Für kalpavṛikshaḥ: brahmavṛikshaḥ **bc**. — 35—38 Ausführlich so nur **d**, die andren HH. kürzer; über **D** s. u.). kasyâ 'pi na kurute (ohne ko 'pi) auch **AB**; darnach hat **B** noch: kâryaṃ Jîmûtaketû

râjâ gataḥ. worauf alles Weitere bis tayâ Malayavatyâ **41, 1** fehlt. Die Worte kâryârambhâḥ . . rahitâḥ nur aus **Aa**. — 39 gotribhiç: das im PW nicht aufgeführte, allerdings fehlerhaft gebildete Wort gotrin = gotraja (Somad. an der entsprechenden Stelle XII, 90, 30), wofür **d** a. u. St. svavañçodbhava bietet, kommt in allen meinen HH. ausser **D** vor, im Ganzen 18 Mal.

Der ganze Abschnitt 31 — 41 fehlt in **D**, wo es nach den Versen weiter heisst: tena Jîmûtavâhanena samyakpṛithvi praçâsitâ. Einst greifen „alle Könige“ die Stadt an, der Vater will kämpfen, Jîmûtavâḥ. ist dagegen und sagt u. a.:

anityasya çarîrasya sarvadoshamayasya ca
durgandhasya ca rakshârthaṃ nai 'va pâpaṃ karomy aham.

Denselben Vers hat auch **g** mit der schlechtern Variante in *γδ* durg⁰ kṛitaghnasya nâ 'haṃ pâpaṃ⁰. Aehnlich in Prosa **a 40, 5** und noch ähnlicher **A**: sarvadoshamayasya çarîrasyâ 'rthaṃ pâtakaṃ na karishyâmi. — **D** hat nach obigem Verse noch unsern Vers 9, dann folgenden:

kshudhâsamaṃ nâ 'sti çarîravedanaṃ,
vidyâsamaṃ nâ 'sti çarîrabhûshaṇam,
cintâsamaṃ nâ 'sti çarîraçoshaṇaṃ,
kshamâsamaṃ nâ 'sti çarîrarakshaṇam.

40, Vers 9 **ADacd**, Boehtl. 292 (101) *α* anityasya çarîrasya **c**.

Vers 10 **Aabceg**, Boehtl.² 2205. *β* prasthaṃ kuṃbhaçatâr (so!) api **a**, ⁰çatair **A**; annaṃ kâshṭhaçatâd api **c**, mânaṃ mûḍhaçatâd api **beg** (fehlerhaft mlânaṃ **e**, mâna **g**; çatair **g**). *γ* praçâdân maṃcakaṃ sthânaṃ **b**, prasâdân macakaḥ sthânaṃ **c**, pṛithivyâṃ maṃcakasthâne **e**, maṃdiraṃ maṃcakasthânaṃ **g** (ein Palast [ist auch nur] ein Platz für ein Ruhebette). *δ* kasyârthe bândhavâ hatâḥ (mit versch. Schreibfehlern) **bceg**. *γδ* maṃdire maṃcakasthasya çeshâḥ p. **a** (für den, der im Hause auf dem Ruhebette liegt, ist das andere fr. R.) Corrupt **A**: maṃdiraṃ maṃbakasyârthe çeshaḥ parivibhûtayaḥ.

Für die Erklärung des Verses scheint mir massgebend der Vergleich mit Boehtl.² 6581, welcher für die von mir in meiner ersten Publication dieser Erzählung S. IX dargelegte Auffassung spricht. Den Schluss des Verses übersetzt *Max Müller* in seiner Besprechung meines Programms in der Academy 1877, Nr. 259, S. 349 richtiger so: alles Uebrige ist Reichthum für Andere. Mit der Erklärung dieses Gelehrten stimmt (bis auf den Schluss) *Windisch*'s mir brieflich mitgetheilte Uebersetzung: „Von hundert Kühen ein wenig Milch, von hundert Krügen ein mässiger Topf, von einem Palaste eine Lagerstelle; was drüber hinaus, ist fremdes Gut“. Den Anhalt für diese Auffassung fand *W.* besonders in der damals von mir als Parallele zu den Worten in *γ* prâsâdân⁰ nach dem PW. s. v. mañcaka angeführten Stelle Mahâbh. 12, 10641: prâsâde mañcakaṃ sthânaṃ yaḥ paçyati, sa mucyate.

14 nâyakâ **Adg**, nâyikâ **e**, kanyâ **a**, nârî **be**. An der ähn-

lichen Stelle in Erz. I, 8, 9 nâyakâ **Ab**, nâyikâ **a**, (râja)kanyâ **Dcde**. — 15 kâmâvasthâ **Acd**, kaṭâkshanirîkshaṇaṃ **a**, anurâgo **be**, darçanâd anurâgaḥ **g**. — 16 f. sâ ca . . gataḥ: die Lesart ist combinirt aus **a** mit **Ad**; letztere allein lassen unpassender Weise zuerst Jîm. „mahatâ kashṭena" (mahatkashṭhena **a**) nach Hause gehen; darnach **A**: sâ ca virahavedanâpîḍitâ satî nijabhavane gatâ; gatâ satî . . babhûva aus **d**. — so 'pi mitreṇa svakîyâçrame ânîtaḥ **g**, mitreṇa nîtaḥ auch **c**. — 17 ff. Die ganze Erzählung von dem zweiten Besuch im Tempel und der gegenseitigen Erkundigung haben nur **Aad**. In **bceg** und **D** wird bei der Unterredung von Malayavatî's Aeltern ihr Vater Viçvâvasu genannt, wie in **f** und bei Somadeva in beiden Fassungen; König der Siddha's nennen ihn nur **bc**. In **Ad** fragt zuerst Malay. den Freund des Jîm.: ko 'yaṃ kumâraḥ? Die Worte bhrashṭâ" (verschrieben çrashṭâ") . . svaḥ hat nur **a**. Nach Malayavatyâ 'gre (sic; vgl. Bopp krit. Gramm.³ § 78 bei *) kathitaṃ 26 führt **a** fort: iti çrutvâ tasyâḥ atîva vedanâ saṃjâtâ. mahatkashṭena gṛihe gatâ. sâ 'pi nijagṛihe suptâ satî cintâpralâpaṃ karoti: sie plaudert im Schlaf ihre Gedanken aus, und darauf geht die Freundin zur Mutter. Den Selbstmordversuch erzählen nur **Ad**. — **D** ist wieder sehr kurz, 13—36 fehlt, s. unten. — 30 f. yâvad . . kshipati nur **d**. — 35 St. kâmabâ" pîḍ" hat **A**: daçamîm avasthâṃ prâptâ. — 37 ff. In **bg** sagt die Königin dem König gleich: „Deine Tochter ist in Jîmûtavâhana verliebt"; in **e**, wo die Worte der Königin nicht angegeben sind, erwiedert der König darauf: „Ich weiss es". Darnach lassen **bceg** übereinstimmend den König von Jîmûtaketu's Anwesenheit und seiner eignen Absicht sprechen. In **bc** hat Mitrâvasu dem Jîmûtaketu auszurichten: „Ich bin gesandt vom König Viçvâvasu; Deinem Sohne Jîmûtavâhana giebt er seine Tochter". So wird Jîmûtavâhana mit ihm geschickt. In **g** beauftragt Viçvâvasu seinen Sohn, den Vater Jîmûtaketu einzuladen; wenn der nicht komme, wolle er selbst den Jîmûtavâhana besuchen; letzteres geschieht, und es findet eine Gandharvenheirath statt (wie in der Hindîbearbeitung): yadi râjâ svayaṃ nâ 'gacchati, tadâ putraṃ Jîmûtavâhanaṃ mama âgantavyaṃ (so ist wohl das verderbte mâma âgatavyaṃ herzustellen). tato duhitṛidânena âgantupûjâṃ karomi. tato Viçvâvasunâ (wohl richtig, nicht Mitrâvasunâ) âgatya Vidyâdhara-Jîmûtavâhanapitragre vijñaptam. tato Jîmûtaketunâ putro Jîmûtavâhanaḥ preshitaḥ. tato Viçvâvasunâ Malayavatî kanyâ pradattâ. tato mahâmahotsavena gândharvavivâhena pariṇîtâ. — In **D** hat Viçvâv. den Jîm. gesehen und spricht mit seinem Sohne: „Deine Schwester ist heirathsfähig geworden und ich habe einen Bräutigam für sie, der ist passend (samîcînaḥ) und dem will ich sie geben". So wird Mitrâv. zu Jîm. geschickt und sagt ihm, dass sein Vater ihm seine Tochter geben wolle, Jîm. willigt ein und heirathet sie.

41, 1 Für syâlaka haben die HH. meistens çyâlaka, daneben häufig çâlaka, auch çallaka und çalaka. — 2 Nach namaskṛitau haben **bcg** noch: tâṃ (putravadhûṃ, nur **g**) dṛishṭvâ hṛishṭâu jâtau. — 5 çikharaṃ **Bbcdeg**, asthikûṭaṃ **Aa**; pâṇḍuraparvata-çikharaṃ **D**. — 6 **be** lassen „der Reihe nach täglich eine Schlange" heraufkommen, wie in der Recension **f** und bei Somadeva. — 16 rodâmi (so!) zweimal **D**. — 18 f. tvam . . mama so **a**; °âdhikottamo 'si **d**; Çaṅkhacûḍâd adhiko (ohne tvam api) **A**, tvam api putrâdhikaḥ Sakhacûḍat (so) **B**.

Vers 11 alle HH. *α* st. vilîyante: vipadyaṃte **g**, mriyaṃte ca **be**. *γ* parârthe **dg**; parârtham udyatânâṃ hi **D**. *δ* dvâdṛiçânâṃ bhavaṃ **B**; st. kutaḥ: kathaṃ **bc**.

22 Die Lesart nach **a**. Aehnlich, aber corrupt, **b** (virûpyaṃ, na fehlt beide Male) und **c**: âtmanaṃ (so) virûpaṃ parasya na dîyate, tat(so)purushâṇâṃ' na esha dharmaḥ. Kurz **e**: âtmano jîvitaṃ anyasmai na dîyate. Aehnlich **dB**: satpurushâṇâṃ (esha **B**) dharmo na bhavati, yad âtmano jîvanaṃ parasya dîyate **d**, yataḥ âtmano 'rthe viruddhaṃ anyasmai dîyate (denn seinetwegen giebt man andern das Widrige?) **B**. Anders **A**: parasya viruddho (l. viruddhaṃ) âtmano na dîyate, eshaḥ satp. dh. n. bh.: was gegen einen andern (wenn man es ihm anthäte) feindselig ist, fügt man sich nicht selbst zu (?). Noch abweichender **g**: paraprâṇân nivedya âtmaçaraṇân (?) rakshaṃti, sa purushâṇâṃ dharmaḥ: das Leben eines andern anbietend suchen sie sich selber zu schützen, das ist die Sitte der Menschen. — Diesem Stande der Ueberlieferung nach könnte man vielleicht das doppelte na gegen *A. Weber* (Jen. Lit. Z. 1877, S. 344) aufrecht erhalten: ‚was Einem selbst widrig ist, das gibt man n i c h t Anderen, so (nämlich dies zu thun, das Andern zu geben) ist die Sitte der Edlen n i c h t'. Die Worte in den verschiedenen Fassungen scheinen Trümmer eines Verses, worauf das in **Bbde** davor stehende anyac ca und das iti in **a** hinweist. Ebenso bilden die Worte nach Vers 12, die von den sonst zusammengehenden HH. nur **a** hat, beinahe einen Çloka. Dafür haben **bce** noch als Worte des Çaṅkh.: tatas tvaṃ gaccha mahâtman svasthânaṃ (tvaṃ tad gaccha yatrâgatâ **c**); yâvad Garuḍaḥ samâgacchati, tâvad ahaṃ gokarṇadevaṃ namaskaromi (namaskṛitya âgacchâmi **c**). Den Satz yâvad — tâvad — âgacchâmi hat auch **g**: tâvad Garuḍaṃ sthirîkuru, und ähnlich **D**, wo noch folgt: tenâ 'py aṅgîkṛitaṃ, so 'py âgato (? °te geschr.). Jîmûtavâhano vadhya-çilâyâṃ gataḥ etc.

Vers 12 **ABadg**, Boehtl.² 3932. An dieser Stelle haben ihn **ABdg**, aber **g** als Worte des Çaṅkh. unmittelbar nach dem Vers 11. In **B** folgt, mit der gewöhnlichen Flüchtigkeit dieses Schreibers, auf *α* gleich *δ*. Als Worte des Garuḍa, wie in der Hindîbearbeitung, vor bho mahâsattva **42**, 8, hat ihn **a**. Eine bemerkenswerthe Variante dazu bietet **c** in Erz. IV (Anm. zu **20**, 33, S. 130) wo *δ* viralaḥ ko 'pi rakshati. Vergl. *Oesterley* S. 123 z. E.

Vers 13 **ABacdg**. *β* statt Târkshyaṃ vai: lakshyate **AB**. bhîmadarçanaḥ **B**. *γ* pâdau pâtâlasaṃsthau alle. *δ* pakshau dikcakragâminau **A**, corrupt pakshau vai dikagavâv (= dikgatâv) api **B**; vyâpitâḥ **ag**, °taḥ **c**, samâçritâḥ **d**. Hiernach im Texte samâçritaṃ zu lesen, da ca vyâpinaṃ metrisch falsch ist. — Die Nominative, die manche HH. auch an andern Stellen bieten, könnten als selbständige Sätze gefasst eine Parenthese bilden; dass aber im Ganzen Accusative stehen müssen, als Attribute zu dem vor den Versen stehenden Garuḍaṃ, zeigt deutlich im letzten Verse grasantaṃ.

Vers 14 **ABac**. α svargas **a**, svargâñç ca **c**, çiraḥ svargas (-aṃ) tu udaraṃ (udataṃ) **AB**; svargâs corrigirt *Aufrecht*. β brahmâṃḍaṃ kaṃṭham **ABc**, vrahmâṃḍe kaṃṭha **a**; âsthitaḥ **B**. δ Târkshyaṃ dṛishṭvâ nabha[ḥ]sthitaṃ **B**.

Vers 15 **Aacg**. β bhîmadarçanaṃ **A**. Als γδ hat **g**: îçvaraṃ Garuḍaṃ dṛishṭvâ na bhîto bhîmavikramaḥ, hier nicht passend; besser **c**, leider am Ende durch Insectenfrass verstümmelt: eva[ṃ]vidhaṃ Târksh[y]aṃ dṛishṭvâ na bhîto 'sau r . . . . ṭ (? *Jacobi* vermuthet sasattvarâṭ). Die aufgenommene Fassung ist hergestellt aus **Aa**; nach Târkshyeṇa fügt **A** ein: sa râjâ, **a**: âgatya sa râjaputraḥ kaṃdharâyâṃ cañcvagreṇa tâḍitaḥ. — Statt dieser Verse hat **D** folgendes, mit uktaṃ ca vorher:

tâvat sarpavinâçâya sa Târkshyo bhîmavikramaḥ
yayau vadhyaçilâṃ vyâpya Pâ[tâ]laṃ ca diço daça.
âgataṃ Garuḍaṃ dṛishṭvâ Jîmûtavâhano na bhîtaḥ.

Die letzte Zeile ist offenbar aus einem Halbçloka verändert.

36 dvitîyaprahâreṇa mûrchitaḥ (na tâḍitaḥ **d**), tṛitîyaprahâre[ṇa] gṛihîtvâ **Bd**. — 40 **Bd** lassen auch die Aeltern beim Anblicke des Juwels in Ohnmacht fallen und dann, „als sie des Sohnes Zustand gesehen, in heftiges Weinen ausbrechen". — Der ganze Abschnitt 36—42 gatâ fehlt in **D**. — 45 purushas tava bhakshyo na bhavati **A** und (ohne purusha, nur stava etc.) **B**.

42, 2 Statt svakâryaṃ: svaṃîhitaṃ **b**, svasamîhitaṃ **e**, svahitaṃ **Dcg**. Nach cintayâ noch bhaksha mâṃ **c**, mâṃ bakshaya **Db**. — In **D** sagt der Garuḍa darauf: râjan, tvaṃ parârthaṃ prâṇân jahâsi, sattvâdhikas tvaṃ. uktaṃ ca (folgen die Verse).

Vers 16 **Aacd**, Boehtl. 2307 (921) γ phalaṃty eva **A**; statt ca: hi **d**; parârthe ca **Ad**, parârtheshu **c**. δ statt mahâtmâno: nâtmahetor **cd**. — Vers 17 **Aac**, ausserdem **g** im Mâdhav., fol. 211 a, Boehtl.² 4082, Subhâshitasaṃcaya 1, 16 (*Aufr.*) α nadyaḥ pivaṃti **g**. β svayaṃ na khâdaṃti phalâni pâdapâḥ **A**. γ payomuco 'ṃbhaṃ (l. 'mbhaḥ) sisṛijaṃti sasye **a**; payodharasya kvacid asti sasyaṃ **A**, ähnlich Subhâsh. payomucâṃ kiṃ kv. a. s.; payodharâ naiva caraṃti (verzehren) sasyaṃ **g** (β und γ vertauscht). δ vibhûtayaḥ **Ag** mit demselben metrischen Fehler wie in einer H. der Siṅhâs., s. Web. Ind. Stud. 15, S. 275, 3).

Vers 18 **ABDacd**, Boehtl.² 2219. Für das zweite punaḥ hat **B** immer tathâ. α st. candanaṃ: carcitaṃ **D**; cârugaṃdhi **c**. β chinnaḥ chinnaḥ . . daṃḍaḥ **A**; svâdumân ikshudaṃḍaḥ **BDacd** (îksh° **D**, ikshukhaḍaḥ **a**). γ kântivarṇaṃ **ABcd**. δ prâṇâṃte na prakriti (so a!) vikṛitir jâyate sajjanânâṃ (mânavânâṃ a) Da; prâṇâpâye A, prâṇatyâga c. — Nach diesem Verse hat c noch eine wenig herpassende Strophe in Çârdûlavikrîḍitam, die ich folgender Massen herstelle:

no, manye, dṛiḍhabandhanâçritam idaṃ, nai 'vâ 'ñkuçâghaṭṭanaṃ,
skandhârohaṇa-tâḍanâni ca punar, nai 'vâ 'nyadeçâgamaḥ
cintâṃ me janayanti cetasi bhṛiçaṃ smṛitvâ svayûthaṃ vane:
siṅhatrâsitabhîru[hasti]kalabhâ yâsyanti kasyâ "çrayaṃ?

α für manye vielleicht manyâ Nacken, in Compos. mit dṛiḍhabandhanâ, zu lesen. — âñkuço. β skandha. γ cittâṃ. δ hasti fehlt; âçrayam *Weber's* Verbesserung für âçramaṃ. — Die Beziehung hierher liegt nur darin, dass nicht das eigene Leid, sondern die Sorge um andere den Elefanten bekümmert.

Vers 19 **ABDacd**, Boehtl. 3723 (1581). β lakshmîs tathâ bhavatu bhavatâṃ yathechaṃ d. δ statt pathaḥ: padaḥ d.

Vers 20 **ABD**. α st. parârthâni: parâṃ hânim D. β sukṛitâni BD. γδ sadâ parârthe niratâḥ purushâḥ sâdhavottamâḥ D.

Vers 21 **ADacd**, Boehtl. 4002 (1744) α st. paçavo: paçyaṃto. β kevalaṃ ADd, kevalâ c; st. °svo°: °so° A. γ sa tu jîvet (°vat geschr.) pumâñç câ "ḍhyaḥ (? çcâṭyaḥ geschr.) D. δ parâtheyaḥsajîvanaṃ c.

Vers 22 **Aa**. αβ yadi puṇyopakârâya deho 'yaṃ ca A. δ mudhî A.

Vers 23 **ABabcde**. β st. cira: kila d. γ ye na satvopakârî syâj b, yo na sarvopakârâya e. γδ yan na sarvopakârâya jîvitaṃ ca nirarthakaṃ a; ebenso, nur yatra satvop., A; yatra sarvopakârâya tac ca jîbaṃ nirarthakâḥ c; yan na sâdhûpakârâya tasya jîvo nirarthakaḥ d; yan na santopakârasya tac ca jîvanam arthakaṃ (lies jîvam anarthakaṃ) B.

Vers 24 **Aabce**. β tasmaiva be; st. khalu: kila e. δ kurute na ca be. jîvitaṃ c. γδ kâkopi çûkaropîha sa eva kiṃ na jîvati A. çûkara statt sûkara auch zu 51, 9.

Vers 25 **ABabcdg**, Boehtl. 2100 (828). α gavârthe alle; brâhmaṇârthe zuerst bc; guror arthe gavârthe ca g. β viprârthe g; yoshitâm api abcg; st. 'thavâ: 'pi vâ B. δ svarganirâmayaḥ A, svargo° corrig. *Aufr.*; svargaṃ niraṃtaraṃ B; svarggekshayâgatiḥ a; sa svargo çukhaṃ açrute (l. svarge sukhaṃ âpnute) d. γδ gachanti kṛitinâṃ prâṇâ gachanti (so g, corrupt gacchatu b, te yâṃti c) saphalâ dhruvaṃ bcg. D hat den Vers in folgender Fassung (in β sîmârtha):

brâhmaṇârthe gavârthe vâ, sîmârthe, bhîtarakshaṇe
yaḥ pumâṅs tyajati prâṇân, punar yâti na saṃsṛitim.

Darnach hat D noch den Vers Boehtl. 4381 (4606) in folgender Fassung:

bandhanastho 'pi mâtaṅgo (so!) sahasrabharaṇakshamaḥ,
bhashakaç chandacârî ca svodaraṃ bhartum akshamaḥ.

β st. bharaṇa°: bhramara° γ bhakshakaç, von *Jac.* corr.

Die Reihenfolge der Verse ist in den HH. verschieden; in **d**: 18, 16, 19, 21, 23, 25; **c** hat ebenfalls zuerst 18, dann den no manye°, dann 19, 16, 17, 21 u. s. w. Vers 22 habe ich an diese Stelle gesetzt, weil er zwischen 16 und 17, wo ihn **Aa** einfügen, nicht passt.

31—38 saṃjâtaḥ. Diese Episode bieten nur **cg**. Nach svâmin hat **g**: mahâparopakâra, mahodadhe (vielleicht zu lesen: hâ paropakâramahodadhe Meer der Hülfe, cf. kâruṇyanidhi Kathâs. 22, 219.), mahâsatvâdhika, hâ kâṃta, hâ sadâçâṃt[a], hă vidagdhacûḍâmaṇe, hâ bhîmaparâkrama, hâ janav. etc. — 43 f. **g**: gacha Jîmûtavâhana nijâçrame, mama prasâdât tava çatravaḥ dâsatvaṃ yâsya[ṃ]ti. tato Garuḍâd varaṃ labdhvâ saparivâro svâçramaṃ gataḥ.

43, 5 f. Die Worte bhaṇitaṃ . . nishiddham nur aus **bce**; dafür **Bd**: prathamaṃ Jîmûtavâhano ('pi **B**) nivâritaḥ (°taç ca **d**).

Vers 26 **Acd**, Boehtl.² 2331. α Der Anfang wird, wie mich Herr Dr. *Zachariae* aufmerksam macht, in dieser Form von einem Grammatiker citirt, war also nicht mit Boehtl. zu ändern. γ st. tenai 'vâ°: tair evâ° **A**. δ tad evâ° **d**, tathai 'vâ° **Ac**.

XVI.

Vers 1 **ABabcde**. α °raso° **A**, °rasâṃ° **c**, °ramâbhogî **e**. β °kâra° **c**, raktâmbarasamânvitâṃ **B**, nânâbhogasamânvitâṃ **d**. δ st. °kavi°: °gaṇa° **d**. — Statt dieses Verses hat **g** folgenden:

yâ kundendutushârahâradhavalâ, yâ çubhravastrâdhṛitâ,
yâ vîṇâvaradaṇḍamaṇḍitakarâ, yâ çvetapadmâsanâ,
yâ Brahmâ-'cyuta-Çaṅkaraprabhṛitibhir devaiḥ sadâ vanditâ,
sâ mâṃ pâtu Sarasvatî bhagavatî, niḥçeshajâḍyâpahâ!

43, 23 In **B** ist Unm. die Tochter des mantrî Dharmottara, in **D** heisst ihr Vater Sâgaradatta. — 28 Bṛihaspatyuktalakshaṇap. **d**; °parîkshakâḥ **Acdg**. °parîkshikâḥ **be**, dafür lakshanikâ (l. lâkshaṇikâḥ) **B**.

Vers 2 **ABabcdeg**, auch Mâdhavân. der H. **g**, Bl. 209ᵇ, 10 ff. α tasyâḥ **d**; yasyâs tu **ab**; visṛite **c**; st. netre: nâbhir **b**; yâstu viçâlanetrâbhyâṃ (so) **g**; çucinetradvayaṃ yasyâḥ Mâdh. β °pamaçubhaṃ **d**, °pamaprabhaṃ **a**, °pamaṃ smṛitaṃ **e**. γ dolopamau (dolâ° geschr.) ca yatkarṇau **g**. δ kapole caṃdrikojvale (so) Mâdh., °lau °jvalau **B**, caṃḍi(?)kopamau **e**.

Vers 3 **ABabceg**, Mâdh. l. c. α nâsikâ tilapushpaṃ ca Mâdh. °tailadhâre 'va **bceg**. β °câpopamau **B**, Mâdh., °pame **a**. δ °bhâḥ smṛitodharâḥ (so) **c**; vidrumopamito 'dharaḥ Mâdh., raktabimbopamau dharau (so) **g**. — Statt dieses Verses hat **d**:

sunâsâ subhruvâ cai 'va, daçanâ hîrakâ iva,
vidrumaiç ca samâv oshṭhau, vâṇî parabhṛitasvanâ.

δ °stanâ.

Für die folgenden Verse beschränke ich die Angabe der Varianten auf das Wesentlichste.

Vers 4 **ABabcde**, Mâdh. l. c. β st. kaca°: keça° **cd**.

Vers 5 **ABDabcdg**. α st. mâdhavî: mâlatî **a**. γ st. hastau: yuktau **abc**, darnach raktau palâçâbhau **b**. δ st. rakta°: cakra° **b**. **D** beginnt hier erst die Beschreibung: tasyâḥ bhujau saralau, raktotpa°.

Vers 6 αβ **ABDabcd**, γδ nur **bc**. αβ so **a**, nur °vṛitta st. vṛittau, β so auch **cd** (nur karkaça° **c**); pîna(od. pînot)tuñgau ca saṃ(od. sad)vṛittau (vṛitau) stanau ca karkaço(kalaso **B**)pamau **ABb**; pînottuñgasamau vṛittau karkaçau sabalau stanau **D**. was *Zachariae* aufgenommen mit der Conjectur samavṛittau (cf. Bhâgav. Pur. 4. 25. 24); pînâñgatuñgasa[ṃ]vṛittau **c**, pînodvṛittasamau tuñga° **d**. γ stanâv aviralaçlakshau (l. °çlakshṇau) **c**. δ hat auch **D**: cakravâkayugmau.

Vers 7 **ABDacd**, Mâdh. l. c. α tulyagulphaṃ (gulpaṃ geschr.) madhyadeçaṃ **B**; svalpakau madhyadeçaç ca Mâdh., sonst überall das Neutrum. — **g** hat hier folgenden Vers:

alpakaṃ madhyadeçaṃ ca, mâtuliñgopamau stanau,
nâbhimaṇḍala[ṃ] gâmbhîryaṃ, romarâjî sukomalâ.

Vers 8 **ADac**, die ersten Worte auch **B**, welche dann in Vers 9 geräth. αβ valitrayaṃ vidadhâti romarâjiç ca kevalâṃ (so!) **D**. γδ udareshu natas tasyâḥ mṛigâḍhava(?) suçobhane **A**.

44 Vers 9—11 **Aac**. 9 α nitambabimbakaṃ tasyâ **A**. γ °pame **A**, rambhopamau ca yugmaurû **c**. — 10 α °latâbhâsaṃ **A**, °latâsâraṃ(?) **a**. β sakhibandhanaṃ **A**, sannidhaṃdhanaṃ **a**. γ ratnâñguli° **ac**. Nach αβ schiebt **c** ein: jañghâyugmaṃ vidhâtrâ 'syâ (svâ geschr.) gûḍhagulphaṃ susaṃvṛitaṃ. Diese Zeile füllt allerdings eine bemerkenswerthe Lücke in der Schilderung aus, da sonst die Unterschenkel gar nicht erwähnt werden.

Zum Schluss der Beschreibung hat **D** folgende Çikhariṇî-Strophe:

kim induḥ, kiṃ padmaṃ, kim u mukurabimbaṃ, kim u mukhaṃ?
saroje, [kiṃ], mînau, kim u madanabâṇau, kim u dṛiçau?
khagau vâ gucchau vâ kanakakalaçau vâ kim u kucau?
taḍid vâ târâ vâ kanakalatikâ vâ kim abalâ?

44, 14 °gṛihe yâtâ tatra svagṛihakṛityaṃ cakre **B**, was *Zach.* aufgenommen. Ich folge der Uebereinstimmung von **Aabcde**, welche alle die Worte alakshaṇâ . . muktâ (darnach 'haṃ **bc**, davor yato 'haṃ **Aad**) haben; °gṛihe sakopâ vartate **Aacd**, dafür °gṛihe sthitâ cintayati **be**. yatas ist gebraucht wie ὅτι vor directer Rede, s. PW. s. v. zu Ende. Dies scheint der Schreiber von **A** oder ein Vorgänger von ihm nicht verstanden zu haben und hat daher zu dem vermeintlichen Vordersatze einen Nachsatz hinzugefügt: tarhi mama râjñaḥ kasmin divase darçanaṃ saṃjâtaṃ? tadâsatu (? tadâ 'sat od. tadâ 'satyaṃ) jñâtaṃ. — 15 râjapaṭṭikâyâṃ **cd** hier und ebenso unten 21, râjapaṭṭakâyâṃ B an der zweiten Stelle; râjapaṭṭikâyâṃ mârge Bc in Erz. VIII, 25, 21, wo b râjapâṭikâyâṃ hat; hier paṭṭikâyâṃ A an der zweiten Stelle, paṭiyâmârge (d. i. paṭṭikâyâṃ mârge) B an der ersten Stelle, pâṭikâyâṃ b (wie oben râjapâ⁰), vâṭikâyâṃ Aa an der ersten Stelle, a auch an der zweiten, und e in Erz. VIII; vâṭikâṃ hier e, râjavâṭikâgre d in Erz. VIII. Hierdurch scheint mir das Wort paṭṭikâ (10 mal überliefert) hinreichend gesichert, die Form mit ṭṭ vorzuziehen; râjapâṭikâ auch bei *Weber*, Pañcadaṇḍach. S. 11. in ungewisser Bedeutung. D hat hier dafür upakâryâṃ (⁰kâryâ „ein königliches Zelt") das 2. Mal verschr. apa⁰; dasselbe Wort S. 103 zu 9, 39. — Nach nirgato hat d noch: lokaḥ sarvo 'pi nijabhavanârûḍhaḥ paçyati. — 16 Nach daivavaçât: saçṛiṅgârâ ce, kṛitaçṛ⁰ d, çṛiṅgârabhârâ b. — 17 Nach mânushî vâ noch gandharvî vâ bhavati B. — 21 f. kasyâ 'pi . . dṛishṭâ nach Aacd (kâpi A); nur devî mânushî (vâ) Dcd; kâcit vanitâ B; rûpasvinî Acd, rûpiṇî a. — 23 tasyâ . . jâtaḥ aus B; tadrûpaṃ dṛishṭvâ mohito 'haṃ c, ⁰mama kâmâvasthâ saṃjâtâ Ad, kâmavedanâ a. — Hier schaltet D den Vers Boehtl. 6565 (3320) çrutâ bhavati⁰ ein.

28 Vielleicht 'satpurushâ zu lesen, wiewohl bho vor allen Consonanten in den HH. zu stehen pflegt. — 32 kâraṇenâ 'smâbhir (devasya b) hitakâribhir idaṃ kṛitaṃ be. Darnach fragt in e der König nach dem Grunde und es wird ihm dieselbe Staatsraison wie im Texte 44, 8 f. entwickelt. Da er sich aber ohne sie für willenlos (? vivaça) erklärt, ruft man den General und der König verlangt kurzweg von ihm seine Frau: eine Darstellung, die dem weiteren Verlaufe, worin e mit den übrigen HH. übereinstimmt, völlig widerspricht. Vgl. zu 36. — 34 f. sâ ca mama dâsi acd, mama sâ dâsî b, blos sâ dasî Be, sâ ca tava dâsî A, sâ patnî devasya dâsî D. — tasyâ 'rthe kâmâvasthâ vartate Aab, tadarthe⁰ cd; darnach kiṃ virûpam be, worauf beide den Vers Boehtl. 4570 (2038) bhâryâ putraç ca⁰ folgen lassen mit den Varianten β st. tathâ: sutâ e, darnach sutâḥ beide; δ yasyaite e. Diesem Verse giebt D durch einige Aenderungen einen ganz andern und zwar hier unpassenden Sinn und bietet so an derselben Stelle folgendes:

trîṇy etâni dhanaṃ râjño: bhâryâ dâsas tu tatsutaḥ (?);
ete samadhigacchanti yasya, tasya [bha]vet dhanam.

36 In e schickt der General wirklich seine Frau zum Könige und sie kommt. — *ibid.* ⁰gamane Aade, ⁰gamanena bc, ⁰gamanaṃ D, was allerdings die glattere Lesart ist; ich halte aber auch den Locativ für richtig.

Vers 12 ABDabcde, Boehtl. 4805 (2173). α ⁰dârâṇi Abe. δ paçyante dharmabuddhayaḥ d; sa buddhimân B, A in margine; sa puṇyabhâk c.

Vers 13 ABabcd, Boehtl. 2173 (4026) α çâstâ hy âtmavatâṃ puṅsâṃ d. β râjâ çâstâ ad. γ st. atha: ataḥ b, aṃtaḥ c, arthapravṛittapâ⁰ a (?). δ ⁰vaivasvato 'ntakaḥ a.

44 f. deva . . ânetavyâ so etwa **abcde**; mama kshiptvâ **A**; st. kshiptvâ und kṛitvâ die Participia kshiptâ und kṛitâ nur **b**. — 46 st. nigraham: daṇḍaṃ nur **B**.

45, Vers 14 und 15 **Abcde**. Kâmasûtra III, 21—22 im Verz. d. Oxf. H. S. 217. 14 *α* pûjanîyâ **bd** (⁰yaḥ sadâ râjâ! **d**), janayitvâ sadâ râjâ **A**. *β* guṇavadbhiḥ pratishṭhitâ **c**, ⁰bhiḥ svayaṃ çrutâ (!) **A**, ⁰bhir iti çrutaṃ **d**. *γ* prârthanîyo 'bhigamyâ 'tha (!) **d**, prâpyanîyâ **b**. *δ* lakshmîbhûtâ **bce**, lakshabhûtâ Kâmas.; lakshabhûtvâ (so) ca kâmayet **A**, lakshyaṃ jñâtvâ 'bhikâmayet **d**. — In **d** ist sonach der Sinn ein völlig anderer. — 15 *α* râjñî yâ **A**; dafür yogajñâ Kâmas.; st. vâ: ca **bce**. *β* st. mahâmâtya⁰: mahâdhana⁰ **e**; svaguṇai[r] bahubhi[r] yutâ **c**. *γ* ⁰purasthâ 'pi **Ad**. *δ* svavarṇaṃ **e**. tava sevyâ (sevâ **A**) kutaḥ patiḥ (kshatiḥ **d**) **Ad**. Für *γδ* yasyâm upari râjño 'bhilâsho jâyate, sâ grâhyâ râmâ (râgâ geschr.) **c**.

45, 5 daçabhiḥ kâmâvasthâbhiḥ paravaço 'bhût **be**. — 7 ff. So werden die 10 Liebeszustände übereinstimmend angeführt in **Aacd**, sie fehlen in den andern HH. ausser **D**, welches Verse hat:

cakshuḥprîtir, manaḥçaktiḥ, saṃkalpo, jâgaras tathâ,
tanutâ, vishayadvesho, vyâdhir, unmâda eva ca,
lajjânâças, tatho 'nmâdo, mûrchâ maraṇam eva ca.

Vers 16—18 alle HH. 16 *α* prathame ca mahâcintâ **D**. *β* st. drashṭuṃ: drushṭaṃ **B**, dushṭaṃ **d**. — 17 *α* pañcame jâyate kârçyaṃ **a**. *γ* st. tu: ca **bc**; st. kampaḥ: kashṭaṃ **a**. saptame hy utkaṭaḥ kâmo **D**. *δ* st. bhavet: tathâ **b**; mada[ḥ] syâd ashṭame tathâ **D**. — 18 *β* daçame jîvitaṃ⁰ **abe**.

Darnach hat **c** folgendes, wohl ursprünglich ein Vers: abhilâshacintânusmaraṇaṃ guṇakîrttanaṃ ‖ tatho 'dvegaḥ pralapanam unmâdo vṛiddhir jaḍatâ maraṇaṃ ca. — 18 f. kriyate **Aac**, auch an zweiter Stelle **Aa**; kriyatâṃ **be**. vidheyaṃ **d**; an zweiter Stelle argho dîyate **ac**, ⁰dîyatâṃ **be**. An erster Stelle kiṃ kartuṃ yogyaṃ **B**. — In **D** fehlt der Opfertod des Generals, statt dessen wird erzählt dass die Königin ins Feuer geht. — Nach kriyate haben **bce** zwei Verse, vom zweiten die Hälfte auch **Bd**:

„tvaṃ gatiḥ sarvabhûtânâṃ, saṃsthitas tvaṃ carâcare,
ishṭis tvaṃ sarvabhûtânâm antaççareṇa karmaṇâ (?); 1.
karmaṇâ, manasâ, vâcâ tvatto nâ 'nyâ gatir mama“.
ity uccârya tadâ tena praveshṭavyaṃ hutâçane. 2.

1 *β* st. saṃsthitas: saṃstuta **b**. *δ* aptaççâreṇa **c**. — 2 *β* na câ 'nyâ 'sti gatir mama **B**. *γδ* prosaisch: ity uccârya sa hutâçane pravishṭaḥ **c**, ganz ähnlich **Bd**.

Vor den folgenden Versen haben zuerst **ac** den Vers Boehtl. 4803 (2171), mit Varianten *α* pitṛikaṃ **a**, pitrakaṃ **c**, *β* yatra kanyâ pradîyate beide, *γ* kulaṃ punâti (punite **c**) sâ nârî beide. Darnach hat **c** allein noch zwei, Boehtl. 3900 (4494) mit anderem Anfang, bhartṛijîve ca yâ nârî, und folgenden:

açlîlaḥ (açîlaḥ geschr.) kâmavṛitto vâ dhanair virahito 'pi vâ
strîṇâm âryasvabhâvânâṃ paramaṃ daivataṃ patiḥ.

Dem ähnlich bieten **Ad** folgenden Vers, womit auch Boehtl.[2] 3892 und der von uns S. 117 zu **14,** 9 angeführte Vers na pitâ° zu vergleichen ist:

patir eko guruḥ strîṇâṃ nâ 'nyâ ca gatir uttamâ,
strîṇâṃ pativratânâṃ ca paramaṃ daivataṃ patiḥ.

β nâ 'nyâ gatir anuttamâ **d.**

Vers 19 **ABDacd.** *α* çmaçânaṃ **B**; st. tu: ca **a.** *β* bhartâram anuyâti yâ **ad.** *γδ* so **ABD,** nur prâpnoty asaṃçayaṃ **D**; °medhaṃ ca labhate nâ 'tra saṃçayaḥ **d,** °medhena yajate sâ na saṃ° **a,** p. p. yajñaphalaṃ labhate nâ° **c.**

Vers 20 **ADabce.** *α* sâdbûnâm **A**; st. eva: api **D.** *β* st. prapata°: pratapanâd **a,** nipatanâd **e**; prapatanâya ca **b.** *γ* st. dharmo: dhânyo **a.**

26 ff. **D** hat dies metrisch:

guror vacanam âkarṇya snânaṃ dânaṃ tapaḥ çritaṃ (?)
citâṃ pradakshiṇîkṛitya gatâ sâ bhartṛisaṃnidhau.

32—36 So **a,** die andern kürzer, aber wesentlich gleich. **B** zu Anfang: paradârâgamanât. — Zum Schluss hat **D** folgenden Halbvers:

sukhasyâ 'nantaraṃ duḥkhaṃ manushyâṇâṃ prakîrtitam.

XVII (in D XVIII).

Vers 1 **Aac,** Boehtl. 4497 (1994) *β* kshiptaḥ sadâ **c.** *γ* bhikshâṭane **c.** — Dafür haben **Bd** den vor der 2. Erz. stehenden Vers, siehe Anm. S. 109, **e** und **g** die folgenden:

çatavarṇâlankâre Sarasvati, samastavâḍavâdhâre,
Kamalajamânasavimale, mṛigânkadhavale namas tubhyam! **e.**

vinâyakaṃ namaskṛitya sarvakâryaprasâdhanam
tasya prasâdam âsâdya kathayâmi çubhâṃ kathâm. **g.**

46, 2 f. St. Ujjayinî: Avantî **g**; st. Mahâseno: Mahâvalo **B,** Râmaseno **D**; st. Devaçarmâ: Devasenâ (so!) **B.** tasya purodhâ De° **bc.** brâhmaṇo gudhanâdhâraḥ (?) **e.** — St. Guṇâkaro: Guṇasâgara **b.** — 6 In **D** jagt der Vater den Sohn fort. — 8 ff. yoginî dṛishṭâ; namaskṛitya upavishṭaḥ. yoginyâ uktam: „tava prâghûrṇikaṃ (Bewirthung? cf. S. 105 zu **10,** 29, wo es = âtithyaṃ) karishyâmi". tat çrutvâ „dhanyo 'haṃ" brâhmaṇena cintitam. yakshiṇî-(yayiṇî geschr.)vidyâ (?) samâyâtâ: „kim âkâritaṃ bhagavatyâ? âdiçyatâm!" bhaṇitam etc. **D.** — 9 ff. yogino 'ktam . . bubhukshito 'haṃ aus **Bd,** in **Aag** nichts davon; kürzer sagt der Brahmane in **bce** gleich das erste Mal: brâhmaṇo 'haṃ bubhukshitaḥ. — 12 kapâlâd odanaṃ so nur **e**; kapâlodanaṃ **cg,** °lodaraṃ **Aa,** °ladattaṃ **b.** — 13 kapâle na bhu[ñ]jâmi **e**; kapâlastham annaṃ na bhukshyâmi **g,** ähnlich **c**; nâ 'haṃ kapâlodare bhuñjâmi (bhujye **a**) **Aa**; kapâlam atra[ṃ] nâ 'sti **b.** — 16 St. svecchâ: bhavyaṃ **bc,** bhakshyaṃ **e**; verkehrt **g** îpsitaṃ dhanaṃ. Abweichend **a**: brâhmaṇârtham ekaṃ gṛihaṃ racaya". iti çrutvâ yakshiṇyâ divyabhavanaṃ racitam. punar yogino 'ktam: „asya etc. — 17 Nach racitam: ashṭâdaçabhakshyabhojyâny âkṛishya tatra bhavanamadhye brâ⁰ nî⁰ etc. a. — ⁰nîtvâ divyabhojana-tâmbûla-pushpâdibhir mahatî pratipattir kṛitâ, tataḥ sukhaçayyâyâṃ râtrau tena brâhmaṇena saha krîḍâ kṛitâ: so ungefähr bcdeg. — 20 prabhâte ca samâgataḥ punar yâvat paçyati, tâvan na gṛihaṃ na ca yakshiṇî **D**. (Versrythmus?) — 27 f. yakshiṇî na dṛishṭâ **bcd**. — 29 kathito yogino 'gre mâyâvistâraḥ **g**. — 31 f. agnipraveçaṃ kuru **Bbcdeg**, dann agniṃ (vahniṃ **a**) sâdhayishyâmi **abcd**, blos sâdhayishye **e**. — kuṭumbaṃ saṃmantrya tadâ maraṇaṃ (so st. bharaṇaṃ z. l.) karishyâmi **B**. — 34 etâvanti **bce**, etâvad **g**, die andern tâni und etâni. — St. sthitaḥ: gatâni **A**. Nach vismṛitam: satî bhâryâ, vṛiddhau pitarau **g**.

Vers 2 **ABDabcde**. β sadâcârâ **D**; kriyâratâ **be**, kriyânvitâ **acd**, priyânvitâ **D**, guṇânvitâ **A**. γ tasyâs tu **b**, tasyâ vivarjanât **A**, ⁰visarjanât **B**. δ sa **BDbe**, dafür hi **Ac**, 'pi **a**, ⁰hatyâbhavannare (⁰hatyo bhaven naraḥ?) **d**.

Vers 3 **ABDbcde**, γδ auch **a** nach dem nächsten Verse. α gṛihasthât **Ae**. β st. sukhaṃ: gṛihaṃ **D**; st. paraṃ: samaṃ **e**. γ ⁰mâtṛibhyo **abcde**. δ ⁰devo paramât⁰ **e**.

Vers 4 **ABDabcde**. α pitaraṃ mâtaraṃ **Bd**; st. cai 'va: câ 'pi **be**. β st. nindanti: tyajanti **b**. γ na teshâṃ mûrddhagaṃ (so!) mârgaṃ **B**.

Vers 5 **ABbcde**, den Anfang auch **a**. α st. sva: sa **c**, ca **ABad**. γ so **A**; st. yaḥ: tâṃ **B**, vâ **c**, ca **d**; bhajamânâṃ na bhajate **e**, bhuñjamânâṃ (so!) na bhuñjîta **b**. γ ⁰darçanaṃ **cd**, dafür ⁰mânavaḥ **b**, ucyate **e**. — **a** hat den Anfang bis prârthaya (so), dann folgt der Halbvers na tîrthaṃ⁰ und Vers 4.

Vers 6 **ABDacd**. α st. ⁰jâla⁰: ⁰jantulaṃkulaṃ **a**, wo überhaupt immer der Accusativ steht, ⁰yonisaṃ⁰ **c**, ⁰râçisaṃ⁰ **D**. β so **D**; ⁰durgandhaṃ (⁰dhi **A**) açaucamârdavaṃ (⁰mârdave **A**, ⁰puskale[?] **B**, ⁰saṃmate **d**) **ABad**; wohl durgandha açau⁰ z. l. = ⁰dhe **a**⁰, in **d** viell. saṃgate; ⁰durgandhi prayepivâdhruve (? wohl 'druve) **c**. γ st. mûtra: mutra **a**, tatra **B**. δ mûḍhâ ramante **c**; st. viramanti: vicalanti **d**.

47 Vers 7 **Dbceg**, ausserdem **D** in Erz. XXI. α mâtâ kasya **D¹D²g**. β st. 'pi: 'tha **e**; bhâryâ kasya sutaç ca kaḥ **c**, bhâryâ (**D¹**, bandhuḥ **D²**) kasya sahodaraḥ **D**. γ jâto jâto **D²g**; st. jîvânâṃ: jantûnâṃ **e**, jâtânâṃ **D²**, nânâjâtir hi jîvânâṃ **D¹**. δ bhavishyaty **c**, bhavishyati (⁰anti **D²e**) pare pare **D¹²eg**. — **D¹** hat den Vers nach Vers 11. — Eine Variante dazu ist Vers 16 in Erz. XXIII, ähnlich auch Boehtl. 4793 (4709).

Statt dieses Verses haben **Bd** einen Halbvers:

garbhavâse samutpattir {bhavaty eva punaḥ punaḥ. **B**.
{na bhavishyaty ataḥ paraṃ. **d**.

Vers 8 **ABDabcde**. β mṛitaḥ punar **c**. γδ °janmasahasrâṇi **e**. δ drishṭâni jâtayaḥ(?) **c**; nânâ yonir mayâ dṛishṭâ, putraḥ kasya pitâ tathâ? **D**. — **e** hat den Vers zuletzt.

Vers 9 **ABDacd**. α °saṃgâc ca **A**. γ st. viṇ: viṭ **D**, vin **Bc**; pûrṇasya **BD**. δ açuci **ABDc**. Vgl. δ des folgenden Verses.

Vers 10 **ABacd**. α st. 'ntar: 'tra **a**, tu **AB**, ca **d**; vishayâ **c**. αβ °pûrṇo 'çuciḥ syân na bhaved ghaṭaḥ (so!) **d**. β çucityân **c**. δ açuci smṛitâḥ (so) **c** wie in 9. — Der Schreiber von **d** ist nach yatnataḥ in den folgenden Vers gerathen; auch in **B** fehlt γδ.

Vers 11 **ADabcde**. α deho 'yaṃ **A**: yatnataḥ sevyamâno 'pi **d**, s. vorigen Vers. β °kuçâdibhiḥ **D**. δ nirmalaṃ nai 'va ga° **D**; °ca ne 'cchati **A**.

Darnach hat **D** folgenden sich eng anschliessenden Vers:

ataḥ çuddhivihînânâṃ tîrthayâtrâ karoti kim?
çataço 'pi jalair dhautaṃ surâbhâṇḍam ivâ 'çuciḥ.

Vers 12 **Aabcde**. α çrotâni **A**, çrotrâṇi(!) **abce**; satata[ṃ] yasya **e**; st. satataṃ: sadṛiçaṃ **A**. γ °dyâḥ **d**, °ḍhyaḥ (so) **A**. Statt des Instrum. °âdyaiḥ erwartete man wohl eher den Genit.; pravahanti muss intransitiv sein, fliessen.

Vers 13 **ABDade**. α agniḥ **D**. β st. divi: hṛidi **a**; kriyamâṇâṃ ma° **A**. δ st. yoginâṃ: jñâninâṃ **D**; st. hṛidaye: sarvato **a**.

Hierauf hat **D** noch die Strophe Boehtl. 4637 (2075) in folgender Fassung:

bhoge rogabhayaṃ, sukhe kshayabhayaṃ, vitte 'gni-bhûbhṛidbhayaṃ,
dâsye svâmibhayaṃ, guṇe khalabhayaṃ, vaṅçe kuyoshidbhayam,
mâne glânibhayaṃ, jaye ripubhayaṃ, kâye kṛitântâd bhayaṃ;
sarveshâm abhayaṃ bhaved iha . . . vairâgyam evâ 'bhayam.

β kayoshid geschr., δ iho. In der Lücke vermuthet *Jac.* .kuto?

17 f. yogaçâstrâṇy adhîtâni **A**; ahaṃ yogî saṃjâtaḥ nur **Aa**. Darauf folgt in **c**: vidyâbalena saṃsâre punar âgamanaṃ na bhavati, ganz ähnlich **bdg**. — 20 ff. Nach âgatya: yogyâdeçâj jvalitâ° **A**. — vahniṃ prajvâlya tanmadhye praviçya (so **ae** übereinstimmend) mantravidyâ sâdhitâ etc. **a**. tatrâ 'gatya yoginî[ṃ] namaskṛitya tena mantrârâdhanaṃ kṛitaṃ **D**. tena yogî namaskṛitaḥ; tato yogîçvareṇa tasya mantraḥ kathitaḥ, tena mantrasâdhanâ kṛitâ etc. **g**; dieselhe wieder vaṭayakshiṇî. — punaḥ . . nâ 'yâtâ aus **c**, ähnlich **g**. Die übrigen HH. haben nichts der Art, ebensowenig die Hindîbearbeitung (*Oesterley* S. 134), welche überhaupt nach der Recension **Aa** gemacht ist und auch hier der Fassung dieser HH. folgt. Statt der aufgenommenen Worte hat **A** folgendes: yoginâ bhaṇitam: „âgatâ vidyâ?“ tadâ brâhmaṇena bhaṇitam: „nâ 'gatâ vidyâ“. Kürzer geben ungefähr dasselbe die andern: yoginâ (°ne zu lesen?) bhaṇitam: „nâ 'gatâ vidyâ“ **a**, nur kathitaṃ yogine **e**; yoginaḥ (so!) kathitam: „sâ vidyâ mama na siddhâ“ **b**. Dieser Abschluss der Erzählung des Vetâla ist, besonders in der Ausführlichkeit von **A**, entschieden sehr lahm, die Annahme einer Corruption dabei naheliegend. Dazu

kommt aber, dass unten in der Antwort des Königs die Worte îdṛiçasya . . kupitâ . . nâ "gatâ, welche so ähnlich fast in allen HH. stehen, einen guten Sinn eigentlich nur bei der Annahme geben, dass die Fee über den Jogi erzürnt nicht wieder zu ihm kommt, und für die Recension **Aa** ist ganz besonders darauf Gewicht zu legen, dass es dort heisst kupitâ vidyâ nâ "gatâ yogini, welches letztere Wort in **a** in yakshiṇî corrumpirt ist (Mittelstufe yoginî, wie **D** immer hat). Das Genauere s. zu 34—36. Ich glaube daher dass der Archetypus von **Aa** auch eine der aufgenommenen ähnliche Lesart hatte, Çivadâsa's Darstellung also in diesem Punkte mit derjenigen aller andern Redactionen übereinstimmte. Denn sowohl in **f** und bei Somad. wie bei Jambhalad. geht auch der Jogi seiner Zauberkunst verlustig.

25 sâdhakasya **Ad**. — Nach nâ "gatâ hat **g**: yasmâd ekamanâḥ siddhiṃ (so zu lesen st. °nâṃ siddhiḥ, zu ergänzen labhet, so dass dies also ein abgekürztes Citat des unten folgenden Verses ist); dhyânena hîyamâno nâ 'sti siddhiḥ.

Vers 14 *αβ* **ABabcde**, *γδ* nur **Ad**. *α* °citte **c**. labhed ekamanâḥ siddhiṃ **bc**. *β* °citte **bc**, °cimto **A**. *δ* ishukârî vinaçyati **A**. Bei skandhâvâraṃ hat **d** am Rande von der Hand des Correctors die Glosse senâṃ. — Nach dem Verse haben **abce** tathâ co 'ktaṃ u. ähnl.

Vers 15 **ABDabcde**. *α* st. 'sti: hi **Dbce**, *β* desgl. **bc**; satvena **Bbc**, satyena **Aade**; **D** kommt aus *α* in *β*. *γ* vyayena **b**. *δ* st. siddhiḥ: dharmaḥ **d**.

32 ff. yena . . kṛitaḥ nur **Aad**. — °sâdhanasamaye **Aa**; mantraṃ sâdhayitvâ **bcd**, mantrasâdhanaṃ muktvâ **e**. — 34—36 Vetâlaḥ prâha . . nâ "gatâ **c**; Vaitâleno 'ktam: „yadi vipro dvidhâcitto (so!) kuṭumbapârçve gataḥ, tato yoginâ smṛitâ (so zu lesen st. °taṃ) nâ "yâtâ katham?“ râjño 'ktam: „vidyâ yogiçvaropari kupitâ: ‚ekacitto na'“ **g**. Dafür haben **Aa**, als Fortsetzung der Antwort des Königs: tasmin samaye kruddhena yoginâ bhaṇitam: „îdṛiçasya etc.; kathaṃ m a y â vidyâ° **a**, während **A** dieses unsrer Fassung widersprechende mayâ nicht hat. In **d** heisst es: tadâ yoginâ ity uktaṃ, yato mayâ vidyâ dattâ, asau gṛihe kim iti gataḥ? iti vidyâ kupitâ. **be** stimmen fast ganz mit **c**, st. vidyâ: devî **b**, nichts **e**. — **D** hat zwischen Vers 15 und 16 nur folgendes: dvidhâcitte na siddhir jâyate. îdṛigvidhasya kutaḥ siddhir? iti kupitâ.

Vers 16 **ABDacd**, Boehtl. 1728 (667) *α* karotu **d**. *β* st. prerya°: vâryamâṇa **B**; °karmaṇâ **D**. *γ* st. prâyeṇa: prâg eva **Ac**, prajñeva (?) **D**.

XVIII (in D XVII).

Vers 1 **ABabcd**. *β* vinâçane **Ac**, *δ* smaryate **bc**; st. yaḥ: ca **c**; surâsuraiḥ **d**, sureçvarau (l. °raiḥ) **c**. *γδ* kâryârambheshu [saṃ]pûjya[ṃ]te sarvadâ yaḥ° **B**.

Dafür hat **e** folgenden Vers:

oṃkâraṃ bindusaṃyuktaṃ nityaṃ dhyâyanti yoginaḥ,
kâmadaṃ mokshadaṃ cai 'va: oṃkârâya namo namaḥ!

α ûṃkâravindu⁰. — **g** hat hier einen Âryâvers:

marakatamaṇigaṇakiraṇaçyâmâ, Kâmârivâmabhâgasthâ,
sîmâsaundaryaçuciḥ. somâvataṅsinî jayati.

δ çuciḥ meine Conj. für bhuviḥ.

Endlich hat **D** folgenden Çloka:

surâ-'suraçiroratnanighṛishṭacaraṇâya ca,
vighnândhakârasûryâya Gaṇeçâya namo namaḥ!

48, 3 ff. Kaṃkola **A** hier und unten 35, ebenso dort **b**, Vaṃkolaṃ **d** und unten **Dc**, Vaṃkolakaṃ hier **D**, Akolaṃ **c** ohne vorhergehendes asti, also vielleicht gemeint asti Vaṃkolaṃ wie unten; Kolaṃ **Bb**, Kolâpuraṃ **a** (unten Vaṃdhakolaṃ [Vandyakolaṃ?]), Kaṃbalapuraṃ **e**, Kâṃbojaṃ **g**. Die Recension **f** hat Kaṃkolakaṃ, *Somad.* Vakrolakaṃ, *Jambhalad.* Karkkaṭapura. Der Name des Königs lautet Sundaro in **Bbdeg** und vermuthlich auch in **c**, wo blos suṃ steht, Sudatto in **a**, Sundaraseno in **A**, Suçekharo (Suse⁰ geschr.) in **g**. Der Kaufmann heisst Dhanakshaya in **Aa**, Yaksha in **Bbde**, Yajñadatta in **D**, Dhanadatta in **g**, Kumâradatta in **c**. Statt Alakâ 5 hat **d** Alîkâ (sâ câlikâ⁰), **e** Laṅkâ. — 6 tasyâṃ jâtamâtrâyâṃ **B**(aber tasya!)**cd**, tayâ jâtamâtrayâ **bg**. Dafür **e**: putrî navavarshâ jâtâ, tasmin samaye tasyâḥ pitâ etc. — 7 f. aputrakâṃ **A**, ⁰ikâṃ **B**, **a** (?), aputrakaṃ **g**, aputraṃ **e**, aputro **c**, aputragṛihaṃ **b**. — âhâritaṃ **A**, grâhâyitaṃ (so) **d**, luṇṭhitaṃ **a**, mukhâpitaṃ (?mushâpitaṃ als Caus. zu mush?) **c**, sunîtaṃ(?) **B**; râjakule 'rpitaṃ **b**, râjñe samarpitaṃ **g**; aputraṃ bhaṇitvâ (ohne gotribhir vorher) râjñâ lakshmîr hṛitâ **e**. — 11 melanaṃ **a**, dafür sparço **g**, parasparaṃ saṃbhâshaṇaṃ **ABd**, jalpo **e**, wo noch folgt: tadâ Lakshmîvatî çmaçânabhûmau rudati; tâṃ dṛishṭvâ caureṇo 'ktaṃ.

Vers 2 alle HH. ausser **g**, Boehtl.² 7082. *β* dadâtî 'ha **Acd**; paropatâpî na ku⁰ **B**; *δ* st. he: hâ **e**; für yat: kiṃ **A**. Wegen der anstössigen Verbindung zweier Versmasse hat Boehtl. willkürlich geändert. Dem gegenüber ist vorzuziehen die Fassung von **D**, wo *γδ* folgendermassen lauten:

svakarmasûtragrathito hi lokaḥ
kṛitântam adhyeti: vṛithâ 'bhimânaḥ.

Vers 3 **ADacd** Boehtl.² 79. *α* aghaṭitam api **d**, ⁰ghaṭitân **Ac**. *β* ⁰ghaṭitân **c**, geändert in ⁰ghaṭitâṃçca **A**. *γ* st. eva: esha **a**; tân und *δ* yân **Ad**. *δ* pumâny aiva ciṃtayati (so!) **c**; nai 'va **ADad**, was bereits *Weber* in den Ind. Stud. 15 S. 332 Anm. 1 für das Richtige erklärt hat.

Vers 4 **Aacd**. *α* st. ca yatsthâne: yadâ kâle **c**. *β* yatraihani **A**; st. ca: vai **Ac**; *γ* ⁰vandham avâpnoti **d**. *δ* taṃ tathâ cai 'va nâ 'nyathâ **c**.

Vers 5 **ABabcde**. *α* yato duḥkhaṃ **ABacde**. *γ* st. çrîr: strî **c**. *δ* preryamâna tvaka⁰ **c**. (⁰mâṇaḥ mit ṇ nur **ad**.)

27 bho caura aus a, wo darauf folgt: akriyasya (so z. l.) yasya dattâ etc.; akriya wohl = unvermögend. — mama sutâ pariṇitâ, lobhavaçân mayâ pradattâ (!); tarhi katham° A; lobhavaçâ dattâ mayâ sutâ b. Wahrscheinlich durch das Wort lobha veranlasst schieben hier acde den Vers lobhamûlâni° ein, den ich nach Aa in Erz. XIX als Vers 17 aufgenommen. Er ist im Munde der Dhanavatî gar zu unpassend; in der Hindîbearbeitung steht er hier als Reflexion des Erzählers, *Oesterley* S. 137.

Die Darstellung in D ist vom Anfang bis hierher sehr abweichend: der Kaufmann geht mit seiner Tochter Dhanavatî Nachts fort, der gepfählte Dieb erblickt sie und bittet den Vater um sie.

29—33 tasmin dine . . pariṇitâ so a, ähnlich Bd, kürzer A, wo nach udpâdaniyaḥ gleich folgt iti kathayitvâ° 35. — Für tasya mûlyaṃ° hat e: tasmai suvarṇasahasraṃ dîyatâṃ; etat kṛitvâ putre utpanne paççât taṃ putraṃ peṭikâmadhye kshepya suvarṇasya sahasraṃ kshepaṇîyaṃ, paççâd râjadvâre peṭikâ moktavyâ. Vgl. zu **49**, 20. D hat hier eine wohl corrupte Çikhariṇî-Strophe:

samantâd vai cakshuḥ kshapayati dhunânâm api dṛiçau
kucadvandvâkrântaṃ . . hṛidayam adaḥ kâ na kurute?
gatir mandîbhûtâ harati ca mano manmathavatî.
aho tanvyâs tulyaṃ taruṇi mama sarvaṃ vijayate.

β *Jac.* vermuthet svahṛidayam adhaḥ. γ gatî madî°.

40 ff. sakhyagre hṛidayavṛittântaṃ kathitaṃ, sakhyâ mâtur agre bhaṇitaṃ e. Nach gatâ hat g: uktam: „svâmin bhûmideva, Mohinî tvayâ saha ekântaṃ vâñchati; tvaṃ tasyâ âvâse vraja.“ evaṃ çrutvâ gato brâhmaṇaḥ. Dhanavatyo 'ktaṃ etc. — 43 ff. Statt ṛitumatî: ṛitusnâtâ D. suvarṇasahasraikaṃ A, °sahasraṃ D. 44 l. asyâṃ nach Ac.

49 Vers 6 (7) alle HH. ausser g, Subhâshitamuktâvalî 18, 2, Çârṅgadh. 130, 9 (*Aufr.*) α kânte liṅgitum âgate d; st. talpam: tulyam A. bandhanât Dacde. β vâso 'pi D, vâsa (so) saṃçlatha° B, vâsaç ca çla° e u. Çârṅg., vâsa (so) çlakshṇasamekhalâ° b, tadvâsaḥ çlatha° ad, tadvaktraḥ (!) tvaya mekhalâguṇavitaṃ (so) c. γ vedmi kevalam ahaṃ D u. Çârṅg.; °vasâ Bc; saṃgaiḥ d. δ so Aae; kvâ 'sau kvâ 'smi d, kâ 'sau kâ smaratamstutâ (so!) b, ko 'sau kiṃ suratam tathâ c, ko 'yaṃ kâ vayam atra kiṃ nu suratam D (fehlerhaft) u. Çârṅg., kvâsikasmitaraṃ (wohl kvâ 'sau kvâ 'smi ratam zu lesen, wie in d) tu vâ katham api me na smṛitam api B.

Vers 7 (8) Abce. α st. câṭuvacaḥ: câruveshaṃ A. γ st. suratâ°: pramadâ° c. δ janmântare 'pi nitarâṃ° e; naraṃ fehlt in A.

12 tato brâhmaṇo mâsam ekaṃ sthitaḥ, tadâ etc. e; sâ vor prasûtâ aus g. — 13 tayâ Da, Mohinyâ beg, mâtrâ A; mâtuḥ svapno jâtaḥ d; Mohinyâ svapne Çiva ive 'shṭaḥ (?) b. — In c folgt hier ein corrupter Prakritvers, anfangend daenâ°, s. Anh.

Vers 8 (9) ABDacd. α jaṭâvaddhâryyajûṭasthaḥ (so) A, jaṭâjûṭordhvajuṭatu (= °jûtas tu) B, ebenso d, nur ca st. tu; jaṭâjûṭârddhabandhaç ca D. β çaçâṃkî d, nur çaçâṃ a. γ cittâ° a, sita ADc, sveta (çve°) B. çubhra° d. δ st. çveta: sita Dac.

Vers 9 (10) **Aacd.** β st. mekhalaḥ: bhûshaṇaḥ **c.** γ st. khaḍgakha⁰: shaḍavidyâṃga⁰(?) **c**; st. muṇḍâni: mûle(?) **A.**

Die folgende eingeklammerte Zeile haben **ADacd**; offenbar passt sie nicht her, wenn in der vorhergehenden Zeile bereits nicht mehr adjectivische Attribute stehen. Diese Zeile allein haben **Aad** mit den Varianten pâñçudeha⁰ **A** und in der zweiten Hälfte trinetraḥ piñgarûpadhṛik **d.** In **c** geht ihr folgende corrupte voraus:

kañkaṇaṃdamarûskandhaghaṇṭâtṛiçûlaṃ vâmapâṇidhṛik.

Hier ist wohl kañkana-damaru-ghaṇṭâ-tri⁰ zu lesen. Endlich **D** hat nach Vers 8 (9):

khaḍga-khaṭvâñga-damaru[ṃ]ruṇḍa(muṇḍa?)mâlâ-gajâjinam,
pinâkaṃ, kañkaṇaṃ, ghaṇṭâ, triçûlaṃ vâmahastake.

19 Nach kaṭhitam: sâkshât Çañkhara iva tapasvî mayâ dṛishṭaḥ (svapne 'darçi **b**) **be.** — 20 tava . . bhavishyati nur **ABde**, râjâ **d**, mahârâjâ **c.** Darnach hat **e** noch: svapnaprabhâvâd etat kathitaṃ. paççâc cauravacanaṃ hṛidaye 'vadhârya tayo 'ktaṃ etc., s. zu **48,** 29—33. — In **c** steht kathitaṃ mâtur agre vor den Versen, nach denselben: evaṃv. sv. mayâ dṛishṭaḥ, teno 'ktaṃ svapnadṛishṭena: mamâ "deçena etc. Aehnlich ist es in **D**, wo die Mutter sagt: svapnas tathyaḥ kartavyaḥ. In **c** heisst es nach den Worten der Traumerscheinung weiter: yat svapnântare dṛishṭaṃ, tat tathâ kṛitaṃ. — 23 râjñaḥ putratvahitasya **e.**

Vers 10 (11) **ABac.** In **ac** immer der Accus. β ⁰pâṇinaṃ **ac.** — 27—31 (evaṃvidhena . . dṛishṭaḥ) nach **a.** Die HH. variiren hier ausserordentlich, insbesondere legen **ABbd** die Worte der Traumerscheinung fälschlich der Königin bei, welche in **Ab** sagt, dass die Thürhüter es berichteten. Nach bhavishyati fast ganz übereinstimmend **Ab**: etac chrutvâ râjñâ madhyasthâ varañganâ putravilokanârthaṃ preshitâ. Für letzteres: pârçvacarâ âhûya preritâḥ **e**, râjadvâre bhṛityâḥ prahitâḥ **d.** — 31 Nach dṛishṭaḥ hat **a** sich selbst widersprechend tayâ mastake kṛitvâ râjñaḥ purataḥ ânîtaḥ. — In **D** erzählt der König dem Thürhüter den Traum und dieser sieht am Morgen den Korb und bringt ihn.

33 ff. âhûtâḥ sarve gaṇakâḥ **b**, âhâritâḥ jyotirvidaḥ **c**, daivajñân âhûya **e.** In **g** sagt der König erst selbst: kulalakshaṇalakshito 'yaṃ kumâraḥ. In **b** heisst es hier: gaṇakaiḥ samyaksâmudravidbhir lakshaṇâni nirîkshyo 'ktam. — Die Summe der Zeichen, welche in den Versen angegeben werden, ist 33, daher trayastriñçal⁰ in **bcg**, während **ABDade** dvâtṛiñçal⁰ haben. In **a** steht deva dvâ⁰ erst nach den Versen.

Die Verse 11—15 stammen aus Varâham. Bṛihat Saṃh., Cap. 68, Vers 84—88; *Kerns* Uebersetzung steht im JRAS new ser. VII, S. 87.

Vers 11 nur **bc.** β trishv eva fehlt in **b.** γδ so Bṛih. S. und **b**, nur st. sûkshmaç ca: vijñejaḥ; saptasu rakto (so!) sûkshmaḥ pañcasu râjâ sudirghaç ca **c.**

Vers 12 *αβ* nur **bce**, *γδ* auch **ABad**. *α* nâbhî **c**; praçastaṃ alle 3, wie auch die meisten HH. der Bṛih. S., *Kern* pradishṭaṃ. *γ* st. uro: çiro **a**. *δ* vistîrṇanâmatritayaṃ⁰ **B**; st. praçastaṃ: ca uktaṃ (so) **c**.

Vers 13 **ABacde**. *α* vakshoja **d**, vakshoya **c**, vakshopyavakshâ oder ⁰cakshâ **B**. Ist vielleicht st. kakshâ kukshî = kukshi (wie Bṛ. S. 50, 13) zu lesen? PW. s. v. nam mit ud führt unsere Stelle mit der Lesart „kukshâ(!)" an. nâsikâ ca **do**. *β* st. kṛikâṭikâ: triṃghaṃṭikâ(?) **A**, trikaṃṭi (?) **B**.

50 Vers 14 **ABacde**. *α* ⁰talâdharoshṭa⁰ **A**, ⁰tâladha⁰ **B**: ⁰ûdharaushṭha⁰ **d**. *β* nakhâç ca raktâ khalu subhâvahâni **A**; subhâ⁰ auch **ad**. *γ* st. daçanâ⁰: radanâ⁰ **a**; st. ⁰parva⁰: ⁰mauli⁰ **d**, yatra(?) **B**; keçaṃ **a**. *δ* st. na: su **e**; duḥkhitâni **c**.

Vers 15 **ABacde**. *β* stanayo ramaṃtra⁰(?) **c**, ⁰aṃtaraṃmaṃtrapaṃcakâṃ(?) **B**. *γ* st. iti: ati **e**; st. tu: na **c**. *δ* abhûbhujâṃ **d** am Rande von der Hand des Correctors; prabhavaty e[va] nṛiṇâṃ subhûtâṃ **A**. *γδ* ganz corrupt **B**.

Da in diesen Versen, wenn *αβ* von Vers 12 wegfällt, nur 30 Zeichen genannt sind, so fügt **c** in einem corrupten halben Indravajra noch zwei hinzu:

> dve cai 'va çukle: nayane vinâvai (?)
> kanînikâ yâ radanâç ca sarve.

Ganz anders ist dieselbe Sache in **D** behandelt, welche Handschrift lauter Çloken bietet, ähnlich den von Utpala aus Garga angeführten (*Kerns* Uebers. a. a. O.). Sie lauten:

> pañcadîrghaḥ pañcasûkshmaḥ saptaraktaḥ shaḍunnataḥ
> tripṛithu-laghu-gambhîro dvâtriñçallakshaṇo hy asau. 1.
>
> bhujau netre tathâ nâsâ civukaṃ câ 'pi jânukam,
> pañca etâni dîrghâṇi: dikpâlapadabhâvyatâ. 2.
>
> tvak-keçâ-'ṅguli-daçanaṃ parvâṇy aṅgulijânv api
> pañca sûkshmâṇi çastâni tathâ dîrghâyusho bhavet. 3.
>
> pâṇyos tale ca netrântau, tâlu, jihvâ, 'dharoshṭhakam
> saptâruṇaṃ ca sanakhaṃ mahadaiçvaryasûcakam. 4.
>
> vaksho(!) kukshiç ca vaktraṃ ca, ghrâṇa[ṃ]-skandha-lalâṭakaṃ
> sarvaçâstrasamuddishṭam unnataṃ hi praçasyate. 5.
>
> lalâṭa-kaṭi-vakshobhis trivistîrṇa[ḥ] çiçu[ḥ] çubhaḥ,
> svareṇa sattva-nâbhibhyâṃ digambaropame 'ritâ. 6.
>
> grîvâ jaṅghâ mehanaṃ ca triṇi hrasvâni co 'cyate. 7.

1 *αβ* in der H. Accusative, je 2 componirt(?): ⁰dîrgha . . sûkshmaṃ etc. *γ* tripṛithur⁰ 2 *α* netras *β* jânutâ *δ* bhâgyatâ. 3 *αβ* kaum richtig. *δ* bhavet *Jac.*, svavai die H. 6 *γδ* so *Jac.* f. vareṇyaḥ saptanâbhibhyo . . ⁰ritaḥ.

50, 10 Nach nikshiptâ wird in **e** hinzugefügt, dass „diese", wohl die Brahmanen, dem Knaben Perlenketten „mit zehn Vorzügen" geben, wonach folgender Vers steht, auch in **ac**:

sitaṃ, vṛittaṃ, guru, sthûlaṃ, raçmi-târa-jvalânvitaṃ, snigdham, âhlâdakaṃ, svasthaṃ: mauktikasya guṇâ daça.

12 ff. vardhâpanaṃ **Ad**, vardhâpanakaṃ **c**, dafür mâñgalikaṃ **a**. Beide Worte scheinen Gratulationsgeschenke zu bedeuten, vgl. Anm. zu **31**, 36, S. 152. — râjñâ . . kâritam aus **A**; vardhâpanamahotsavaḥ kârâpitaḥ **e**, vârdhâpana-prekshaṇîya-mahotsavâdikaṃ kâritaṃ **b** ganz wie in Erz. XI, s. Anm. zu **31**, 31 ff. — Zu nâma pratishṭhitaṃ vgl. Erz. XV, **39**, 17 nebst Anm. S. 164. — 15 krameṇa çâstrakuçalaḥ, çastradakshaḥ, sarvakalâpravîṇaḥ **b**, ähnlich **e**. — Hier folgen in **e** 2 Verse, der erste auch in **bc**:

â shoḍaçâd bhaved bâlaḥ, yâvat kshîrân nivartakaḥ,
madhyamaḥ saptatiṃ yâvat, parato vṛiddha ucyate. 1.
shoḍaçâbdâ bhaved bâlâ, triñçatâ 'dbhutayauvanâ,
pañcapañcâçatâ madhyâ, vṛiddhâ strî tadanantaram. 2.

1 α shoḍaçân **c**, °ço **b**. β jâvakshîrâṇiva° **b**, triñçatâdbhutayauvanaḥ **e**. γ madhyagaḥ **e**; saptati **b**, °tir **e**. — 2 γ pañcapañcagatâ die H.

16 kâlaparyâyeṇa mit â **Aac**, wie in Erz. III, **14**, 37, kâlabhâvena **b**, °pariṇâmena **e**. — 18 f. piṇḍadânaṃ **Ddg**, piṇḍodakaṃ **a**, piṇḍâvapâtanaṃ **e**, piṇḍo[d]dhâro (na dhîyate) **b**, piṇḍoddharaṇaṃ **Ac**. — **D** hat hier: kiṃ anyena putreṇa? yas tu Gayâyâṃ piṇḍadânaṃ karoti, sa eva putro manyaḥ. In **g** folgt nach karomi: tarhi pitur vareṇyaḥ (? naraṇyaḥ geschr.) kathaṃ bhavâmi? uktam:

jîvato vâkyakâraṇât, kshayâhe bhûribhojanât (?)
Gayâyâṃ piṇḍadânâc ca: tribhiḥ putrasya putratâ.

evaṃ vimṛishya (so) stokataraiḥ sasainyaiḥ saha(?) râjâ Gayâyâṃ gataḥ etc. — 20 taṃ prati° aus **e**, ähnlich **bcg**.

Vers 16 **ADace**, Boehtl. 5368 (4855). γ mokshaṃ **Ace**; kiṃ vâ jñânena moksheṇa **D**. δ st. kiṃ: na **e**, no **c**; st. jaṭâ: jarâ **e**, jashṭâ (= jarâ) **a**; st. cîvaraiḥ: vîvarai **e**, pîvaraiḥ **A**, cîrakaiḥ **c**, lepanaiḥ **D**.

Vers 17 **ADac**, Boehtl.² 5231. α tri° **c**; st. tri: ca **D**, wo α und β vertauscht sind; st. nagnamuṇḍam: °muṇḍau **D**, muṇḍakhaṇḍaṃ **Aa**; jaṭaṃ **c**, yaṭaṃ **A**, jaṭî ca **D**. γ °purâṇaṃ sarvaçâstrârthayajñaṃ **D**. δ °etad viruddhaṃ **D**.

Vers 18 **ABDabcde**, Boehtl.² 2754. α dânapûjâ **D**; st. pûjâ: pûtaṃ **A**; st. tapaç: pataç **b**, japaç **d**. β tîrthe **c**; tîrthayâtrâçutaṃ **a**; °sevâ tathâ kṛitâ **D**; st. tathâ: tapaḥ **B**. γ sarvam eva **A**. γδ Boehtl. (Subh.) anders.

Vers 19 **ADabcde**, Boehtl. 6548 (3034) α çrâddhâ° **a**; kṛiyâ° **c**, dayâ° **b**; kṛitaṃ çrâddhaṃ **A**. γ tad bhavet **a**; aphalaṃ **e**, niḥphalaṃ **d**. δ °tishṭhate **ADa**.

Vers 20 **ABDcd**, Boehtl. 3197 (1350) β st. kardame: parvate **d**; na pâshâṇe na kâñcane **D**. γ bhâvo hi **Bc**, bhâveshu **d**. δ °bhâvaṃ na lopayet **c**.

39 atha râjâ pratipâlakas g. — 41 Nach gṛihîtaṃ: râjñâ lobha[ḥ] putrasya sulakshaṇasya kṛita[ḥ], so na pratipâla[ḥ] kṛitaḥ. tasya caurasya kshetraṃ mûlya[ṃ], tayâ (?) vîryaṃ gṛihîtaṃ tapodhiraḥ (? sic!) pi[ṇ]ḍasya pâtaç caurasyai 'va B. Die Wörter pratipâla (B) und pratipâlaka (g) stehen nicht im PW.

XIX.

51 Vers 1 so a, ohne die 3. Zeile A; ähnlich cd:

vidyârambhe vivâde ca, praveçe nirgame tathâ,
saṃgrâme saṃkaṭe cai 'va vighnas tasya na jâyate.

α vivâhe d. ζ pârameçvarî meine Verbesserung für yârageçvarâ. — Vergl. den Eingangsvers von Erz. VII nebst Anm. — Dafür hat e folgenden Vers:

ekadanto, mahâbuddhiḥ, sarvajño, gaṇanâyakaḥ,
sarvasiddhikaro devo Gaurîputro vinâyakaḥ.

In g steht hier ein corrupter Vers, anfangend pâpavṛitti°. Endlich B hat den in c vor der dieser H. eigenthümlichen 25. Erz. stehenden, s. zu S. 63 Vers 1.

Am Anfang kommt B in die 10. Erz., doch mit andern Namen: Der König heisst Candraçekhara, die Stadt Kusumâvatî. Als die Königin durch die fallende Lotusblume beide Füsse gebrochen hat, geht er niedergeschlagen (vishâdasampannaḥ) auf die Jagd und kommt zu Mittag von Durst gequält an einen Teich u. s. w.

8 St. Rûpaseno: Nṛipaseno b, Parâpakâro(Paropakâro?) D. 9 âkheṭake çaçaka-çûkara-mṛigaprabhṛitîn vyâpâdanâya ekâkî turagâdhirûḍho dûre gataḥ c, ähnlich beg. — 12 f. tâvat kanyâyâḥ vacanaṃ çrutam. tadvacanânusâreṇa kasyacid ṛisher âçramaṃ gataḥ. So D. Darauf folgt in dieser H. gleich Vers 2, welcher mit yathânyâ abbricht, und nun kommt der Schreiber in Erz. XX, so dass also die ganze XIX. Erz. hier fehlt.

Vers 2 alle HH. ausser g, Boehtl. 1177 (443) α st. 'pi: 'tha e. γ tasya pûjâ vidhâtavyâ B, vipro vâ yadi vâ çûdraḥ e.

Vers 3 Abcde, Boehtl. 1353 (522) β bhoktâ ca vipramucyeta b. γ st. vipra°: prabhu(!) mucyante c; na te pâpai[ḥ] pramu° A, na te pâpair vilipyante d. δ st. dosheṇa: pâpena bc; lipyati bc.

Vers 4 ABabcd, Çârñgadh. 55, 9 (ZDMG. XXVII, 74) α st. vasanty a°: vane vasanti b; vasanty araṇyeshu caranti dûrvâṃ Çârñg. β aparigṛihâṇi A, °grahâñç ca a. γ st. 'pi: na b. narâñç ca B. δ st. ko: na B.

Vers 5 ABabcd. β idam ekam anuttamaṃ B. δ nâ 'sti dharma[s] tâtaḥ paraṃ A. Statt αβ hat d die erste Hälfte des hier in A folgenden Verses:

ekataḥ kâñcano Meruḥ, bahuratnâ vasuṃdharâ
sâgaro ratnapûrṇaç ca: nai 'va tulyam ahiṅsayâ.

In αβ hat d, in γ A Accus. st. Nomin.

Vers 6 **Ac**, Boehtl. 1359 (523) αβ ekato medinîdânaṃ, tulânâṃ çatam ekataḥ **c**. — In **c** steht dieser Vers nach dem Boehtl.² 6930, s. u.

Vers 7 **ABbcde**, ähnlich Boehtl.² 2011. α kshântyâ samaṃ **c**, kshânteḥ samaṃ **e**, çântitulyaṃ **A**. β saṃtoshât paramaṃ su⁰ **A**, na saṃtoshât **Bb**. γ so **ce** (vgl. unten **g**); na medinyâḥ paraṃ dânaṃ **AB** (aber medinî **B**!), na ca tṛishṇâparo vyâdhir **bd** wie Boehtl. In **c** steht der Vers nach dem ksharanti⁰, s. u. — Die zweite Hälfte dieses Verses hat auch **g** in folgendem Verse, dem einzigen dieser H:

nâ 'sti vidyâsamaṃ dânaṃ, nâ 'sti dharmo dayâparaḥ.
râga-dveshau yadi syâtâṃ, tapasâ kiṃ prayojanam?

Vers 8 und 9 **Aac**. 8 α vaddhacali⁰ (so) **a**. β dhâvantaṃ **A**, naraṃ nirapa⁰ **a**. γ st. prâptam: jâtaṃ d. i. yâtaṃ **A**. — 9 = Boehtl. 1022 (3724). β çaraṇaṃ gataḥ **ac**. γ api alle, ariḥ Boehtl. (Râmây.); prâṇaparityâgâd **ac**. δ kṛitâtmabhiḥ **A**.

Vers 10 **Ac**, Boehtl. 3222 (1369) α mahâpradânaṃ **A**. β st. hi⁰: na mahâpradânaṃ **A**. γ yathâ 'rhatîṃ indramahâpradânaṃ (?) **A**. δ sarveshu dâneshu bhayapradânaṃ (!) **A**; abhayaṃ prad⁰ **c**.

Darnach hat **c** den Vers Boehtl.² 6930 sarvayajñeshu⁰. α st. vâ: yad. β sarvadeshuvâdgṛitaṃ (so!), vielleicht zu lesen sarvadâneshu vâ drutaṃ: oder was (oben yad) unter allen Spenden die schnelle ist (bis dat cito qui dat). — Nach unserm Vers 6, den **c** hier hat, stehen dann in **c** folgende zwei, deren zweiter in **e** ganz zu Anfang steht:

sarvabhûteshu yo vidvân dadyâd abhayarakshaṇam,
dâtâ bhavati lokeçaḥ prâṇânâṃ, nâ 'tra saṃçayaḥ. 1.
ksharanti sarvadânâni, yajña-homa-bali-kriyâḥ,
na ksharet tu mahâdânam: abhayaṃ sarvadehinâm. 2.

γ st. tu: ca **e**. δ sarvajantushu **e**.

52 Vers 11 **Ac**, Boehtl.² 5598. α st. yo: vâ **A**; st. rosho: râçî **A**. γ ⁰saṃtushṭa⁰ **A**. — Hiernach haben **Ac** folgenden mir erst durch *Jac.* verständlich gewordenen Vers:

kṛishṇâjina-mṛitaçayyâ ye câ 'nye çastraghâtakâḥ
savyahastena bhuñjanti, te yânti narake dhruvam.

α kṛishṇâjitaṃmṛite⁰ **c**, kṛistvâṃmṛitaṃmṛita⁰ **A**. β çastravâhakâḥ **c**. γ çavahastena **c**, bhuñjîta **A**.

Vers 12—15 **ABc**. 12 α ruddhaṃ **A**, yuddhaṃ **B**, dafür dṛishṭvâ **c**. β satrunâ (so!) ca vaçe gataṃ **B**. γ ye vrajanti **c**. — 13 β st. muktavastraṃ: muktabandhaṃ **AB**. γ ye ghnanti hi **B**. — 14 αβ st. ⁰îṃ immer ⁰î **A**; gurupatnisvâmipatnitathaiyeshṭhânâṃ vadhûṃ prati **B** (viell. tathai 've 'shṭavadhûṃ⁰? ishṭa müsste = mitra sein. So *Windisch.*) γ kanyâm api bhajante ye **c**. — 15 α st. hi: ca **B**, tu **c**. β râjyaṃ **A**. δ vratino daṃḍavedhas tu **A**, atidaṃḍo hared yas tu **c**. — Darnach hat **c** folgendes, wovon **A** die erste und letzte Zeile zu einem Çloka vereinigt:

yo dattaṃ lopayed dânam, ṛiṇaçeshaṃ na bhañjayet,
vâpî[ṃ] châdayate yo 'tra taḍâga-kûpapûrakaḥ; 1.
vivastrâṃ ya[ḥ] striyaṃ dṛishṭvâ brâhmaṇî[ṃ] ca viçeshataḥ,
ashṭame navame mâsi yo bhunakti ca gurviṇîm: 2.
sa yâti narake ghore. ity âha Parameçvaraḥ. 3.

1 *α* datte **A**, lepayed **c**. Ein gegebenes Geschenk „versäumen" soll wol heissen: es ignoriren, undankbar sein. *β* ṛiṇapâtaṃ (?) ca (na zu lesen?) muñcati **A**. — Hier folgen in **c** noch 6 corrupte Prakritverse, siehe Anh.

16 pâpardhir **a**, pâpavuddhir (= °buddhir: muss hier also Subst. sein) **c**, pâpaṃ, âkheṭako **be**. — In **g** sagt der König: mayâ sarvapâpaṃ tyaktam. — 20 bhâryâṃ nur aus **bc**, aber âropya auch **Aa**, samâropya **b**; tâṃ gṛihîtvâ **d**, bhâryayâ saha **e**. — 23 daṃpatî prasuptau **g**. Darnach ist *Oesterley*'s Angabe S. 209, dass im Sanskrittext der König ohne seine junge Gattin abgereist sei, irrthümlich. — 25 f. so **A**, fast ganz so **a**. In **Bbceg** sagt der König erst: verzehre mich. Für evaṃ vor mâ kuru: strîpâpaṃ **b**, strîvadhaṃ **eg**, krûrataraṃ pâpaṃ **c**, gurutaraṃ pâpaṃ **d**. Darauf antwortet der Râkshasa in **g**: dich werde ich nicht fressen, und der König erwidert: lass diese los, ich werde dir geben was du wünschst, u. s. w. In **bce** antwortet der Râkshasa mit dem Vers Boehtl. 1038 (392) âvartaḥ°, der die Frauen überhaupt für etwas Verwerfliches erklärt, und schliesst daran in **cd** passend unsern Vers 16, worauf erst der König einen Ersatz anbietet. In **be** folgt dieser Vers 16, wie in **Aa** als Aeusserung des Königs, erst nach dessen Worten evaṃ karishyâmi 32. Er ist allerdings im Munde des Königs weniger angemessen als in dem des Râkshasa, da für den König nur die erste Hälfte passt. In der Hindîbearbeitung stehen beide hier erwähnte Verse am Schlusse der Erzählung.

30 saptadaça° **A** hier und 41. — 31 chedayasi **Aa**, chedaṃ karoshi (karishyasi, kurushe) **bde**, chetsyasi **c**. — tṛitîye divase **A**, die andern saptame. In **bce** sagt der Râkshasa selbst, er werde am 7. Tage kommen. — 35 nur **Aa**; mahotsavaṃ kârâpitaṃ **A**. — 38 In **bcde** spricht der Minister zuerst den Vers Boehtl. 2328 (4057) janitâ° mit den Varianten ca **e** für tu in *β* und in *δ*, und in **A** fügt er nach karishyâmi noch Boehtl. 1930 (748) ko na yâti° hinzu. — 39 ff. mantriṇâ . . utthâpitaḥ so **a**; vor purushaḥ: ratnabhûshitaḥ **b**, ratnakhacitaḥ **d**, ratnakâñcanamayaṃ **g**. — ity udghoshaḥ kṛitaḥ **d**, iti ghoshaṇaṃ samâkhyâpitaṃ **b**, u. s. w. In **g** heisst es dann unten: evaṃ paṭahaghoshe[ṇa] vâvâdyamâne (Intens. des Pass. vom Caus.!) sati ekena etc. — 42 râjâ tasya° so ungefähr **Ac** (gestellt tasya çi° che° râ° **A**), ähnlich aber corrupt **ae**; der Satz râjâ° soll dem Relativsatze untergeordnet sein, wobei eigentlich eine Conjunction fehlt; der richtige Nachsatz ist offenbar erst tasyâ 'yaṃ°. Undeutlich **d**, kurz **bg**.

52, 44 — 53, 5 So nur **Aa** übereinstimmend, mit einigen Abweichungen auch **d**. — 46 suv° pu° gṛihîtvâ ekaḥ putro dîyatâṃ, dravyaṃ durlabhaṃ **d**. — Nach dâtavyaḥ 53, 2 hat **A** drei Verse, Boehtl. 961 (357) âpadâm° (in *δ* st. bandhane: dohane), 4798 (2167) mâtâ yadi° s. u., und 2015 (784) kshântaṃ na° mit *α* tyaktuṃ, *β* °tapanaḥ, *γ* cittam (st. vittam), niyamitaṃ. — Siehe auch Nachtr.

Vers 17 **Aa**, in Erz. XVIII **acde**, s. zu 48, 27 S. 180. *β* rasamûlâni **Ace**, °mûlâç ca **a** beide Male, °mûlâ gadâḥ smṛitâḥ **d**. *γ* snehamûlâ **c**. *δ* st. trîṇi: trayaṃ **A**, trayaṅs **a** hier. — In den andern HH. fordert ein Brahmanensohn selber die Aeltern auf, ihn für den Goldmann hinzugeben, weil sie kein Geld hätten. In **bcg** wenden sie zwar ein, sie brauchten kein Geld (asmâkaṃ dravyena prayojanaṃ nâ 'sti), aber er widerlegt sie: Geld sei in der Welt die Hauptsache (saṃsâre dravyam eva sâraṃ; in **e** sagt das die Mutter), woher habe man Freude (sukhaṃ) ohne Geld? (**cd**); sie würden noch andre Söhne bekommen (**bcdeg**). In **e** sagt der Sohn nach gṛihyatâṃ: yataḥ:

vayovṛiddhâs tapovṛiddhâ ye ca vṛiddhâ bahuçrutâḥ,
sarve te dhanavṛiddhasya dvâre tishṭhanti kiṃkarâḥ.

Nach °eva sâram spricht dann in **e** die Mutter einen Prakritvers (kâṃtâ ekaṃ°), worauf der Sohn gleichfalls mit einem Prakritverse (mâîguṇija°) erwidert; beide sind ganz corrupt. Darauf sagt hier die Mutter zum Vater: yuvayor(!) api kuçalaṃ bhavati, tasmât putrâ bahavo bhavishyanti. — An derselben Stelle hat **g** den Vers Boehtl. 5414 (2447) yasyâ 'sti vittaṃ°.

53, 6 In **bcdeg** geht der Sohn selbst an den Hof des Königs und liefert sich aus (âtmâ dattaḥ **b**, ähnlich die andern); in **g** nimmt ihn der König und geht mit ihm an den verabredeten Ort, wohin der Râkshasa kommt (taṃ gṛihîtvâ saṃkete gataṃ). — 8 f. Die Opfergaben werden nur in **a** so aufgezählt, kürzer in **A**, nur pûjâ erwähnt in **d**, woher °putro 'syâ 'gre entnommen ist; dafür °putraḥ maṇḍale 'gre **A**. — 11 In **a** lacht der Knabe erst und weint dann, wie der Brahmane in Erz. XXII, dann stirbt er. Darnach heisst es: maraṇasamaye kevalaṃ rodanaṃ bhavati, kathaṃ vikasitamukhena hâsyaṃ kriyate? Aehnliches hat **c**, kürzer **de**. Alles dies passt an dieser Stelle nicht, da es die spätere Frage des Vetâla anticipirt. Vgl. *Oesterley* S. 148. In **b** fragt der Râkshasa den Knaben (als vipra bezeichnet) warum er lacht, und der sagt: mama vipralobhakâraṇât hâsyam utpannaṃ. Darauf lässt ihn der Râkshasa los und verschwindet mit den Worten: „von heute an bist du mein Freund“. Diese Stelle ist zwischen saṃsârasthitiṃ und der Prosaauflösung von Vers 18 in den Text der H. gerathen.

Vers 18 **ABacd**. *α* mâtâ rakshati bâlatve **c**. *β* paçcâd varddhayate° **c**; pitâ varddhayate punaḥ **B**. *γ* so **A**; st. mama ye: samaye **Bd**, ye 'pi 'ha **ac**; rakshakâ sarve **B**; cai 'te **a**. *δ* st. te 'pi: ti **a**; vyâpâdane sthitâ **c**; te 'pi pasya[ṃ]ti daihikaṃ (? so!) **B**;

dafür nastrîsvâtam amarhati (? so!) **d**. Zwischen *αβ* und *γδ* schiebt **a** ein: paççâd bhûpatinâ rakshyo naras sarvavipattishu, was sich auch in der Hindîbearbeitung findet: „in guten und in schlechten Tagen beschützt uns der König“. *Oesterley* S. 148. — **beg** haben den Vers in Prosa aufgelöst: bâlatve (**b**, yâv eva **eg**) mâtâpitarau (**be**) rakshakau, [paççâd râjâ rakshakaḥ **b**] tâv eva mama ghâtakau jâtau (**be**, tâv eva mâtarau mârakau jâtau **g**).

Vers 19 **Aad**. *βγ* khaḍgahastaṃ narâdhipaṃ dṛishṭvâ bibheti balo 'yaṃ **d**. *δ* kasya dâhaḥ⁰ **d**. In **a** steht der Vers erst unten nach hasitaṃ. Dasselbe hat weitläufig in Prosa **B**.

Vers 20 **Abcg** (s. zu **53**, 2) = Vers 25 der 4. Erzählung.

XX.

53 Vers 1 **ABac**. *β* çaçico⁰ **AB**, çavîvo⁰ **a**, çaçâbvo⁰ **c**. *γ* st. ⁰mukha⁰: ⁰susha⁰ **a**, ⁰nusha⁰ **c**; ⁰bhâsaṃ **ABa**. — Dafür hat **d** folgenden Vers, ähnlich den in verschiednen HH. zu Anfang von XIV, XV und XIX stehenden:

ekadanta, mahâkâya, tîkshṇadaṅshṭra, mahodara,
âkhuvâhana, deveça, namas te siddhidâyine!

g hat eine Upajâti-Strophe in Prakrit, anfangend Sarasvatî ciracanâkalena⁰, s. Anh.

36 vâṇijyena **abc**, ⁰jye 'va **A**, ⁰jye **Be**, ⁰jyâya **d**. — 38 ekasmin **A**, anyasmin **Bacd**, anyadine **b**, anyadâ **e**. — 40 niçcalalocanau meine Aenderung für niçcalocanau in **abcg**. — 41 san aus **d**. — 42 f. viraha⁰ . . karoti so **A** (aber cintayâ. st. cintâyâḥ?); cintâ⁰ **c**. In **cd** wird der folgende Vers dem Mädchen zugetheilt, es heisst da nach vetti: sâ câ 'naṅgamañjarî (sâ 'pi A⁰ **c**) virahavedanâpîḍitâ sati (⁰krântâ **c**) vihvalâ jâtâ (nur **d**) cintâṃ (**d**, ⁰pralâpaṃ **c**) karoti. Etwa dieselben Worte hat **a**, wo gleich darauf folgt tayo 'ktam: he sakhi **54**, 14. — Vor dem Verse hat **e**: Madanam âkroçati, ähnlich **b** Madana âkleçayatiḥ (so!).

Vers 2 **Abcde**. *α* st. ayi: api **de**, adhi **A**; st. na: vi (vidagdhas) **bc**; kiṃ tvam **e**; nâçena **b**; st. kopât: pûrvaṃ **A**. *β* kimitiritivi⁰ **b**; viyogân (⁰gan geschr.) nai 'va te mûrsha **c**, nâ 'ptavân mûrkha **e**, nâ 'nvabhûn⁰ **A**. *γ* ⁰paripîḍo **A**, ⁰paripîḍâ **b**: mâmṛityulakshyâ **b**; utpalâkshyâ **e**, ⁰kshîm **d**. *δ* ahitakamalapatraiḥ sâyakaiḥ kiṃ dunoshi **d**; rahitamadanapâtrai **A**; st. ⁰pâtraiḥ: yâtaiḥ **e**, etaiḥ **b**; kuçumaçara nipataiḥ sâvakânâṃ (d. i. nipâtaiḥ sâya⁰) du⁰ **c**; dunoti **Abe**.

54 Vers 3 **ABbcde**. *α* utpannaḥ **e**; nidheḥ **AB**, nidhir **c**, nidhau **e**; st. vapur⁰: punar api khyâṃtuṃ **e**; khyâtaḥ sudhâmadiro **B**; madiraṃ **d**. *β* spardhante nur **e**, die andern vardh⁰; vardhatâṃ **B**, vardhaṃto **d**; viçadâ nur **b**, viçanâ **e**, visavâ **d**, vishabâ **Ac**, viçapâ **B**; latâbha⁰ meine Conjectur für latâla⁰ **be**, lanâla⁰ **ABcd** (die oben geschlossene Form des bha ist häufig von la nicht zu unterscheiden); saralâṃ **ABd**. — *γ* kairavinî (st. ⁰ṇi) bc; st. tava: tataḥ b; priyamukhâ c; st. çriñgâra⁰: saṃsâra⁰ d; sârasmaro b, sârâsmaro c, sârâsyado(?) B, ganz corrupt A. δ tâpajanane d, ⁰janakaḥ c, ⁰janitaṃ b, ⁰tanaye(?) A; st. yan: tan bc; ʼbhavat e. kiṃ eva tâpayasi mâṃ tyaktvâ (⁰ktâ geschr.) svahetu[ṃ] bhavân B.

Vers 4 Abce, A zweimal nach einander sehr verschieden. α nîrâṃbhaḥ e, tîrâṃtaḥ A², târaṃtaḥ b; st. sthita: sthiti A beide Male, sita e; karuṇâ A¹, karaṇâ A², karaṇa b; kreṃkâra bc, kraṃkâra e, hyekâra od. hvekâra A²; çrutiç e, dafür stutiç A²; kiṃ kâtarâ trâyate A¹. β st. cakri: çushkâ A¹; ca hasate bc, ca daçane e, caṃsahati A², vishahṛite A¹; ⁰vadhiḥ A²be, ⁰vidhiḥ c; niçîthâd api A¹. γ kasyâ A¹; niyamitâ bc, nijagati e, svajanatâ A¹, jamayatâ A²; sîmîci e, dafür sâbhâna A¹; st. no: bhoḥ A¹, tau e. δ bhâsaṃrabdha⁰ b, bhâsârathya⁰ A², sâraṃrabdha⁰ A¹; ⁰gatir A¹; mîdṛiçî A², cedṛiçî A¹, matsakhî e. — Nach diesem Verse fügt b ein: Anañgamañjaryo ʼktaṃ; dafür tayo ʼktaṃ Ad, überflüssig und störend.

Vers 5 ABcd. α dehi AB; valâd d, rayâd c, dhiyâd (?) A, nayâturmârga⁰ B; lagnâtraye c, trayâ B. β st. kuru: kṛita c; saṃvṛiṇihi kathaṃ B: svasthî A, svasti c; bhavasâpriye B, bhavasvaḥpade d, bhavasyakshasâ c, bhavasvakrame A. Man könnte auch bhava svâkrame vermuthen, nach Analogie von durâkrama „schwer anzugreifen“ Ṛigv. 1, 23, 16 nach PW. γ ⁰çaraḥ⁰ c, ⁰tarâ(ḥ?) B, ⁰saraçroṇipuro A, puro auch B st. mucâ, muco c. γδ Manmathavyâ⁰ so d; manmathasyâdyâbhcshaṇalakshyabhûmiraṇachedetene⁰ A, manmathâsyâdâbhûshaṇalajjabhûmipaṇayetene⁰ B, manmathasyâdyâpikshititabhûminaradyotene⁰ c.

Vers 6 ABcde, Çârñgadh. in ZDMG. XXVII, S. 91, Kâvyaprakâça (Calc. 1866) S. 319 (*Aufr.*) α durvâra Bc, ⁰râ A, duvâriḥ = durvâraḥ e, duḥsparçâḥ d; ⁰mârgaṇaṃ c; manaç co ʼtsukaṃ d, dafür ʼty abhûd ut⁰ e. β preṇavaṃpaya(!) B, premataraṃcayotikaṭhinâ c, navavayoti⁰ e; st. vayaḥ: vapuḥ A; prâṇâ ABcd. γ st. kâlaḥ: krûraḥ A, krûruḥ B; kṛitântodyame c, ⁰nto ʼkshamî Çârñgadh., wohl besser. δ so ABd; no çakyaç (? sakyaḥ c) caturâḥ (⁰râ c) kathaṃ tu (bhu c) virahaḥ soḍhavya itthaṃ tataḥ (payaḥ c) ce.

36 In D sagt Kamal. zu seinem Freunde: Ich werde vor Liebesschmerz sterben. Der fragt nach dem Grunde und K. sagt, dass er ein Weib Namens Anañgam. gesehen habe, u. s. w., worauf gleich der Vers folgt.

Vers 7 ABDde. α durlabhatayâ AD; kvacit sâmyati (⁰tâṃ d) Ad; β st. tad⁰: yad⁰ B; vaktra⁰ d: st. ⁰parayoḥ: nicayâ (?) D; çravyaṃ kuru Bd; st. çrotrayoḥ: svotrayo B, çrâvyayoḥ D. γ st. ebhis: sadyas D; ebhir mat⁰ d; st. ⁰bharair: ⁰tarair D, ⁰rasair A; st. añgaiḥ: agre d; sthîyate ABd. δ st. saṃprati⁰: hevatasakhe (?) D; st. kṛicchrâm: kshemâm A; gataḥ D.

42 St. sakhyâ: Mâlinyâ be, also Mâlinî = Mâlayavatî. — etasminn antare tatsamîpaṃ Madanamañjaryâ tatsamîpaṃ (so!) sakhî

preshitâ: sâ samâgatya taṃ Kamalâkaraṃ kathayati (!) D. — 43 sâ sanmukha(so)⁰ . . bhaṇati Ab, sanmukhena (so) vadati c, die andern nichts davon. — 44 Nach prayaccha hat a einen Prakritvers, anfangend mâ jânasi, s. Anh. — 46 sakhyo 'ktaṃ: tasyâ 'pi mahâduḥkhaṃ vartate; çrûyatâṃ c; he Kamalâkara, sâ Madanamañjary api kiṃvidhâ vartate, tat çriṇu D.

55 Vers 8 **ABDde**. vakti **D**, vetti **Ad**, nur va (oder ca) **Be**. *β* ulmukam ambujaṃ **Be**, unmukham **D**; kathayati **A**; prâlepatasyaṃ **A**, prâleyatalpe sthitâ **d**, prâleyadhârâṃ vishaṃ **D**. *γ* hârâgâra⁰ **ABe**; kadarthitona **Be**, kadarçitanana **D**; spṛishṭâṃ meine Aenderung für spṛishṭaḥ **Be**, tushṭhiṃ **A**, nushṭhiṃ **d**, sâçruḥ **D**; st. sama⁰: samâçvâsitâṃ **D**. *δ* saṃpaty **B**, saṃprekshy **A**; agnimayaiḥ prayâti **D**, agnimayî bhavehi **A**, agniyathâ taveti (⁰sheti **e**) **Be**; subhaga **D**, ⁰gât **A**; tyaktâ meine Aenderung für tyaktvâ **ABDe**, gatyâ **d**; tvayâ **D**, trayaṃ **Be**, svayaṃ **Ad**. — Statt dieses Verses, bez. nach demselben, haben **BDbce** folgenden:

indum nindati, padmakhaṇḍa-kadalitalpaṃ na vâ manyate,
karpûraṃ kirati, prayâti na ratiṃ prâleyadhârâgṛihe.
kiṃ vâ 'nyat? tava viprayogaçikhinâ sâ dahyamânâ muhus
tvâm antarhṛidayasthitaṃ davabhayân netrâmbubhiḥ siñcati.

α nidati **e**, vindati **Bbc**; padmakaṃda **D**, padmakaṃ dalayati **c**, padmakhaṃ dalayati **B**. *β* ⁰prayâti dhavaleyadhârâ⁰ (so!) **D**. *γ* kiṃcânye **b**, kiṃcânyaṃ **c**, kiṃtvânya **D**; st. çikhinâ: çaçinâ **Be**; muhuḥ **D**, mṛihuḥ **c**, muduḥ **b**, mṛidus(ḥ) **eB**. *δ* svâṃmatahṛidayaṃ **B** = (s)tvâṃmaṃtarhadayaṃ **e**; svâmin tad(tvad **b**)dhṛidaya **bc**, stvâevadvahisasthitaṃ (?) **D**; ⁰sthitiṃ **B**, ⁰sthitîṃ **e**; st. dava: vada **b**, tava **c**; bhayo **Be**; st. davabha⁰: priyatama **D**. — Darnach hat **D** noch folgende Strophe:

abdhau majjati nai 'va, viçvavishaye mârge 'pi no vidyate,
no bhûbhṛicchikhare tathâ 'pi, gahane 'raṇye 'pi no muhyati,
dharme glâyati nai 'va, sândratimire netrasya nidrâṃ vinâ:
ceto dhâvati tatra tatra niyataṃ, yatra sthito vallabhaḥ.

α ⁰vishaye und no meine Aenderungen für ⁰vishame und tau. *γ* nidrâṃ vinâ *Jac.* st. nidrâm idaṃ.

10—12 so 'pi etc. mehr nach **beeg**. parapurushânuraktâ[ṃ] ca prâptamaraṇâṃ (⁰ṇe geschr.) bhâryâṃ çrutvâ parapurushakaṇṭhe lagnâṃ ca dṛishṭvâ etc. **A**. atiraktabhâvât **d**, atirabhasât **bc** (⁰sâ **c**), rabhasena **g**, viraheṇa **a**, die andern lassen das weg. citâṃ praviçya nur **A**, dafür praviveça **b**, in den andern HH. stirbt der Gatte von selbst. — 16 kâmândhaḥ **Aad**, kâmâdhi **beg**, kâmâturaḥ **Dc**. — 17 f. yaḥ . . mṛitaḥ so **A**; yena svabhâryâṃ parapurushakaṇṭhe lagnâṃ dṛishṭvâ **ad**; vorher noch **d**: yataḥ parapurusheṇa saṃgatâm api mṛitâṃ svapatnîṃ dṛishṭvâ prâṇân mumoca. Vetâleno 'ktam: „kena kâraṇena?“ râjño 'ktam: „yena etc. Aehnlich **g**: yo 'nyasaktâm api bhâryâṃ dṛishṭvâ mṛitaḥ. Anders **D**: yenâ 'vicârya prâṇâḥ dattâḥ, worauf noch folgt: kupâtanaṃ (?) janahâsyanarakaprâptiḥ.

XXI.

Vers 1 **Dabc.** α namaç candraçi⁰ **bc.** γ trailokye **ab**; naganatamûla⁰ (so) **D.** δ ⁰stambhâvasam⁰ **a.** — Der Vers ist von Bâṇabhaṭṭa, gedruckt bei Aufrecht, ZDMG. XXVII, S. 52. — Dafür haben **Ad**:

gajavaktraṃ, gaṇâdhyakshaṃ, kumâraṃ, mûshavâhanam
namâmi parayâ bhaktyâ, dharaṇîrûpam Îçvaram.

β gajâsyam âkhuvâhanaṃ **d.** δ Girijâsutam avyayaṃ (⁰maṃ geschr.) **d.** — **g** hat hier eine Mâlinî-Strophe in Prakrit, anfangend surasuranareye, s. Anh.

29 Als Name der Stadt hat **A** Javanaprasthaṃ, **d** Yavaprasthaṃ, **ae** Candrasthalaṃ; blos puraṃ nâma nagaraṃ **g.** — Vîramardhano **A**, dasselbe meint Vîrardhano **d**; Vimarddo **a**, Vidarbho **D**, Madano **g.** — Vishṇuçarmâ **Adg**, Vishṇuçarmâsvâmî (!) **D**, wo unten 32 ⁰svâminâ; ebenda ist in **A** für Vishṇusvaminâ am Rande corrigirt ⁰çarmanâ. — 32 pratyekaṃ bodhitâḥ: „evaṃ mâ kuru“ **A.** **c** hat vor den entsprechenden Versen je die Worte dyûtakâraṃ çikshayati, veçyâratam çi⁰, parastrîratam çi⁰; das entsprechende Vierte fehlt, wie überhaupt die Ermahnung an den vierten Sohn.

Vers 2 **Aacd.** β moktavyaṃ **c**, bho⁰ **a**; çîlapâṇinâ **d**, ⁰naḥ **A**, çûlapâṇinâ **a.** γ çîlo 'pi **A**, çîlaṃ ca **cd**; yena **a.** δ tasmâd dyûtaṃ na kârayet **c.**

Vers 3 **ABbceg.** α ⁰kalaho satyaṃ **A**, ⁰kalahaç cai 'va **g**, ⁰câ "dhiḥ **c**, râḍhiḥ **e**, raṭi **B**, râjñaḥ **b.** β kopaṃ mânaṃ mṛçâ- (l. mṛishâ)bhramaṃ **c**, mânaç ca saṃbhramaḥ **g.** γ paiçûnyaṃ **g**, paiçûnye **Be.** δ sârthadyûtasya **b.** — Darnach haben **Be** folgenden Vers:

mâtur apy uttarîyaṃ yo harate janapûjitam,
akartavyaṃ paraṃ tasya kurvataḥ kîdṛçî trapâ?

In **bc** stehen hier folgende 3 Verse:

na çriyas tatra tishṭhanti, yatra dyûtaṃ pravartate:
na vṛiksho jâyate tatra, vidyate yatra pâvakaḥ. 1.

saṃpadaṃ sakalaṃ hatvâ sa gṛihṇâti mahâpadam
svakulaṃ malinîkṛitya vitanoti ca duryaçaḥ. 2.

karkaçaṃ duḥçravaṃ vâkyaṃ, jâtacintâ tataḥ param,
kurvanti dyûtakârasya karṇa-nâsâdichedanam. 3.

1 δ st. yatra: tatra **b.** — 2 α sapadaṃ **b.** β sadyo gṛihnâti (so) câ "padaṃ **c.** γ svakulaṃ *Jac.* f. sa⁰ **bc.** δ vinoti **c**; vahuryaçaḥ **b.** — 3 α duḥçrayaṃ **b.** — **A** fügt die Anfänge von 1 und 3 zu einem Verse zusammen:

na çriyas tatra tishṭhanti, yatra dyûtaṃ pravartate,
karkaçaṃ duḥçrutaṃ vâkyaṃ jalpate vañcito 'paraiḥ.

Vers 4 **Ad** ist durch Erweiterung des obigen 3. Verses gebildet. α kurvato und γ vijñâyate **A**, was den Sinn ganz ändert.

In **Ab** steht darnach folgender Vers:

yaḥ svîkaroti sarvasvaṃ, cauro vâ 'rthaparâyaṇaḥ,
chalenai 'va vigṛihṇâti: çâkinî 'vâ "mishapriyâ.

α yaṃ svîka⁰ svaṃ doshaṃ **b**. β cauraç câ⁰. γ valena yâti gṛi⁰. δ vâ **A**, câ **b**; mishâpriyaṃ **A**.

Vers 5 **Abd**. α st. yâ: vâ **b**. β munir eva nishevitâ **b**. γ sâ ve⁰ dû⁰ he⁰ **A**. δ ⁰dhâriṇî **A**.

Vers 6 **ABcde**. α satvaṃ **c**, sattyaṃ çîlaṃ yaçaḥ çaucaṃ **A**, sa⁰ çî⁰ yataḥ puṅsâṃ (!) **d**. β saṃçayaṃ **e**, saṃyamaṃ niyamaṃ çrutaṃ **A**, saṃyamo niyamodyamaḥ (?) **d**, çasayaṃ (?) niyamaṃ mayaṃ **B**. δ st. viṭâḥ: vishṭâ **A**; paṇyâṃganâṃ gaṇe **d**.

Vers 7 **ABde**. γ st. na: no **A**; st. na santi: nasyati **B**, naçyaṃti **d**. δ st. dârikâ: pramadâ **d**.

56 Vers 8, den nur **A** hat, ist in den Text aufgenommen besonders mit Rücksicht darauf, dass er in der Hindîbearbeitung angedeutet ist, *Oesterley* S. 154. — Darauf hat **A** folgenden Vers (α nindyataṃ, ⁰tvaṃ *Jac.*):

nindyatvaṃ nirgataṃ tasya, âtmânaṃ ca viḍambitam,
gaṇikâvadanaṃ yena pareṇa saha bhâshitam.

In diesen Zusammenhang gehören zwei Verse in **g**, erst Boehtl. 1593 (620) kaç cumbati⁰, dann der folgende, eine Variante von Boehtl. 2369 (949):

jalûkâ raktam âdhatte kevalaṃ sâ tapasvinâm:
veçyâ raktaṃ ca vîryaṃ ca mâṅsaṃ ca priyavâdinî.

β kevalâ sâ tapaççini die H.

In **bc** folgt ein Çloka, dessen zweite Hälfte corrupt und dunkel ist:

jîvitaṃ harate râmâ parakîyâ svayoshitaḥ;
poshate sarpiṇî dushṭâ spṛishṭâ dṛishṭivishânakam.

β st. svayo⁰: ca sevitâ **c**. γδ apûrvâ sarpiṇî dṛishṭvâ datvâ dṛishṭiviçânakam. Die Worte sarpiṇî als Schlangenweibchen und vishânana (so) als Schlange werden nach PW. im ÇKDr. aus der Çabdaratn. erwähnt, die also offenbar diesen Vers kannte.

Vers 9 **Abc**. α yadîha **A**. *Aufr.* will sukhaṃ st. duḥkhaṃ. β nishevitaṃ **A**. γ yat prastutimatiṃ (so) **A**.

Vers 10 **Ac**, Boehtl.² 5504. β khalu. γ viḍâlî câtti **A**, viḍâlaṃ yâti **c**; putraṃ svaṃ meine Aenderung für putrastvaṃ **A**, putratvaṃ **c**. δ sa **A**.

Vers 11 **ABg**. β kulâla[ṃ]kusumârcanaṃ **AB** (der Anusvâra nur in **A**), noch dunkler als die aufgenommene Lesart. — Hiernach hat **A** folgenden etwas zweifelhaften Vers:

ko viçvâsam ṛite snehaḥ, kiṃ sukhaṃ snehatâṃ vinâ?
vadha-bandhau, dhanabhraṅçaḥ, âyâsaḥ, kalaho, mṛitiḥ.

α kair viçvâsaṃ kṛitasnehaḥ die H.

Vers 12 **Ad**. β ⁰dârâṃ manîshiṇaḥ **A**. γ vivarjjadûrataḥ (so) sarvâḥ **A**. — Anklänge hieran bietet der Vers von **D**, s. u. — **g** hat an dieser Stelle folgenden Çloka:

paradâreshu ye nityaṃ matiṃ kurvanti mohitâḥ,
kalpakoṭisahasrâṇi çvagarbheshu vasanti te.

Ebenfalls in diesem Zusammenhange haben **Be** folgenden:

nâryâ sârdhaṃ paricayaṃ kurvâṇaḥ parakîyayâ
vṛiddho 'pi hṛishyate, yatra taruṇo na kathaṃcana.

α bhâryâ **B.** γ kṛishyate **B.**

Der hierauf in denselben HH. folgende Vers ist corrupt, und nicht ersichtlich wie er hierher kommt:

jalpanaṃ, hasanaṃ, marma, krîḍâ, vaktrâvalokanam,
âsannagamanaṃ svarṇe . . na bhinnabhâshaṇam.

α st. marma: marpa(?) **B.** β vaktâvilocanaṃ **B.** γ °pramanaṃ (?) **e.**

In **A** folgt nach unserm Vers 12 der Vers Boehtl. 684 (269) avidyaḥ purushaḥ° = Vers 12 in Erz. XI.

Vers 13 **Aad**, Boehtl. 5550 (2514) β yaûvananashṭacittâḥ **a** wie Boehtl. γ vṛiddhabhâve **d**; paribhujyamânâ **A**, pariniyamânâ (dental. nî) **d.** δ dayanti gâtraṃ çaçine 'va gâtraṃ (so!) **A**, dahyanti gâtrâṇi çiraḥ kshipanti **d.** — çiçire 'va = çiçira iva nach Bopp kr. Gr. § 38 Anm.

Denselben Gegenstand betrifft der hier folgende Vers aus **Be** und die weiteren 3 aus **g**:

Be: paṭha, putra! kiṃ âlasyam? apaṭho bhâravâhakaḥ;
paṭhitaḥ pûjyate loke: paṭha, putra, dine dine! 1.

g: yady api bhavati virûpo, vastrâ-'laṅkâra-veshaparihinaḥ,
râjasabhâmadhye sa hi râjati vidyâdhikaḥ purushaḥ. 2.
dhanahîno na hînas tu; dhanaṃ vâ kasya niçcalam?
vidyâ-jñânena yo hînaḥ, sa hînaḥ sarvavastushu. 3.
guṇeshv evâ "daraḥ kâryo = S. 113 a. E. 4.

Hiervon ist Vers 1 ähnlich Boehtl. 3873 (4489). Vers 3 mit einigen Abweichungen (bes. β) = Boehtl. 3057 (4242), Vers 4 bestätigt meine a. a. O. gemachten Conjecturen; übrigens ist der Anfang davon gleich dem von Boehtl.[2] 2158. — Ganz andere Verse hat **D**:

tapo, vittaṃ, yaço, dhairyaṃ, kulatvaṃ ca, damodayaḥ
chidyante veçyayâ sadyaḥ kuṭhârye 'va çilâtalam. 5.
kaç cumbati" (Boehtl. 1593 (620), siehe S. 149.) 6.
yo veçyâvadanaṃ pâti mûḍho madyâdivâsitam.
madya-mâṅsaparityâgavratam tasya hi no bhavet. 7.
yâ parahṛidayadhanaṃ pareṇâ "ptam abhâshata,
paraṃ nishevate nityaṃ: sâ tyâjyâ dûrato budhaiḥ. 8.
saralo 'pi sudaksho 'pi kulîno 'pi mahân api
yathe 'kshû rasahîno 'pi suparvâ 'pi vimucyate. 9.
vṛiddho 'pi dṛiçyate prâyas, taruṇo 'pi kathaṃ naraḥ
vibudhyeta mahâdoshaṃ pañcasamaṃ manîshiṇaḥ? 10.

5 β Für kulatvaṃ ca würde ich kulavratam schreiben, wenn es nicht gegen das Metrum wäre; cf. 10 δ pañcasamaṃ. — γ vaiçyayâ. 7 α veçâ°. pati. muṭho. δ hi no *Jac.* für ino, näher liegend als tasye 'ha no. — 8 β pareṇaptamabhâshate. 9 δ suparo. 10 γ vibuddhyeti. δ °samâṃ.

56, 15. Hier heisst es in **D**: nâstikeno 'ktam:
„mâtâ kasya⁰" = Vers 7 in Erz. XVII, w. s.
„nirdvandvo nityasattvastho, niḥsaṅgo, vigataspṛihaḥ,
„dhyâyann ekâgram âtmânam, âtmarâmaḥ sa ucyate".
kiṃ bahunâ? ekenâ 'pi pitur vacanaṃ nâ 'vadhâryate, pitrâ te gṛihân nirvâsitâḥ. taiḥ parasparaṃ paryâlocitam: „vidyâvihînâḥ purushâḥ jîvanto 'pi mṛitâḥ smṛitâḥ" (ein halber Çloka.).

In **g** steht hiernach, mit uktaṃ eingeleitet, folgender Vers:
kiṃ kâtareṇa bahuçastraparigraheṇa?
kiṃ kokilasya gaditena gate vasante?
kiṃ garjitena vṛishabheṇa parâjitena?
kiṃ jîvite kupurusheṇa nirarthakena?

19 f. jyeshṭhena . . ⁰kriyatâm so **a**, ähnlich **Dbceg**, aber pitro 'ktaṃ **bc**. Dafür **Ad**: nijanija(svasva **d**)vidyâṃ prakaṭîkartuṃ prârabdhavantaḥ. — 24 tataḥ . . bhakshitâḥ so drastisch nach **Dbceg**. Mit langweiliger Ausführlichkeit **Aad** etwa so: siṅho 'pi jîvitaḥ san kshudhâvishṭo yâvat paçyati, tâvac catvâro 'py agre upavishṭâ dṛishṭâ; bhakshitâs tena catvâro bhrâtaraḥ.

Vers 14 **ABDabcde**, Boehtl. 5980 (2749) *β* vidyâṃ buddhir karishyati **D**, [vidyâ] buddher garîyasî **B**.

XXII.

56 Vers 1 **bc**. *δ* vibhuṃ **b**, prabhuṃ **c**. — Aehnlich **a**:
namâmi çirasâ devîṃ devânâm api durlabhâm,
vidyâ-vinayasaṃpûrṇâṃ, Pârvatîṃ, parameçvarîm.

Andere Verse haben **A**, **d**, **D** und **g**:

A: Gaṇeçaṃ Pârvatîputraṃ, gajavaktraṃ, mahodaram,
vighneçam ekadantaṃ ca namâmi gaṇanâyakam.

d: vighneçvaraṃ, gaṇâdhyakshaṃ, mahâkâyaṃ, mahodaram,
tîkshṇadaṅshṭraṃ ca, deveçaṃ, Gaurîputraṃ namâmy aham.

D: amarîkavarîbhârabhramarîmukharîkṛitam
dûrîkaroti duritaṃ Gauricaraṇapaṅkajam.

g: Râma, Râma, tava nâma nirmalaṃ,
komalaṃ, sukhakaraṃ, sakauçalam,
sundaraṃ, guṇasamûhamandiraṃ;
muktike 'va Harinâma kevalam.

In **D**: *α* kabari. *β* durakaroti. — In **g**: sakauçalam *Jac.* f. susikolaṃ.

40 f. Viçvapuraṃ **A** und der Hinditext, Viçvayuvaṃ **d**, Vidagdhapuraṃ **a**, Vidagdha[ṃ] **Dc**, Vaidagdhaṃ **e** (⁰nâma nagaraṃ sind die letzten Worte von **e**), Adradî nâma puraṃ **b**; asti Vidagdhanâma (so) râjâ **g**. — Statt Nârâyaṇo: Govindo **a**, Çrîpatir **D**; st. brâhmaṇaḥ: vâḍavas **b**. — ⁰brâhmaṇas, tena cintitam: „ahaṃ para⁰ jânâmi" **a**, ähnlich **bcg**, vgl. die Hindîbearb. bei *Oest.* S. 156. — 45 Nach yogî jâtaḥ: kuṭumbajanair uktam: „kasmât?" teno 'ktam: „çrûyatâṃ mama vacanam". atha carpaṭavâkyâni **g**. — Vor paṭhitum â⁰ noch kuṭumbasyâ 'gre **A**. tato 'sau carpaṭavâkyâni

paṭhitum ârabdhaḥ **bc** (aber. paryaṭan‖vâkyâni (so) = parpaṭavâ⁰ **c**); carpaṭa-vâ⁰ hat auch **B**, was es aber bedeuten soll, ist nicht klar. Einen Anhalt giebt carpaṭavâda in Vers 14 aus **g**, unten S. 198, und carpaṭapaṇḍita in dem unten S. 197 aus **B** anzuführenden Vers (2), wofür in dem vorhergehenden einfach carpaṭa steht. Nach dem Ton und Inhalt besonders dieser letzteren Verse ist es ziemlich plausibel, was *Jacobi* (brieflich) vermuthet, dass carpaṭapaṇḍita „eine Bezeichnung für Tagediebe, verbummelte Genies etc." ist. Mit dem Ausdruck carpaṭa vergleicht derselbe das Pañjâbî-Wort carparî, das u. a. „Erzschwätzer, Plaudermaul" bedeutet, womit wohl der Begriff des Stichelns verbunden ist.

Von den im Texte folgenden Versen stammen einige aus dem Mohamudgara, die andern scheinen diesen nachgedichtet; *Aufrecht* schreibt sie der Schule des Çaṅkarâcârya zu. *Jacobi* vermuthet, dass sie alle aus dem Prakrit übersetzt seien, wofür der Reim vṛiddhaḥ buddhaḥ in Vers 8 spricht, Prakrit beides vuddho, und ebenso Vers 3 daṇḍaṃ bhâṇḍaṃ (so Moham.), Prakrit bhaṃḍaṃ. Dazu passt, dass in einigen HH. auch Dialectisches eingestreut ist, s. u.

57 Vers 2 **ABabc** (**a** an späterer Stelle). Vgl. die Hindîbearbeitung. *α* âsâ alle; sarasî **bc**, dafür tapasî **B**; idaṃ çarîraṃ sâdhaya tapasâ **A**. *β* ⁰sthaḥ **a**, ⁰sthaṃ **B**, ⁰madhyasya **A**, ⁰madhye saṃprâpaya **b**, ⁰madhye saṃkramaya **c**. *γ* st. kâya: tâvat **c**; st. çodhaya: sâdhaya **A**, çoshaṃ (so) **B**, çeshaṃ (so) **a**; purushaḥ **Abc**, carushaḥ (?) **a**, vapusâ **B**. *δ* çithila (so) **A**, çvelaya (?) **B**; brahmaṇi parame **a**; brahmâkaluçaḥ **B**, dafür prâṇanibandhaḥ **A**; kalushaṃ meine Conj., karuca (?) **a**, nikasha **b**; siṃghalayaparabrahmaṇishiddhaḥ (?) **c**.

Vers 3 **ABabcdg**, Boehtl. 80 (3391), Moham. 7. *β* daçanavi⁰ jâ⁰ tu⁰ **adg**. *γ* st. yâti: bhramati **A**. *δ* bhaṇḍam nach Boehtl., piṇḍaṃ alle HH.; das naheliegende paṇḍam müsste einen durch das Alter Impotenten bezeichnen, was allenfalls hier einen Sinn giebt.

Vers 4 **Abcg**, Boehtl. 5489 (4882), Moham. 15 (Höfer). *γ* st. paççâj: satataṃ **Abg**; jarayât tyajati na devâ **A**. *δ* ⁰pṛicchati ko 'pi na⁰ **A**.

Vers 5 **ABd**. *γ* st. veshâ: buddhir **B**. *δ* mohasyaisâ (so) sarvâ muktiḥ **B**. **A** hat nur 3 Pâdâs, als letzte Worte bhinnâ yuktiḥ.

Hiernach haben **Bd** zwei mir nicht ganz verständliche Verse:

kâ 'sau vidyâ, yatra na dharmaḥ?
ko 'sau dharmo, yatra dayâ na?
tatpâshaṇḍe yadi saṃyogaḥ,
kântâbhâve kîdṛiçarogaḥ? 1.

çîghraṃ muñca tvaṃ ca kuṭumbaṃ
haste kṛitvâ ruciraṃ tumbam.
vishayaṃ tyâjyaṃ mamatâ bhakshaṃ
kevalasaukhyavivarjitadakshaṃ. 2.

1 *α* kâçâ vidyâ mantraṇadharmaḥ(!) **B**. *β* kosau yasminn akriyâdharma **B**. *γ* pâshaṇḍe meine Conj. für °ṇḍa **d**, °ṇḍaṃ **B**; saṃyogaḥ desgl. für saṃvegaḥ **Bd**. *δ* ghâshâ(?)bhâve kidṛik gaṃgaḥ **B**; kidṛiçarogaḥ meine Conj. aus kidṛiço raṃgaḥ **d**. — 2 *α* °mucati daṃtaku° **B**. *γδ* wohl kaum so richtig; **d** liest kaivalyasaukhyaṃ vivarddhanadakshaṃ, und st. bhaksham: bhakshyam. In **B** fehlt *γ*, *δ* steht hier als *γ* und als *δ* folgt: yadi bhuvi vâṃchasi bâlakamoksham. Diese zweite Vershälfte (kevala . . moksham) steht auch in **bc** (Var. in **b**: st. bhuvi: vibhu; vâṃchati; moksha), in **b** verbunden mit *αβ* von Vers 6; **b** theilt überhaupt die Verse falsch ab; **c** hat keine Versabtheilung.

Vers 6 **ABbdg**, die 2. Hälfte auch **c** verbunden mit *αβ* von Vers 7. (Ebenso verbindet **b**.) *α* divasâḥ **g**. *β* varshaṃ **dg**; mâsâḥ **g**. *δ* so **g**; punasamayeti°(!) **B**, evaṃ yâti ca vṛiddhaḥ kâlaḥ **d**; pu° a° jîvati **Abc**; kaçcitkâlaḥ **c**, dasselbe meint **A** (kaçci fehlt). kaçcirakâla **b** (wohl gemeint kaç cirakâlaṃ).

Vers 7 **ABag**, die 1. Hälfte auch **bc**. *δ* so **a**; sarve (lies sarvo) jîvati, calati vivekaḥ **A**, sarvo 'yaṃ saṃçâraviçeshaḥ **g**.

Vers 8 **AB**. *α* jaṭilaṃ **A**, °la **B**; kṛipaṇo **B**; buddhaḥ meine Aenderung für vuddhiḥ **B**. vṛikshaḥ **A**. *β* sâṃkhyo **B**, saravo **A**; bhagavân meine Aenderung für bhagagan **A**, bhâvan **B**. *γ* kathaṃcin **A**; mṛityo **B**. *δ* °hi lobhât pratîtaḥ (so!) **B**.

Vers 9 **ABbc**. *α* dehaḥ **A**, dafür jîvâ **B**. *β* eko **c**; katvaṃ **A**; mohaḥ **A**. *γ* st. ekâ vidyâ: evaṃ vṛiddhâ(vudhvâ **B**) **ABb**; pâkhaṇḍâ **ABb**. *δ* murshai(= mûrkhaiḥ) kriyate bahupâshaṇḍâ **c**.

Die beiden hier in **AB** folgenden Verse, deren ersten auch **g** hat, sind als Spottverse auf die Jogins in diesem Zusammenhange jedenfalls nicht passend; der zweite ist auch sehr corrupt und unklar. Sie lauten:

akshṇâ kâṇaḥ, saritaghrâṇaḥ, kâkakvâṇo, ghaṭitaprâṇaḥ,
pâṇau ropitakâshṭhakṛipâṇaḥ: kaṇṭakayogî paṭhitapurâṇaḥ. 1.
kanthâkhaṇḍaiḥ kṛitatanugopaḥ, çirasi vidhâritanishṭhuraṭopaḥ;
loke khyâpitaçaucavilopaḥ ko 'yaṃ yogini yoganiropaḥ? 2.

1 *α* akshṇî **g**; âkshâ kâṇo jaṭilaghrâṇaḥ(!) **B**; sarita° meine Aend. des Metrums wegen für sârita° **A**, kaṭita° (= kaṭhina unempfindlich?) **g**. *β* ghaṭitatrâṇaḥ **g**, °kâṇo saṭiprâṇaḥ (so!) **B**. kâkât kâṇaḥ troṇitaghrâṇaḥ(?) **A**. *γ* st. pâṇau: haste **g**. *δ* kaṭire(?) yogî **B**; paṭhita° meine Aend. für paṭhati° **A**, paṭitu° **B**. Dafür **g** tad api na muñcaty âçâpâçaḥ wie in mehrern unten folgenden Versen. — Ich übersetze:

Auf einem Auge blind, mit laufender Nase, mit einer Stimme wie eine Krähe, in der Hand ein hölzernes Schwert erhoben: [so ist] ein . . . (kaṇṭaka) Jogin der die Purâṇa's studirt hat.

2 *α* °khaṇḍai **A**; kṛitanugopâ (so!) **B**. *β* vidhârita **A**, nidhâpiti **B**; °ṭopaḥ **A**, °ṭopâ **B**; ṭopa oder ṭopî bedeutet im Hindî etc.: „hat, cap, helmet". *γ* lokasthâpita° **B**; vilopaḥ meine Vermuthung für niropaḥ **A**, vilekampaḥ (so) **B**. *δ* kâyaṃ **A**; yoginayoginiroyaḥ (so) **B**. niropa (vom Caus. von ruh mit ni) kann wohl „Ursache des

Verwachsens mit, des Einlebens in etwas" bedeuten. Zu übersetzen ist etwa folgendermassen: Mit den Fetzen eines Kittels beschützt er seinen Körper, auf dem Kopfe trägt er einen groben Hut; was unter den Leuten Verlust der Reinlichkeit heisst, was ist das bei einem Jogin für eine Förderung der Beschaulichkeit? — S. Nachtr.

Vers 10 **ABabcg**. α st. kasmin: kas tvaṃ **B**; ko 'haṃ kaçcit kutayâyâtaḥ (so, l. kuta â⁰) **g**. γ paribhâshita **A**, prabhâvita **c**; iti bhâvayataḥsaṃ⁰(?) **a**. δ so **b** und der Absicht nach **a** (svaprasyashpava⁰); sarvasvapnasamavyavahâraḥ **c**, sarvo 'yaṃ bhavasvapnavicâraḥ **A**, sarvopaṃcasvapnavihâraḥ(!) **g**. γδ iti saṃbhâvaya satataṃ, bhrâtaḥ: saṃsâro 'yaṃ svapnavihâraḥ **B**. — Hier folgt in **A** der unten in **B** wiederkehrende Vers (3) pâda⁰, dann der Vers svapno⁰ = Vers 11 aus **g** (S. 198), dessen zweite Hälfte = Mohamudg. 10 ist. **B** hat hier zuerst den Vers **g** 16, welcher mit der ersten Hälfte von Moham. 10 gebildet ist, s. u. Darauf folgen in **A** noch 6, in **B** noch c. 10 Verse in einem stark mit hybriden Bildungen versetzten Sanskrit, zu dessen Verständniss eine gründliche Kenntniss des Guzeratî nöthig sein würde. Ich gebe daher hier nur diejenigen, welche ungefähr in Sanskrit herzustellen waren, wenn auch dabei „grammatische Construction suspendirt ist", in der Fassung und mit der Uebersetzung des Herrn Prof. *Jacobi*. Im ersten davon kommen zwei Guzeratî-Worte vor, khâṇâ Essen und karavâ = kṛitvâ.

kharparakhâṇâ karavâ bhogaḥ.
carpaṭa ka iha viyogo yogaḥ?
daṇḍa kamaṇḍalu maṇḍitamuṇḍâ
ghṛita-madhu-çarkaraposhitapiṇḍâ. (1)

„Aus dem Topfe zu essen, das ist eine Lust. Beim carpaṭa giebts keine Trennung und Wiedersehen. Stock und Krug und geschmückte Glatze, mit Ghee und Honig und Zucker gewürztes Essen!"

jarjaravastra-purâtanapâtraṃ,
tailavivarjitaṃ, karkaçagâtram,
luñcita-muṇḍita-khaṇḍitamânaṃ:
carpaṭapaṇḍite pretasamânam. (2)

„Zerlumpte Kleider, ein alter Napf, ungeölt, hagerer Leib, mit ausgerauftem Haar, kahlköpfig, von geringer Ehre: darin ist ein carpaṭapaṇḍita einem Todten ähnlich."

pâda upânaha, pâṇau daṇḍaḥ,
rathyâsarpita, muṇḍitamaṇḍaḥ,
haste kharpara, viracitabhandaḥ:
so 'yaṃ yogî sahajânandaḥ. (3)

„Am Fusse der Schuh, in der Hand der Stock, Strassenbummeln, kahler Kopf, in der Hand der Topf, ein Schreien vollführend: das ist ein Jogin in urwüchsiger Lust".

hâsâ-duḥkha-kadarthitakâyaiḥ
kshiptaṃ janma; mudhâ vyavasâyaiḥ. (4)

„Von Spott und Leid und elendem Leib ist das Leben geplagt; vergeblich ist Arbeiten".

Die Handschrift g hat hier im Ganzen 22 Verse, zuerst unsre Verse 3 und 6, dann zwei dialectische, anfangend pattî patti⁰ und saṃdhyâtarpaṇa⁰, darauf 10 und 4, dann die nachstehenden, die ich mit den Nummern der H. selbst versehe; Vers 20 = unsrem Vers 7, Vers 21 = Vers 1 S. 196 akshṇâ⁰.

pâtre yena na dattaṃ dânaṃ,
tapasi na . . . .
sa galitakṛityâ-'kṛityavivekaḥ
kila bhavakûpe vilasati bhekaḥ. 7.

sadhanaḥ kurute jagadapahâsaṃ,
varayati nîcaiḥ saha saṃvâsam.
vibhave 'tîte bhavati vinîtaḥ,
divasa-rajanyâ mṛitibhayabhîtaḥ. 8.

tâvat pâpaṃ racati hatâçaḥ,
kaṇṭhe yâvan na patati pâçaḥ;
pâtre patite nindati daivaṃ:
tad api ca vihataṃ purusheṇai 'vam. 9.

agre vahniḥ, pṛishṭhe bhânuḥ,
râtrau civukasamarpitajânuḥ,
bhûmau çayyâ, malinaṃ vâsas,
tad api na muñcaty âçâpâçaḥ. 10.

†svapnodakaçaçimâyâkâraḥ
suragirisâgaranagaravihâraḥ (?).
na tvaṃ, nâ 'haṃ, nâ 'yaṃ lokaḥ:
tad api kimarthaṃ kriyate çokaḥ? 11.

jaṭilo, muṇḍî, luñcitakeçaḥ,
kâshâyâmbarabahukṛitaveçaḥ,
paçyann api no paçyati lokaḥ:
tad api kimarthaṃ kriyate çokaḥ? 12.

kuñcitakanthâchâditadehaḥ.
çûnyasurâlayasundaragehaḥ,
gurupadâmbujapûjanapûtas
tishṭhati tatra sukhî avadhûtaḥ. 13.

kanthâchâdita, bhikshâbhakshaṇa,
nânâdehanivâsavicakshaṇa!
ko 'yaṃ bahuvidhayogavivâdaḥ?
so 'yaṃ dhanyaç carpaṭavâdaḥ. 14.

7 β ⁰na cakte (so) yo budhamânaṃ(?). δ bheshaḥ. Für kila bhava⁰ möchte ich kilvisha⁰ oder kalmasha⁰ schreiben. 8 α sâdhana. β carayati. γ vinîtaṃ. δ mṛiṇabhavabhîtaṃ. 9 γ pâtro. δ so meine Vermuthung für ⁰ca haṃtaḥ purushenaivaṃ. 10 α bhânu. γ vâsaḥs. 12 γ no meine Aenderung für na. lokaḥs. 13 α kuchita.

kâmakrodho, matsara-lobhaḥ,
moho, mâyâ, mada-bhaya-dambhaḥ.
tyaktasamastâvidyâvâsas:
tad api na muñcaty âçâpâçaḥ. 15.

ashṭakulâcala-saptasamudrâ,
Brahma-Puraṃdara-Dinakara-Rudrâḥ,
nashṭâ yatra vicitrâ mâyâ,
sthâsyati tatra katham mama kâyâ? 16.

†çrutvâ tushyati pariṇayalagnaṃ
cittinam ûḍhâ mriyate lagnam
hasiti ca vaktraṃ bhujabalabhagnaṃ
kalayati viçvaṃ bhavajalamagnam. 17.

sarvaṃ Surapaticâpâcâraṃ,
taruṇî, kariṇî, bhâṇḍâgâram;
vâtyâpreritatûlasamânaṃ
yauvana-gaurava-narapatimânam. 18.

çushke nîre kaḥ kâsâraḥ?
vayasi gate kaḥ kâmavikâraḥ?
kshîṇe vitte kaḥ parivâraḥ?
jñâte tattve kaḥ saṃsâraḥ? 19.

ko 'haṃ kas tvaṃ⁰ (= **57,** Vers 7) 20.

akshṇâ kâṇaḥ⁰ (= **196,** Vers 1) 21.

pâde kañjaḥ, pâṇau kubjaḥ,
cheditanâsaḥ, karttitakarṇaḥ,
akshavihîno, vastravihînas:
tad api na muñcaty âçâṃ dînaḥ. 22.

15 *α* wohl kâmaḥ zu schreiben, wenn nicht kâmakrodha so wie matsaralobha gegen die Grammatik als Dvandva zu nehmen ist. Der ganze Vers ist unklar, bes. *γ*. 16 *αβ* auch **B**, = Moham. 10, Boehtl. 738 (3638). *γ* nashṭaç citravicitropâyaḥ **B**. *δ* me kâyaḥ **B**; zu kâyâ vgl. ZDMG. 1869 S. 444, 19. 17 ganz unverständlich. *γ* vakraṃ. 18 *α* sarve. *β* taruṇi kariṇî. 22 *β* ⁰nâṃsâ.

57, 42—45 nijaçarîra⁰ **Ad**, vṛiddha⁰ **a**. — idaṃ . . labdham so nach **abcdg**, ähnlich **D**, wo pitrâ poshitaṃ. **AB** haben hier dieselben Verse, welche **B** in der poetischen Fassung dieser Erzählung, S. 64 unseres Textes, Vers 14 *γδ* (çarîraṃ⁰) bis 16 enthält; leider habe ich dies erst nachträglich bemerkt und die hier dargebotenen Verbesserungen dort noch nicht benutzen können.

58 Vers 11 **ABDad**, Boehtl. 3120 (1318) *αβ* ⁰mokshâñç ca yo na sâdhayate naraḥ **D**. *γ* ajâ⁰ **ABDd**.

XXIII.

Vers 1 **ABad**. *γ* st. niçcala: niçlatha(= niḥçlatha) **A**. — Dafür **bc**:
kovidâ ye sadâ bhaktyâ namasyanti Sarasvatîm,
kṛititvaṃ ca kavitvaṃ ca na teshâṃ khalu durlabham.

γ st. kṛititvaṃ (Erreichung ihres Zweckes): stutitvaṃ c, wohl nur Schreibfehler. — g hat folgenden Vers:

kalyâṇânâṃ nidhânaṃ, kalimalamathanaṃ, pâvanaṃ sajjanânâṃ,
pâtheyaṃ yauvanasya sapariparipadaṃ prârthane prasthitasya,
viçrâmasthânam ekaṃ kavivaravacasâṃ, jîvanaṃ sajjanânâṃ,
bîjaṃ dharmadrumasya prabhavatu bhavatâṃ bhûtaye Râmanâma!

58, 12 Dharmapuraṃ Ad, Dharmasthalaṃ abc (°chalaṃ verschr. in a). Dharmasthânaṃ g, Citrakûṭaṃ D. — Dharmadharo A, Dharmarâjaḥ b, Dharmaçîlo g, Sumitro D. — In D wird hier verkehrter Weise dem Könige statt dem Brahmanen die Kenntniss von 14 Wissenschaften (vidyâs) zugeschrieben, welche dann mit der Bezeichnung kalâs in einem Compositum (diesmal als Attribut der Söhne) etwas corrupt folgendermassen aufgezählt werden: lekhana 1 paṭhana 2 lepana 3 chanda (so, = chandas) 4 jyotisha 5 çâstra 6 tarka 7 nâṭaka 8 [nâṭika 9] abhinaya 9 deçabhâshâ 10 saṃgîtabhâshâ 11 gîtakalâ 12 nṛityakalâ 13 vâdya 14 kalâsu kuçalâ[ḥ]. Die H. zählt abhinaya 10 u. s. w. Was çâstra (çâstraṃ geschr.) sein soll, ist unklar; vielleicht jyotishaçâstra zusammen zu nehmen, wobei in nâṭika die 8. vidyâ stecken müsste.

Vers 2 ABabcd, Boehtl.[2] 2825. α st. iha: atha d. β câ 'pi ab: malini B, milita a, matica (duḥkham alam ati ca) d; tanuṃ B, tanu ac; °tanustrî° fehlt in d, wo nach ati ca folgt payaḥpânamiçro 'pi paṅkaḥ. γ câ 'pi b; °bhâve AB, °bhâvothasâre(?) c. δ saṃsâre 'smin a; manushyo yadi vadati d, vadati auch A, vadatu bc, vatasuçukhaṃ (so) B.

Vers 3 ABbcdg, Boehtl.[2] 2094. α jâyamânaṃ Abc, jâtamâtraṃ Bdg, (gâyamânaṃ Boehtl.); mâturaçrasta° (? so!) B. β pariṇatavapushaṃ nisvabhâvyaṃ khalârthe A, °vacasaṃ niçvayârthaṃ khalânâṃ (so) B; khalâryâṃ b, °ryai c, balâḍhyaṃ g. γ pṛithitale (so) A, pathajale paṅkaje B. δ harati hi g; durnivâraḥ Bg, °vâsaḥ c.

Vers 4 ABabcd, Boehtl.[2] 3968. α na pariharati Bd. β bahukanaka° b, bahuvaçana° c; st. nṛipam: dṛiḍhaṃ bc. γ st. çama: yama a, vrata Bd; st. dharam: dhuraṃ Ab, pavitraṃ (ohne vâ) d, carasthaṃ(?) B; st. duḥsthitaṃ: duḥkhitaṃ ABc.

Hiernach haben bc als letzten ihrer Verse den folgenden:

re re, mûḍhâḥ! kim adyâ 'pi kriyate sukhasaṃkathâ?
nikaṭâ eva dṛiçyante kṛitântanarakadrumâḥ.

α mûrkhaḥ c. γ iva c. δ kṛitâṃtâṃtaraka° c; drutâ b.

Vers 5 ABd, Boehtl. 996 (378) β st. kadâcid°: tadardhakiṃcid AB; bâlatva° nach Boehtl. (Râm. ed. Gorr.), bâlye ca vṛiddhe gataṃ meine HH. γ st. çoka: duḥkha A. δ jîvair . . °taraiḥ AB.

Hier folgen in **d** die Verse Boehtl.² 1694 kâlaḥ samprati⁰ und 3092 dharmaḥ pravrajitaḥ⁰, die in Erz. V S. 21 am Platze sind; den zweiten hat auch **B**.

Vers 6 **ABad**. Boehtl.² 4802. γ so **AB**; so 'bhimaṇyû raṇe çete **d**, so 'pi mṛityuvaçaṃ prâptaḥ **a**. δ niyatiḥ kena vâryate **d**.

59 Vers 7 **AB**. α gṛihe svarthe ni⁰ **B**; arttâni **A**.

Vers 8 **ABd**. αβ ⁰pitâ bhrâtâ na bhâryâ **d**. γ anuprâptaṃ **B**. δ sukṛitaduḥ⁰ **B**.

Vers 9 **ABd**, Boehtl.² 4123. β udyate (udyato?) raviḥ **ABd**. δ loko kathitaṃ **A**, lokâ (lies loko) hi hitaṃ **B**.

Vers 10 **AB**, Boehtl.² 4831, Çârṅgadh. 141, 6 bei *Aufrecht*, ZDMG. XXVII, 68. α Mâdâdhâ(!) **B**, ⁰laṃkâribhûto mahân **A**. β mahodadher upacitaḥ **A**. γ jâtâs tena **A**; anye câ 'pi Çârṅg.; statt yâvad⁰ besser Çârṅg.: yâvanta evâ 'bhavan. δ st. manye: muṃja(?) **A**.

Vers 11 **ABd**, Boehtl. 6336 (2922) α ⁰prâpnuyât pâdapaṃ **A**. β st. baḍiçair: vadhikair (= vadhakair) **AB**. γ kiṃ tu **d**, kintu **A**; in **B** Lücke; ⁰lâbhe nach Boehtl., ⁰lâbho **A**, ⁰vâso **d**, dasselbe meint **B** sthâ - - so. Diese Lesart könnte wohl den Sinn geben: welche Trefflichkeit bleibt an ihrem Platze, wird an ihrem Platze gelassen? δ kâlaḥ sarvajana⁰ **d**, ⁰sajanaṃ corrupt **B**.

Vers 12 **AB**, Boehtl. 599 (217) α st. pâda⁰: patti⁰ **A**; a. E. jîvanaṃ **A**. β st. kari: kaṭi **A**; st. tâla: tola **A**; tâlatalaralaṃ **B**. γ svargârgalâdhâraṇaṃ **A**. δ ⁰tâpagato janaḥ **A**.

Vers 13 **ABd**, Boehtl. 2844 (1179) γ saṃjîvinî **A**.

Vers 14 **ABd**. β krîḍaṃtaṃ **A**; st. yaiḥ: yat **d**. **B** kommt aus 13 in 14.

Vers 15 **Aad**. α paṇḍitasyai 'va meine Aenderung, ⁰tasya ca **A**, ⁰taç cai 'va mûrkhaç ca **d**. β balinâ **A**, sabalaç câ 'pi nirbalaḥ **d**. δ mṛityau *Jac.*, ⁰tyoḥ **Ad**; sarvatra **d**. **a** hat wie folgt:

paṇḍite cai 'va mûrkhe ca, balavaty atha durbale,
îçvare vâ daridre vâ: mṛityuḥ sarvatra duḥsahaḥ.

Hierauf folgt in **a** der nachstehende Vers mit einem Dialectworte:

punar janma, punar mṛityuḥ, punaḥ kleçaparaṃparâ:
rahaṭṭaghaṭikânyâyo na kadâcid anîdṛiçaḥ.

rahaṭṭa ist hindî etc. rahaṭ, „wheel for drawing water", Sanskr. araghaṭṭa. Vgl. kûpayantraghaṭikâ Mṛicch. 178, 7.

Vers 16 **Ad**. γ yatrâ ⁰gatâs tatra gacchanti **A**. — Zu αβ (im Text Fragezeichen nach sahodarâḥ zu setzen) vgl. Vers 7 in Erz. XVII. δ st. parivedanâ z. l. paridevanâ.

Vers 17 **ABd**. γ parivrâtuṃ (⁰vartuṃ?) **d**; δ naraṃ meine Aenderung für taraṃ **d**, naca **AB**.

Vers 18 **AB**. γ st. dṛiçyante: pasyante **B**.

59, 35 âtmanâ cintitaṃ **a**, nur ci⁰ **d**; corrupt âtmânaṃ vicintyataḥ **A**, âtmâ vicintya **B**. Es soll wohl heissen: Govinda dachte bei sich (od. über sich selbst?) nach. Govindena yajñaḥ prârabdhaḥ **bcg**. — 36 f. tasya putrâs tena deçântare preshitâḥ **D** anschliessend an nânâçâstraiḥ prabodhitaḥ **58**, 18; die ganze Geschichte mit der Schildkröte fehlt hier. — 45 f. cañga hier und weiterhin immer **abcg**. dafür catura **ABd**, kuçala **D**. — 46 kacchapaṃ⁰ durch mein Versehen wiederholt, steht in keiner H.

60, 4 tûlikâ immer **ADabc**, meist auch **g**; tûlî **Bd** und in der Zusammensetzung tûlîcañga **g**; vgl. **f**, **76**, 14. Unten 35 paṭṭatûlikâ **A**, paṭṭakûlatûlî (z. l. ⁰tûla⁰) **d**. — 6—8 yat . . kshiptam nach **bc**, die andern stark variirend; bhâjaṇe **b**, bhojane **c**. — 9 durgandhaḥ **Bad**, citâgandhaḥ **Abc**, blos gandhaḥ **Dg**. — 10 f. sukhena bhuktam (bhojanaṃ kṛitam) **ad**; bho kena kâraṇena tvayâ bhojanaṃ na kṛitam? teno 'ktam: bho deva, bhojane mṛitakagandhaḥ samâyâti **A**. Darnach **bc**: tena mama manasi saṃdeho jâtaḥ **bc**. — 16 Nagarâlayâd⁰ **a**; kṛishîvalato Râmapuragrâmavâsino etc. **A**; Mitradamananâmnâ çûdreṇa dattâḥ **D**; kṛishyakâreṇa jyeshṭhenâ ⁰nîtâḥ **g**. — Das Wort paṭṭakila hat **a** einmal (18) in dieser Form, vorher zweimal paṭṭalika, einmal nur paṭṭali; **b** hat zweimal paṭṭaṃkila, **c** zweimal paṭṭakîla. — 24 ajâ⁰ so **d**; ajâdugdhasya durgandhaḥ **A**, ajâdugdhagandhaḥ **a**, ajâgandhaḥ **B**. — Hier hat **D** den Vers Boehtl. 2084 (832) gâvaḥ paçyanti⁰. — 26 ⁰cârâḥ . . apaçyan aus **A**, wo aber der Singular steht. — 32 prasûtikârogeṇa aus **a**; jvaradâhena **A**. — 33 vardhitâ **Dbcdg**; pâlitâ **ABa** scheint mir jetzt nicht mehr unpassend; man muss übersetzen „erhalten“. — 35 râjakîyatûlikopari suptaḥ **g**. — 36 f. prasuptaḥ . . labhate: so **a**; prasuptaḥ, paraṃ râtrau nidrâ na samâyâti **ABd** ungefähr gleich. Darnach **A**: tadâ prachannadûtâḥ sarvaṃ vṛittântaṃ dṛishṭvâ râjño 'gre kathitaṃ (so!). — 39 St. sthûlavâlo: mastakabâlako **g**. — 41 Nach dṛishṭaḥ hat **g** noch: punar vipreṇo 'ktam: „râjan, aparaṃ çṛiṇu! paryañkeṇa ekaḥ pâdas tu (sic) çmaçânajvalitakâshṭasya svapne mṛitakadarçanât“. râjñâ sûtradhâram âhûya pṛishṭaḥ; teno 'ktam: „râjan, mayâ nadyâṃ pravâhe sâraṃ (sic) ardhajvalitakâshṭaṃ labdhaṃ, tasyai 'ko pâdaḥ kṛitaḥ. Daher dann unten 45: tûlikâcañgaḥ cañgaḥ, yasya çmaçânakâshṭapâdasya jñânam. Keine andere Recension hat etwas dem ähnliches. 40 utkalayya *Jacobi*'s Aenderung für utkâlya **a**; tûlikâm (so) utkalitâ **A**, die andern anderes.

XXIV.

61 Vers 1 **a** fehlerlos. Dafür haben **Bd** folgenden Çloka:

sa Dhûrjaṭijaṭâjûṭo jâyatâṃ vijayâya vaḥ,
yatrâ 'ikapâlitâbhrântiṃ karoty adyâ 'pi Jâhnavî.

$\alpha\beta$ madhûrjjatyaṃbhasâ jâto jâyate vijayâgavaḥ **B**; st. vaḥ: ca **A**.
γ yatrâkapalitabhrâṃtiḥ **B**.

bc haben einen corrupten Âryâ-Vers, anfangend sa jayati saṃkalparuco (⁰ci?), **g** folgende Strophe:

yair (?) tau çankha-kapâlabhûshitatanû, mâlâ-'sthimâlâdharau devau Dvâravatî-çmaçânanilayau, Nâgâri-govâhanau, dvi-tryakshau, Bali-Dakshayajñamathanau, Çrî-Çailajâvallabhau, pâpâpoharatâv ubhau, Hari-Harau çrîvatsa-Gangâdharau.

α Für yair tau conj. *Jac.* stoshye. [0]tanû ders. f. [0]tanau. γ dvitrikshau.

6 ff. Pratâpavatî a, Padmâvatî d, Padmasthalaṃ g. — Prachanno A, Prahaseno a. — St. Prîtikarî verschr. Prîtamanî D; Prabhâvatî d. — Vijñeyavalena b, Vij[ñ]âna[0] c. — Lîlâvatî D, Mahâdevî a.

9—14 Hier hat g eine ausführlichere Erzählung, welche durch den Kampf mit den Bhillâs an die Hindîbearbeitung und die poetische Darstellung in B (65) erinnert. Es heisst da:

Vijayabalasya gotribhiḥ ([0]ṇaḥ geschr.) sarvai[r] militvâ Vijayabalasya çatravaḥ câlitâḥ: çatrubhir âgatya nagaraṃ veshṭitaṃ. cintitaṃ râjñâ: „çatravaḥ sajjîbhûtâḥ, ahaṃ asajjaḥ; ata eva yuktaṃ na yuddhaṃ, api na kartavyaṃ, vairiṇâṃ prahâro na dâtavyaḥ. uktam: vahet amitraṃ[0] [Boehtl. 6013 (2764)] 1. punar uktam: bhânuç ca (?) mantrî duhitâ Sarasvṛtî[0] (corrupte Vançastha-Strophe) 2.

yâ kîrtir utsarpati dehanâçe,
'tiduḥkhadâ (dhiguḥ[0]) mûlavinâçinî sâ (tâṃ);
vikrîya devadraviṇaṃ tu kena
yâtrotsavaṃ devakule karoti?" 3.

evaṃ vicârya bhâryâṃ duhitaraṃ gṛhîtvâ bhavanân niḥsṛito râjâ, mahâvane gataḥ. tâvat tatrai 'va paurair gṛhîtum (sic) ârabdham (?). râjño 'ktam: „yasmin deçe[0] [Boehtl. 5351 (2422)] 4. bhâryayo 'ktam: „râjan, kiṃ kartavyam? Kirâtâḥ samâyâtâḥ". râjño 'ktam: „tâvad bhayasya[0] [Boehtl. 2550 (1029), β [0]bhayasamâgamaṃ (!), δ pravartavyam (= praha[0]) açankitaiḥ] 5. tatas te Bhillâḥ kiyanto râjñâ svahastena vyâpâditâḥ, kecit praṇashṭâḥ. tataḥ kaiçcid Bhillanâthâya ([0]nâthena geschr.) kathitam: „ko 'pi kshatriya âga[to] 'sti, tena âtmîyâ bahavo janâḥ hatâḥ". teno 'ktam: „âyudhâni gṛhitvâ dhâvantu!" Bhillanâtho 'pi pradhâvitaḥ. râjñâ bhâryâṃ prati bhaṇitam etc. Nachdem der König ganz allein viele Bhillâs getödtet, fällt er.

17 D nennt den König Kusumaçekhara, c Kusumasena. — Nach âgatâḥ haben Ad unpassend, vielleicht aus 22 unten vorausgenommen: tena râjñâ (te) striyau (tatra) vrajamâne (jâyamâne A!) dṛishṭe. — 18 laksha[0] pa[0] so bc; lakshaṇavantaṃ ([0]vat d) padaṃ Ad, ashṭau(so)lakshaṇavanti padâni a. — kâ 'pi . . gacchati so c; kasyâ 'pi râjño duhitâ ga[0] A, gatâ râjñî râjaputrî vâ a; pâde dhvajâ-'nkuça-kamalacihnatvât (cf. Varâh. Bṛih. S. LXV, 10), tâta, kasya râjñaḥ mahishî duhitâ ebhir lakshaṇair manyate g, kürzer ähnlich b. — 20 f. In g sagt dies der Sohn; er will die kleinfüssige nehmen; in d will der Vater die kleinfüssige. — 21 ff. pracalitau aus d, tâbhyâṃ te . . râjño 'ktam so a, ähnlich Db. In Ad ist Verwirrung: tatra vrajamâne (jâya[0] geschr.) te (d) dhṛite; tâbhyâm (d) âtmîyâbhiprâyaṃ prâgvṛittântaṃ kathayataḥ ([0]yitvâ d);

tac chrutvâ râjñâ bhaṇitam etc. Nach kṛitvâ 21 hat **g**: vrajamâne dve tau dṛishṭvâ mâtṛiduhitarau kshubhite, bhayena kampite râjñâ samâçvâsya pṛishṭe: „kutaḥ sthânâd âgate? kva gamishyatha[ḥ]?" tâbhyâm uktam: „devo na (na zu tilgen?) jânâti, ahaṃ (avân geschr.) na jâne". tatas te dve bhayapṛishṭhe etc. — 23 svajâtir . . jâtaṃ **d**; daraus corrumpirt die Lesart von **A**: tathâti evaṃ bhavyaṃ jâtaṃ; svajñâtir eva, yataḥ yâ laghu° **a**; kshatriyajâtir eshâ, bha° jâ° **b**. Die Worte yâ . . duhitâ lässt *Benfey's* Uebersetzung von **A** bei *Oesterley* S. 216 den König sprechen, was nur dadurch möglich wird, dass er die nach duhitâ sowohl in **A** wie in den damit ungefähr stimmenden HH. **abd** stehenden Worte râjño 'ktam weglässt. Dagegen zeigen die Richtigkeit meiner Auffassung auch **Dcg**, wo die Worte yâ° unzweifelhaft dem Erzähler angehören. Uebrigens ist a. a. O. offenbar „langfüssig" und „kleinfüssig" verwechselt und damit die Pointe vernichtet; **A** hat yâ° 23 ff. genau so wie ich im Texte gegeben. — 25 In **Dbc** will der Vater nunmehr tauschen, aber der Sohn beruft sich auf die erste Abmachung. Darnach heisst es in **b** noch: tatsaṃparkât tayor asatîtvaṃ saṃjâtaṃ; hier scheint das Wort asatîtvam den Anlass zur Einfügung des unpassenden Verses 2 (mit der Pointe satîtvam) gegeben zu haben.

Vers 2 **Aabd**. Boehtl. 7222 (3308) *α* kshaṇaṃ nâ 'sti sthalaṃ nâ 'sti **a**; st. raho: sthânaṃ **A**. *γ* st. tena: evaṃ **a**, aho **b**. — Dafür **c**:

sakṛidâ(!) yat (yetat) pratipannaṃ, tan na tyajanti katham api satpurushâḥ:
ne 'ndus tyajati kalañkaṃ sindhur vaḍavânalaṃ câ 'pi.

31 So **d**; tayor vivâhaḥ saṃjâtaḥ prasavaç ca **b**; bahubhir divasais tâbhyâm api putrau janitau **g**. — 33 °saṃbandhaḥ nâtra[ka]ṃ ko bhavatu (so) **a**, °nâtra (so!) kiṃ saṃbhavati **A**, °tayo[ḥ] kiṃ nâtrakaṃ bhavati **b**, fast ebenso **cg**. Hier haben also **bcg** deutlich, vermuthlich auch **Aa**, und ebenso **bg** in der Antwort des Königs, ein Wort nâtrakam, welches Verwandtschaft bedeuten müsste. In **d** kurz: tau parasparaṃ kiṃ syâtâm? „was sind die gegenseitig?" Aehnlichen Sinnes kasya kiṃ bhavati? **D**. — 36 Vor prati°: ajñâtvâ **D**. In **bcg** antwortet der König: idaṃ (**g**) nâtrakaṃ (**bg**) na jânâmi.

XXV.

Die Fassung ist nach **Ad** gestaltet, welche meist übereinstimmen.

61, 37 bahubhir dinair **d**. — 39 Nach brûhi hat **c**: Vikramaseneno 'ktam: „yadi vâñchitaṃ dadâsi, tat tvayâ (? tan mayâ geschr.) smaraṇamâtreṇa âgamanîyam. Vetâleno 'ktam: „evaṃ karishyâmi, param upadeçaḥ (°çaṃ geschr.) çrûyatâm: madvacanaṃ karṇe kṛitvâ kshapaṇakasya na viçvasitavyam. yadâ tvaṃ mṛitakaṃ nîtvâ 'gamishyasi, tadâ yadi evaṃ vadati etc. — **D** hat einen Vers:

tushṭo 'haṃ tava, râjendra, upadeçaṃ dadâmy aham:
vacanaṃ me samâkarṇya çrâvakasya na viçvaset.

41 f. yady api tvaṃ mama vacanasya pr. na d. d. sâhasena

satyena ca **d**. — 44 mṛitakaṃ prajvâlya Vetâlam avatârayaṃtî (? °yann iti?) kathayishyati **g**. Vor sâshṭâṅgaṃ war devâya aus **Ad** in den Text zu setzen.

62, 2 f. na jânâmi . . tvaṃ allein aus **d**, in **A** jedenfalls aus Versehen weggefallen. me meine Aenderung für maṃ **A**. — 6 madagre balir dâtavyaḥ **d**, mṛitakasyâ 'rgho° **b**. arghyaṃ mahyaṃ pradâtavyam; evaṃ kṛite ahaṃ vaçyo tava bhavishyâmi, ashṭau etc. **D**. — 7 yadi tvaṃ maunaṃ karishyasi **g**. — 8 tava çiraçchedo° **b**, °çiraç chittvâ kshapaṇako 'pi âtmâ siddhiṃ prâpsyati, nâ 'tra saṃdehaḥ **g**. sa digambaras tava çiraçchedaṃ kṛitvâ mâṃ vaçyaṃ neshyati **D**. — 9 Hier erst schliesst **g** die 24. Erzählung, Vetâlaprasâdo nâma, und eröffnet die neue mit einem corrupten Verse, anfangend mûkaṃ karoti vâcakaṃ° (? vâcalaṃ geschr.). — 11 Seltsam n a c h kshapaṇakeno 'ktam: maṇḍale °çvaraṃ(!) âyâ[ṃ]taṃ dṛishṭvâ hṛishṭacittaḥ saṃjâtaḥ **g**. — 12 bhavyaṃ kṛitaṃ (anushṭhitaṃ **Db**) **Dbcg**. — 13 ff. maṇḍalasamîpe mṛitakaṃ nîtvâ bhaṇitaṃ **c**. — 14 sakalaṃ karaṇaṃ meine Aenderung für saṃkalîṃ ka° **d**, sa karaṇaṃ **A**. — 17 ato na jânâmi aus **d**. — 18 St. tvaṃ: sâshṭâṅgapraṇâmaṃ **A**. — 19 darçitaḥ (°taṃ) aus **g**, kṛitaḥ **d**. **A** corrupt. — 20 tasya aus **d**. — 21 mṛitakasya Vetâlasya **g**. — Nach dattaḥ: vaçîkṛito Vetâlaḥ **D**.

Vers 1 **ABDbcd**, **D** nach bhavatu 28. Boehtl. 1874 (719) α pratipratiṃ **B**. β pratihiṅsanaṃ **D**. γ na tatra doshaṃ paçyanti **d**; st. doshaṃ: pâpaṃ **D**. cf. **66**, 31. — 25 ff. svargasthitair Indrâdyair devaiḥ pushpavṛishṭiç cakre **d**, tâvad vimânasthair devyaiḥ (**cg**) sendrair „jaye!" 'ti çabdam uccârayan[ta] ûcuḥ(!) **c**, sâdhu sâdhu bhaṇitaṃ **g**, wo es weiter heisst: tadâ tushṭena surendreṇa khaḍgaṃ dattaṃ. In **c** steht vor den Worten tâvad vimâna°: suvarṇamayo purusho 'bhavat (? geschr. ḍaṃbhayat), vgl. *Weber* Ind. St. 15, 278 med., u. unten S. 206, Z. 7. In **b**: tâvad vimânârûḍhâbhiḥ siddhibhiḥ jayaçabdaç cakre, ähnlich **D** devî-devair jayajayaçabdaḥ kṛitaḥ. Vor varaṃ brûhi haben **Dbcg**: Indreṇo 'ktaṃ. — 28 Vetâlaç câ °jñâkârî bhavatu **d**.

Vers 2—6 **A**, vgl. **B** **66**, 32—34. 3 α bhargavân. β mamâṃṇe; st. Maheçvaraḥ, wie meine Abschrift irrthümlich hat, ist mit der H. mahîpate zu lesen; zu übersetzen: du bist als ein Theil von mir als Vikramâditya geboren worden. Vgl. *Oesterley* S. 173 Z. 5 f. γ yâto. δ purâṇa° *J*. st. pushpaprekshyasatâṃtrakaḥ, cf. zu **66**, 33 δ. 4 αβ bhûrâja° oder 'bhû râjâ *J*. st. bhûdrâjâ°. Ich ziehe jetzt 'bhû vor. γδ bhogopavargâbhuktvâbhuktvâ (so) Vi°, cf. **66**, 34 δ. 5 α Tripurâre. δ prabhâvaḥ *J*. st. prabhâte; sammatâ°. 6 auch **b**. γ yadi mâṃ **b**. sakalâṃ vetti **A**, hier beizubehalten. δ °vṛiddhimattaraḥ **A**. — Bruchstücke der Verse hat **d**: tataḥ sarve 'pi devâḥ pra[ça]çaṅsus taṃ narapatim: „jâto 'si, Vikramâditya, vîraḥ. bhogâpavarga° (= 4 γδ und 5). tasya râjño 'shṭau mahâsiddhayaḥ saṃjâtâḥ, Vaitâlo 'py âjñâkârî babhûva.

In **b** heisst es 28 ff.: „etâ me kathâ loke prasiddhâ bhavantu, yâvad dvâdaça-candrâ-'rka-medinî". (Aehnlich D: yâvac candratârakaṃ). tathâ hi:

na çrîḥ kulakramâyâtâ çâsanenâ 'pi lekhitâ(?)
sakhaḍgenâ 'pi (?) bhuñjîta vîrabhojyâ vasuṃdharâ. (?)

tato Vikramâdityo 'shṭau siddhayo gṛihîtvâ pañcaçabdavâditravâdyamânaiḥ sajaya-jayârâvaiḥ stûyamânaḥ svapuraṃ yayau. Folgt Vers 6 prâjño". — Dafür c: „asau hemamayaḥ purushas troṭito 'pi kshayaṃ na yâtu; tava prasâdât pṛithivîm anṛiṇâṃ karishyâmi. eshâ mama kathâ dharitryâṃ prasiddhâ bhavatu! kshapaṇakavishaye mama dosho 'bhavat". Indreṇo 'ktam: „kṛite pratikṛitam iti. râjan, kshapaṇakavishaye tava dosho nâ 'sti. tvadiyâ kathâ sarvatra bhavishyati". aparaṃ ca:

paṭhishyate na yaḥ çâstraṃ, yo na yatnena çroshyati,
na (so z. l. st. sa) gosahasradânena labhate Vaishṇavaṃ padam. 1.
tasmân naraiç ca çrotavyaṃ paṭhitavyaṃ ca mânavaiḥ
sarvasaukhyapradaṃ ce 'daṃ çâstraṃ Vaitâlabhâshitam. 2.

Ebenda g: „imâṃ pañcaviṅçatikathâṃ yo vâcayati, tasya vighnâni vinaçyantu, kîrtir bhavatu!" „evam astv!" iti Indreṇo 'ktam ['ktam fehlt; darnach zu streichen Indraḥ]. ity uktvâ devâḥ svasthânaṃ gatâḥ. Vikramaseno 'pi ashṭamahâsiddhiṃ prâpya âgato râjabhavane. tata Indravat sukhena bhûmaṇḍalena mahâ-Kâleçvarasamîpe . . prâpûrvataṭe(?) râjyaṃ çâsati. Folgen 2 Verse, s. Vorwort.

In D steht nach Vers 1 (kṛite") folgendes:

yâti mârgapravṛittasya tîrthavâ(?) 'pi sahâyatâm;
apa[n]thânaṃ pravṛittasya sodaro 'pi vimucyate.

evaṃ Vetâlaṃ prasâdya Vikramasenaḥ svanagaraṃ saṃprâptaḥ. tathâ siddhayaḥ prâptaḥ (so).

XXV aus c.

63 Vers 1 auch B vor XIX. *α* abhipretârthasiddhyarthaṃ B; °artha c. *β* çurair api B. *γ* °vighnachade (°chide?) B. *δ* çrî Gaṇâ° c.

5 °sutâṃ Sûhavâbhidhâṃ. ebenso 7 Daihiniṃ nâmniṃ. — 9 bhâryâ meine Aenderung für bhavye; wohl richtiger bhavyadvija" zu lesen. — 10 °bhavati. 11 nadravyâḥ. 12 °kalaṇri pitṛigṛi (so!). 14 lies yatheshṭaṃ. — 15 Das Wort utreḍi, auch 21, bleibt räthselhaft. *Windisch* hält es für verlesen und meint dass es Sack oder Kasten oder sonst etwas zur Aufbewahrung der Körner bedeuten müsse, was Râmad. herunternimmt (uttârya) und das eine Mal aus Unvorsichtigkeit hinfallen lässt. *Jacobi* will für uttârya uccârya lesen und vermuthet für utreḍi die Bedeutung Husten, cf. pañj. utthrû „violent coughing". — 16 ebenso wie im folgenden immer taṇḍula st. tandula zu lesen. — Vers 2 = Boehtl. 4482 (1984). Pañcat. IV, 16, 32. — 21 patitâḥ. 23 jâmâtṛikaṃ jalpârcitaṃ. 29 datvâ. 30 rakshâmadhye . . pâtitâḥ. 33 çayyâ . . saha ete(?) milita (so!). 34 yoçithayâ. **64,** 1 pravishṭaḥ: pṛishṭaḥ.

XXIV aus B.

Als Uebergang zu dieser Erzählung hat die H.:

iti çrutvai 'va Vetâlo gatvâ punar alambitaḥ (so!),
nṛipo ['pi] taṃ gṛihitvâ tu prâyâd atulavikramaḥ.

64 1 α bhûpa⁰: bhaya⁰. β tatra *J.*: tata. γ asmânn. nirveçya *J.* st. nirvedhâd. 2 αβ so *J.* nach Somad. XII, 97, 7 st. Yajasthanagarâkâremûkabhaṃvishaye⁰. 4 β prâpitaḥ *J.*, in **B** nichts. γ ⁰vipâkâṃ. δ pañcatâṃ: paṃtâ. 5 α so *J.* st. nayaṇotsa‖vaṇyâ. β guptâ⁰ *J.* st. guṇâ⁰. Zwischen 5 und 6 scheint etwas zu fehlen. 6 δ enaṃcatugâkṛiti (?) — Nach acintayat: tataḥ praviçya dehaṃ ekaṃ (ṃ oder Fehlzeichen?) vâlapadbhṛiçaṃ ‖ dhyâtvâ sasândravâshpaugha (so z. l. nach *J.*, ⁰vâphaugha **B**) galagadgadanisvanaṃ ‖ ruditvâ bhasmadhavalonnavyâ(?)valaḍha(?)jaḥ ‖ lilâjalajaṭâjûṭâ dvitîya iva dhûryaṭi (Dhûrjaṭiḥ) ‖ 10 γ çarîre: çarî. δ ⁰gâre. 11 α babhûvarsha⁰ mit Fehlzeichen. γ ciram: citaṃ. 12 γ tatkârâjâvairâ gyaḥ. 13 γ râja. δ rurovanavarttacaḥ. 14 γδ, 15 u. 16 auch in **A**. 14 γ anyena meine falsche Aenderung für verlesenes anyaṃna in **B**; attyaṃ **A**; lies atyantalâlitam. δ cirasaṃgabhiḥ **A**, d. i. ⁰saṅgibhiḥ. 15 α saṃvardhitaṃ: saṃ mein Zusatz; vivardhitâ **A**. β yauvanaṃ **B**; yauvane rakshite pitâ (so!) **A**. γ tat mein Zusatz, bestätigt durch tatyajâmeti **A**. δ sa tu rodati (so) **A**. 16 α kâyapraveça⁰ **A**. β sadvrata⁰ **A** besser. δ racitotsavaḥ **A**. 17 αβ ⁰çrutvâ Vetâlo çiṅçipâ⁰. γδ nṛipo: vipro; tûrṇam ânaya mahânaçâḥ.

XXV aus B.

1 γ bhûshyagachaçriyarâjaṃ(?). **65**, 2 β mahâvalo. 3 α Candrabhatyâkhyâ. 4 α bhitsyapallî⁰. γδ mayûpatravasamaigaṃjâskaṃdhenasekhare. 5 γ nihito. δ samukhe. 6 αβ tasmin nahate mayânpâyâdûhitâ. 7 α utkaṭhî. 8 α palâçî: palabhî. β lavaṃgailalatâku (so!). γ so *J.* st. nisvaçâ(?) sarastrîre. δ âvahe *J.* zweifelnd st. apide, wofür er auch ⁰modavâsite conjicirt. 9 γ Caṃḍa⁰, ebenso in 11. δ saputraḥ meine Conj. f. rusakta, bestätigt durch **f** (**92**, 6). 10 α ⁰mudrâktâ. β hradâçrayaṃ *J.* st. vrayâçrayâ. 11 α mujâm ekâ. β parâṃ. γ Caṃḍasiṅhaḥçutapraudhâṃ. 12 α satyavacanau *J.* st. ⁰vanau. β so *J.* st. vaddhau vinayamena tau. γ ⁰bhâryye. 13 γ tanayâ: tenaryor(?) 14 αβ prâyâd⁰: prâhadajñânaṃ; pratibhâshitaṃ *J.* st. prativâcike. γ atushyad *J.* st. atushṭo. δ prasaṃsaṃ. 15 α anyena. β prajâ⁰. γ româcakarmaçaḥ kapaḥ. Die mich selbst nicht befriedigende Annahme einer Lücke hat Herr Dr. E. Hultzsch durch glückliche Conjectur beseitigt; er schlägt vor: româñcakarkaçaḥ kâyaḥ, wodurch alles klar ist. 16 β praṇayaṃ chale *J.* st. visyavitpuchale (so!). 18 δ maulilidhâ⁰ *J.* st. maulililâ⁰; ⁰paṃkajaṃ. 20 β hanni ‖tvâhanyathâtusaḥ. 21 α vaçaṃ: paçuṃ. β bhavet ergänzt *J.*, streicht vi von vibhûshaṇam. 22 γ Kshâtrîçilâ⁰, cf. 23 δ Kshâtriçâlâ.

66, 24 β saḥ *J.* st. vaḥ *U.*, va oder ca **B.** 25 α nirakta. β samahâ⁰ *J.* st. mahâ⁰. γ sthâpitena. 26 α ⁰pratârgheṇa. αβ dunkel, γδ fehlt ohne Zeichen. 28 α bravîsmaraṇa. β vetâla sa⁰. 29 α pradarçayo: β daiva⁰: caiva⁰. 30 β udbhityâ. 31 cf. zu **62,** Vers 1. 32 α trailokya. 33 Wegen der Lücke vergl. Vers 2 und 3 in **A**, S. **62.** γ jâto 'si: râjan sa: Vikramâditya. δ purâstekshatrâdâdhikaḥ. cf. zu **62,** 3 δ. 34 α so nach **A**, **62,** 4; in **B** Fehlzeichen, dann sa Vikramasenaç ca. δ bhuñkshva: bhukshya.

Recension f.

69, 4 dashṭo: dushṭâ. — 9 vidyayâ: vidyâṃ. — 11 prâpyam . . . aham: prâpyeçrutvâ - - nahaṃ (so!). — 13 Kshântiçilo: kâṃçilo s. u. **79,** 13. — 14 koçâgâra wohl ein Versehen statt koçâdhyaksha. — 21 ratnâny wohl Schreibfehler statt phalâny. — 25 Kâṃkshitaçîla die H. — 27 çmaçâne: çmaçânaṃ; mantraṃ von mir ergänzt. — 33 dakshiṇâyâṃ: dakshiṇasyâṃ. — **70,** 1 dhâsaṃ: adṛihâsaṃ; irrthümlich hat der Schreiber hier schon das Wort adṛiçyo angefangen und dann vergessen zu ändern.

I. **70,** 7 tasyâ: tasyâṃ. — 8 sahâyo: sakhayo. — 11 sarasi: sâsi. — *ibid.* ⁰çata⁰ vielleicht verschrieben statt ⁰pari⁰. — 15 çeshotpalaṃ. cf. Somad. 75, 73. — 17 nyadhita: nyadhîta, wohl nicht blos Schreibfehler. — 18 sakhîḥ: sakhîbhiḥ. — 21 jvaram ein Nothbehelf für das corrupte janitam. — 24 ⁰nṛipati⁰: ⁰nṛipate; oder ⁰nṛipateḥ und pure zu schreiben? — 26 Dantaghâtaka so immer mit t. — 36 tan: tam. — 38 mukhaṃ: mukhe. — 41 sakarpurâ . . ghâto. — **71,** 7 gaja⁰: gajaga⁰, viell. gajago⁰ zu lesen. — 8 nishkâçitâ satî: ⁰te sati. — 11 pivatî. — 17 prakaṭitavân: praga⁰. — 27 mantriputraṃ: ⁰putro. — 34 pratyagrâ tri⁰. — *ibid.* tâṃ: tân. — 40 Dantaghâtakasya: Dantaghâtasya. — 42 ca nach Pad⁰ fehlt; besser wohl râjaputra-Padmâvatyau. — 45 f. = Boehtl. 2084 (832); δ cakshubhyâm.

II. **72,** 7 atisurûpâ: ⁰svarûpâ; so steht fälschlich auch in der 3. Erz. (**14,** 11, Lassen-Gild.³, 16, 14), wo ac richtig surûpâṃ haben. — 9 dâsyathas: ⁰tas. — 11 anubhavataḥ. — 16 Rudraçarmaṇo: ⁰ṇe. — 19 Nach sarvo 'pi scheint ein Verbum zu fehlen, etwa dagdhaḥ oder bhasmîkṛitaḥ.

III. **72,** 37 nâma: der Name fehlt ohne Lücke. — 40 Magadhâdhipateç: ⁰tipateç. — 42 tasyâ: tasya. — **73,** 9 Nach papracchatuḥ steht in der H. dâsîpâ, woraus ich nichts zu machen weiss. — 10 uvâca: ûcatuḥ; der Schreiber scheint hier als Subject König und Königin im Sinne gehabt zu haben. — 16 Candrapuraṃ: ⁰pura. — 21 Wenn sa bhâryayâ kein Versehen ist, so steht sa statt saha wie Bhâg. Pur. 7, 12, 27 (PW. s. v.) — dâsyâ: dâsyayâ. — çvabhraṃ: sva⁰. — 23 kuñja⁰: kuja⁰. Das Wort scheint hier wie das oben Z. 21 stehende çvabhra eine von Pflanzen überkleidete Grube zu bedeuten: „a cave“ *Wilkins* bei *Haughton* (PW. s. v.);

bei Çivadâsa dafür kûpa, bei Somadeva çvabhra. — *ibid.* °bâlatayâ: °valatayâ (v stets für b). — 31 f. yat und na von mir ergänzt, da die handschriftliche Lesart sinnlos ist. — 39 rakshitâ: rakshitaḥ. — 45 antikaṃ richtig? — **74,** 2 taddhṛidaya vielleicht ein Versehen statt tanmṛitaka. — 5 çvaçureṇai: °ṇe. — 7 râjâmâtyâḥ sarve 'pi meine Aenderung für râjñâsattyaiḥsarvairagre der H: lauter richtige Worte, aber unconstruirbar. agre ist anstössig weil dazu ein Genitiv fehlt, ragre konnte aber leicht aus 'pi entstehen; j und jñ, m und s werden oft verwechselt. Durch meine Aenderung bekommen wir ein Subject zu ûcuḥ. Auffällig ist der Ausdruck: sie sprachen zu ihm: tödtet ihn.

IV. **74,** 22 ke 'yaṃ pîḍâ meine Conj. für koyaṃpoho. — 23 prâpnosi. — 42 Die Interpunction nach yayau ist durch die H. angezeigt.

75, 1 Çûdrako: sûtrako(!) 5 vibodhya nach Somad. XII, 78, 56 meine Conj. für vidhyeda: d statt b und Buchstabenumstellung. Oder vibodhye 'daṃ? — 16 f. Nach udyataḥ in der H. Interpunction. — 20 dvâri: dvâra. — 24 Lâṭadeçâ° nach Somad. 78, 119 meine Aenderung für Pâṭaladeçâ°, einen Namen ohne Beleg; la und ṭa sind umgestellt, das pa ist Dittographie aus dem vorhergehenden âhûya. — 29 cara (so, nicht câra) heisst hier unzweifelhaft Diener, wie es auch in der von mir aus der Handschr. g publicirten Erzählung ZDMG. XXIII zweimal vorkommt, S. 448 Z. 8 und 9. Vgl. câraka PW. Nachtr. und cârikâ. — *ibid.* Vîravarasya bhâryâ: vîrabhâryâ; allenfalls könnte dies auch Appellativ sein, die Frau eines Helden, doch passt das hier weniger.

V. (XXIII.) **75,** 41 Vor ahaṃ ist vielleicht anyaḥ kathayati ausgefallen und dann anders zu interpungiren. Doch vergl. **76,** 12 f. — **76,** 4 St. °bhojanena hat die H. °bhuṃjânena. — Dass Z. 5 nach °dbhavaṃ kein Verbum finitum steht — etwa ity uktaṃ — ist wohl kaum Fehler des Abschreibers. — 10 châgadugdhaṃ die H.. viell. richtig. — 16 çayyââ (so!). — 24 f. vâlena *tanur* añkitaḥ: vâlenâçuraṃkitaḥ. Vgl. Somad. 83, 51: yasyâ 'ñge pratyakshaṃ bâlapratibimbam udgataṃ dṛishṭam. — 27 °saṃjâta°: °saṃjâtaṃ.

VI. (V.) **76,** 32 Ujjayinî: Ujjainî. — 40 çûrâṇâm anya°: çûrâṇâṃnânya°. Vgl. Somad. 79, 13 °çûrâd vâ nâ 'paraṃ patiṃ . . . icchati. — **77,** 12 yogye 'ti = yogya iti, vgl. S. 193 zu Vers 13. Wegen der Wortstellung ist kein Schreibfehler anzunehmen (tasya sâ yo°). — 13 ukte: uktvâ; çiñçi°: çiñçapâyâṃ.

VII. (VI.) **77,** 19 tato: tatra. — 23 Çuddhapaṭaṃ: °paṭakaṃ. – 30 daivena: daive; tasyâ: tasya. — 35 f. kurv iti: kurvati; vyatyâsaṃ: vyattâsaṃ. — 40 pradhânam: pramaṇaṃ d. i. pramâṇaṃ; die Worte sarvasya . . . pradhânam sind Citat, Schluss des Verses bei Çivadâsa S. **24,** 8, Boehtl. 6959 (5208), daher ist hinzugefügt ity uttaram: darin liegt die Antwort.

VIII. **78,** 5 sa râjâ: sahyagâ meine Abschrift. — 15 utkoçya meine Aenderung für utkroçya; **90,** 13 steht es in der H. richtig;

das Verbum ut-koçay „ent-scheiden“ ist neu. — 16 tu meine Aend. für tâ. — 17 f. °pârçvenapraviçyamapâtâleralaktatoraṇam° die H.; meine Aenderung scheint mir selbst kühn und nicht recht befriedigend, doch weiss ich nichts besseres. — 24 kuḍitas meine Conj., in der H. nur ḍitas, vorher ein Strich für einen wahrscheinlich dem Schreiber unleserlichen Buchstaben. Somad. 81, 58 hat nimagnas. — 36 gṛihyete: gṛihîte. — **79,** 4 padminî meine Conj. für kariṇî. — 8 yo 'bhîtaṃ: yobhîtâṃ.

IX. (VII.) **79,** 17 Anañgaratiṃ: Anaṃgarâtaṃ. — 21 *sarvaguṇa*°: saguṇa°; wenn nicht gleich vorher sarvaguṇa stünde, würde ich sadguṇa vorziehen. — 27 saṃpannâns (so!) tulyâkṛitiḥ die H. — 31 svastho: svasthâ; oder svasthâyogyaḥ zu schreiben? — 32 kathite: kathayitvâ! Vergl. Schluss von XVIII und XXIII.

X. (IX.) **79,** 42 f. mamâ 'pi: mamapi: wohl besser pi zu streichen. **80,** 1 tata sa. — 4 mâmakaṃ: mâmava. Ich interpretire: das Daran-schuld-sein ist mein. — 7 harshitâsayau (sic). — 12 kasya ca: ke ca. — 13 'nujñâtam. — 14 tâm: taṃ. — 18 f. ahanyena: ahaṃyena. — 30 tâṃ tyaktavân: tâṃ na tya°. — *ibid.* °hṛidayâ striyâ. — 33 caurâ: cauro.

XI. (X.) **80,** 38 Indurekhâ Tâ° Mṛigâñkalekheti die H., doch vgl. 39 und **81,** 2 und Somad. XII, 85, 4. — 41 katham: kham (?) — **81,** 1 °dashṭe 'va meine Conj. für dashṭena. Darnach stehen in der H. als Zeichen fehlender Buchstaben 5 Striche, vor sahaso noch na, der Rest eines weggefallenen Wortes. — 2 krandantî meine Conj. für kadalî der H., nach Somad. XII, 85, 20: ity uktavatyâḥ krandantyâḥ sârtir âhvayati sma saḥ tasyâ parijanaṃ râjâ etc. Zwischen kadalî und çayanaṃ steht in der H. noch kâṃ; kâma zu lesen passt nicht recht. In dalîkâṃ könnte dalikṛitaṃ (halbirt) stecken, oder etwas ähnliches wie in Somad. l. c. 21: tena (d. h. parijanena) 'asyâḥ kârayâmâsa sajalair n a l i n î d a l a i ḥ çayyâm. — **81,** 3 niḥçabdajanasaṃbhûte die H. — 9 °kiṇau: °kiraṇa.

XII. (XI.) **81,** 16 Lücke der H.: mantriputraḥ koça - - - (so, 3 Striche, womit die Zeile endigt) lâdhânavayobhût. Somad. bietet keinen Anhalt zur Verbesserung und Ergänzung; koça erinnert an den Namen des Ministers bei Çivad., Prajñâkoça. — Die Worte na vayo 'bhût sind mir nicht zweifellos. — 19 kanakamaya: kanakaya. — 21 barbaraḥ: varvaraḥ; was es hier heissen soll und warum es hinzugesetzt ist, bleibt unklar, auch Somad. bietet keine Hilfe. — 22 na câ: na vâ. — 24 f. na cirât: das na bliebe wohl richtiger weg. — 28 Für hṛishṭo würde ich der Sache entsprechend lieber hṛishṭaṃ schreiben. — 29 Dîrghadarçî ist von mir hineingesetzt, in der H. stehen zwei Striche als Lückenzeichen. — 35 Lakshmîdattasya meine Aenderung für lakshyaṃda° der H., nach Somad. l. c. 72. 75. 87. — 42 f. °narapatitvaṃ: °narapatitvâvaṃ. — 44 tasyâ: tasya.

82, 4 pravishṭavyam: prashṭavyam. — 5 san: sa. — 12 tâto: tato. — 14 f. bhartâ bhûtvâ râkshasaṃ mâr° meine Vermuthung für bhartâraṃ mâr°, was keinen Sinn hat. Vgl. Somad. l. c. 140.

— 17 svasty: svastry. — 30 f. mṛitaḥstatvaṃ. — 32 divyâm enâm: divyâṃmanâm.

XIII. (XII.) **82,** 39 f. Hariḥsvâmî. — 41 °çrâṃtâ. — 42 dvayitâm apaçyat.

XIV. (XIII.) **83,** 17 f. St. cauropaplutaṃ nur ropaplutaṃ. — jagâma. sa cauram: jagâmâsaççauram. Das â vor sa ist wahrscheinlich ein Interpunctionstrich; ob saç für sa nur Sandhifehler ist, bleibt mir zweifelhaft. — 20 bahis: nahis; n für v (statt b) ist ein leichter Schreib- oder Lesefehler. Sehr auffällig ist die Construction von bahis mit Gen. statt Abl. — 23 mârayishyati: yâra°. — 27 raksha tam: rakshatâm, wofür man auch rakshyatâm vermuthen könnte; doch vergl. Somad. 88, 35. — 29 sutâṃ: sutâ; es wäre auch möglich zu lesen sâ vaṇiksutâ prayayau. Vgl. Somad. 88, 40. — 32 vihasya: piha°. — 40 kaḥ kshama: kakshama.

XV. (XIV.) **84,** 5 krodhâdûmadhoraṃṇaṃ°. — 8 'jivitâ°: jivitâ°. Der Apostroph wird in der H. fast nie geschrieben. — 11 °dhâriṇiṃ: °dhâriṇî. — 12 vṛiddharshi°: vârddharshi°. — 16 raksha tâm: wegen der auffälligen Stellung vermuthe ich, dass °sutâ rakshyatâm zu lesen ist. Vgl. oben zu **83,** 27. — 18 sakhi: sakhe. — 20 bhujagadashṭakavṛittiṃ na lebhe die H.; zur Emendation bietet Somad. keinen Anhalt. — 25 f. kanyâṃ meine Aenderung für kântâṃ, das ich für ein einfaches Versehen des Schreibers halte. — 32 Nach gṛihîtvâ hat die H. noch einmal sa. — 33 °kanyakâṃ: °kâ. — 37 pariṇîtâ: pariṇîttya. — 40 avâpya: ayâpya.

XVI. (XV.) **85,** 3 Kaṃcapuraṃ; vgl. **86,** 29 und Somad. XII, 90. 5. — 9 gotriṇas: cauriṇas; wegen der andern Recensionen scheint gotriṇas dem sonst nahe liegenden caurâs vorzuziehen. — 12 pitroḥ: pitrâ. — 13 Madhurâkhyena; vergl. 29. — 19 pratyâha . . âhûya in der H. verdorben: pratihûyasiṃmâhûtâ; statt sakhîm könnte man auch tâm schreiben. — 20 dṛishṭâ kann nicht richtig sein; statt hṛishṭâ würde man das Causativum harshitâ „freudig erregt“ erwarten; dann wäre harshitâ vyathitâ ein Oxymoron. A. Weber in JLZ l. c. vermuthet dṛiḍham, „ohne freilich davon gerade sehr befriedigt zu sein“. — 29 dṛishṭvâ ist von mir hineingesetzt, in der H. fehlt offenbar ein derartiges Verbum. Das ehi ist kaum verständlich; die Erzählung ist überhaupt sehr lückenhaft. — 33 çuçrûshaṃ die H., kurvan nach der ähnlichen Stelle am Schlusse und oben Z. 12 von mir hineingesetzt; vielleicht ist das wenig passende svairaṃ (34) aus kurvaṅs (vor t) entstanden.

86, 2 mûlyena: mûlye. — 5 nîyamânaṃ; es könnte allenfalls auf ratnam bezogen werden, doch ist das gezwungen. — 7 Jîmûtaketuve. — 8 Vidyâdharendraputraṃ. — 9 jîvina°. — 10 °mati. — 11 saṃjalpan°: sa(n?)javan garuḍe vismiye. — 12 vilokâ ko savân. — 13 etena: ete; mâṃ: sâṃ. — 15 kṛithâ. — 18 vishaṃne. — 21 Târkshyenâ°: offenbar ein grösseres Verderbniss, zu dessen Heilung aber keine der andern Recensionen einen Anhalt bietet. Das partic. praes. âçvâsyamânâ, das man vermuthen könnte, scheint mir nicht recht zu passen. Für das unverständliche mânusheshu praieshu vielleicht zu lesen prâṇeshu pratyâgateshu nachdem ihre Lebensgeister zurückgekehrt. — 30 pitro çuçrûshaṃ. — 31 kathaïtvâ. — 32 ayaṃ: ayo.

XVII. (XVI.) **86,** 41 Kanakâkhyaṃ nâma der H. kann kaum richtig sein; nâma wäre tautologisch. Kanakapuraṃ hat Somad. an der entsprechenden Stelle. XII, 91, 3. — 42 samabhyetya: samapy° verschrieben. Vergl. Magadh â t i pateç **72,** 40 und u t atishṭhat **88,** 9. An dieser Stelle ist bhayâd auffällig, wofür sonst kein Anhalt. — **87,** 1 durlakshaṇâṃ tâm iti ist eine Verquickung zweier Ausdrucksweisen; logisch wäre entweder „durlakshaṇâ sâ" iti oder °ṇâṃ tâṃ ohne iti. Vgl. 5 ‚durlakshaṇe 'ty uktâ. — 2 Nach anâdṛitâṃ ist vielleicht tâṃ einzuschalten. — *ibid.* drashṭuṃ: dṛishṭuṃ (!) — 4 svakâyam meine Aenderung für svakalam, wofür man auch svakulam vermuthen könnte mit der für kula von den indischen Lexicographen angeführten Bedeutung Körper. Bei Kshemendra (*Zach.* S. 372) steht saudhât t a n u m adarçayat, bei Somad. (91, 24) svagṛihaharmyataḥ â t m â n a ṃ darçayâmâsa. — 5 nishkâsitâ. — 6 virâjamânâ vayasâ die H.; die Emendation beruht auf *Zachariä's* Angabe a. a. O. S. 369 Z. 11 v. u. — 9 kathitavân: prathitavân. — 11 paradârâ°. — 16 satyaṃ ist vielleicht für satvaṃ d. i. sattvaṃ verschrieben. — 18 yaçaḥçarîro 'bhût klingt sehr an Somad. an: prayayau sa yaçaḥçeshatâṃ nṛipaḥ (91, 44). — 23 f. °lambitasthitaḥ die H., wohl als Compos. gedacht; ebenso am Ende von XIX, XX u. XXI.

XVIII. (XVII.) **87,** 31 baddhaç: varddhaç. — 38 niçi: nisi. — *ibid.* nach prabhâte möchte man tan einschalten, wodurch der Satz gefälliger würde. — 41 praviçya war in praviça zu ändern. — *ibid.* drakshasi. — **88,** 2 vilâpaṃtaṃtadevâ°. — 5 mantravikalpârthaṃ meine zweifelhafte Conjectur für °vikalpotthaṃ. — 9 utatishṭhat (!) — Die nächsten Worte sind wieder unverständlich und wohl lückenhaft. — 20 kathite: kathayitvâ. Vgl. Schluss von IX und XXIII. — 22 ashṭâdaça.

XIX. (XVIII.) **88,** 25 Kaṅkolakaṃ: bei Somad. Vakrolakaṃ. Ueber den Namen s. Anm. zu Çivad. XVIII. — 26 °nivâsinâṃ. — *ibid.* tasyâ: nach ta in der H. ein Loch. — 32 çûlasthasya meine Conj. für çûlasya. — 33 râtrir: râtri. — 37 prâpsyati: °si. — 39 Der kurze Ausdruck jalapûrvaṃ wird durch Somad. 93, 23 verständlich. — 40 °dhastân ni°: °dhastâni°. — 41 vyâpadyata: vyavap° (so, nicht vyavâp°). — 42 bhartur: bharttu. — **89,** 3 samâgacchâmî 'ty: °gachâmo itty. — 23 tatpitâ meine Conj. für tu pitâ. — 24 °mâtrâ: °mâtâ. — 25 na piṇḍam arhati meine Aenderung für taṃ piṇḍam a°, wobei die Negation fehlt. — 29 ekonaviṅçatikathâ und so weiterhin immer die H.

XX. (XIX.) **89,** 34 Nach viçramya hat die H.: visâdinâ kṛitâhâro, wofür bisâdinâ° in den Text zu setzen war. Jambhalad. hat mṛiṇâlâdikaṃ khâditvâ, bei Somad. steht nichts ähnliches. —

35 kâmakulito. — 37 kanyâmayâce (m für y). *ibid.* sâdarâṃ. — **90,** 2 °varsho . . °putraḥ . . dhṛitaḥ. — 10 f. tatas tena putreṇa . . jagâma die H.: fehlerhafte Construction wie **91,** 16 f., w. s.

XXI. (XX.) **90,** 23 Statt Anaṅgamañjarî, wie der Name unten 35 f. und bei *Somad.* und *Çivad.* lautet, hat die H. hier Madanasundarî. — 24 Maṇivarman heisst der Schwiegersohn bei *Somad.*, wo der Name 6 Mal vorkommt, unsere H. hat alle 3 Mal Maṇicannan. — 27 jâmâtâ: jâmâtaḥ. — 31 Nach gatvâ hat die H.: parvatistutavatîyatsaṃgamâ°, worin zu stecken scheint Pârvatîṃ stutavatî; das müsste ein Satz für sich sein, als Subject dazu Anaṅgamañjarî verstanden werden. Hierzu stimmt, dass sie bei *Somad.* (95, 29 ff.) zur Caṇḍikâ betet (natvâ stutvâ vyajijñapat) und sich aufhängen will. — 33 Kamalâkara° meine Aenderung für kamelâ°; vielleicht noch richtiger würde °nimitta geschrieben in Composition mit saṃtâpa, wodurch die Umstellung der Glieder — kathitasaṃtâpâ wäre zu erwarten — mehr begründet wird. Oder ist saṃtâpaṃ kathitâ zu lesen? *Jacobi* corrigirt °vyathitâ. — **91,** 2 °manasâ.

XXII. (XXI.) **91,** 7 Brahmasthala. — 16 Statt sakautukâs te hat die H. °kais tair: dasselbe Versehen wie **90,** 10 f. — 17 vikîrṇam: vikîrṇa, gemeint °rṇaṃ. — 18 mâṅsa. — 20 tâṅç ca: te ca.

XXIII. (Hindî XXIV.) **91,** 26 Yajasâmanâma (so!) die H. Vgl. XXIV, **64,** Vers 2 und Somad. 97, 8. — 27 Devasvâmî: vielleicht Devasâmî die H., was = Devasomo (so Somad.) sein könnte. — putro abhût (so!) die H. — 29 tacchariraṃ: tatsamîpaṃ (!) — 37 mihâvratam. — 39 bâlye: vâlo. — 42 iti kathayitvâ die H. wie am Ende von XVIII.

XXIV. **92,** 2 Dakshiṇâpathe mein Versehen st. dâkshiṇâtyo der H. (da" geschr.). — *ibid.* nâmâ. — 15 Nach taṃ ist nṛipaṃ in den Text zu setzen, das nur durch ein Versehen ausgefallen. — 19 ff. Das Original von f scheint hier am Ende zerstört gewesen zu sein, so dass der Schreiber manches nicht lesen konnte. Daher macht er nach jânâmi Striche, die etwa den Raum von 6 Silben einnehmen, ebenso nach hantavyaḥ zwei etwas kürzere Striche, zu Ende einer Zeile und zu Anfang der nächsten, nach kathitaṃ vier kurze Striche, und nach yayau einen kurzen und einen langen.

Anhang.

Prâkṛitverse in der Vetâlapañcaviṅçatikâ.

1. (**ae**. Zu I, 9, 44). *W.*

kivaṇâṇa dhaṇaṃ, nââ-
ṇa phaṇamaṇî, kesarâi sîhâṇaṃ |
kulavâliâṇa thaṇajua-
laṃ kutto chajjaï muâṇaṃ? || 1 ||

α kiṃrvaṇâṇa **e**, kiṃcipâṇa **a**. nâgâṇâ **e**, kaṇââṇa **a**. *β* phaṇamarṇâaṃ (so) **a**, dafür nur phalâ **e**. kesarâṇa **e**. sîhâṇâṃ **a**. *γδ* kulavâlikââṇajuâṇaṃkaṃshetochiyyaṃdimuâṇa **a**, kulabâlayâṇadiyayaṃkuttochapyamtitiamuyâṇa **e**.

„Was hilft todten Geizhälsen ihr Geld, (todten) Schlangen ihr Phaṇa-Juwel, (todten) Löwen ihre Mähne, (todten) Frauen ihr Brüstepaar?“

„Zu chajjaï s. Hâla 243 (247). — Derselbe Sinn offenbar auch in den beiden folgenden Versen, von denen der zweite in apabhrañça, deren Text ich aber nicht herzustellen vermag“. Die Ueberlieferung dieser beiden Verse in **e** und **b** ist folgende:

e: sihakesarisusaïûyarasaraṇâiṃgâisuhaḍassâ |
maṇimathiiâsisahaṇavichapyaïamuyassa || 1a ||

b: kesarikesaphaṇiṃdamâni saraṇâi(?)suhaḍâha |
satiyapayoharavipradhana elijjantimuyâha || 1b ||

2. (**Aa** und **ace**. Zu I, 9, Vers 13 u. XIV, 38, 11.)[1]) *W.*

jaï jâṇaṃti, kisoari,
tuha ahare amiasaṃgaho atthi |
tâ amarâ amiaharaṇĕ
ṇa kuṇaṃti vi loḍaṇâraṃbhaṃ || 2 ||

α jadra jânidhi **A**, jânaṃtâ suṃdari **c**, kisocari **A**, kisodari **a**^{2}, kimodari **a**^{1}. *β* tua **Aa**^{1}, tuva **a**^{2}**c**, ruha **e**. adûre **A**, epare **c**. amiya **a**^{1}**c**, amayaṃ **e**, abbhia **A**. saṃgahe **e**, sagahaṃ **A**, saṃgamo **a**^{2}, atsaṃcayaṃ **c**. atti **a**^{1}, satthi **A**. çratthi **a**^{2}, nichts **c**. *γ* taṃ **A**. amarâvaiharaṇe **A**, amarâmiyahareṇe **a**^{1}, amaruṃniaharaṇe **e**, amarâ sâarassa **a**^{2}. *δ* na **a**^{1}, fehlt in **A**. karaṃthi **Aa**^{2}. loaṇâ **A**. raṃbhe **A**, raṃbho **e**, rabhaṃ **a**^{1}. — *γδ* von **c** fehlt.

„Wenn, o Schlanke! die Götter den Nektar deiner Lippe gekannt hätten, würden sie sich nicht die Mühe des Quirlens gegeben haben, um den Nektar zu gewinnen.“

[1]) In Erz. I haben den Vers **Aa**, in XIV **ace**, wornach die Angaben S. 103 und 163 zu berichtigen sind.

„In der 2. Hälfte lässt sich die Annahme, dass e in haraṇe kurz sei, (was ja vorkommt) vermeiden, wenn man schreibt: tâ amarâmiaharaṇe°. Doch ist der saṃdhi hier auch ungewöhnlich und man bleibt wohl in diesem Fall besser bei Weber's Fassung." *P.* — „saṃgaho etwa Quintessenz" *W.*

3. (e. Zu I, 12, 7.) *P.*

avicâriûṇa kajjaṃ
jaṃ kijjaï iha kajjasarasaeṇa |
taṃ tattaduddhaghoṭṭi
vva kassa hiaaṃ ṇa tâvei? ‖ 3 ‖

α °uṇa. β ja kajji iha sara°. γ °dudhaghuṃti. δ kva ṭâveḍa.

„Eine That die hier von einem von Verlangen nach der That erfüllten gethan wird, ohne dass er sie bedacht hat — wessen Herz quält die nicht, wie ein Trunk kochender Milch?"

Die Conjectur ghoṭṭi (für ghuṃti) stützt *P.* auf Hemac. IV, 10. *W.* liest in β °iha sarahaseṇa von einem Ungestümen (sarabhasena); der Vers ist dann upagîti. Mir scheint dies näherliegend.

4. (e. Zu III, 18, Vers 26.) *P.*

ravicariaṃ, gahacariaṃ
târâcariaṃ ca râhucariaṃ ca
jâṇaṃti buddhivaṃtâ:
mahilâcariaṃ ṇa jâṇaṃti ‖ 4 ‖

Die H. immer cariyaṃ α graha. δ shahilâ.

„Den Gang[2]) der Sonne, den Gang der Planeten und den Gang der Sterne und den Gang des Râhu kennen die Weisen, den Wandel der Frauen kennen sie nicht".

Ueber die yaçruti vergl. die allgemeinen Bemerkungen zu den Prâkṛitversen im Vorwort.

5. (e an derselben Stelle.) *W.*

chippaṃtaṃ pi païṇṇaṇa-
hapaaṃ ââsapekkhiṇâ ⏑ ⏑ ⏑̱ |
ekkaṃvaraṃ ṇa ghippaï
dullakkhaṃ kâmiṇîhiaaṃ ‖ 5 ‖

αβ dhippallaṃdyimachâpṇapayaṃ âyâscyaṃkhiṇâgamâṃ. γ ikkaṃ. na dhippaï. δ hiyartha.

„Das schwer zu erkennende Herz der Mädchen wird nicht erfasst von dem (sehnsüchtig) nach Raum darin Spähenden, wenn er es auch berührt, mit Nägelmalen versieht, wenn es auch nur mit einem Kleide bedeckt ist(?) — ebenso wie die Luft nicht erfasst wird von dem zum Aether Blickenden, wenn er sie auch berührt, wenn sie auch mit Gewölk versehen ist".

„Ganz hypothetisch, zumal der Schluss von pâda 2 unklar".

---

[2]) Ich würde den im Deutschen auch doppelsinnigen Ausdruck Wandel überall vorziehen.

6. (ac. VIII, 25, Vers 4 im Texte.) *W.*

patte vasaṃtamâse
riddhiṃ pâvaï saalavaṇarâi |
jaṃ ṇa karîre pattaṃ,
tâ kiṃ doso vasaṃtassa? ‖ 6 ‖

α vasaṃtasamaye c. β ridhi c. pâvati a, pâvaṃthi c. saalâ a, sala c. râï c. γ yaṃ a, jo c. kariye patte c. δ kaṃ c. dosho a.

„Der ganze Wald strahlt herrlich, wenn der Frühling kommt. Wenn der Dornstrauch keine Blätter bekommt, ist es die Schuld des Frühlings?“

daṃḍaü râulu°, zu IX, 27, Vers 3, s. 20 rûsaü râulu°.

7. (ABbc. IX, 27, Vers 4 im Texte.) *W.*

lajjijjaï jeṇa jaṇo,
maïlijjaï ṇiakulakkamo jeṇa |
taṃ ṇa kuṇaṃti kulîṇâ
jâva vi kaṃṭhaṭṭhio jîvo ‖ 7 ‖

α lajjajjaï A, lajjitaï B. jaṇi B, jaṇṇo b. β maliṇajja A, maṇilijjaiḥ (so) B. ṇiya c, fehlt in b, dafür blos a B. kulakvamo bc, blos kulaṃ AB. yenâṃ B. γ tan na B, triṇa A. kuṇaṃthi c, blos kuṇa A, karaṃti Bb. kulinâ Bb. δ jâva kaṃṭhaṭhiyo jivaṃ c, yâvadakaṃ‖ jjiâjiâ B, yaddapi kuṃṭhatiajjiya A, suddha vi kaṃṭhahiye jîyo b.

Was die Leute schamroth macht, was die Weise des eigenen Geschlechts besudelt, das thun Edle nicht, wenn auch das Leben schon in der Kehle steht (nicht einmal in Lebensgefahr).

W. verwirft die oben stehende Lesart für δ; er schrieb nach b muddhaṃ vi kaṇṭhaṭhie jîve, und bemerkt dazu jetzt (13./6. 81), dass muddhaṃ offenbar die lectio difficilior und daher die alte Lesart sei. *Jacobi* wollte mûḍhaṃ „Thörichtes, Verkehrtes“, was zu pâda 3 bezogen werden müsste. Hiergegen *W.*: „Dann steht aber vi nicht an der richtigen Stelle, müsste h i n t e r kaṃṭhaṭhie stehen; . . . auch ist mûḍha für pâda 1. 2. eigentlich doch nicht stark genug. Ich möchte daher meinen, dass muddhaṃ, mugdhaṃ hier im Sinne von mudhâ ‚irriger Weise‘ steht. ‚Edle thun nichts, worüber man schamroth werden kann, und was . . besudelt, auch wenn ihr Leben i r r i g e r (thörichter, frivoler) W e i s e, für Nichts und wieder Nichts, auf dem Spiele steht‘“.

8. (A doppelt. Zu IX, 28, Vers 16.) *W.*

taḍiviḍavâ deṃti phalaṃ,
kuṇaṃti châyaṃ, namaṃti suvisesaṃ |
ummûleṃti jaḍattaṃ
suraammi (?) visaṇṇamahilâṇaṃ ‖ 8 ‖

α deti. β châyâ. suviçeshaṃ. γδ ummûlaṃteijaḍivashphalâtpimihalâṇayâtu — Die zweite Fassung lautet: surasaritiraviḍavâchâyâkuṇaṃḍitiphalaṃriddhiḥ| nâhaṃvishâtadvimûleṃaṃḍivatedriçyamitilâṇâkiṃbahulâ (!) ‖

„Die Blitzranken (sind sonderbar, sie) geben Frucht, machen Licht (!), beugen in hervorragender Weise und entwurzeln die Sprödigkeit der (dadurch) entsetzten Frauen.“

„Ganz hypothetisch". -- châyâ Licht, s. PW. bei d. -- Zum Gedanken von γ („entwurzeln die Sprödigkeit") „cf. Hâla 745".

9. (**Ba.** Zu XII, 32, Vers 2.) *P.*

pâusakâlapavâso,
 jovvaṇasamae a hoi dâriddaṃ |
paḍhamasiṇehavioo
 avi garuâ tiṇṇi dukkhâi ‖ 9 ‖

α pâḍasa **Ba**. β yoana **B**, jauvana **a**. samaya **B**, samayo **a**. tra(=a) **a**, fehlt in **B**. hohi **a**. drâridraṃ **B**, dâhaddi **a**. γ paṭhama **Ba**. saneha **B**, sineha **a**. viyogaṃ **a**, nur vio **B**. δ avi *P.* für hâ **a**. tini **a**. Dafür tini vigaraduḥkhâi **B**.

„Verreisen in der Regenzeit und wenn Armuth (uns) in der Jugend betrifft, erste Liebestrennung — das sind drei schwere Schmerzen".

10. (**B** zweimal. Ebenda.) *P.*

uvvasio so deso
 vasiûṇa jattha tuhâvalî jâi | (?)
hâ . . . paḍhamamaaṇo
 puṇo vi hâ . . . . ‖ 10 ‖

α deço **B²**. β vasiuda, vaçiuṇa. jastha **B²**. tyuhavala, tyuhavali. γ hâ paya pathama(ma)yaṇo. δ paṇo **B²**. vi hâ kathadisci.

Von einer Interpretation ist bei dem Zustande des Verses besser abzusehen.

11. (**B.** Nach Vers yâ pâṇi⁰, S. 154, zu XII, 32, Vers 3.) *P.*

âsâ ṇa dei maraṇaṃ,
 maraṇeṇa viṇâ ṇa labbhae pemmaṃ |

α âsâ na deda. β maraṇena vinâ na labbayemmaṃ (so). γδ jâleshu bhabbhâ jaha gahiaṃ (= yathâ gṛihîtaṃ) kotirichuccaḥ, bleibt dunkel.

„Die Hoffnung lässt nicht sterben, ohne den Tod wird die Liebe nicht erlangt".

12. (**e.** Zu XII, 33, Vers 5.) *W.*

khajjaï pijjaï lijjhaï yâvad astî 'ha kiṃcit.

shmajaï pijaï lijai.

„Es wird gegessen, getrunken, geleckt, so lange was da ist." Halb Prâkṛit, halb Sanskrit. Die andre Hälfte des Verses und ein zweiter gleichartiger war nicht herzustellen. Die H. hat:

hîrthâ(hîthi?)dyoḍâsonovâno kasya sârthaṃ nathâti (na yâti?) ‖
âchuṃkâchuṃkiçûṃkijaï yâvad asti 'ha kiṃcit |
osojâṇirûḍâprâṇî sukṛitaṃ saṃcayaṃti ‖ 12a ‖

13. (**a.** Zu XIV, 35, Vers 2 [Nachtr.]) Apabhrança. *P.*

tâma ṇa pâvima, tâma guṇu,
 jaü tavu saṃjamu tâma |
vaṃkakaḍakkhahaṃ loaṇahaṃ
 paḍi ṇa paḍijjaï jâma ‖ 13 ‖

α sa pâṇima. β jayu tapu. nâma. γ ⁰katakhaha loya⁰. δ paṭi. patijjaï.

„So lange (trifft uns) kein Unglück, so lange (dauert) Tugend, Sieg (d. h. Bezwingung), Busse, Selbstbeherrschung, so lange nicht die schräge Seitenblicke habenden Augen (der Frauen) (auf uns) gerichtet werden".

Aehnlichen Sinn hat der folgende, in der zweiten Hälfte verstümmelte Vers, den an derselben Stelle **b** in folgender Form bietet:

tapu yapu saṃyamu tâma naru sâdhaï niratau thiyanu |
hiyaï na lâga(lagga) hijâhi nâyanavâṇa nâḍâtanâ ‖ 13a ‖

14. (**b**. Zu XIV, 35, Vers 3 [Nachtr.]) *P.*, *W.*

saṃsâre haavihiṇâ
mahilârûveṇa maṇḍiaṃ pâsaṃ |
vaïraṃti jâṇamâṇâ
ajâṇamâṇâ vi vaïraṃti ‖ 14 ‖

α haya. β maṃḍiyaṃ. γ yâṇa°. δ ajjâṇa°.

„Das böse Geschick hat in der Welt eine Schlinge mit der Gestalt des Weibes geschmückt. Es verschlingen dieselbe die Wissenden (d. i. man verschlingt sie mit Bewusstsein), und auch ohne es zu merken verschlingt man sie". *W.*

„Vgl. Bhartṛih. 1, 84 (Boehtl.² 6237). pâça als Neutrum macht im Prâkṛit keine Schwierigkeit. vaïraṃti = avagiranti". *W.*

15. (**ABa**. XIV, 35, Vers 4 im Texte.) *P.*

dukkhaṃ tâsa kahijjai,
jo hoi dukkhaṇiggahasamattho |
asamattho jo hi ṇaro,
kiṃ tâsa paâsiaṃ dukkhaṃ? ‖ 15 ‖

α duḥkha **A**, duḥkhaṃ **Ba**, und so immer **AB** (nie dukkha); **a** in β und δ durakha. taso **A**, tâsu **Ba**. kahijjai (3silbig) **A**. β hoi **A**. Nach hoi: kahiovi(?) **a**, nigaha **B**, bhaṃjana **A**. samatthâ **A**, samatho **B**. γ asamattho **AB**. jaṃ ji **A**, jaṃ ja **a**, jâṃti **B**. nare **a**. δ taṃ kâi **a**, tâsu ki **B**, sukiago(?) **A**. payâsiaṃ **B**, pasâsiyaṃ **a**.

„Dem erzählt (klagt) man sein Leid, der im Stande ist das Leid zu heben. Denn der Mann der das nicht im Stande ist — wozu soll man dem sein Leid offenbaren?"

„Die Verwendung von tâsa für tassa ist höchst ungewöhnlich (s. jedoch Hemac. 3, 63); ich meine, dass geradezu tassa zu lesen ist; als Gen. Plur. könnte tâsa höchstens Fem. sein (s. jedoch Hemac. 3, 62), aber auch da lautet die Form üblicher Weise vielmehr tâṇa". *W.* — Vgl. in 16 β die Var. jâsa und jâsu (so wohl gemeint) für jassa.

16. (**Babe**, **g** im Mâdhavân. — XIV, 34, Vers 14. In **be** steht dieser Vers als letzter, nach re Saṃkara°.) *W.*

so ko vi ṇa 'tthi suaṇo,
jassa kahijjaṃti hiyaadukkhâi |
hiyayâu jaṃti kaṃṭhe,
kaṃṭhâu puṇo vi hiyaeṇa ‖ 16 ‖

α se **b**, so ke **g**, çopi kopi **B**, sopiṇṇa **e**. na **Bg**. atthi (ohne ṇa) **a**. suyano **g**, sujano **Bb**. β jâsa **e**, jâjâsu **B** (siehe oben zu 15). kahijjaṃvi **g**, kahijjaï **Bae**. hiyaï **b**, hâthâi **e**, hayana **g**, ayya **a**, âpu **B**. dukhkhâi **a**, duḥkhâi **Bbe**, duḥkhâi **g**. γ hiyayâu **b**, dafür âvaṃti **eg**, âṃvaṃti **B**, âvati **a** jâṃti **a**, yâṃti **B**. δ kaṃṭhâu nur **b**. punau **g**. hio vilajaṃti **e**, hâyao vilaijjaṃti **g**, hiae sulaggâhi **a**; punar eva hiye laggati **B**. — Vgl. die Varr. von $\gamma\delta$ in der Siṅhâs. (s. u.)

„Nicht giebt es irgend einen so Edlen, dem man die Herzenssorgen sagen könnte; sie treten (zwar) aus dem Herzen in die Kehle, aus der Kehle (aber) wieder in das Herz“.

Der Vers kommt in der Siṅhâsanadv. vor, Weber Ind. Stud. 15, S. 345, auch obige Uebersetzung, doch mit andrem Schluss. Wegen der Orthographie s. Bem. zu 4.

„Auch die Lesart âvaṃti j. k. puno vi hiyae vil. ist wohl zu übersetzen: ‚so oft sie (Einem) auch in die Kehle kommen, schwinden sie doch wieder in das Herz zurück'. — âvaṃti steht entweder für yâvaṃti, cf. ahâ⁰ für yathâ⁰ im Jaina-Prâkṛit, oder für âvatti = âvṛitti, adverbiell nach Art von prabhṛiti „wiederholt“; oder es ist âiṃti zu lesen, mit K in der Note Siṅhâs. l. l. ‚sie kommen (und) gehen in die Kehle'“. *W.*

17. (**Babe**, **g** im Mâdhavân. — XIV, 34, Vers 15.) *P.*

viralâ jâṇaṃti guṇâ,
 viralâ pâlaṃti ṇiddhaṇâ ṇehâ |
virala parakajjakarâ,
 paradukkhe dukkhiâ viralâ ‖ 17 ‖

α guṇâḥ **g**. β viralâḥ **g**. pâṭhaṃti **g**. niddhaṇâ **ab**, nirddhanâ **B**, nirddhane **g**. neha **g**, ṇehâ **Bae** (n **B**). viralâ sevaṃti niddhaṇo sâmî (lies ⁰ṇaṃ sâmiṇ) **b**. γ st. karâ: parâ **a**. viralâ raṇasya dhîrâḥ **B**. δ wieder duḥkh⁰ **Bbeg**, dukhkh⁰ **a**. duḥkhiyâ **bg**.

Wenige wissen was Tugenden sind, wenige beschützen Arme aus Liebe, wenige thun etwas für andere, wenige sind betrübt über fremdes Leid.

W. (s. u.) liest guṇe als acc., was auch *Jac.* wollte, desgl. niddhaṇe. Im Text S. 37 habe ich nach *P.* mit **g** geschrieben niddhaṇe ṇehaṃ: wenige bewahren (pâlemti *conj. Jac.*) einem Armen ihre Liebe“. *P.*'s Vermuthung, dass der Vers aus Hâla sei, bestätigt sich nicht, dagegen kommt er in der Siṅhâsanadv. vor, Web. Ind. Stud. 15, 355 f., wo in den Varianten eine ähnliche, zwischen Prâkṛit und Sanskrit schwankende Fassung vorliegt wie hier in **B** und **g**. Reines Sanskrit, das sich aber nicht in das Metrum schickt, hat dafür **c**: vadanti kecid guṇân, kecij jânanti subhâshitâṃ goshṭhî[ṃ] ‖ vadanty abalâ rasaṃ keci[t], kecit paraduḥkhapîḍitahṛidayâḥ ‖ kecij jânanti ne 'tarâḥ ‖ — Vgl. *P.* zu Hemac. 2, 72, wo der Vers citirt ist.

18. (**abce**. XIV, 34, Vers 16.) *P.*, *W.*

jaï pâvasi kaha vi piaṃ
 ahiṇavaṇeheṇa nibbharaṃ bhariaṃ |
tâ atth' iha tiṇṇi jaṇâ:
 suravaï, saha sajjaṇo, Gaṃgâ ‖ 18 ‖

α pâmisi **b**, âvisu **e**. kahi vi **e**. piyaṃ **e**, piyaṃ **b**. β abhi⁰ **c**. ahavâ **e**. nibbhbh⁰ **c**. bhariyaṃ **be**. $\alpha\beta$ ganz corrupt **a**: jaïâhipudyappisâtaṇebaniddharâbhariâ γ tâ pathisu e, tâ pachoti b, tâdappasi c, patthi haï a. tiṇi ac, tini e, tinni b. jjaṇâ e, jaṇâṃ a, jannâ (so!) c, jannâ b. δ suraï b; sukaratthâ saha jano maṃgâ e.

„Wenn du irgendwie den Geliebten erlangst, sehr erfüllt von neuer Liebe, dann besitzest du hier drei Wesen: den Götterherrn (= Çiva), zugleich einen guten Menschen und die Gaṅgâ". „Zum Verständniss dienen Boehtl. Spr. 779 (291) und 6669 (3099)". *P.* — *W.* will im 3. pâda lesen: tâ pattâ tiṇṇi, jaṇâ! „dann sind drei (Dinge) erlangt, o ihr Leute!" Er bemerkt dazu: „tiṇṇi jaṇâ mit ‚drei Wesen' zu übersetzen, und darunter die Gaṅgâ zu subsumiren, scheint mir bedenklich. Dass im ersten Gliede pâvasi steht, hindert nicht, dass im zweiten der Voc. jaṇâ gebraucht wird. Solche Incongruenzen haben in solchem Falle nichts auf sich". *W.* — Correcturbemerkung *Jacobi*'s s. im Nachtr.

19. (ac. XIX, 34, Vers 17). *W.*

re Saṃkara, mâ sijasi! a-
ha sijasi, mâ dehi mâṇusaṃ jammaṃ! |
aha jammaṃ, mâ pemmaṃ!
aha pemmaṃ, mâ vioaṃ mhi! || 19 ||

„O Çiva, schaffe (uns) lieber gar nicht! Schaffst du, gieb wenigstens nicht Geburt als Mensch, oder wenn doch, verschone uns mit der Liebe, oder wenn doch, mit der Trennung!"

α sijjasi beide. β sijjasi a, nur si c. mânushaṃ a, mânavaṃ c. janmaṃ a, jamma c. γ mâṃ a. pimmaṃ c, auch das zweite Mal. δ viiaṃsaṃ a, viyogaṃ hi c; mhi *W.*, ti *P.*

Bei der Lesung mâṇusajammaṃ im Texte (nach *P.*) geht, wie *W.* bemerkt, „der Amphibrachys an sechster Stelle verloren". „Es muss also °hi mâṇusaṃ jammaṃ bleiben; und daraus folgt, dass auch vorher °ha sijasi mâ de° bleiben muss". *W.* selbst schreibt Hâla S. 463, wo er unsern Vers zu dem ähnlichen Hâla 844 anführt, a. E. mhe st. „mhi = asme = me, s. Hâla 195 K, Index S. 532; mha wäre auch gut, ist resp. üblicher". — *Jac.* wollte so lesen: re Saṃkara, mâ sijjasu! sijjasi, mâ desu mâṇusaṃ jammaṃ.

20. (**ABabce**. Zu IX, 27, Vers 3; XIV, 35, 40 f. u. XIV, 38, 6 ff.) Apabhraṅça. *P.*, *W.*

rûsaü râulu, hasaü jaṇu,
vihasaü dujjaṇu lou |
ruvvaṃtaü paribhaṇijjaü:
jaṃ bhâvaï, taṃ hou! || 20 ||

α rûsaü *conj. W.*, bestätigt durch c, wo corrigirt ist; rûpaü b. daṃḍaü **AB**, dasselbe meint daṃusta e. râula **ABce**. sahaïo **B**, sasuṇa e. jaṇu fehlt in e, rashu **A**. — daṃḍaḍaṃḍalujaṇḍalasa a. β vihasaü c, °ü b dujjaṇuu b. bahudujjaṇalialoya e. Ganz anders **A Ba**: vippiḍa voḍaḍa voḍa **B**, vidhyiu volaü loḍa **A**, viyyaï volaï lo a, woraus *P.*: vippiu bollaü lou „mag die Welt unliebes (von uns) sprechen". γ ruvvaṃtaü *W.*, ruccaṃta **A**, ruccctadu e, kuvyataü **B**, sarvvaṃtaü a; mamaha ruccaṃtaü b, maṇaha uvaṃtaü c. paribhaṇijjaï **B**, parimaṇijjaï a, parimâṇijai **A**, parimâṇii e; blos mâṇijaï c, mâṇiyaï b. δ bhâtaï **A**, bhâvai (zweisilbig) **B**, bhâvadû e. St. taṃ: so **B** hoi **Be**, toḍa **A**

„Mag das Hofgesinde (oder die Polizei. „kings people") zürnen, die Leute lachen, die böse Welt spotten, möge ich Weinende auch gescholten werden: was geschehen soll, geschehe!" *W.*

Zur Situation („Sie willigt ein") vergleicht *W.* Hâla 530. Der Vers ist daher an keiner der Stellen, wo er vorkommt, passend. — Wegen des fem. ruvvaṃtaü „s. Hemac. 4, 328. 30. 1. — bhâvaï bleibt immer sehr eigenthümlich". *W.*

21. (**Bbce.** Zu XIV, 38, 14.) *W.*

kijjaï samuddataraṇaṃ,
  païsijjaï huavahammi pajjalie |
âsâsijjaï maraṇaṃ:
  ṇa 'tthi siṇehassa dullaṃghaṃ ‖ 21 ‖

α samudra **B**. *β* °sijaï **e**. duvava **e**. haṃmi **b**, hammi **c**. paṃja° **e**; °lio **c**. païsajjaï bhugaagayâyâlaṃ **B**. *γ* âpâsi° **c** (= âsâsi°, cf. 20 *α*), aviichaïjaï **e**, amgamamijja **B**. *δ* ṇa fehlt in **b**. chi **c**. saṇehassa dullaghaṃ **b**, dullibhaṃ siṇehassa **c**, duliṃsaṇadassasaḥ **e**, addullasaṃmaṇehme **B**.

„Das Meer wird überschifft, in's flammende Feuer stürzt man sich, ersehnt den Tod: nichts ist der Liebe schwer".

22. (**b.** Zu XIV, 38, 14.) *W.*

chijjaü sîsaṃ aha ho-
  u baṃdhaṇaṃ, cavaü savvahâ lacchi |
ṇehassu pâlaṇe supu-
  risâṇa jaṃ hou, taṃ hou! ‖ 22 ‖

α chijjavu. *β* cayaü sarvvahâ lachi. *γ* ṇohasya. sapu°. *δ* hoû.

„Mag der Kopf abgeschnitten werden, Gefangenschaft drohen, das Glück ganz dahinfallen: edle Männer hüten ihre Liebe, komme was wolle!"

23. (**a**, **g** im Mâdhavân. — Zu XX, 54, 44.) *P.*, *W.*

mâ jâṇasi vîsariaṃ
  tuha muhakamalaṃ viesagamaṇeṇa |
muttaṃ bhavaï kahaṃ taṃ,
  jattha jaṇo jîviaṃ visaï? ‖ 23 ‖

α ma jâṇaṃsi **g**; yâṇasi **a**. visariyaṃ **g**, vistyasiaṃ **a**. *β* tua **a**. videça **g**. °naṃna **a**. *γ* suṇnâ bhavaï kattaṃvo **a**, *γδ* suptaṃ bhamahi karaṃkajanatuhaṃjivaṃyatassa **g**.

„Denke nicht, ich habe in der Ferne deinen Antlitzlotus vergessen; wie kann mir das abhanden kommen (ich das missen), wodurch ich mein Leben friste?" *W.*

„suttaṃ schlafend, oder suṇṇaṃ geschwollen, leer. — Beides passt nicht recht; es muss ein Wort hier stehen, welches den angegebenen Sinn hat; ob etwa muttaṃ? aber PPP von √ muc lautet sonst mukka. S. indess Hemac. 2, 2. Es wird sonach re vera wohl s o zu lesen sein". *W.* — Ganz anders hatte *P.* die zweite Hälfte gefasst, indem er in *γ* las: suṇṇo bhavaï karaṃko, und erklärt: „Ein leeres Gerippe ist es, in dem der Mensch zur Welt kommt", „d. h. du machst mich erst zum Menschen". — Mir scheint *W.*'s Erklärung ansprechender und besonders auch für den Zusammenhang passender.

Anfänge der in der Vetâlapañcaviñçatikâ vorkommenden Verse.

Prâkṛitverse sind *cursiv* gedruckt, zur Erzählung gehörige Verse in [ ] gesetzt, corrupte mit † bezeichnet, anderweit belegte mit *, die bei Bochtl. nur aus der Vetâlap. belegten mit (*), blosse Halbverse mit ⁰. Die römische Ziffer bezeichnet die Erzählung (E = Einleitung incl. der Vorgeschichte), die grosse arabische die Seite, die kleine arabische den Vers; die Textstelle, worauf eine Anmerkung sich bezieht, ist in ( ) gesetzt, wobei die kleine Ziffer die Zeile bezeichnet, mit v. davor den Vers; init., med., extr. bezeichnen das erste, zweite, letzte Drittel der Seite. — N = Nachträge, A = Anhang.

*aksharadvayam XII, 33. 4
akshṇâ kâṇaḥ XXII, 196 (57, v. 9)
*akhilamalavinâçam XIV, 158 init.
[agaru-tagara⁰] I, 99 (7, v. 4)
   (agniḥ kriyâvatâṃ = agnau kri⁰)
agnau kriyâvatâm XVII, 47, 13
agre vahniḥ XXIII, 198, 10
*aghaṭitaghaṭitâni XVIII, 48, 3
*aṅgaṃ galitaṃ XXII, 57, 3
acchâyaḥ pûtikusumah VI, 135 (22, v. 2)
ajeyaḥ subhagaḥ X, 29, 5
   (ajñânajñânarûpe = mahâpretâsanâ⁰)
[animâ mahimâ] E. 6, 15
   (animâ garimâ = animâ mahimâ)
ataḥ çuddhivihinânâṃ XVII, 177 (47. v. 11)
⁰atigoshṭhi kutas III, 119 (16, 1 ff.)
*atirûpâ hritâ Sitâ V, 22, 5
   (adejaḥ subhagaḥ = ajeyaḥ⁰)
adyai 'va hasitaṃ XXIII, 49, 14
(*)adhaḥsthâ ramato I, 10, 14
† *adhamamadhama⁰* X, 149 (29, v. 16)
anityasya çarirasya XV, 166 init.
*anityâni çarirâṇi X, 29, 3; XV, 40, 9
anṛitapaṭutâ kraurye V, 21. 3
anṛitam bahudhâ V, 131 (21, v. 3)
*anṛitaṃ sâhasaṃ III. 14. 6

*antar vishamayâḥ IX, 28, 12
*andhakaṃ kubjakaṃ IV, 20, 23
⁰annapânapradâtâ II, 113 med.
anyathâ cintitaṃ III, 122 (17, v. 23)
*anyaṃ manushyaṃ IX, 143 (28, 14)
   (anyârthâni çarirâṇi = anityâni⁰)
anyonyâlokanâj I, 105 (10, v. 24)
   (apakâriṇi yaḥ = upakârishu⁰)
*aparikshitaṃ na kartavyaṃ I, 11, 29
*api svalpataraṃ E, 6, 11
*aputrasya gatir nâ 'sti VI, 135 (23, v. 2)
*— grihaṃ çûnyaṃ VI, 23, 2
apûrvo 'yaṃ dhanurvedo IX, 27, 3
abdhau majjati nai 'va XX, 190 med
   (abhipretârtha⁰ = abhipsitârtha⁰)
† abhilâshacintâ XVI, 174 (45, v. 16—18)
abhipsitârtha⁰ XXV c, 63. 1; XIX, 184 (51, v. 1)
†abhyaṅgaṃ çramavâta⁰ 1. 104 med.
amarikavaribhâra⁰ XXII, 194 (56, v. 1)
*amṛitasyo 'va kuṇḍâni XIV, 36, 8
amodhyapûrṇo XVII, 46 f., 6
   (ayi kim suratam = aṇakyaṃ su⁰)
ayi Madana na dagdhas XX, 53 f., 2
ayojitâ chalât tvoshi III, 114 extr., 4
araṇyaṃ sâraṅgair XIV, 161 med
araṇyo nirjalo deçe açucir XIV, 145 mod.

*arthanâçam I, 11, 26; E, 95 (6, v. 11) N.
*arthâḥ pâdarajopamâ XXIII, 59, 12
[alakshitena rûpeṇa] IV, 19, 8
[alpakaṃ madhyadeçaṃ] XVI, 172 (43, v. 7)
*avadhyâ brâhmaṇâ I, 11, 27
avicâriâṇa kajjaṃ I, 109 (12, 7); A. v. 3
avicchinnarasâbhogaṃ XVI, 43, 1
*avidyaḥ purushaḥ XI, 32, 12; XXI, 193 init.
*avinîto bhṛityajano IV, 19, 16
aviralamadajalanivahaṃ XXIV, 61, 1
açlîlaḥ kâmavṛitto XVI, 174 extr.
*açvaplutaṃ mâdhava° III, 17, 26
*ashṭakulâcala° XXII, 199, 16
(asaṃcitârthaḥ = udîrito 'rthaḥ)
†asaṃbandho hy aputraç VI, 135 (23, v. 2)
*asaṃbhâvyaṃ na vaktavyaṃ XI, 30, 5
*asûrasya çarîrasya IX, 142 (27, 42 f.)
*asâro khalu XIV, 159 (53, v. 5) N.
†*asmaniraṃdhaçâmini°* I, 103 med.
†asyâ âsya-kapâla° VII, 138 (24 20)
[ahaṃ mṛityuvaçaṃ prâpto] IV, 20, 18
†*ahagalaïuraṃyaṃ°* III, 123 (17, v. 26)
aharahar anurâgâd III, 16, 20
*ahau vâ hâre vâ I, 7 f., 5
*âkârair iṅgitair I, 8, 8
(âkhuvâhanadeveçaṃ = vâmanam)
[âgneyî nairṛiti tvaṃ ca] VI, 136 (23, v. 6)
†*âchuṃkâchuṃ°* XII, 155 (33, v. 5); A. v. 12a
(*)âṇakaṃ surataṃ nâma I, 10, 13
âtmâ vai jâyate putra II, 113 med.
(âdeyaḥ subhagaḥ = ajeyaḥ°)
âdau dharmadhurâ XII, 154, 1 (32, v. 3)
*âpadarthe dhanaṃ XIX, 52, 16
*âpadâm âpatantinâṃ XIX, 187 (53, 2)
*âyuḥ karma ca VIII, 26, 8
*âyur varshaçataṃ XXIII, 58, 5
*ârtto vâ yadi vâ XIX, 51, 9
*âlasyaṃ hi manushyâṇâṃ E, 4, 7
âliṅgane kucâbhyâṃ III, 120 (16, v. 25)
*âvartaḥ saṃçayânâṃ III, 116 (14, v. 6) N.; XIX, 186 med.
âçâsarasiṃ çoshaya XXII, 57, 2
â shoḍaçâd bhaved XVIII, 183, 1
*âsannam eva nṛipatir V, 132 init.
†*âsâ ṇa dei maraṇaṃ* XII, 154 (32, v. 3) N.; A. v. 11.
*âstâṃ tâvat IX, 144 med.
(*)âhârayati na svastho IV, 18, 4
†iti kâ kathitâ eva I, 102, 2
[iti râjño vacaḥ çrutvâ] V, 134 med.
[°iti stavena divyena] VI, 136 med.
induṃ nindati XX, 190 (55, v. 8)
— vakti divâkaraṃ XX, 55, 8
indriyeshv oshṭhayoḥ II, 12, 5
*imâṃ ca vindyâd III, 16, 14 (N.)
ugraṃ bhayâvaharûpaṃ VI, 22, 1
*uccaiḥshṭhîvanam III, 16, 13
uḍumbare guhâdvâre II, 110 extr.
*uttamasyâ 'pi XIX, 51, 2
uttishṭhantyâ ratânte XIV, 161 init.
utpattiḥ payasâṃ nidher XX, 54, 3
[utpadyante vilîyante] XV, 41, 11
*udîrito 'rthaḥ paçunâ I, 8, 7
*udyamaḥ sâhasaṃ V, 22, 6
*udyoginaṃ purushasiṃham E, 4, 6
*upakârishu yaḥ sâdhuḥ VIII, 26, 9
(*)uparisthâ yadâ nârî I, 10, 15
*upâyena hi yac I, 106 (11, 4 ff.)
†*uvarikarijagicaṃḍaṇaü* XIX, 186 in.
†*uvrasio so deso* XII, 154 init.; A. v. 10
(ûṃkârabindu° = ômkâraṃ bindu°)
*ekaḥ pâpâni kurute XIX, 51, 3
ekacitto labhet siddhiṃ XVII, 47, 14
ekataḥ kâñcano Meruḥ XIX, 184 (51, v. 5)
*— kratavaḥ sarve XIX, 184, 6
ekataç caturo (!) vedâ X, 149 (29, v. 16)
(ekato medinîdânaṃ = ekataḥ kratavaḥ)
ekadanta mahâkâya XX, 188, (53, v. 1)
ekadanto mahâbuddhiḥ XIX, 184 (51, v. 1)
*ekasya janmano I, 105 (10, 37)
†*ekaüjîyakalâsu°* XIX, 186 init.
ekena praṇipâtena I, 100, 2; siehe bhrûṇahatyâdi° u. strîhantâ°
*ekai 'va kâcin mahatâṃ XII, 32, 3
eko jîvo bahavo XXII, 57, 9

*eko devaḥ Keçavo IV, 128 (20, v. 17)
[etad râjño vacaḥ çrutvâ] IX, 144 extr.
etasyâṃ Rativallabha° III, 118 (15, v. 8)
[°evaṃ guṇasamâyuktaḥ] E, 94 (5, v. 5)
[°evamâdiguṇair âḍhyo] E, 94 (5, v. 8)
[esha dharmo mayâ] IV, 20, 24
*ehi gaccha pato 'ttishṭha IV, 18, 3
oṃkâraṃ bindusaṃyuktaṃ XVIII, 179 (47, v. 1)
[†°kaṅkaṇa-ḍamaru°] XVIII, 181 (49, v. 9)
[kathe 'yaṃ gadyabandhena] Vorw.
kanthâkhaṇḍaiḥ XXII, 196 (57, v. 9)
kanthâchâdita XXII, 198, 14
[Kandarpa iva rûpâḍhyo] E, 5, 5
[Kandarpa iva rûpeṇa] E, 94 (5, v. 5)
karkaçaṃ duḥçravaṃ XXI, 191, 3 (55, v. 3)
[Karṇa-Çalyoddhatârâvaṃ] E, 7, 25
[karmaṇâ manasâ] XVI, 174, 2 (45, 18 f.) siehe tvaṃ gatiḥ°
†kalahaṃtâbharakaṃtâ° E, 99 init. N.
kalyâṇânâṃ nidhânaṃ XXIII, 200 init.
*kavayaḥ kiṃ na paçyanti III, 17, 25
*kaç cumbati X, 149 (29, v. 16); XXI, 193, 6
kashṭaṃ bho bhṛityatâ IV, 125 (18, v. 5)
kasya mâtâ pitâ kasya XVII, 47, 7; XXI, 194 init.
*kâke çaucaṃ XIII, 34, 3
†kâṃtâ ekaṃ vaçîkaraṇaṃ XIX, 187 med.
*kântâviyogaḥ IV, 19, 15
*kânte talpam upâgate XVIII, 49, 7 (6)
kâmakrodho XXII, 199, 15
[kâmavarshi ca parjanyo] XV, 39, 7
kâ mâtâ kaḥ pitâ XXIII, 59, 16
kâmârtâṃ svastriyam XVII, 46, 5
*kâryeshu mantri XII, 154, 2 (32, 3)
*kâlaḥ saṃprati V, 21, 4; XXIII, 201 (58, v. 5)
(kâlavarshi = kâmavarshi)
[kâlopabhoginaḥ sarve] XV, 165 init.
*kâvyaçâstravinodena E, 7, 32
kâ 'sau vidyâ XXII, 195, 1
(kiṃ vâ 'dhara° = bimbâdhara°)
*kiṃ karoti naraḥ prâjñaḥ XVII, 47, 16
[kiṃ karomi kva gacchâmi] III, 15, 11
kiṃ kâtareṇa XXI, 194 init.
kiṃ kâyena supushṭena XV, 42, 23
kijjaï samuddatâraṇaṃ XIV, 163 (38, 14); A. v. 21
(kiṃcaçabdâdibhir = pañcaçabdâ°)
kiṃcic câ 'dharapânaṃ I, 103 init.
kiṃcid vastreṇa gṛihṇiyât I, 103 init.
kiṃ te savraṇam IX, 142 (27, 6)
kim induḥ kiṃ padmaṃ XVI, 172 extr.
*kim u kuvalayanetrâḥ IX, 27, 5
kîvaṇâya dhaṇâṃ I, 101 (9, 44) N.; A. v. 1
*kuṅkumapaṅka° E, 3, 4
kuñcitakanthâ° XXII, 198, 13
(kurvato dyûtakârasya = kurvanti°)
kurvanti dyûtakârasya XXI, 55, 4
*kulaṃ ca çilaṃ ca III, 114, 2 (14, 8)
[kule dharmaguṇâḥ] f XVII (XVI), 87 med.
(kuvalayadala° = kim u kuvalaya°)
*kṛitântapâçabaddhânâṃ I, 108 extr.
(*)kṛitântavihitaṃ karma I, 11, 30
(kṛitântena kṛitaṃ = kṛitântavihitaṃ)
*kṛite pratikṛitaṃ XXV, 62, 1
kṛishṇâjina-mṛitaçayyâ XIX, 185 (52, v. 11)
(*)kecit prâñjalim icchanti E, 5, 3
†*kesarikesaphaṇiṃ* I, 101 (9, 44) N., A. v. 1b
kenai 'kena kṛite X, 149 (29, v. 17)
*kokilânâṃ svaro rûpaṃ IX, 28, 17
*ko na yâti XIX, 186 (52, 38)
kovidâ ye sadâ XXIII, 199 (58, 1)
ko viçvâsam ṛite XXI, 192 extr.
ko 'haṃ kas tvaṃ XXII, 57, 7
— — kasmin XXII, 57, 10
*kva prasthitâ 'si IX, 27, 6
(kshaṇaṃ nâ 'sti = raho nâ 'sti)
*kshamî dâtâ guṇagrahî IV, 21, 28
ksharanti sarvadânâni XIX, 185, 2 (52, v. 10)
*kshântaṃ na kshamayâ XIX, 187 (53, 2)

*kshântitulyaṃ tapo XIX, 51, 7
(*)kshîra-nirasamâm I, 10, 24
kshudhâsamaṃ nâ 'sti XV, 166 med.
kshauraṃ majjana° I, 104 med.
†*khajjaï pijjaï lijjhaï* XII, 155 (33, v. 5); A. v. 12.
[khaḍga-khaṭvâṅga°] XVIII, 181 (49, v. 9)
(Kharakampana° = bhrântâkampana°)
kharparakhâṇâ XXII, 197, (1)
†khâdati pibati XII, 154 (32, 41 f)
Gaṅgâgate 'sthijâle X, 29, 14
Gaṅgâdharaṃ gaṇâdhâraṃ III, 13, 1
†Gaṅgâdharajaṭâjûṭa° E, 93 (5, v. 1) N.
gajavaktraṃ gaṇâdhyakshaṃ XXI, 191 (55, v. 1)
(Gaṇeçam ekadantaṃ = vâmanam°)
Gaṇeçaṃ Pârvatîputraṃ XXII, 194 (56, v. 1)
(*)gataṃ tad yauvanaṃ III, 14, 3
(gate mṛite = nashṭe mṛite)
(gandhapushpâṇi = putras te)
(gandhena gâvaḥ = gâvo gandhena)
°garbhavâse samutpattir XVII, 176 extr.
*garbhasthaṃ jâyamânaṃ XXII, 58, 3
*gavârthe brâhmaṇârthe XV, 42, 25
*gâḍhâliṅganavâmani° I, 10, 17
(gâvaḥ paçyanti = gâvo gandhena)
*gâvo gandhena paçyanti I, 109 (12, 7); XXIII, 202 (60, 24); f I, 71 extr.
*giripṛishṭhaṃ samâruhya E, 6, 14
(gîtaçâstra° = kâvyaçâstra°)
(guṇâdhâraṃ = Gaṅgâdharaṃ)
*guṇâḥ sarvatra VII, 139 init.
guṇeshv evâ "daraḥ II, 113 extr.; XXI, 193, 4
gurudveshî vratabhrashṭo XII, 155, 1
gurupatnîṃ svâmipatnîṃ XIX, 52, 14
*gurur âtmavatâṃ XVI, 44, 13
(guror arthe = gavârthe)
[guror vacanam] XVI, 175 (45, 26 ff.)
gûḍham açnâti X, 145 (29, v. 4)
[gṛidhrâkṛishṭântramâlâbhiḥ] E, 6, 21
gṛihîtakhaṇḍaḥ Çaçi° XX, 53, 1
gṛiheshv arthâni XXIII, 59, 7
gṛihṇato 'pi tṛiṇaṃ X, 29, 8
*goçatâd api gokshîraṃ XV, 40, 10
°grîvâ jaṅghâ mohanaṃ XVIII, 182, 7
grîvâbhaṅgaḥ skhaladvâṇî II, 12, 9
*ghṛitakumbhasamâ E, 1, 1; III, 15, 10
*ghṛishṭaṃ ghṛishṭaṃ XV, 42, 18
cakshuḥpritir XVI, 174 (45, 5)
catvâro nirmitâḥ IX, 28, 16
[caraṇâravindayugalaṃ] XVI, 44, 11
*citâ cintâ III, 119 med.; XI, 150 extr.
†*cittesuraïpaṃsaṃge* XII, 154 init.
cintâbhujaṅgi° III, 119 init.
(ced dugdhadânato = yad dugdha°)
[châditaṃ padminîpatrair] I, 7, 2
*châyâm anyasya XV, 42, 16
chijjaü sîsaṃ XIV, 163 med.; A. v. 22
chippaṃtaṃ pi III, 123, v. 26; A. v. 5
jaï jâṇaṃti XIV, 163 med.; A. v. 2
jaï pârasi kaha vi XIV, 37, 16; A. v. 18
(jaṅghâdara° = bimbâdhara°)
[jaṭabaddhordhvajûṭaç] XVIII, 49, 8(9)
(jaṭâjûṭârdha° = jaṭâbaddhordhva°)
[jaṭâmukuṭadhâri] I, 11, 25
jaṭilaḥ kshapaṇo XXII, 57, 8
jaṭilo muṇḍi XXII, 198, 12
janani janako XXI, 55, 7
(*)jananau janmasthânaṃ I, 10, 22
(janayitvâ sadâ = pûjanîyâ sadâ)
*janitâ co 'panetâ XIX, 186 (52, 38)
*janma janma yad XV, 43, 26
janmasthânaṃ na I, 10, 20
[jaya tvaṃ devi] VI, 136, 8
[— devi mahâghore] VI, 23, 5
[— — Mahâcaṇḍi] VI, 135 med.
[— rucyâtmike] VI, 136, 9
[°jaye 'ndrâṇi] VI, 135 extr.
*jarjaravastra° XXII, 197, (2)
jalarakshaṃ tailarakshaṃ Vorw. 26, 2
jalûkâ raktam âdhatte XXI, 192 med.
jalpanaṃ hasanaṃ XXI, 193 init.
*jalpanti sârdham IX, 28, 13; III, 116 (14, v. 6)
*jâniyât preshaṇe IV, 19, 7
[jîrṇâsthinalaka°] E, 6, 22
jîrṇodyâne çmaçâne II, 12, 7
jîvato vâkyakâraṇât XVIII, 183 med.

†jivitaṃ harato râmâ XXI, 192 med.
jñâtavyaṃ bhûbhujâ I, 109 med.
(jñâpitaṃ bhû° = jñâtavyaṃ bhû°)
(jñâyante prekshaṇe = jâṇiyât prekshaṇe)
(ṇahaghaṭṭâkara° = ṇaha°)
†*taḍiviaaṃtaräle* I, 103 med.
taḍiviḍarâ deṃti IX, 144 med.; A. v. 8
[tataḥ sâkshât samabhyetya] XXV, 62, 2
tad asti na sukhaṃ X, 29, 6
tadvaktrâmṛita° XX, 54, 7
*tanmitrapûjâ III, 16, 15
tapas tivraṃ f XVI (XV), 86 extr.
†*tuppa juppa* XIV, 158, v 3 N.
tapo vittaṃ yaço XXI, 193, 5
[taṃ prâha bhagavân] XXV, 62, 3
(tava putreṇa = na ca putreṇa)
†*tasumârisaṅkâidya* XIX, 186 init.
taskarasya çiro I, 107 extr.
taskaraiḥ piḍyamânaṃ XIX, 52, 15
[tasmân naraiç ca] XXV, 206, 2
tasya puraḥ kathaniyaṃ XIV, 162 init.
(tasyâḥ suvistṛite = yasyâḥ°)
(tasye 'daṃ bhuvana° = yasye 'daṃ°)
tâma ṇa pûrima XIV, 158, v. 2 N.; A. v. 13
*tâmbûlaṃ kaṭu I, 10, 18
[tâlajañghe mahâkâye] VI, 23, 6
tâvat pâpaṃ racati XXII, 189, 9
[— sarpavinâçâya] XV, 169 med.
*tâvad bhayasya XI, 31, 7; XXIV, 203 med.
tiladhenuṃ ghṛitadhenuṃ X, 148, 4
tirâmbhaḥsthita° XX, 54, 4
(tulyagulphaṃ = svalpakaṃ)
[tushṭâ 'haṃ tava] VI, 23, 7
[tushṭo 'haṃ tava râjendra upadeçaṃ] XXV, 204 extr.
[— — — — putraḥ] XV, 39, 2
*tṛiṇâni khâdanti XIX, 51, 4
*te kaupinadharâs I, 99 (7, 44)
†*te caṃyâsâraṃyâ°* XIX, 186 init.
*te putrâ ye pitur IV, 19, 13
tyajet putraṃ ca IV, 129 init. (20, 23); siehe sadhakaṃ°
tyâgi ca tattvavic XI, 32, 11, siehe çishṭâcâra°
tyâgena hinasya XVII, 47, 15
trasyanti sarvadâ X, 29, 7
[Tripurârivaraṃ prâpya] XXV, 62, 5
*trishu vipulo XVIII, 49, 11
triṇy etâni dhanaṃ XVI, 173 extr.
tvak-keçâ-'ñguli° XVIII, 182, 3
[tvaṃ kshitis tvaṃ] VI, 136, 11
[tvaṃ gatiḥ sarvabhûtânâṃ XVI, 174, 1 (45, 18 f.)
[tvaṃ ca Vikramaseno] XXV, 62, 4
(daṃḍaii râulu und *daṃḍadaṃḍalu° = râsaii°)*
*dadâti pratigṛihṇâti I, 10, 21
dadâtu vaḥ sa deveçaḥ V, 130 (21, v. 1)
[dadâmy ekaṃ] VII, 138 med.
[daçabhujaḥ pañcavaktraḥ] XVIII, 49, 10 (11)
[daçayojanacañcvagraṃ] XV, 41, 15
(dânadâtâ = kshami dâtâ)
*dânaṃ pûjâ XVIII, 50, 18
*dâne tapasi çaurye XIV, 164 (39, 1)
(dâne datte putrair = dânena putra°)
dânena putradattena X, 29, 13; 148 extr.
dâhaḥ svedaç ca II, 12, 8
(dâhyaṃ svedâmayaṃ = dâhaḥ svedaç ca)
[dikshu pratiphalad°] E, 7, 23
*duḥkhaṃ strikukshi° XXIII, 58, 2
duḥkhâni yâni X, 29, 10
duḥkhârttaḥ saṃkucan IV, 126, 1
[duḥkhiny ahaṃ] IV, 19, 10
dukûlaṃ ca kukûlaṃ IV, 126, 2
dukkhaṃ tâsa kahijjaï XIV, 35, 4; A v. 15
*durgaṃ Trikûṭaḥ XXIII, 59, 13
*durbalânâṃ anâthânâṃ III, 123 (17, 37). XIV, 162 med.
*durvârâḥ Smaramârgaṇâḥ XX, 54, 6
*dushṭasya daṇḍaḥ III, 123 (17, 37)
[duhitṛiduḥkhasaṃtapto] I, 12, 32
dûrasthâ dayitâ X, 150 med.
(devâ 'smin samupâgate = kâlaḥ saṃprati)

*deçâṭanam paṇḍita° II, 112 (13, 20)
deçe deçe ca kântam IV, 130 init.
dehaḥ saṃçodhyamâno XVII, 47, 11
(deho 'yaṃ çodhyamâno = dehaḥ saṃço°)
daivâyattaṃ jagattrayaṃ XI, 30, 3
(doshârttaḥ saṃkucan = duḥkhârttaḥ°)
dvijarâjamukhî E, 2 f., 3
[°dve cai 'va çukle] XVIII, 182 med.
†dve bhârye siddhibuddhis XV, 164 (38, v. 1)
†*dhaenâsâmahalâû°* XVIII, 180 extr.
†*dhaṇapariyaṃjaṇu°* XIX, 186 init.
*dhanahîno na hînas XXI, 193, 3
(dhanyaṃ tâta = manye 'haṃ tâta)
*dharmaḥ pravrajitas V, 21, 4; XXIII, 201 init.
*dharmâ-'rtha-kâma° XII, 58, 11.
*dhavalâny âtapatrâṇi I, 100 (7, v. 6)
dhig janma dhik ca XIV, 160 (36, v. 12)
[dhiras tu tvadṛite] E, 6, 17
[dhûmâ-'ndhakâramalinaṃ] E, 6, 20.
*dhûrte bandini V, 131 extr.
dhairyam dhehi XX, 54, 5
*na kâshṭhe vidyate XVIII, 50, 20
na krameṇa na vâ IX, 143 (28, v. 10)
na gârhasthyât XVII, 46, 3
(na gṛihasthât = na gârhasthyât)
*na gopradânaṃ XIX, 51 f., 10
na ca putreṇa me] IV, 20, 20
na tasya rocate sevâ XXI, 56, 8
[na tyajâmi tvatsamipaṃ] IV, 20, 21
natvâ Sarasvatiṃ II, 12, 1
na dadâti na bhakshati XII, 33, 5
[na dasyu-caurato] XV, 39, 6
(*)na dânaiḥ çudhyate IV, 20, 22
(nadyaḥ pibanti = pibanti nadyaḥ)
(na pariharati = pariharati na)
na paçyet parapurushaṃ IV, 129 init.
na pitâ mâtṛivargaç III, 117 init.
na bhûmyâṃ jâyate X, 29, 17
namaḥ sûcitabijâya XIII, 33, 1
namas tasmai Gaṇeçâya XVIII, 47, 1
*— tuñgaçiraçcumbi° XXI, 55, 1
— te devi deveçi] VI, 23, 3
na mâtâ na pitâ XXIII, 59, 8
namâmi Bhâratiṃ VIII, 25, 1
(— Çâradâṃ = natvâ Sarasvatiṃ)
— çirasâ devaṃ XXII, 56, 1
— — deviṃ XXII, 194 (56, v. 1)
(na rûpeṇa = na krameṇa)
[navakundalatâgrâbhaṃ] XVI, 44, 10
°navame prâṇa° XVI, 45, 18; siehe prathame jâyate
na virâgâ na sarvajñâ X, 29, 4
(na viçvaset = viçvaset kṛishṇa°)
[na çiçur nâ 'tivṛiddho] XV, 165 extr.
na çriyas tatra tishṭhanti XXI, 191, 1 (55, v. 3)
†na çriḥ kulakramâyâtâ XXV, 206 init.
nashṭe mṛite I, 108 init.
na smaranti parârthâni XV, 42, 20
**nahughaṭṭâkara°* X, 149 (29, v. 17) N.
[na hinâñgo] XV, 165 extr.
[Nâgânâṃ nâçanârthâya XV, 41, 13
[nânâdânaparo] E, 5, 7
nânânarthakaraṃ XXI, 55, 2
(nânâratnayuto = nânâdânaparo)
nânâçâstrasubhâshitâ° E, 99, 3
*nâbhiḥ svaraḥ sattvam XVIII, 49, 14
(nâbhi-skandho = hṛin-nâbhi°)
Nârâyaṇaṃ namaskṛitya E, 93 (5, v. 3)
nâryâ sârdhaṃ XXI, 193 init.
[nâsikâ tilapushpâbhâ] XVI, 43, 3
nâ 'sti vidyâsamaṃ XIX, 185 (51, v. 7)
[nitambabimbaphalakaṃ] XVI, 44, 9
[nityaṃ paropakâri] XV, 165 med.
[nityaṃ mahotsava°] XV, 39, 4
(nityaṃ yâmi = na tyajâmi)
nidrâkashâya° III, 121 (16, v. 19)
*nindantu nitinipuṇâ XV, 42, 19
nindyatvaṃ nirgataṃ XXI, 192 (56, v. 8)
(*)nindyâ yoshita III, 18, 31
[†°nimnodaraṃ cidra°] E, 98 (7, v. 31)
nirâgasaḥ parâdhinâ X, 146 extr.
nirdvandvo nityasattvastho XXI, 194 init.
°niçâyâ ashṭamo bhâga I, 106 med.
[nilajimûtasaṃkâçaṃ] E, 7, 31
[nṛityate kûrdate] IV, 19, 9
*netrânta-pâda° XVIII, 50, 14

†°no 'tpannam eva XIV, 160 med.
*no 'pâttaṃ draviṇaṃ XIV, 159 med.
no manye dṛidha° XV, 170 init.
nau 'shadhaṃ na tapo° XXIII, 59, 17
pañcadirghaḥ XVIII, 182, 1
(*)pañcami navami II, 12, 2
pañcame dahyate XVI, 45, 17; .iehe prathame jâyate.
[pañcaçabdâdinirghoshaiḥ] XI, 31, 9
paṭha putra kim âlasyaṃ XXI, 193, 1
paṭhishyate na yaḥ XXV, 206, 1
paṇḍitasyai 'va XXIII, 59, 15
paṇḍite cai 'va XXIII, 201 (59, v. 15)
patiṃ tyaktvâ tu yâ III, 16, 19
[patidharmaratâ] XV, 39, 8
patir eko guruḥ XVI, 175 init.
pativratâ dharmaçilâ XVII, 46, 2
†*patti patti* XXII, 198 init.
patte vasaṃtamâse VIII, 25, 3; A. v. 6
†padaṃ bhûyo III, 118 (15, v. 8)
paradâreshu ye XXI, 193 init.
paraprâṇair nijaprâṇâu XV, 41, 12; III, 130 (20, 33)
[parasparaṃ pritiparâ] XV, 39, 5
parâbhavo na vaktavyo I, 106 (11, 4)
parârthe jivitaṃ XV, 42, 24
*pariharati na mṛityuḥ XXIII, 58, 4
*paçavo 'pi hi jivanti XV, 42, 21
(*)paçuvad ramate I, 10, 16
°paççâd bhûpatinâ XIX, 188 init. (53, v. 18)
(paçyanto 'pi = paçavo 'pi)
pâusa!.âlapavâso XII, 154 init.; A. v. 9
pâṇyos talo ca XVIII, 182, 4
Pâtâlo vâ 'ntarikshe I, 8, 6
pâtre yena na dattaṃ XXII, 198, 7
pâda upânaha XXII, 197, (3)
pâdaçaucaṃ hi yâ IV, 129 init.
pâde khañjaḥ XXII, 199, 22
†pâpavṛitti° XIX, 184 (51, v. 1)
pâpe kṛito janitrâ X, 148 (29, v. 13)
(pitaraṃ mâtaraṃ = mâtaraṃ pitaraṃ)
[°pitṛibhaktaç ca E, 94 (5, v. 7)
*pibanti nadyaḥ svayam XV, 42, 17
(putraç ca mûrkho = putro 'pi°)
[putras te bhavitâ râjan] VI, 23, 8
*putro 'pi mûrkho IV, 128 (19, v. 15)
(putro yaçasvy = putro vaçi)
(*)putro vaçi svarthakari IV, 19, 14
*punaḥ prabhâtaṃ XXIII, 58, 9
punar api râjani XXII, 57, 6
— janma punar XXIII, 201 (58, v. 15)
pumâṅs tu dhairyasaṃpanno E, 6, 16
†*puhamiamahilâ°* I, 103 med.
*pûjitâ sâ sadâ XVI, 45, 14; siehe yâ râjñi
pûrvajanmârjitaṃ XI, 30, 4
pûrvaṃ mardanacira° I, 104 (10, v. 17)
*Paulastyaḥ katham I, 108 extr.
(*)prajânâṃ rakshaṇaṃ III, 17, 28
*prajâpiḍanasaṃtâpât III, 17, 29
(praṇamya devadeveçaṃ = pr. çirasâ devaṃ)
praṇamya parayâ bhaktyâ IX, 26, 1
— çirasâ devam E, 5, 1
— — devau XI, 30, 1
pratyakshe sûnṛitâ V, 131 (21, v. 3)
prathame jâyate XVI, 45, 16
— 'hani cândâli I, 9, 12
*prabhavati manasi XIV, 35, 2
prabhâtasthâ na XXIII, 59, 18
[prabhûtakântitejasvi] E, 5, 8
[°pralayâgnisamâkâraḥ] XVIII, 49, zu 9 (10)
pravrâjikâ naṭi I, 9, 9
(*)prasvedamalasaṃklishṭâ IV, 18, 2
prâkâmyaṃ tadvaçatvaṃ E, 96 (6, v. 15)
prâjñaṃ vinitasaṃskâraṃ IX, 28, 15
[prâjño vâ yadi vâ] XXV, 62, 6
prâṇinâm upakârâya XV, 42, 22
*prârabhyate na khalu E, 5, 2
prâsâdo sâ diçi XII, 153 (32, 29)
†*priyarasarajareḍaï* X, 149 (29, v. 16)
premâ 'pi kâma° I, 105 (10, 24)
*phalaṃ dharmasya XIV, 36, 9
*baddhâñjalipuṭaṃ XIX, 51, 8
*bandhanastho 'pi XV, 170 extr.
[bahucchalaṃ dyûtam] E, 7, 26
†bâlaḥ karṇa° XIV, 158 init.
[bâlatve rakshato] XIX, 53, 18
*bâlasakhitvam VIII, 25, 7

*bâle lalâmalekhe 'yaṃ IX, 27, 2
bimbâdhararasâsvâdo XIV, 36, 12
buddhimaddhetukaṃ X, 145 (29, v. 4)
*bubhukshitaḥ kiṃ na XXV c, 63, 2
[Brahmâṇi varade] VI, 136, 10
*Brahmâ yena kulâlavan XVII, 45, 1
brâhmaṇârthe gavârthe XV, 170 extr.
*bhartṛjîve ca yâ XVI, 174 extr.
[bhasmanâṃ saṃgrahaṃ] II, 113 extr.
†bhânuç ca mantri XXIV, 203 med.
[bhâryâ cai 'va viçâlâkshi] IV, 19, 11
*— putraç ca XVI, 173 (43, 34 f.
[bhâvair gûḍhatarair] Vorw. 27
*bhikshuṇikâ pravrâjikâ I, 102 med.
bhikshuṇi varttiṇi I, 102 init.
bhinnâ mârgâ XXII, 57, 5
(bhuktaṃ tasyai 'va = bhuñkte°)
bhuñkte tasyai 'va XII, 155 (33, v. 4
bhujau netre tathâ XVIII, 182, 2
*bhoge rogabhayaṃ XVII, 177 med.
bhogyaṃ vinâ nai 'va VIII, 139 (2., v. 2
bhaumaṃ çanaiççaraṃ II, 12, 3
[bhrântâkampana°] E, 7, 28
bhrûṇahatyâdipâpî I, 100, 1; siehe strîhantâ° und ekena praṇipâtena
[maṇḍitaṃ muṇḍakhaṇḍaiç] E, 7, 24
[maddehasyâ 'sya] IV, 129 med.
madyapânât paraṃ X, 29, 16
madhyâhne saṃdhyayoç II, 111, 11
[°mantriṇo vacanaṃ] VI, 135 med.
[manye 'haṃ tâta] IV, 129 med.
[mayûrasya kalâpena] XVI, 43, 4
marakatamaṇigaṇa° XVIII, 179 init.
[mastishkaliptaçubhrâsthi°] E, 6, 19
[mahâpretâsanârûḍhe] VI, 23, 5
mahibhogâbhiyuktânâṃ I, 109 med.
(mahotsavaratâ = nityaṃ maho°)
†*mâïguṇijaṇapti°* XIX, 187 med.
[mâṅsapûritavaktrâç] E, 7, 30
mâ jâṇasi vîsariaṃ XX, 190 (54, 44): A. v. 23
mâtaraṃ pitaraṃ cai 'va XVII, 46, 4
(mâtâ kasya = kasya mâtâ)
*mâtâ yadi vishaṃ IV, 20, 25; XIX, 53, 20
(mâtâ rakshati = bâlatve rakshati)
mâtur apy uttariyaṃ XXI, 191 med.
*mâtulo yasya Govindaḥ XXIII, 58, 6
*mâtṛikaṃ paitṛikaṃ XVI, 174 extr. N.
*mâtṛivat paradârâṅç ca XVI, 44, 12
[mâtrâ pitrâ svayaṃ] XIX, 53, 19
[mâdhavîlatayâ] XVI, 43, 5
*Mândhâtâ sa mahîpatiḥ XXIII, 59, 10
†*mâruruuicearidâtu* XIX, 186 init.
(mâlatîlatayâ = mâdhavila°)
*mitaṃ dadâti hi pitâ IV, 20, 19
muktakeçaṃ ripuṃ XIX, 52, 13
muñca muñca paridhâna° I, 103 med.
†muçalaṃ dehali X, 146 med.
†mûkaṃ karoti vâcakaṃ XXV, 205 (62, 9)
mûrkho nirdhano III, 114, 3
mṛitaç câ 'haṃ XVII, 47, 8
mṛidubhâshiṇy VII, 24, 2, siehe rûpalâvaṇya°
meshe bhânur E, 3, 5
maunân mûkaḥ IV, 19, 6
yaḥ svikaroti sarvasvaṃ XXI, 192 init.
[Yakshiṇi vâ] IX, 27, 7, siehe Vidyâdhary
yat kiṃcin madhuraṃ I, 104 med.
(yatnataḥ sevyamâno = dehaḥ saṃçodhyamâno)
yatra jîvavadho II, 112 init.
— mṛityur yatra XVIII, 48, 5
— svedajalair III, 14, 5
yat sarvatîrtha-devânâṃ X, 147, 3
yat sâhasam asatyaṃ IX, 28, 11
yathâ 'ntar vishṭhayâ XVII, 47, 10
(yatho 'tthito = yatho 'dayo)
[yatho 'daye ravir] E, 94 extr.
*yad antas tan na IX, 28, 14
(yad asti na = tad asti na)
yadâ yadâ vasaty antar III, 118 med.
(yadi puṇyopakârâya = prâṇinâm upakârâya)
*yadi vahati tridaṇḍaṃ XVIII, 50, 17
yadi vâ khâdako X, 149 (29, v. 18)
yad iha laukikaṃ XXI, 56, 9
yad dugdhadânato X, 146, 2
yady api bhavati virûpo XXI, 193, 2

yady asau narakaṃ XIV, 145 med., siehe araṇye nirjale°
yabhasva nityaṃ III, 116 init.
*yayor eva samaṃ III, 114, 1
*yasmin deçe ca kâle ca XXIV, 203 med.
— — — yatsthâne XVIII, 48, 4
*yasya cittaṃ dravibhûtaṃ XVIII, 50, 16
(*)— vâ 'nnâni I, 10, 23
[yasyâḥ suvistṛito] XVI, 43, 2
*yasyâ 'sti vittaṃ XIX, 187 med.
[yasyo 'daṃ bhuvana°] E, 93 (5, v. 1)
yâ kirtir utsarpati XXIV, 203 med.
yâ kundendutushâra° XVI, 171 (43, v. 1)
*yâṃ cintayâmi III, 17, 23
yâti mârgapravṛittasya XXV, 206 med.
yâ tirtha-muni-devânâṃ X, 146, 3
yâ dûtikâgamanakâlam III, 16 f., 21
*yâdṛiçaṃ pustakaṃ Vorw. 26, 1
yâ parahṛidayadhanaṃ XXI, 193, 8
yâ pâṇigrahalâlitâ XII, 154, 3
*yâminî ve 'nduṇâ E, 93 (5, v. 3)
*yâ râjñî râjaputrî XVI, 45, 15; siehe pûjitâ sâ
*yâvat puṇyodayaḥ VIII, 25, 5
yâvad evo 'pacâryante IX, 145 init.
*— dravyopârjana° XXII, 57, 4
yâ sâ candanapañkam I, 104 (10, v. 17)
*yâ hinasti nijaṃ XXI, 56, 10
yâhi vâta yataḥ XII, 32, 2
*yuktena cûrṇena I, 10, 19
yo dadato mṛitatṛiptyai X, 148, 5
[yena jivâpitâ] II, 13, 10
— nâ "liñgitâ XIV, 36, 10
— yad vâpitaṃ XI, 30, 2
yenâ "krântaṃ tribhuvanaṃ XIV, 36, 13
[— 'sthini praṇitâni] II, 113 med.
*ye bâlabhâve XXI. 56, 13
ye mârayanti X, 147 (29, v. 8)
ye mûḍhâ 'ksharavarjitâḥ E, 99, 2
†ye modakâḥ I, 105 (10, 34)
ye vañcitâ III, 117 (15, 14)
*yeshâṃ na vidyâ E, 99 init. N.
yair(?) tau çañkha-kapâla° XXIV, 203 init.
(yais tu nâ "liñgitâ = yenâ nâ°)
yogaṃ nâ 'bhyasitaṃ XIV, 159 med.
yo dattaṃ lopayed XIX, 186, 1 (52, v. 15)
*yo dharmaçilo XIX, 52, 11
*yo me garbhagatasyâ 'pi VIII, 25, 4
yo veçyâvadanaṃ XXI, 193, 7
*yauvanam udagrakâle III, 15, 8
*raktâ harati IX, 28, 10
ravicariuṃ III, 123 (17, v. 26); A. v. 4
rasânâṃ tu ghṛitaṃ XIV, 35, 6
*raho nâ 'sti kshaṇo XXIV, 61, 2
(*)râgi na labhate III, 16, 18
[râjâ çmaçânaṃ] E, 6, 18
*râjñi dharmiṇi XV, 39, 3
(râjñi yâ = yâ râjñî)
râjye 'pi sumahad IV, 20, 27
*râtrir gamishyati III, 122 med.
Râma Râma tava XXII, 104 (56, v. 1)
*Râmo hemamṛigaṃ I, 11 f., 31
*riktapâṇir E, 5, 10
†rucim dhatte III, 118 (15, v. 8)
rûpa-lâvaṇya° VII, 24, 3; siehe mṛidubhâshiṇy
râsaü râulu XIV, 163 (38, 6 ff); A. v. 20
re re mûḍhâḥ XXIII, 200 (58, v. 4)
re Saṃkara mâ sijasi XIV, 37, 17; A. v. 19; N.
rohiṇi ca maghâ II, 12, 4
(lakshmidâtâ = kshami dâtâ)
*Lakshmir lakshaṇahine XIII, 34, 2
lajjâdravyaharaṃ X, 29, 15
°lajjânâças tatho XVI, 174 med.
(lajjâmûlaharaṃ = lajjâdravya°)
lajjijjaï jeṇa jaṇo IX, 27, 4; A. v. 7
lambodara namas XIV, 35, 1; X, 145 init.
lambodaraṃ mahâbhimaṃ V, 21, 1
lalâṭa-kaṭi-vakshobhis XVIII, 182, 6
liñgachedaṃ kharârohaṃ XXI, 56, 11
(lokâç ca bhoginaḥ = kâlopabho°)
lobhamûlâni pâpâni XIX, 53, 17; XVIII, 180 (48, 27)
vaksho(!) kukshiç ca XVIII, 182, 5
*— 'tha kakshâ XVIII, 49, 13
vadanti ca mahâdoshaṃ XXI, 56, 12
(vande Sarasvatiṃ = natvâ Sara°)

*vayovṛiddhâs tapo⁰ XIX, 187 med.
*varaṃ buddhir na sâ XXI, 56, 14
*— hâlâhalaṃ VIII, 25, 6
*varayet kulajâṃ VII, 25, 4
[vartate Gauḍadeçe] X, 145 init.
[valitrayeṇa vidhṛitâ] XVI, 43, 8
(vasanty araṇyeshu = triṇâni khâdanti)
*vastrahinam alaṃkâraṃ IX, 28, 9
*vahed amitraṃ XXIV, 203 med.
*vâji-vâraṇa-lohânâṃ III, 15, 7
vâmanaṃ ekadantaṃ XV, 39, 1; XIV, 157 extr.
(vâhi vâta = yâhi vâta)
[⁰Vikramâdityarâjâ] E, 94 init.
[vikritvâ pañcamaṃ] VII, 138 med.; siehe daḍâmy ekaṃ
vikreyi nâpiti I, 102 init.
vighneçvaraṃ Gaṇeçaṃ IV, 18, 1
— gaṇâdhyakshaṃ XXII, 194 (56, v. 1)
(*)viditaḥ pâçavo III, 14, 4
*vidyâṃ vittaṃ II, 112 (13, 20) N.
[Vidyâdhary Apsarâ] IX, 27, 8; siehe Yakshiṇi vâ
vidyârambhe vivâde ca praveçe XIX, 184 (51, v. 1)
— — — — saṃgrâme XIX, 51, 1
(vidyâ rûpaṃ = kokilânâṃ svaro)
vidvattvaṃ ca kavitvaṃ ca E, 98 extr.
(vidhir garbhagatasyâ = yo me gar⁰)
(*)vinayena vinâ E, 7, 33
vinâyakaṃ namaskṛitya XVII, 175 (45, v. 1)
vipragaṇe 'py atibhukte X, 29, 12
†*vimuhomaïsaüpahu⁰* XIX, 186 init.
vimohayati yâ XXI, 55, 5
*viraktaceshṭâ III, 16, 16
**virala jâṇaṃti* XIV, 37, 15; 159 init.; A. v. 17
†*virahânala⁰* E, 100 med.
vivastrâṃ yaḥ XIX, 186, 2 (52, v. 15)
vivâde kalahe VII, 24, 1
viçvabijaprarohârthaṃ X, 28, 1
viçvaset kapile çûdre III, 122 (17, v. 24)
(*)viçvaset krishṇasarpasya III, 17, 24
⁰viçvâsas tu kathaṃ IX, 145 med.
vishâdaḥ kalaho XXI, 55, 3
vṛiddho 'pi dṛiçyate XXI, 193, 10
[⁰Vetâlapañcaviṃçatyâṃ] X, 150 med.
*vyomaikântavihâriṇo XXIII, 59, 11
çaṭhe pratiçaṭhaṃ III, 117 extr.
çatavarṇâlaṃkâre XVII, 175 (45, v. 1)
çateshu jâyate çûraḥ XII, 155 med.
çabdabrahmasudhâ⁰ XII, 32, 1
(çarirapushpa⁰ = çirishapushpa⁰)
çâkhâmṛigasya XI, 30, 6
(çâstâ hy âtmavatâṃ = gurur âtma⁰)
çiraḥsindûrapûreṇa XIV, 157 extr.
çirishapushpasaṃkâçâ XIV, 36, 11, siehe yena nâ 'liṅgitâ
[çishṭâcârasamâyuktaḥ] XI, 32, 10
çighraṃ muñca XXII, 195, 2
çilatâsveshu pâtreshu VII, 138 (24, v. 3)
çukra-çoṇitasaṃyogâd XVII, 47, 9
(çucinetradvayaṃ = yasyâḥ suvi⁰)
çuçrûshayâ ca yâ IV, 129 med.
çushke nire XXII, 199, 19
çûraṃ kṛitajñam XVIII, 49, 7 (8)
*çaile çaile na mâṇikyaṃ XI, 31, 8
çmaçâne niyamânaṃ XVI, 45, 19
*çraddhâhinaṃ XVIII, 50, 19
*çrutâ bhavati XVI, 173 (43, 23)
†çrutvâ tushyati XXII, 199, 17
*çrûyatâṃ dharmasarvasvaṃ X, 29, 2
⁰— praçnasarvasvaṃ II, 112 extr.
*çreyaḥ pushpa-phalaṃ III, 14, 2
(çreshṭhaṃ puṇya⁰ = çreyaḥ pushpa⁰)
*shaṭkarṇo bhidyate E, 6, 13
shoḍaçâbdâ bhaved XVIII, 183, 2
saṃsâre haavihiṇâ XIV, 158 (35, v. 3) N., A. v. 14
saṃskartâ ca 'pahartâ X, 29, 18
*sakṛij jalpanti IV, 21, 29
sakṛidâ yat pratipannaṃ XXIV, 204 med.
*saṃgama-viraha⁰ III, 17, 22; I, 100 extr.; XII, 153 extr.
(sachayo yatra = acchâyaḥ pûṭi⁰)
†sa jayati saṃkalpa⁰ XXIV, 202 extr.
satyaṃ çaucaṃ çamaṃ XXI, 55, 6

sadyaḥ prâṇakaraṃ XIV, 159 med.
sadhanaḥ kurute XXII, 198, 8
sa Dhûrjaṭijaṭâjûṭo XXIV, 202 extr.
*sanmârgo tâvad âste XIV, 35, 3
†*saṃdhyâtarpaṇa*° XXII, 198 init.
[sapta-svargâs tu] XV, 41, 14
[samagraduḥkhanilayam] E, 7, 29
samantâd vai cakshuḥ XVIII, 180 med
*samihitaṃ yan na VIII, 25, 2
saṃpadaṃ sakalaṃ XXI, 191, 2 (55, v. 3)
°sa yâti narake XIX, 186, 3 (52, v. 15)
(sarabhasam anurâgâd = aharahar°)
saralo 'pi sudaksho XXI, 193, 9
†*Sarasvatî ciracanâkalena* XX, 188 (53, v. 1)
Sarasvatyâḥ prasâdena XXIII, 58, 1, X, 145 init.
sarpasya tâlumûle II, 111, 10
sarvaṃ Surapati' XXII, 199, 18
(sarvajanmani = pûrvajanmârjitaṃ)
sarvatra bhramatâ X, 147, 2 (29, v. 11)
— çucayo dhirâḥ III, 117 init. *
sarvabhûteshu XIX, 185, 1 (52, v. 10)
*sarvayajñeshu XIX, 185 (52, v. 10)
sarvaçukraṃ bhavet X, 149 (29, v. 17)
sarveshâm eva dânânâṃ XIX, 51, 5
*— — ratnânâṃ XIV, 36, 7
(sarveshu peyeshu = sarvaushadhinâm)
sarvaushadhinâm VI, 24, 7
*sahasâ vidadhita na I, 109 (12, 7)
(sahaso 'tpadyate = sâ sâ saṃpadyate)
(*)sâdhûnâṃ pâlanaṃ E, 5, 9; III, 17, 27
sâdhvinâm eva XVI, 45, 20
†*sâyaruvapyumurâri*° IX, 143 med.
• sârât sâraṃ samâdâya Vorw. 25
*sâ sâ saṃpadyate IV, 20, 26
sitaṃ vṛittaṃ guru XVIII, 183 init.
[sitapadmasamâbhâsaṃ] E, 94 (5, v. 4)
[sitapadmâsanârûḍhaḥ] XVIII, 49, 9 (10)
*siddhamantraushadhaṃ E, 6, 12
(siddham aushadhi° = siddhamantraushadhaṃ)
†*sîhakesarisusaṃ*° E, 101 (9, 44); A. v. 1a
sukhasya duḥkhasya XVIII, 48, 2
°sukhasyâ 'nantaraṃ XVI, 175 (45, 32—36)
sugandho vanitâ I, 103 init.
*suguptasya hi dambhasya I, 11, 28
[sunâsâ subhruvâ] XVI, 171 extr.
(sundaraṃ purushaṃ = susnâtaṃ°)
(suprayuktasya = suguptasyâ 'pi)
†*suraasuranareye* XXI, 191 (55, v. 1)
(*surasaritiraviḍavâ* = *taḍiviḍavâ*)
surâpâne niratânâm XII, 155, 2
surâ-'suraçiroratna° XVIII, 118 (47, v. 1)
(surûpaṃ purushaṃ = susnâtaṃ°)
(*)susnâtaṃ purushaṃ III, 15, 19
*suhṛidi nirantaracitte IV, 20, 17
[sûryakoṭisamâbhâso] E, 5, 4
**so ko vi ṇa 'tthi* XIV, 37, 14; A. v. 16
[stanâv uttuñgasadvṛittau] XVI, 43, 6
[°stavenâ 'nena divyena] VI, 136 (23, 12)
(strighâti = strihantâ)
(stribhogât = strisaṃbhogât)
(strilokât = strisaṃbhogât)
strisaṃbhogât paraṃ° E, 2, 2; XIV 35, 5
strihantâ bâlahantâ I, 100, 2; siehe ekena praṇipâtena
(sthânaṃ nâ 'sti = raho nâ 'sti)
*snehaṃ manobhavakṛitaṃ III, 16, 12
*spṛishṭvâ 'thavâ III, 16, 17
(sphuliñgaçara° = Karṇa-Çalyo°)
srotâṃsi yasya XVII, 47, 12
†svapnodakaçaçi° XXII, 198, 11
[svabhâvamadhurâlâpâ] IV, 19, 12, siehe bhâryâ cai 'va
svamâṃsaṃ paramâṃsair X, 29, 9
†svarisukhi karkaṭikâ ca I, 108 extr.
(svarûpaṃ purushaṃ = susnâtaṃ°)
[svarotkaṭa-Janasthânaṃ] E, 7, 27
[svalpakaṃ madhyadeçaṃ] XVI, 43, 7
svalpâyur vikalo X, 29, 11; siehe duḥkhâni yâni
(*)svâbhiprâyaparokshasya III, 18, 5
svâminaṃ ca raṇe XIX, 52, 12
*svâmini guṇântarajñe IV, 128 (20, v. 17)

svâmino 'rthe hi yad IV, 130 (21, v. 29)
(svâmî dâtâ = kshamî dâtâ)
°svârthaṃ samuddharet I, 107 (11, 31)
† *haũhaũtaũtaũpavataũ°* XIX, 186 init.
[haṅsa-câtaka-cakora°] I, 99 med.
[haṅsa-kâraṇḍavâkîrṇaṃ] I, 7, 1
*hanu-locana-bâhu° XVIII, 50, 15
hanyân mantrair vinâ VI, 136 extr.
halair vidâryamâṇâyâṃ X, 147, 1
(hastivaktraṃ mahâ° = vâmanam)
hâvo mukhavikâraḥ I, 100 med.
°hâsâduḥkhakadarthita° XXII, 197, (4)
[himakundendu°] E, 5, 6
hṛidayahâriṇi IX, 141 (27, v. 2)

Berichtigungen und Nachträge.

S. 7 Z. 5 f. lies: Karṇa-Çalyoddhatâ° und: saṃcarad-Bhîmâ°. — ibid. Z. 9 St. svaro° haben **AB** eigentl. kharo°. — ibid. Z. 37 lies: keṭakî s h aṇḍamaṇḍitam. — S. 8 Z. 7 lies: vasati, Bhavân nâ. — S. 9 Z. 32 ist die Verszahl 12 falsch statt 10, und so sind weiterhin alle Verszahlen in dieser Erzählung um 2 zu hoch. — S. 10 Z. 12 lies: mṛitâ nu k i ṃ. manasi. — S. 11 Z. 34 lies: bâlâç ca. — S. 15 Z. 23 lies: vivâhya svanagare. — ibid. Z. 46 ist die Verszahl 11 st. 10 zu setzen. — S. 16 Z. 8 nach bhâvâ Komma st. Kolon zu setzen; Z. 10 lies: vastrâbhisaṃyamana; Z. 12 lies: uccaiḥshṭhîvanam . . çayyâ-"sanotsarpaṇam; Z. 14 f. lies: abhimukhe; sakhyâḥ samâlokanam | dṛikpâtaç ca parâñmukhe; Z. 16 lies: imâṃ ca vindyâd anuraktaceshṭâṃ; Z. 18 st. mâṃ drakshyati lies: saṃhṛishyati; Z. 20 f. lies: tanmitrapûjâ, tadaridvishatvaṃ, kṛitasmṛitiḥ, proshita°; Z. 24 ist das Komma nach viraktaceshṭâ zu tilgen; Z. 27 lies: taddvishṭamaitrî; Z. 29 lies: na ruṇaddhi yântam; Z. 47 lies: smarajvarabharârtipipâsite 'va. — S. 18 Z. 19 ist nach tâvat Komma zu setzen, ebenso S. 35 Z. 10, S. 43 Z. 21 u. S. 46 Z. 2, desgl. S. 39 Z. 9 nach çrûyatâṃ. — S. 23 unten ist Marginalzahl 45 st. 55, S. 24 oben Verszahl 9 st. 7 zu setzen, S. 49 die Versziffern 7, 8, 9, 10, 11 in 6, 7, 8, 9, 10 zu ändern. — S. 48 Z. 44 lies st. asyâḥ: asyâṃ. — S. 59 Z. 29 nach sahodarâḥ ist ein ? zu setzen, ibid. Z. 46 die Worte kacchapaṃ na gṛihṇâmi zu streichen. — S. 61 Z. 44 vor sâshṭâṅgaṃ einzuschalten: devâya. — S. 63 Z. 16, 21 etc. l. taṇḍula°. — S. 65 Vers 21 l.: bhavet. — S. 69 Z. 1 l.: Mṛigâṅkadatto; ibid. Z. 33: âdiçyatâṃ, 35 gatvâ. — S. 92 Z. 2 lies: dâkshiṇâtyo; Z. 15 taṃ nṛipaṃ pra°. — S. 93 bei **5** Vers 1 lies nach namaskṛitya: **d** desgl. einen corrupten, Gaṅgâdharajaṭâ°; 2 Zeilen weiter lies: Vers Boehtl.² 5465 yâminî°. — S. 95 Z. 6 v. u. lies: Boehtl. 583 (213) arthanâçaṃ manastâpaṃ°. — S. 96 zu **6**, 20 lies: aghoramantraṃ **CEe**. — Dieser Ausdruck, über dessen Bedeutung *Gildem.* im Glossar s. v. ghora, kehrt an andrer Stelle wieder, s. S. 107 init. die Lesarten von **D** und **E**. — S. 97 zu Vers 18 schlägt *Jac.* vor mit **a** in *γδ* zu lesen sarvapâpamayaṃ kâyam ivâ "mayaçatâçrayam, wobei dann überhaupt die Accusative stehen bleiben könnten, Vers 20 kâlamegham ivo 'tthitaṃ, 26 avivekam, 28 Laṅkadâham, und in Vers 18 meine S. 96 erwähnte Aenderung saṃprâptaḥ aufzunehmen wäre. Diese Lösung scheint mir jetzt die beste. — ibid. Vers 19 hat *Jac.* gewiss das richtige erkannt, in *β* lohitâsavaṃ zu schreiben: „wo das Getränke Blut ist". Die Schreibung von *δ* in **B** ist unsicher. — ibid. Vers 21 vermuthet *Jac.* für kṛittikâ°: mṛitakântaka° (Schakal). — S. 99 nach Vers 3 lies: Darauf folgt Boehtl. 5573 (2525) yeshâṃ na vidyâ° und dann mit tathâ ca ein corrupter Prakritvers, anfangend kalahaṃtâbharakaṃtâ°. — S. 100 zu **8**, 13 nach „Prakritvers" einzufügen: anfangend virahâna°. — ibid. Z. 5 v. u. nach Boehtl. 6671 (3101) lies: saṃgamaviraha°. — ibid. Z. 3 v. u. zu dem Worte kâcit samasyâ° bemerkt *Jac.*: „das kann nur bedeuten: ‚Hast du schon eine Glosse gemacht? er sagte ihm vier Glossen'. Der Sinn ist wohl der: wie der tüchtige Dichter aus einem pâda den ganzen Vers errathend dichtet, so erräth der kluge Mann aus geringen Andeutungen den ganzen Sachverhalt". Ich hatte es so gefasst: ‚Hat sie irgend eine Andeutung gemacht? er (der Prinz) erzählte ihm (dem Ministersohn) die vier Andeutungen'. — S. 101 Z. 11 v. o. lies st. Z. 16: Z. 32. — S. 103 bei **9**, 13 lies: hat **a** einen Prakritvers etc. Dieser Vers jaï jânaṃti hätte also, da ihn **Aa** haben, in den Text gesetzt werden sollen. — S. 104 Vers 20 wird erwähnt aus Çârṅgadh., Z. XXVII, 86. — S. 109 Z. 9 f. lies: çâstraiḥ paçyanti vâḍavâḥ etc. - S. 112 med. lies: Boehtl. 6082 (2794) vidyâṃ vittaṃ°. — S. 113 Z. 10 lies: Richtig metrisch hat *γ* so, wie aufgenommen, nur **A**, anders metrisch **d**: sahai 'va jîvitaḥ sa ca, ebenso **B**, nur st. etc. — S. 115 Z. 3 v. o. lies: Vers 4 st. 5. — ibid. zu Vers 4: *Jac.* hält *Lassen's* Lesart kausumâyudhaṃ für die richtige und erklärt: „der das kâmaçâstra aus dem Grunde kennt. — ibid. zu Vers 5: *Jac.* verwirft meine Erklärung des Schlusses und sagt: „der Sinn ist: ‚beim wahren coitus muss man mit Leib und Seele sein; alles andere ist Pfuscherei'. Dieser Gegensatz wird vom Zusammenhang verlangt, und dass so etwas ursprünglich dastand, ersieht man aus dem çesha". Er empfiehlt daher zu lesen çeshâṇy alikasthitiḥ: ‚alle übrigen (sogen. coitus) sind nur ein schmerzlicher Zustand', „oder noch einfacher çeshâ vyalikasthitiḥ mit gleichem Sinn". Ich gestehe dass die frappante Einfachheit dieser Emendation, insofern die Schreibart der meisten HH. çeshânyalokasthitiḥ auch çeshâny (für çeshâṇy, wie oft) alika° gelesen werden kann, diese Erklärung sehr empfiehlt. — S. 116 Z. 9 nach Boehtl. 1038 (392) einzufügen âvartaḥ°. — S. 118 med. die Strophe etasyâṃ übersetzt *Jac.* folgendermassen: „In diesem See, dem Spiel des Königs Amor, bringt die Gluth der Jugend die Jugendweiber zum Austrocknen; wenn die auch am Rande stehenden Brüste-Ufer ein doppeltes Hinderniss bereiten, dann giebt in einem dergleichen Wasser (dem Liebesspiel) die dichte Schaar der Blick-Fische ihre Munterkeit auf". „D. h. durch den Liebesgenuss wachsen den Weibern die Brüste und das Auge wird matt". — S. 120 bei Vers 13 lies st. **ABae**: **ABDae**, ebenso bei Vers 16 **ABDde**. — S. 122 Z. 6

v. o. lies: kâmi st. kamî. — S. 124 zu **18** Vers 1: der Vers steht auch in **f** vor der Einleitung; dort mûshavâhanaṃ. — ibid. Z. 15 v. u. lies: **26,** 8 st. **26,** 5. — S. 125 u. 127 im Columnentitel lies: IV, **19** st. IV, **18**. — S. 132 Z. 4 v. u. hinzuzufügen: Vgl. zu **31**, 31 ff. — S. 137 bei **24**, 1 f. lies: Vers 9 (st. 7). — S. 140 zu **26**, 14 ff. Zu nirdhâṭita bemerkt *Jac.*: „nirdhâṭayeyuḥ, welches überwinden zu bedeuten scheint, wird von Çîlâñka (Âcârâñgaṭîka, ed. Calc. II, 135) gebraucht zur Umschreibung von paribhavejjâ". — S. 146 init. Den hier gegebenen Erklärungsversuch des Verses gûḍham açnâti und die Constituirung desselben S. 145 extr. ziehe ich zurück. - S. 147 zu Vers 11. Zur Erklärung der beiden ersten Verse aus **c**, von denen der erste in der corrupten Form der H. hingesetzt ist, bemerkt *Jac.*, dass prâṇimardana in Vers 10 des Textes sich wohl auf den Ackerbau beziehe, insofern nämlich durch den Pflug (das Eisen im 2. Vers) lebende Wesen zerrissen werden. gâṃ dâpayataḥ phalaṃ im 1. Vers würde heissen: dessen der die Erde zum Fruchtbringen zwingt: oder dâpay von $\sqrt{}$ do vidâraṇe (?). teshâṃ ebenda ist jedenfalls corrupt; wenn in striyâṃte sollte striyâṃ enthalten sein, worauf garbhiṇyâṃ sich beziehen würde, müsste yoshitaḥ fehlerhaft sein; wahrscheinlicher aber ist mir *Jacobis* Vermuthung yoshiti und mriyante. Die drei ersten pâdâs von Vers 1 würden also zu übersetzen sein: „Indem gleichsam ein schwangeres Weib (die Erde) durch Pflüge zerrissen wird, müssen lebende Wesen sterben". Bezüglich der garbhiṇî, mit welcher Umgang zu haben verboten ist, vergl. Vers 2 S. 186 init. — S. 149 med. Der Vers nahaghaṭṭâkara° steht bei Weber, Ind. Stud. 15, S. 148. — S. 150 zu **30**, 4 f. lies: kâ atîva sukumârâ **B**, kâ atîva sukumârâñgî **A**, kâ sukumârâñgî **e**, kâ sukumârî **ac**; ähnlich in der Antwort, wo atîva auch in **a**. — S. 153 Z. 6 v. u. lies: die H.; aparâ. — S. 154 Vers 3. In **A** steht dieser Vers nach dem unten folgenden yâ pâṇi°. ibid. zuletzt hinzuzufügen: Hiernach in **B** ein Prakritvers, anfangend âsâ na dei, s. Anh. — S. 157 zu 22 lies: cauro 'yaṃ mucyatâṃ **ad**. °muñcyatâṃ **A**. cauraṃ muñca **BDb**. — ibid. Z. 5 v. u. lies: ˌnamaskṛitya **A**. — S. 158 bei Vers 2 hinzuzufügen: In **a** folgt der Prakritvers tâma na pâvima°, s. Anh. Desgl. bei Vers 3: In **b** folgen zwei Prakritverse, anfangend tapu yapu° und samsâre hayavihiṇâ°. Bei Vers 4, Z. 4 v. u., sind die Worte wo . . folgen zu streichen. — ibid. Z. 2 v. u. lies: karishyâmi. — S. 159 Z. 19 v. o. lies nach Prakritvers: daṃḍadaṃḍalu°. — ibid. Z. 11 v. u. lies nach (3649): asâre khalu°; Z. 10 statt **a**: ***α***. — S. 160 bei Vers 11 in der 2. Zeile zu lesen saṃsparça **cdg**[2]. — S. 161 Vers uttishṭhantyâ wird erwähnt aus Çârñgadh.. ZDMG. XXVII. 45. Zu dem Verse araṇyaṃ° giebt *Jac.* folgende Uebersetzung und Bemerkungen: „Im Walde sind Gazellen, in Lauben des Bergwaldes Bienen, in den Himmelsgegenden die Weltelefanten, im Wasser Lotusgruppen, alle welche (schöne Dinge) an Schönheit übertroffen werden von den Augen, der Taille, den Brüsten und dem Antlitz der Liebsten: daher, wenn die treue Gattin zürnt oder stirbt, (ist es besser) zu sterben oder in die Ferne zu wandern [wo man in den obigen Gegenständen einen Ersatz für die Reize der Liebsten hat]. Oder: „wenn die treue Gattin zu zürnen nachlässt, ist in die Ferne wandern und Sterben gleich". „Der Fehler steckt im 1. pâda, man erwartet °gehâni, aber haribhir bedeutet nichts was mit madhya verglichen werden kann; sari Wasserfall würde passen, ist aber zu schlecht belegt". — S. 163 med. bei **11** lies: welchen **Aa** auch . . haben. — S. 164 Z. 3 v. o. lies: kuçalaṃ. — S. 170 bei Vers 21 lies: paçyaṃto **d**. — S. 174 Z. 6 v. u. nach (2171) einzufügen: mâtṛikaṃ paitṛikaṃ. — S. 180 Z. 15 f. v. o. lies: kshepya u. kshepaṇîyaṃ st. khe°. — S. 182 Z. 19 f. lies: in einer . . Indravajrâ. — S. 185 Vers 8 auch Râmâyaṇa (Bomb.) 6, 18, 27. Dort *β* yâcantaṃ çaraṇâgataṃ, *γδ* na hanyâd ânṛiçaṅsyârthaṃ api çatruṃ Paraṃtapa. — S. 186 Z. 8 v. o. lies st. 6: 8. Die Anfänge dieser meist gereimten Verse siehe im Versverzeichniss. — ibid. vor dem letzten Absatz hinzuzufügen: Vers 16 alle HH. ausser **g**, Boehtl. 958 (355) *α* apad° **B**, âpadârthe **abde**, âpadyarthe **c**. *β* dârâṃ **Bbce**. *γ* st. satataṃ: sarvato **b**. — S. 187 Vers vayo° gedruckt bei Aufrecht, Z. XXVII, 29. — S. 196 f., Vers 2. *Jac.* bemerkt dazu: „Ich glaube niropa ist entweder für âropa g e m e i n t; „wie fälschliche Uebertragung von yoga auf einen s o l c h e n yogin (wie kann man einem solchen yogin yoga beilegen); oder âropa ist in den Text zu setzen, yogâropaḥ". — S. 199 bei Vers 1 von XXIII hinzuzufügen: auch in **d** vor Erz. X. — S. 204 init. zu **61**, 23. Die Bezeichnung „*Benfeys* Uebersetzung" ist möglicher Weise unrichtig, da Oesterley S. 215 bei No. 25 sie nur „die von Benfey mitgetheilte Uebersetzung" nennt und S. 3 init. sich über die Autorschaft nicht ausspricht. — S. 205 Z. 3 v. u. Die 3 Verszeilen 4 *γδ* und 5 hat **d** in folgender Fassung:

bhogâpavargasubhagâṃ bhuktvâ Vidyâdharaçriyaṃ
Tripurârivaraṃ prâpya v i d y â 'bhûc cakravartin î.
nijaṃ praviçya nagaraṃ çriyâ yukto babhûva saḥ.

ib. Z. 14 v. o. st. maṇḍale "çvaraṃ (für maṇḍala îçvaraṃ aus maṇḍale î°) wohl einfach maṇḍaleçvaraṃ in der Bedeutung König zu lesen. — S. 207 sind zu **64**, 14 ff. die Lesarten von **B** in der XXII. Erz., zu bezeichnen **B²**, vergessen worden, lies also: 14 *γδ*, 15 und 16 auch **AB²**. 14 *γ* hat **B²** deutlich atyantalâlitaṃ, *δ* °saṅgibhiḥ; 15 *α* vivardhite, *β* yauvane saṃcitaṃ budhaiḥ, *γ* steht ta von taty[aj]âmi am Rande; *δ* sa tu rorâdi(so!). 16 *α* kâyapraveça° wie **A**, *β* jâtâddhatasâlinaḥ(so), *δ* racitotsavaḥ wie **A**. — S. 219 zu Vers 18 bemerkt *Jac.*: Ich halte iha für Glosse zu attha und lese: tâ attha tiṇṇi jaṇṇâ: daraus entstehen (janya) drei (Personen) hier. Das Neutr. pl. der Num. statt des Masc. ist nicht selten". — S. 220 bei 19 lies: XIV, 37. — S. IX Z. 13 v. u. fehlt das Citat: **70**, 33.

www.ingramcontent.com/pod-product-compliance
Lightning Source LLC
Chambersburg PA
CBHW032007230426
43672CB00010B/2275
9783743648340